最新版

よくわかる
手相

仙乙 恵美花
監修

西東社

手相には、その人の過去・現在・未来が描かれています

手相は、よりよい未来を選びとるための道しるべです

手をみれば性格や才能がわかります。例えば同じ仕事でも、テクニック勝負の人か気配りで評価される人かがわかります。金銭感覚や恋愛・結婚観、人間関係で陥りやすい癖、健康状態など、そして過去から未来へ続く運気の流れを知ることができます。手相とは、手のひらの線の他、指やツメの形、指紋、色、指の開き方など手の特徴全体を指し、遺伝要素もあります。

手相には、今使える「持ち物」が記されています。よい持ち物を意識して使って満足し、ほころびそうな持ち物は修繕して災いを最小限に切り抜けましょう。手相が素晴らしくても家でじっとしていれば何も起こらないかもしれません。名誉を得る相が出ていたら、積極的に行動してこそ成功できるのです。手相の良し悪しをみて一喜一憂するのではなく、自分の特質を理解して、よい方向へ進むための手掛かりとしましょう。

手相は不変のものではなく日々変化しています

手のひらの線や印は、日々微妙に変化し、なんらかの兆しや転機を暗示します。手相は、手の使い方や脳の働きと密接な関係があり、出会いや状況による意識や行動の変化、健康状態などを反映して変わっていきます。

「手相には人生のすべてが書かれている」と思っている人が少なくないようですが、違います。手相には「今のままでいくと将来はこうなりそう」という流れが表れているのであって、その運勢は固定ではなく、考え方や行動を変えて今を変えていけば、不思議と手相が変わり、未来も変化するのです。何か月も変わらない時もあれば、今までなかった線が突如現れることもあります。そして新しい相になると、それらしい言動をするようになるのが面白いところです。左右どちらの手も変化し、変化しやすい手はその人にとって強い意味を持ちます。

悪い相が出ていても回避する方法はあります

悪い相をみつけたとしても、落ち込みすぎないでください。手相は傾向を示すものであり、絶対ではありません。もちろん、言い伝えられてきたことなので注意は必要ですが、「危険があるから気を付けて」と手相が教えてくれているわけなので、そのメッセージを受け取って、現実的に対処し乗り越えましょう。

例えば、金銭トラブルの相になっていたら守りに徹する、人間関係トラブルなら専門家に相談、愛情問題なら冷却期間を置く、健康問題ならセカンドオピニオンを検討するなど。すっきり伸びた知能線を持っていたら、知恵を使って災いを減らせるはず。自分の手相のよい部分をフル稼働して弱点を補います。また、おまじない的に、吉相になるように線をなぞったりツメの形を整えたりすることで開運祈願もよいでしょう。波瀾万丈の凶相が、考え方次第では生き甲斐ある人生にもなるのです。

手相は、趣味にも副業にもコミュニケーションツールにもなります

手相は、覚えるとトクな技術です。まず、自分を知って開運につなげることができます。そして、友人や恋人、家族、職場の人など知っているようで意外と知らない相手のことがわかり、コミュニケーションがスムーズになるでしょう。

それから、手相は特技となります。一芸として身につければ、普段無口な人でも人気者に。話題が増え、手をみることで距離が近づくので、モテたい人にも便利なツール。また、副業として、将来仕事に役立つ技術として、あるいはリタイア後のライフワーク、人の相談相手になる社会活動の一環として、手相の見方を学ぶ人が増えています。外国人の手相もみられます。海外ツアー先のレストランで同行者の手をみていたら、店のスタッフ全員が「自分もみて」と集まってきて通訳を介して盛り上がったという話もあり、よい思い出も作れるようです。

手相の見方

5つのステップ

手相の見方には、どこから先にみなければいけないという順番や決まりはありませんが、最初は手順を自分なりに決めておくとスムーズです。一例をあげておきます。慣れてきたら、手相全体を総合的に見て判断することを目指しましょう。

STEP 1 手全体をみる

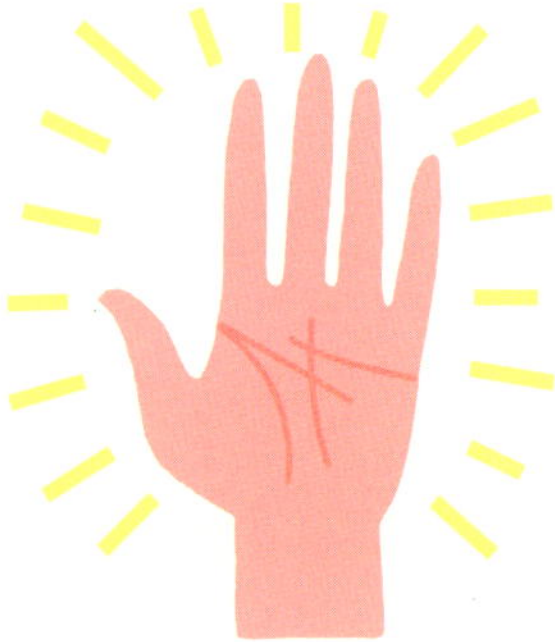

手相は全部みます。手の出し方も一人一人違います。手のひらの線はもちろん、手の形や指の長さなど全体を眺めて、どこか特徴的なところがあるかみます。1本の補助線だけで吉凶を断定するのは危険です。
左右どちらの手をみるかについては諸説ありますが、片方の手が自分と無関係とは考えにくいので、両手をみましょう。

STEP 2 左右の手相が同じかをみる

左右の手を比べて、特徴が同じか違うかを調べます。違う場合は、悩みやすいが順応力が高く、ほぼ同じ場合は表裏のない率直なタイプ。
利き手には、意識的な自分、社会的性格(外面)、後天的運勢が表れ、もう片方には、もともと持っている素の気質が表れます。身近な人に対しては利き手でないほうの性格が出やすいです。

STEP 3 目立つ線や特徴をみる

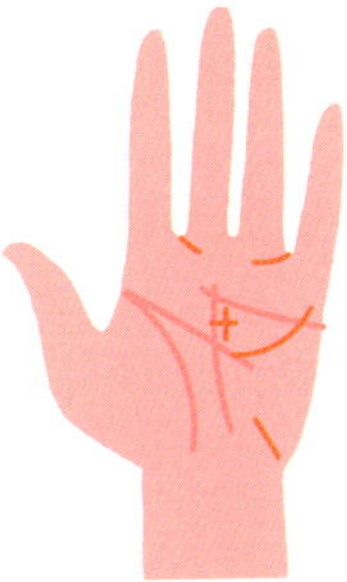

ひときわ濃い線や、膨らんだ丘、短い指など目立つ箇所に注目します。それが意味するエネルギーをその人は発揮できる、または発揮したほうがその人らしくて満足できる、とみるのです。
「あるものをみる」ことが大事で、例えば「運命線がない」ことよりも「金星帯と財運線がはっきり出ている」ことに着目し、その人の特徴をつかみます。

STEP 4 基本線をみる

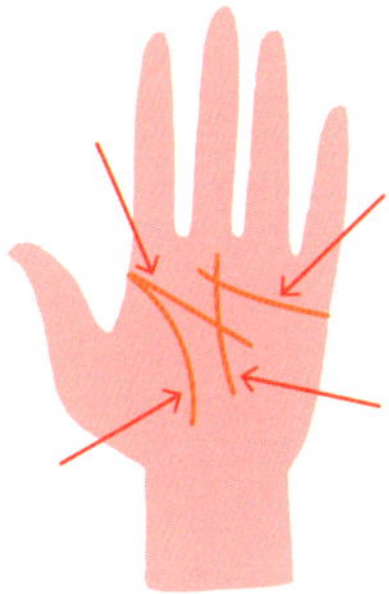

基本線に気質の約６割が表れます。知能線で考え方や能力を知り、感情線で内面の性格、生命線で健康や活力、運命線で自我の強さや人生の流れをみます。
なお、鮮明ではない薄い線でも、出ていれば意味を持ちます。今までなかった財運線が少しでも出てきたら、金銭や現実に向き合う意識と運気が強まったことを表すのです。

STEP 5 興味のあるところをみる

愛情、お金、健康… 興味があって覚えた線や特徴を探しましょう。ただし、シマなど不吉な部分からみる癖をつけないように。悪い部分はすぐ目につきますが、よい部分は意識しないと気付けないからです。
また、他人の手をみる時は、何を知りたいか聞いてから、それに関連する箇所をみるとスムーズです。宝探しと思ってみてみましょう。

01

四つの基本線

見極めやすいメインの線

手のひらの線のなかではっきりとして目立つのが知能線、感情線、生命線です。これに運命線を加えた4つの線が手相をみていく上で基本となります。

知能線《ちのうせん》

親指と人差し指の付け根の間から手のひらを横切って伸びる線が知能線です。

物事を考える早さや長さ、記憶力、集中力、思考力、判断力、社会性、創造性などの才能や行動傾向、性格を表します。

知能線が長いほど、じっくりと考えることが得意でマイペース、短い場合は、感覚的に物事をとらえていくタイプで瞬発力があります。

感情線《かんじょうせん》

小指の下から人差し指の方へ向かって伸びている線が感情線です。

愛情や感受性、情熱の度合いなど、内面的な性格、対人関係や気持ちの表現の傾向を示し、恋愛や結婚生活のタイプを知ることもできます。

生命線《せいめいせん》

親指と人差し指の付け根の間から始まり、手首に向かって、弧を描くような線となるのが生命線です。

生命力を表す線で、健康状態や寿命傾向、スタミナ、心身の強弱など体の状態の他、環境の変化や運勢の状態も知ることができます。

運命線《うんめいせん》

どこから出発していても中指へ向かう線が運命線です。目的達成に向けて独力で努力できる意志の強さや探究心を表します。

濃く伸びる運命線は、自分が中心となって切り開く人生を表し、薄い場合は、協調上手。運命線の切り替わりは意識や運気の変化を表し、波線や切れ切れの状態は、変化や屈折の多い人生を意味します。運命線が全くない人は、今を謳歌するタイプとなります。

四つの基本線の位置をチェックしましょう

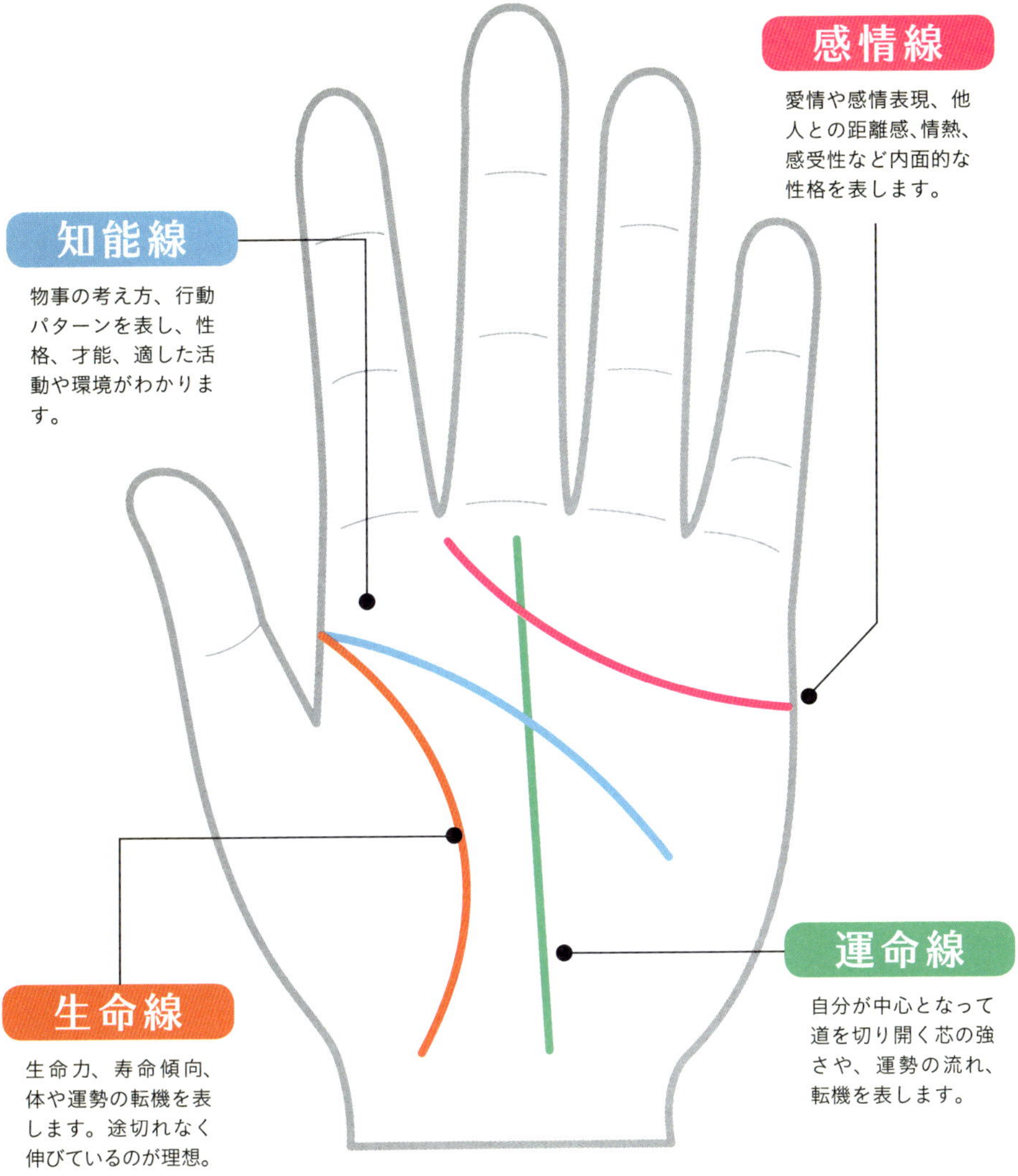
感情線
愛情や感情表現、他人との距離感、情熱、感受性など内面的な性格を表します。
知能線
物事の考え方、行動パターンを表し、性格、才能、適した活動や環境がわかります。
運命線
自分が中心となって道を切り開く芯の強さや、運勢の流れ、転機を表します。
生命線
生命力、寿命傾向、体や運勢の転機を表します。途切れなく伸びているのが理想。

ワンポイントチェック

知能線、感情線、生命線は誰にでもたいてい表れる手相の基本的な線です。まずは３本の線を探して、自分のタイプや傾向をみていきましょう。運命線は人によって表れていなかったり、少しずつ表れてきたりします。

知能線

2本ある

才能豊かで人と違うアイデアを持つユニークなタイプ。自分の才能に気づくと運勢が好転。自分の発想やプランを信じて行動することです。

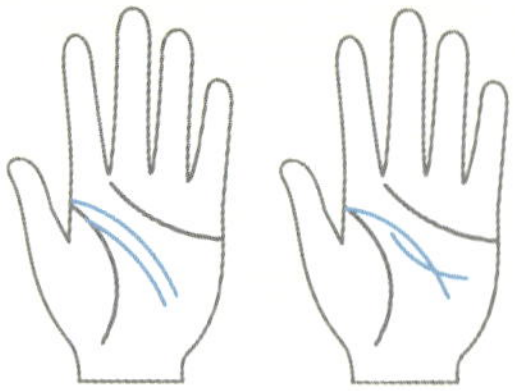

先端が枝分かれしている

好奇心旺盛で多芸多才、物事のコツを覚えるのが上手。2股、3股は2、3分野の才能があり、分岐の角度が大きいほど違う分野で才能を発揮。

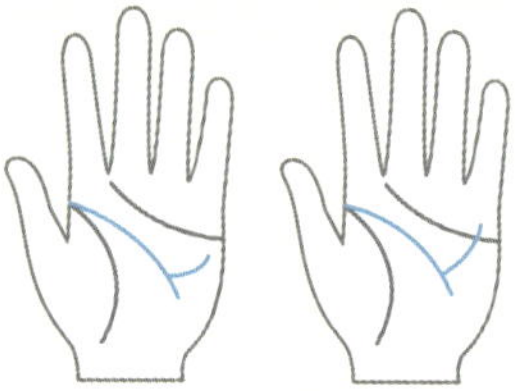

知能線がややカーブして下降

知能線がややカーブして下降すると、人当たりがよく円満な性格の持ち主。理想と現実のバランス感覚が優れ常識的で柔軟性を持ちます。

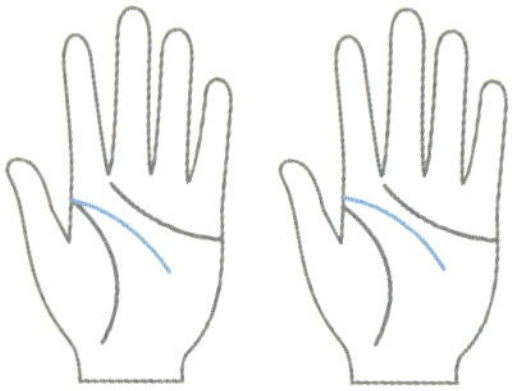

感情線近くに伸びる

合理的思考でプロ意識が高く、物事を手際よく処理。理屈っぽさもありますが、納得すれば割りきって前進。サバサバしてクールな印象です。

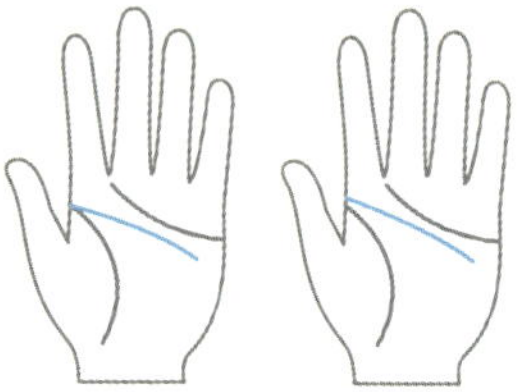

真横へ伸びて突っ切る

手のひらを横切る知能線や、感情線と知能線が合体したマスカケ線は、自我の強い努力家で逆境に負けないしぶといタイプ。多少追い詰められたほうが強さを発揮。

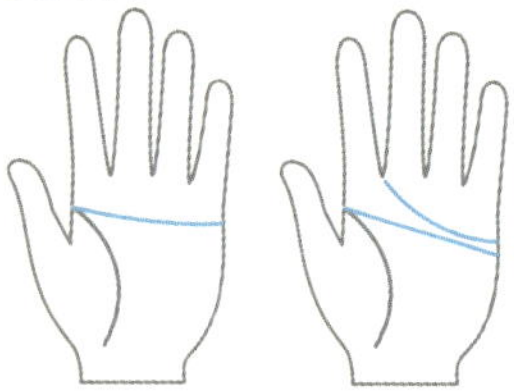

別方向へ2本、長く伸びている

小指方向は仕事や名誉など現実領域、手首方向は夢など理想領域。理想と現実の両方を求め、人に左右されずわが道を行きます。少数でマイペースに行動すると活躍。

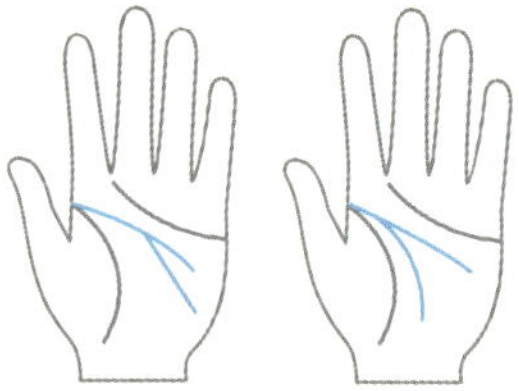

短い

理屈より実際に行動して納得する体験学習タイプ。判断も早く行動力があるので、決めたら素早く実行できます。

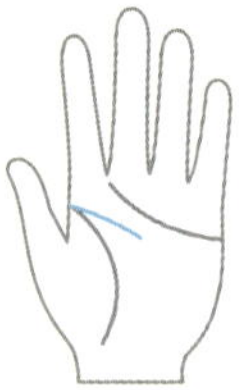

終点が手首へ下降

知能線が長いほど考えることを好み、下降すると自分の世界にこだわるタイプ。創造力が豊かで好きなことを追求。

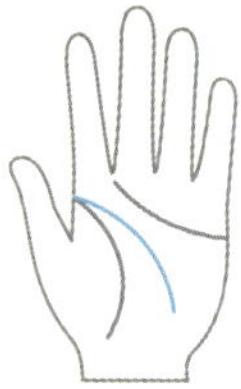

始点が生命線と離れ長い

想像力豊かで夢に向かって行動し、自分の世界を深めます。指図されることを嫌いマイペース。積極的で物怖じせず、果敢な行動力で夢を現実にします。

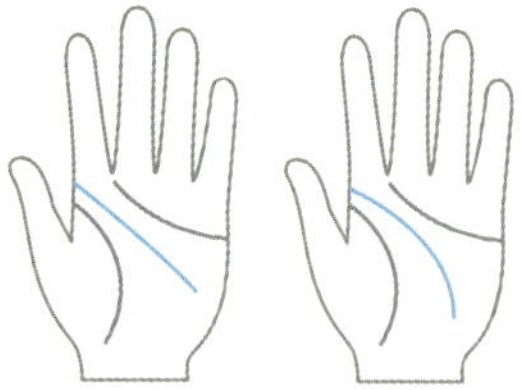

感情線

中指と人差し指の間に入る

身内に対して愛情深く、真面目なタイプ。好き嫌いがはっきりし、融通のきかない面も。

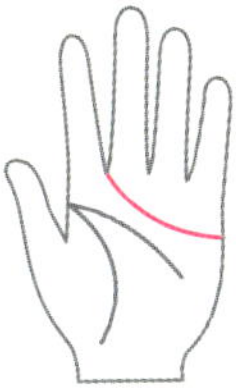

先端が枝分かれしている

いろいろな人に親切にできる博愛的タイプです。感性のきめ細やかさもあるので人から好かれます。

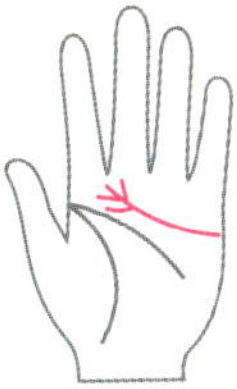

先端が人差し指の下へ少し入る

相手に尽くす気持ちの強い、愛情にあふれたタイプ。家庭を持てば家族を大切にします。

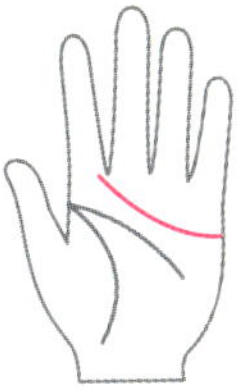

人差し指の下へ長く伸びる

長い感情線は愛情が濃く、相手のために尽くしますが、理想が高いと満足できないことも。

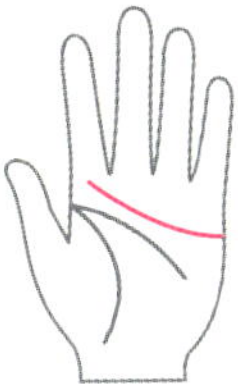

直線的でまるみがない

愛情表現がストレート。回りくどいアプローチをせず、好きだと思ったらそのまま伝えます。

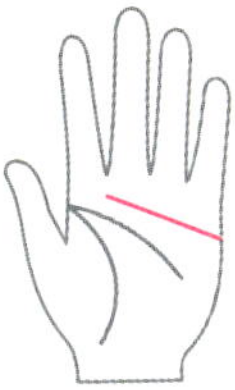

ゆるやかに上昇する曲線

相手の気持ちを察する情緒あふれる感受性があります。周囲に気持ちを伝えるのも上手。

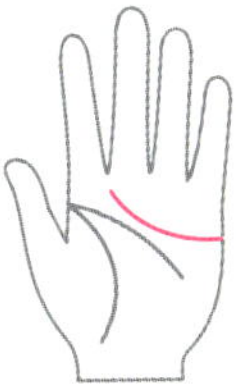

短い

愛情表現がさっぱりし、恋愛や密接な対人関係が得意でなく、好意を持っても、何も言わず終わることも。恋愛や結婚に執着心が薄いタイプです。

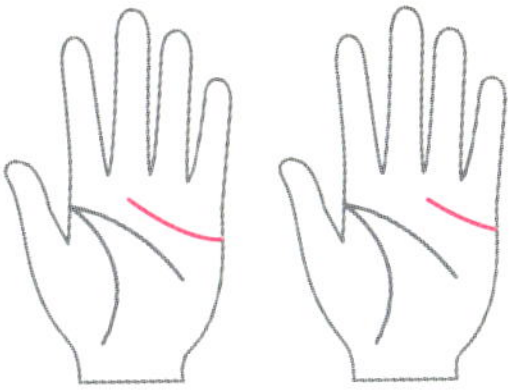

生命線

始点が真ん中・始点が高い

線の始まりが親指と人差し指の真ん中だと、協調性のある常識人です。真ん中よりも高いと、自己顕示欲が強く積極的な傾向。

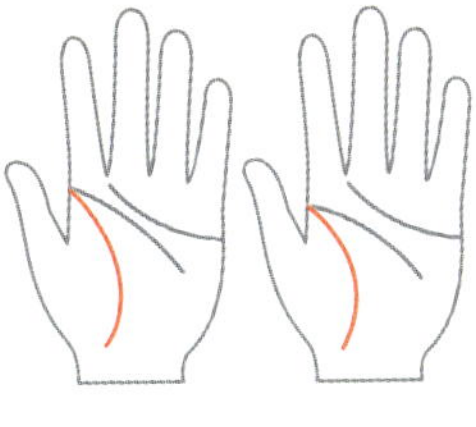

長く伸びる

手首に向かって長く伸びる、またはカーブを描いて長く伸びると、健康で体力があります。抵抗力や回復力もあり精神面も強い相。

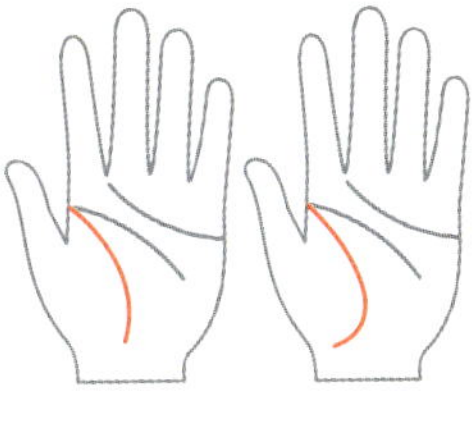

運命線

切れ目が多数ある

線が途切れ、切れ目が多数重なり合う運命線は、引越しや転職など環境が変化しやすいタイプ。性格的に飽きっぽいところもあり、人間関係も変化しやすいです。

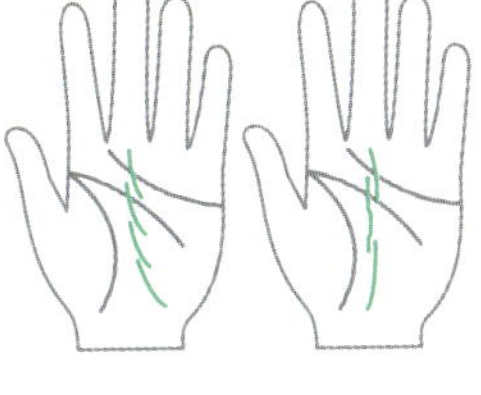

濃い・薄い

運命線が他の基本線に比べ薄い人は、自己主張が控えめで周囲と調和して生きるタイプ。濃いと、自分が中心になって目的達成のために努力するタイプです。

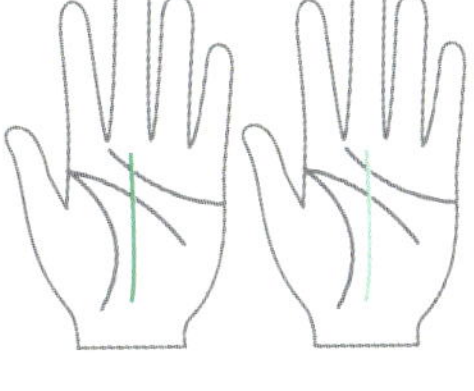

02

主要な線

基本線以外におさえておきたい線

太陽線や財運線、結婚線、金星帯などは人によっては薄くて識別しにくかったり、表れていない場合もありますが、ポイントになるので、チェックしましょう。

太陽線《たいようせん》

薬指へ向かって伸びる縦の線で、成功や人気、財運などの繁栄や芸術的才能について表す線です。

すっきりした太陽線があれば生活するのに困らず、人の信頼も得ます。

財運線《ざいうんせん》

小指に向かって伸びる縦の線です。実際にお金をやりくりする能力を表します。太陽線と同じくらいの濃さで伸びているのが理想型です。

結婚線《けっこんせん》

結婚線は小指の付け根と感情線の間から、横に伸びている線です。

結婚線が下がらず、変形せず、まっすぐ伸びていれば安定した結婚運を表します。

金星帯《きんせいたい》（金星環《きんせいかん》）

人差し指と中指の間から、薬指と小指の間に向かう半円状の線です。きれいな半円は珍しく、多くは中間があいていたり、切れ目のある細かい線から成り立っています。感受性の豊かさや美的センス、異性にアピールする魅力、官能性を表します。

リーダー線《せん》

人差し指の付け根の生命線の始点あたりから、中指方向へ伸びる線です。責任感が強く、多くの人を管理し、把握する能力を表します。

ソロモンの環《わ》

人差し指の付け根に半円状に表れる珍しい線です。独立心や向上心が強く、知恵の働く人に出ています。運が強く、指導者に向いています。

幸せや成功を導く線

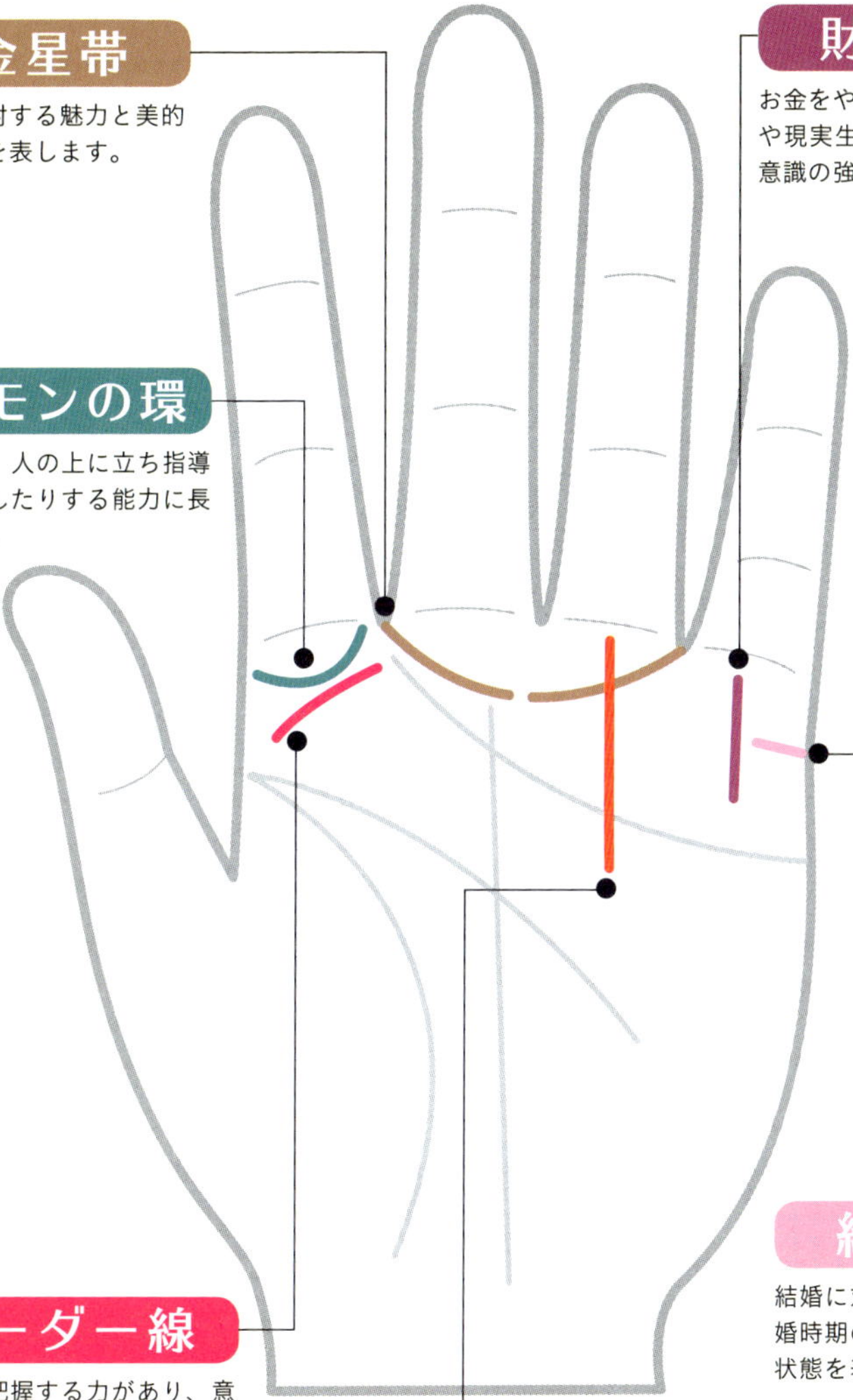

金星帯
異性に対する魅力と美的センスを表します。

財運線
お金をやりくりする能力や現実生活への執着心・意識の強弱を表します。

ソロモンの環
知恵があり、人の上に立ち指導したり教育したりする能力に長けています。

結婚線
結婚に対する価値観や結婚時期の目安、結婚後の状態を表します。

リーダー線
人を管理把握する力があり、意志が強いです。周囲への影響力を持ちます。

太陽線
成功や人気運・財運を示します。若いときには出ていないことも。

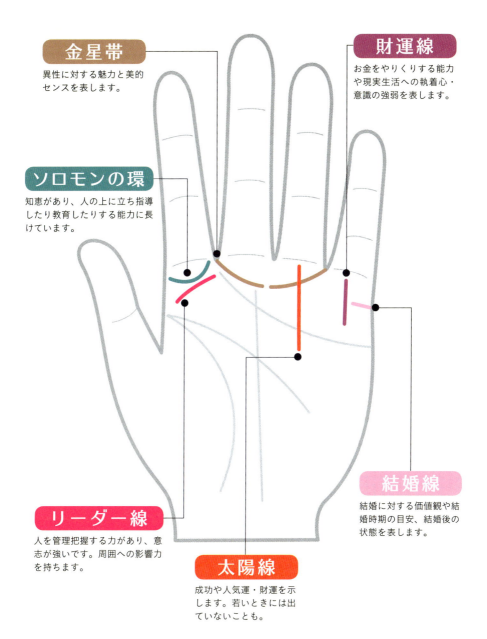

03

補助的な線①

ポイントになる運勢を表す線

補助的な線は、目立ちにくいですが、自分自身を知り、運勢をみる上で大切な意味を持ちます。見逃さないようにしましょう。

希望線《きぼうせん》

生命線上から伸びる「上昇線」の一種で、人差し指の付け根に向かって伸びる線です。夢を実現させる意欲と運気の強さを表します。

向上線《こうじょうせん》

生命線上から伸びる「上昇線」の一種で、主に中指方向に向かって伸びる短い線です。向上心旺盛で、目標達成意識の強いことを表します。

引《ひ》き立《た》て線《せん》

小指の下側から運命線に向かって伸びる短めの斜線。他人から助けられることを表します。

神秘十字線《しんぴじゅうじせん》

知能線と感情線の間に十字型に表れる線です。先祖や神仏に守られ、直感や霊感が働き、危機的状況から救われる運強さに恵まれていることを表します。

直感線《ちょっかんせん》

小指の付け根あたりから弓状に表れる線です。瞬間的な洞察力に長けていることを表し、企画や計画などの実務的才能も持ちあわせています。

影響線《えいきょうせん》

小指の下側から、運命線に向かって斜め上向きに伸びる長い線です。プラスとなる他人との出会い運や結婚の好機を表します。

情愛線《じょうあいせん》

生命線の内側にそって伸びる細い線で、異性や配偶者との縁を表します。生命線から5ミリ以上離れて伸びるのは、情愛線とは別の二重生命線です。

隠れた才能を発見する

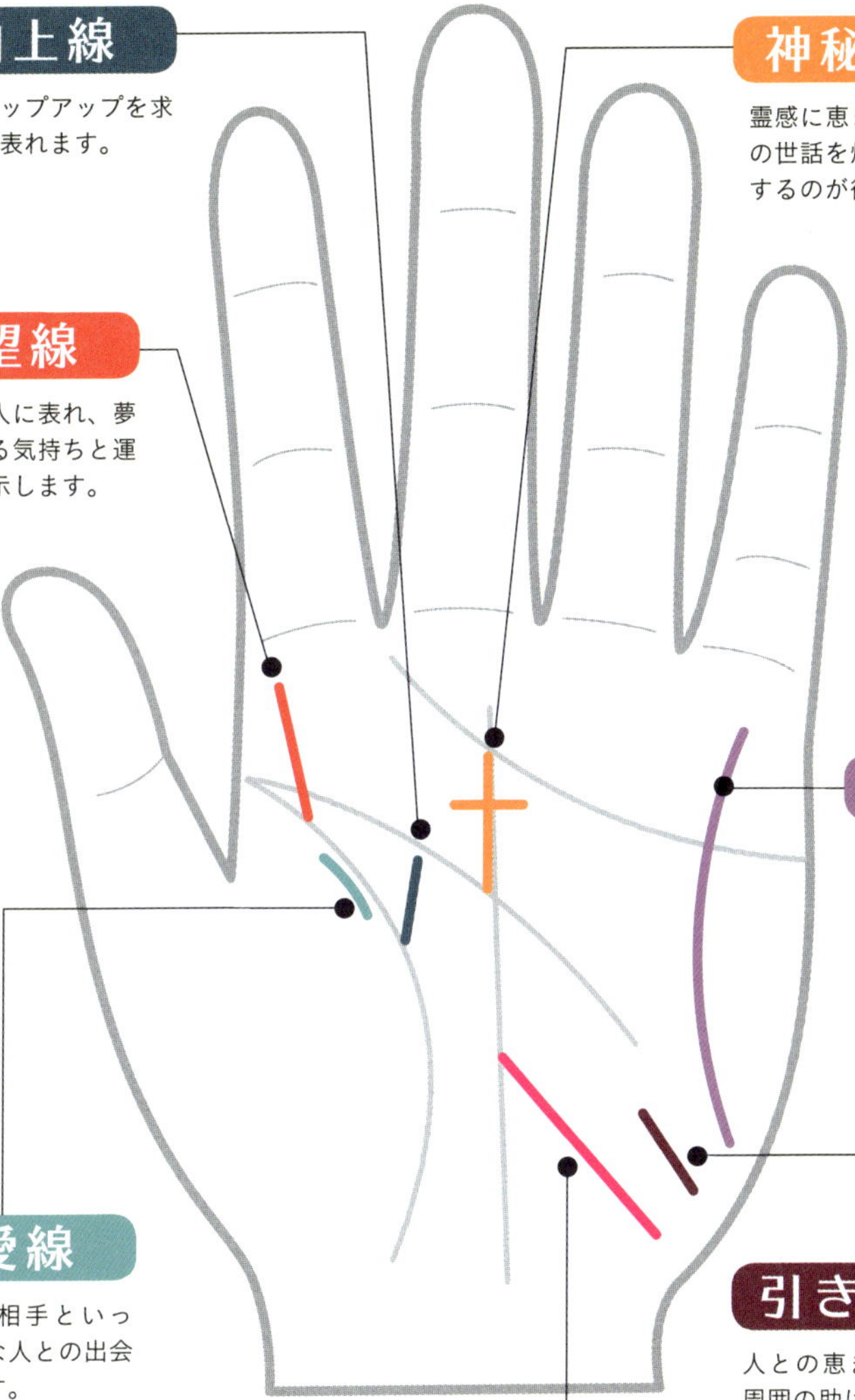

向上線

常にステップアップを求める人に表れます。

神秘十字線

霊感に恵まれ運が強く、人の世話を焼いたり教えたりするのが得意です。

希望線

意志の強い人に表れ、夢を実現させる気持ちと運気の向上を示します。

直感線

洞察力が鋭く、物事の本質を見抜く力があることを示します。

情愛線

恋人や結婚相手といった、運命的な人との出会いを表します。

引き立て線

人との恵まれた縁があり、周囲の助けがあることを表します。

影響線

他人との良い出会い運を示し、特に女性の場合は結婚の好機を示します。

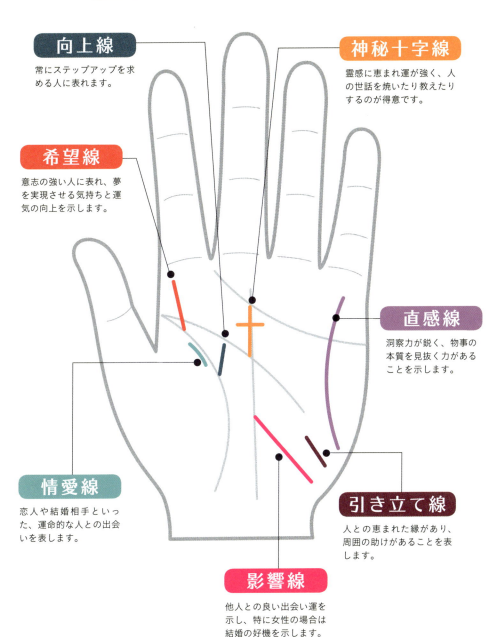

ポイントになる運勢を表す線

補助的な線②

手のひらの線は日々変化をします。様々な位置にあり細かく表れている補助的な線は、特に変わりやすいので気をつけてみましょう。

忍耐線《にんたいせん》

感情線の始点のすぐ下から始まり、薬指または中指へ向かって伸びる線です。苦しいことや困難なことに耐えて道を切り開き成功するタフさを表しています。

幸運線《こううんせん》

感情線の始点の下2センチ前後から、薬指または中指へ向かって伸びる線です。人生を好転させるような他人との出会いに偶然恵まれて、物事がうまくいく幸運を表します。

旅行線《りょこうせん》

生命線の中央より下から、手首の方向へ向かって伸びる斜めの線で、育った場所を離れて活躍したり、旅立つことが開運につながることを表します。線が長いほど長期的な旅や留学、移住を意味します。

障害線《しょうがいせん》

さまざまな主要線を横切って伸びる線で、横切った線のエネルギーを弱めます。生命線を横切れば病気やケガの、運命線を横切れば仕事上の不運や離婚などのトラブルを暗示します。

健康線《けんこうせん》

手首の上から、感情線の始点の下あたりへ斜めに伸びる線。キレギレや波型など変形している場合は、健康面に問題があり、線が表れていない場合や、すっきりした直線で生命線を越えなければ健康とみます。

放縦線《ほうじゅうせん》

小指側の手のひらの下部分に、横方向へ伸びる線。曲線の場合もあり身体の過度の疲れを表します。不規則な生活などでも濃くなることがあります。

未来を切り開く線

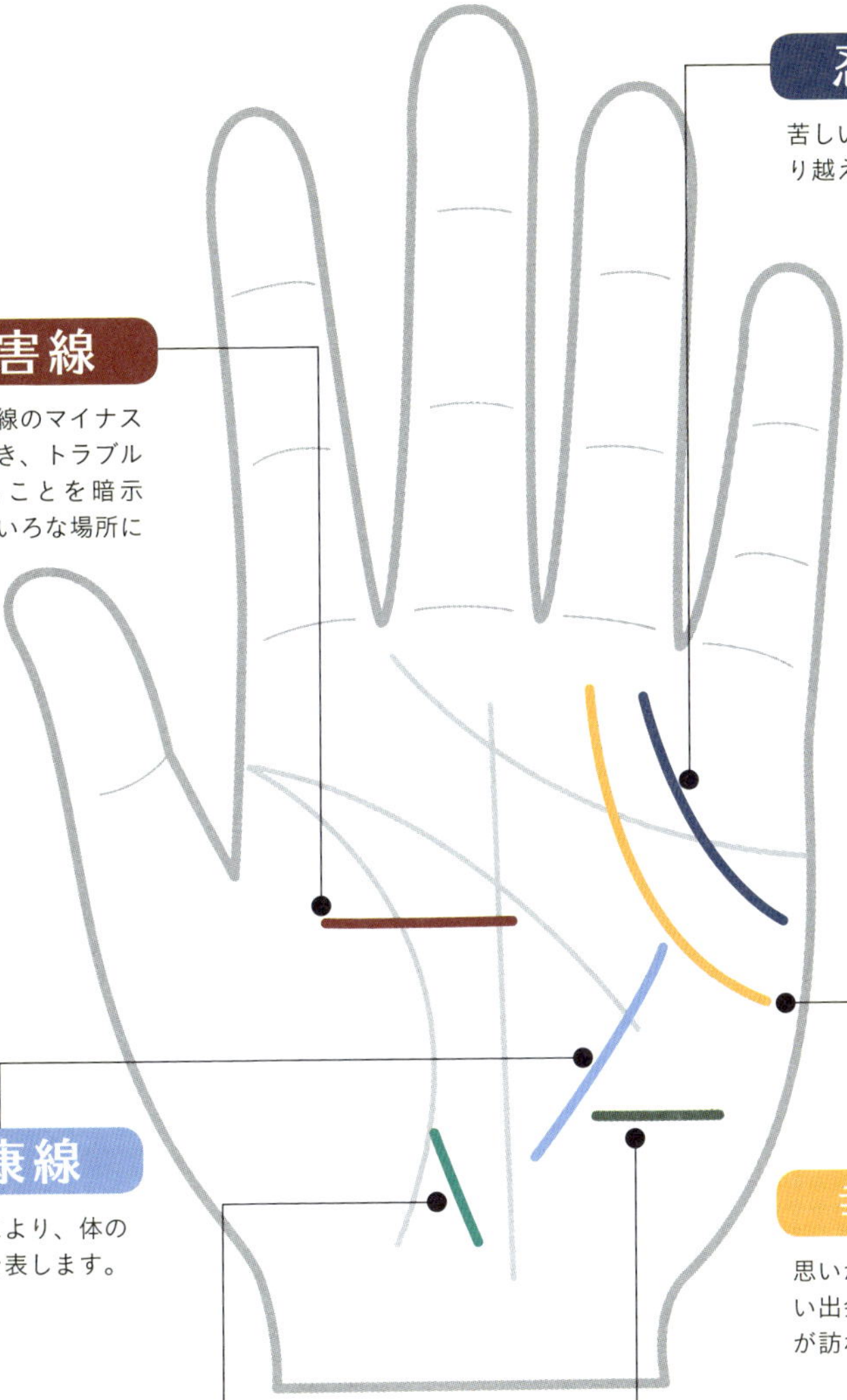

忍耐線
苦しいことや困難を乗り越える力を表します。

障害線
横切った線のマイナス要素を招き、トラブルが訪れることを暗示し、いろいろな場所に出ます。

健康線
線の形状により、体の健康状態を表します。

幸運線
思いがけない人とのよい出会いにより、幸運が訪れます。

旅行線
生まれた場所を離れたり、旅立つことで活躍することを表します。

放縦線
疲れがたまり、心身に負荷がかかっていることを表します。

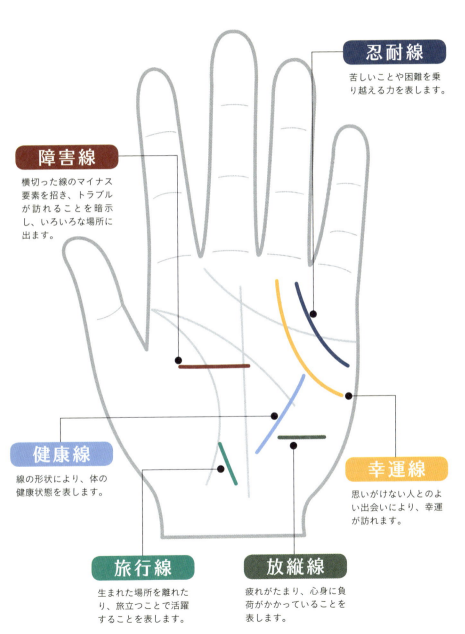

05

線を覚えるヒントとなる

手のひらの丘

手のひらには、９つに区切られた丘があります。そこには、それぞれの丘の意味するエネルギーが備えられており、手相の線に影響を与えています。

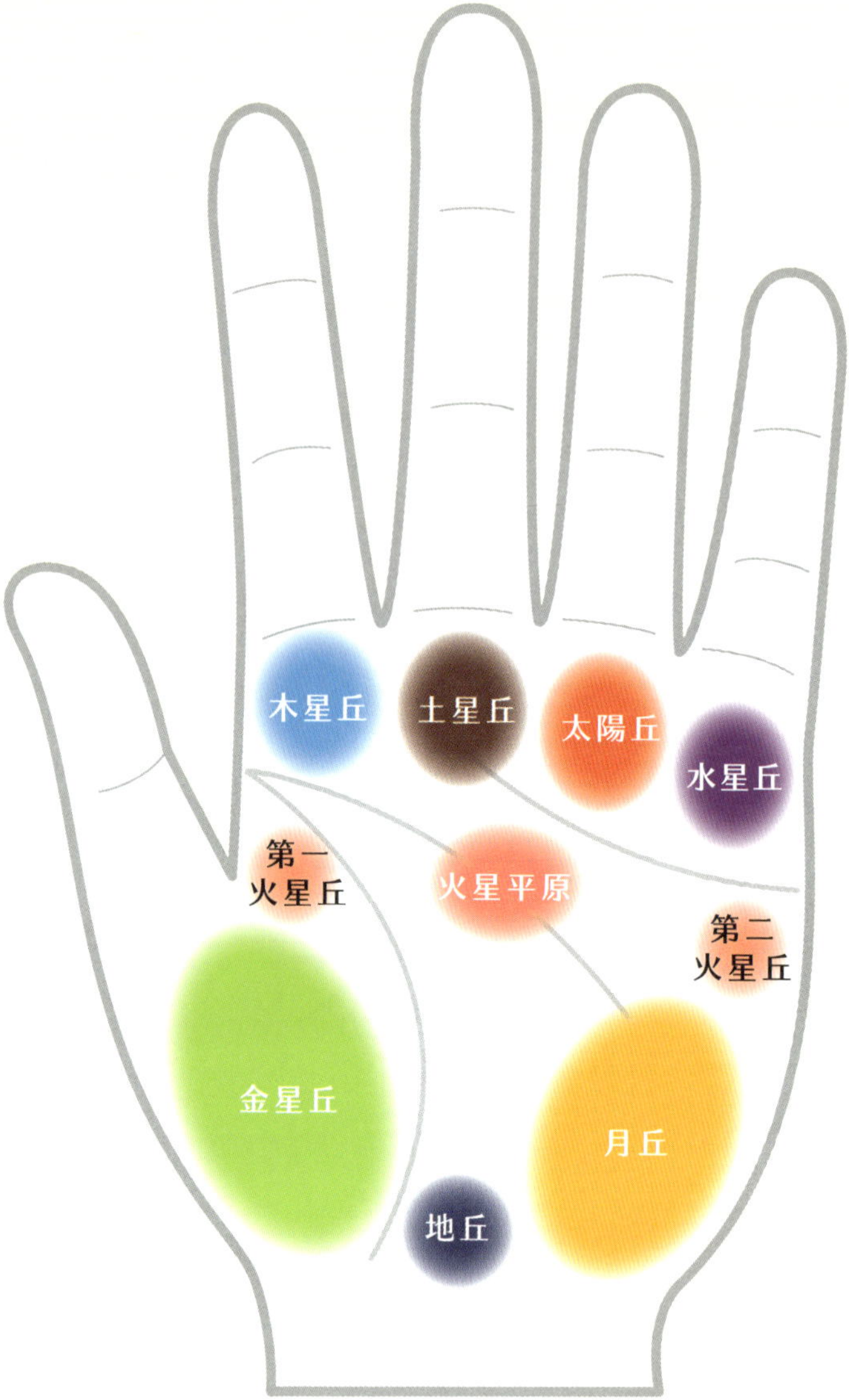

ワンポイントチェック

手のひらの丘は、それぞれの丘が意味するエネルギーを蓄えている貯蔵庫です。丘の発達具合や、丘に線が刻まれているかによって、その人の特徴や運気の状態をみます。

木星丘《もくせいきゅう》

人指し指付け根のエリア。プライドが高く野心的なエネルギーを備えています。管理能力や支配欲などリーダー的資質、アクティブに活動する力を表します。

土星丘《どせいきゅう》

中指付け根のエリア。自分が中心となって目標達成のため努力するエネルギーを備えています。また、自分の世界に没頭する探究心の強さを表します。

太陽丘《たいようきゅう》

薬指付け根のエリア。人をひきつける華やかさや信頼性を備えています。豊かな感受性や直観力、芸術的センス、表現力があり、人気、名声、財運にも関わります。

水星丘《すいせいきゅう》

小指付け根のエリア。コミュニケーション能力やお金をやりくりする現実的な知恵や、企画力を備えています。

第一火星丘《だいいちかせいきゅう》・第二火星丘《だいにかせいきゅう》

第一火星丘は親指と人差し指の間で、正義感や闘争心、前進力を備えます。第二火星丘は感情線の起点のすぐ下で、我慢強く困難を乗り越える力を備えます。

金星丘《きんせいきゅう》

生命線に囲まれた部分で第一火星丘の下になります。生命力と肉親から授かったパワーを備え、健康状態や精力、肉親や故郷との縁を意味します。

月丘《げっきゅう》

第二火星丘の下で、手首の上のエリアです。豊かなイマジネーションと創造的能力を備え、故郷を離れた場所や他人との縁の深さも意味します。

地丘《ちきゅう》・火星平原《かせいへいげん》

地丘は手首の上の中央部分で、先祖から授かった運強いエネルギーを備えます。火星平原は丘とは異なり、手のひらのくぼみ。血色がよくなだらかであれば、温和な性質と安定した運気を表します。

06

メッセージを読み解く

線の種類と意味

同じ名前の線でも、形が違うと、その線の持つ意味合いが大きく異なります。手相を読み解くために、おさえておきましょう。

線の見極め方

線の始点は濃く・太く、終点に向かって薄く・細くなります。

始点と終点を見極めることは、主要な線の枝線なのか主要な線に向かって伸びる別の線なのかを区別する際に重要です。

長い線や、太くて濃い、変形していない線ほど、その線の持つ意味合いが強くなります。例えば太くて力強く刻まれた生命線なら、健康状態が良好であるととらえるのです。

支線《しせん》

1本の線上から伸びる短い線。上向きに伸びている場合は線の意味を強め、下向きの場合は線の意味を弱める傾向。知能線の支線が上向きの場合は、コミュニケーション能力に長けていることや社会性、前向きさの表れを示します。

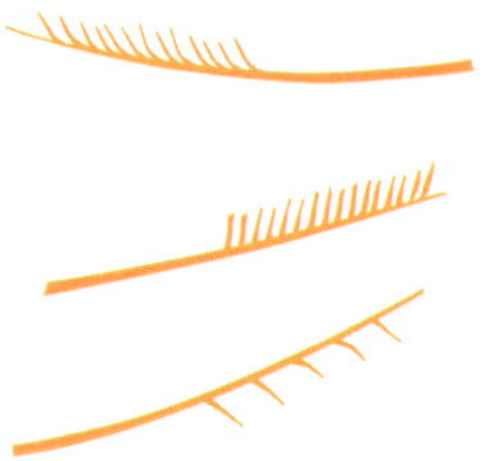

分岐線《ぶんきせん》（枝線《えだせん》）

線の先が2股や3股に分かれている線。その線の持つ意味に多面性を持たせます。感情線が分岐していると、人付き合いのよい社交的な面があり、知能線が分岐していると、発想力豊かで多才な能力と順応性を持つことを意味します。

中断線《ちゅうだんせん》

線の途中が中断され、切れ目がある線。中断箇所が複数あると、線の意味にマイナスの要素を加えます。感情線に中断があると、対人関係でのトラブル、太陽線に中断があると、人気運が不安定なことを示します。

総状線《そうじょうせん》

線の先が不規則な細かい線に分かれて、フサのようになっている線です。この線があると線の持つ意味を弱めます。生命線の先端の総状線は、晩年になり体力の衰えていくことを、結婚線の先端の総状線は夫婦間の倦怠期を暗示します。

サポート線（姉妹線《しまいせん》）

主となる線に対して平行に沿う薄めの線。主となる線が持つ意味を強めたり、その線が切れている場合は、マイナス面を補うラッキーな相。運命線のサポート線は、問題が起きても救われて支援されることを示します。

波状線《はじょうせん》

曲線でうねうねと蛇行している形状の線。蛇行した線は不安定さを表します。運命線が波状であれば、遠回り人生ともいわれ、自分のやり方にこだわるため出世下手な傾向となります。

鎖状線《さじょうせん》

鎖のような形状の線。その線の持つ意味を弱めます。感情線が鎖状であれば感受性が鋭い反面、神経質で精神状態が不安定になりやすい性質を表します。

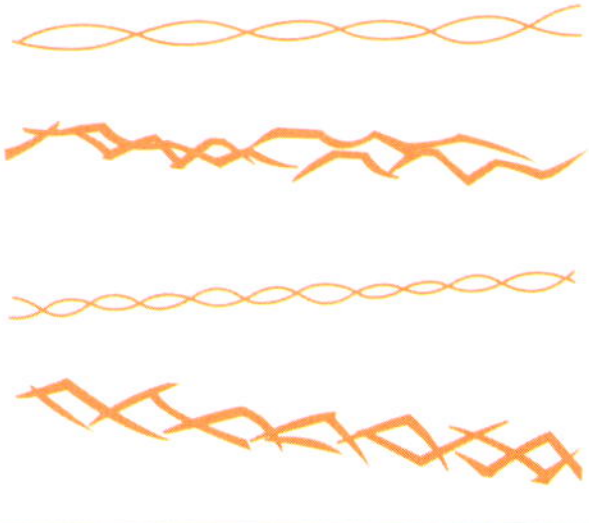

07

メッセージを読み解く

模様やマーク

三角や四角などの模様やマークはサイン自体に意味を持ち、表れた場所や接する線との関係でラッキーやアンラッキーを示します。

表れた場所で異なる意味

手のひらに表れる多様な模様やマークは、それぞれが意味を持ちます。

模様やマークを解釈するには、表れる場所も大切です。同じマークでも表れた場所によって、幸運か不運かが異なることもあるからです。

例えばスターのマークは、木星丘や太陽丘上に表れると成功や幸運を示しますが、土星丘上では困難を暗示します。

スター（星型）

３本以上の短い線が１点で交わるマークです。このマークはたいていは幸福や成功を導くしるしです。木星丘上であれば、地位の向上がみられ、水星丘上であれば事業の成功などを表します。ただし、土星丘に出ると、災難を暗示します。

フィッシュ

魚の形をした珍しいマークで、たいていはラッキーなサインです。旅行線に出れば旅先での幸運を示します。ただし、アンラッキーなシマと紛らわしいので、注意が必要。

格子

数本の線が縦と横に交わり、格子柄になったマーク。月丘に出ると、悲観的になりやすく、水星丘は安定しない異性運、木星丘は教育者に向く性質を示し、太陽丘に出るとユニークなアイデアで運をつかむといわれます。

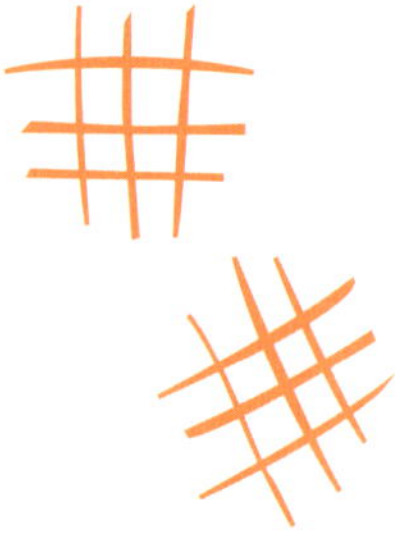

シマ（島状）

小さな楕円《だえん》形のマーク。このマークは表れた線の持つ意味を弱め、障害を暗示します。生命線上は、病気やケガなど健康上の不運、感情線上は感情的な問題や目や循環器系の衰えを示すしるしとなります。

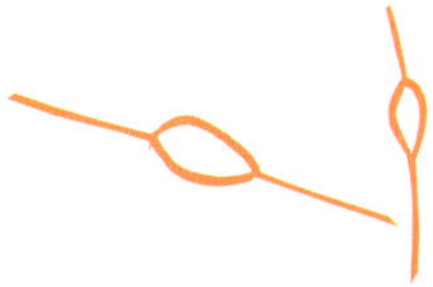

円

丸い形をした珍しいシワで、出る場所によって幸運と不運が分かれます。太陽丘に表れると、事業で一代を成す幸運の兆候ですが、月丘に出ると水難の暗示といわれます。

斑点

丘や線上に表れる黒や赤の丸い点です。丘や線の意味を弱める障害マークの１つで、特に線上に出ると、突発的な災難を暗示します。

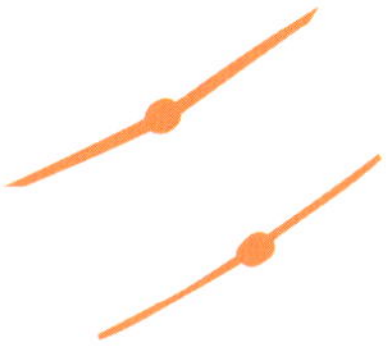

クロス（十字マーク）

２本の線が交わり、十文字やＸの形となるマーク。神秘十字など例外的なクロス以外はアンラッキーを示しますが、木星丘に表れた場合は、地位向上や夢の実現など幸運を招くしるしとなります。

三角

三角の形をしたマーク。丘の上に表れるとその丘の意味を強め、線に接していたり三角が線の一辺を構成すると、その線の意味を弱めます。感情線上に限っては、一芸に秀でる人に出るといわれます。

四角

四角形の形をしたマーク。表れた丘や線のマイナス部分を補うしるしです。運命線上の切れ目部分に出ていれば、大失敗や損害から逃れられる幸運のしるし。ただし感情線上に表れると、愛情面での波乱傾向。

08

メッセージを読み解く

手の形を知る

手の形は大きく6種類に分類でき、想像力に富む精神的タイプと、行動力に富む現実タイプにわかれます。自分のタイプと傾向を探っていきましょう。

じっくり考える精神的タイプ

指が長めで、手のひらが縦に長いという特徴があります。

理想的な考えを重視し、感性の鋭さや気持ちの豊かさを持っています。

物事に取り組むときは、慎重に考えてから行い、細かい事柄を気にする面があります。

また、自分の思いを優先するので身の丈よりも大きい目標や夢を掲げる場合もあります。

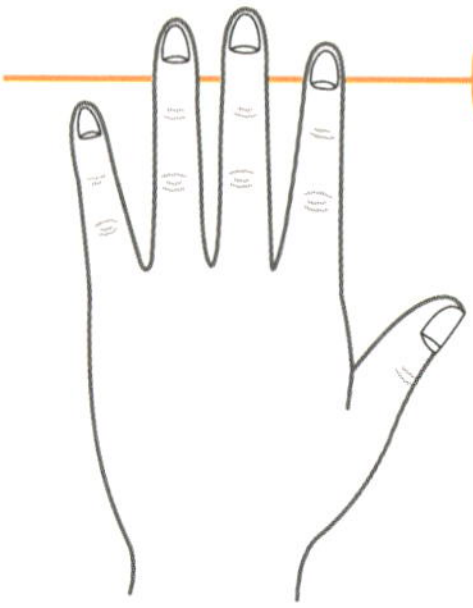

指先が丸く柔らかい手

感受性が豊かな円満タイプ。想像力に富んで芸術分野に優れ、表現力があります。人あたりがよい反面、情にもろく、移り気な面もあります。

縦長でふっくらし、指は細く先が丸い。指関節は柔らかい。

細長く指先のとがった手

夢見がちな直感派タイプ。感性が鋭く、空想好きな傾向があり、色彩のセンスもあるアーチストタイプ。事務や商売にはあまり向きません。

全体的に柔らかで指先はとがったようになり、肌のキメは細かい。

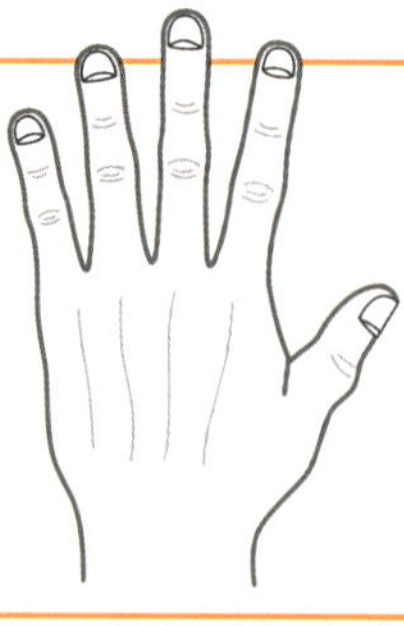

指関節が目立つ手

冷静な研究家タイプ。知識や情報を取り入れることを好み、判断力、分析力に優れます。おだやかに見えても芯の強い人。

大きめで指は長く関節が太く目立ち、肉付きが薄い。

実行力ある現実タイプ

手のひらの幅が広く大きめで、指の長さは短めという特徴があります。

物事を客観的にとらえることができる現実的思考力の持ち主で、仕事をテキパキとこなせる実務能力があります。

真面目な性格なので、自分の仕事を責任を持ってやり抜くことができます。また、情に流されにくく、夢や目標を実現させる計画性と実行力もあります。

一方で、細かいことに注意を払うのが苦手な大雑把な面があります。

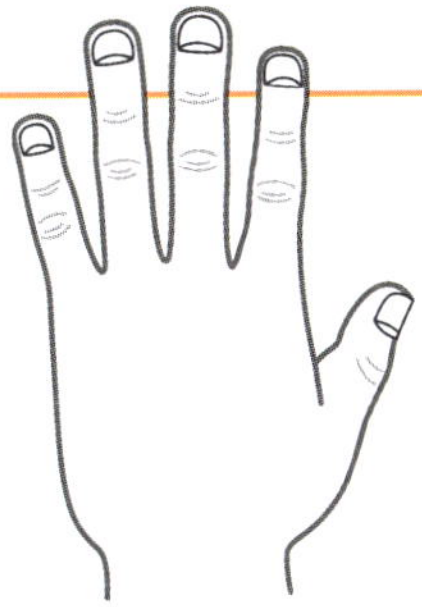

四角い形の手

仕事ができる有能タイプ。意志が強く現実主義で合理的な考えができます。真面目で行動力があり、時間やお金に几帳面です。

四角い形で、指は関節が太めで、根元から先までが同じ太さ。

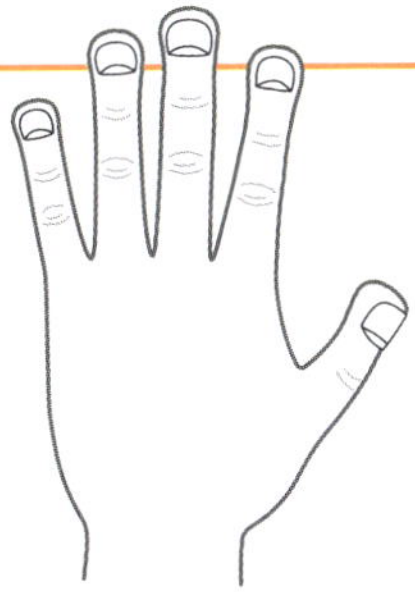

指先の膨らんだ手

独立心旺盛な行動派タイプ。感情が激しく、行動もダイナミックで活発です。自由な行動を好み、創造性があります。

指先が太くて目立ち、先端はふくらんで丸い。手自体が大きい。

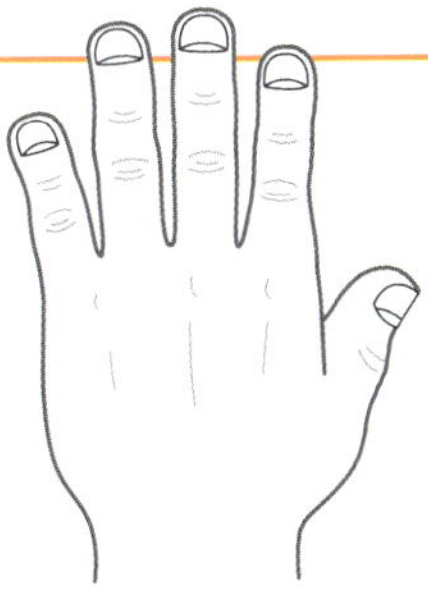

指が太くて短い手

曲がったことを嫌う正義感タイプ。真面目で一度決めたことを貫く強い意志を持ちます。融通がきかない面もあります。

大きくて厚みがあり、指は太くて短く、指先は角張っている。

09

メッセージを読み解く

ツメや指紋

ツメや指紋の様々な種類を知り、自分のツメや指紋に近いものを探してみましょう。気づかなかった一面を発見できるかもしれません。

ツメや指紋からタイプを知る

ツメは、主に6種類に分かれます。

長いツメの人は感受性が豊かで理想主義で温厚、協調性があります。短い人は、客観性を持ち現実主義で、個人行動を好む傾向にあります。

指紋は大きく分けると波型、円型、山なりの3種類。波型が最も多く、次が円型。山なりは少なく隠れた才能を持つ天才型といわれます。

丸いツメ

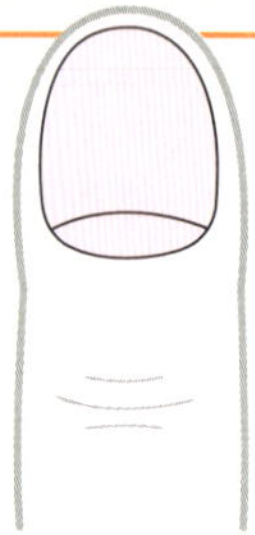

温和で人当たりもよく、対人関係が良好で、新しい環境への順応性もあります。人との付き合いは浅く広い傾向にあるので、サバサバとした性格にみられます。物事をきっちりと進めず、アバウトな面もみられます。

細長いツメ

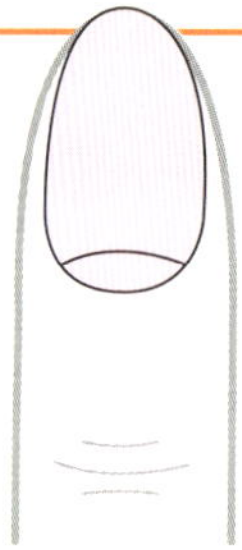

アート感覚や美的センスに長けていて、知的好奇心旺盛です。自分本位な考え方をしがちな反面、周囲のプレッシャーやストレスに対しては弱く、自分のよさを発揮しにくいことがあります。

四角いツメ

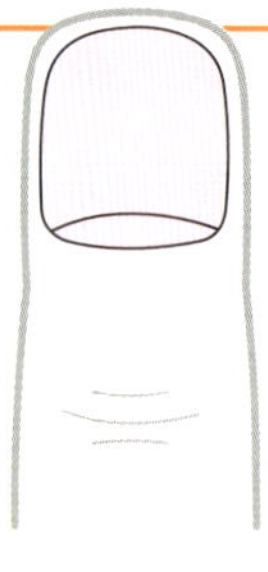

物事に対する考えが常識的で、几帳面なタイプ。適当に処理をすることがないので信頼される一方、柔軟性や融通性に欠ける面もみられます。計画したことをやり通す粘り強さもあります。

波型の線

左右どちらかの横方向に波が流れている形をしている指紋は、蹄状紋《ていじょうもん》ともいわれ、周囲への配慮や気遣いがあり、順応性や適応力があります。全部が波型なのは、非常に粘り強いタイプです。

円型の線

渦を巻いている形をしているので、渦状紋《かじょうもん》ともいわれます。愛情豊かで大胆、強い自我を持っています。全部が円型の人は、感受性が鋭くプライドの高いタイプです。

山なりの線

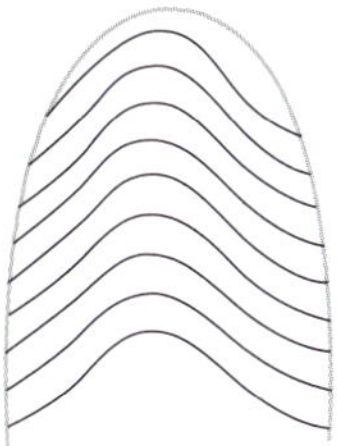

ゆるやかな山なりの曲線が重なり、弓状紋《きゅうじょうもん》ともいわれる指紋です。一途に物事に取り組むタイプですが、気分にムラのあるところも。

小さいツメ

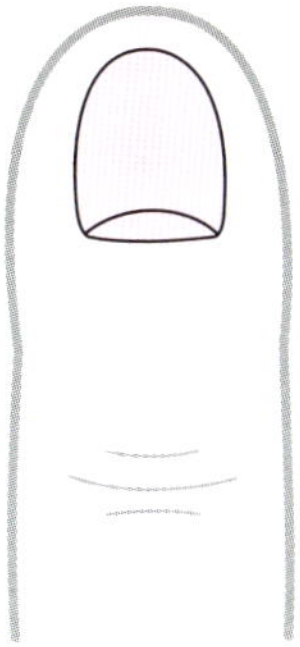

物事を客観的に見るクールな視点を持ち、直感が鋭く理論派です。いろいろなことに気づきやすい繊細さと、自分の思ったことは譲れない堅い信念の持ち主です。

幅の広いツメ

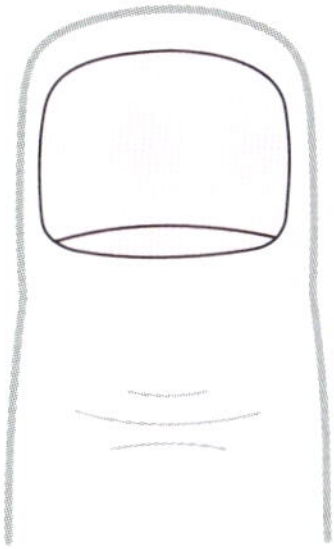

行動的で闘争心がありますが、気が済むとあっさりしているところもある性格です。気が短い部分もありますが、他の人には真似できないタフなパワーの持ち主です。

逆三角形のツメ

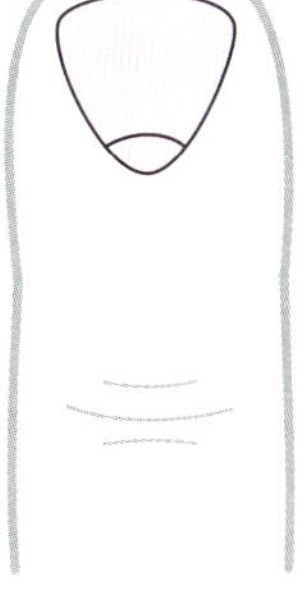

周囲の目や考えを察知できる、敏感なアンテナを持っています。常に空気や気配を感じる神経質な面があるので、心身ともに疲れやすくなります。

10

ターニングポイントの年齢

流年法を知る

これからおこり得るできごとが、具体的にいつ頃におこるかを知る手がかりとなるのが、流年法です。大きな範囲で運気をみることができます。

流年法から見えてくること

流年法とは、手のひらの主要な線に年齢を割り当て、人生の転機となるサインが何歳の場所に表れているかをみるものです。流年法を活用するコツは、例えばトラブルがおこるのが「34歳」なのか「35歳」なのかを見極めることよりも、トラブルのしるしをみつけ、その前に備えるということです。

流年法で流れをつかんで30代半ばに災いのしるしがあれば、健康面では健診を受けたり、仕事面ではミスを最小限にとどめるために確認作業を徹底し、慎重にすごします。ラッキーなしるしがあれば、その前に自分を磨いておくことなどが重要です。

対象となる線には生命線、運命線、太陽線、知能線、感情線、結婚線があります。主に用いられるのは、健康状態など心身のバロメーターとなる生命線と運気の変化を示す運命線です。

生命線の流年法

生命線は、健康状態や環境、運気の状態を表し、流年法でこれらに関わる事件がいつ起こるのかをみていきます。

生命線の流年法は、人差し指と親指の付け根の間から伸びているこの始点部分を0歳とします。手首に向かって伸びた標準的な人の手相の生命線の終点を90歳とし、ポイントをつけた0歳と90歳の間を三等分します。そこからそれぞれ30歳、60歳と年齢を割り当てていきます。

目安がついたら、0歳と30歳の間を15歳、30歳と60歳の間を45歳、60歳と90歳の間を75歳として年齢を出します。

なお、人差し指と中指の間から垂直におろした線と交差する生命線の位置が20歳の目安となり、それらに基づいて年齢を割り当てていきます。

流年法を知る／生命線

生命線の始点を0歳とし、手首まで伸びていると想定した終点を90歳とする。

人差し指と中指の間から垂直におろした線と交差する位置が20歳。

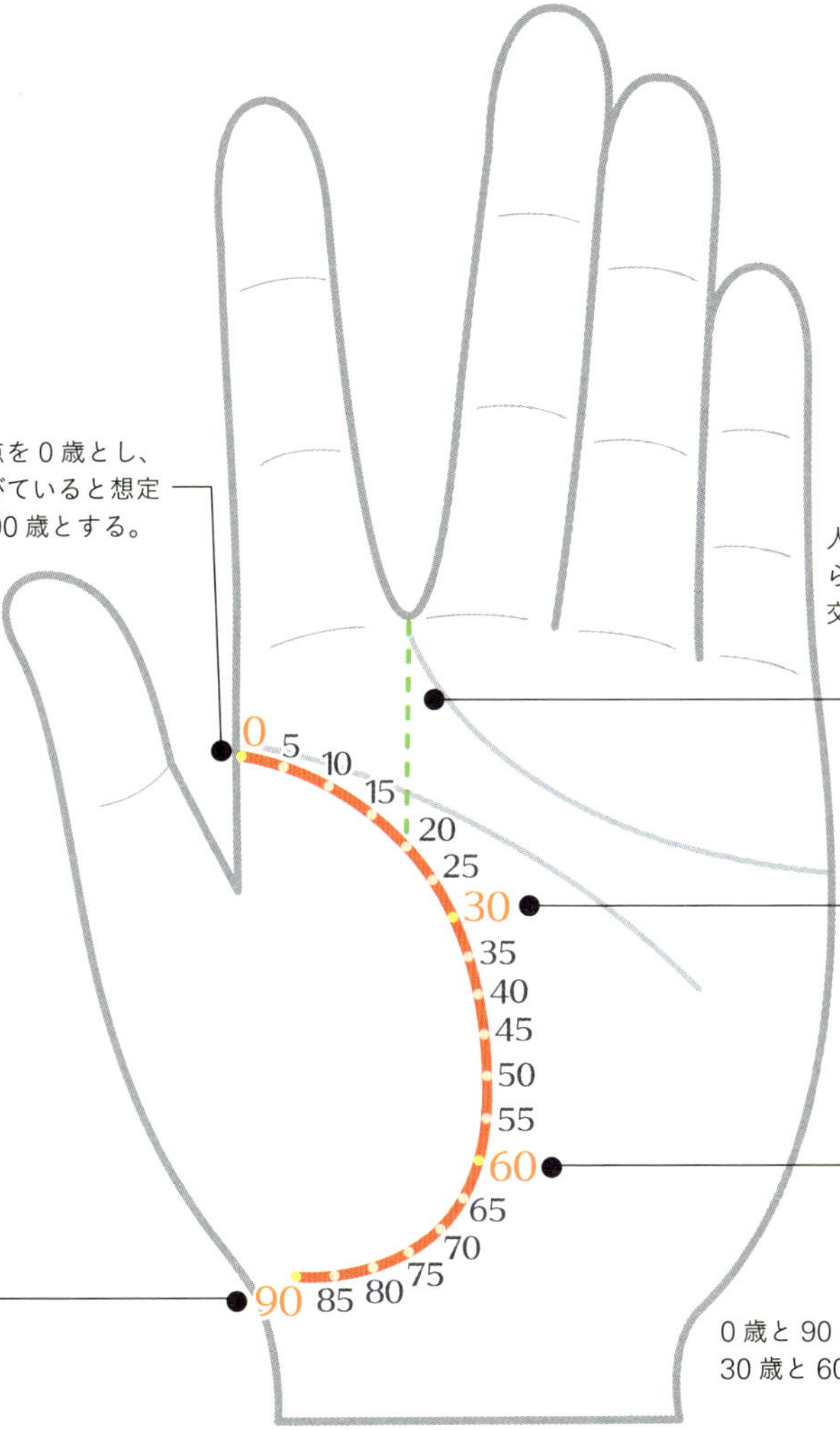

0歳と90歳の間を三等分し、30歳と60歳の目安をつける。

ワンポイントチェック

生命線上から伸びる上向きの支線は、心身のエネルギーアップを意味し、表れた時期から向上心や頑張る「気」が起こります。生命線上にシマやクロスなど障害マークが表れると、健康状態の衰えや突発的な病気、事故の可能性を示します。その時期を見定め、あらかじめ体調管理に気をつけることが大切です。

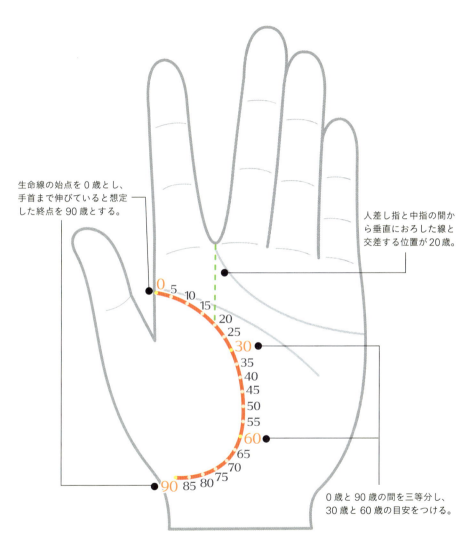

流年法を知る／運命線と太陽線

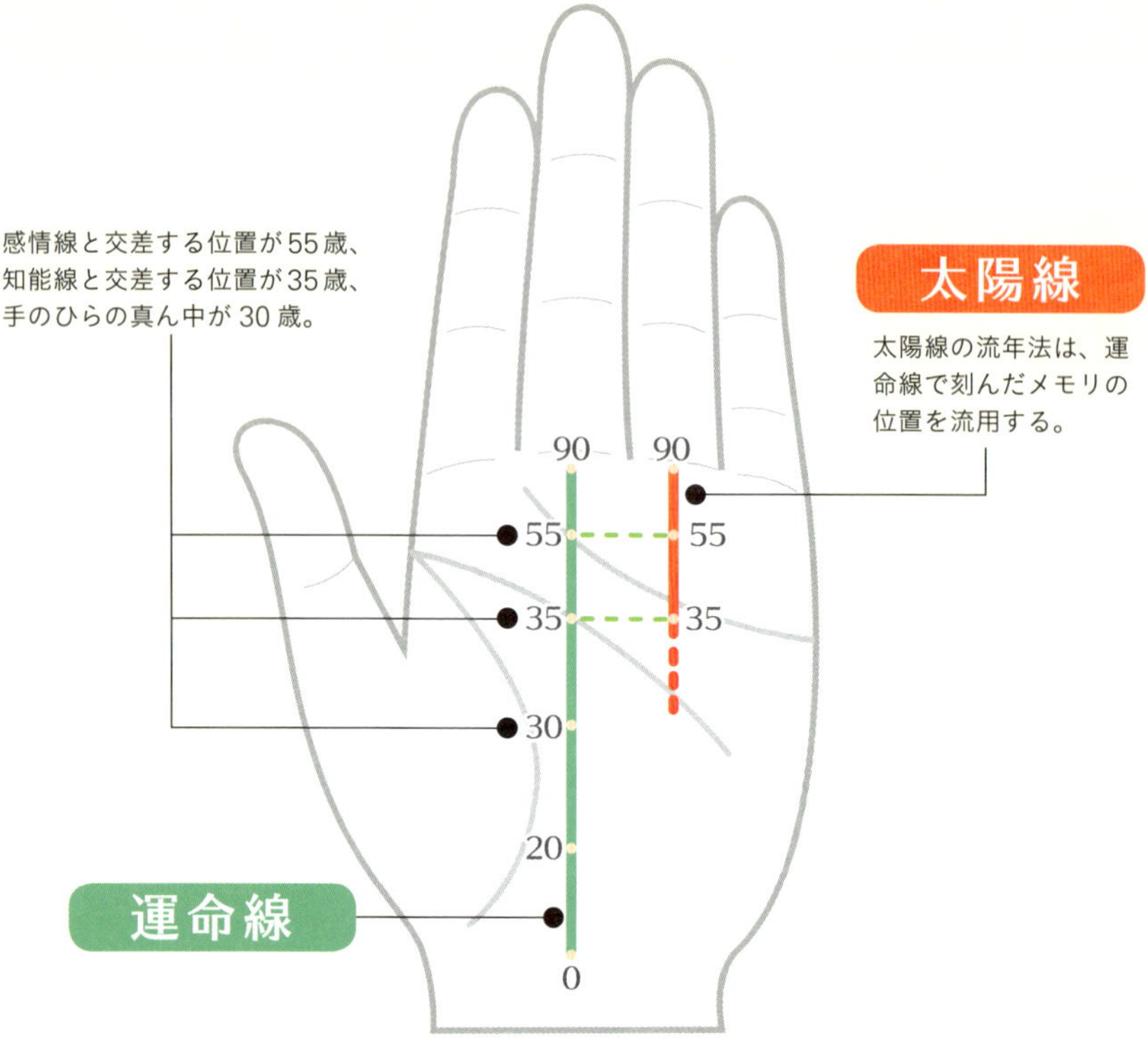

感情線と交差する位置が55歳、
知能線と交差する位置が35歳、
手のひらの真ん中が30歳。
太陽線
太陽線の流年法は、運命線で刻んだメモリの位置を流用する。
90
90
55
55
35
35
30
20
0
運命線

ワンポイントチェック

運命線をみるときは、若いときに線が出ているのか、年をとったときに線が濃くなっているのかなど、自分の活動期をチェックしましょう。

運命線と太陽線

運命線はどこから出発しても中指に向かって伸びていく線で、仕事運と人生の流れや転機、性格についても表します。

手首線を0歳とし、中指の付け根を90歳とします。知能線と交差する位置を35歳、感情線と交差する位置を55歳とします。中指の付け根と手首線の中央を30歳、0歳と30歳の間を20歳ととらえて目安をつけます。

太陽線は薬指の下へ向かって伸びる線で、社会的な評価や成功などを表します。運命線の流年法を使い年齢をみます。

流年法を知る／知能線と感情線

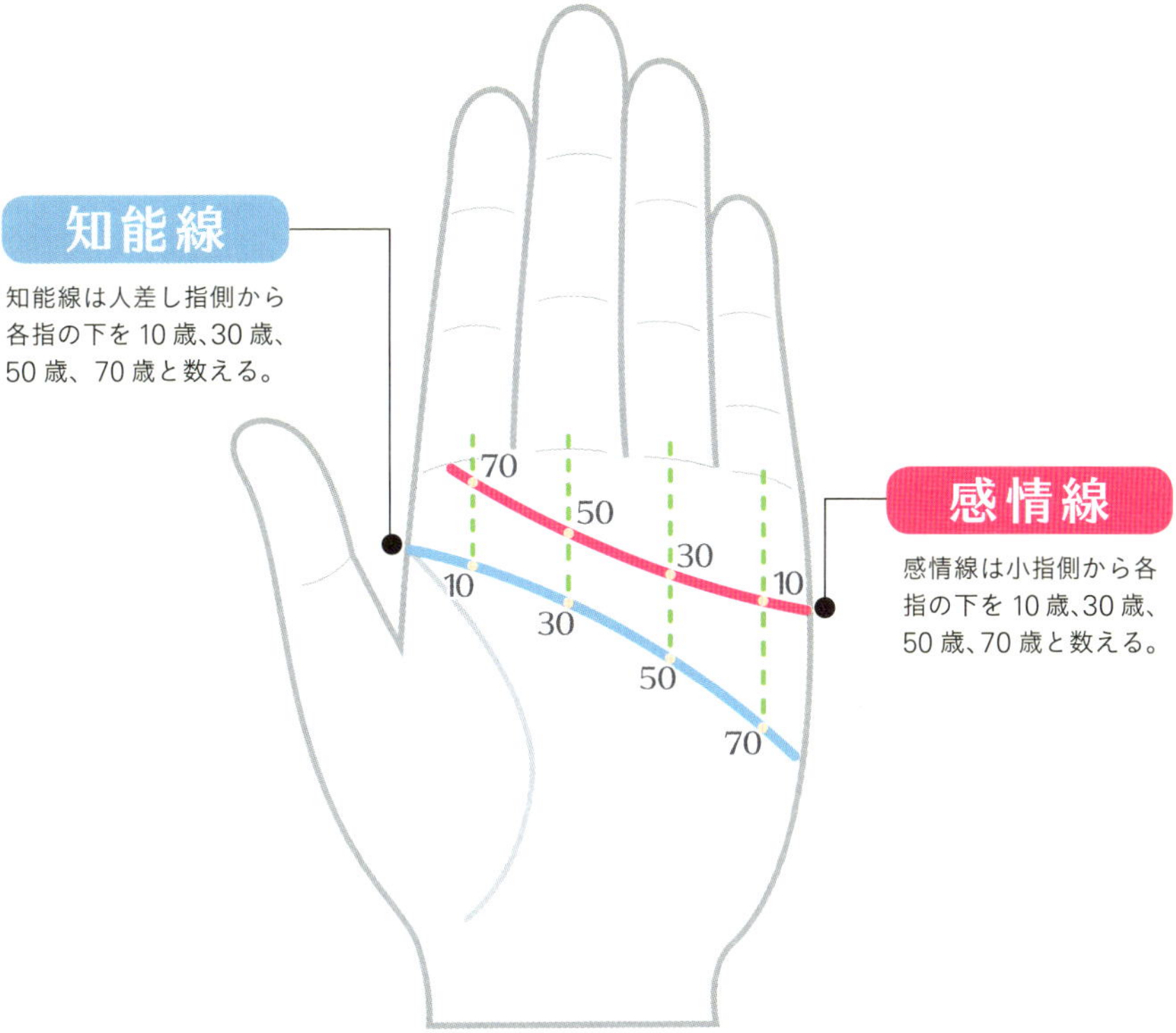
知能線
知能線は人差し指側から各指の下を 10 歳、30 歳、50 歳、70 歳と数える。
70
50
30
10
10
30
50
70
感情線
感情線は小指側から各指の下を 10 歳、30 歳、50 歳、70 歳と数える。

ワンポイントチェック

知能線上から上向きに支線が表れていれば、その時期に意欲が向上し、ビジネスチャンス。下向きに細かな支線が出たり、障害マークが表れていたりすれば、問題を暗示します。感情線も同様に、支線やマーク、途切れなどをチェックします。

知能線と感情線

知能線と感情線は形状のばらつきがあり、性格のタイプをみる線なので、流年法を使うことはあまり実際的とはいえません。しかし、微妙な運勢傾向をとらえるには有効です。

知能線は、人差し指の真ん中から垂直に線をおろした位置を10歳、中指は30歳、薬指は50歳、小指は70歳とします。

感情線は、小指側から年齢を数えます。小指の真ん中から垂直に線をおろした位置を10歳、薬指は30歳、中指は50歳、人指し指は70歳とします。

流年法を知る／結婚線

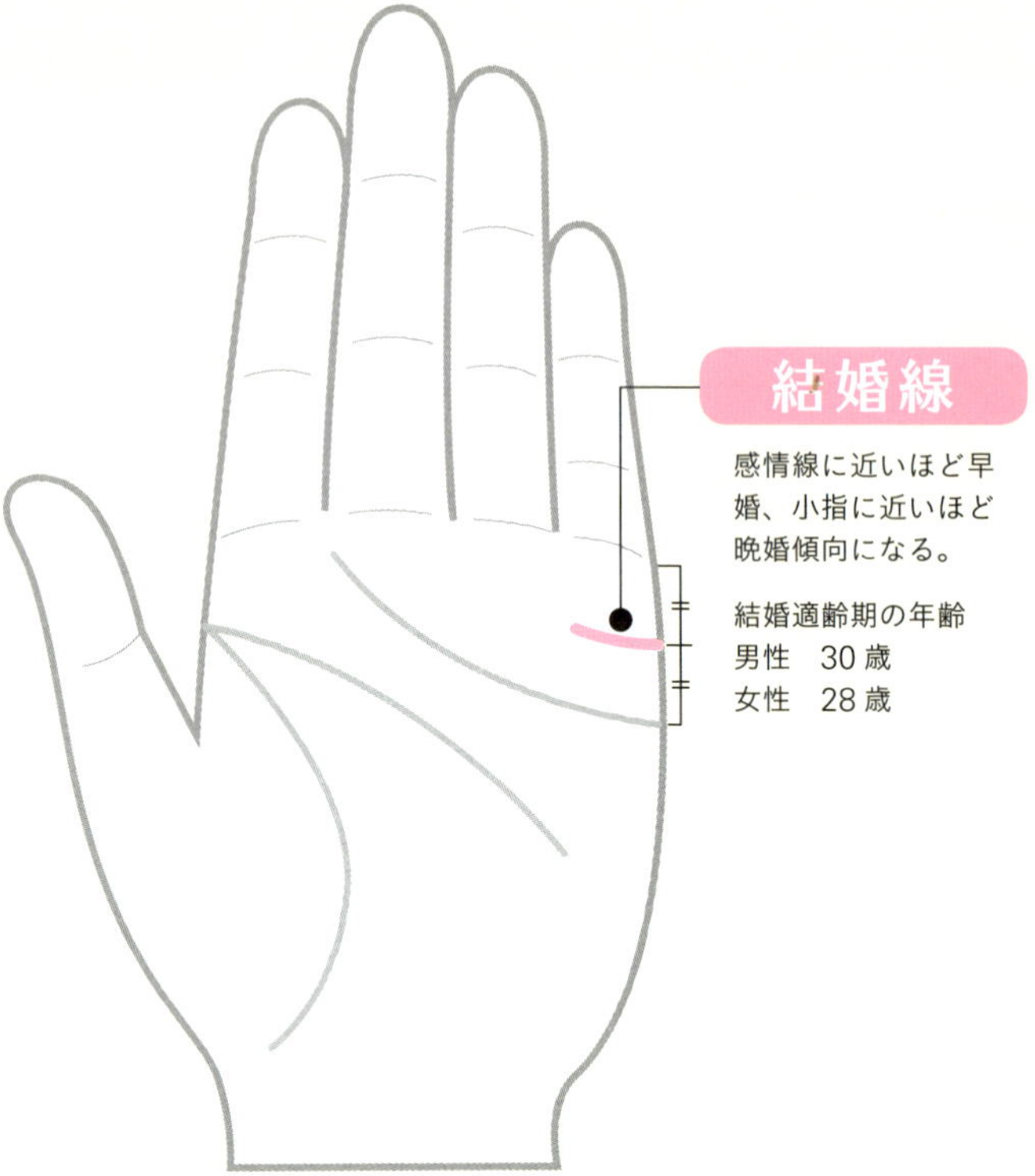
結婚線
感情線に近いほど早婚、小指に近いほど晩婚傾向になる。
結婚適齢期の年齢
男性　30歳
女性　28歳

ワンポイントチェク

結婚線が３本出ている手相の場合、必ずしも３回結婚をするというわけではありません。その線の出ている時期に、意味のある出会いに恵まれることを示しているのです。

結婚線

結婚線の流年法では、結婚の運気が高まる年齢をみることができます。

感情線と小指の付け根のちょうど中間地点をその時代の結婚適齢期年齢とします（現在の日本では男性30歳、女性28歳が目安です）。そして、感情線のすぐ上を20歳前後とし、小指側へいくほど年齢があがっていき、小指の付け根を晩年とし、出会いと結婚運の流れをとらえます。

結婚線は数本表れている場合もありますが、そのなかでもはっきりとした長い線が結び付きの強い結婚の時期を示します。

もくじ

PART 4 家庭

PART 5 金運

PART 6 仕事

PART 7 健康

この本の使い方

この本には、228の手相が収録されています。その中から、自分の手相に似ているものを探したり、興味のあるテーマや目的別にみていくことができます。

この本の特徴

CHECK 1
自分に近い
手相を探すことが
できる！

CHECK 2
タイプやテーマごとに
手相が分類
されている！

CHECK 3
手相から
出来事の時期や
年齢を割り出せる！

CHECK 1
導入ページで自分の手相の傾向をみる
自分の手相はどのタイプ？

まず各 PART の導入ページにあるインデックスから、
その項目に関わる基本的な線の傾向で、自分のタイプをチェックしましょう。

インデックスページ

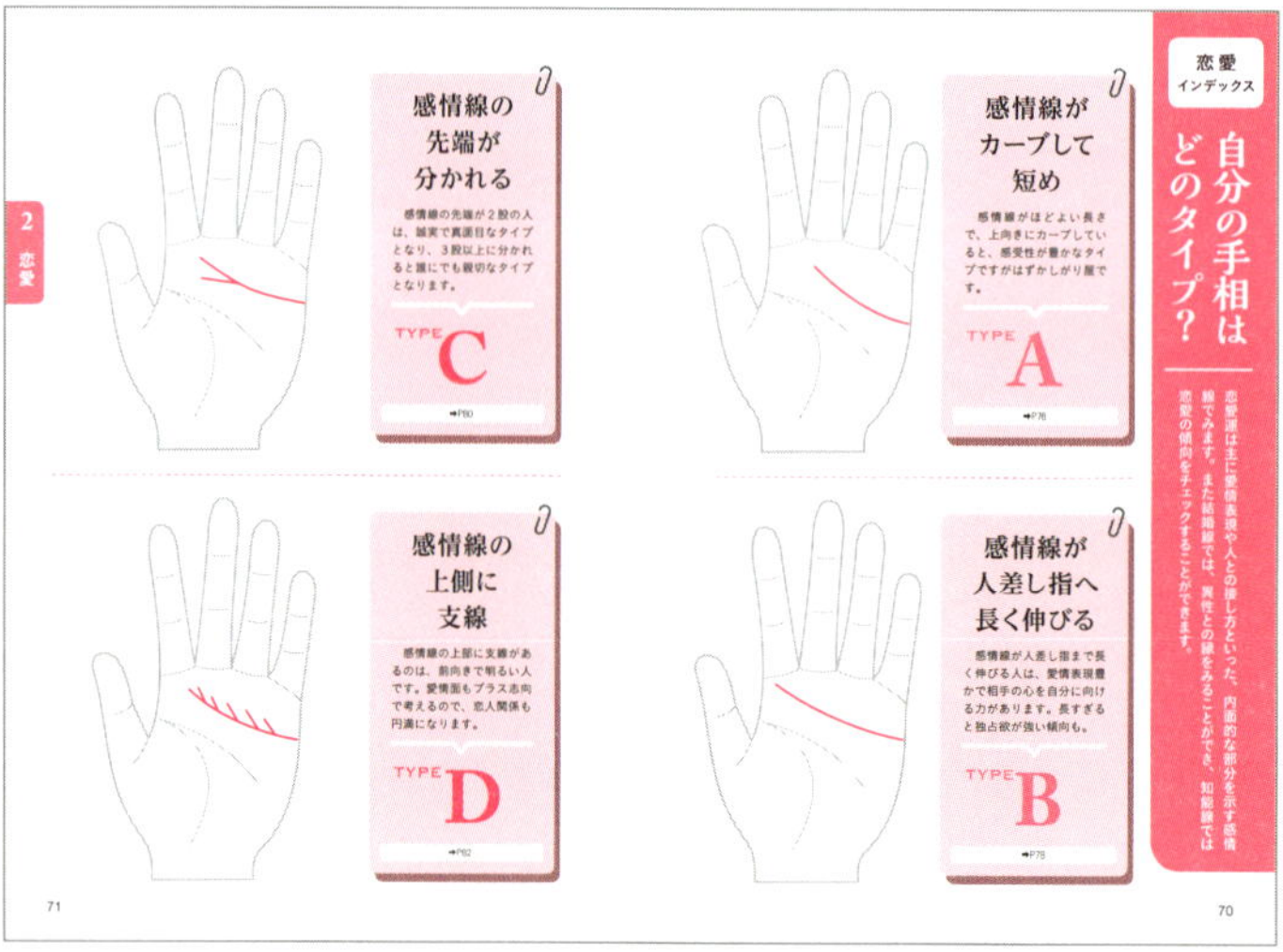
恋愛
インデックス

自分の手相は
どのタイプ？

恋愛運は主に愛情表現や人との接し方といった、内面的な部分を示す感情線でみます。また結婚線では、異性との縁をみることができ、知能線では恋愛の傾向をチェックすることができます。

感情線が
カーブして
短め

感情線がほどよい長さで、上向きにカーブしていると、感受性が豊かなタイプですがはずかしがり屋です。

TYPE A
➡P76

感情線が
人差し指へ
長く伸びる

感情線が人差し指まで長く伸びる人は、愛情表現豊かで相手の心を自分に向ける力があります。長すぎると独占欲が強い傾向も。

TYPE B
➡P78

70

2
恋愛

感情線の
先端が
分かれる

感情線の先端が2股の人は、誠実で真面目なタイプとなり、3股以上に分かれると誰にでも親切なタイプとなります。

TYPE C
➡P80

感情線の
上側に
支線

感情線の上部に支線があるのは、前向きで明るい人です。愛情面もプラス志向で考えるので、恋人関係も円満になります。

TYPE D
➡P82

71

PART1～7にあるインデックスでは、基本となる線の傾向から自分の相に近いものをみつけることができます。

CHECK

2 インデックスから手相のページへ進む タイプでみる手相

各タイプの手相には、複数の要素や特徴が盛り込まれています。ページにある特徴が、すべて揃う必要はありませんが、あてはまる要素が多いほど意味が強まります。

手相ページ

特定のエリアを指す場合は、薄ピンクで表示。また線の太細や濃淡によっても相の特徴を説明しています。

インデックスから該当するアルファベットのページにジャンプすると、さらに詳しい線の入った手相が表示されています。

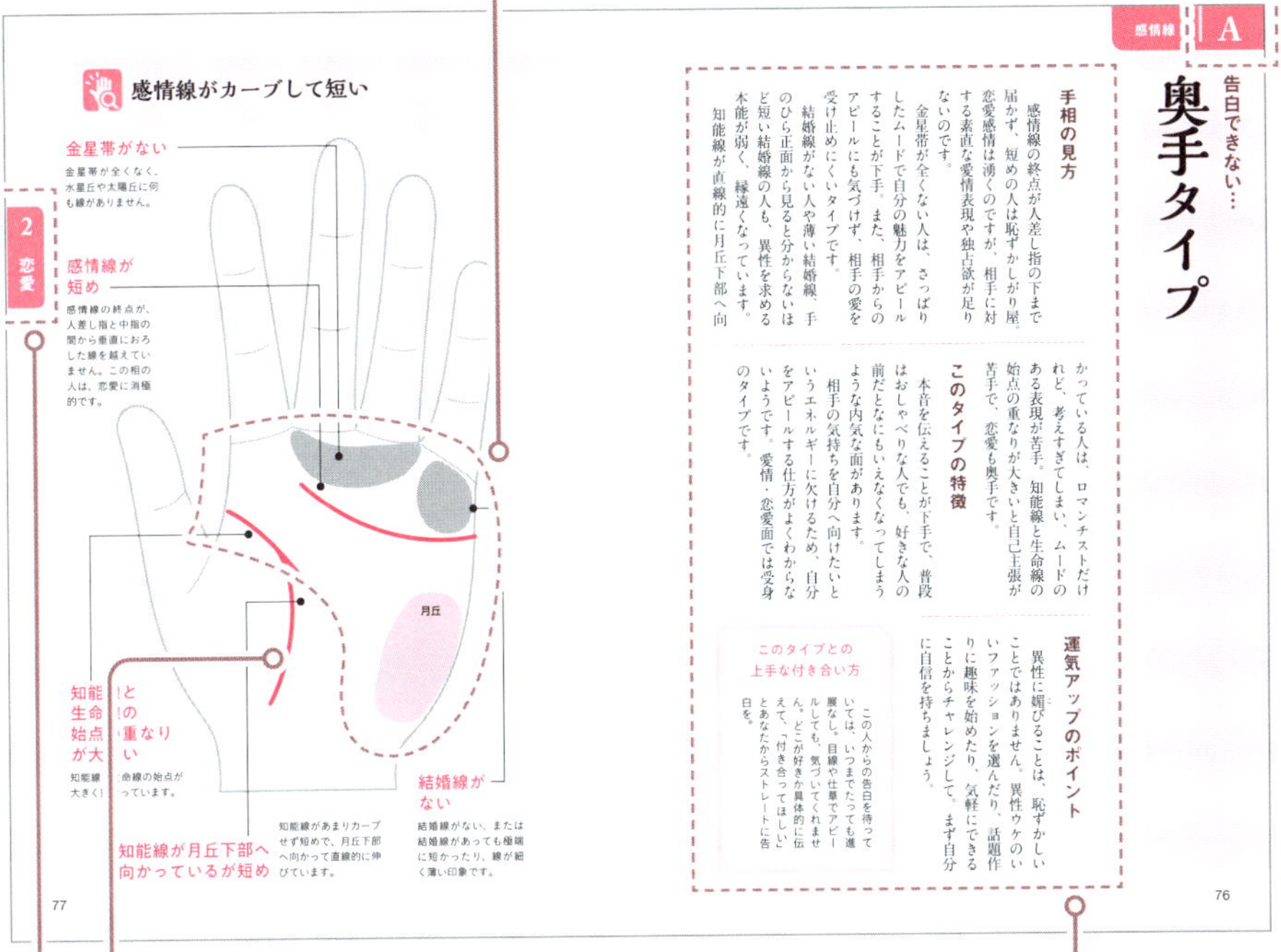

基本となる生命線・知能線・感情線は、位置関係の目安となる場合はグレーの線で、相の説明に関係する線はすべてピンクで表示。

手相の見方や特徴、運気アップのポイントなどを解説。各手相のタイプがより明確になります。

手相の基本と7つのテーマ

巻頭では手相をみる上で必要な基礎知識を解説しました。
PART1 以降では、さまざまなタイプの手相を 7 つのテーマに分類しています。

- PART 1 性格
- PART 2 恋愛
- PART 3 結婚
- PART 4 家庭
- PART 5 金運
- PART 6 仕事
- PART 7 健康

CHECK 3

運気の変わり目や
できごとのタイミングをみる

時期でみる手相

手相では手相自体の変化や流年法という年齢を割り出す方法で、
運気の変わり目やできごとの時期をみることができます。

ページ右上にある「流年法でみる」「相の変化でみる」という項目は、各PART後半に収録しています。

相の変化でみる

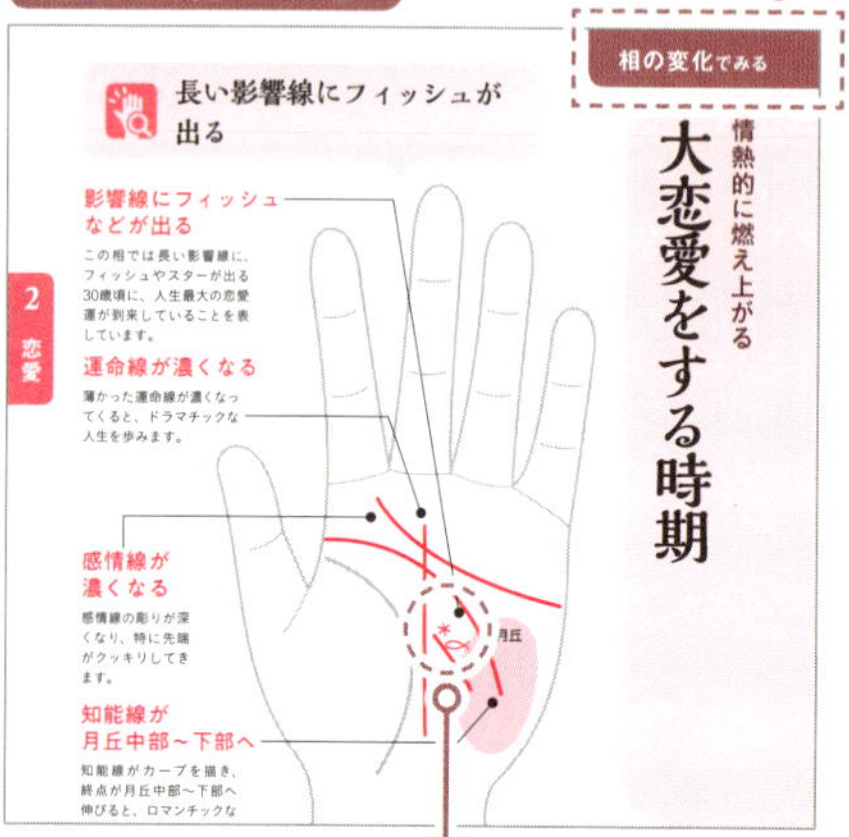

手相は変化していくものです。ある日突然、相にマークが表れたら、それは何かのメッセージです。

流年法でみる

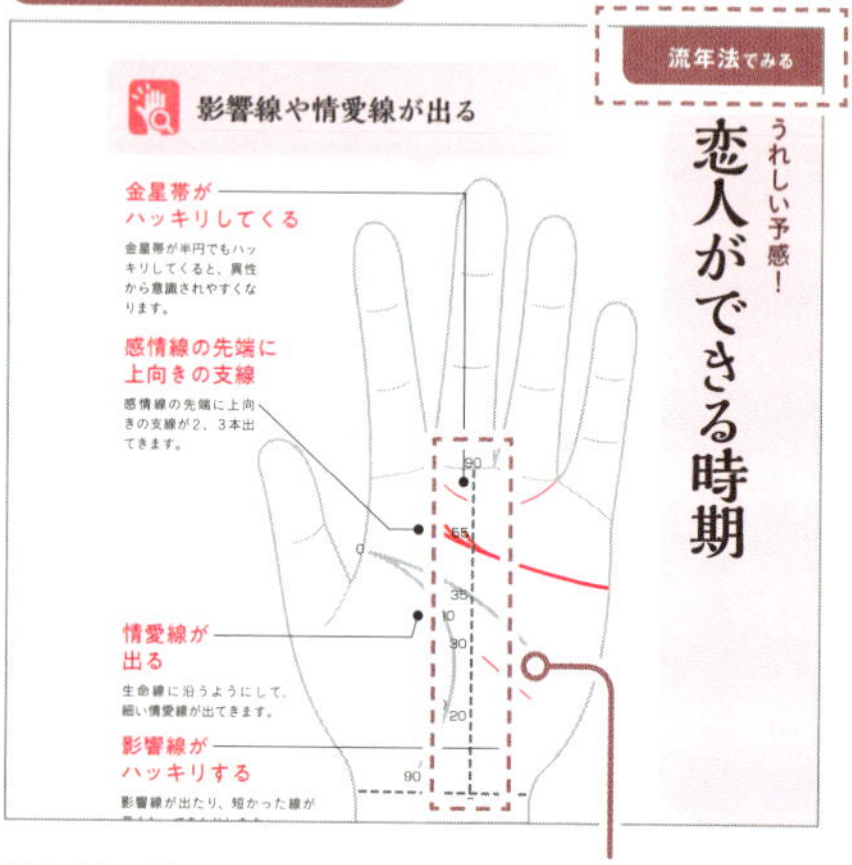

流年法は決められた線に年齢のメモリを入れることで、運気の変化やできごとの時期をみることができます。

手相のバリエーション

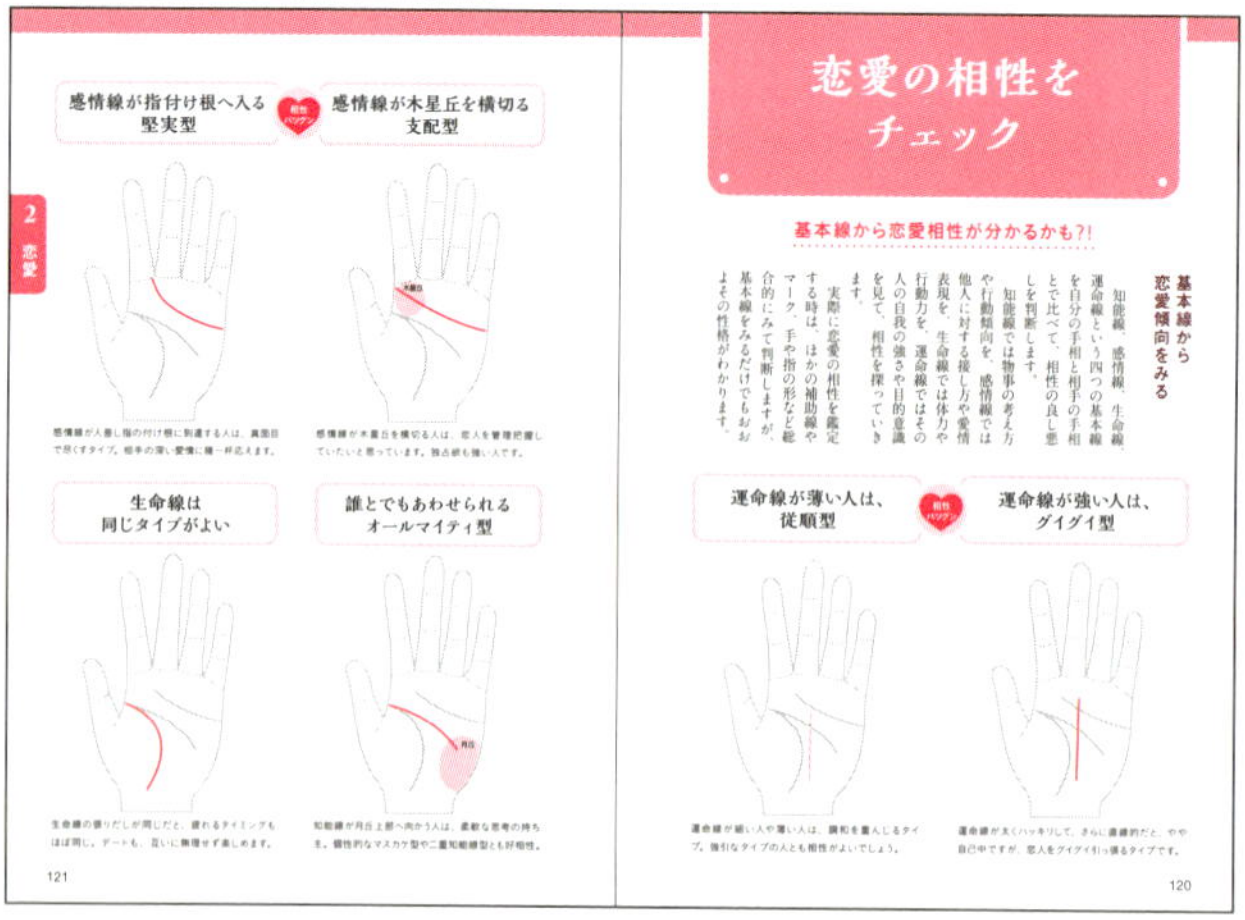

PART2、4、5、6、7では手相のバリエーションを追加。手相と手相との相性などもみていきます。

PART 1

性格

あなたの本性が手相に表れます。
まずは、性格診断です。
自分でも気づかなかった
あなたの姿がみえるかも。

性格
インデックス

自分の手相はどのタイプ？

性格をみるときにポイントとなるのは、知能線です。知能線からは、その人の気質や物事の思考傾向、価値観、行動パターンなどをみることができます。また感情線や生命線、運命線からも傾向をみることができます。

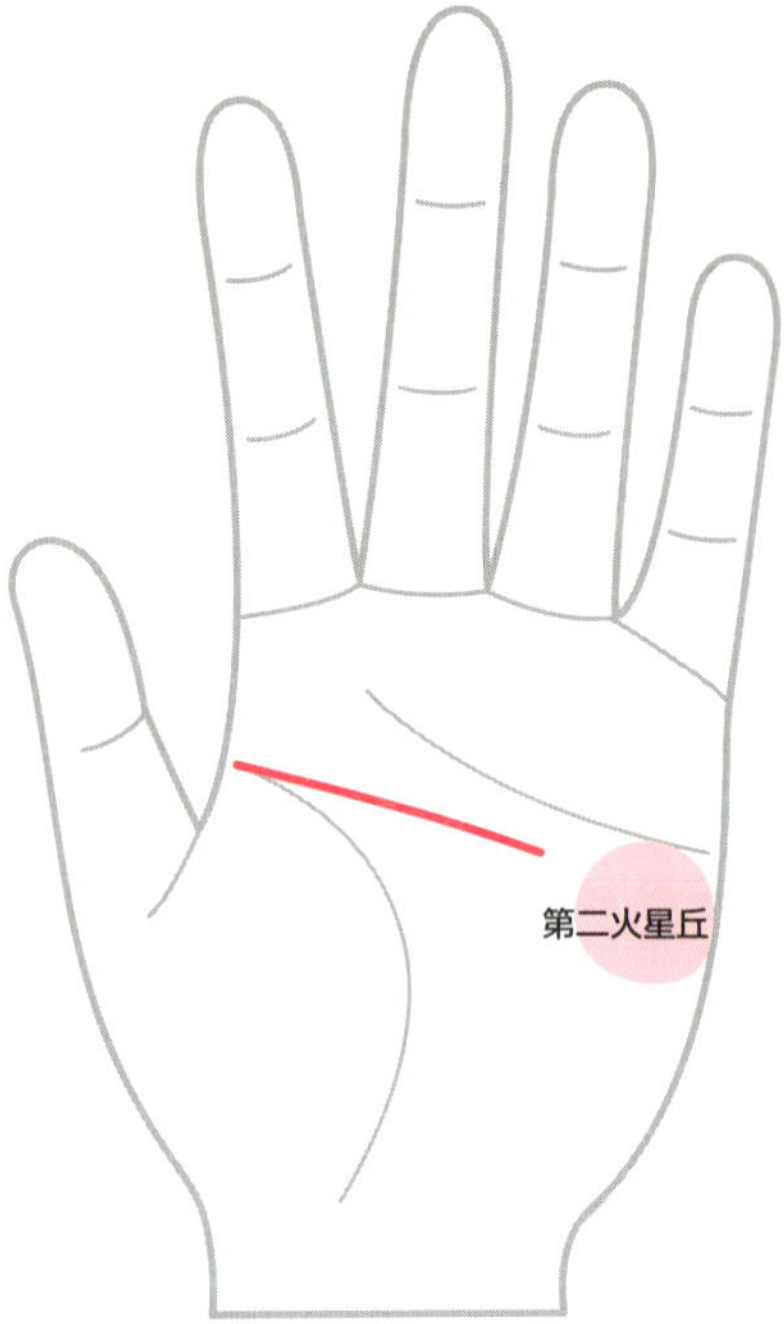

知能線が直線的で横に伸びる

知能線が直線的で第二火星丘に向かって伸びていると、現実的でテキパキと仕事をこなすタイプ。短ければ行動も早い。

TYPE A

➡P48

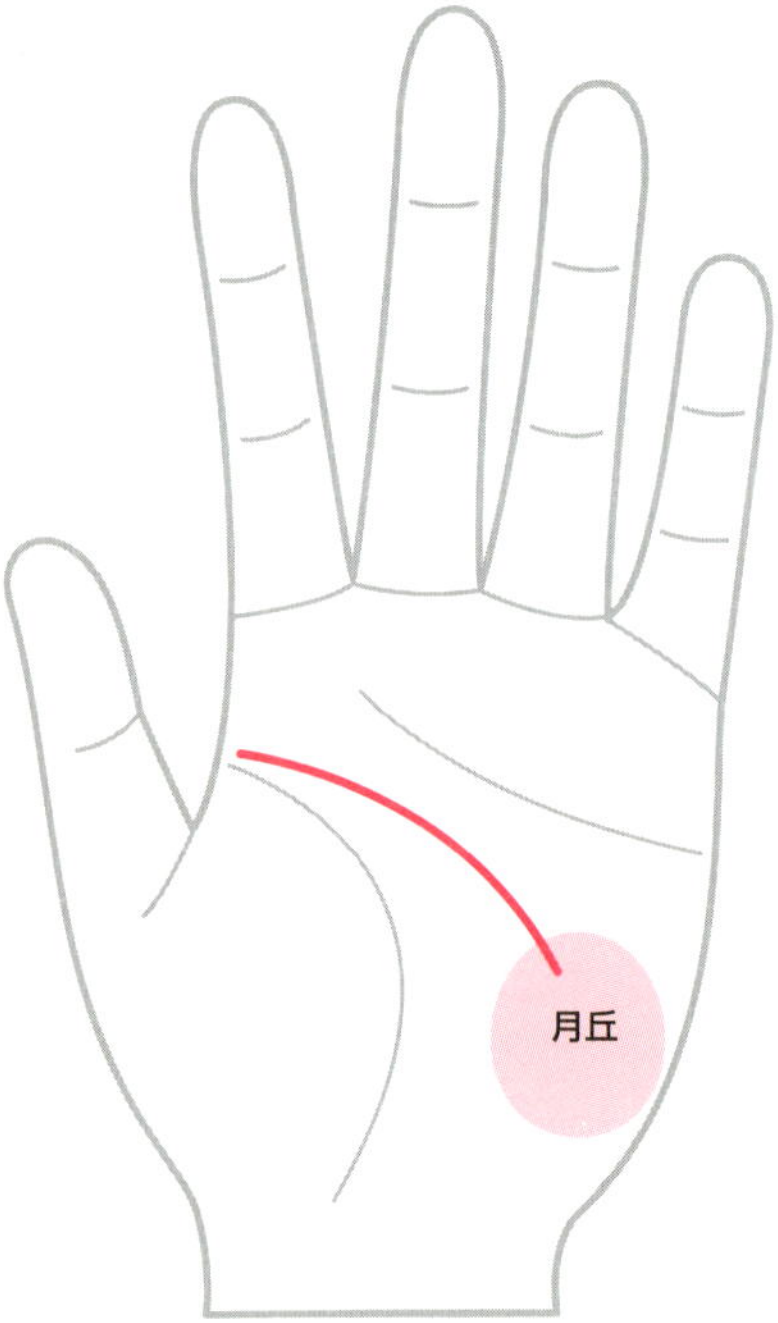

知能線がカーブしやや下降する

知能線が月丘上部まで向かっていると、思考に柔軟性があります。人の意見や価値観を受け入れ、思いやりもあるタイプです。

TYPE B

➡P49

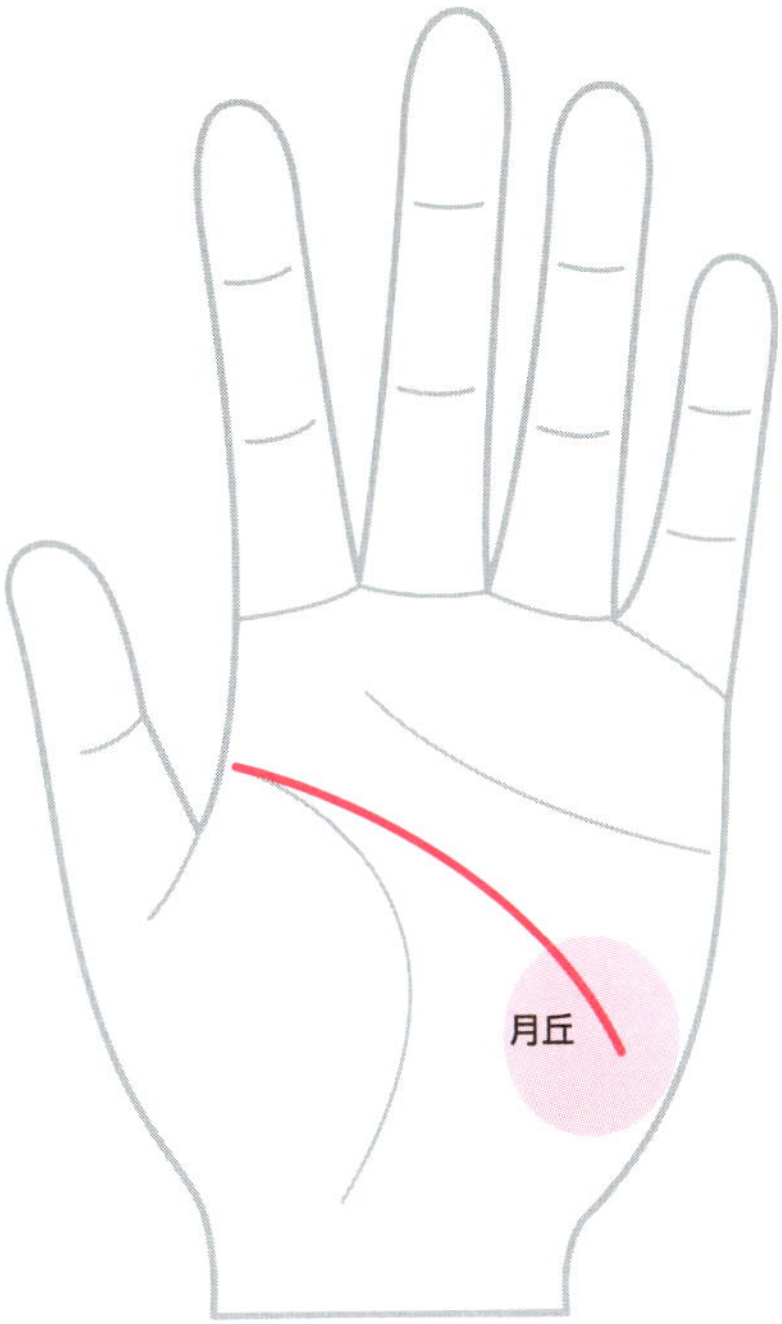

知能線が長く下降する

知能線が長いと、じっくり考えるタイプ。線が月丘の中部から下部へ向かうと、ロマンチストで創造性に富んだ人です。

TYPE C

➡P50

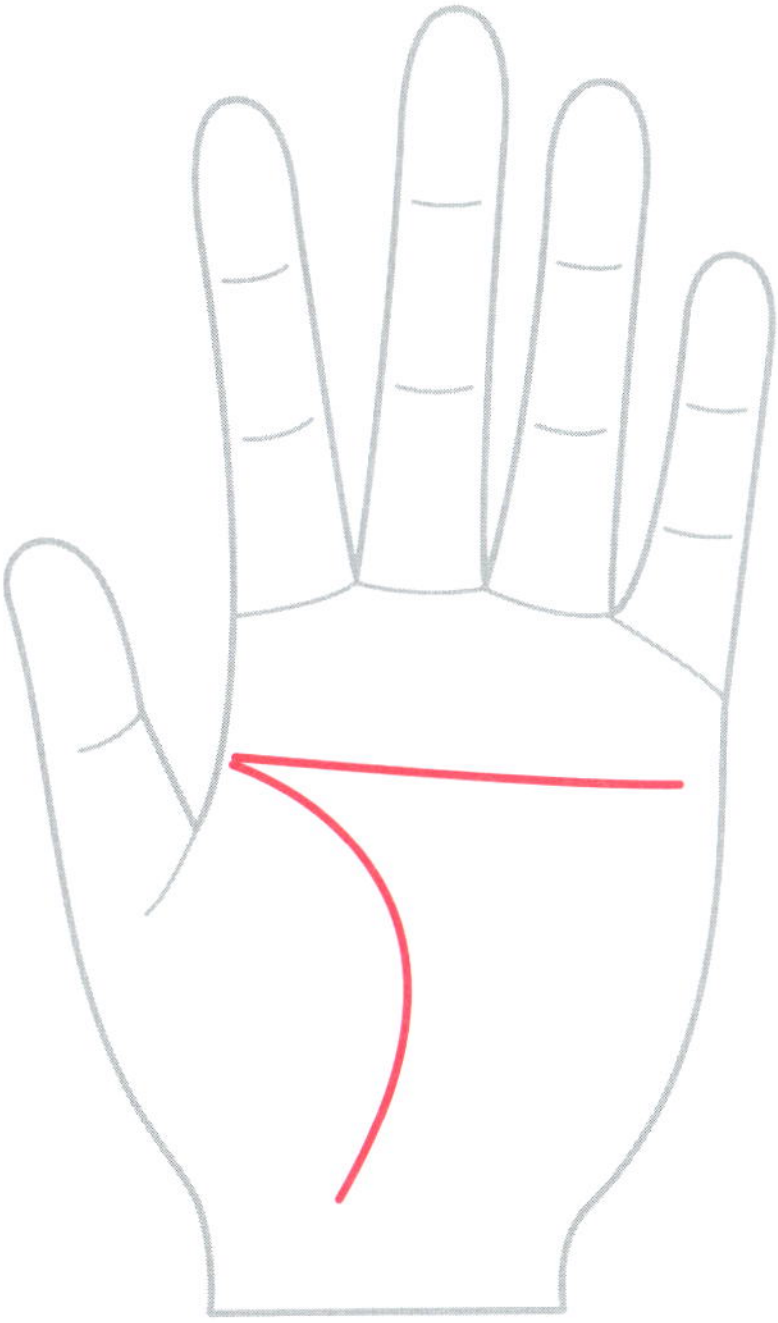

知能線が感情線と一体化

知能線が感情線と1本になって、手のひらを直線的に横切るマスカケタイプ。マイペースで粘り強い性格の持ち主です。

TYPE D

➡P51

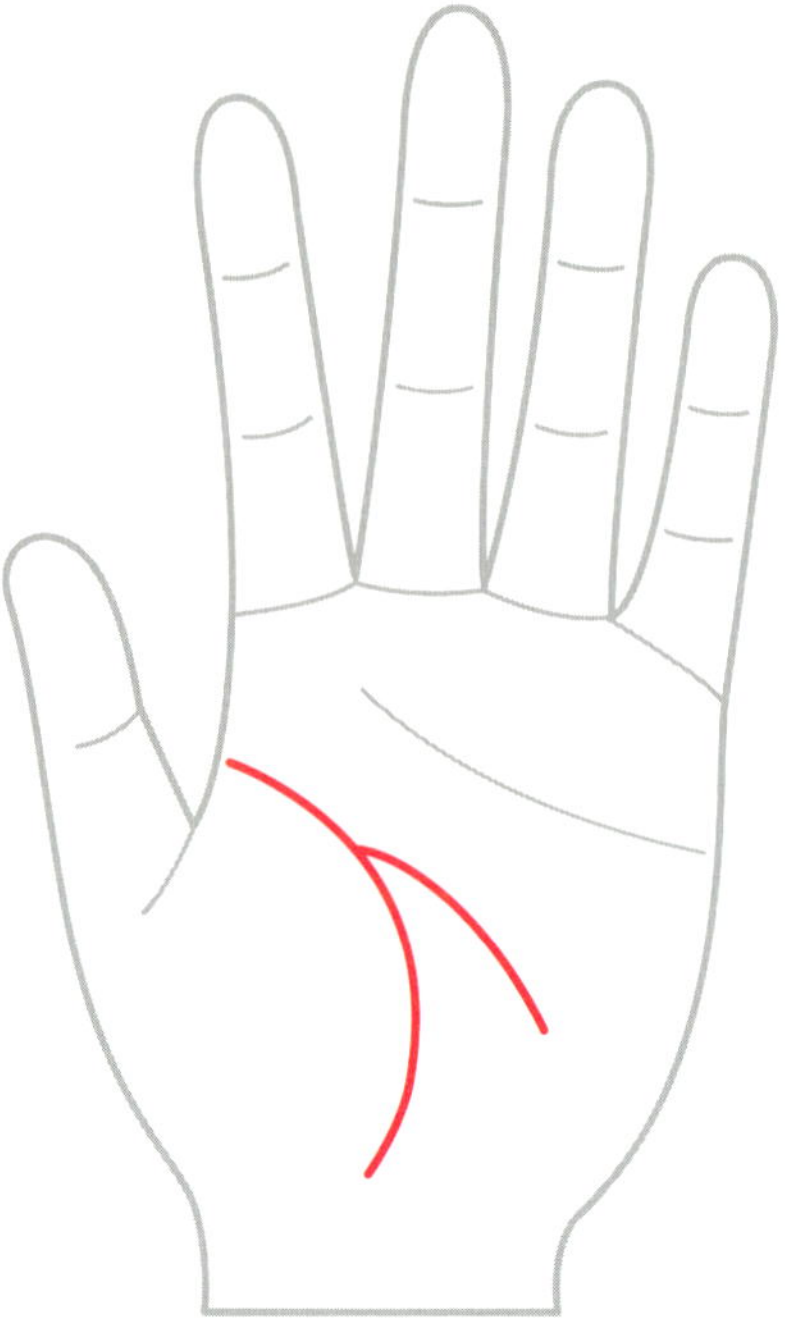

知能線が生命線の途中から伸びる

知能線が生命線の途中から始まっていると、警戒心が強い慎重派。どんな時でもじっくり考えて行動し、失敗しないタイプ。

TYPE E

➡P52

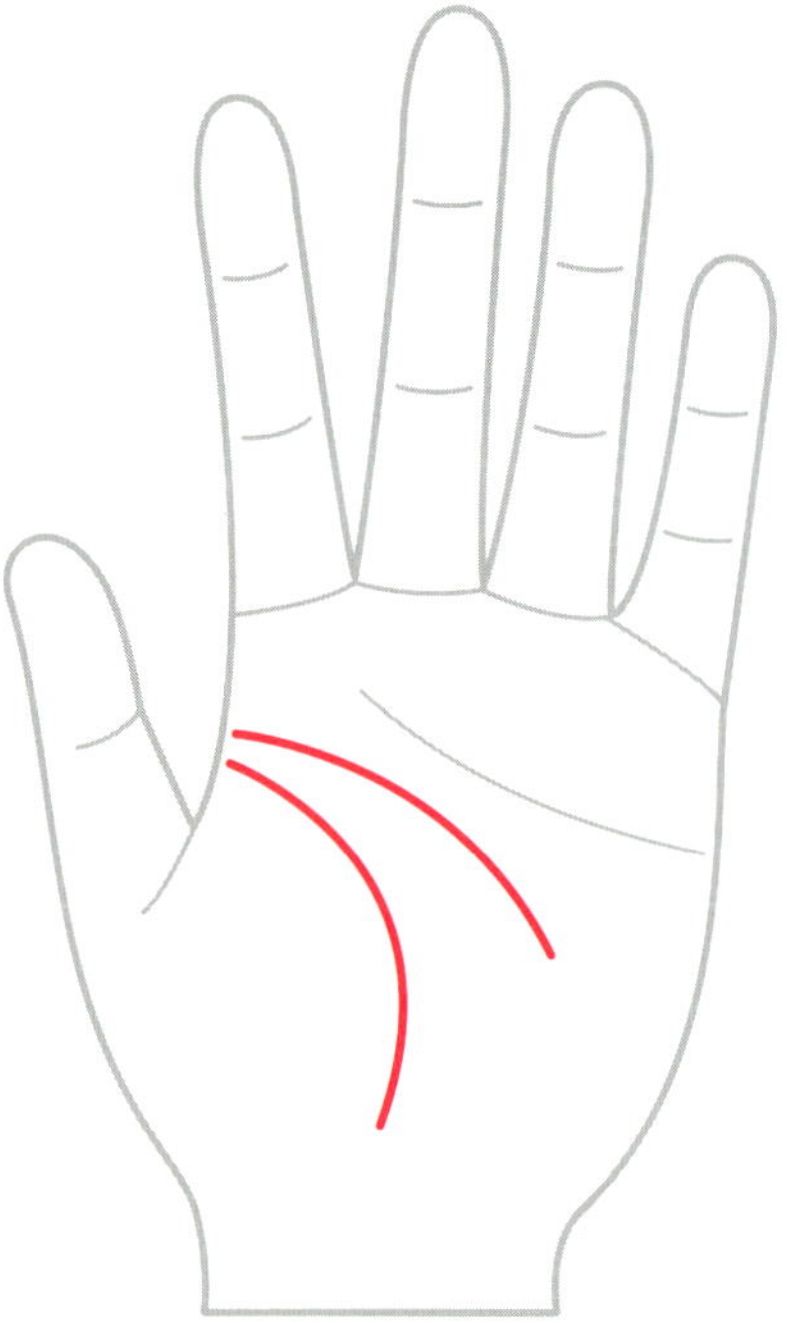

知能線が生命線から離れている

知能線が生命線から離れている人は、独立心が強い人。組織に属するよりは、会社を経営したり、フリーランスで活躍するタイプ。

TYPE F

➡P53／➡P54／➡P55

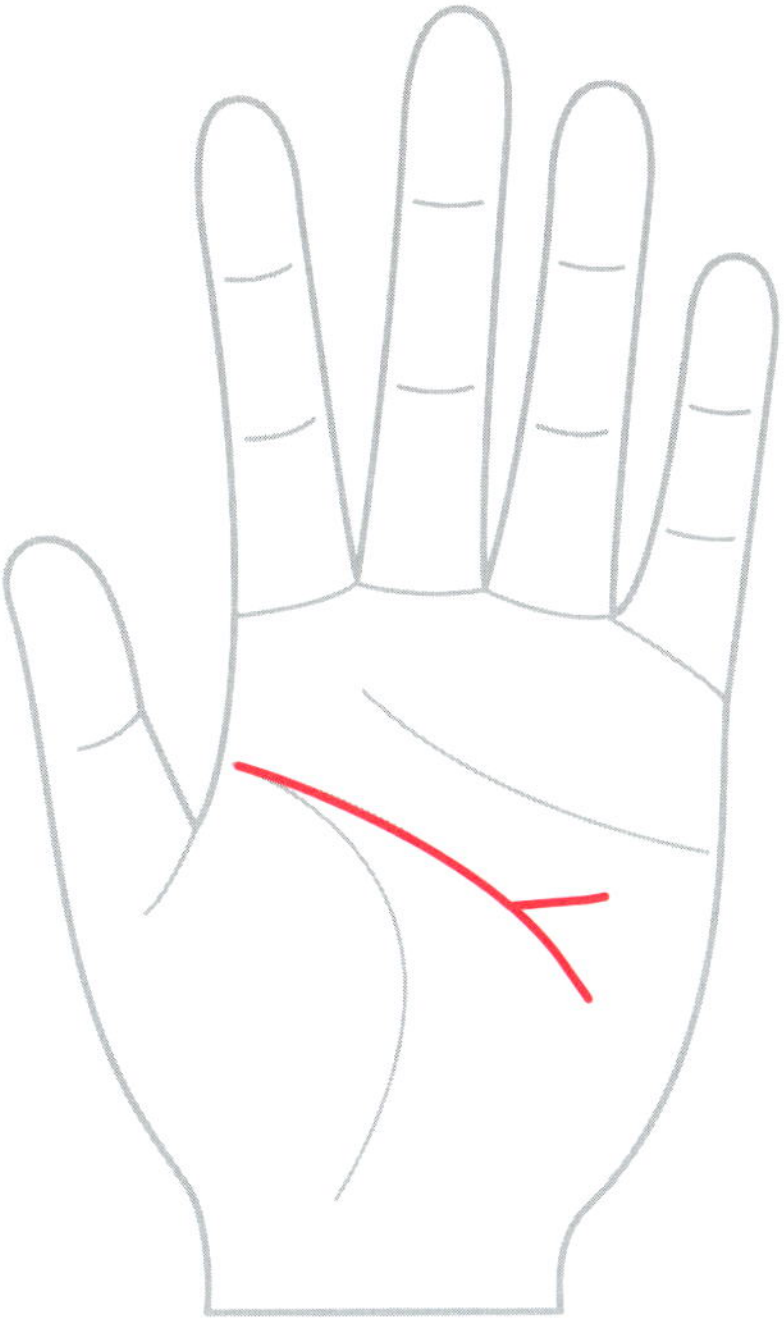

知能線の先端が枝分かれ

知能線の先端が2股や3股となって分かれていると、好奇心が旺盛なタイプ。適応力があり、器用で何でもこなしてしまいます。

TYPE G

➡P56

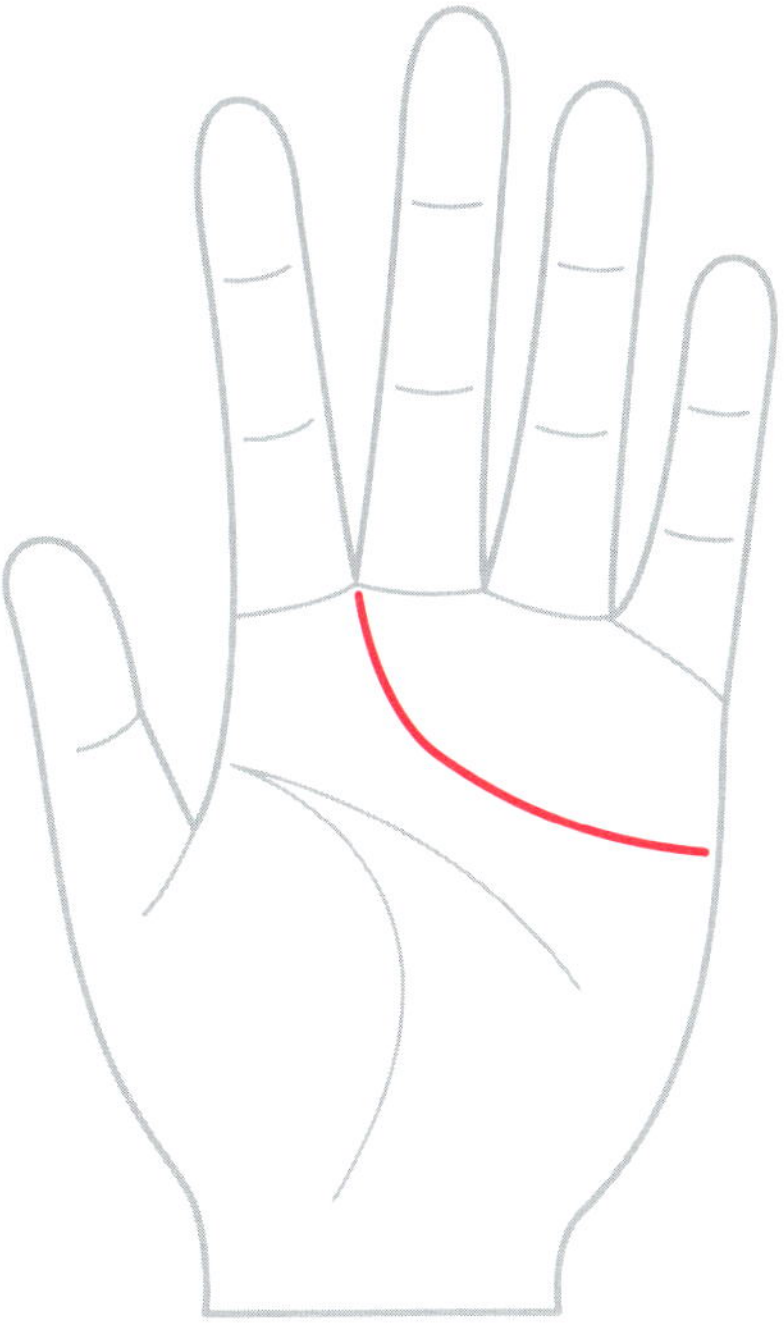

感情線が長くカーブを描く

感情線が長ければ長いほど、愛情表現が豊か。特に人差し指と中指の間に線が入っていると、家族や身内に温かく接する人です。

TYPE H

➡P57

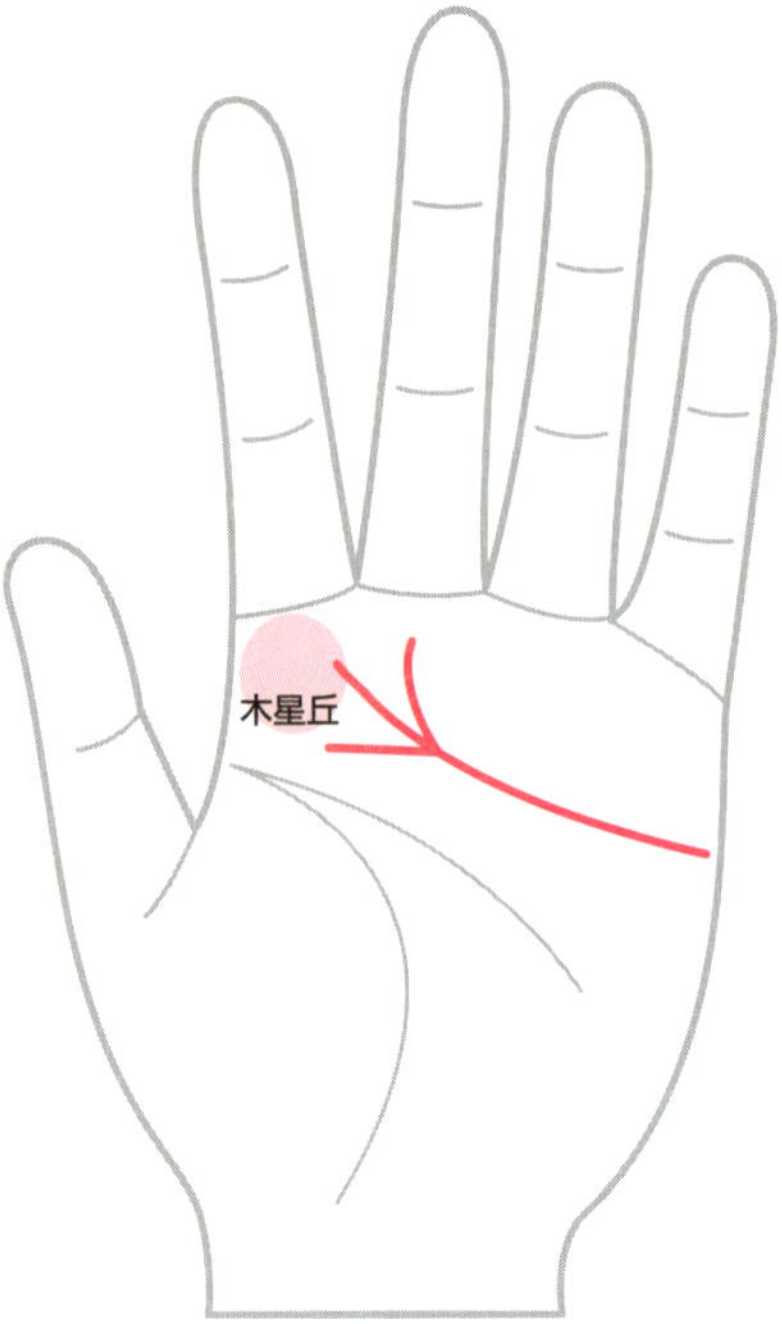

感情線が長く枝分かれ

感情線が長く木星丘まで届き、先端で３股や４股に枝分かれすると、気配り上手で親切な人。とても社交的なタイプです。

TYPE I

➡P58

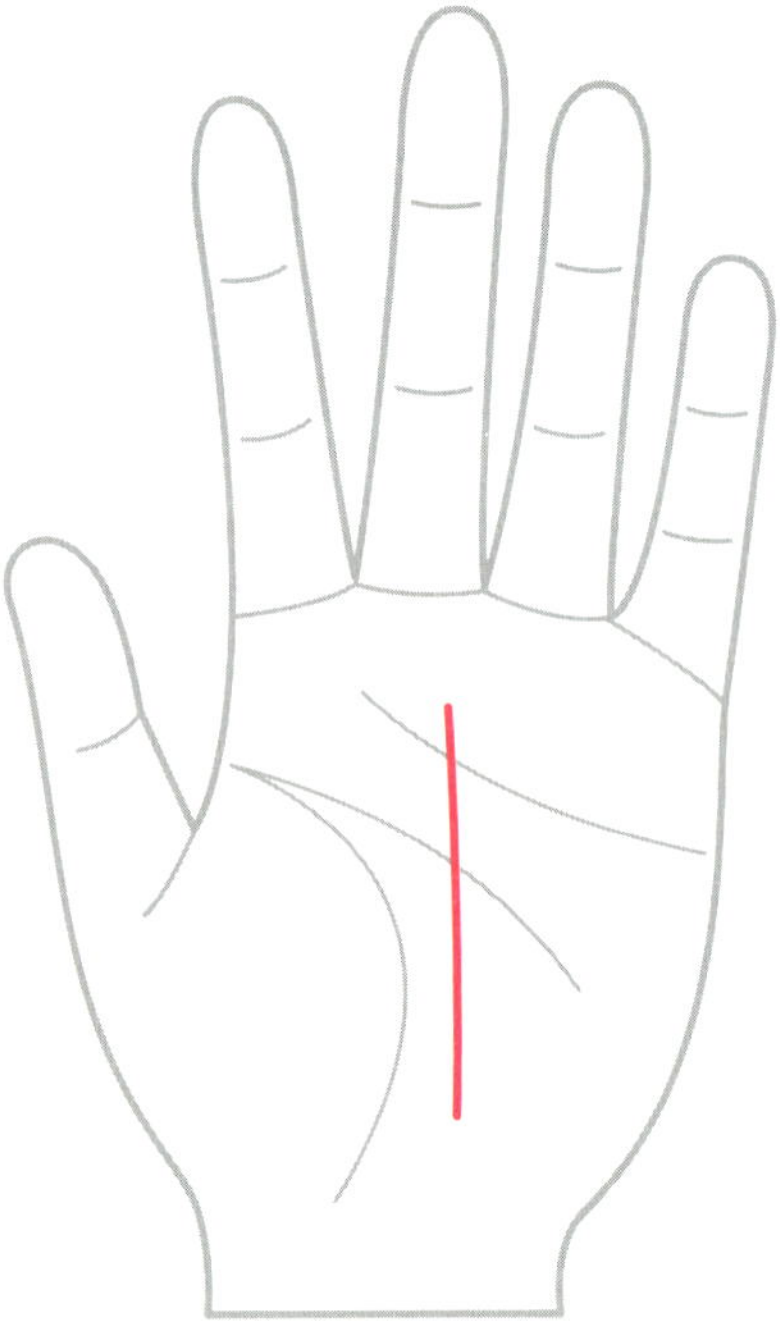

運命線がハッキリ出ている

運命線がある人は、目標達成のために自分が中心となって、努力するタイプ。線が濃く出ていれば、自分のやり方に責任を持って行動します。

TYPE J

➡P59

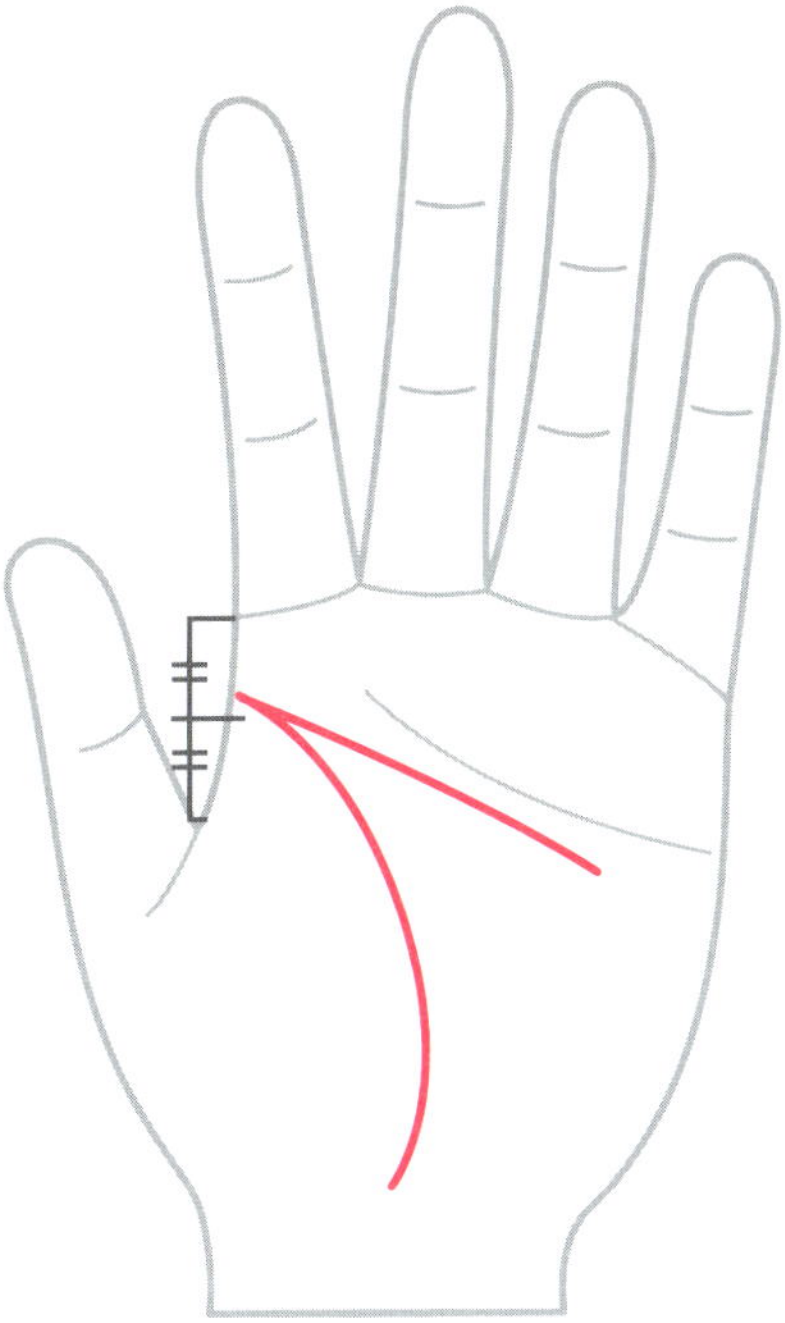

生命線が高い位置から出ている

生命線が、親指と人差し指の間の高い位置から出ていると、自己顕示欲が強いタイプ。人前でも自分の意見をハッキリ言えます。

TYPE K

➡P60

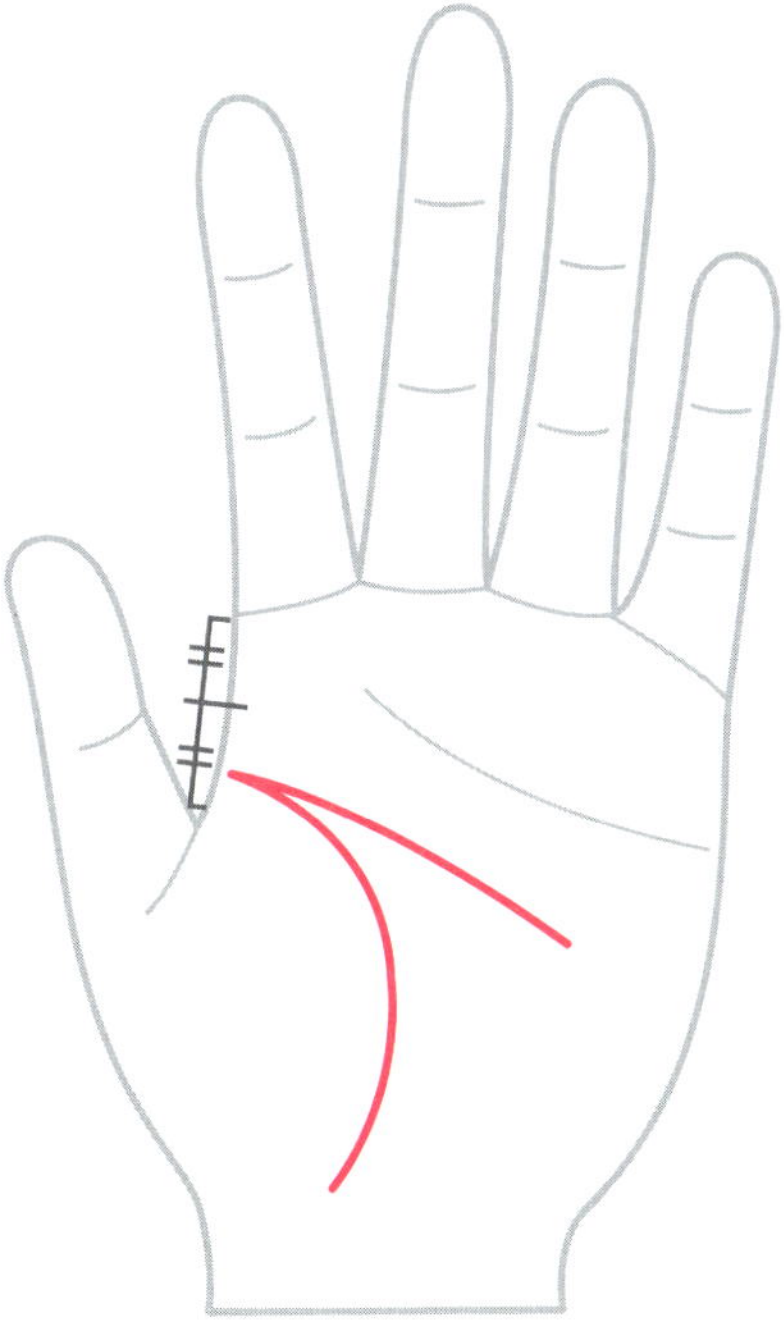

生命線が低い位置から出ている

生命線が、親指と人差し指の間の低い位置から出ていると、控えめで穏やかな人。周りの人との和を大切にするタイプです。

TYPE L

➡P61

冷静に分析 合理主義タイプ

知能線が直線的で長め

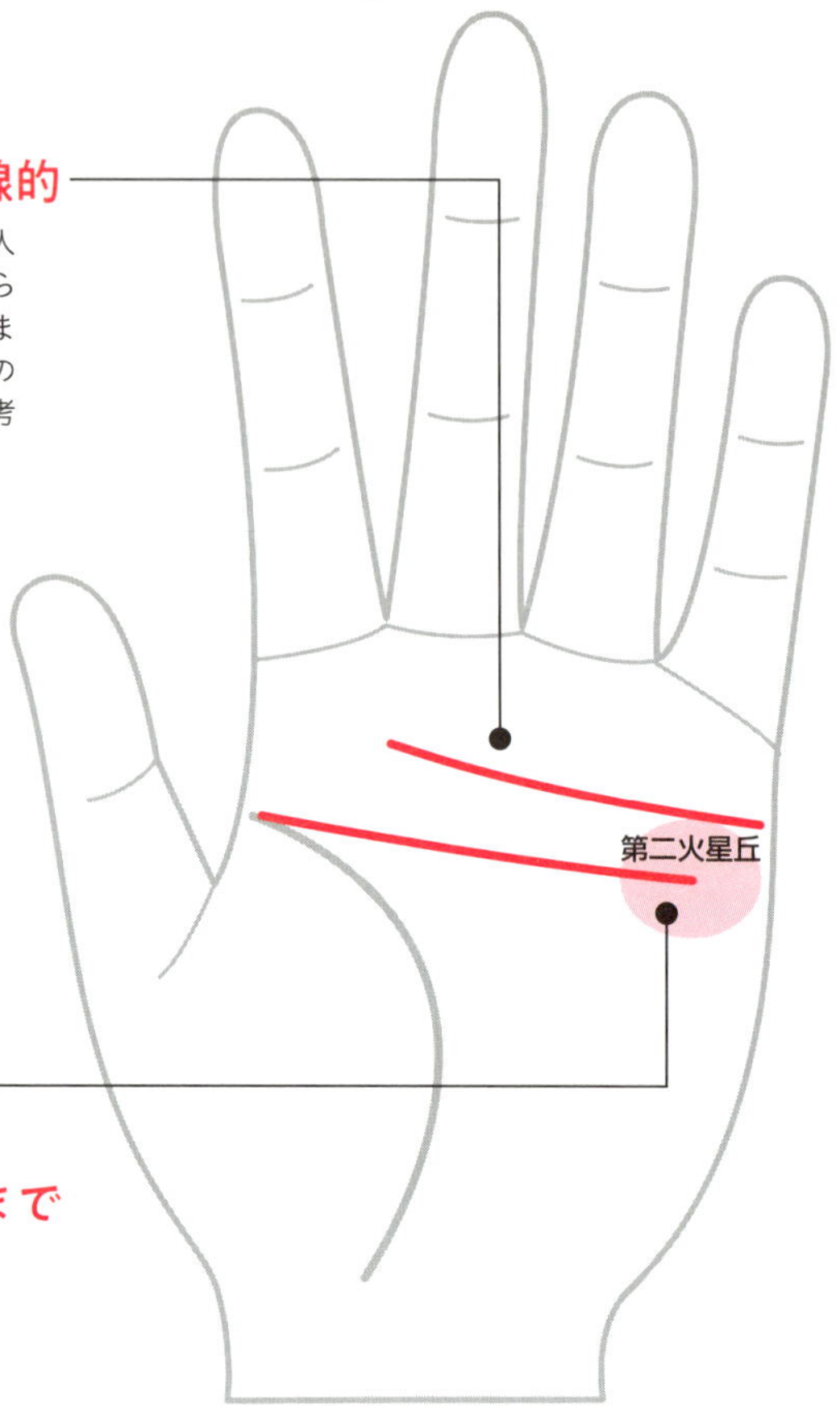

感情線が直線的

感情線が直線的で、人差し指と中指の間から垂直におろした辺りまで伸びています。この相の人は、合理的な考えをするタイプ。

知能線が直線的で、第二火星丘まで

知能線が直線的で長く、第二火星丘に届いています。

手相の見方

知能線が直線的な人は、合理的な考え方をする人。この線が第二火星丘まで届いていると、実務能力に優れたリアリストです。感情線が直線的な人も合理的な考え方をし、感情表現がストレートすぎる傾向があります。

このタイプの特徴

さっぱりとした性格で、甘いムード作りなどは大の苦手。常識家で、能率的な作業の組み立てができます。計算も得意なので、金銭感覚に優れています。

このタイプとの上手な付き合い方

愛想がないようにみえますが、愛情がないわけではありません。この人に謝る時に言い訳は禁物。告白するならストレートな言葉で。

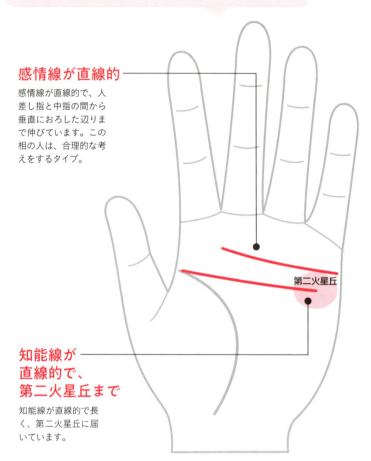

柔軟性がある癒し系 ほがらかタイプ

手がふっくらしている

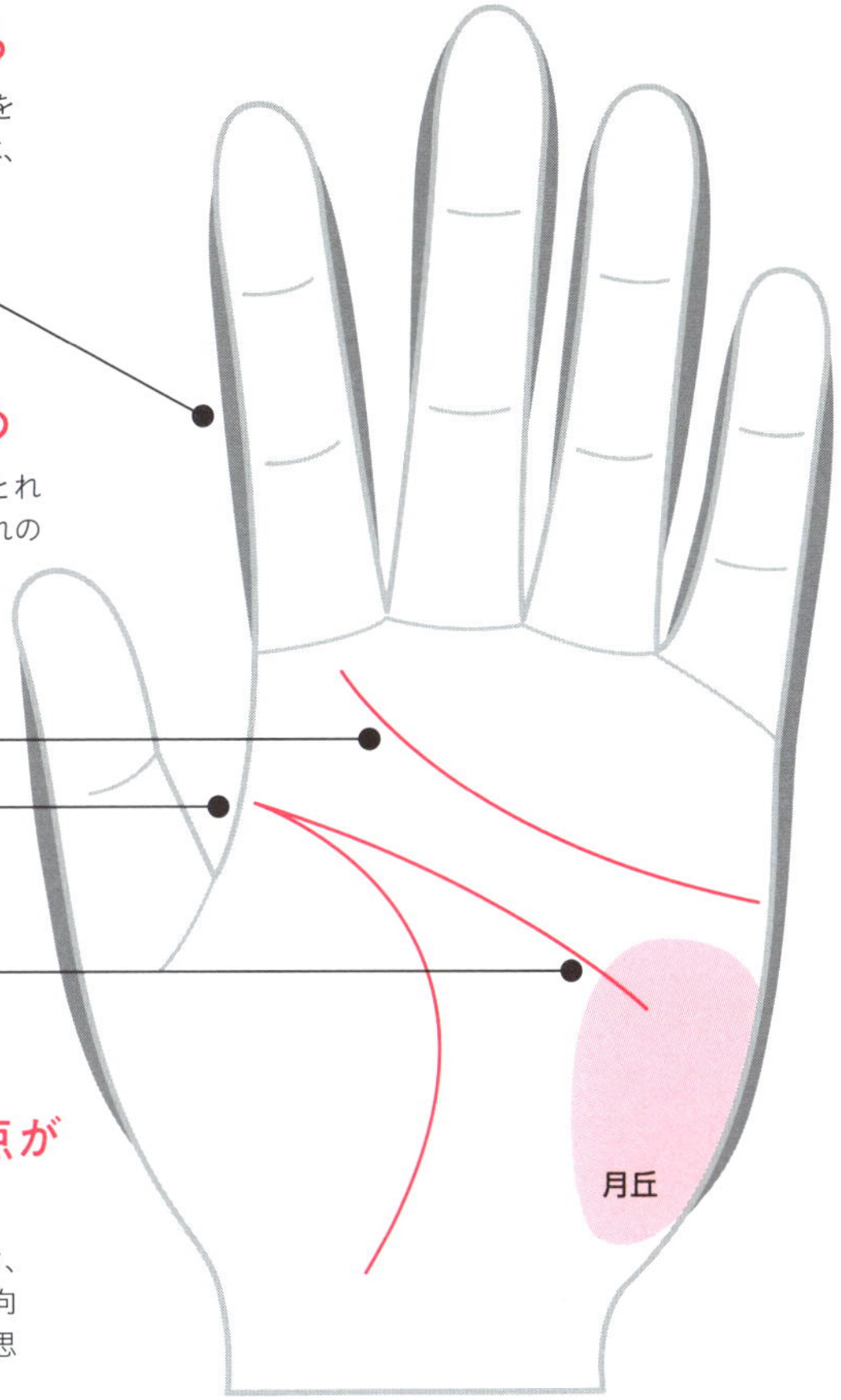

手がふっくら
手全体が適度な丸みを帯び、弾力がある人は、穏やかな性格。
基本線が薄め
基本線はバランスがとれていますが、それぞれの線が薄く細めです。
知能線の終点が月丘上部に
緩やかなカーブを描き、終点が月丘上部に向かっていると柔軟な思考の持ち主。
月丘

手相の見方

手がふっくらして適度な弾力があり、指が長めで指先も丸くなっています。このタイプは、ほがらかで穏やかな思考の持ち主で、誰からも愛されるキャラクターです。知能線がカーブを描き月丘上部へ向かう人は、思考に柔軟性があります。

このタイプの特徴

思いやりがあり、相手の身になって考えます。その分、自己主張は控えめ。愛情を持って優しく包み込んでくれるような性格です。

このタイプとの上手な付き合い方

いやし系キャラだからといって、困った時ばかりに頼るのではなく、日頃からコミュニケーションをとって、共通の話題作りをしましょう。

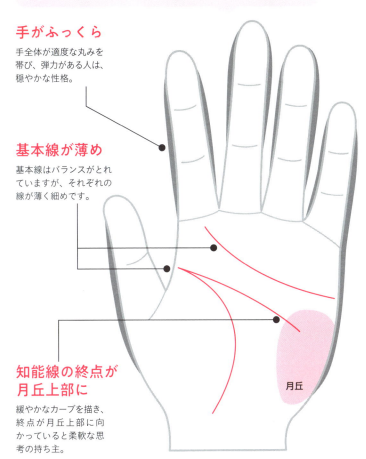

空想大好き！
夢見がち楽天家タイプ

楽観線がある

短い補助線（楽観線）がある

知能線の上側1～2ミリ離れたところに、短い補助線が知能線に平行して表れています。

感情線上部に支線がある

感情線から上向きの短い支線が多数出ています。

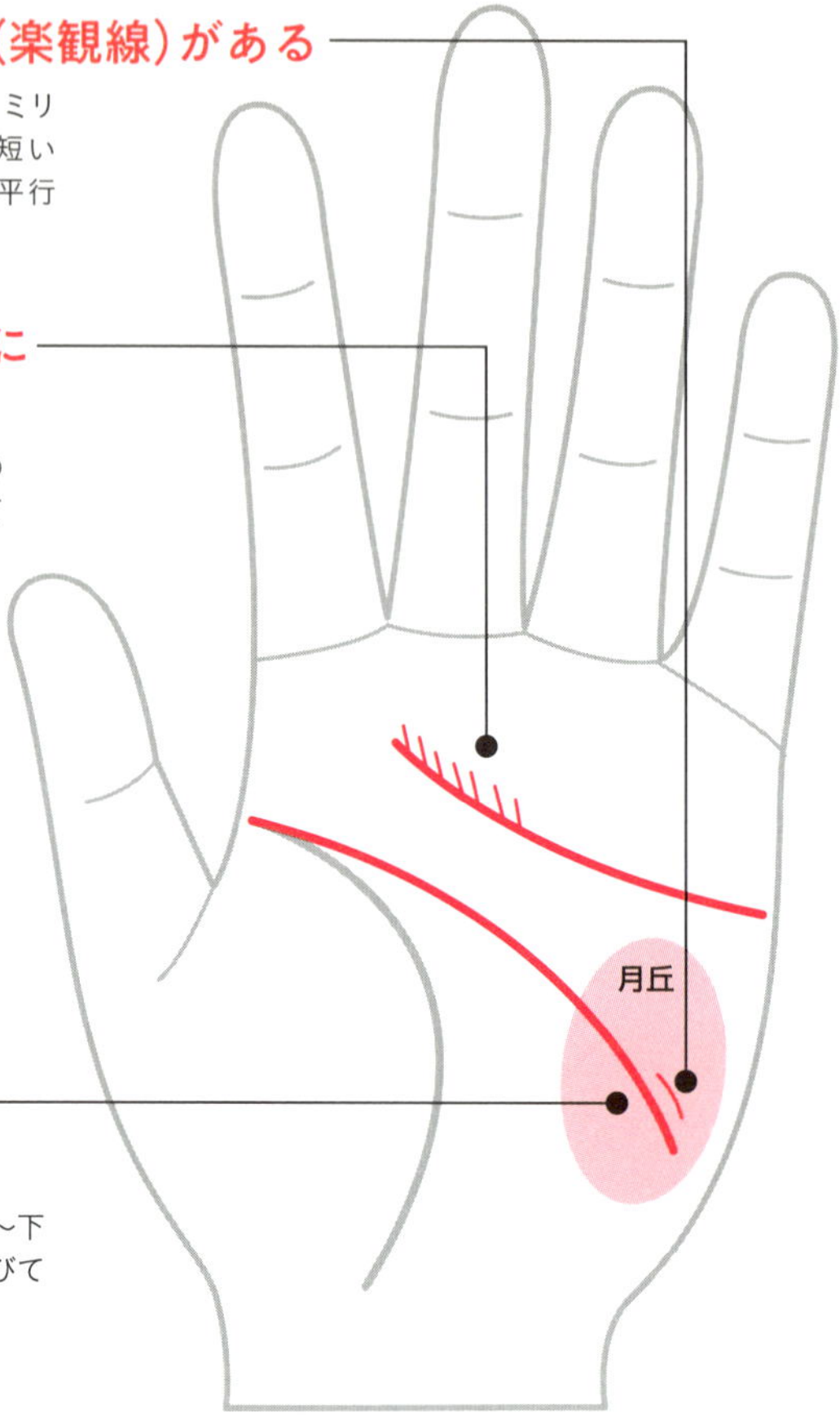

知能線が長く下降

知能線が、月丘中部～下部へ向かって長く伸びています。

手相の見方

知能線の上側に短い補助線が平行してあると、楽観的な性格です。知能線がカーブを描き月丘中部から下部まである人はロマンチスト。感情線の上部に支線がある人は前向き志向。ただし全体的に基本線の薄い人は、実行力に欠けます。

このタイプの特徴

創造性豊かで空想好き。いつまでも夢をみていたいタイプです。お人好しで気分屋のところも。現実をみつめ、粘り強さを身につけると、夢の実現が近づきます。

このタイプとの上手な付き合い方

一緒にいると気が楽になれる人。楽しい企画を思いつくのは得意でも実行力はイマイチ。実務的な部分は肩代わりするなど手助けを。

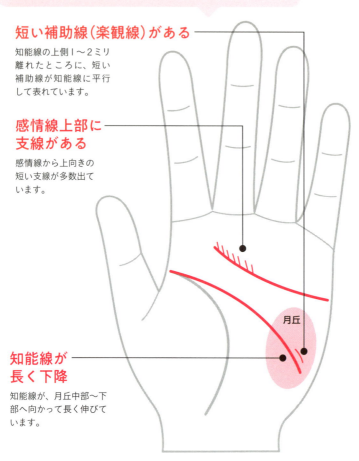

我が道を切り開く 天才肌タイプ

知能線と感情線が一体化したマスカケ型

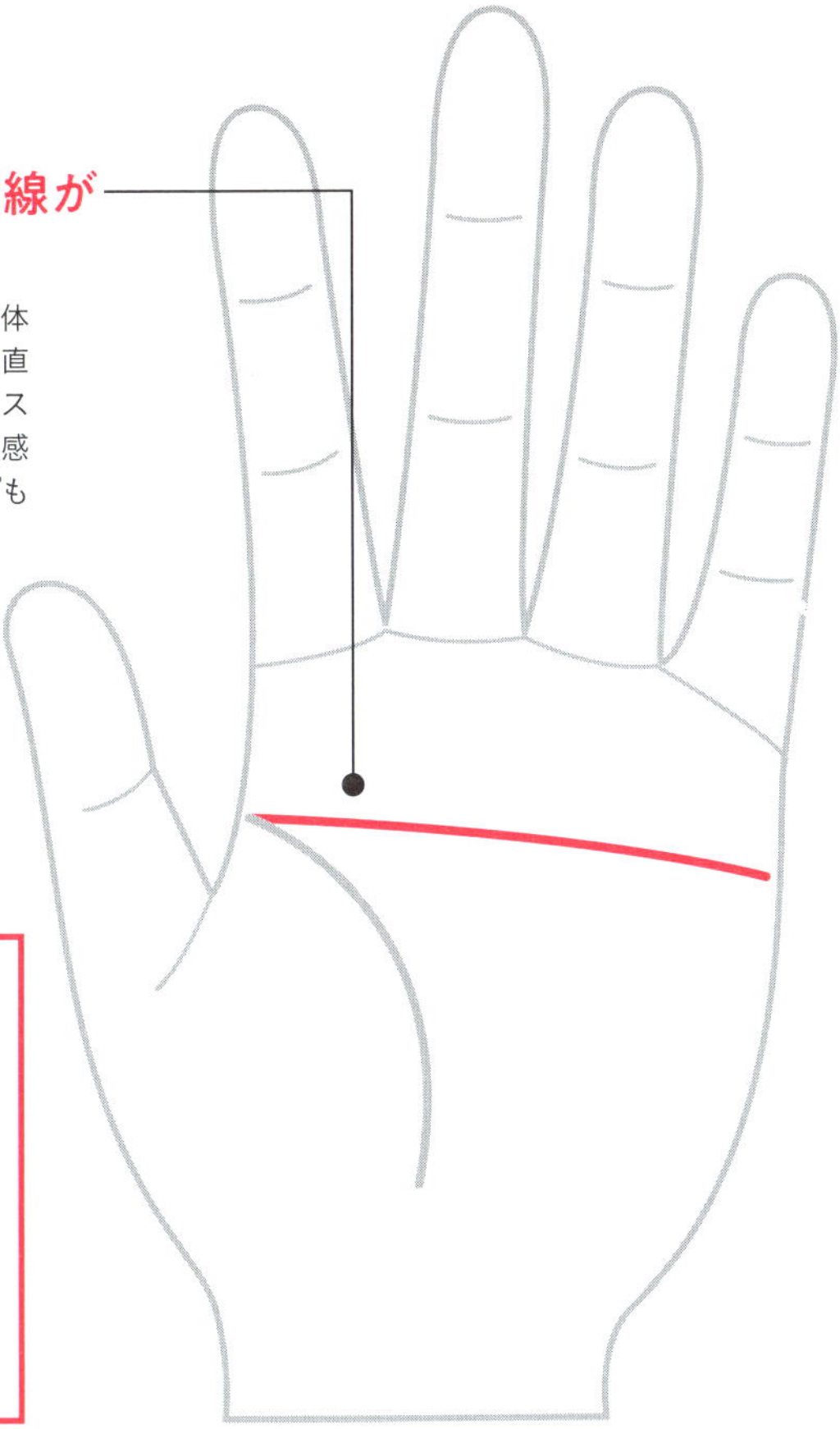

感情線と知能線が合体し、手のひらを真横に直線的に横切ります。マスカケ型でも知能線や感情線が別にあるタイプもいます。

★別パターン

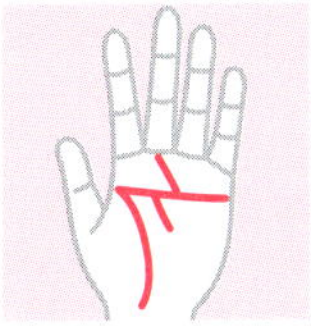

変形マスカケ
感情線と知能線の一部が伸びている。

手相の見方

手のひらを知能線と感情線が一体化した線が直線的に横切るマスカケ型は、「天下とりの相」とも呼ばれ、トップに立つ能力を秘めています。知能線や感情線が完全な一本線ではない変型マスカケは芸術やアイデアの分野に秀でます。

このタイプの特徴

単独行動を好み、「我が道を行く」タイプです。根性があり、あきらめない性格でもあります。打たれ強いので、実力勝負の世界で活躍します。

このタイプとの上手な付き合い方

ほめて伸びるタイプ。長所を認めて応援すると、力を発揮します。上下関係や常識にとらわれない自由な環境が向いています。

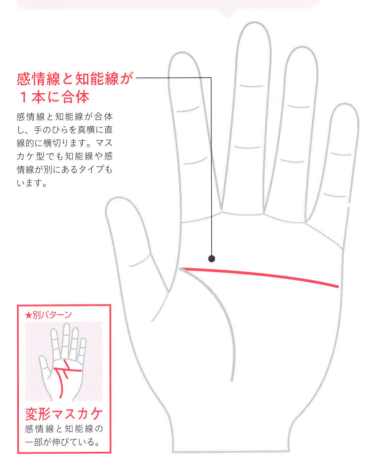

何ごともよく考えてから 慎重派タイプ

知能線が生命線の途中から出ている

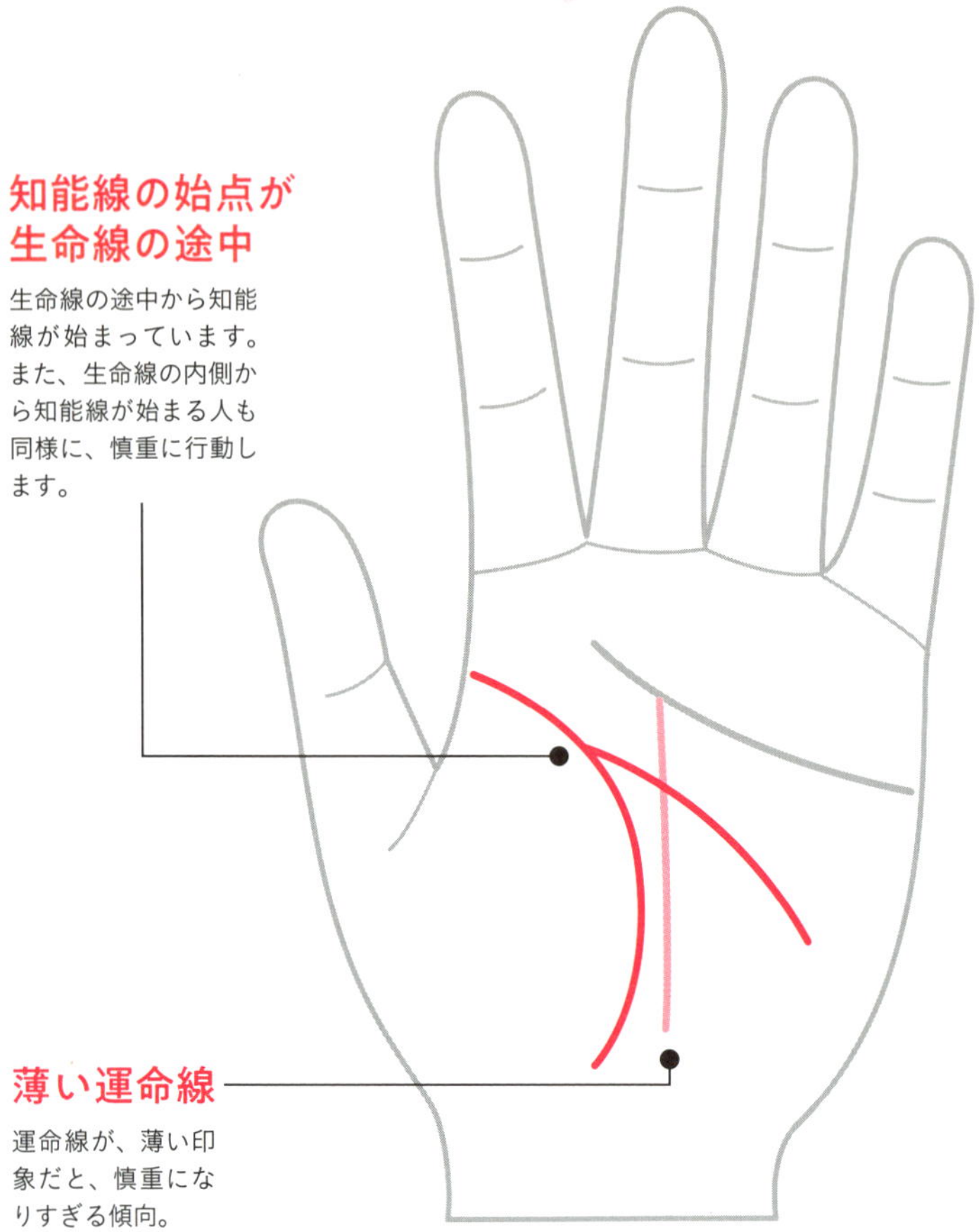
知能線の始点が生命線の途中
生命線の途中から知能線が始まっています。また、生命線の内側から知能線が始まる人も同様に、慎重に行動します。
薄い運命線
運命線が、薄い印象だと、慎重になりすぎる傾向。

手相の見方

知能線の始点が生命線の途中から出ている人は、よく考えてから行動に移す慎重派。知能線の始点が生命線の内側から出ている人も、神経が細く慎重。運命線が薄いと、さらに慎重になりすぎて行動力に欠けてしまいます。

このタイプの特徴

納得するまで考え、入念な準備をしてから行動するので、失敗が少ないでしょう。ただ、チャンスを逃してしまうことも。早く決断すると人間関係の幅も広がります。

このタイプとの上手な付き合い方

臆病な面もあるので、おおらかに明るく接するとよいでしょう。物怖じしているようなら、こちらから積極的に誘ってみましょう。

合理的で行動が早い テキパキタイプ

生命線と知能線の始点が離れている

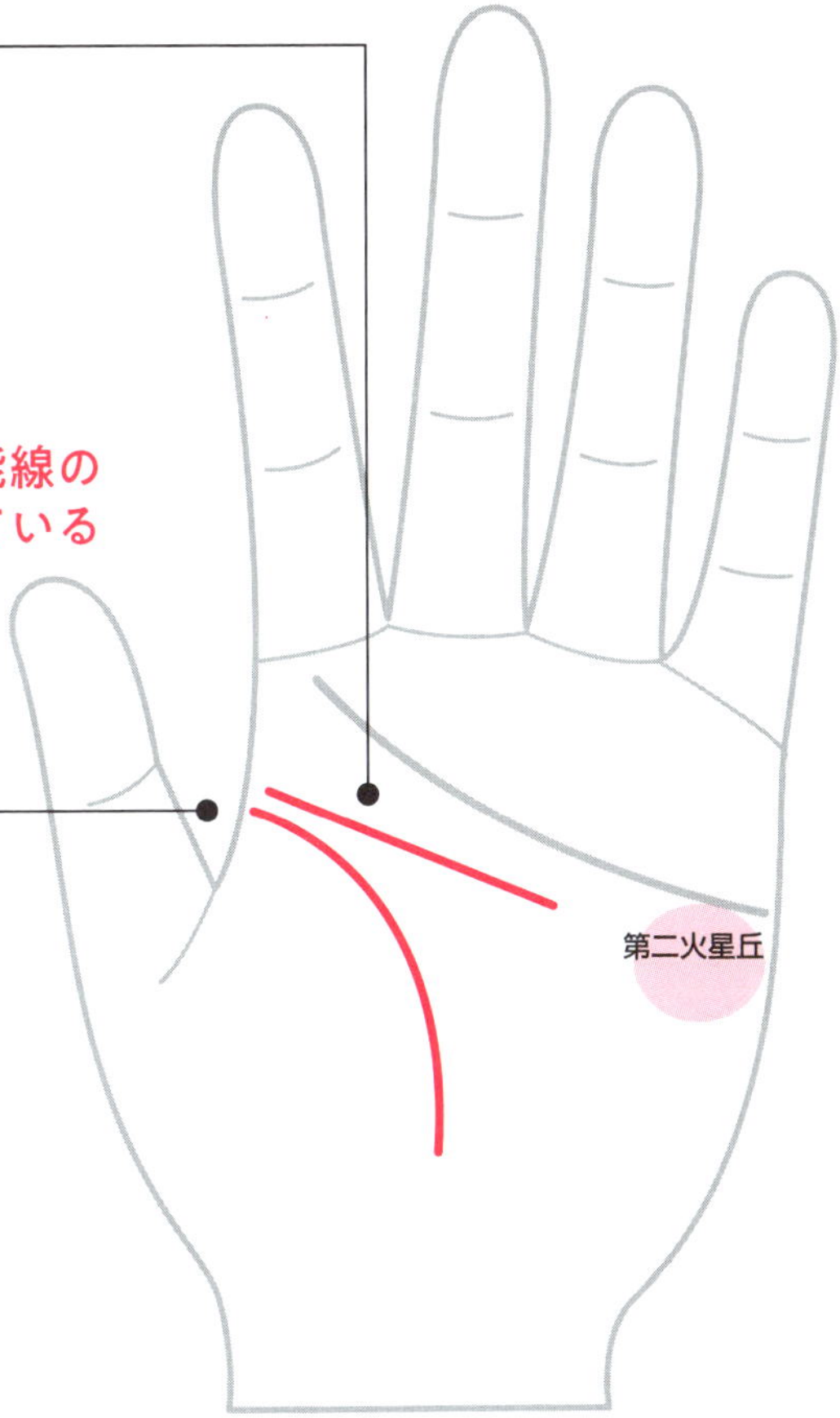
知能線が直線で短め
知能線が直線的で第二火星丘へ向かって伸び、薬指の中心から垂直におろした線を越えていません。
生命線と知能線の始点が離れている
始点が5ミリ前後離れ、知能線が第二火星丘に向かっています。
第二火星丘

手相の見方

生命線と知能線の始点が五ミリ前後離れていると、自己主張の強い活発な性格。知能線が短く直線的だと、即断即決型。知能線が第二火星丘へ向かう人は、現実的な考え方を持っています。

このタイプの特徴

何事も早く動き、早くできるのが長所。室内でじっとしているより、行動しながら体で覚えるのが得意。現実的で効率のよい人で、テキパキと働き、遊ぶ時は遊ぶとメリハリのあるタイプです。

このタイプとの上手な付き合い方

頼りにすると、とても張り切ります。サッパリした性格で面倒見もいい人。努力や実力を認め、率直に付き合うと、よい関係に。

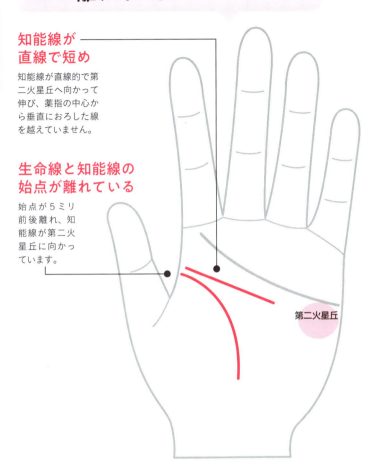

頼られるのが大好き リーダータイプ

リーダー線がある

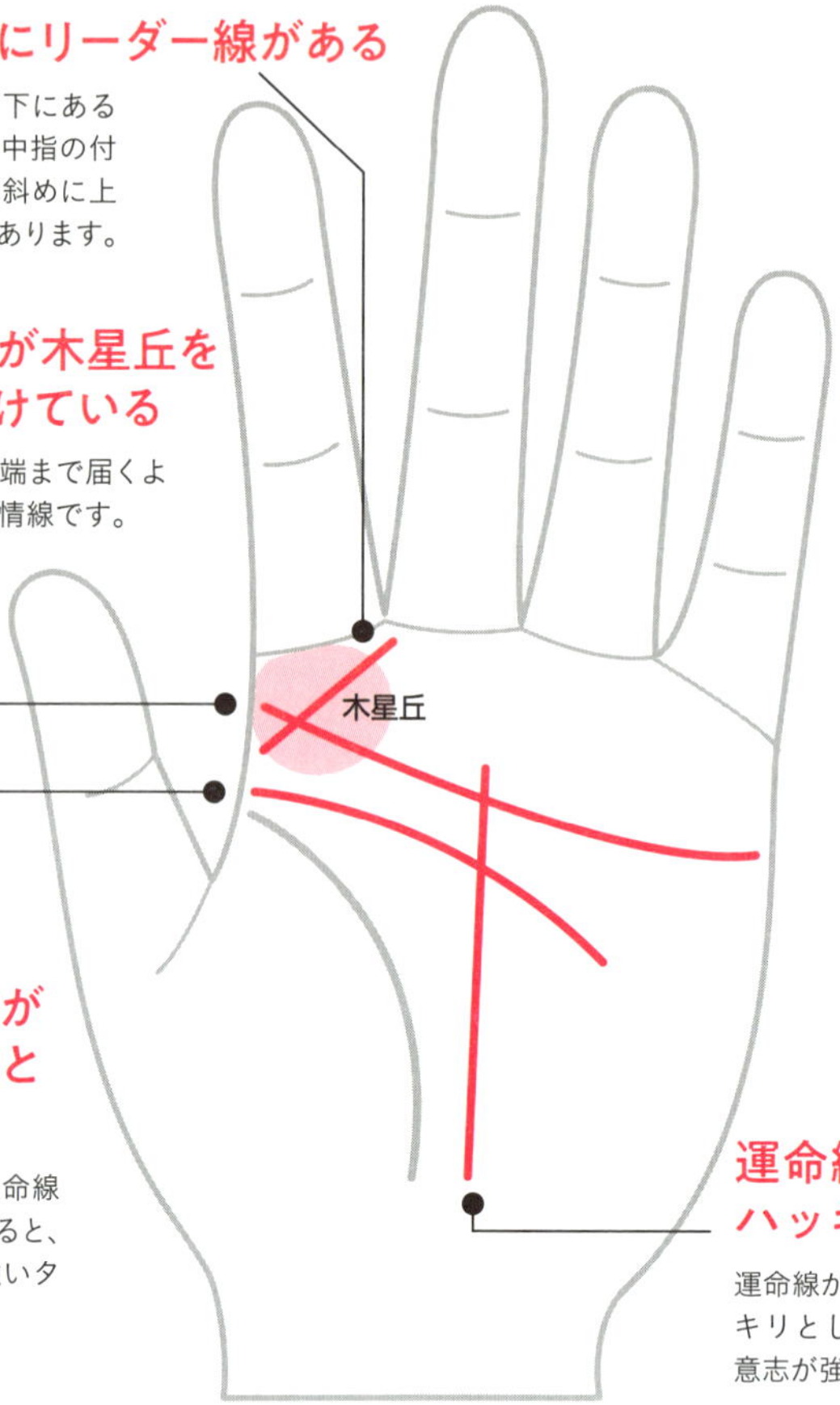

木星丘にリーダー線がある

人差し指の下にある木星丘に、中指の付け根方向へ斜めに上昇する線があります。

感情線が木星丘を突き抜けている

手のひらの端まで届くような長い感情線です。

知能線が生命線と離れる

知能線が生命線と離れていると、独立心が強いタイプ。

運命線がハッキリ

運命線が太く、ハッキリとしていると、意志が強い人。

手相の見方

木星丘を貫くようにあるリーダー線（⬇P12）は、人の上に立ったり、管理能力のある人に表れます。感情線が木星丘を貫いていると、人を引っ張れる情熱的な人。運命線が濃い人は意志が強く、自分が中心となって動く人です。

このタイプの特徴

仕事熱心で責任感が強いので、リーダーシップがあり、人の能力を引き出すのが上手です。しかし一方で、自分が指図されることは嫌います。

このタイプとの上手な付き合い方

頼りがいがあるので、リーダーと認め、従っていっても大丈夫。ただ少々大ざっぱで気づかいが苦手なので、フォローをしてあげて。

思い立ったら即行動！猪突猛進タイプ

知能線の始点が生命線から大きく離れる

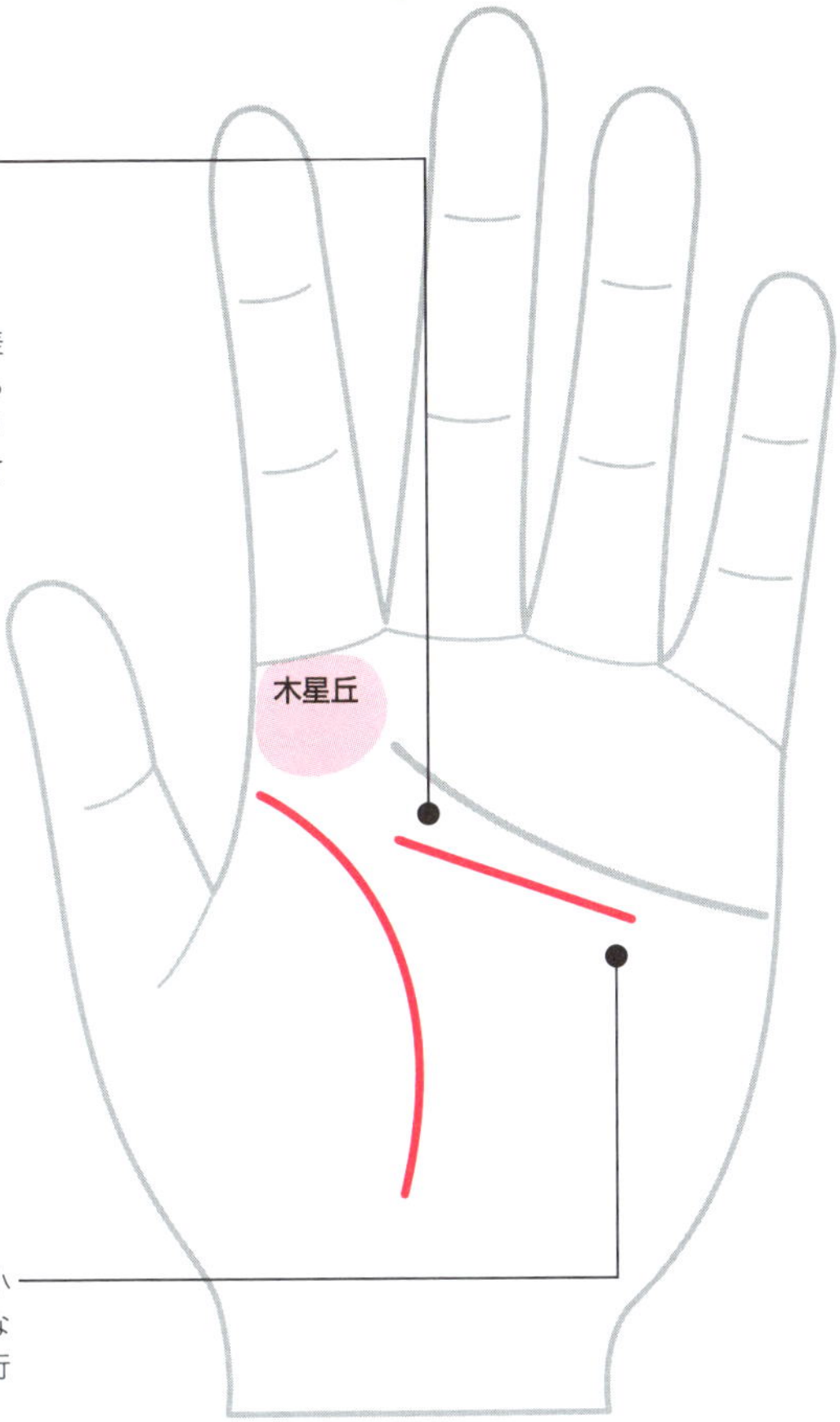

知能線が木星丘から離れている

知能線の始点が、人差し指と中指の中間から垂直におろした線より小指寄りから始まっています。

知能線が直線的

知能線が直線的で、小指まで届かないような長さの人は、直感で行動するタイプ。

手相の見方

知能線が生命線の始点から離れたところから出ている人は、積極性や行動力に優れていますが、攻撃性もあります。また、知能線が短く直線的だと、直感で判断する行動的な考えの持ち主です。

このタイプの特徴

「思い立ったら吉日」と、すぐに動き出す素晴らしい行動力の持ち主。傷つくことをおそれずに猪突猛進してしまうので、周りの人はふりまわされたりハラハラしたりしそう。

このタイプとの上手な付き合い方

個性が強く、一度決めたら周りの意見を聞かなくなってしまうこともありそう。冷静になったタイミングでよきアドバイスを。

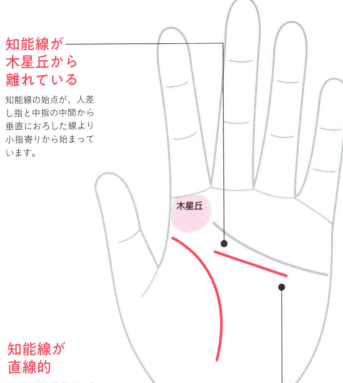

順応性のある器用な人
思考が柔軟なタイプ

知能線の先端が枝分かれ

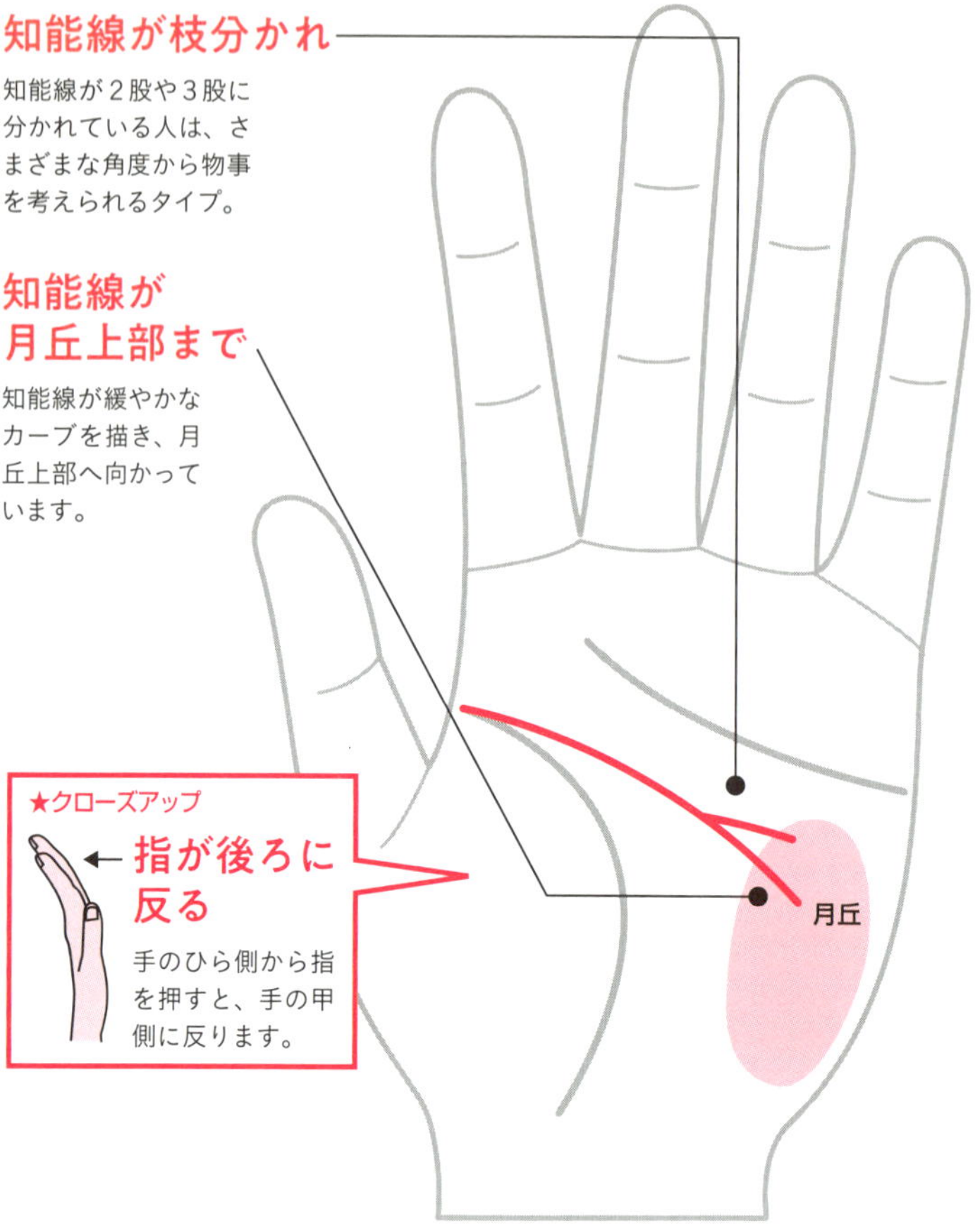
知能線が枝分かれ
知能線が2股や3股に分かれている人は、さまざまな角度から物事を考えられるタイプ。
知能線が月丘上部まで
知能線が緩やかなカーブを描き、月丘上部へ向かっています。
★クローズアップ
指が後ろに反る
手のひら側から指を押すと、手の甲側に反ります。
月丘

手相の見方

知能線の先端が2股や3股に分かれている人は、多様な考え方をし、知能線が薬指の下あたりまでの長さで月丘上部に向かっていると、理論的にも創造的にも考えられる人です。指の付け根の関節に柔軟性がある人も、考え方が柔軟。二重知能線（➡P122）の持ち主は、奇抜な発想ができる人です。

このタイプの特徴

いろいろな環境や状況に適応できます。仕事なら事務系でも営業系でもそつなくこなせます。

このタイプとの上手な付き合い方

人当たりがよく、話題も豊富。まとめ役も得意なので、飲み会の幹事にも最適。人をまとめることに楽しみを見い出すでしょう。

陰で支える 縁の下の力持ちタイプ

感情線が人差し指と中指の間に入り込む

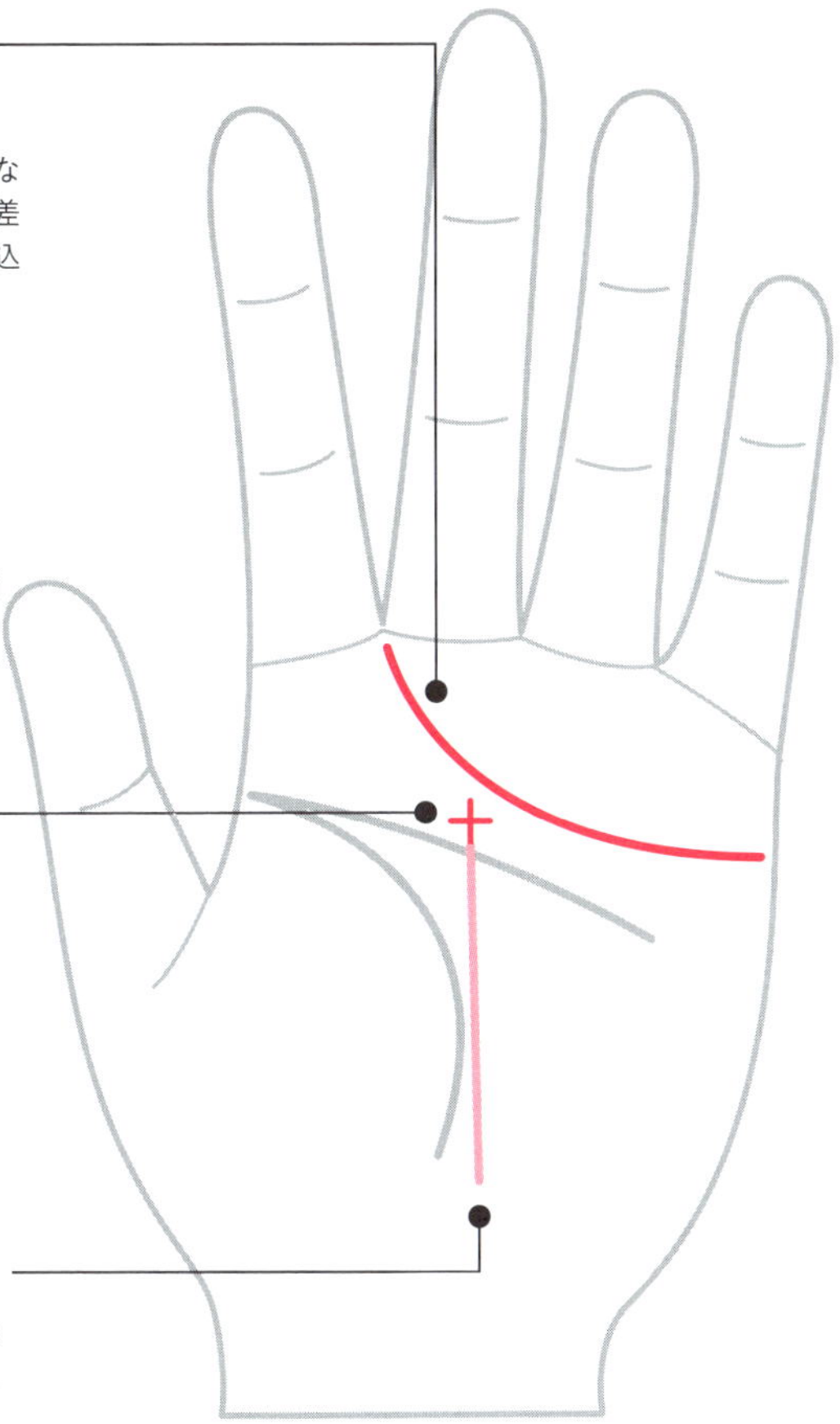

感情線が長くカーブを描く

感情線が長く、適度なカーブを描いて、人差し指と中指の間に入り込んでいます。

神秘十字線がある

感情線と知能線の間に、十字の線が出ていると、慈愛に満ちたタイプ。

運命線が薄い

運命線が薄い人は、他人をサポートすることに向いています。

手相の見方

感情線が人差し指と中指の間に入る人は、身内に大変優しく、言葉より行動で尽くします。運命線が薄い人は協調性があり、他人をサポートする能力のある人物です。神秘十字線（➡P14）は慈愛に満ちた人や使命感のある人に表れやすい相です。

このタイプの特徴

身近な人の面倒見がよく、愛情深い性格。真面目にコツコツと努力し、与えられた仕事は確実に成し遂げます。

このタイプとの上手な付き合い方

アットホームな付き合い方がベストでしょう。ただ約束を守らなかったり、だらしがないことが嫌いな人なので、気をつけて。

人付き合いが大好き
社交的タイプ

木星丘に届く、枝分かれした感情線

社交線がある

人差し指と中指の間から始まる、緩やかなカーブを描くような線があります。

感情線が3～4股に分かれる

感情線が、人差し指の中央より手前あたりまであり、先端が3～4股に枝分かれしています。

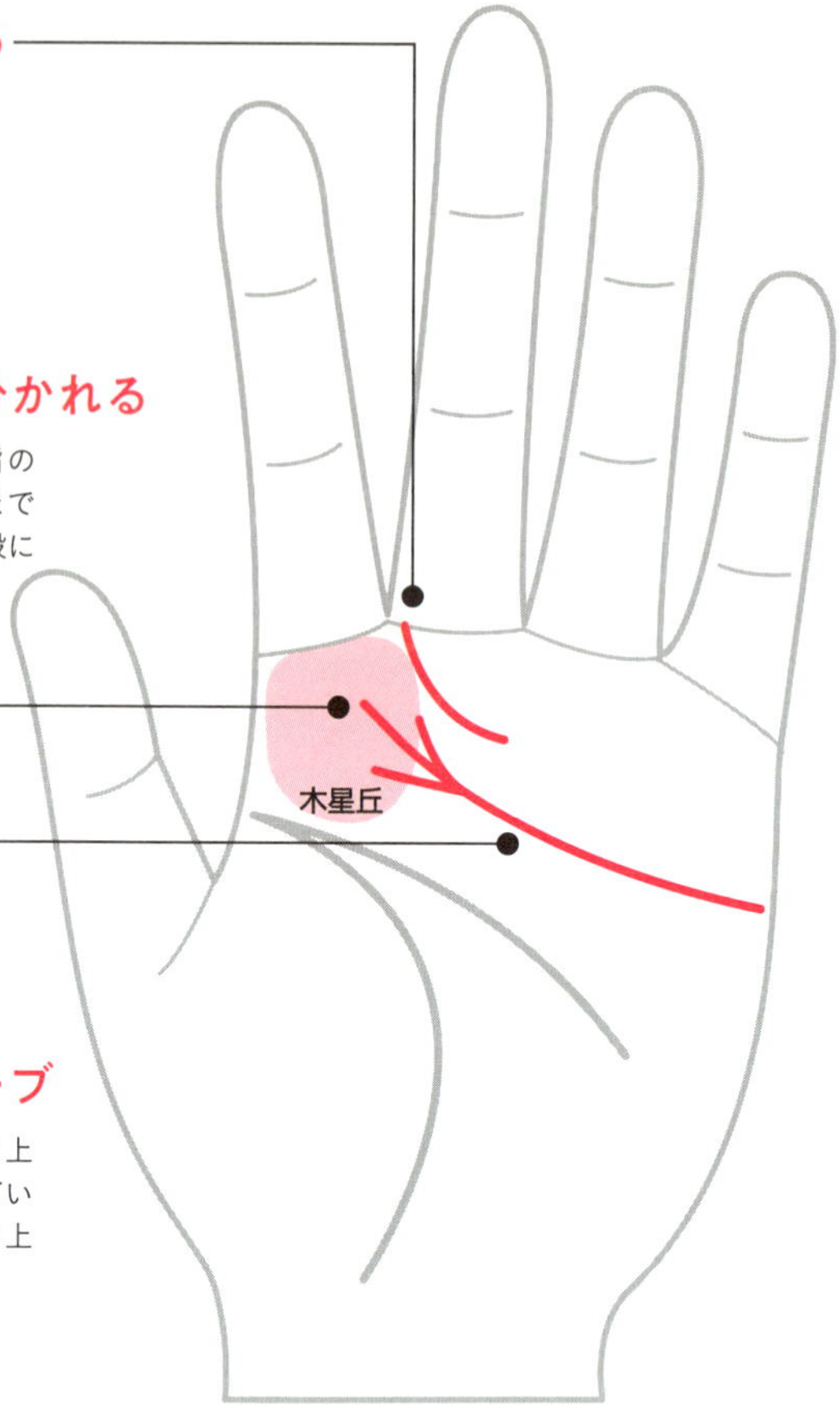

感情線がカーブ

感情線が、緩やかに上向きのカーブを描いている人は、愛情表現が上手い人。

手相の見方

感情線が上向きにカーブを描いている人は愛情表現が上手。さらに木星丘まで届き、先端で3股や4股に分かれている人は、人当たりよくサービス精神旺盛です。人差し指と中指の間から出る社交線は、薄く出る人もいます。

このタイプの特徴

社交的で明朗な性格。嫌なことでも引き受け、面倒見がよい人柄です。社交線がハッキリして長い人は、人見知りせず誰とでもすぐ親しくなれるタイプです。

このタイプとの上手な付き合い方

同情心や親切心があり気配り上手な人。その反面、人に気をつかって気疲れしやすいので、感謝の言葉を伝えてねぎらうと喜ばれます。

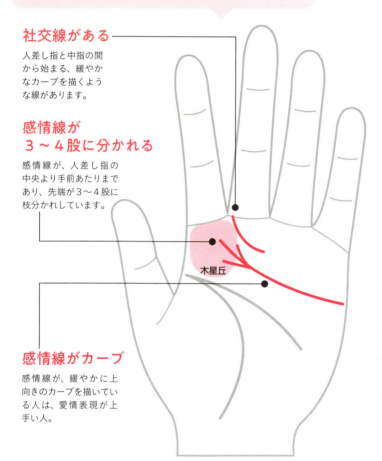

我が強い面も 頑固タイプ

知能線が長い

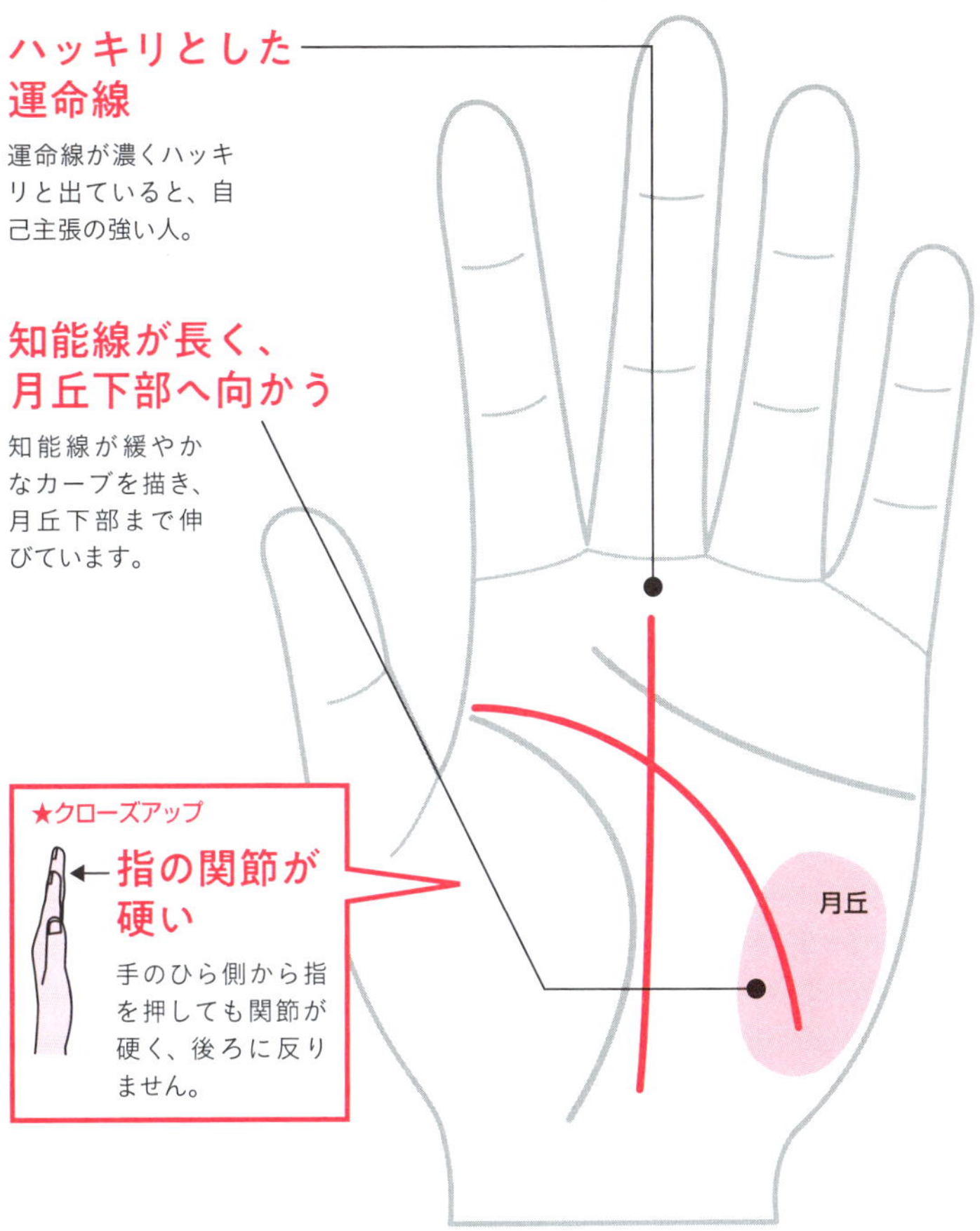

ハッキリとした運命線
運命線が濃くハッキリと出ていると、自己主張の強い人。
知能線が長く、月丘下部へ向かう
知能線が緩やかなカーブを描き、月丘下部まで伸びています。
月丘
★クローズアップ
指の関節が硬い
手のひら側から指を押しても関節が硬く、後ろに反りません。

手相の見方

知能線が長く月丘下部へ向かう人は、自分のこだわりが強く理想家で、妥協を好みません。さらに運命線がクッキリみえると、自我が強く、自分の信念を強く主張しすぎてしまうことも。また指の付け根の関節が硬いと、保守的な考え方をする傾向。

タイプの特徴

我の強いところはあっても、情に厚く、努力を惜しまない職人気質。ナイーブなところもあり、悩みを持つと長引きます。

このタイプとの上手な付き合い方

芯がしっかりしているように見えても、実はさみしがり屋。日頃は見守るように優しく接し、困った時には力を貸しましょう。

自己顕示欲が強い 自己主張タイプ

感情線が中指に向かってカーブしている

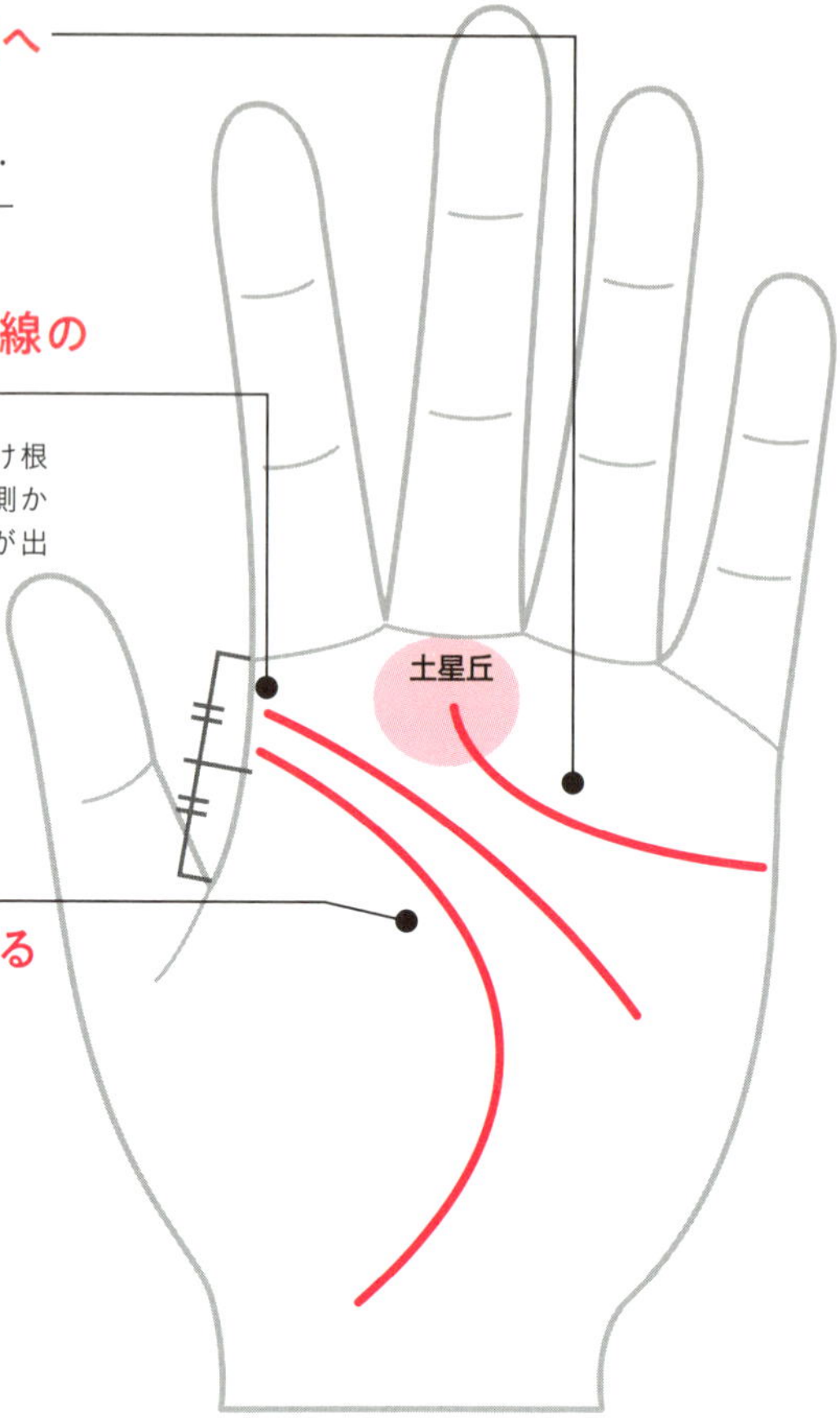

感情線が中指へカーブを描く

感情線が中指の中心・土星丘へ向かい、カーブを描いています。

知能線と生命線の始点が高め

人差し指と親指の付け根の中間地点よりも上側から、知能線と生命線が出ています。

生命線が張り出している

生命線の張り出し部分が中指の中心から垂直におろした線を越えています。

手相の見方

感情線がカーブを描き土星丘へ向かっている人は、自尊心の強いタイプ。生命線が標準より張り出している人も、自己主張が強いタイプです。知能線と生命線の始点が高い位置にある人は、気位が高く目立ちたがり屋の傾向。

このタイプの特徴

自分の考え方に自信とこだわりがあり、我の強いところもありますが、目的達成に向け頑張ります。自分の個性や役割が目立つような場で実力が発揮できます。

このタイプとの上手な付き合い方

共通の目的に向かってよきライバル関係となると、刺激を受けて互いに成長できるでしょう。価値観の違いにこだわらないこと。

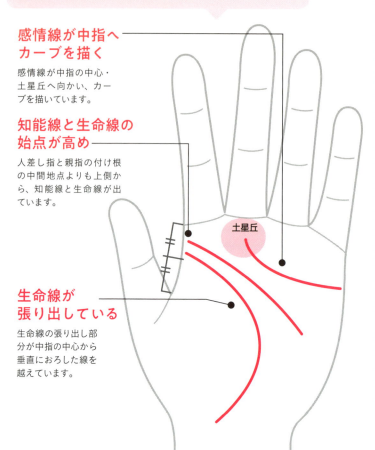

本音が言えない

内気なタイプ

生命線と知能線の位置が低い

土星環がある

中指の下に半円を描くような線がある人は、自分の世界を持っているタイプ。

知能線の始点が低い位置に

人差し指と親指の付け根の中間地点よりも下側から、知能線が出ています。始点は生命線と大きく重なっています。

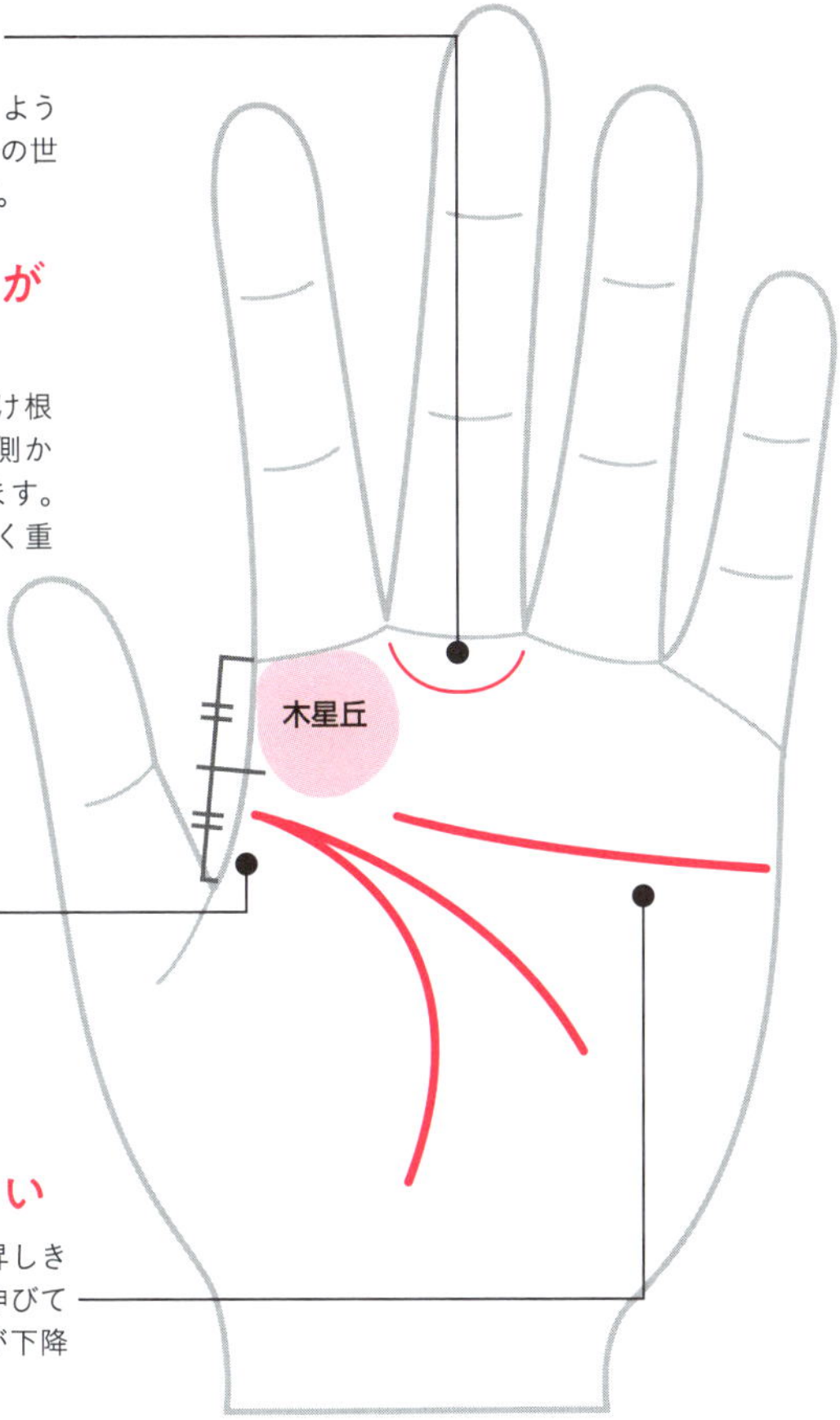

感情線が上昇していない

感情線が木星丘へ上昇しきらず、知能線寄りに伸びています。また、先端が下降している人もいます。

手相の見方

知能線の始点が低い位置にある人は、穏やかで本音が見えにくい傾向です。感情線が木星丘へ上昇せず、横に伸びたり下降する人は本音を伝えるのが苦手。土星環があると、好きな世界に浸るのが好きで、自分の殻に閉じこもることも。

このタイプの特徴

コツコツと頑張る努力家です。表舞台で目立つより、裏で活躍するような人もいます。土星環（⬇P162）は、スピリチュアルなことに興味がある人にも表れます。

このタイプとの上手な付き合い方

自分の気持ちを表現するのが苦手。本音が聞きたければ、ふたりきりでなごめる場所に行くなど、雰囲気作りをするといいでしょう。

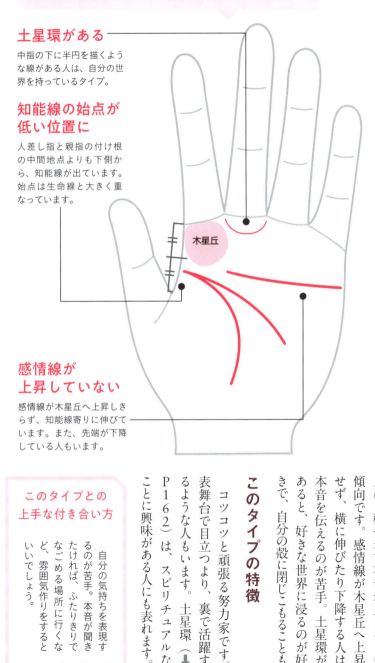

周囲から注目されそう 人気者になる！

月丘から伸びる太陽線

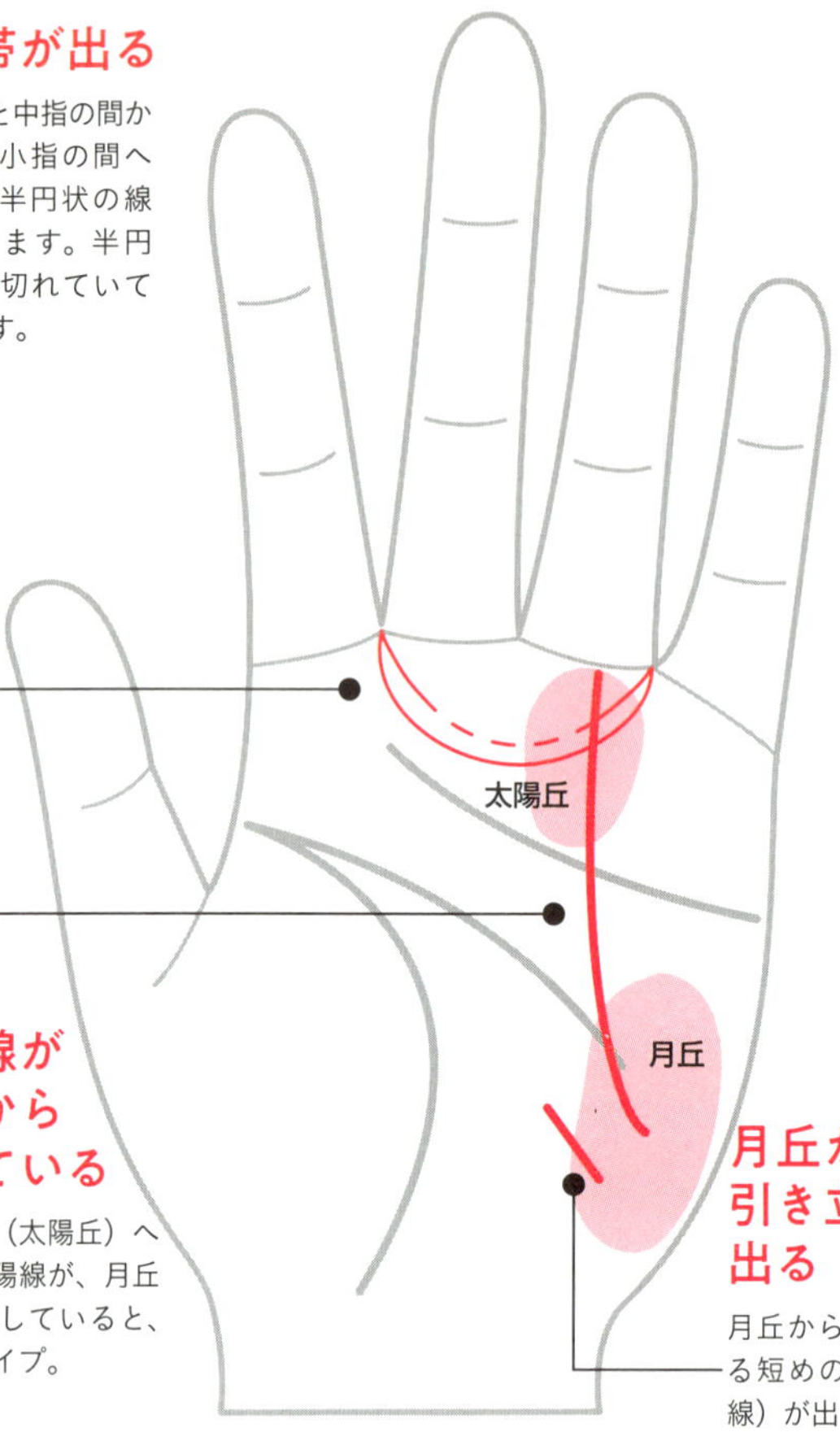

金星帯が出る

人差し指と中指の間から薬指と小指の間へ向かって半円状の線が出てきます。半円が途中で切れていても同じです。

太陽線が月丘から伸びている

薬指の下（太陽丘）へ伸びる太陽線が、月丘から出発していると、人気者タイプ。

月丘から引き立て線が出る

月丘から斜め上に伸びる短めの線（引き立て線）が出てきます。

手相の見方

長い太陽線が月丘から出発していると、他人から愛され人気を集めるタイプ。月丘から引き立て線が出ると、他人から助けられ慕われる相です。長く伸びると人気運が強まります。金星帯がハッキリ出てくると、異性からモテる時。完全な半円でなくても同じです。

この時期の特徴

対人関係の幸運期。人を引き寄せる華やかなオーラが出ている時期です。他人から評価を受け、信頼されるようになります。

この時期の上手な過ごし方

自分を磨き、行動範囲を広げ多くの人と出会うと、幸運をつかみやすくなります。自分勝手な態度をとると人気運が逃げるので注意。

向上心が上昇する 勉学に励んで、知識力UP！

知能線がハッキリしてくる

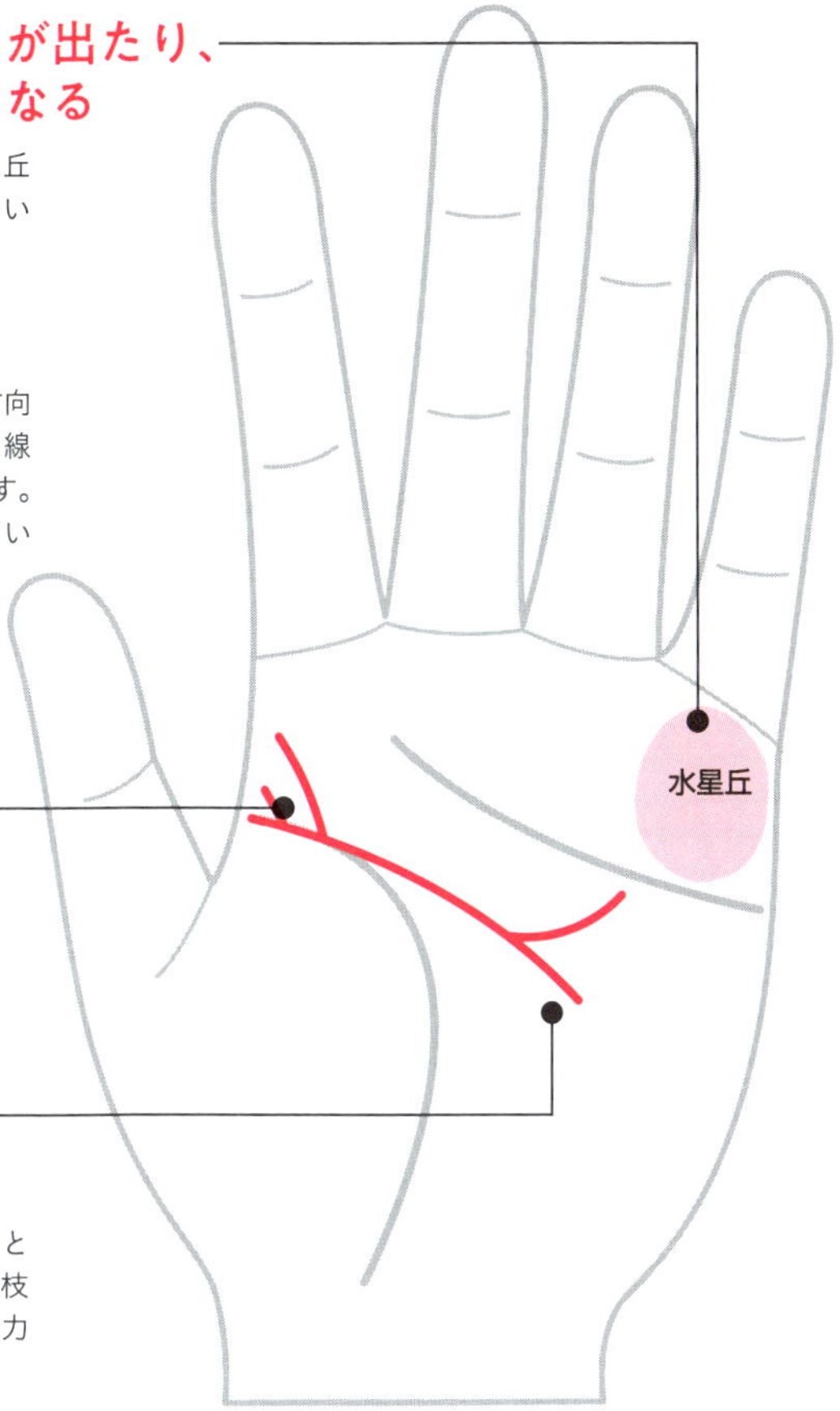

水星丘に張りが出たり、色ツヤがよくなる

小指の下にある水星丘に、張りが出て、いきいきとみえます。

希望線が出る

生命線から人差し指方向へ向かう直線的な支線を、希望線と呼びます。この線が1、2本出ています。

知能線がハッキリと

知能線が太くハッキリとして、さらに上向きの枝線が出てくると、集中力が高まります。

手相の見方

知能線がハッキリしてきて、上向きの枝線が出ると、幅広い知識を習得したい意欲の表れです。水星丘の張りやツヤがよくなるのも同じです。希望線（⬇P14）が出たり長くなるのは向上心が高まっていて、自分の努力が他人や社会から認められる幸運期です。

この時期の特徴

頭の回転がよく、短時間で多くの知識が習得できます。前向きな気持ちで努力すると、仕事でも学業でもステップアップできます。

この時期の上手な過ごし方

具体的な目的をハッキリと持つことが成功のカギ。資格取得を目指すのもよい時。吸収力が高いので、勉学に打ち込みましょう。

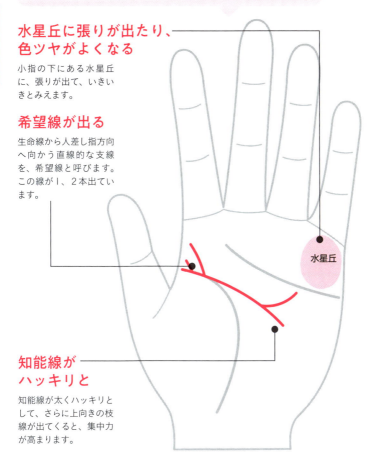

バリバリ働きたい
仕事のやる気が出る時

生命線と運命線がスッキリと

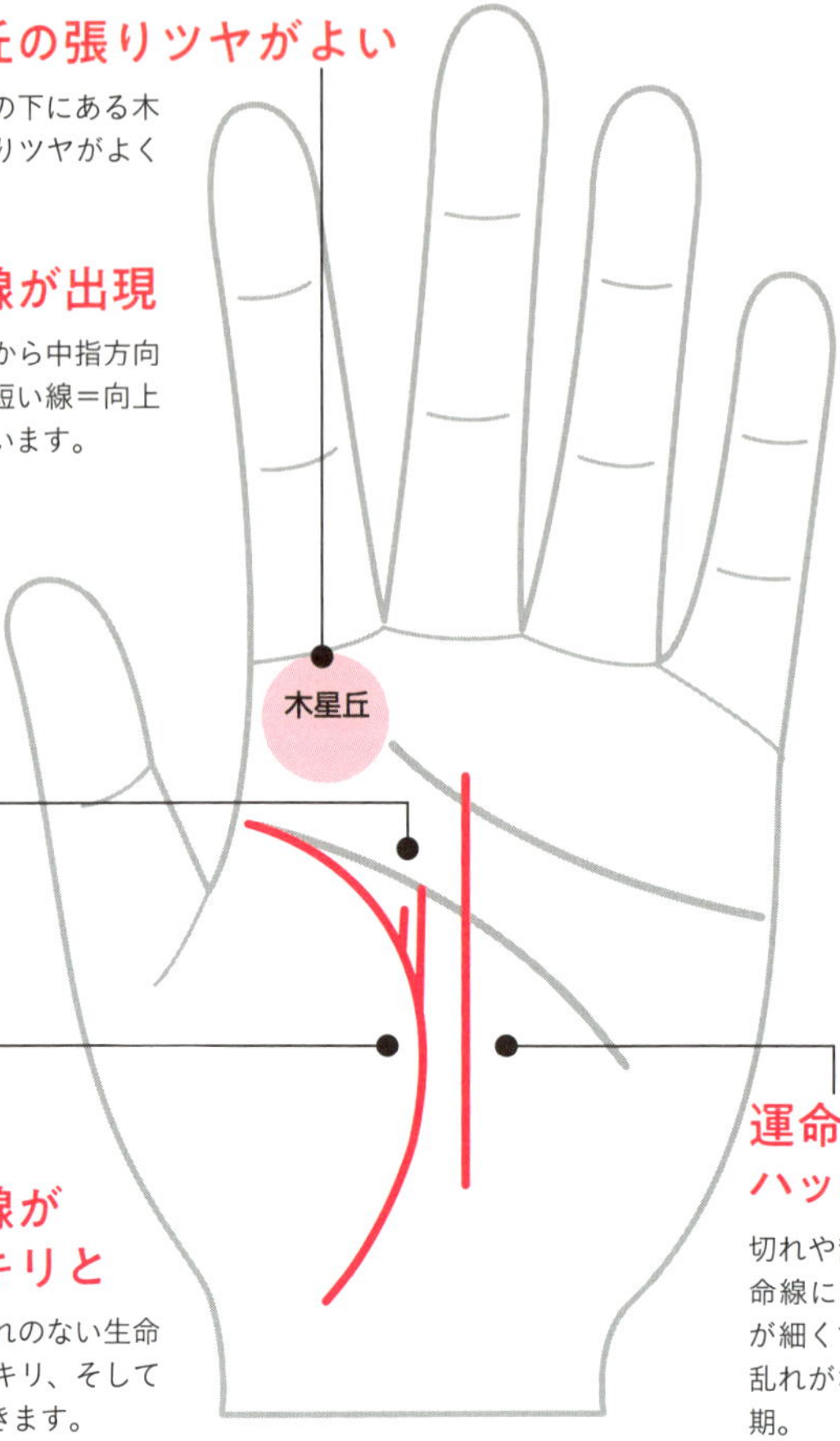
木星丘
木星丘の張りツヤがよい
人差し指の下にある木星丘の張りツヤがよくなります。
向上線が出現
生命線上から中指方向へ向かう短い線＝向上線が出ています。
生命線がスッキリと
切れや乱れのない生命線がスッキリ、そして濃く出てきます。
運命線がハッキリと
切れや乱れのない運命線になります。線が細くても、切れや乱れがなければ幸運期。

手相の見方

生命線や運命線が濃くスッキリしてくると、気力と体力が充実し、運気上昇のサイン。向上線（⬇P14）が出てくると、現状に満足せず、目的意識が高まるステップアップの時期。名誉や社会的地位を象徴する木星丘の張りやツヤがよくなると、仕事や地域社会での地位向上が期待できます。

この時期の特徴

仕事への意欲が湧いて、滞っていたことが動き出します。運気がよいので、少々強気でも大丈夫。

この時期の上手な過ごし方

もしも、やるか・やらないかで迷うことがあったら、行動したほうが吉。目的を明確にし、このタイミングでチャンスをつかんで。

人間関係は慎重に 対人トラブルにご注意！

太陽線や感情線に乱れが生じる

太陽線に乱れ

途切れや斑点など、障害マークが出ます。

感情線が途切れる

感情線が途中で切れてきます。

人気線に、途切れや障害マーク

月丘から出る運命線（人気線）に途切れや斑点、クロスなど、障害マークが出ています。この相では流年法で35歳頃と読み解きます。

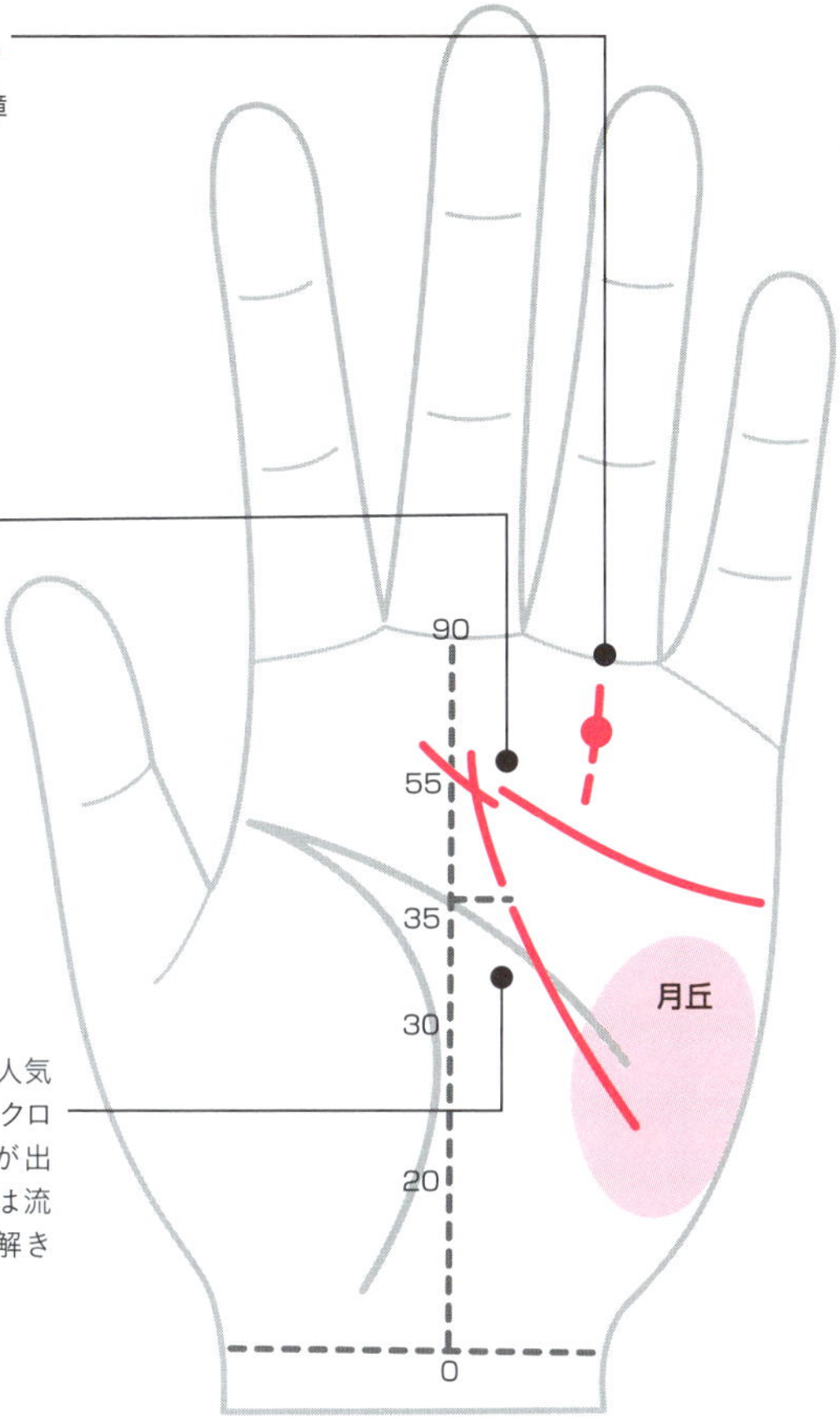

手相の見方

人気運は太陽線でみます。この太陽線が途切れたり斑点やシマ、クロスなどが表れると、信頼を失うできごとが起こる暗示。感情線が途中で切れるのも、対人トラブルの危機を示しています。月丘から伸びる運命線を持つ人は人気者ですが、この線に障害マークが出たら、人気下降の恐れあり。

この時期の特徴

何気ない言動がトラブルの引き金になりやすい時期。恨みをかったり、誤解を招かないよう注意。

この時期の上手な過ごし方

トラブルを回避するためには、日頃から礼儀を忘れずに。よくしてくれる人にこそ、感謝や謝罪は素直な言葉で伝えましょう。

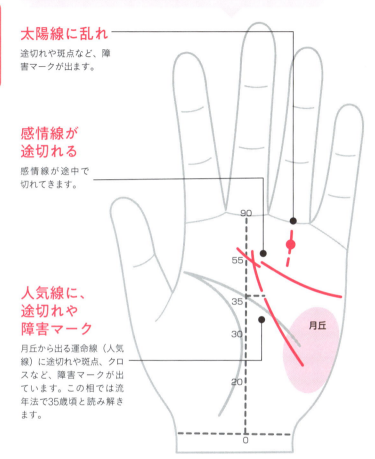

エンジンがかからず やる気がおきない…

知能線が薄くなっている

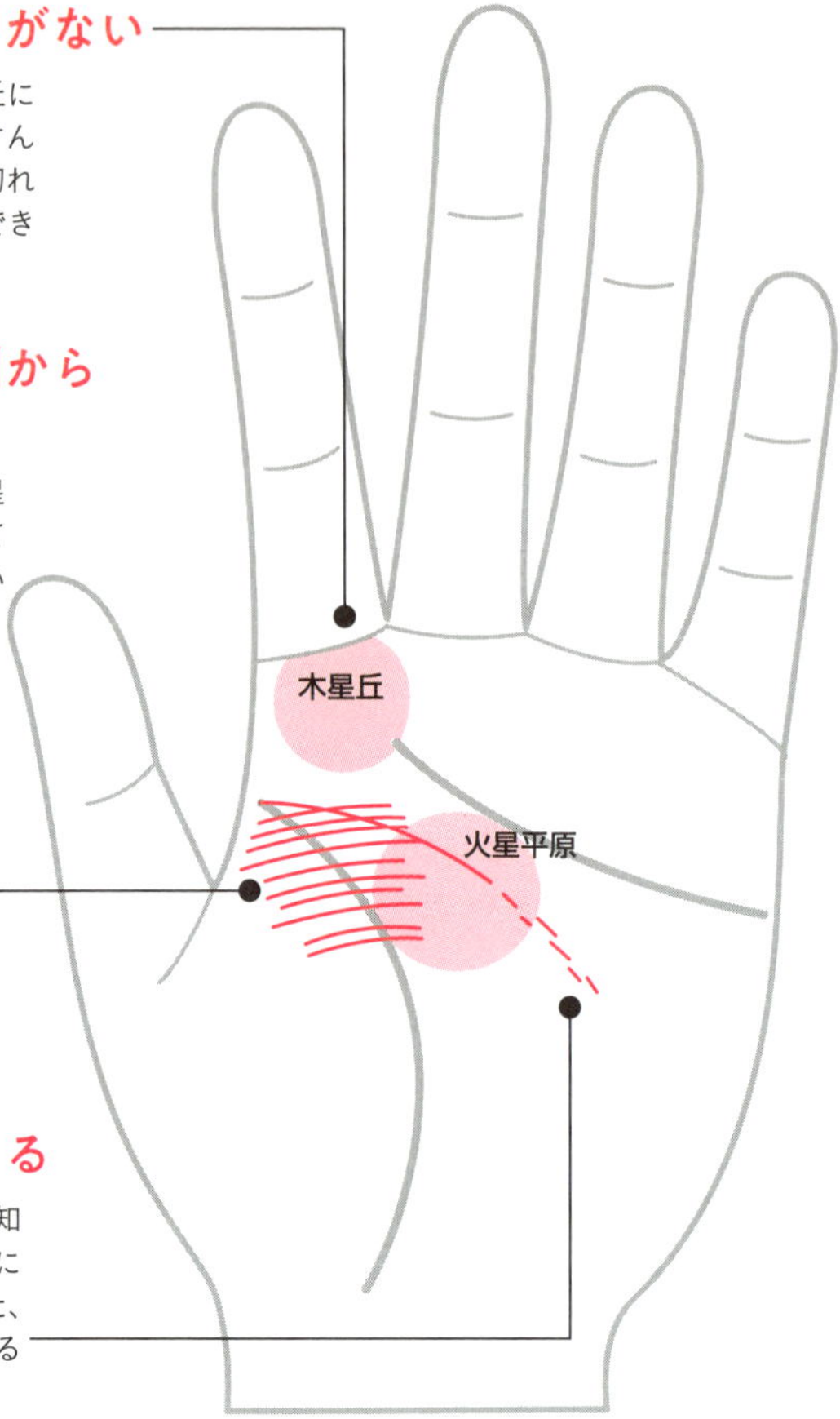

木星丘に張りがない

人差し指の下・木星丘に張りがなく、色がくすんでいたり、細かく途切れた薄い線がたくさんできています。

生命線の内側からストレス線

生命線の内側から火星平原にかけて、薄くて細い直線が多数出ています。

知能線が薄くなってくる

他の基本線に比べ、知能線が細く薄い印象になってきます。また、途切れや斑点ができることもあります。

手相の見方

知能線が細くなってきて、キレギレになったり斑点などの障害マークが出てくると、集中力が低下兆候。木星丘に張りがなくなると、仕事面など社会的要素の運気低下の傾向が。生命線の内側からストレス線が伸びてくるのは、気疲れがたまってきたサインです。

この時期の特徴

この時期は仕事でも私生活でも約束を忘れ、うっかりミスをすることがあるので要注意。まずはストレス解消が必要です。

この時期の上手な過ごし方

外出が面倒に感じる時ですが、なるべく出かけてみて。楽しいことや新しいことに出会い、刺激を受けると、運気好転のきっかけに。

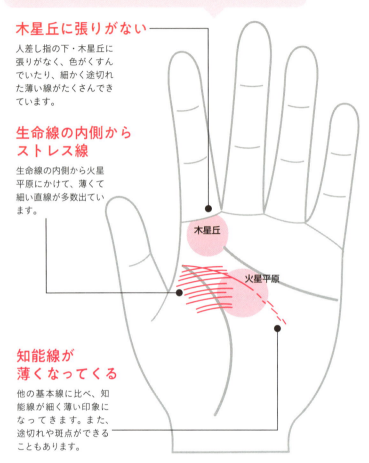

空回りばかり

何をやっても、うまくいかない…

手の色ツヤが悪くなる

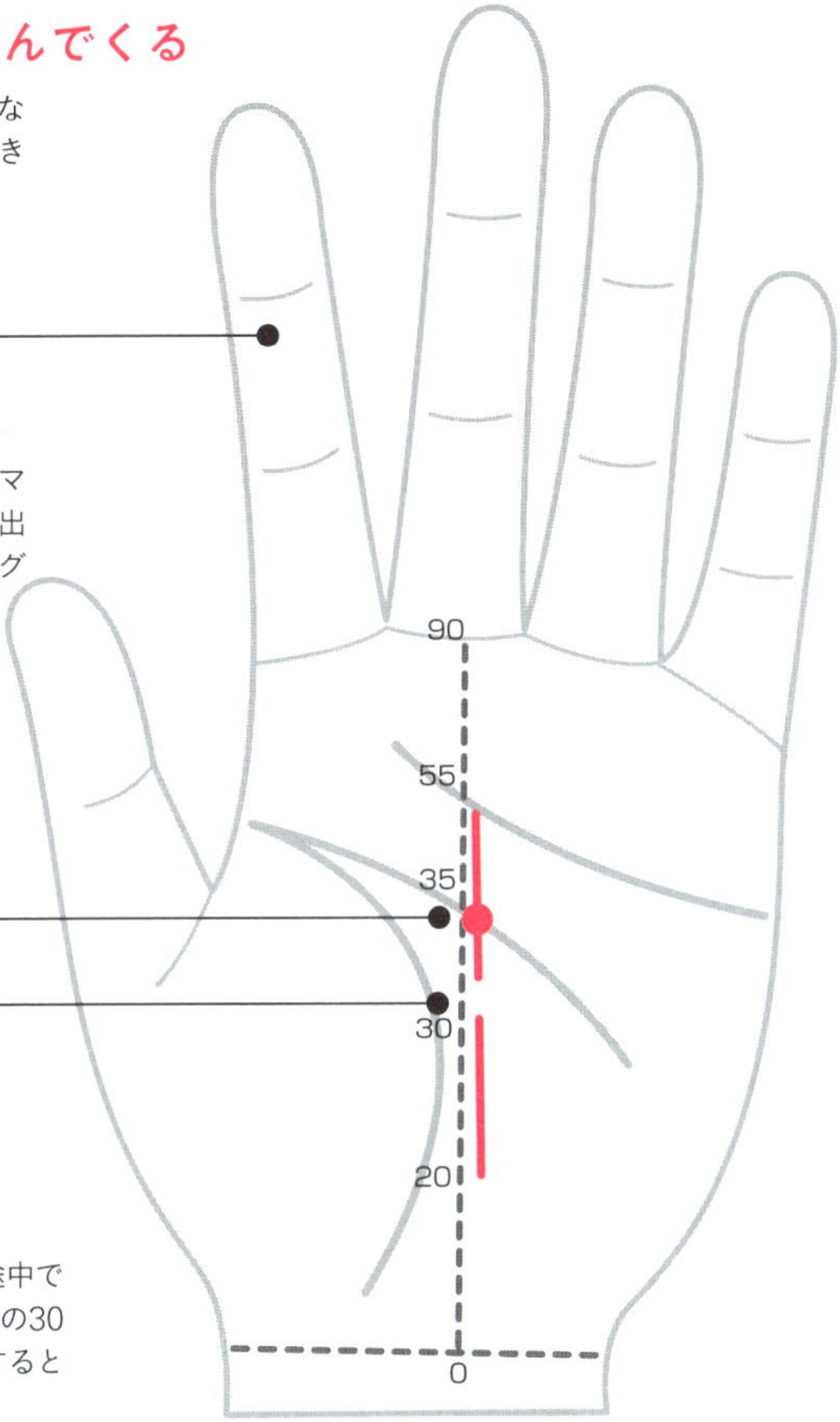

手全体が黒ずんでくる

手のツヤや張りがなくなり、血色が悪くなってきます。

運命線に斑点

運命線上に斑点やシマなどの障害マークが出てきます。ショッキングなできごとに注意を。

運命線が途切れる

この相では運命線が途中で切れている空白時期の30歳頃に注意。無理をすると空回りしやすい時。

手相の見方

手が黒ずむのは、病気の徴候であると同時に、運気低迷のサイン。運命線が途切れて空白になっているのは、人生の表舞台から遠ざかる時期で、運命線に斑点やクロス、シマが出ていれば、仕事や人間関係のゴタゴタに巻き込まれる暗示。

この時期の特徴

運命線に空白がある人は、運勢に浮き沈みがあるタイプ。ただし空白期までに生活環境を整えておけば、災いを最小限にできます。空白期は、家庭中心で過ごすと吉。

この時期の上手な過ごし方

不運期は守りに徹し、人の力も借りて慎重に切り抜けましょう。人生山あり谷あり、不運は長く続かないと信じ、希望を持って。

努力が認められる 周りからの評価が高まる時

太陽線がクッキリする

リーダー線が長く伸びる

人差し指の下の木星丘から中指の付け根に向け、斜め上に向かう直線が出ます。

太陽線が運命線とつながる

この相では45歳頃に太陽線がクッキリとしてきて、運命線につながります。

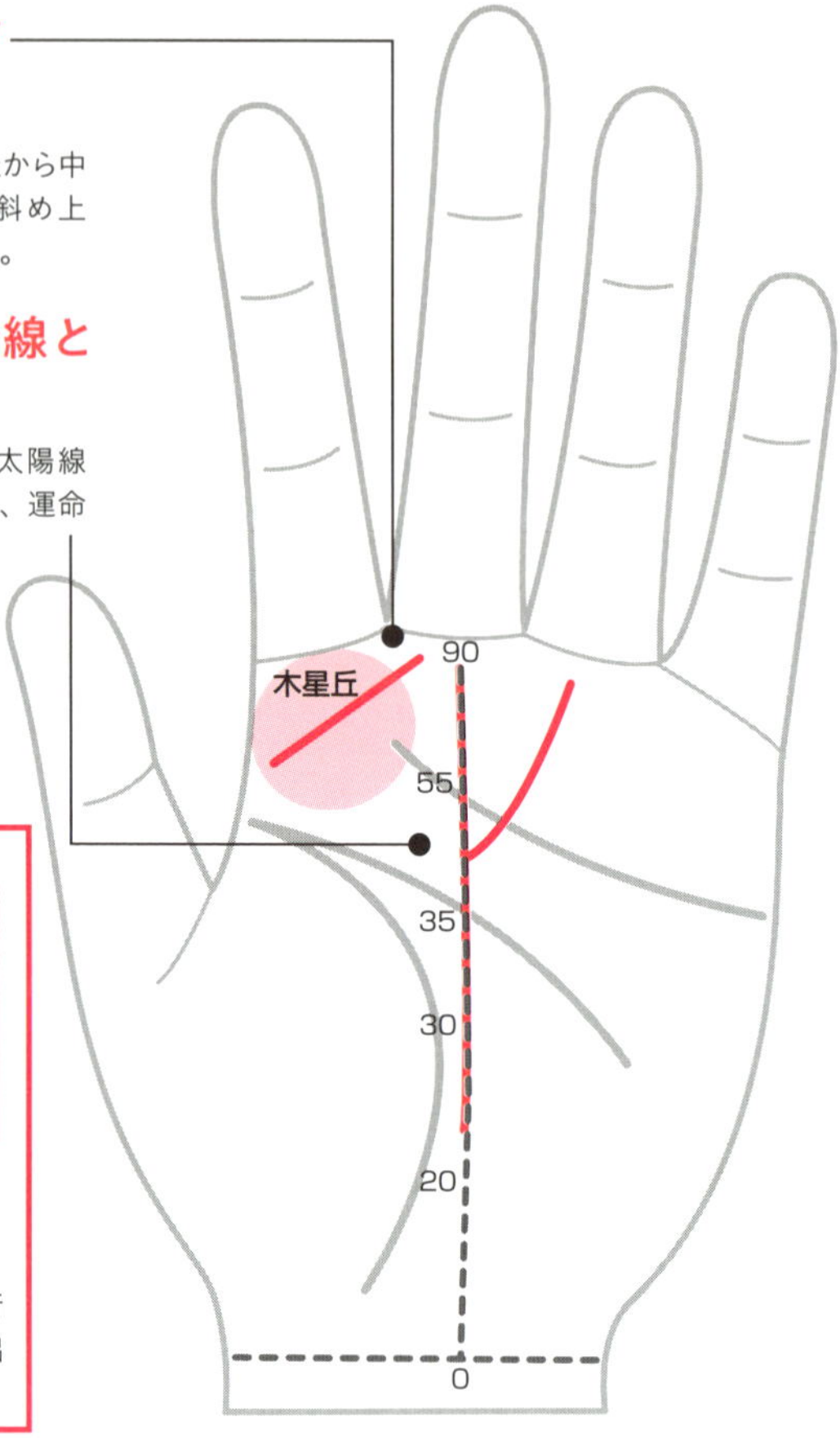

★別パターン

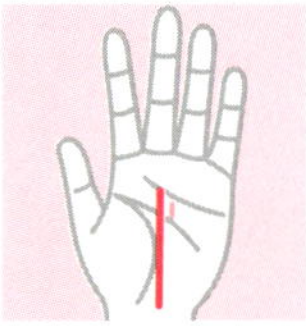

運命線にサポート線

運命線に沿って平行に薄めの短い線が出ます。

手相の見方

太陽線がクッキリしてくると、今までの成果が出ます。その線が運命線や知能線と合流する時期が自分の才能や努力が認められる幸運期です。リーダー線が中指の付け根まで伸びると、社会的運気が強まり、大出世の可能性も。運命線に出るサポート線は、ピンチがチャンスに変わる知らせです。

この時期の特徴

仕事や目的達成に意欲がわき、周りの協力や理解が得られます。有力者の目にもとまりやすい時。

この時期との上手な過ごし方

頑張れば頑張った分、高い評価を期待できる時期なので、努力あるのみ。チームワークを大切にすると、何ごともうまくいきます。

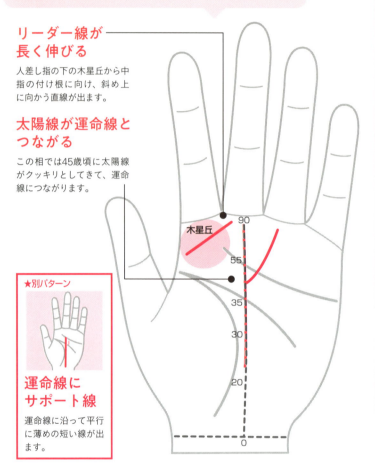

PART 2

恋愛

恋愛運は多くの人が気になるところ。
恋愛パターンから相性まで、
誰もが気になるあれこれを
詳しく診断！

恋愛
インデックス

自分の手相はどのタイプ？

恋愛運は主に愛情表現や人との接し方といった、内面的な部分を示す感情線でみます。また結婚線では、異性との縁をみることができ、知能線では恋愛の傾向をチェックすることができます。

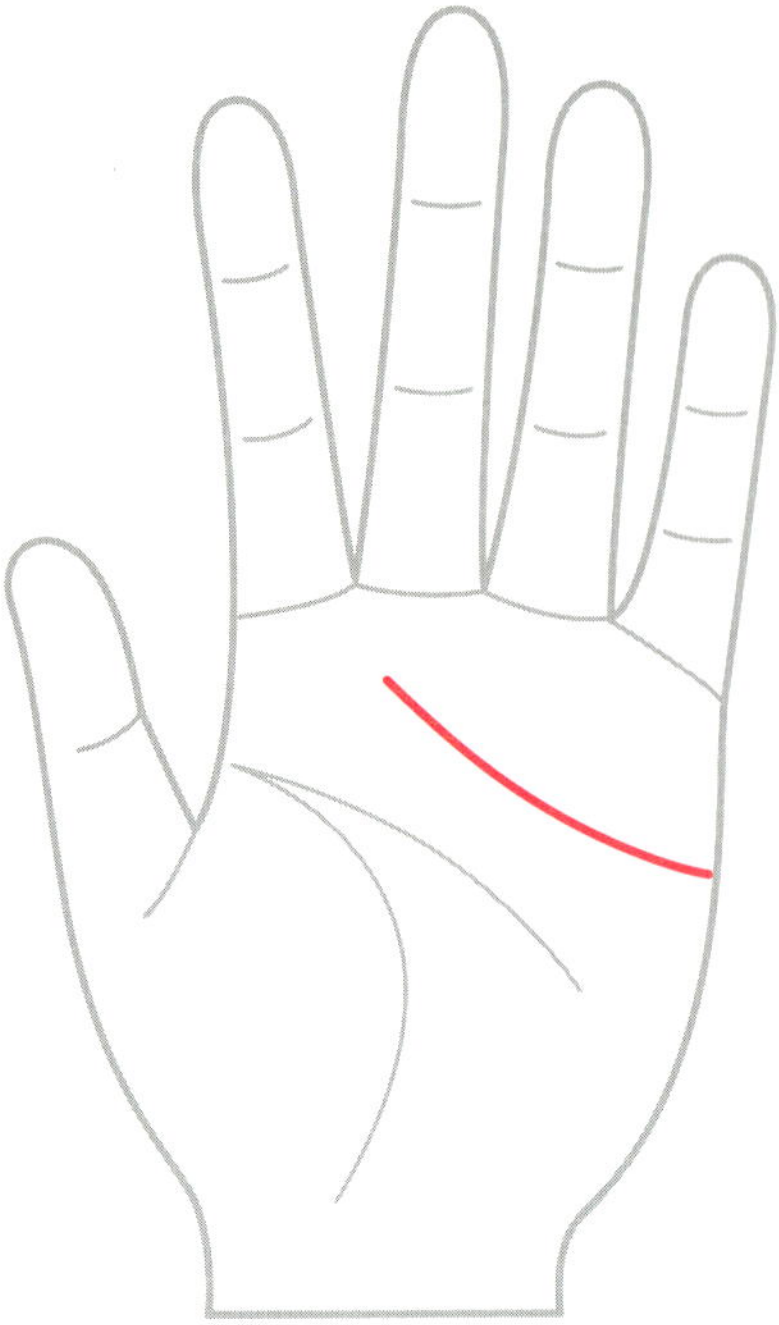

感情線がカーブして短め

感情線がほどよい長さで上向きにカーブしていると、感受性が豊かなタイプですがはずかしがり屋です。

TYPE A

➡P76

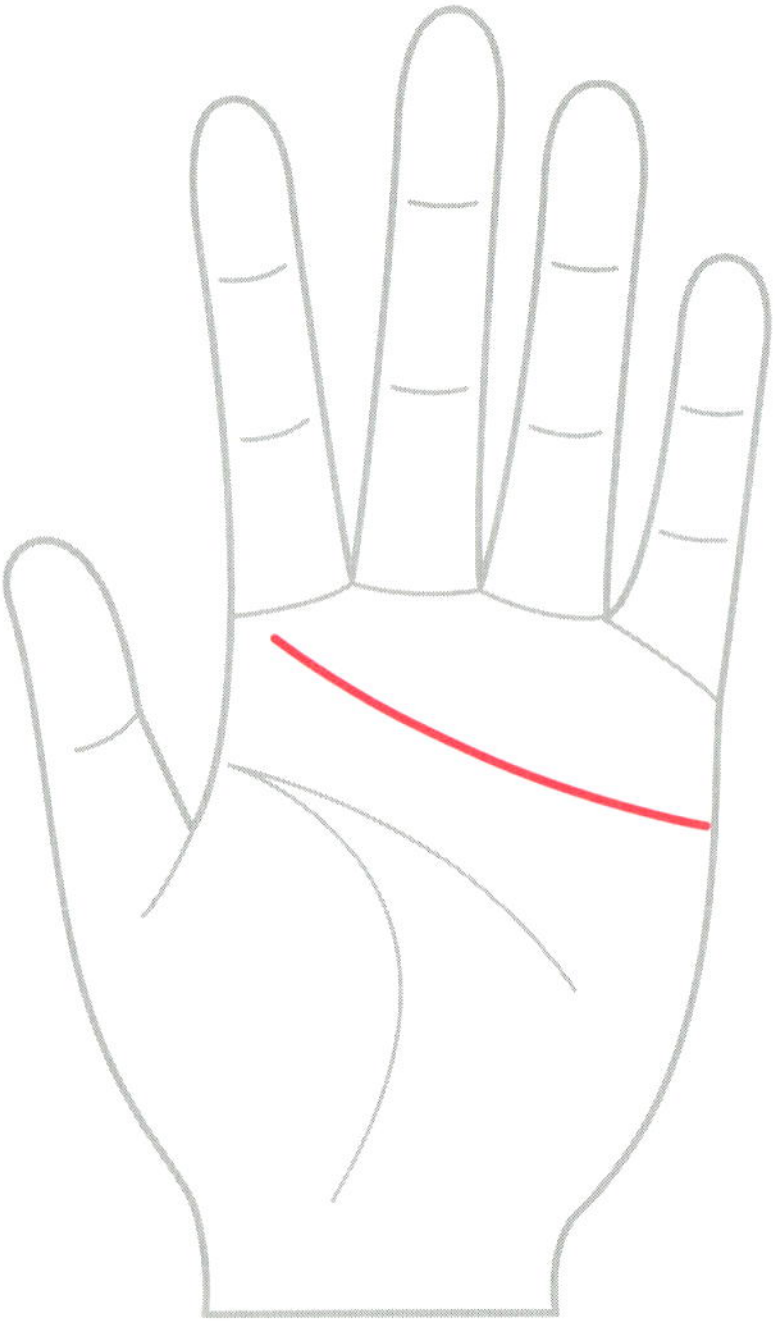

感情線が人差し指へ長く伸びる

感情線が人差し指まで長く伸びる人は、愛情表現豊かで相手の心を自分に向ける力があります。長すぎると独占欲が強い傾向も。

TYPE B

➡P78

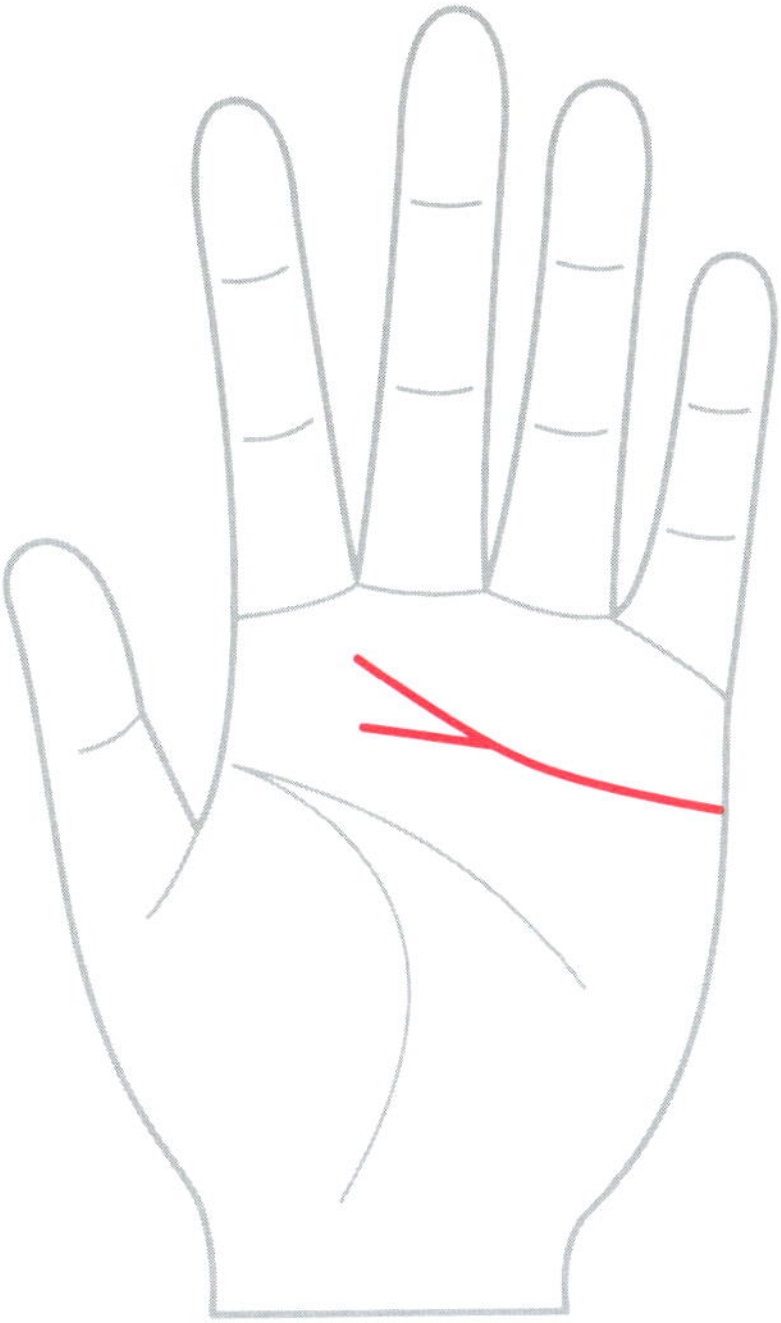

感情線の先端が分かれる

感情線の先端が２股の人は、誠実で真面目なタイプとなり、３股以上に分かれると誰にでも親切なタイプとなります。

TYPE C

➡P80

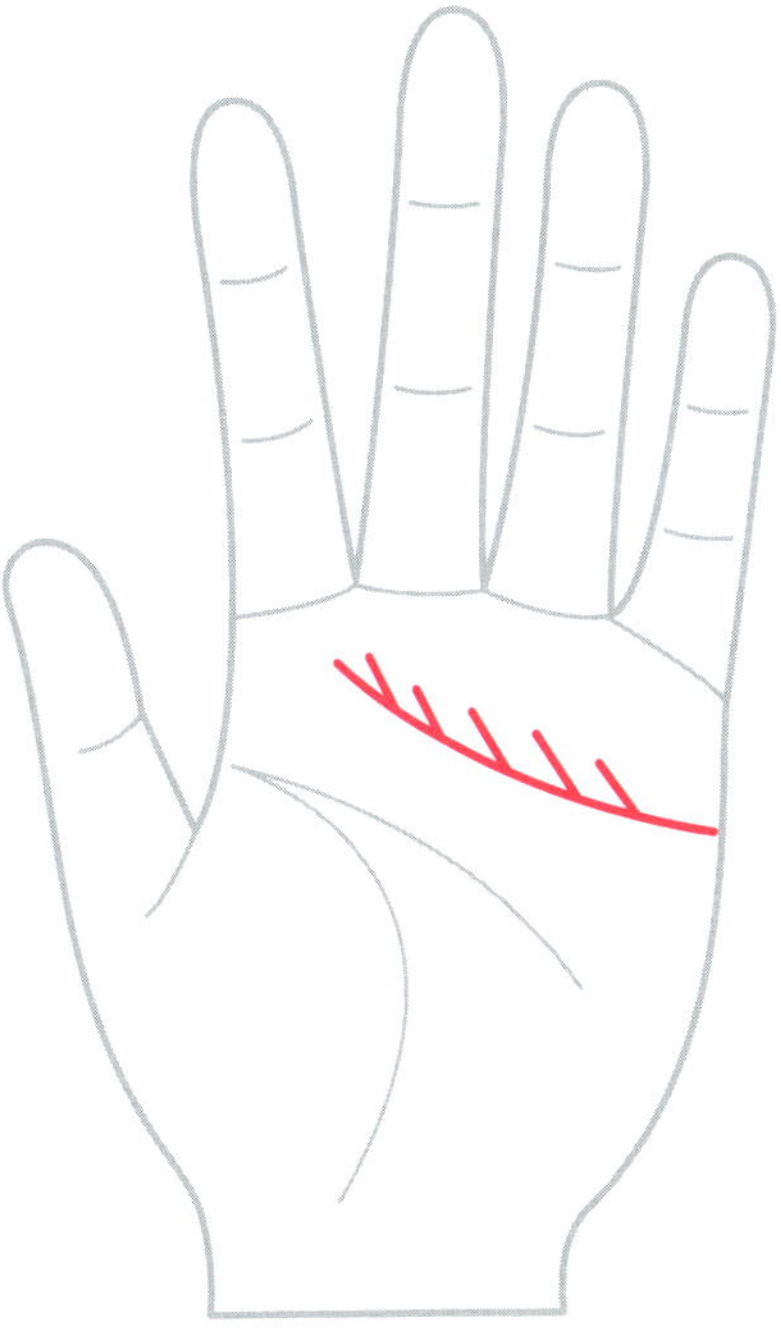

感情線の上側に支線

感情線の上部に支線があるのは、前向きで明るい人です。愛情面もプラス志向で考えるので、恋人関係も円満になります。

TYPE D

➡P82

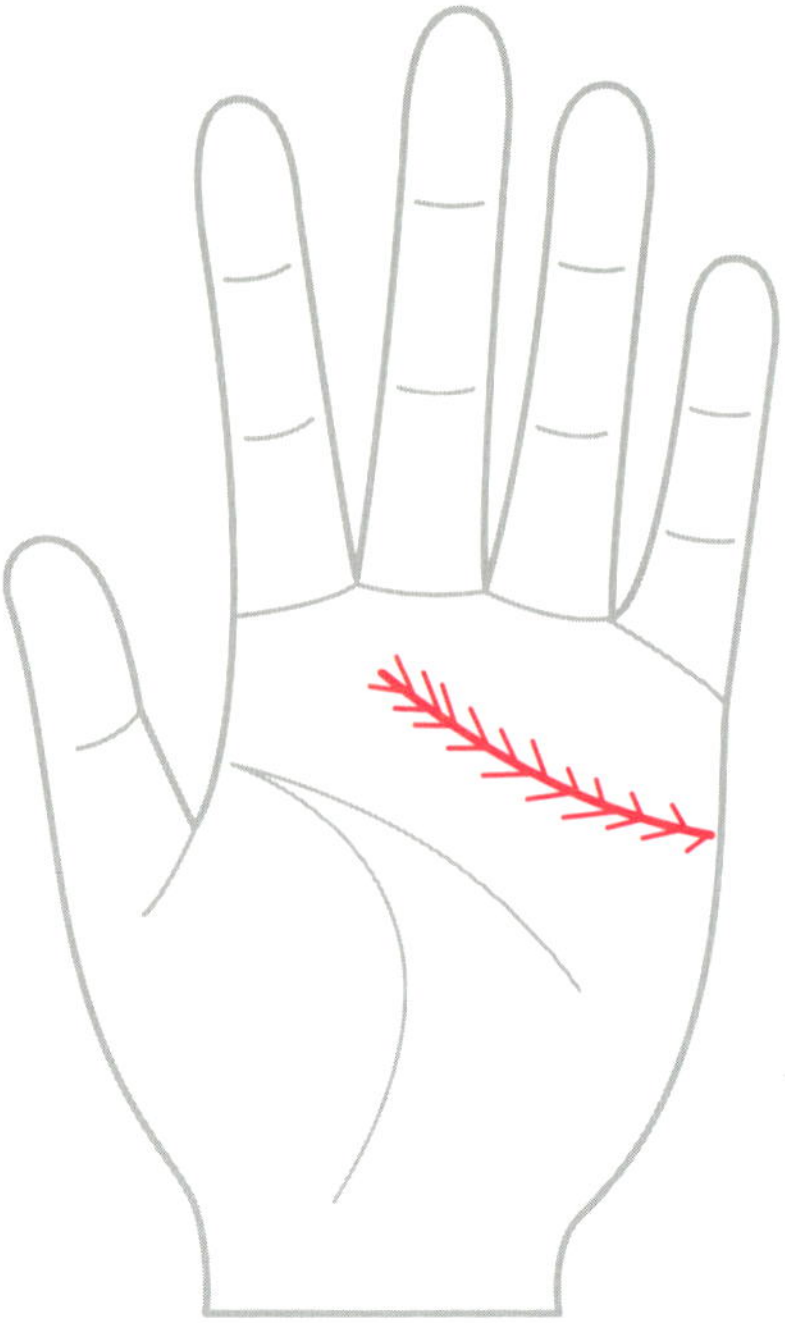

感情線の上下に支線

感情線の上下に支線が出ているのは、感受性が豊かで感性も敏感なタイプです。恋愛気質で飽きっぽい面もみられます。

TYPE **E**

➡P84／➡P86

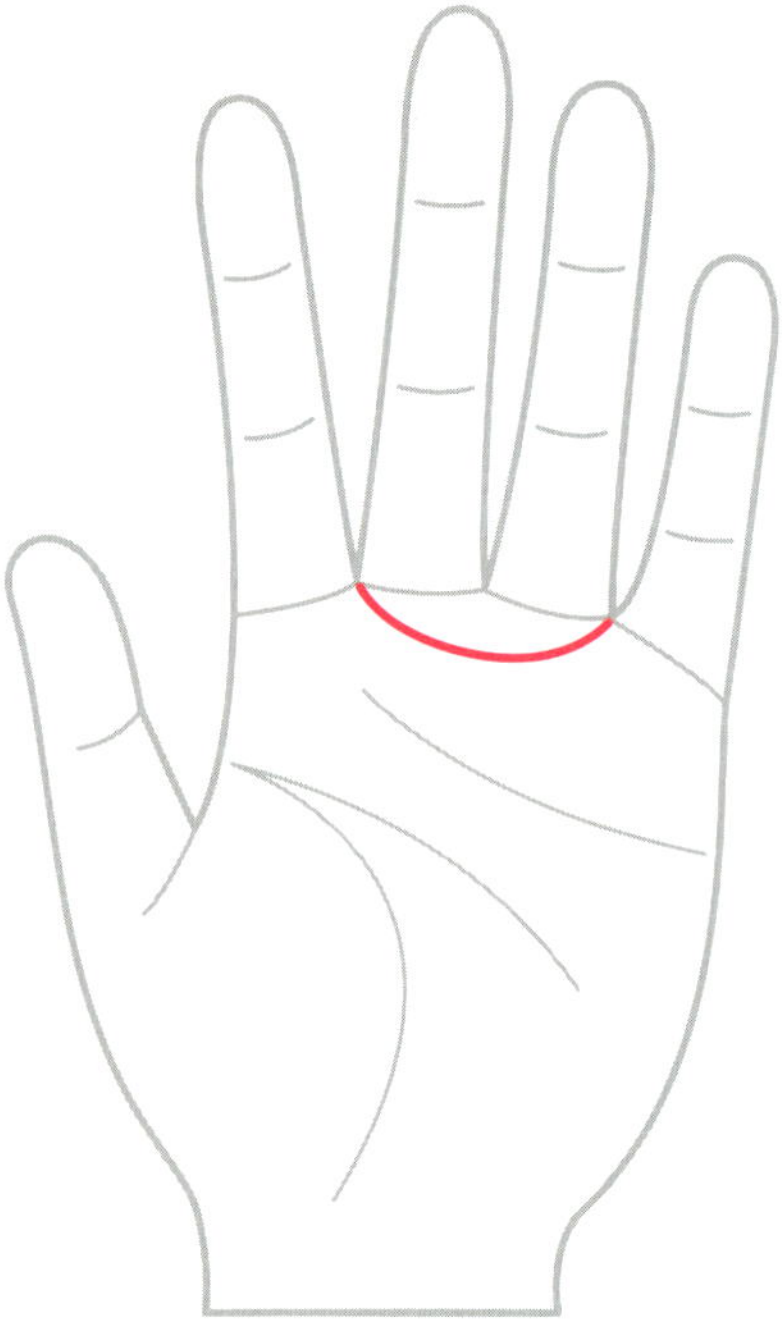

金星帯がハッキリ出ている

金星帯が濃く出ている人は美的センスがあり、異性から意識されやすいタイプです。色気のある手相です。

TYPE **F**

➡P88

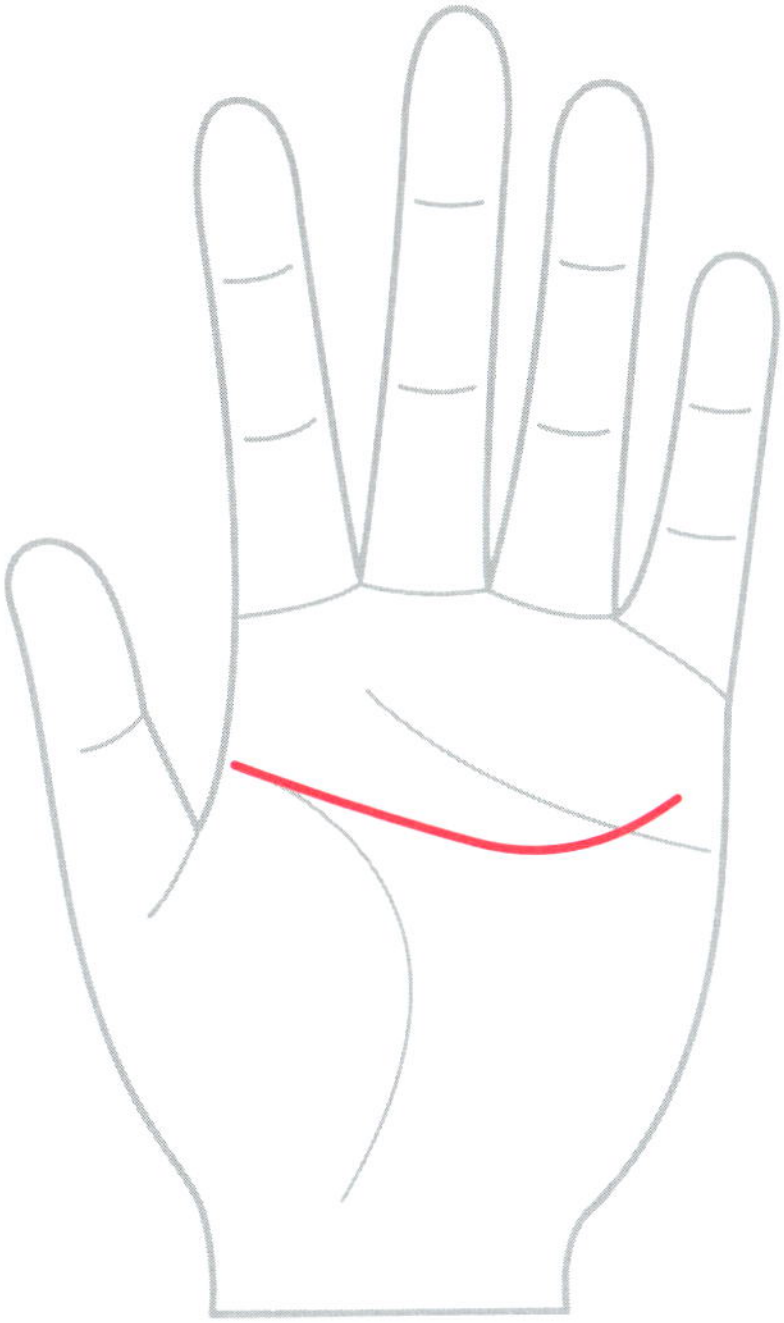

知能線が上向きに長く伸びる

知能線が上向きに長い人は、現実的で経済感覚に優れ、恋愛面でも物質的な満足を求めます。

TYPE G

➡P90

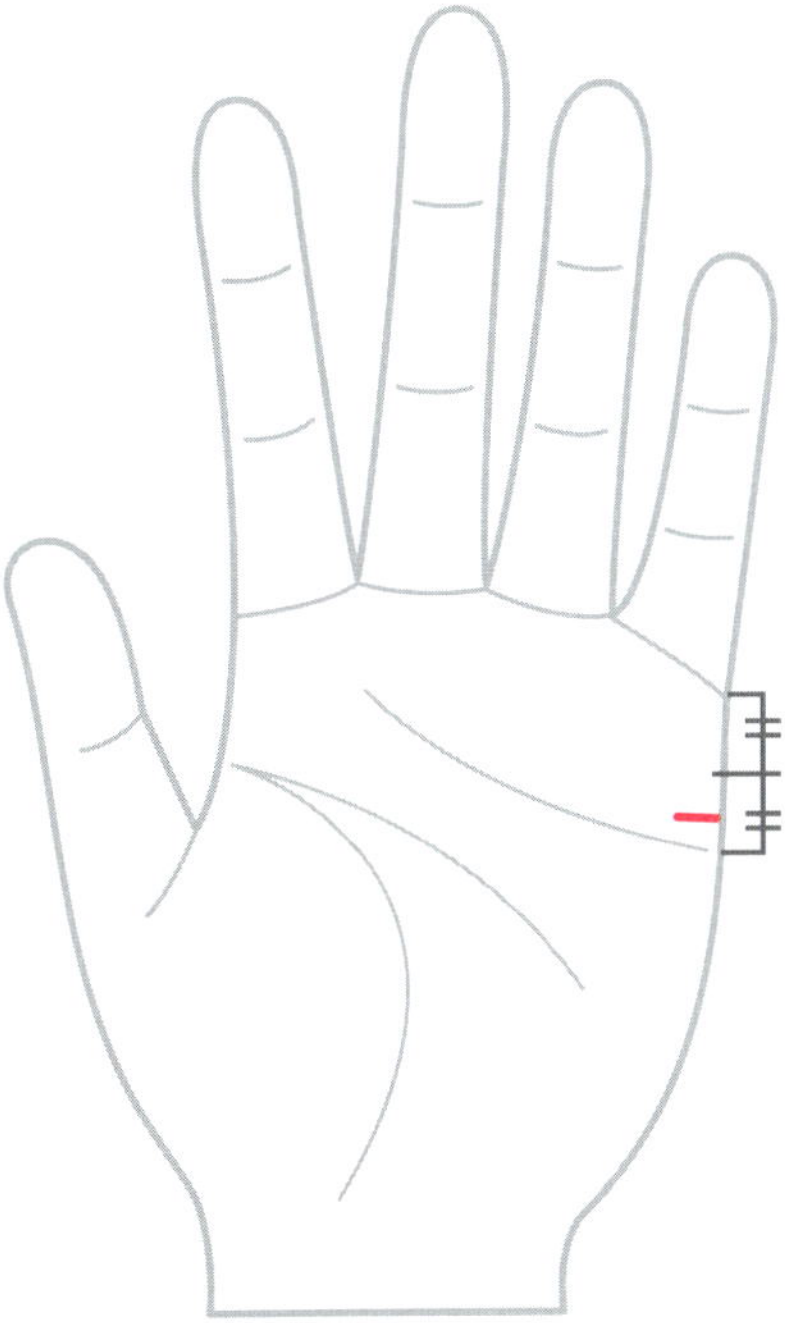

結婚線が感情線に近い

結婚線が感情線寄りに伸びている人は、最初の大恋愛が成就するタイプです。早い時期の結婚で幸せになります。

TYPE H

➡P92

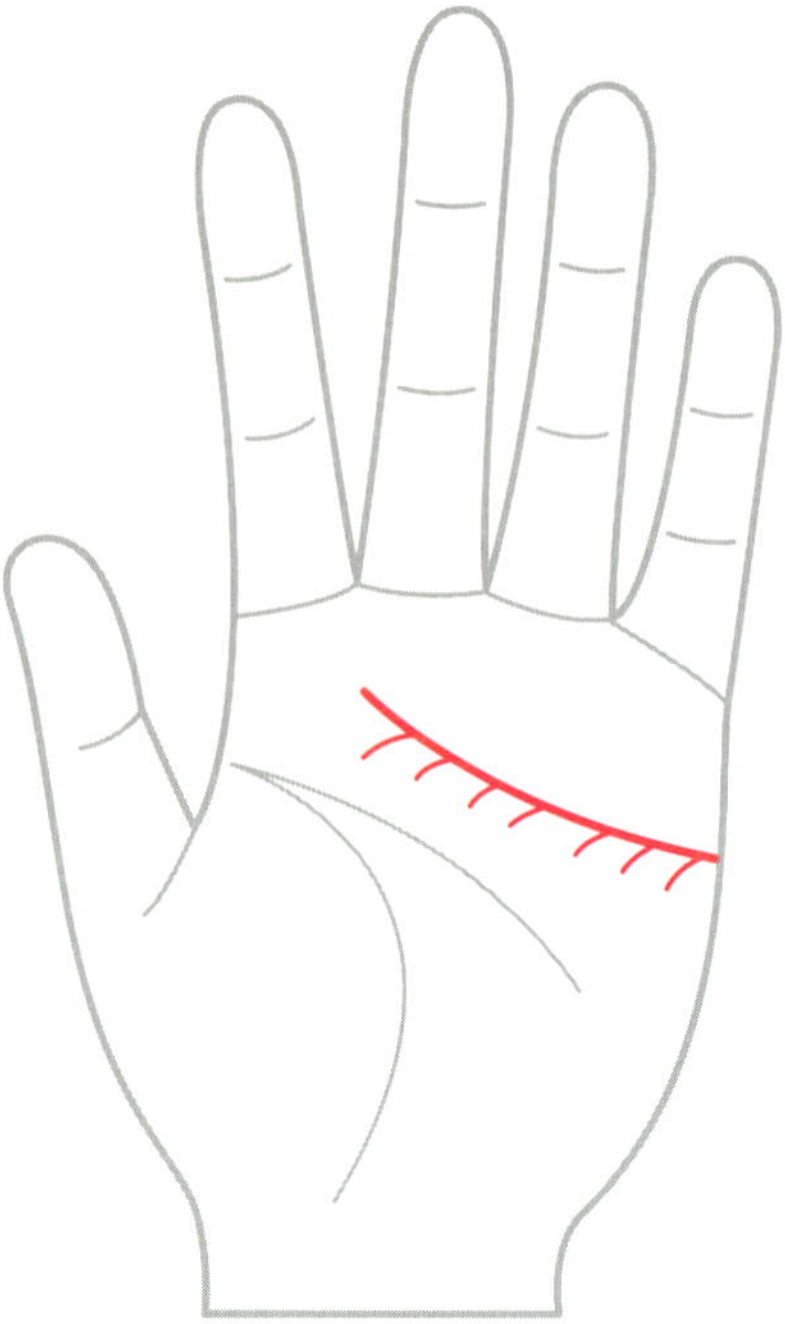

感情線の下側に支線

感情線の下側から支線が出ている人は、思いやりが深く、優しい人です。相手にまかせる傾向があるので、流されやすい面も。

TYPE I

➡P94／➡P96

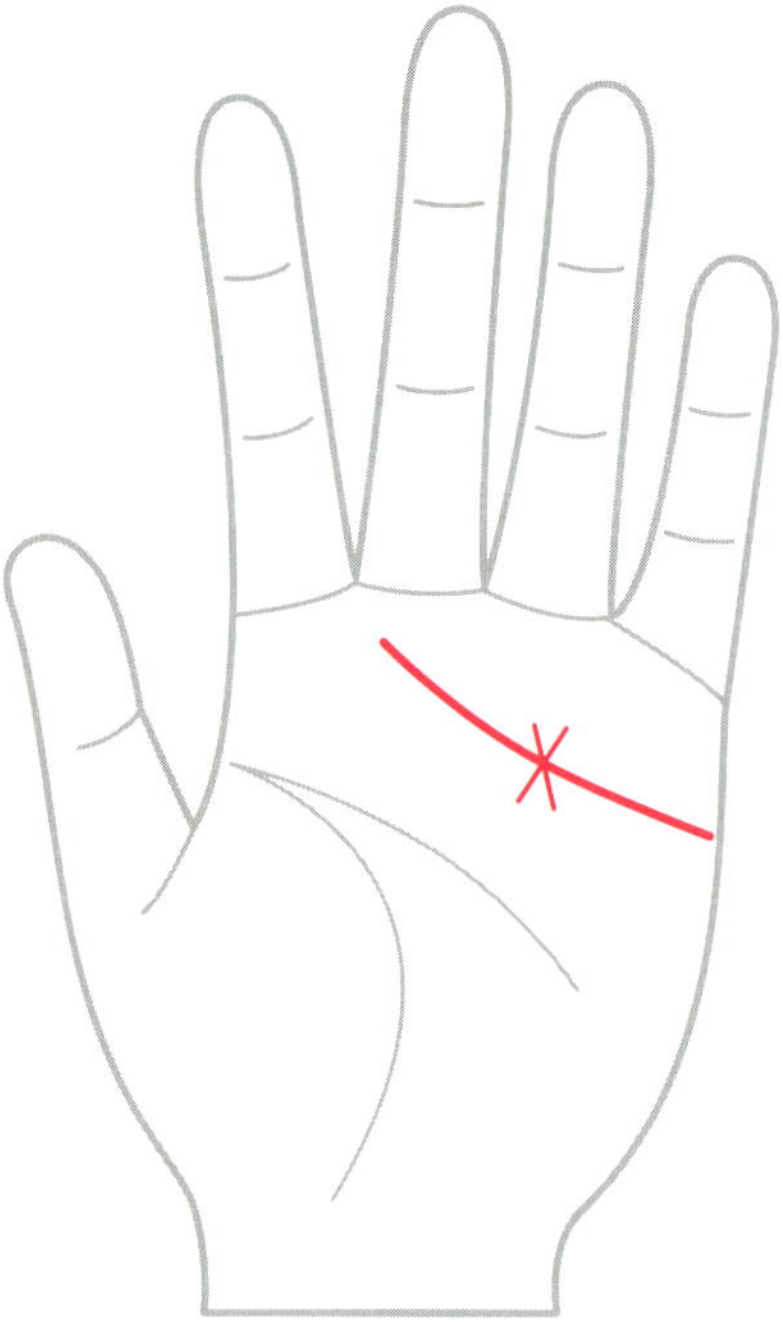

感情線に障害マークが出る

感情線上にクロスや斑点といった障害マークが出ると、感情面のトラブルを暗示します。感情的にならず、冷静さが必要です。

TYPE J

➡P97

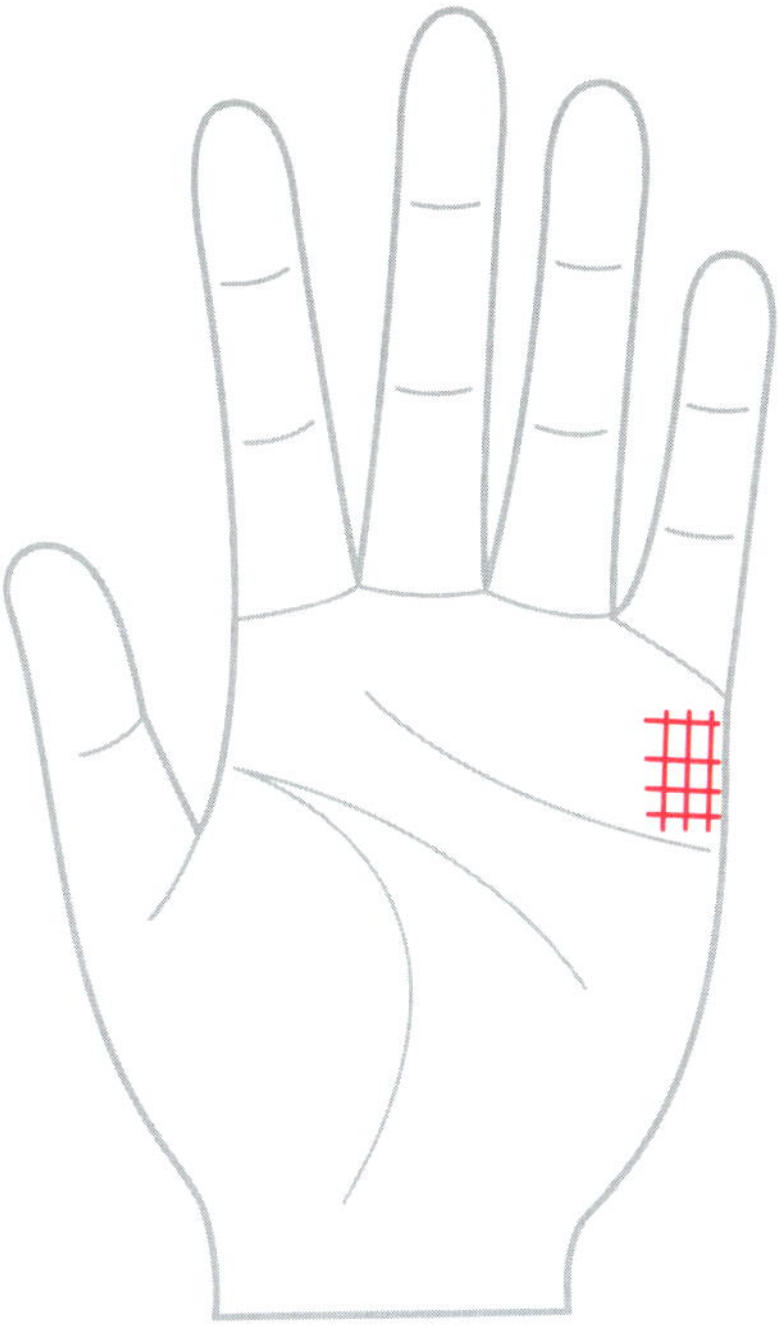

結婚線が格子状

結婚線が格子状になっている人は、出会い運があってモテますが、特定のひとりに決められず、恋愛期間が長引く傾向です。

TYPE K

➡P98

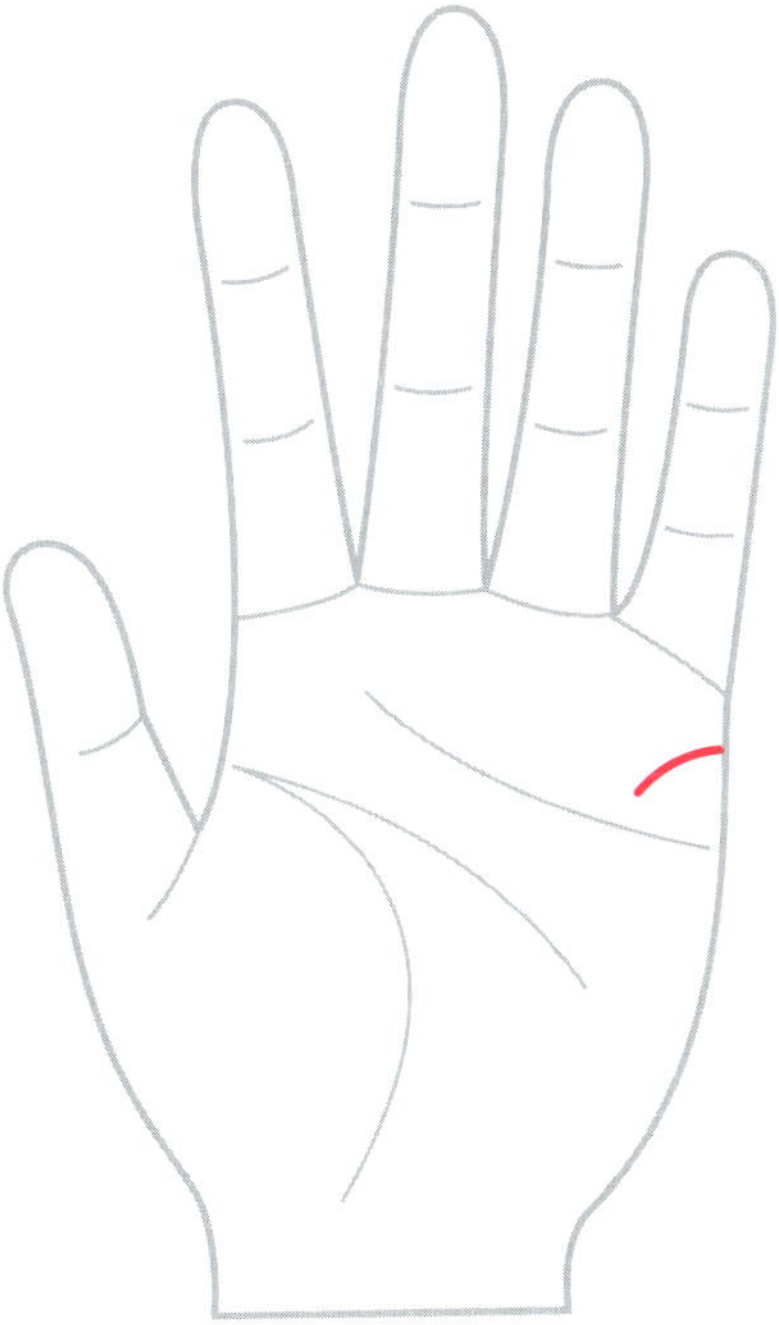

結婚線の先端が下がる

結婚線の先端が下降して伸びている場合は、異性と向き合うエネルギーに欠け、流れにまかせる傾向があります。

TYPE L

➡P99

告白できない…奥手タイプ

手相の見方

感情線の終点が人差し指の下まで届かず、短めの人は恥ずかしがり屋。恋愛感情は湧くのですが、相手に対する素直な愛情表現や独占欲が足りないのです。

金星帯が全くない人は、さっぱりしたムードで自分の魅力をアピールすることが下手。また、相手からのアピールにも気づけず、相手の愛を受け止めにくいタイプです。

結婚線がない人や薄い結婚線、手のひら正面から見ると分からないほど短い結婚線の人も、異性を求める本能が弱く、縁遠くなっています。

知能線が直線的に月丘下部へ向かっている人は、ロマンチストだけれど、考えすぎてしまい、ムードのある表現が苦手。知能線と生命線の始点の重なりが大きいと自己主張が苦手で、恋愛も奥手です。

このタイプの特徴

本音を伝えることが下手で、普段はおしゃべりな人でも、好きな人の前だとなにもいえなくなってしまうような内気な面があります。

相手の気持ちを自分へ向けたいというエネルギーに欠けるため、自分をアピールする仕方がよくわからないようです。愛情・恋愛面では受身のタイプです。

運気アップのポイント

異性に媚《こ》びることは、恥ずかしいことではありません。異性ウケのいいファッションを選んだり、話題作りに趣味を始めたり、気軽にできることからチャレンジして。まず自分に自信を持ちましょう。

このタイプとの上手な付き合い方

この人からの告白を待っていては、いつまでたっても進展なし。目線や仕草でアピールしても、気づいてくれません。どこが好きか具体的に伝えて、「付き合ってほしい」とあなたからストレートに告白を。

感情線がカーブして短い

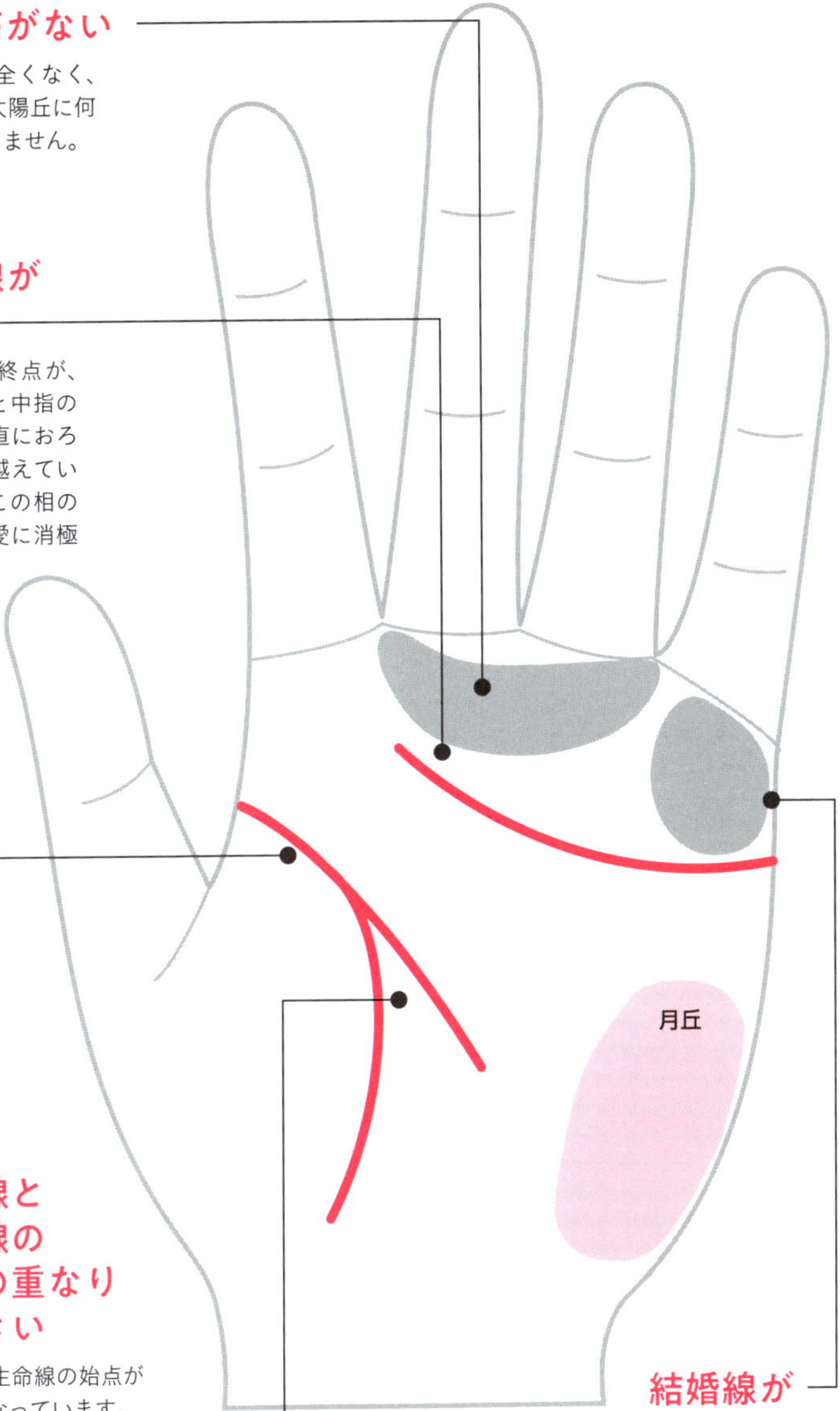

金星帯がない

金星帯が全くなく、水星丘や太陽丘に何も線がありません。

感情線が短め

感情線の終点が、人差し指と中指の間から垂直におろした線を越えていません。この相の人は、恋愛に消極的です。

知能線と生命線の始点の重なりが大きい

知能線と生命線の始点が大きく重なっています。

結婚線がない

結婚線がない、または結婚線があっても極端に短かったり、線が細く薄い印象です。

知能線が月丘下部へ向かっているが短め

知能線があまりカーブせず短めで、月丘下部へ向かって直線的に伸びています。

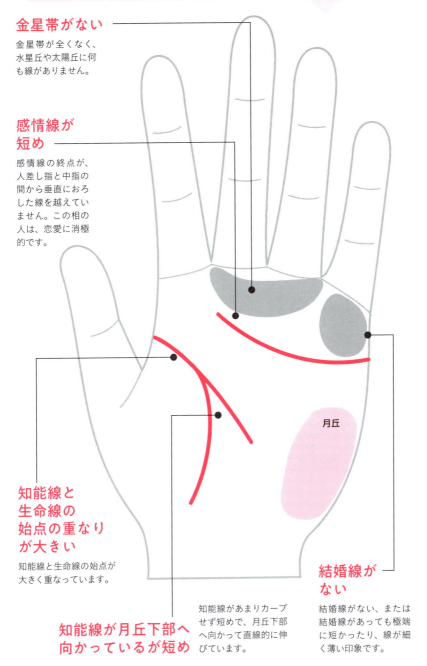

一途なんです！

情熱タイプ

手相の見方

感情線が木星丘を貫くほど長い人は、情熱的で愛情豊か。リーダータイプで人をまとめることができる人ですが、異性に対する支配欲も強いです。

知能線が月丘中部〜下部へと長い人は想像力があり、夢見がち。恋に恋してのめり込むタイプです。

土星環（⬇P162）がある人は、自分の好きなものに対するこだわりが人一倍強い傾向。表に気持ちを表さなくても、心の内で情熱を燃やしています。

図には記していませんが、手の指が細くて長い人や、感情線が平行して2本ある「二重感情線」（⬇P122）の持ち主も、感受性が豊かで、情熱的な恋をする傾向があります。

このタイプの特徴

好きなものや人には情熱を注ぎますが、独占したい気持ちが強いので嫉妬深く、恋人を束縛してしまいそう。ただ、仕事中心で生活している男性の場合は、従順な女性を恋人に選ぶことが多く、自分は嫉妬深いと思っていない人も多いようです。

運気アップのポイント

相手のことばかり考えすぎると、独りよがりになってしまいそう。しつこいと嫌がられては本末転倒。電話やメールをする回数を決めるなど、ルールを決めると、恋愛トラブルを避けることができます。

ありあまる情熱は長所でもあるので、人間だけに向けずに仕事や趣味や研究に向けると社会的に評価され、魅力が高まります。

このタイプとの上手な付き合い方

恋人にすると誰よりも自分をわかってくれる、心強い存在です。「あなただけが好き」と伝え、安心させて。このタイプの人に告白されたら、曖昧な返答は誤解の元。イエス・ノーはハッキリ伝えましょう。

木星丘を横切るほど長い感情線

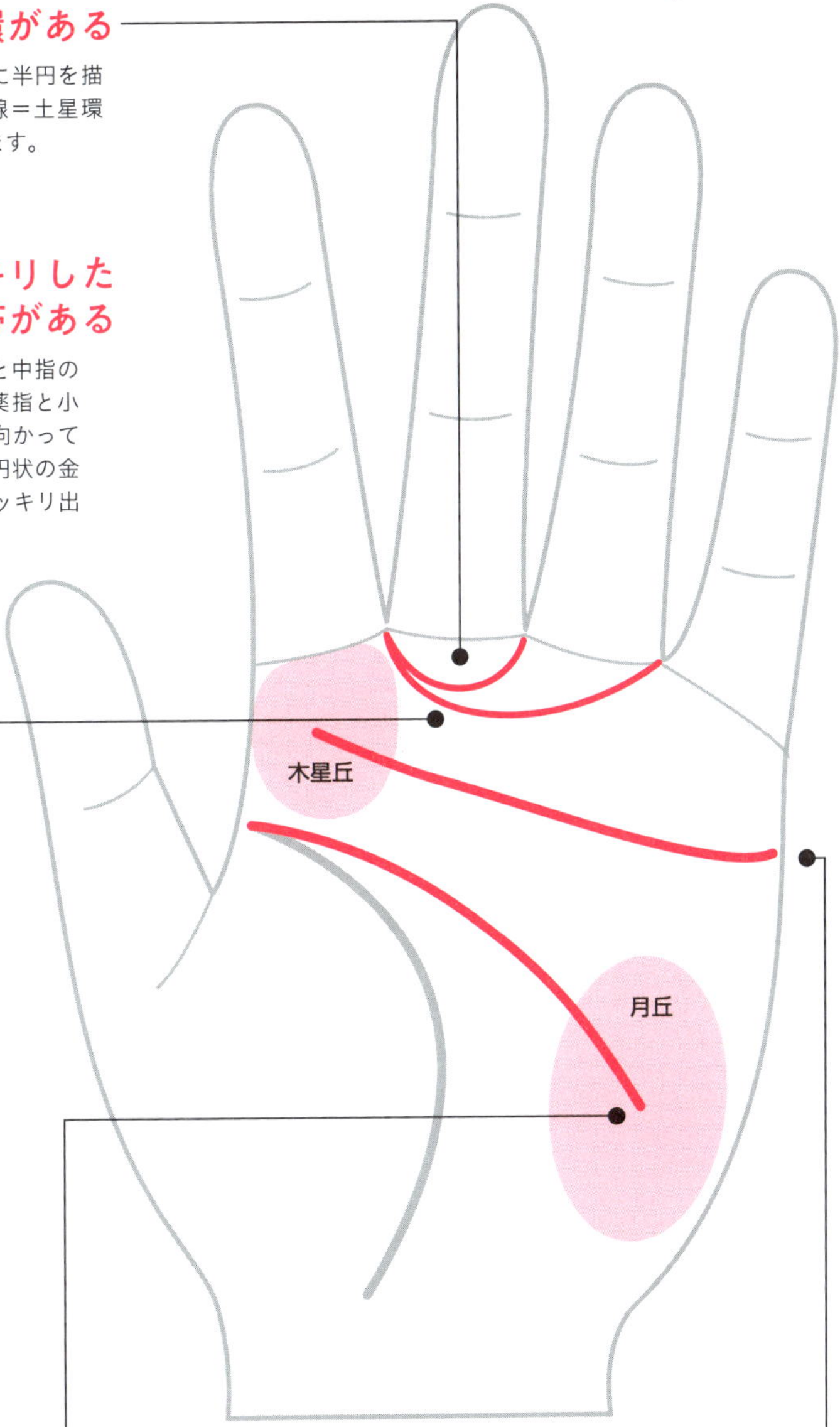

土星環がある

中指の下に半円を描くような線＝土星環が出ています。

ハッキリした金星帯がある

人差し指と中指の間から、薬指と小指の間に向かって伸びる半円状の金星帯がハッキリ出ます。

月丘中部～下部へ向かう知能線

知能線がカーブを描き、月丘の中～下部へ向かい、長く伸びていると、ロマンチストでひとりの人を思い続けるタイプ。

長い感情線

木星丘を横切るほど長い感情線の持ち主は、情熱家。

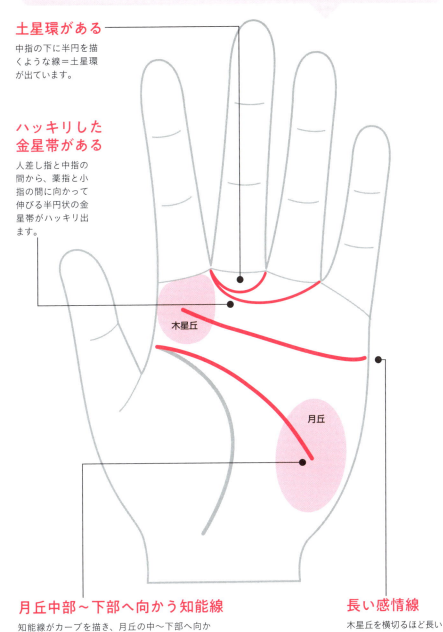

穏やかな人柄
恋人とケンカをしないタイプ

手相の見方

感情線の先端が2股に枝分かれしている人は、情があり思いやりのある人。この枝線が下降していない人は、誠実な人柄で、恋愛でも真面目な付き合いを望みます。

運命線がほかの基本線より薄かったり細い人は、周りの人との調和を大切にするタイプです。

生命線と知能線の始点部分の重なりが大きいほど、慎重なタイプ。やや優柔不断ですが、争いを避けて相手や状況に合わせていこうとします。

知能線がカーブを描き、乱れや障害マークもなく、下がりすぎず月丘上部へ向かって伸びる人は、思いやりがあり、聡明なタイプ。常識家で自分の感情をコントロールしやすいので、争いになることが少ないでしょう。

このタイプの特徴

穏和な性格で良識家。冷静な視点も持ちあわせています。誠実な人柄で信頼感があり、友達からも慕われているでしょう。恋人を受け入れる大らかな人ですが、恋のリーダーシップはとれないタイプ。

運気アップのポイント

恋人関係になれば、穏やかに長く付き合っていくタイプです。ただ、中には意外にカタブツな人もいて、自分から告白するなど、一対一の恋人関係へ進むきっかけを逃してしまうこともあります。好きな人と誠実な関係を育んでいくためには、少しの勇気は必要です。信頼できる人の紹介で、きっかけをつかむのもいいでしょう。

このタイプとの上手な付き合い方

フレンドリーに見えても、警戒心があり臆病。ロマンチックな言葉と、具体的なほめ言葉で心を開きましょう。大胆なアプローチはOKですが、浮気心を見せると溝が広がります。駆け引きは厳禁です。

感情線の枝線が下降していない

感情線の先端が下がらず枝分かれ

感情線がゆるやかにカーブして伸び、先端が２股に分かれる人は、誠実なタイプ。

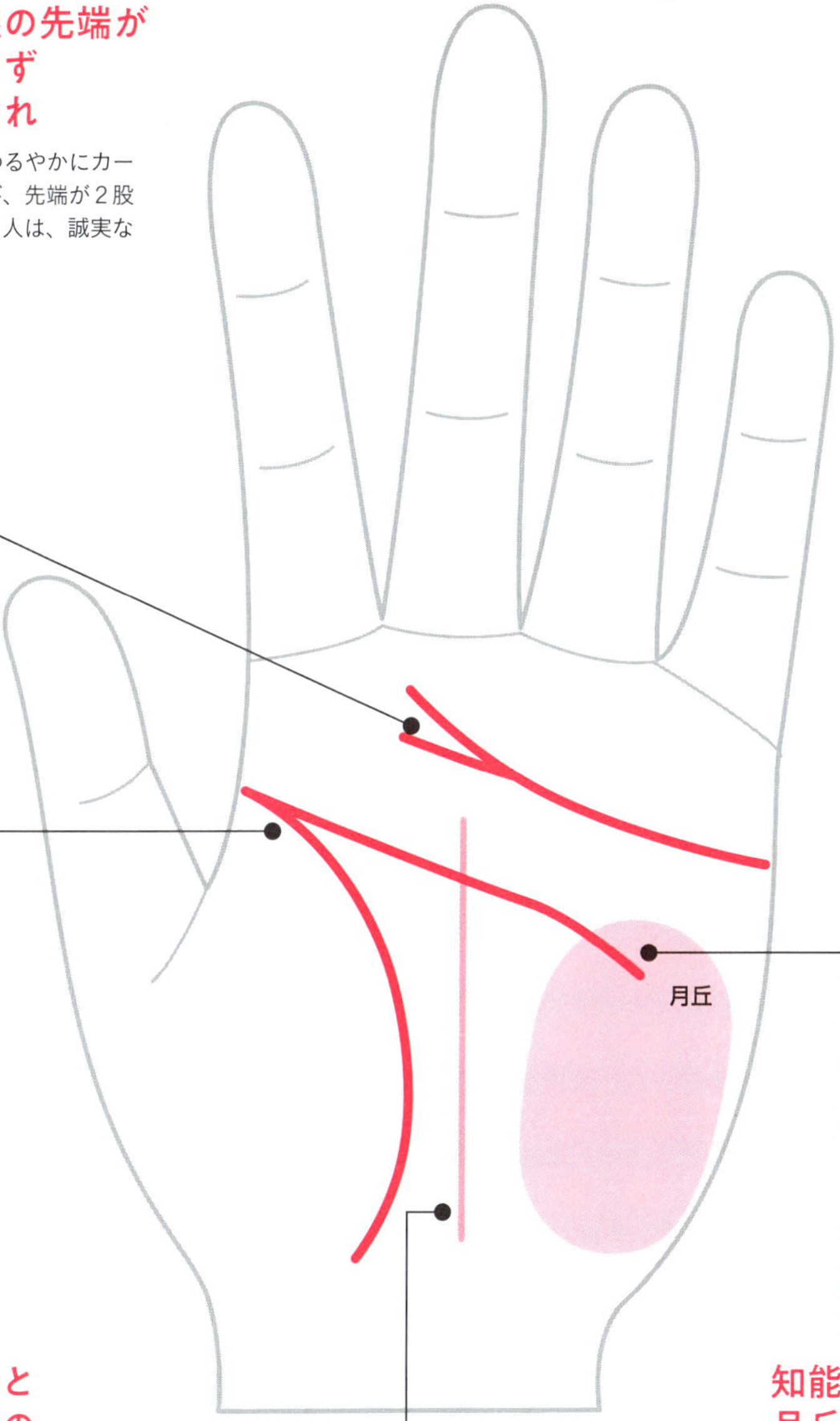

生命線と知能線の始点が重なる

この重なりが大きいほど、温厚な傾向が強まります。

運命線が薄い

運命線がほかの基本線に比べて薄めの人は、協調性があるタイプです。

知能線が月丘上部へ向かう

ゆるやかなカーブを描き、乱れのない知能線が、月丘上部に向かって伸びています。

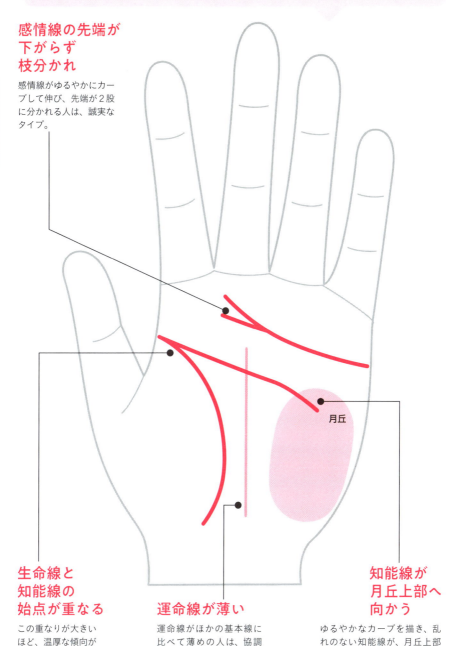

気持ちが明るく前向きに！

恋愛が成功を運ぶ

手相の見方

手首に近いところに表れる影響線から、成功運や金運、人気運などを表す太陽線が伸びていると、最大級の良縁のしるし。太陽線は薄くても細くてもかまいません。濃くハッキリしてくると、さらに大きな成功運になります。

感情線に上向きの支線が伸びてきたり、または少なかったのに増えたり濃く目立ったりしてくると、恋愛をしたことで気持ちが明るくなってきたしるし。社交性が強まり、なんでも前向きに取り組む気力に満ちてきます。

知能線が2股になり、上側の枝線が少しでも上向きにカーブを描いている人は、恋人ができたなどのよい変化により、知性がアップしていくタイプ。

影響線上にスターが出たら、最大のチャンス。恋人が自分の成功のキーパーソンになります。

このタイプの特徴

恋が全体運をアップさせています。恋にも仕事にも意欲がわき、自信を持って行動できるでしょう。信頼度も増し、あなたがいるだけで場が華やぐといわれるような存在になるでしょう。

積極的に恋を楽しめば楽しむほど、ほかのことにもやる気が出て評価されるという、大変幸せな状態です。

運気アップのポイント

前向きなエネルギーを勉強や仕事に向けると、確実に運気がアップ。恋人の存在があなたを幸運へ導いていることを忘れずに。

開運のためのアドバイス

恋人とともに楽しみ、目的を共有することで運気アップにつながります。デートは、初めて行く場所を二人で開拓していくと、絆が深まります。見聞が広がって、職場での話題のネタも増え、一石二鳥です。

影響線から太陽線が出ている

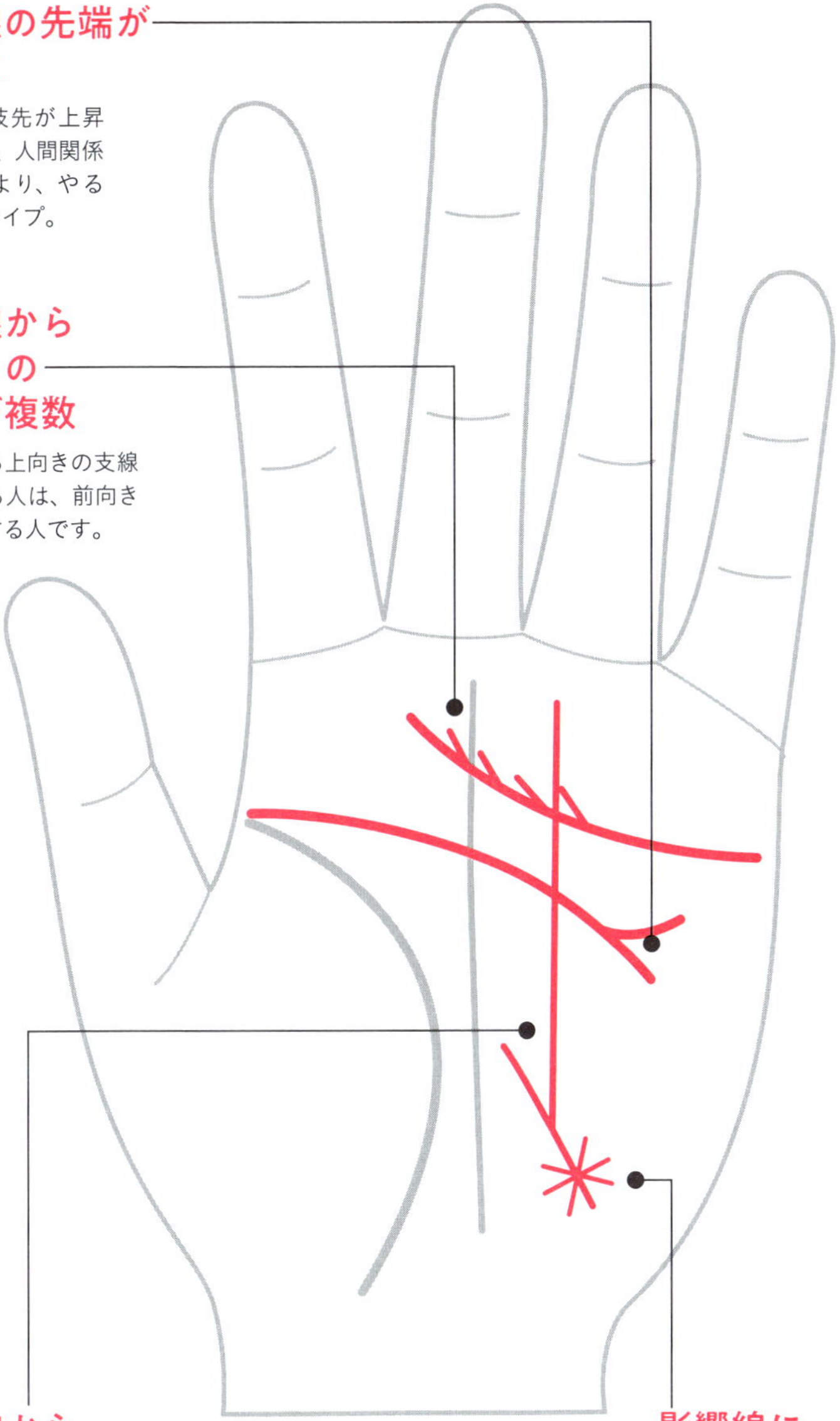

知能線の先端が2股に

知能線の枝先が上昇していると、人間関係の変化により、やる気が出るタイプ。

感情線から上向きの支線が複数

感情線から上向きの支線が複数出る人は、前向きな恋愛をする人です。

影響線から太陽線が出ている

薄くても影響線から太陽線が出ていると、異性との出会いにより成功する人。

影響線にスターが出る

とてもまれなことですが、影響線にスターが出ると恋愛により大成功をおさめます。

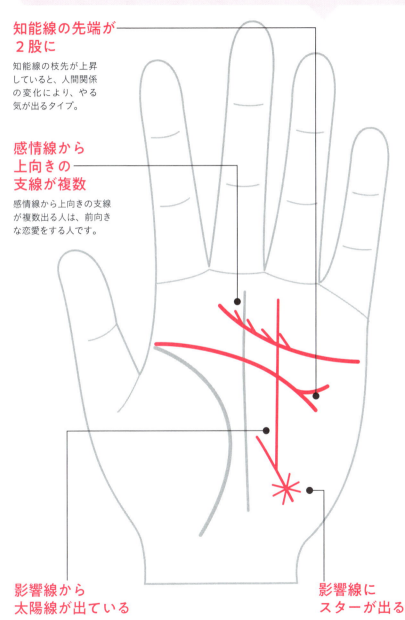

いつも恋をしていたい

熱しやすく冷めやすいタイプ

手相の見方

金星帯がある人は、感受性豊かでセンスがよく魅力的でモテます。ですが、薄くキレギレの金星帯が複数本出ている人は、気分にムラがあり移り気なタイプ。

感情線に上下の支線が複数本出ている人も、刺激を求める恋愛体質。支線が長めで、感情線の乱れが目立つほど、感情に起伏があり、惚れっぽく飽きやすいところがあります。

薄いシワのような結婚線が10本以上出ている人も、モテるタイプなだけに恋愛面が安定しにくい傾向。複数の中から1本だけハッキリとスッと伸びてくると、結びつきの強い恋愛ができる兆候です。

このタイプの特徴

異性を常に意識していて、相手の反応にも敏感なので、出会いには恵まれるタイプ。ただ、「この人だけ」と心が決まりにくく、他からの思いを寄せられると、目移りすることも。彼氏や彼女がいるのにほかの人を好きになることもあるでしょう。一度好きになると気持ちがグーッと高まりますが、少々持続力に欠けるようです。

運気アップのポイント

魅力的な人なので口説いてくる異性も多いでしょうが、次々と恋人をかえないように。浮名を流すと、大物の相手を逃がしてしまうかもしれないから。

恋人のいる人は、今の恋人を好きになった時の気持ちを忘れずに。一人の相手と絆を深めていくように心がけましょう。

このタイプとの上手な付き合い方

この人の気持ちをフワフワと浮つかせないようにするのは、大変かも。移り気な性格を満足させてあげるため、話題のスポットへ行くなどデートはマンネリにならないように工夫して。アクティブに動いた方がいいでしょう。

キレギレの金星帯

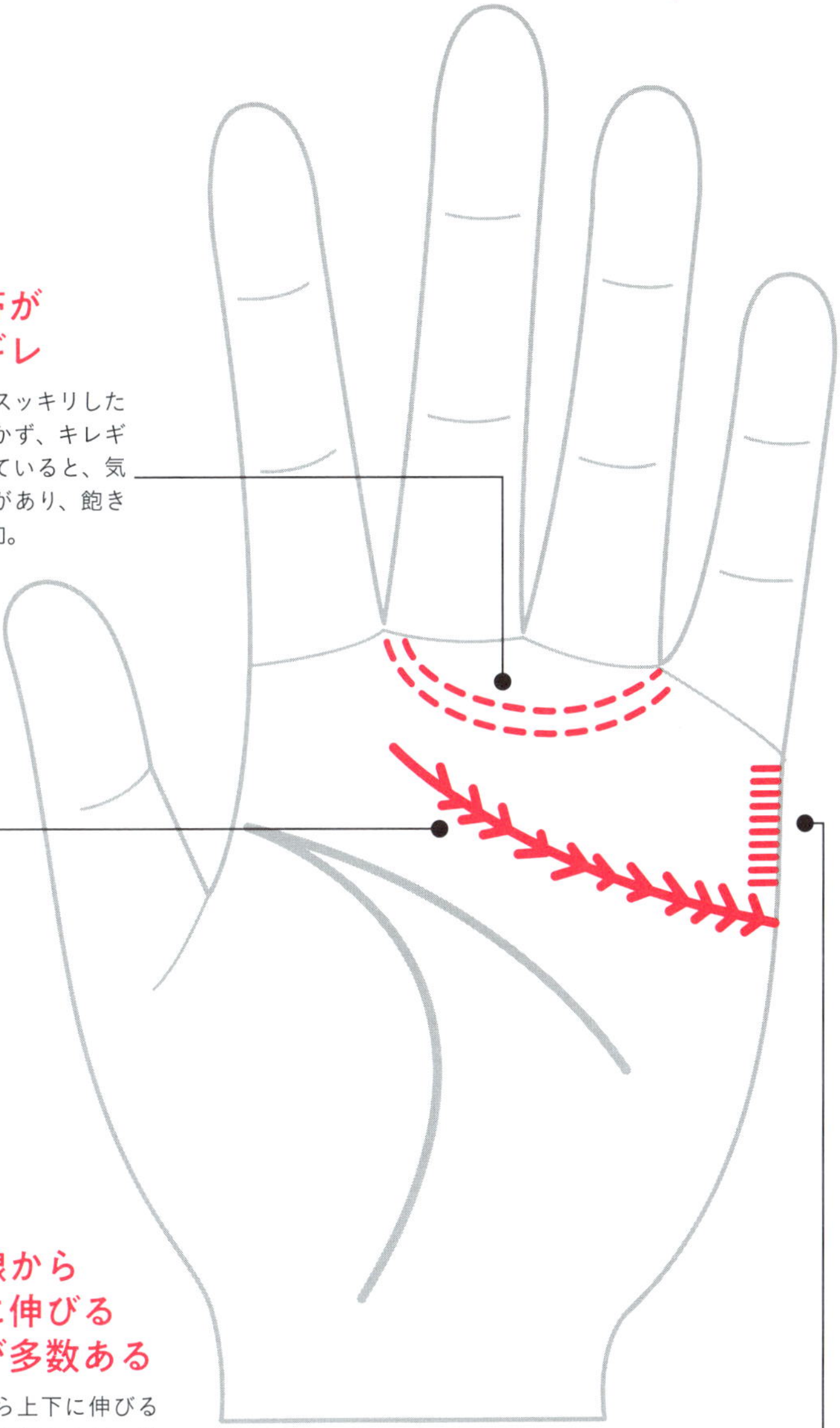

金星帯がキレギレ

金星帯がスッキリした半円を描かず、キレギレになっていると、気分にムラがあり、飽きやすい傾向。

感情線から上下に伸びる支線が多数ある

感情線から上下に伸びる支線が多数ある人は、惚れっぽく移り気な性格。

結婚線が10本以上ある

薄めの結婚線が10本以上と大変多く出ている人は、モテる人で恋多きタイプ。

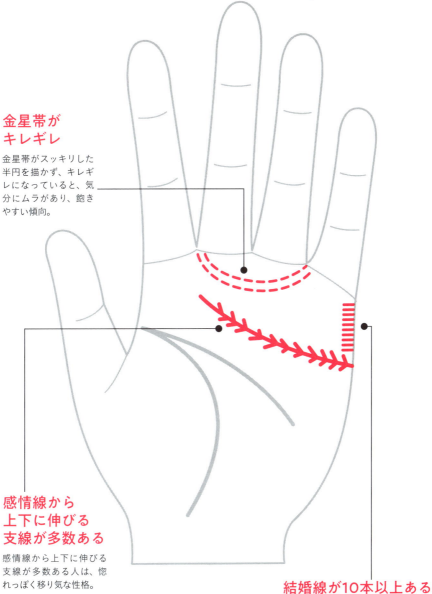

会った瞬間にトキメキ
一目惚れタイプ

手相の見方

感情線に上下の支線が多数ある人は、感性が鋭く、神経過敏。細かなことによく気がつき、喜怒哀楽の起伏が激しく、異性を意識するアンテナの発達した人です。

知能線と生命線の始点が離れていると、行動力があり、考えをすぐに行動へ移せる度胸と積極性がありま す。自己主張も強いタイプ。

指が標準よりも長めで、指先が丸みを帯びてとがっている人は、感受性が豊かなだけに、その時のインスピレーションで行動する傾向があります。

また、神秘十字線があり、その横線が感情線まで伸びているタイプは、ひらめきや直感力があり、思い込みが強い傾向があります。

このタイプの特徴

恋愛のきっかけは一目惚れが多いタイプ。直感で好き嫌いと判断する傾向があり、一度「好き」と思えば積極的に行動します。総じて外見から人を好きになることが多いのですが、「あの人の声が好き」とか「しなやかな手が好き」など、ルックス以外の部分でも惹かれることがあるでしょう。

運気アップのポイント

外見はその人の内面を反映している部分が多いので、一目惚れをしたインスピレーションを信じて大丈夫です。ただし、相手の欠点さえも魅力的に映るようです。「この人こそ運命の人！」と一方的に思い込みすぎると、後で失望したり、相手の気持ちに気づけず、うまくいかないこともあるので気をつけましょう。

このタイプとの上手な付き合い方

情熱的な恋に憧れるあまり、「恋に恋している状態」のことも多いようです。深い仲になるのも早いですが、飽きるのが早いところもあるので気をつけて。二人のイベントを積み重ね、愛情をゆっくり育てていくよう導いて。

感情線に上下の支線が多数

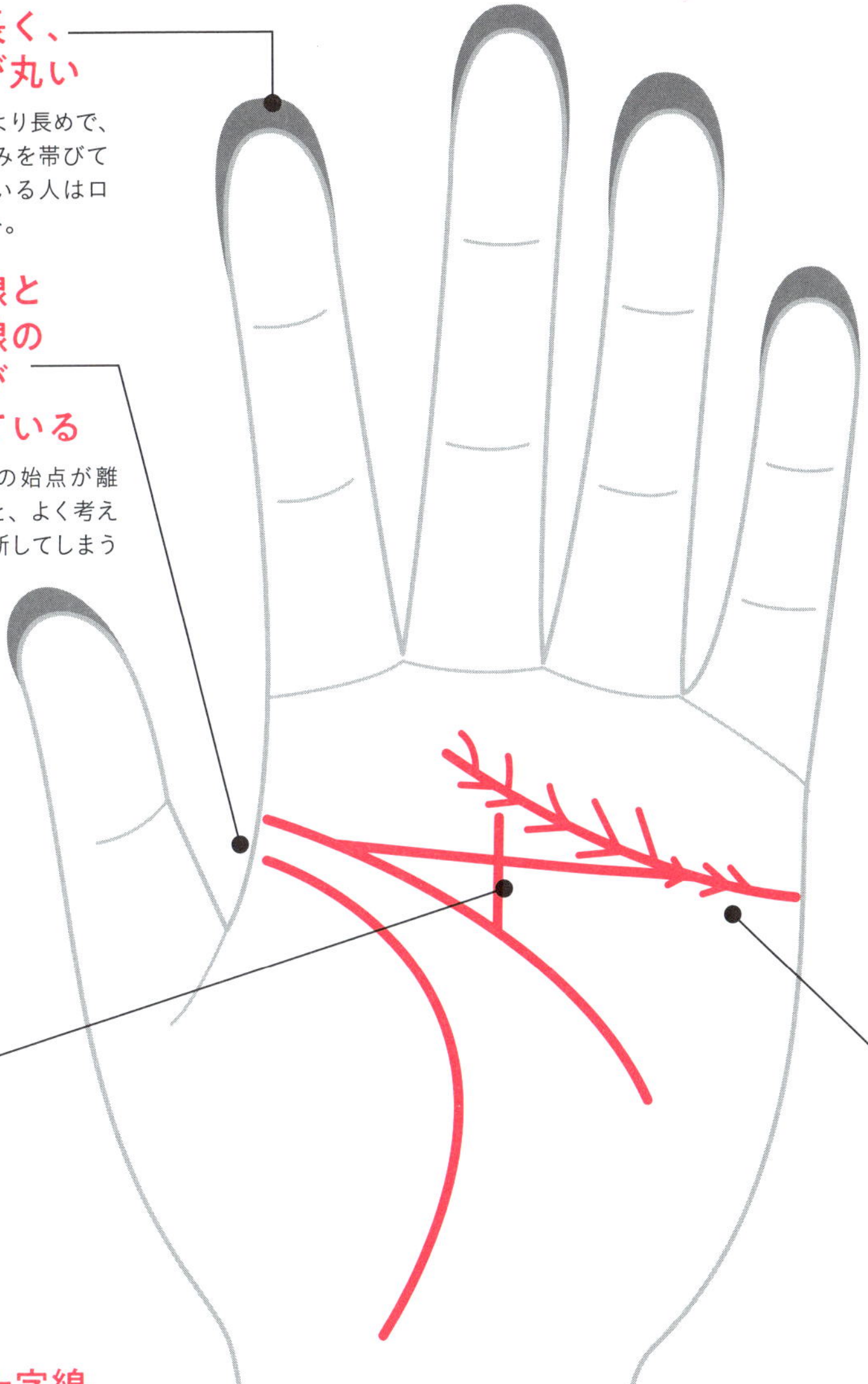

指が長く、指先が丸い

指が標準より長めで、指先が丸みを帯びてとがっている人はロマンチスト。

知能線と生命線の始点が離れている

この2本の始点が離れていると、よく考える前に決断してしまう傾向。

神秘十字線がある

感情線と知能線の間に十字になった線があります。この横線が感情線についていると、思い込みが強くなる傾向。

感情線の上下に短い支線が多数ある

感情線に乱れが多いのは、感受性が鋭く、恋愛気質な人。

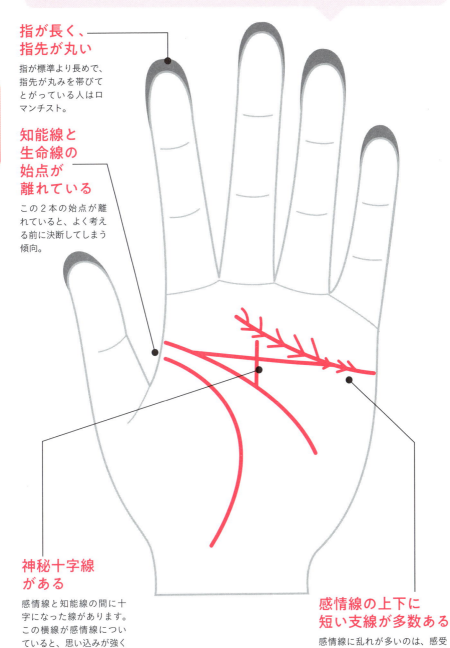

見た目が大事！
面食いタイプ

手相の見方

金星帯は感性が鋭く、独自の美的センスのある人に表れる線です。人あたりがよく、いい感じの色気が出るので「エロス線」とも呼ばれます。スッキリと完全な半円を描いていると、まじめな人でも異性を意識する気持ちが強く、情熱的な恋愛を夢見ます。途切れのない金星帯が3本以上重なって表れていると、強力なセックスアピールをかもし出し、異性遍歴が多くなる傾向があります。

知能線の終点が月丘中部〜下部へ向かう人は、夢見るタイプで、理想とするイメージの相手を求めます。

感情線が短い人は、気持ちより形から入るタイプで、イケメン・美人好きが多いようです。

このタイプの特徴

イケメンや美人好きだけでなく、例えば「実業家好き」「家柄のよい人が好き」など現実的な条件を満たしている人を選んでいくこともあります。感情線の終点が中指の中心まで届かないほど短い人は、会った瞬間に好きか嫌いかを判断してしまう傾向があります。

運気アップのポイント

人がうらやむようなカップルになりたい願望が強く、自分もそれなりにモテるのですが、理想を追い求めすぎると、気がついたら何年も恋人ができず独り…という可能性もありそう。

いつまでも夢を追い求める少々子どもっぽいところのある自分を認めてくれる人に目を向けてみましょう。第一印象だけで決めつけて、相性のよい人を逃さないように！

このタイプとの上手な付き合い方

恋人になりたいなら、この人の好みのタイプをリサーチ。例えば、髪が長い人がタイプなら、まずは髪を伸ばしてみます。また、センスの悪い人は受けつけない人なので、旬の話題や情報収集は不可欠です。

金星帯がハッキリとみえる

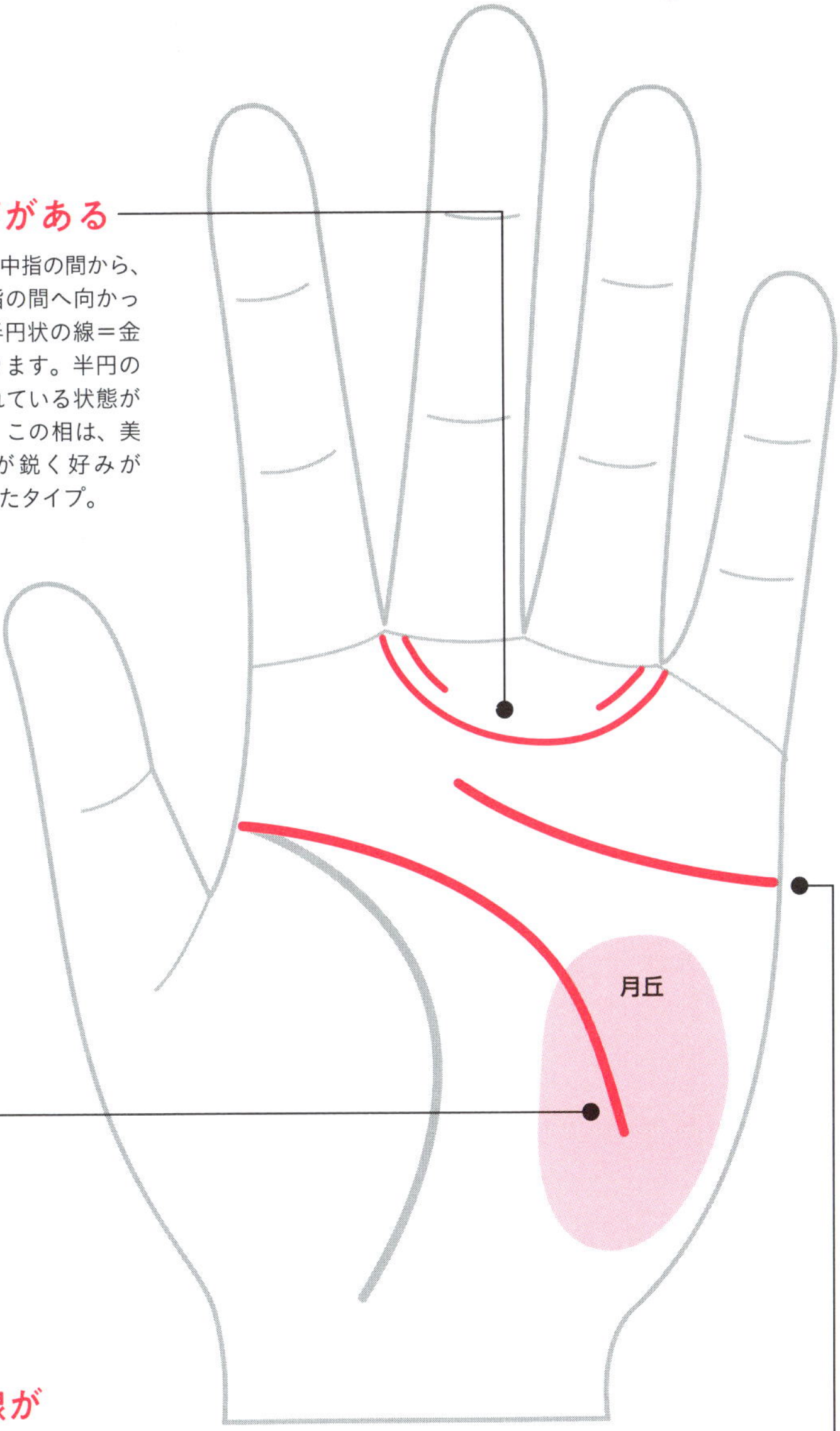

金星帯がある

人差し指と中指の間から、薬指と小指の間へ向かって伸びる半円状の線＝金星帯があります。半円の途中が切れている状態が多いです。この相は、美的センスが鋭く好みがはっきりしたタイプ。

知能線が月丘中部～下部へ

知能線がカーブを描き、月丘の中部か下部へ向かっていると、ロマンチックな恋愛志向。

短い感情線

感情線が中指の下あたりで終わっている人は、気持ちより形から入るタイプ。

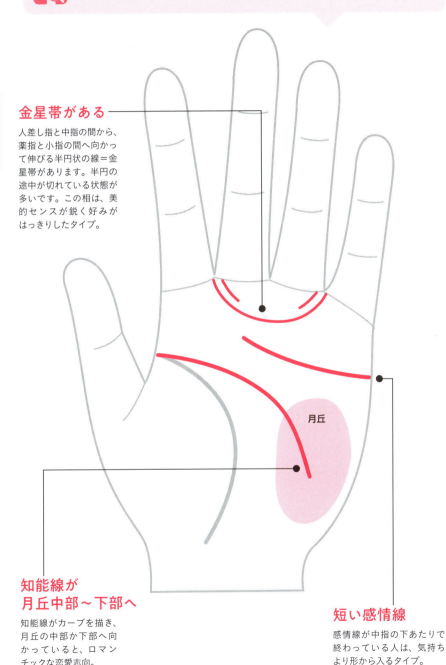

愛だけじゃ足りない!? お金が好きなタイプ

手相の見方

知能線の先端が水星丘へ向かって尻上がりのカーブを描いている人は、数字に強く、金銭管理がしっかりできる商売上手な人。

小指が薬指の第一関節より長い人も、頭の回転が速く、外交上手で現実的、お金好きなタイプです。

知能線と生命線の始点が離れている人は、自尊心が高い人。他の人よりも何に対してもワンランク上を目指すので、ちょっぴり見栄っ張りなところがあります。

感情線の始点の位置が標準よりも小指寄りで、終点が人差し指まで届かないくらい短めで直線的に伸びている人は、現実重視。老舗や有名ブランドの高額なプレゼントや、ゴージャスなデートを喜ぶ傾向です。

このタイプの特徴

金銭感覚が優れているので、意外に貯蓄が上手な人です。日頃のデートは公園へ、お金が貯まったら豪華に海外旅行へ行くなど、お金の使い方にメリハリがあります。

結婚相手を選ぶ時も、「愛だけでは家族を育てられない」と現実面を重視するドライさを持っています。

運気アップのポイント

恋人を選ぶ時は、金銭感覚が同じ人のほうがうまくいきます。ビジネスセンスがありやりくり上手なので、貯める目的を持てば、二人で節約生活も楽しめます。

打算的にみられて損をしないように、感謝の気持ちをプレゼントやメッセージでマメに伝えるとさらに幸せになれるでしょう。

このタイプとの上手な付き合い方

無駄づかいが嫌いで、お金にだらしがない人も嫌いというタイプ。そのかわり、使う時には大胆に使って楽しみます。旅行や大きな買い物など、共通の目標を作って、一緒に貯金をすると仲が深まるでしょう。

知能線の先端が水星丘へ向け尻上がりに

知能線が尻上がりに

知能線の先端が、小指の付け根＝水星丘へ向かっていると、経済観念が発達している人。

小指が長い

小指が長く、薬指の第一関節よりも上まであると、金銭感覚に優れています。

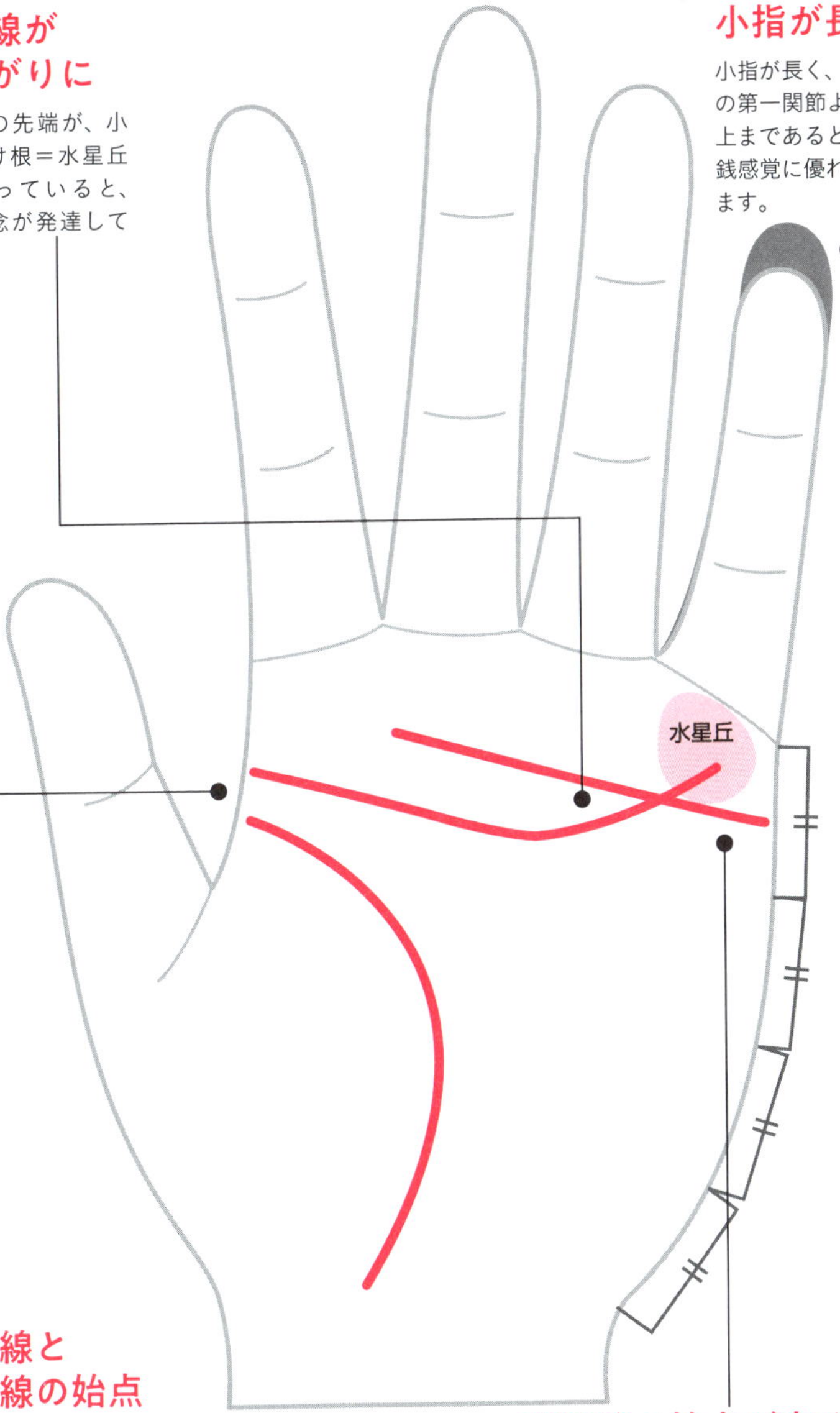

知能線と生命線の始点が離れている

知能線と生命線の始点が離れていると、ワンランク上の生活を目指す人。

感情線の始点が高く直線的

感情線の始点は小指の付け根と手首を４等分した、上の４分の１が標準の位置。それより小指の付け根寄りにあると、愛情をお金や物ではかる傾向も。

2 恋愛

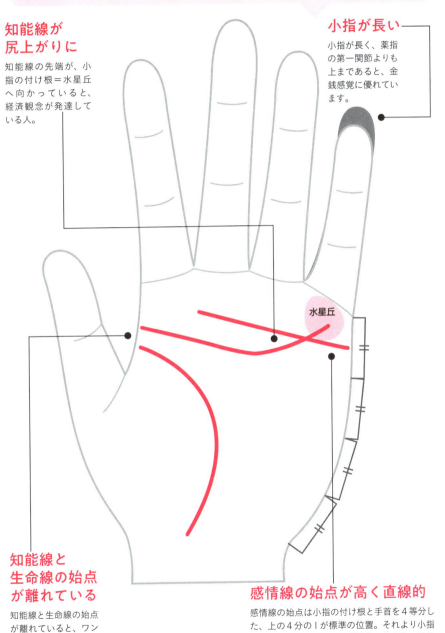

純愛を貫き通す

初恋の人と結婚するタイプ

手相の見方

結婚線は2～3本ある人が多いのですが、左右ともに濃く1本だけで、しかも感情線寄りに伸びている人は、初恋の人や社会へ出てからの最初の大恋愛で結婚する可能性が高い人です。

結婚の時期は感情線のすぐ上を20歳前後、小指の付け根と感情線の真ん中をその時代の結婚適齢期の目安とします。

また、指を除いた手のひら全体の長さの真ん中よりも手首寄りに、影響線が表れているのも、若い時期の大きな出会いを暗示します。まだ若く結婚適齢期を迎えていない人で、この線が運命線に届くほど長いと、初恋の人とカップルになる可能性が高いと考えられます。

結婚線でみる結婚の時期と、影響線が合流したところの運命線の時期が重なれば、初恋の人と結婚する可能性が高くなります。運命線の時期は流年法（⬇P30）でみます。

さらに、感情線が人差し指と中指の間へピッチリ入り込む人は、好き嫌いがハッキリしており、家族や気の合う昔からの仲間を大切にするので、幼なじみと結婚する可能性が高いようです。

このタイプの特徴

相手を特別な異性として意識すると、誠実に付き合おうとする人で、交際すれば自然と結婚を意識するようになります。初恋の人との結婚にも迷いはないでしょう。

感情線が長く、図のような形状の人は、アットホームな関係を望み、恋愛の波乱が少ない人です。

開運のためのアドバイス

結婚線や運命線の流年法でこの良縁の時期を過ぎている人も、一度の結婚で安定しやすいことに変わりありません。ただし、時期を過ぎるほど出会い運が弱まるので、異性に対しもっと積極的になる必要があります。

2
恋愛

結婚線が感情線寄りに1本だけ伸びる

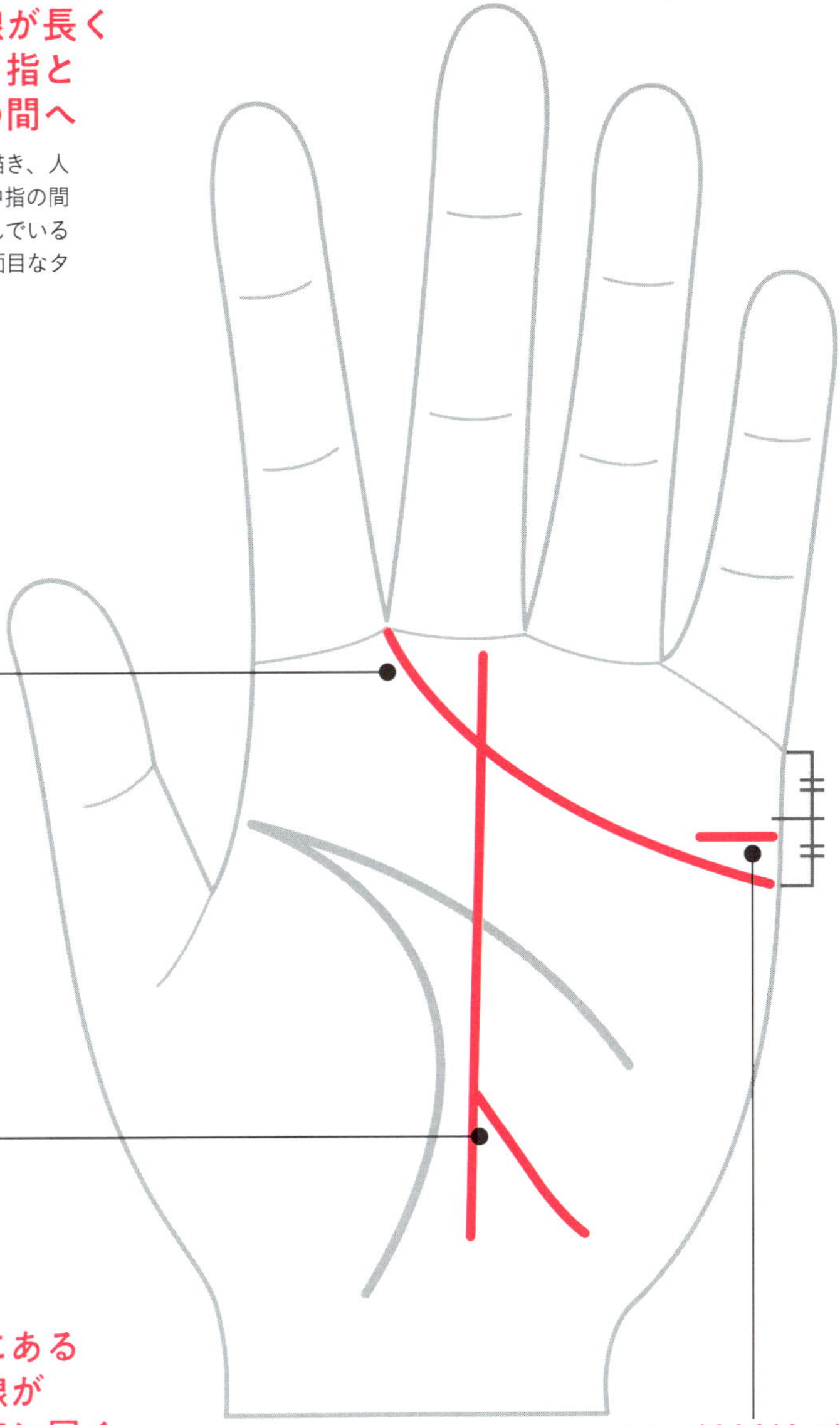

感情線が長く人差し指と中指の間へ

カーブを描き、人差し指と中指の間に入り込んでいる人は、真面目なタイプ。

下方にある影響線が運命線に届く

手首寄りにある影響線が運命線に届く人は、早めの出会いが結婚に結びつく人。

長い結婚線が1本

結婚線が長く、小指付け根と感情線の真ん中より下に1本伸びていると、最初の大恋愛で結婚する可能性が高い人。

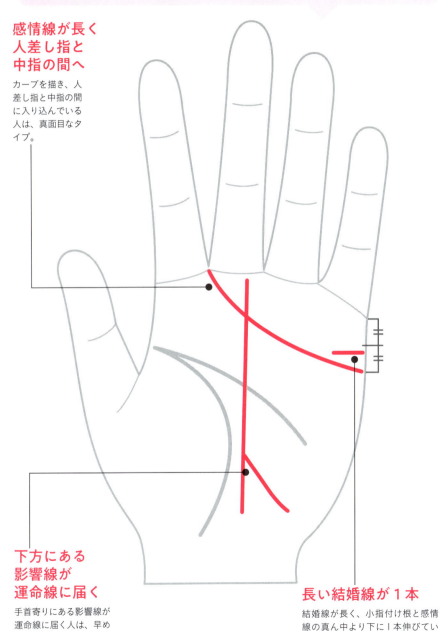

相手のいいなりになりやすい

都合のよい人タイプ

手相の見方

感情線に下向きの短い支線が垂れ下がるように複数出ている人は、気持ちの温かい人。支線が多くなるほど優しく、愛情細やかですが、愛情面では受け身的。大事な決断が相手任せになりやすい傾向です。

感情線の先端に下向きの長めの枝線があり、生命線や知能線へ向かって垂れ下がっている人は、思いやりがあり面倒見のいい性格ですが、その気持ちが空回りしたり悲観的になってしまう傾向があります。

知能線が生命線の途中から出ている人は、自己主張をあまりしないタイプ。

知能線の先端が月丘下部へ向かって長く伸びていると、情に流されやすく、また、想像力が豊かなあまり、相手の言葉の裏を読もうとしたり、自分がこういったらどう思われるかと考えすぎてしまいます。

このタイプの特徴

周りの人から「あの人いい人だよね」といわれるような、とても優しい人。相手の喜ぶ顔がみたい、苦労をさせたくないと思い、ほかの人が嫌がることでも引き受けてしまう情深さがあります。「嫌われたくない」という思いが強く、思っていることをすぐにそのまま伝えることが苦手です。

運気アップのポイント

もっと自信を持って自己主張しても大丈夫。そうしないと、あなたの考えは伝わりません。二人の関係について先々のことまで想像して悩まず、気持ちを率直に伝えると、人間関係がスムーズに。

このタイプとの上手な付き合い方

口には出さなくても、自分のこだわりを持っている人。よく気もつきます。

誠実に付き合えば、とても尽くしてくれて幸せになれるでしょう。頑固なわりに人がよくて騙《だま》されやすい傾向もあるので守ってあげて。

感情線にある下向きの支線・枝線

感情線に下向きの支線

感情線に細い下向きの短い線（支線）が複数あります。

感情線に下向きの枝線

感情線の先端から枝分かれしている線（枝線）が下降しています。

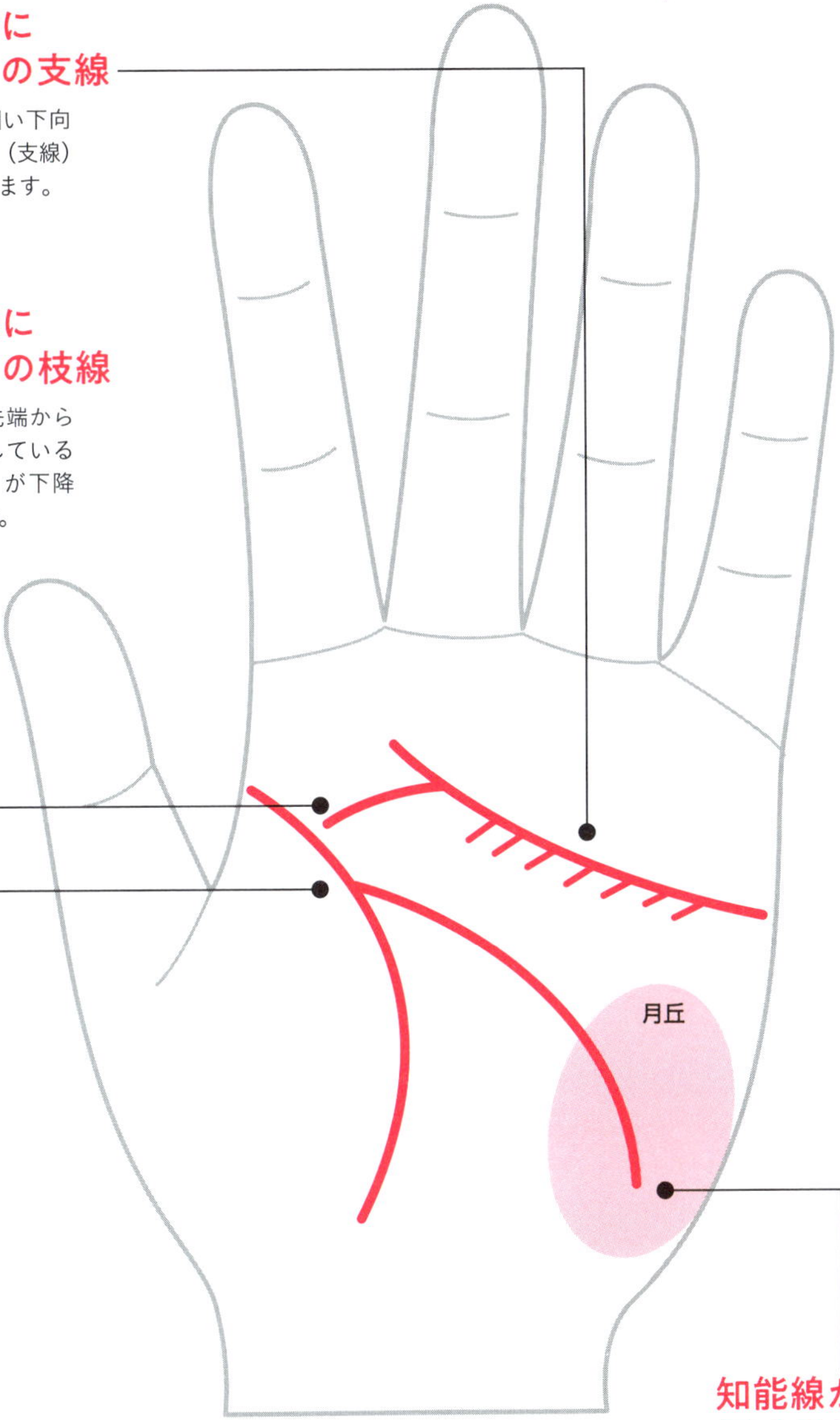

知能線が生命線の途中から出ている

知能線が生命線の途中から出ていると、臆病で自己主張をあまりしないタイプ。

知能線が長く月丘下部へ

知能線がカーブを描き、月丘下部へ向かうと、頑固だけど情にもろい面がある人。

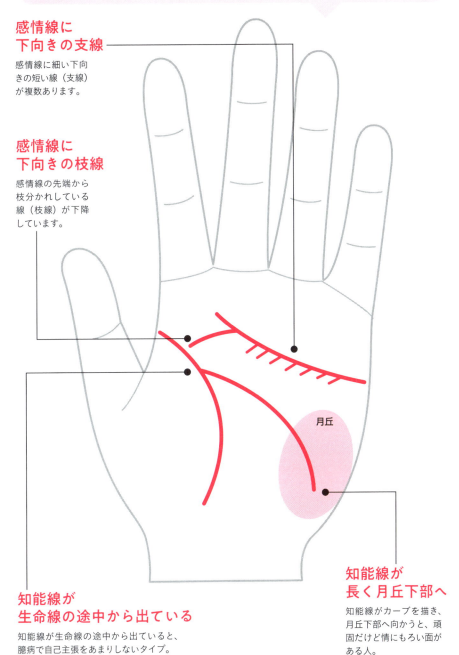

信じていいの？
恋人に騙《だま》されやすい

運命線が薄く蛇行している

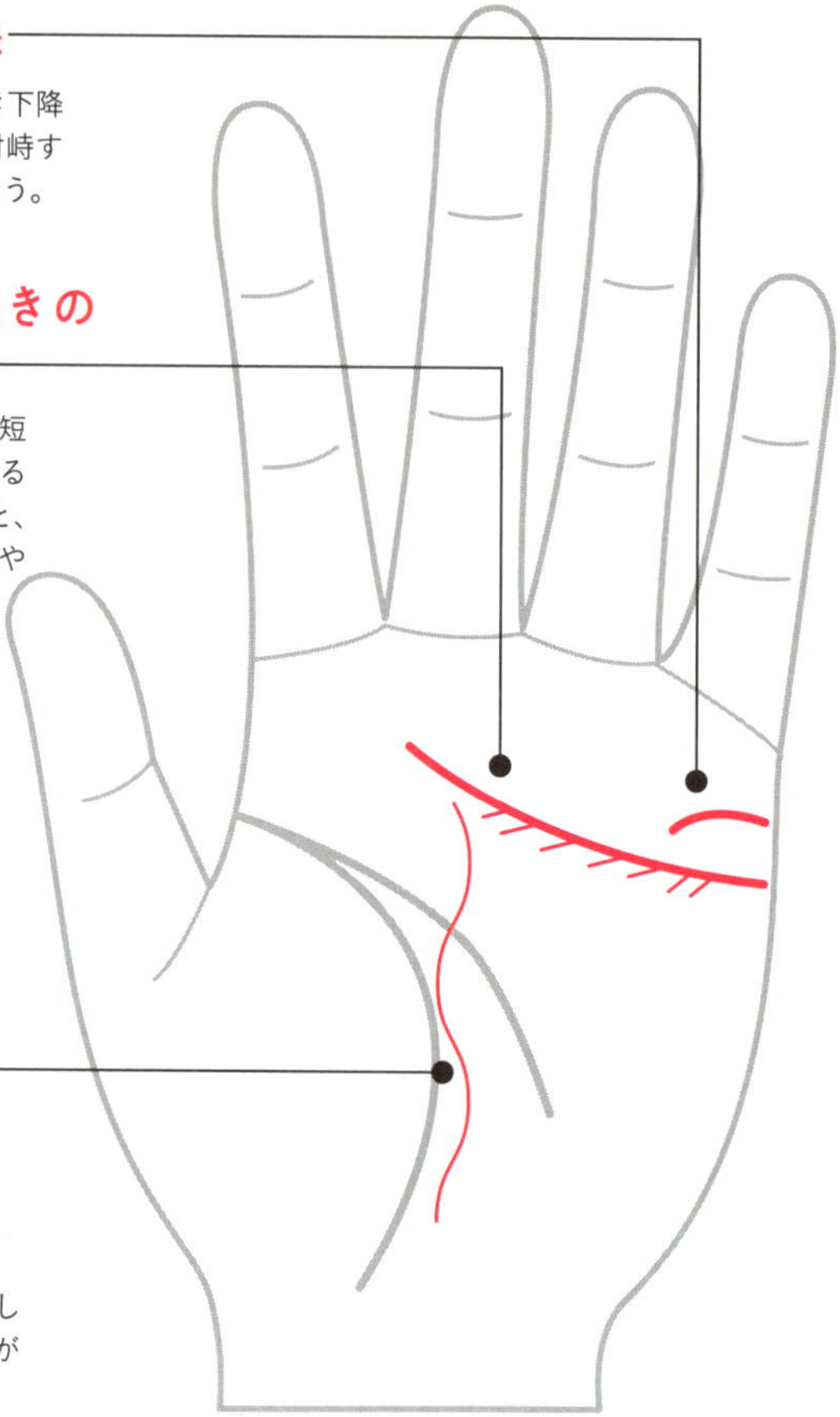

結婚線が下降

結婚線がカーブを描き下降していると、恋人と対峙するエネルギーに欠けそう。

感情線に下向きの支線が複数

感情線から下向きで短い支線が、垂れ下がるように複数出ていると、相手のいいなりになりやすい人です。

運命線が蛇行

運命線が細く、蛇行していると、こだわりが強い人です。

手相の見方

運命線が薄く、蛇行している人は、優柔不断な割にこだわりが強く寄り道の多い人生になりがち。異性間トラブルにも巻き込まれやすい傾向があります。感情線に下向きの支線が複数あると、受け身になりやすく、結婚線が下降しているのは恋人と対峙するエネルギーが弱まっている状態。

このタイプの特徴

自分よりエネルギーが強い人の影響を受けやすいタイプ。情が深すぎて騙されやすいようです。

開運のためのアドバイス

思い込みが激しいタイプでもあるので、相手を冷静にみつめ直しましょう。少しでも不信感を抱いたら、確認することが大事です。

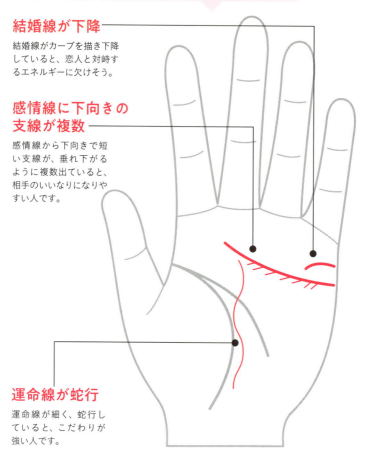

恋愛苦労人 二股をされそう

感情線にクロスが出る

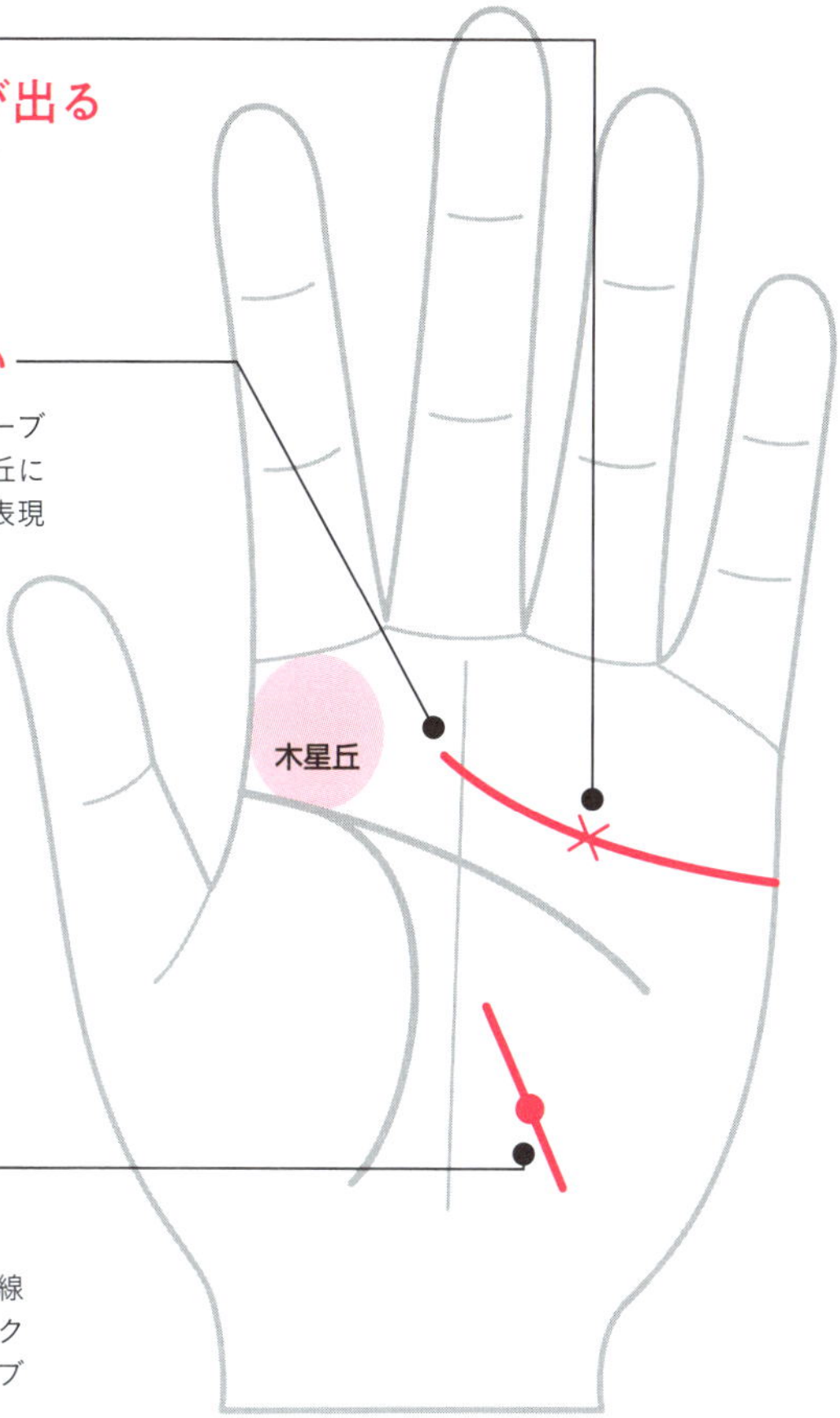

感情線に障害マークが出る

感情線上にクロスがある。また、シマや斑点も注意サイン。

感情線が短い

感情線が緩やかなカーブを描き、終点が木星丘に届いていないと愛情表現が下手。

影響線に斑点が出る

長く伸びていた影響線に斑点など障害マークが出ていると、トラブルの暗示。

手相の見方

感情線にクロスや斑点が表れたら、ショックを伴う深刻な恋愛トラブルの暗示。長い影響線に斑点が出た時も、恋人との不吉なトラブルの予兆。感情線が木星丘に届いていない人は、恋人を支配、管理するエネルギーが弱く、愛情表現も上手にできないようです。

タイプの特徴

恋愛面での自主性に欠け、言葉足らずの面があり、恋人が物足りなさを感じそう。また、金星帯が全くない人も同様です。

開運のためのアドバイス

もっと積極的に言葉や行動で愛情表現を。愛されて求められていると相手に実感させること。どんなことにもどんどん付き合ってもらって。

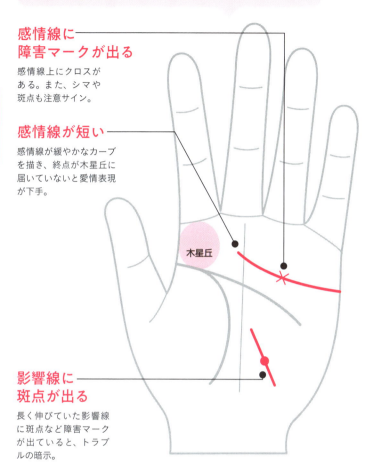

決断できない？ 今の恋人とは結婚しなさそう

影響線が運命線につきそうでつかない

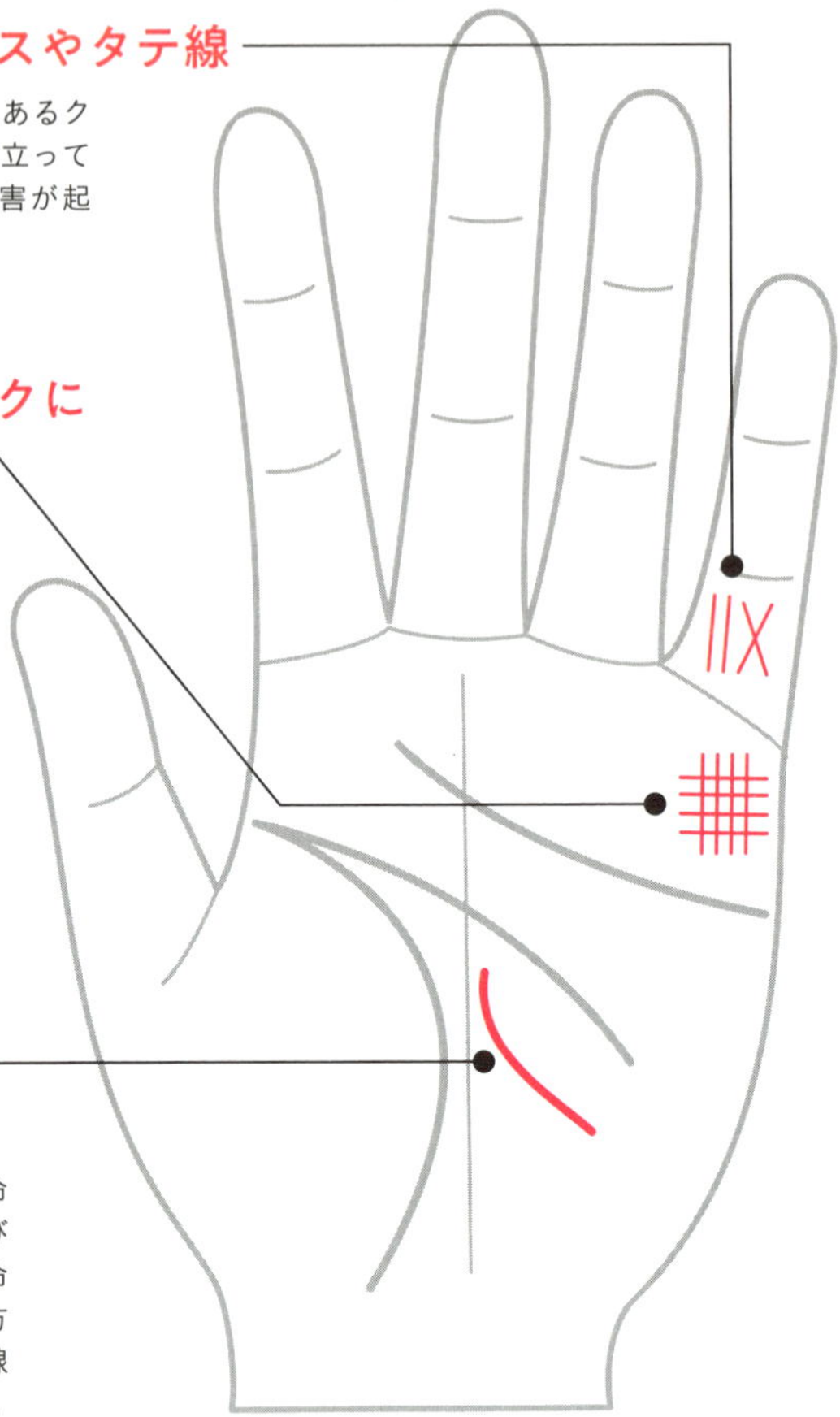
小指にクロスやタテ線
小指の第三指節にあるクロスやタテ線が目立っていると、恋愛に障害が起きる暗示。
結婚線が格子状マークに
結婚線が格子状になっていると恋愛が波乱傾向。
影響線が運命線に向かうがつかない
長い影響線が運命線へ向かって伸びていますが、運命線につく直前で方向を変え、運命線に平行しています。

手相の見方

運命線に影響線が届くと結婚しますが、届かずに平行に伸びてしまうと、今の恋人とは結婚しそうでできない、なんらかの事情がありそう。結婚線が全体的に格子状（➡P22）になっている人は、モテすぎて波乱。小指にあるタテ線やクロスが目立ってくると、恋愛に障害が起きる暗示です。

このタイプの特徴

結婚候補を絞りきれない状態。将来もっとよい人が現れるかも…という意識もありそう。

開運のためのアドバイス

結婚せずに恋人関係を続けられる可能性もあります。よく話し合い、二人にあった恋愛スタイルがみつかるとよい関係が続きます。

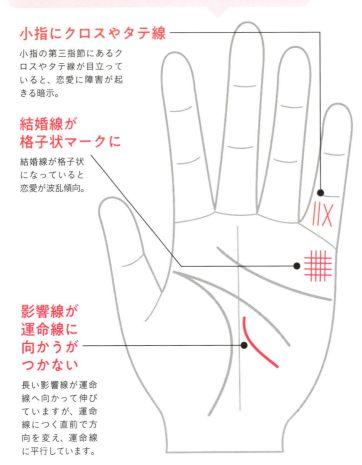

後ろ向きの恋愛!?

ダメ男ダメ女に縁がありそう

結婚線が下降

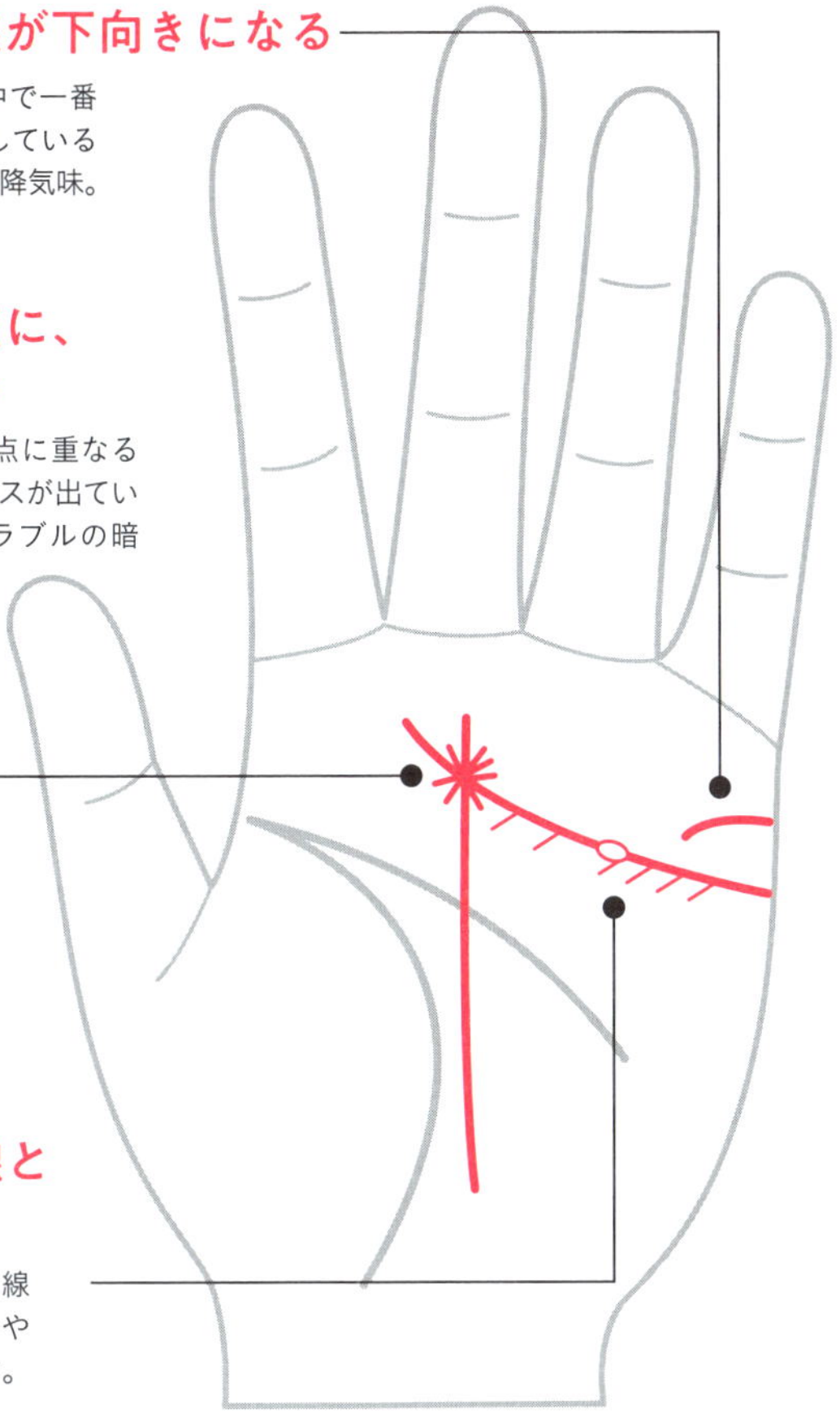

目立つ結婚線が下向きになる

複数あっても、その中で一番目立つ結婚線が下降していると、結婚・恋愛運も下降気味。

運命線と感情線の交点に、スターが出る

運命線と感情線の交点に重なるように、スターやクロスが出ていると、深刻な恋愛トラブルの暗示です。

感情線に下向きの支線とシマがある

感情線に下向きの支線が複数本あり、斑点やシマなどが出ています。

手相の見方

結婚線が下向きになると、結婚運に限らず恋愛運も下降ぎみ。感情線に下向きの支線が目立ってきたら、悪い縁に引き寄せられやすい時期。さらにシマや斑点があると対人トラブルを、運命線と感情線の交点にあるスターは、深刻な恋愛トラブルを暗示。スターは中指の下に出る場合だけは凶相です。

このタイプの特徴

相手から強く出られると流されやすい傾向。迷惑をかけられそうな異性に惹《ひ》かれがちです。

開運のためのアドバイス

感情線に下向きの支線が目立ってきたり、結婚線が下降してきたりしたら、冷静になって恋人を見つめ直したほうがいいでしょう。

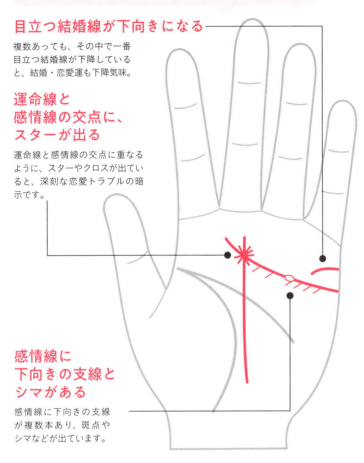

あなたはどんなタイプと恋愛する?

相性ピッタリ理想の相手がわかるかも?!

手相から理想の相手をみる

あなたの手相から、どんな恋愛をするのか、どんな人が恋人にふさわしいかを占います。次の6つのイラストと照らし合わせ、特徴が近いものを探してください。あなたと相性のいいタイプが書かれています。左右の手相が違う人は、それぞれの手を鑑定し、右手が現実的意識、左手が本能を表すとみてください。

手に刻まれる線は潜在意識の表れでもあるので、自分では気がついていなかった意外な面がわかるかも。今まで眼中になかったタイプの人が、実はあなたと相性がいいかもしれません。

ちょい悪風な遊び好きと相性がよい

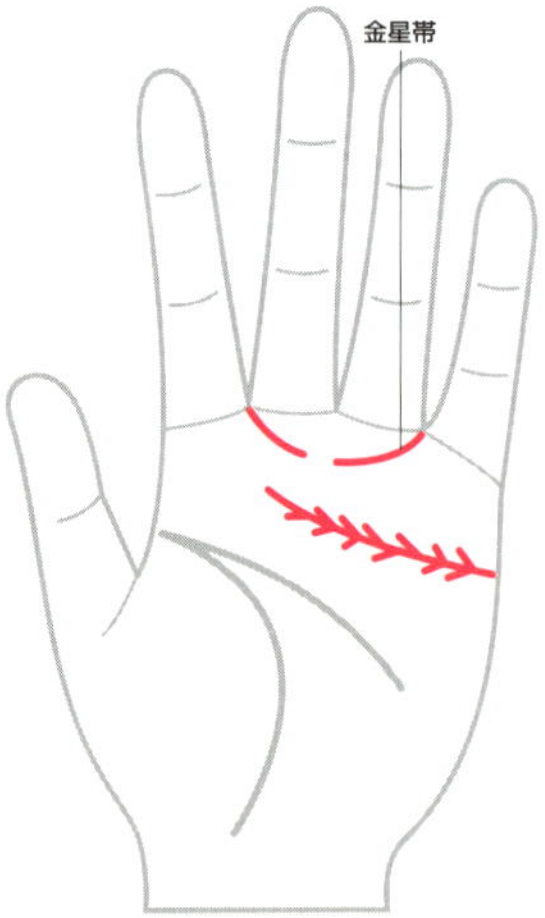

金星帯があると、恋愛の刺激を求めています。感情線に支線が多いと、強引なアプローチにトキメキ。

仕事好きな真面目人間と相性がよい

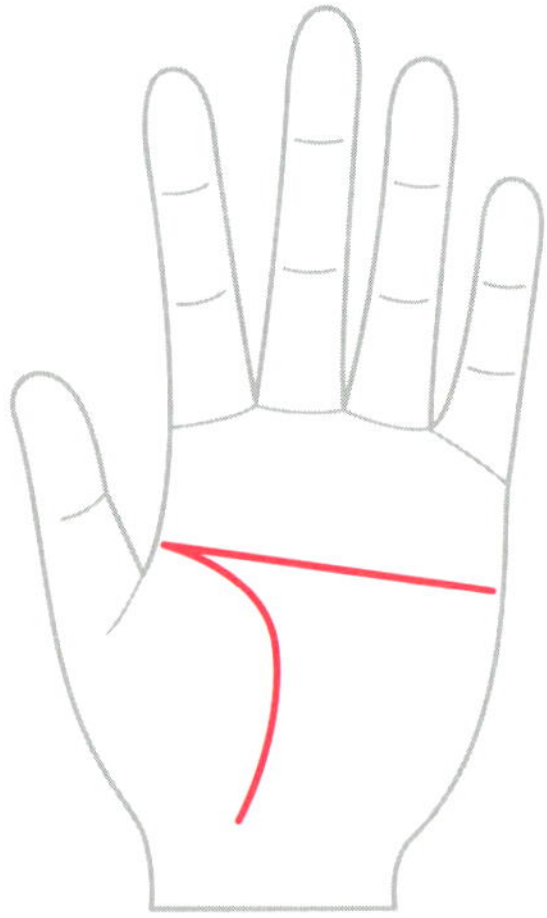

マスカケ型は個性的でマイペース。時を忘れて没頭する傾向もあるので、堅実な人がいいでしょう。

ちょっぴり束縛タイプと相性がよい

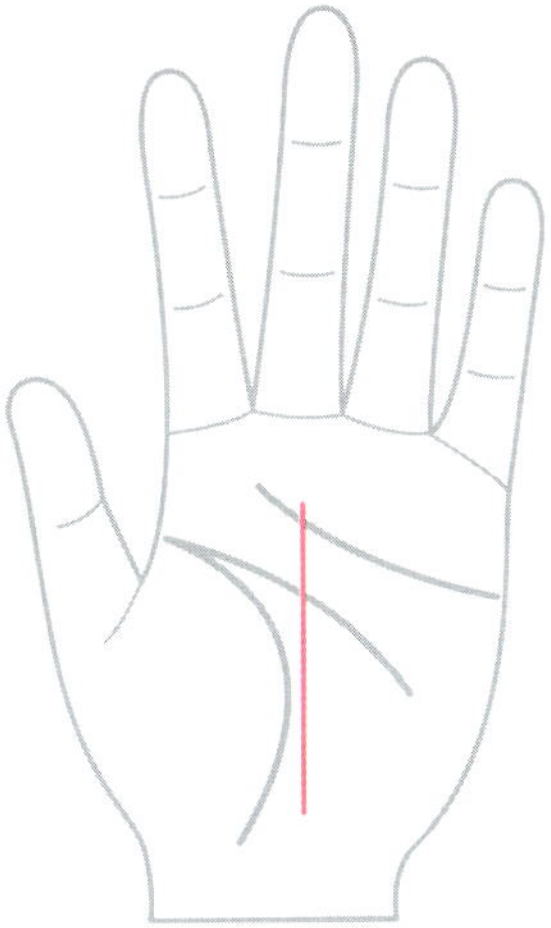

運命線が薄い人は、恋人にリードして欲しいと思っているタイプ。少し束縛されるほうがいいようです。

趣味や嗜好が同じ人と相性がよい

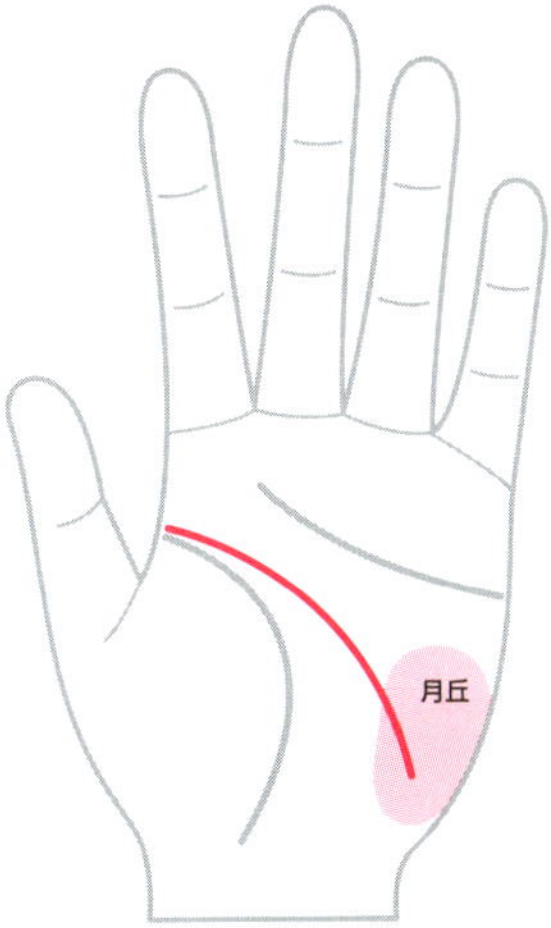

知能線が月丘下部へ届く人はフィーリング重視のこだわり派。同じ趣味を一緒に楽しむと盛り上がります。

明るいお笑い系と相性がよい

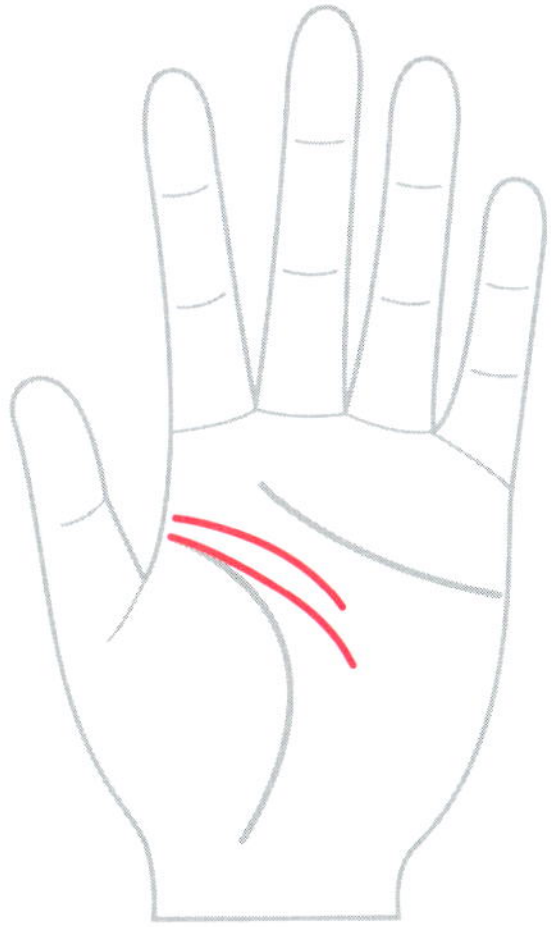

二重知能線は素直でユニークな思考回路の人。冗談やギャグが多い人と楽しく過ごせます。

クールな放任タイプと相性がよい

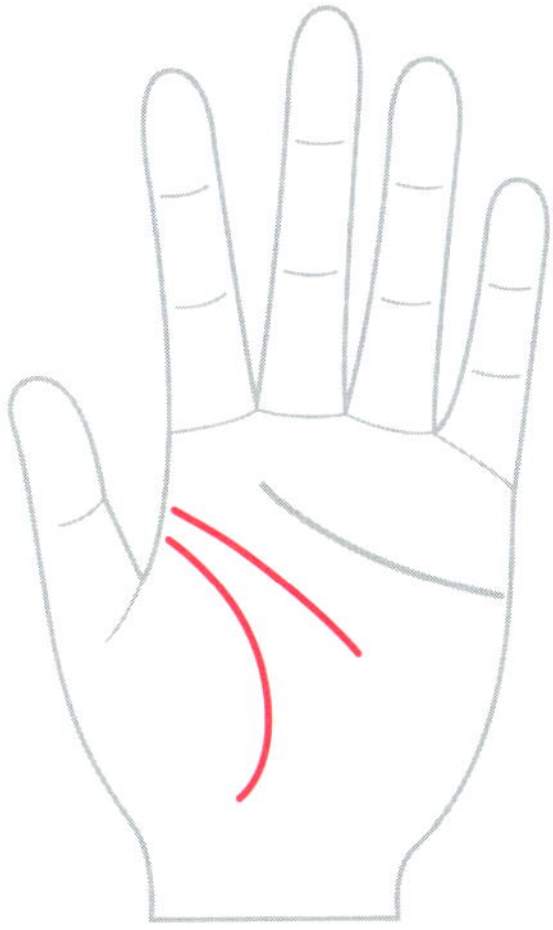

知能線と生命線の起点が離れる人は、自由に生きたいタイプ。放任されるぐらいがちょうどよいようです。

チャンスはすぐそこ
よい人に巡り合える！

手相の見方

感情線が人差し指の付け根へ届くほど長い人は、愛情深く円満な恋愛をするタイプ。先端が濃く伸びてくるのは、恋人を求め、愛し愛されたいというエネルギーが旺盛になっている表れ。ただし長すぎるより、人差し指の付け根の中央を超えない長さのほうが自然な恋ができます。

金星帯がスッキリした輪郭の線になってくると、ほどよい色気が漂い恋愛運も良好。愛情のやりとりも楽しくスムーズで、安定した恋愛ができるでしょう。

運命線へ届きそうなほど影響線が長くなってくると、プラスとなる出会いに恵まれ、恋人ができる予兆。運命線の流年法（➡P30）を用いると、時期がわかります。

結婚線が1本濃く長くなってくる時は、よい恋愛に縁がある時。結婚線は結婚の時期や状態だけでなく、出会いの運気を表します。

この時期の特徴

出会いの機運が高まり、それに伴って恋愛したい、異性とペアを組みたい本能が強くなっています。その思いの強さが手相に表れ、異性をひきつけるオーラが出ています。

運気アップのポイント

出会いの好機を逃さないために、いつにも増しておしゃれに気をつかったり、品のある言葉づかいや仕草を身につけるなど、自分の魅力をさらに磨くとよいでしょう。

過去の恋愛や理想のタイプにとらわれず、新しい自分に生まれ変わるようなつもりでまわりを見回して積極的に！

この時期の上手な過ごし方

片思いの人がいたら告白のチャンス。告白されることも増えてくるかも。同性ばかりの職場や学校なら、積極的に外出して行動範囲を広げて出会いを増やしていくと、恋愛成就へのきっかけができそうです。

感情線が人差し指の付け根に届く

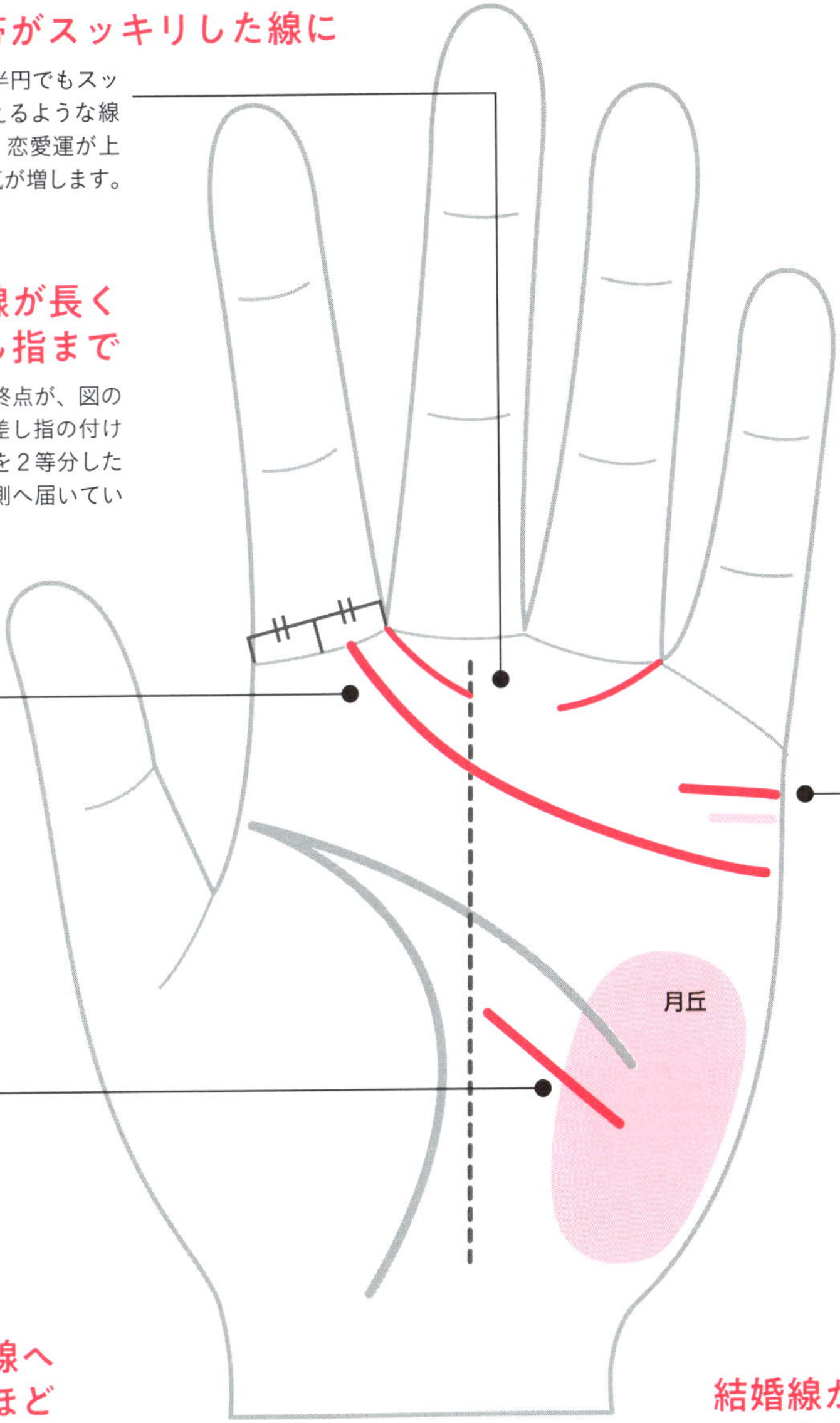

金星帯がスッキリした線に

金星帯が半円でもスッキリとみえるような線になると、恋愛運が上がり、色気が増します。

感情線が長く人差し指まで

感情線の終点が、図のように人差し指の付け根の中心を２等分したうち中指側へ届いています。

運命線へ届くほど長い影響線

月丘から運命線に上向きに出る支線が長くなり、運命線へ届きそうです。

結婚線が１本ハッキリと

結婚線が複数出ていても１本がハッキリして、真横へ長く伸びているとチャンス。

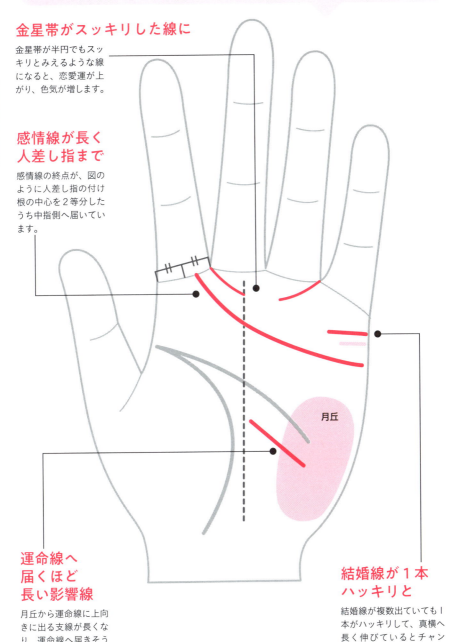

恋愛から結婚へ

結婚まで秒読み

手相の見方

結婚線が複数あっても、その中の1本が途切れなく横に長く伸び、線の輪郭が濃くハッキリしてくると、恋愛から結婚へ発展するしるし。線が薄桃色に色付いて見えることもあります。また、結婚線が1本長くなり、その先端がわずかでも上昇していると、理想の相手と結婚できる前兆です。

ただし、結婚線の先端が小指に向かって急上昇するのは、現実意識が強いことを表し、結婚より仕事運のいい人の相です。

感情線が人差し指の付け根に届く人は、家庭を大切にし、尽くすタイプ。結婚願望も強いようです。

水星丘の張りや血色がよくなるのも、順調な恋愛、結婚へのプロローグ。水星丘は、子孫繁栄のための生殖エネルギーの度合いも表すので、水星丘が発達してくるのは順当な結婚や家庭生活を求める思いや運気が高まっている証拠です。

この時期の特徴

愛情深く、恋人や家族思いの人です。年頃になれば自然とパートナーを求めて、交際が続けば結婚を意識するようになります。

結婚線がハッキリしてくるのは、「結婚するのはこの人」と決断する強い本能の表れ。まだプロポーズしていないなら、今がチャンス。プロポーズを待っている人も、積極的に働きかけてよい時です。

運気アップのポイント

恋人だけでなく、両親や友人にも思いやりを持って接していれば、周りから祝福される幸せな結婚ができるでしょう。

この時期の上手な過ごし方

今の恋人か、まもなく現れる恋人と結婚へ向け進む運気。健全に家族を作っていこうという、幸せなオーラが出ています。ただし、自分の思いが強くなりすぎて、相手の真意を無視しないよう注意しましょう。

結婚線が１本ハッキリしてくる

結婚線が鮮明になる

結婚線のうち１本だけ目立ってくると、よい出会いから結婚に進みます。

水星丘に張りが出る

水星丘の色ツヤがよくなり、張りが出てくるのも、幸せな結婚へ向かうサイン です。

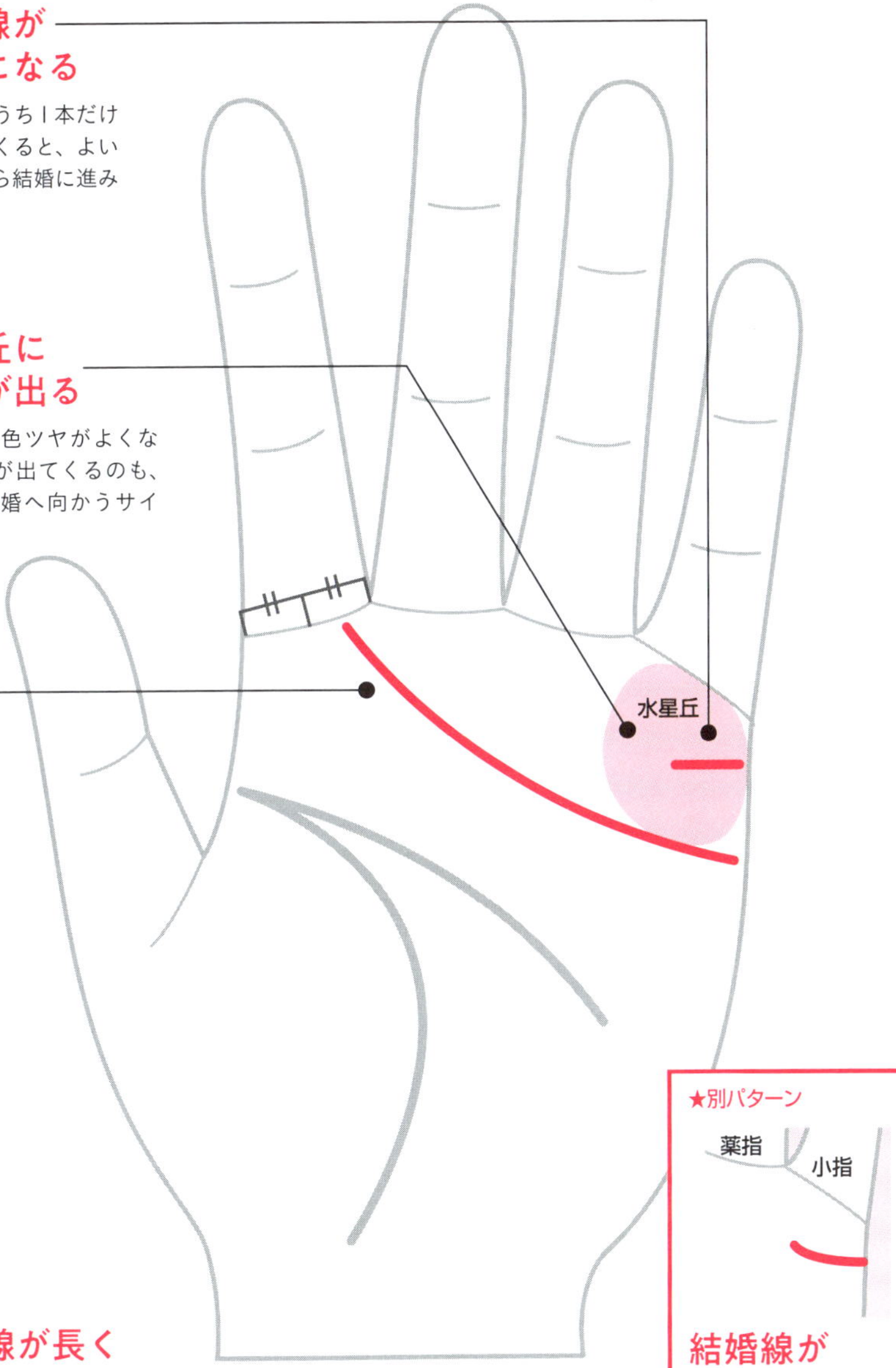

感情線が長く人差し指の下へ

感情線がゆるやかなカーブを描き、人差し指の付け根を２等分した中指側に、到達するのは、愛する人を求める思いの強い人です。

★別パターン

結婚線が上向きになる

結婚線がわずかに上昇するのは、幸せな結婚へのプロローグ。

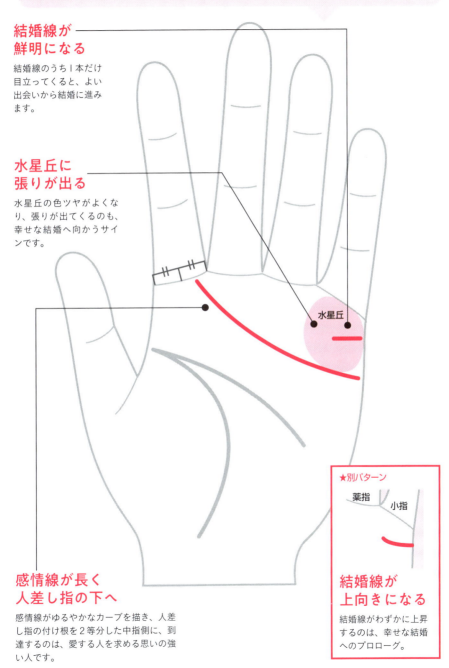

ナンパされるかも!?
偶然の出会いがありそう

手相の見方

月丘最上部から薬指に向けて弓なりにカーブを描く幸運線（⬇P16）が出たら、意外な場所で思ってもみないような偶然の出会いがある予兆です。この線は成功や名誉運を表す太陽線の一種ですから、この偶然の出会いはよい縁となります。

金星帯が3重以上に重なって出ている時は、感性のアンテナが敏感で、出会いの運気やセックスアピールが最大限に高まっている時。よい意味で異性に媚《こ》びるような魅力が増していて、異性が声をかけやすい雰囲気を作っている状態です。

月丘から運命線へ向かい、斜め上に伸びる影響線が、重なり合って複数本表れた時も、出会い運が上昇する時です。

また、知能線が月丘最上部か第二火星丘へ向かう人は、その時その時を楽しめる、メリハリのあるタイプ。知らない人から突然声をかけられても（ナンパされても）、楽しそうならついて行く度胸もあります。

この時期の特徴

男女を問わず人との出会い運に恵まれる時期ですが、特に異性をひきつけるオーラが高まっています。いろいろな出会いがあり、その状況のなかから良縁をつかんでいきます。

運気アップのポイント

特に幸運線が出ていれば、行動範囲を広げるほど、よい出会いに恵まれます。趣味や話題を増やして、より自分に合った相手とのご縁を引き寄せましょう。

この時期の上手な過ごし方

モテる時期とはいっても、あまりに軽率な行動は禁物。度が過ぎて、せっかくのよい縁が遠ざかってはもったいないので、モテ自慢をしすぎないように。思わせぶりな態度や、露出度の高いファッションもほどほどに。

幸運線が表れる

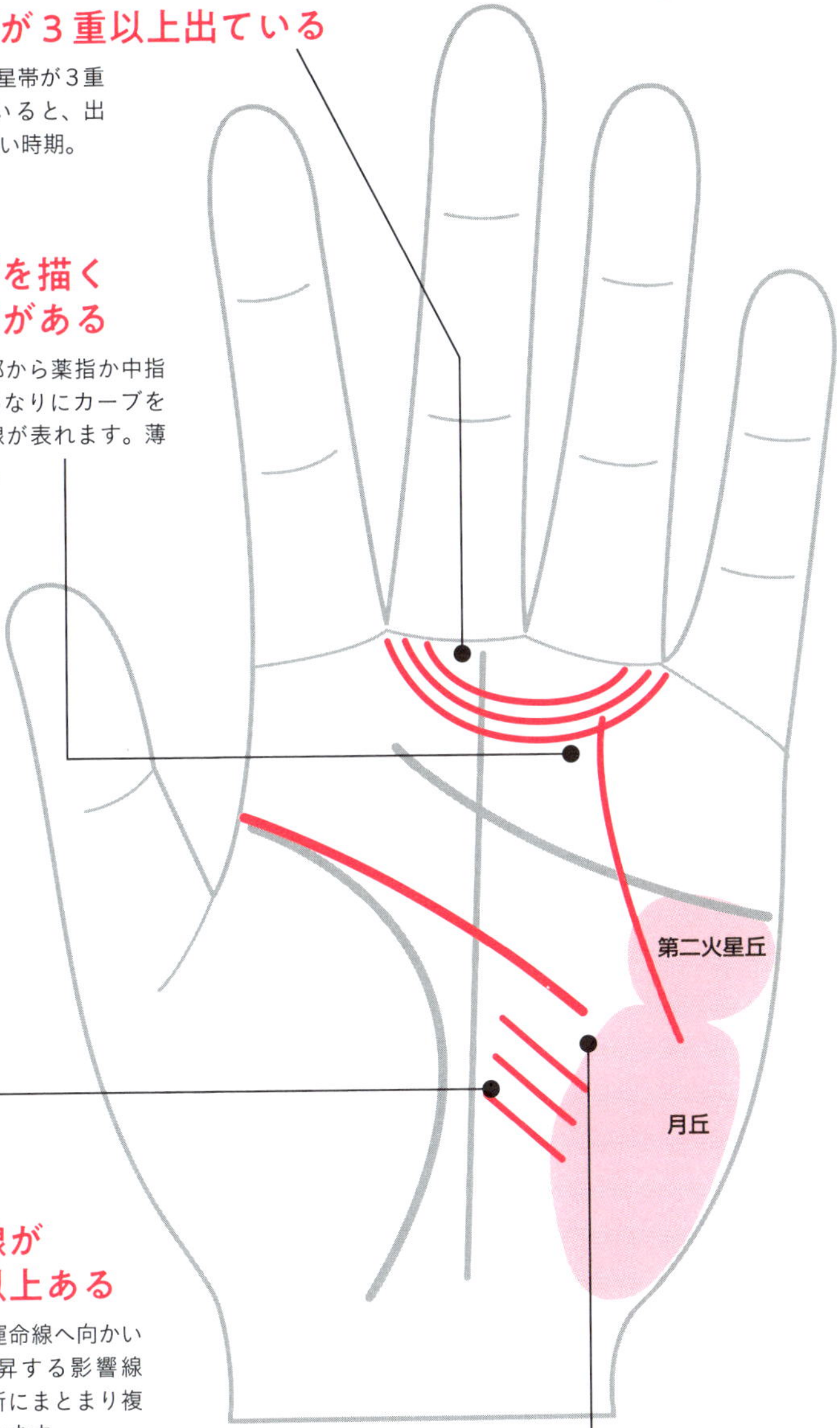

金星帯が３重以上出ている

細くても金星帯が３重以上出ていると、出会い運が高い時期。

カーブを描く幸運線がある

月丘最上部から薬指か中指に向け、弓なりにカーブを描く幸運線が表れます。薄くてもOK。

影響線が２本以上ある

月丘から運命線へ向かい斜めに上昇する影響線が、１ヵ所にまとまり複数本出ています。

知能線が第二火星丘または月丘最上部に向かう

知能線の終点が下がりすぎず、第二火星丘か月丘上部へ向かっていると、オン・オフがはっきりしているメリハリのある人。

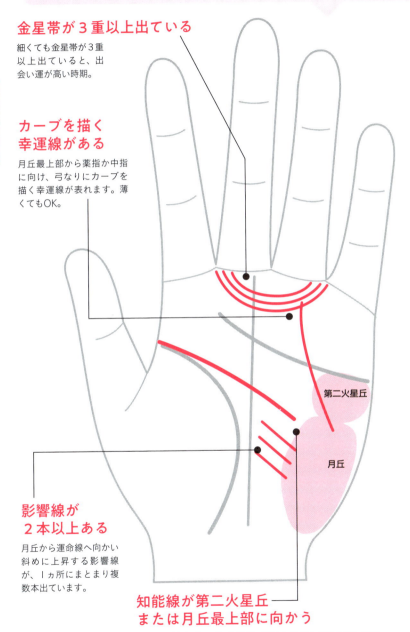

紹介による良縁に期待

未来の恋人は身近にいそう

手相の見方

月丘から運命線へ到達するほど長く伸びる影響線は、自分へ思いを寄せてくれている人や、将来恋人関係になりそうな人が身近に現れることを示しています。運命線の流年法（⬇P30）で時期を探ります。

月丘から斜め上に伸びる引き立て線（⬇P14）が出ると、上司や先輩が良縁を世話してくれる可能性大。影響線や引き立て線が出ているときは、周囲の他人との出会いに恵まれる時期なのです。

一方、生命線側から斜め上に伸びて運命線に到達する直線があると、近いうちに身内や親戚が縁を運んでくれそうです。この線も運命線の流年法を当てはめて時期を知ることができます。

生命線のすぐ内側に出る、細い補助線を情愛線（⬇P14）といい、自分の人生にとって影響力のある異性が現れることを表します。情愛線の先端が、生命線につくほど間隔が狭まって伸びてくると、恋人になるのは時間の問題。

この時期の特徴

すでに将来の恋人候補と出会っているか、間もなく身近な人と恋に落ちる予感。両親や親族、幼なじみなどあなたの身内的な立場の人や、職場の上司など目上の人からの紹介による良縁も期待できそう。

運気アップのポイント

出会いの機会はあるのに、恋人関係へと発展させるきっかけがつかめないだけかも。気になる人には勇気を出して告白すると、ハッピーになれそうです。年上の人に仲介を頼むとスムーズ。

この時期の上手な過ごし方

身近な人からの紹介がきっかけで良縁をつかめる時期。周囲の人への気配りを忘れないようにしましょう。友達や先輩からのサポートが得やすいコンパなどにも積極的に出かけ、出会いの場を増やすと効果的。

短くてもしっかりした影響線が表れる

短い影響線か引き立て線が出る

運命線に近いほうが影響線、運命線から遠いほうが引き立て線です。この相では30歳頃に出会いがあります。

生命線の内側に情愛線が表れる

生命線から2ミリほど離れたところに、生命線に沿うように細い線が出ています。

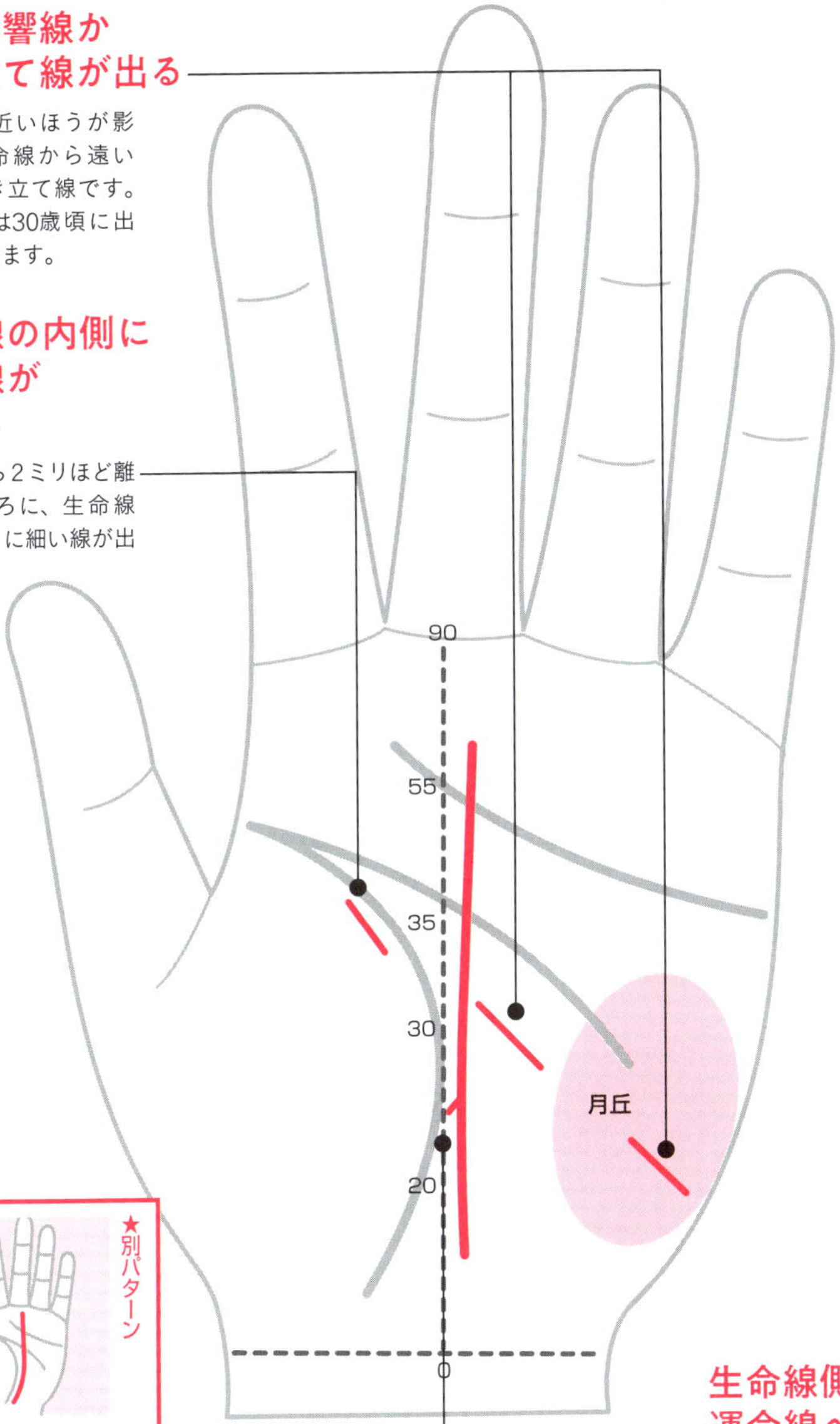

生命線側から運命線へ向かう線が出る

生命線側から運命線へと、斜め上方向へ直線的に伸びる線が出ます。

★別パターン

生命線に沿って伸びる運命線

運命線が生命線の近くから伸びています。

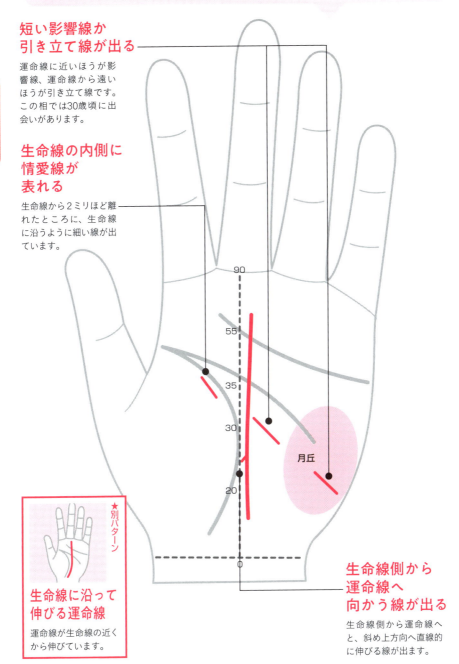

傷心を癒してくれる
新たな出会いの予感

手相の見方

第二火星丘から太陽丘へ伸びる忍耐線（➡P16）があると、大変我慢強い人で、七転び八起きの人生をたどりがち。けれど、苦しい状況の時に不思議と人との出会いに恵まれ、その出会いにより立ち直る強い運を持っています。

運命線の途切れた箇所や線上の斑点などの障害マークの上部に向かって、影響線が出ている人。生命線の内側に出る情愛線がいったん生命線から離れて途切れていても、その先にまたスッキリとした情愛線が出ている人。先端が下降した結婚線のすぐ上に、真横に伸びるきれいな結婚線が出ている人。この3パターンのいずれかが出ていると、大失恋の後に新たな出会いが期待できます。影響線は運命線の流年法（➡P30）で、情愛線は生命線の流年法（➡P29）でその時期の目安をつけることができます。

この時期の特徴

恋愛や人間関係が波乱気味。失恋など人間関係や仕事の失敗で、落ち込むことが多いかもしれません。けれど、とことん落ち込むと次には運気が盛り返すのもこのタイプ。慰めてくれたり、手を差し伸べてくれたりする人が現れ、恋が芽生えることもあるでしょう。

運気アップのポイント

苦しければ苦しいだけ、次にくる出会いの喜びは大きいもの。少々の困難にはくじけない負けん気と出会い運のよさを持った人なので、「最後に笑うのは自分」という開き直りが運気を好転させます。

この時期の上手な過ごし方

人に甘えたり頼ったりすることを覚えましょう。落ち込んでいる時には、人の親切や優しい言葉が身に染みるもの。この時期に感じる感謝の気持ちが、あなたをひと回り成長させるはず。周りに八つ当たりなどしないように。

忍耐線が表れる

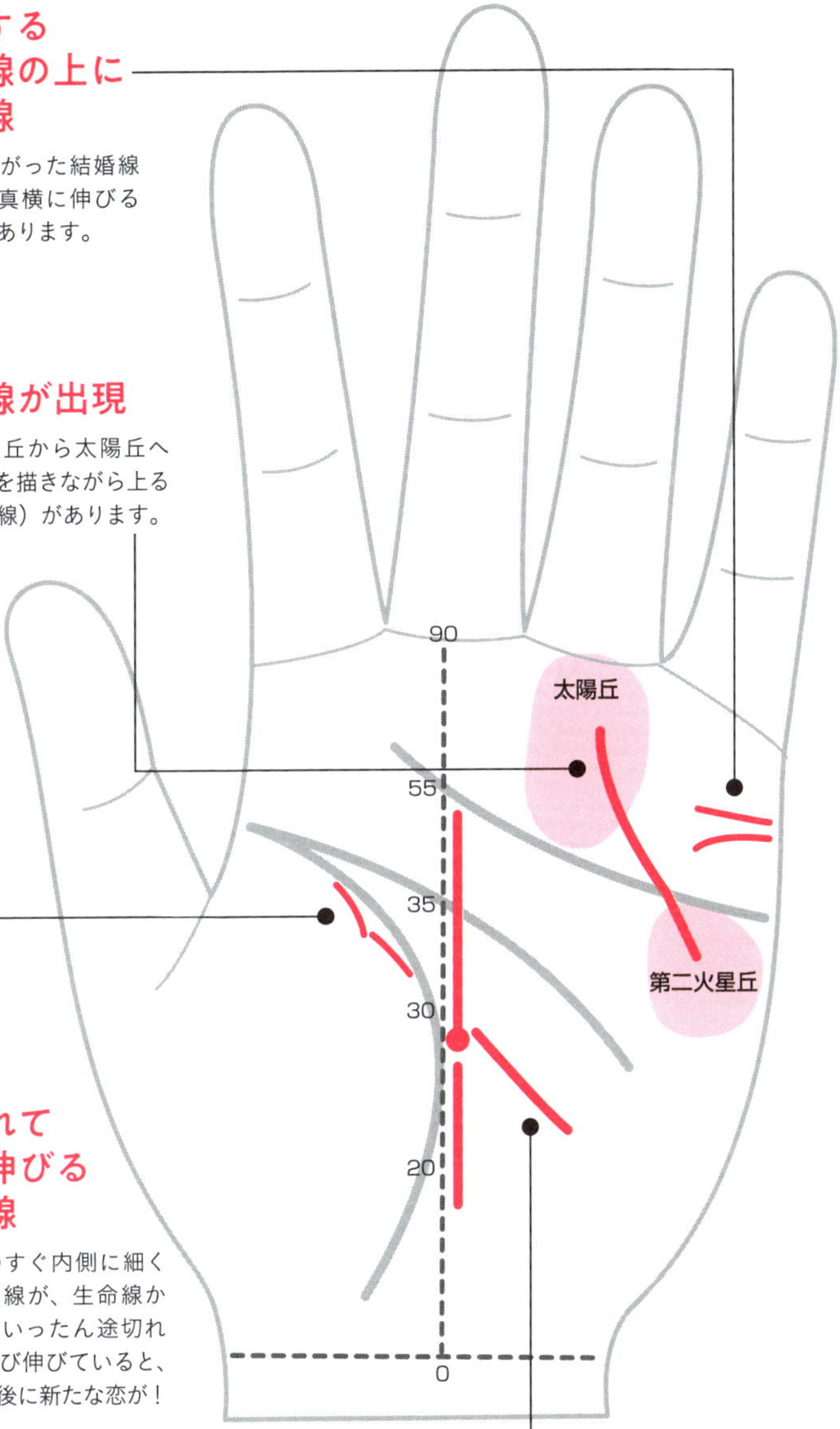

下降する結婚線の上に結婚線

先端が下がった結婚線の上に、真横に伸びる結婚線があります。

忍耐線が出現

第二火星丘から太陽丘へとカーブを描きながら上る線（忍耐線）があります。

途切れて再び伸びる情愛線

生命線のすぐ内側に細く出る情愛線が、生命線から離れていったん途切れた後に再び伸びていると、大失恋の後に新たな恋が！

運命線上の障害マークの上に向かい、影響線が伸びる

運命線の途切れや斑点などの障害マークのすぐ上に向かう影響線があります。この相でみると、27、8歳頃に恋愛の痛手があり、その後新たな出会いがあります。

うれしい予感！ 恋人ができる時期

影響線や情愛線が出る

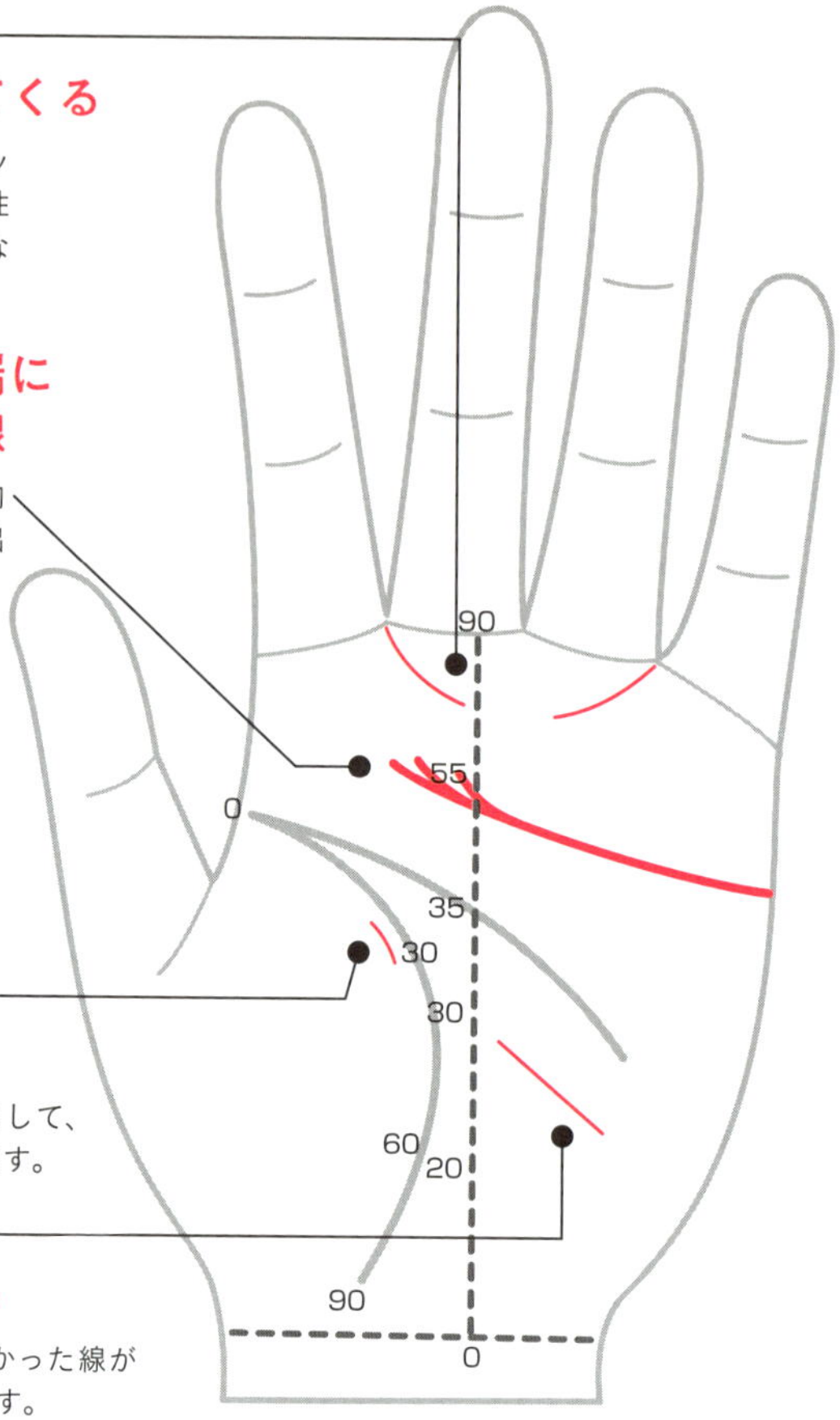

金星帯がハッキリしてくる

金星帯が半円でもハッキリしてくると、異性から意識されやすくなります。

感情線の先端に上向きの支線

感情線の先端に上向きの支線が2、3本出てきます。

情愛線が出る

生命線に沿うようにして、細い情愛線が出てきます。

影響線がハッキリする

影響線が出たり、短かった線が長くなってきたりします。

手相の見方

影響線は、人生にプラスの影響を与える人との出会いを表し、情愛線は身近なパートナーとの出会いを表します。運命線と生命線の流年法（⬇P29・30）でみると20歳代後半に恋人が出現。感情線の先端に出る上向きの支線は、恋愛エネルギーが充実しているしるし。金星帯がハッキリしてくると、異性から意識されやすくなります。

この時期の特徴

恋愛に前向きで、異性の反応に敏感。恋人ができやすい時期です。

この時期の上手な過ごし方

出会い運に恵まれているので、普段より積極的に行動を。どの異性とも恋人になる可能性があると意識すれば、チャンスを逃しません。

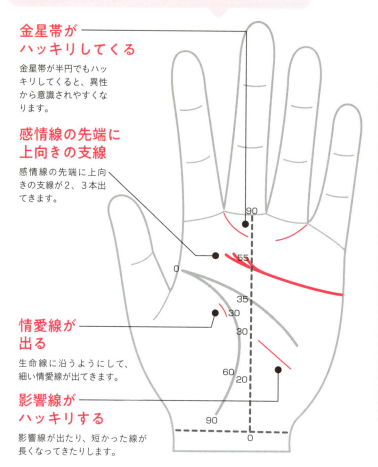

情熱的に燃え上がる 大恋愛をする時期

長い影響線にフィッシュが出る

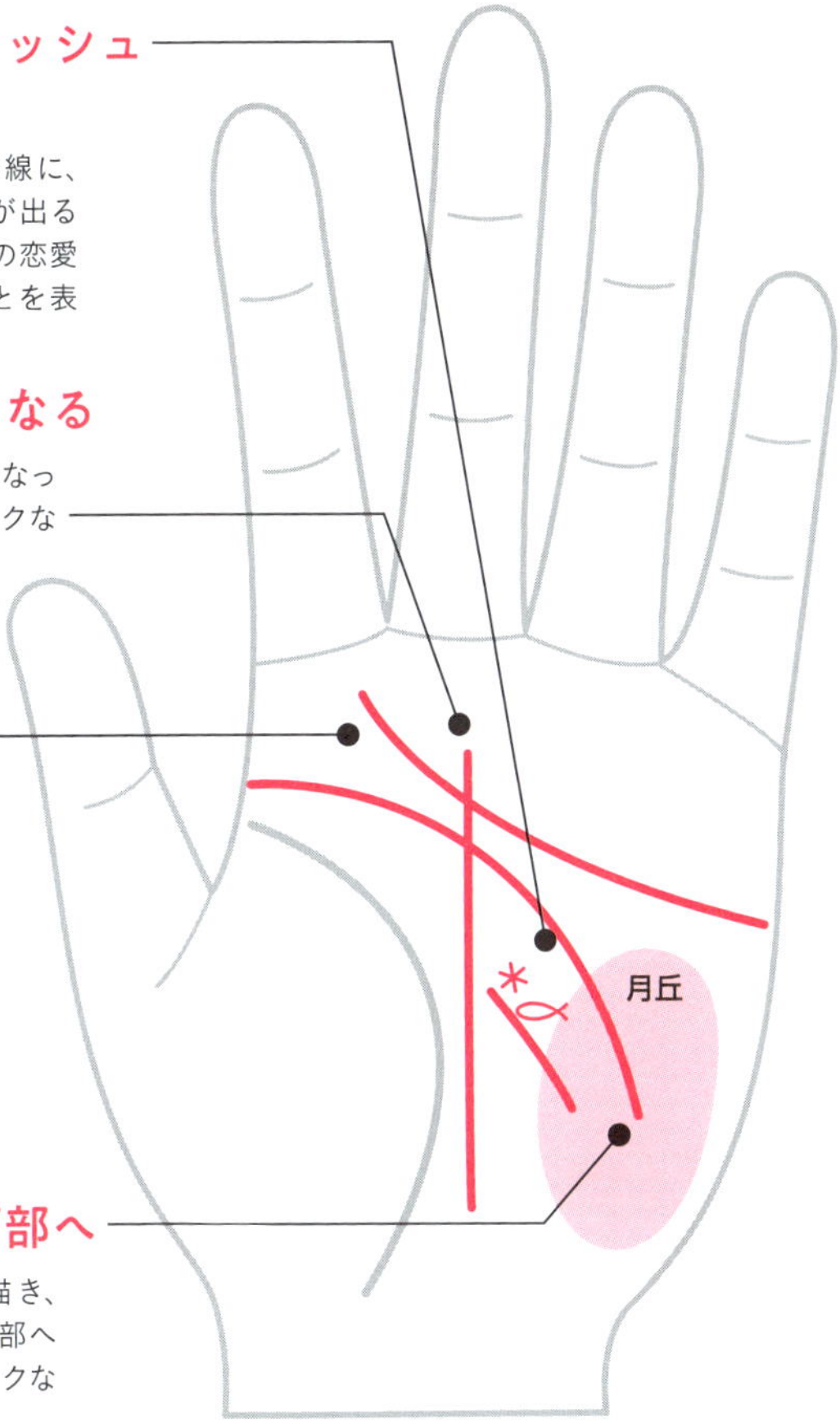

影響線にフィッシュなどが出る

この相では長い影響線に、フィッシュやスターが出る30歳頃に、人生最大の恋愛運が到来していることを表しています。

運命線が濃くなる

薄かった運命線が濃くなってくると、ドラマチックな人生を歩みます。

感情線が濃くなる

感情線の彫りが深くなり、特に先端がクッキリしてきます。

知能線が月丘中部～下部へ

知能線がカーブを描き、終点が月丘中部～下部へ伸びると、ロマンチックな気分が高まります。

手相の見方

影響線にフィッシュやスターが出ると、人生最大の恋愛運に恵まれる時期を表し、憧れの人と恋人同士になれそう。運命線が濃くなると、ドラマチックな人生に。月丘中部～下部へ知能線が伸びてきて、感情線の先端が濃くなるのは、情熱とロマンの高まりを表します。

この時期の特徴

熱烈な恋をしてドラマチックに生きたいという思いの強まる時期。多少の障害は乗り越えて、人の注目を集めるような恋ができそう。

この時期の上手な過ごし方

ムリだと思っていたような相手と恋に落ちそう。独りよがりになりやすいので、妄想はほどほどに。絆を深めるデートを重視して。

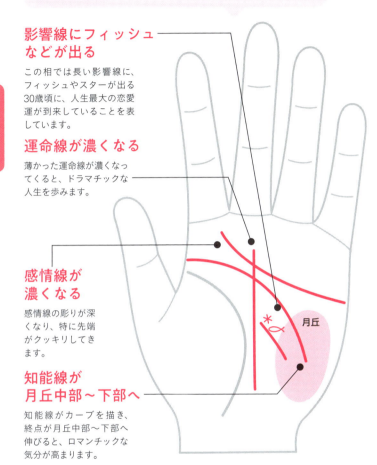

困っちゃうほど!? モテモテの時期

影響線か情愛線が並ぶように複数ある

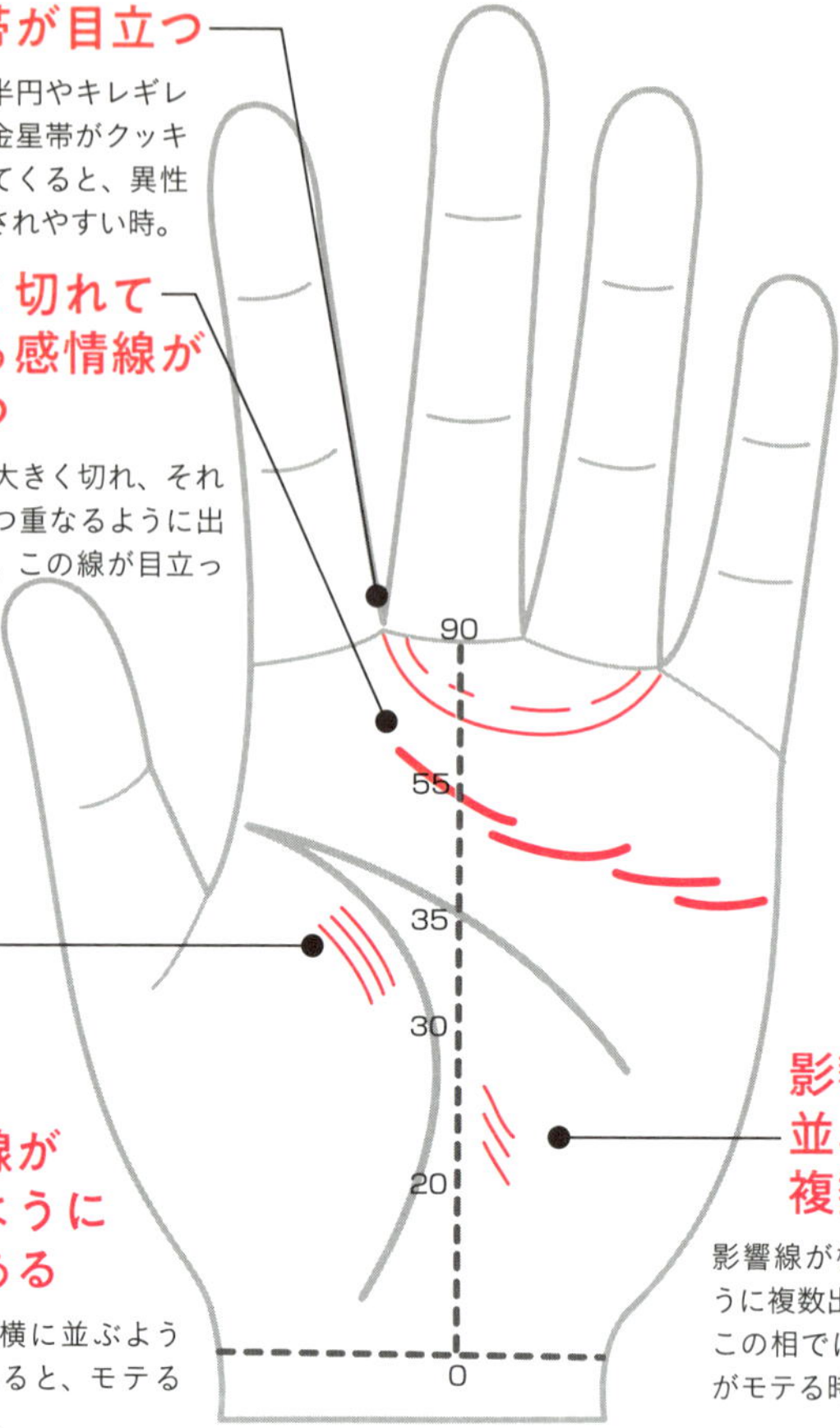

金星帯が目立つ

きれいな半円やキレギレに重なる金星帯がクッキリ目立ってくると、異性から注目されやすい時。

大きく切れて重なる感情線が目立つ

感情線が大きく切れ、それが少しずつ重なるように出ています。この線が目立ってきます。

情愛線が並ぶように複数ある

情愛線が横に並ぶように複数出ると、モテる時期です。

影響線が並ぶように複数ある

影響線が横に重なるように複数出ています。この相では20歳代半ばがモテる時期。

手相の見方

薄くても、影響線や情愛線が並ぶように出ると、異性からモテる時期。影響線は運命線の、情愛線は生命線の流年法（➡P29・30）で時期がわかります。金星帯が目立つのは、異性からの注目度が上がっているしるし。感情線が大きく切れて重なる人は、異性が無視できない個性的な魅力があります。

この時期の特徴

異性をひきつけるフェロモンを感じさせます。複数の人から、同時にアプローチされることも。

この時期の上手な過ごし方

モテモテの状況から本当の恋をつかむためには、クールな分析力も大切。一時の気分で決めず、自分の運を下げない人を選んで。

なぜかイライラ…ケンカばかりする時期

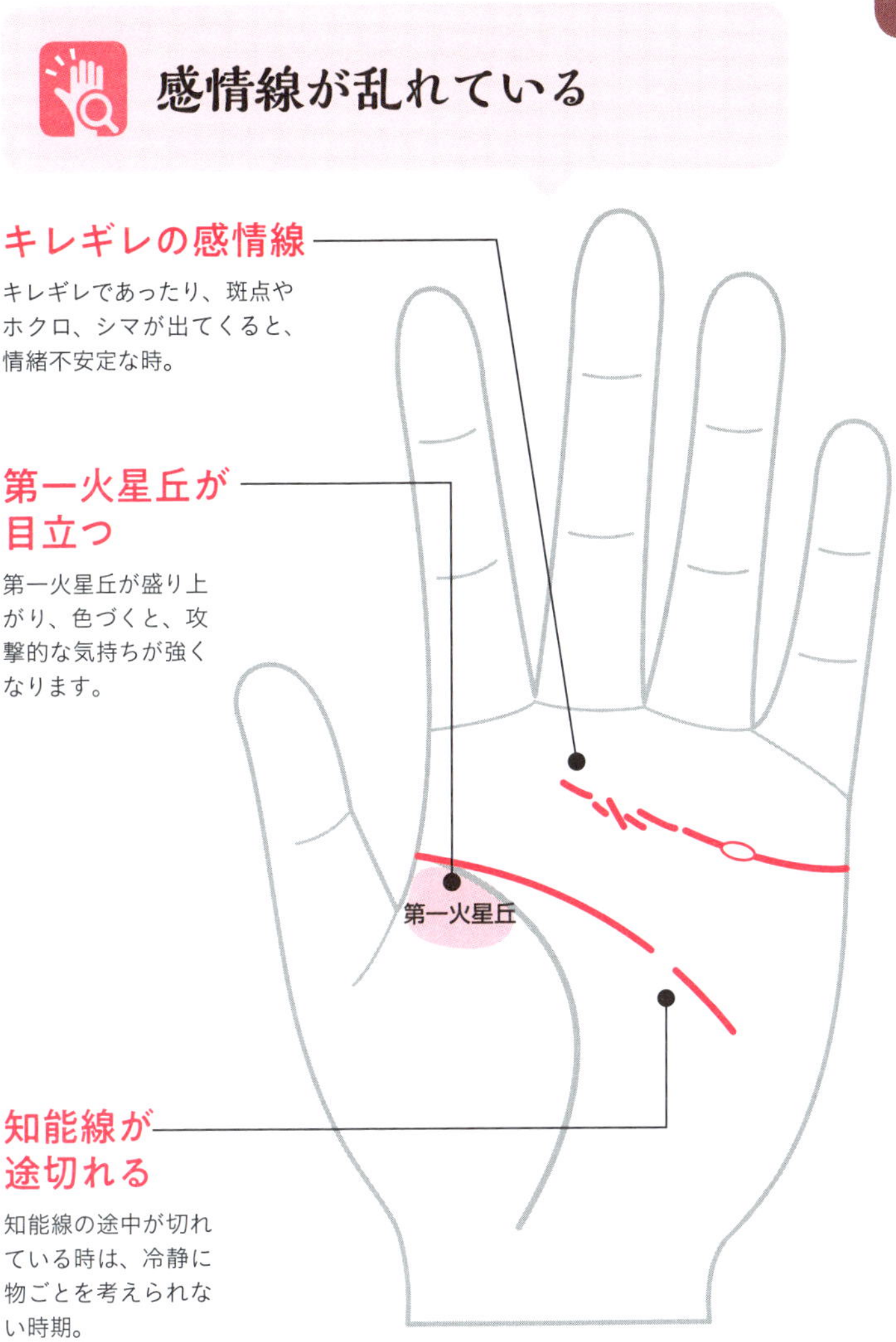
感情線が乱れている
キレギレの感情線
キレギレであったり、斑点やホクロ、シマが出てくると、情緒不安定な時。
第一火星丘が目立つ
第一火星丘が盛り上がり、色づくと、攻撃的な気持ちが強くなります。
第一火星丘
知能線が途切れる
知能線の途中が切れている時は、冷静に物ごとを考えられない時期。

手相の見方

感情線の乱れは、怒ったり落ち込んだり、動揺しやすい心を表し、恋愛面で感情的なトラブルの多いことを暗示します。第一火星丘が目立っている時は、攻撃的な気持ちが強まっています。知能線が途切れてしまう時は、冷静な判断ができない状態です。

この時期の特徴

ちょっとしたことでイライラしがち。些細なことをきっかけにケンカしてしまいそうです。自分の不完全燃焼も原因かも。

この時期の上手な過ごし方

感情の爆発は癖になりやすいもの。恋人のことを忘れる時間も必要です。趣味に熱中したり、友人と会ったりして、楽しんで。

情熱的すぎる!? 不倫をする時期

情愛線＋結婚線上下の補助線がある

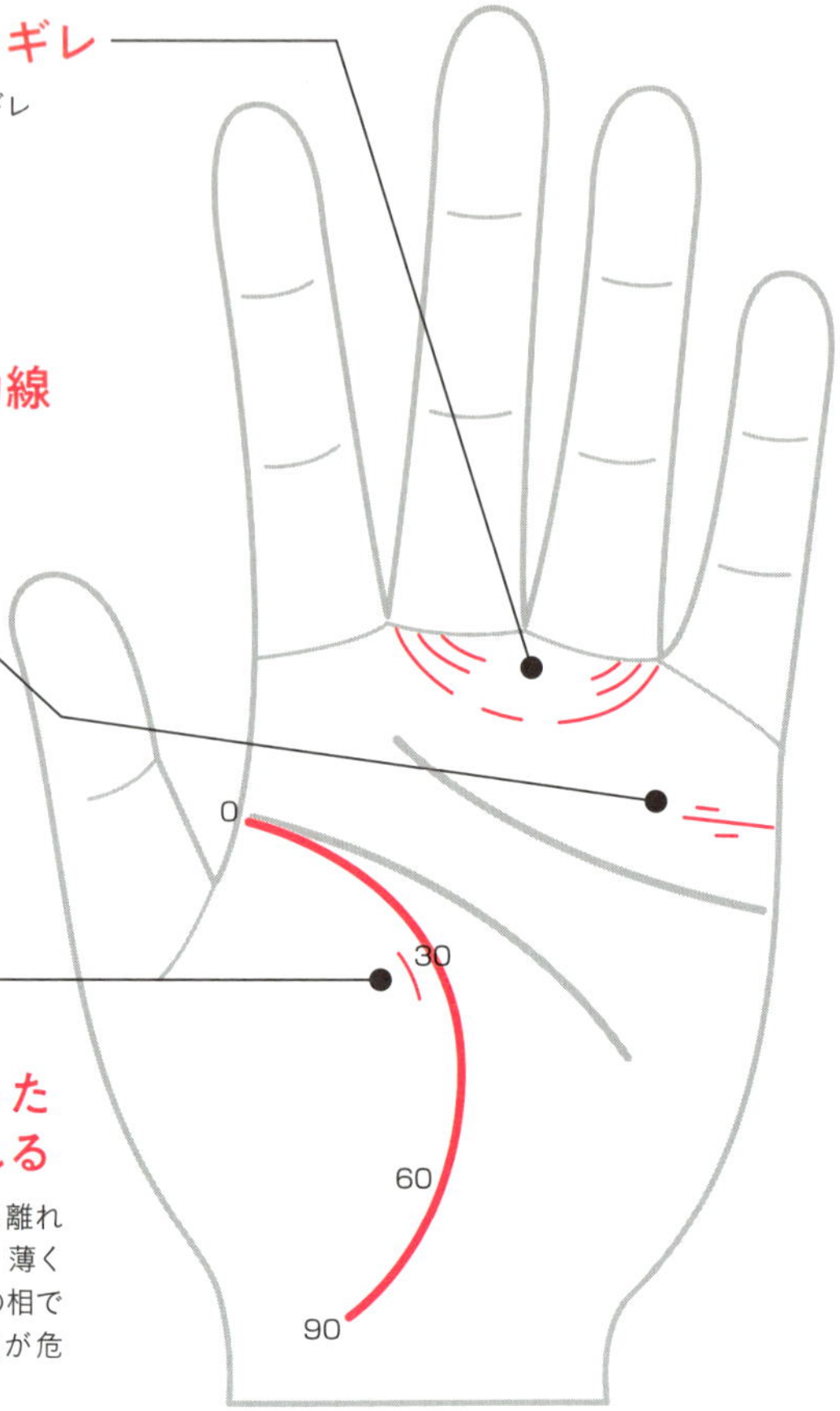

金星帯がキレギレ

複数の金星帯がキレギレに出ています。

結婚線の上か下に補助線

結婚線の上か下に平行して補助線があります。この線は、短かったり、薄く出たりしています。

今までなかった情愛線が表れる

生命線から1～2ミリ離れたところに平行して、薄く線が出ています。この相で既婚の場合、30歳頃が危険です。

手相の見方

今までなかった情愛線が表れて、かつ結婚線の上か下に短い補助線が出てくると、不倫傾向が強まる時期。この補助線が、短くて目立たなければ火遊び程度。金星帯がキレギレに重なっていると、刺激的な恋を求めます。生命線が大きく張り出していると、精力を持てあましがち。

この時期の特徴

不倫だとわかっていても、トキメキや肉体的な満足を求めて、相手にのめり込みやすい時期です。

開運のためのアドバイス

愛情を注ぐ人を欲している状態です。その強いエネルギーを、恋愛だけでなく趣味や仕事にも向けると不倫熱を発散できます。

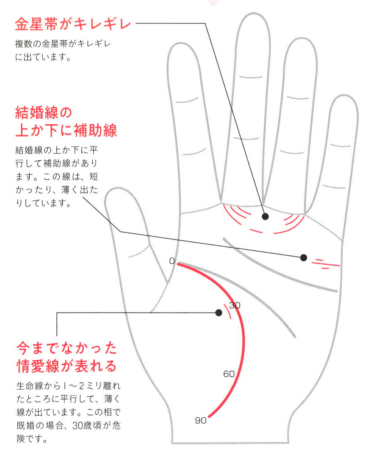

浮気？ 本気？ 二股をする時期

直線的で短めの感情線と知能線

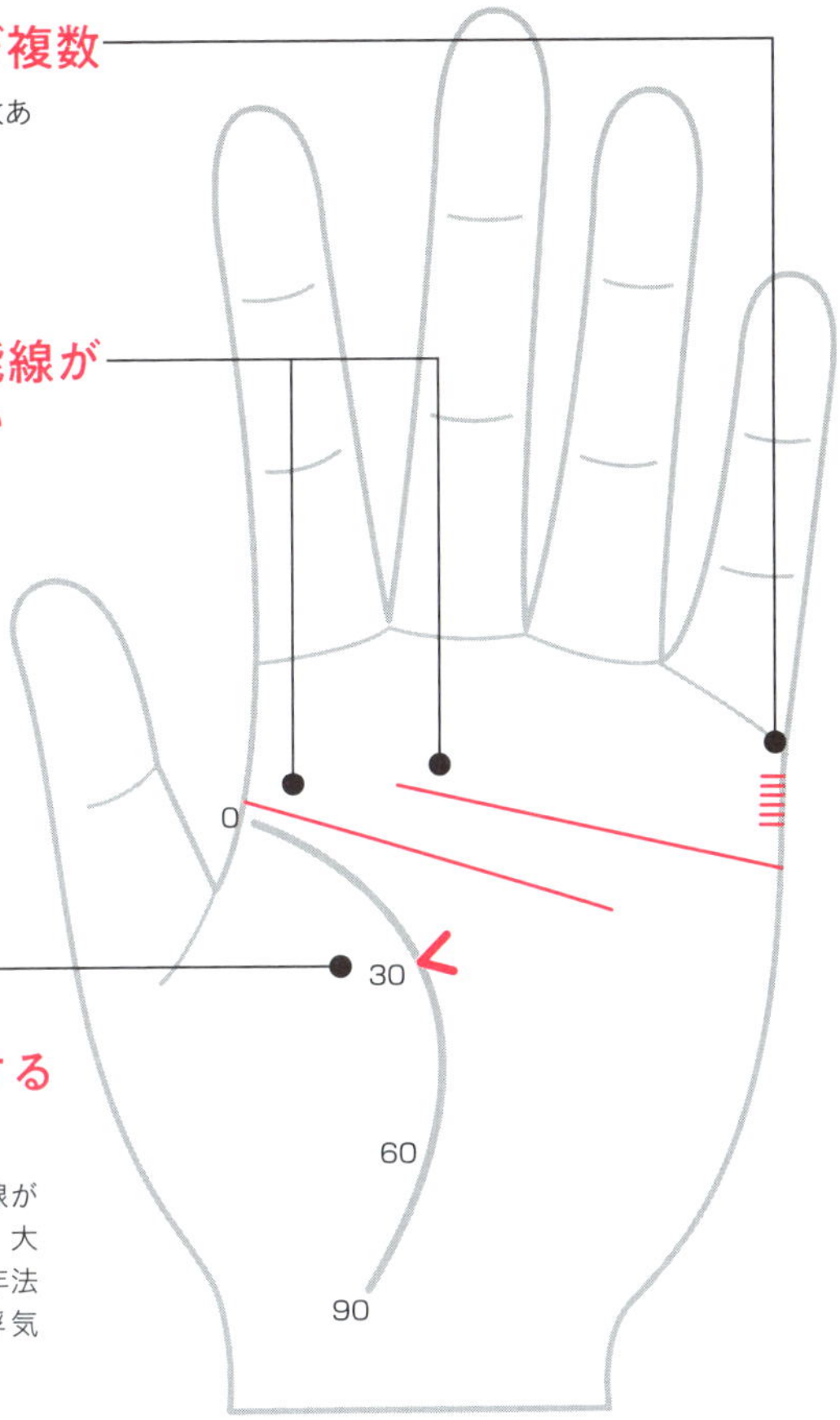

短い結婚線が複数

薄く短い結婚線が多数あると、恋多きタイプ。

感情線や知能線が直線的で薄い

感情線や知能線が、直線的で薄い線になっているとドライな性格。

生命線に接するV型の線

生命線上に、V型の線が出てきます。これは、大変珍しい相です。流年法でみると30歳頃に浮気心が芽生えそう。

手相の見方

感情線や知能線が直線的な人は、比較的ドライな性格で、割り切った恋愛ができる傾向。これらの線がほかの基本線より薄いと、自制心が弱く、なりゆき任せになる面も。結婚線が薄く多数あるのは、異性の言動に敏感。生命線につくV型の線は珍しいですが、二人を同時に愛している人に表れます。

この時期の特徴

その場の雰囲気に任せて二股をしてしまいますが、割り切っている分、周囲には気づかれにくいよう。

開運のためのアドバイス

その場の雰囲気で二股はできても、発覚してトラブルになった時には真っ先に逃げるタイプ。後々のことまで考えてから行動しましょう。

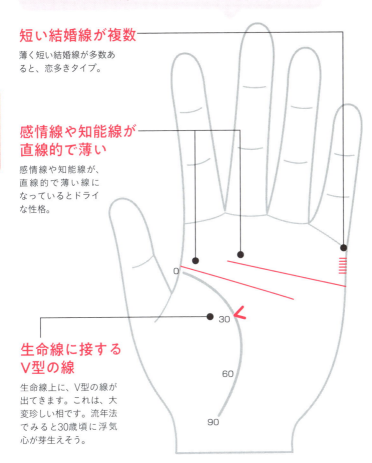

悲しい兆し…
失恋をする時期

途切れた影響線

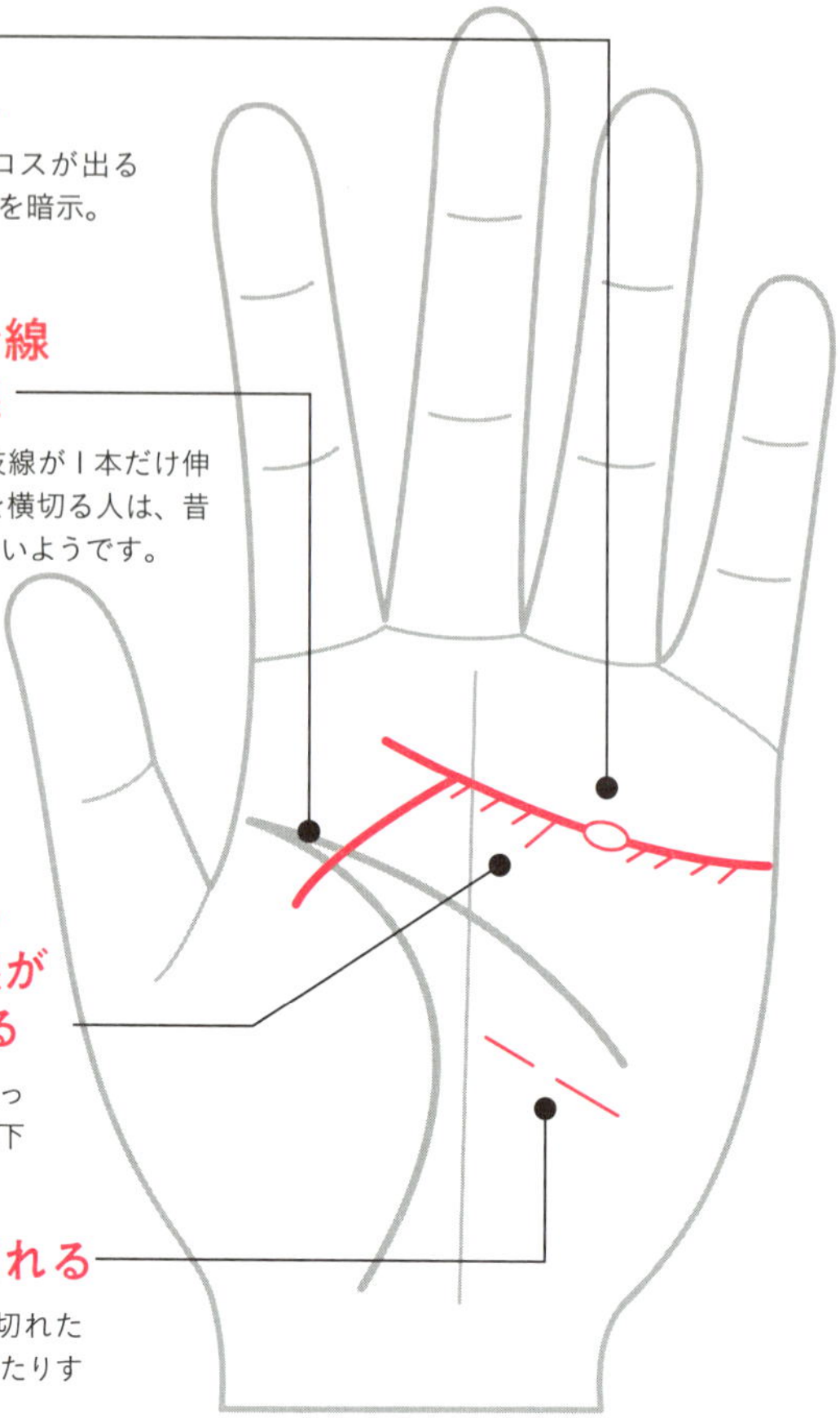
感情線に
シマやクロス
感情線上にシマやクロスが出ると、恋人とのトラブルを暗示。
感情線から、
知能線や生命線
を横切る枝線
感情線から下向きの枝線が１本だけ伸び、知能線や生命線を横切る人は、昔の恋をまだ忘れられないようです。
感情線にある
下向きの支線が
濃くなってくる
下向きの支線が濃くなったり、１本が長く垂れ下がったりします。
影響線が途切れる
長かった影響線が途切れたり、クロスや斑点が出たりする時もあります。

手相の見方

影響線に途切れや斑点などが出ると、恋人との別れを暗示。感情線が途中で切れたり、下向きの支線が濃くなった時も、愛情関係の深刻なトラブルの危険。感情線から出る枝線が、知能線を越え生命線の中へ入る人は、昔の恋を乗り越えていないよう。

この時期の特徴

恋愛運が下降しています。恋人との関係を見直す時期。このままだと二人の心は離れ離れに。関係が改善すれば手相も変わります。

この時期の上手な過ごし方

気持ちの切り替えが大切。感情的になると、余計に運が落ちます。過去の恋のトラウマを引きずらないように。諦めないで手を打って。

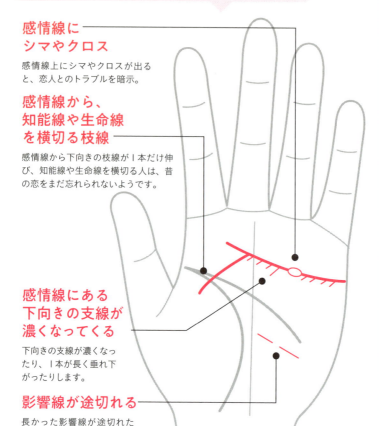

油断大敵！ 浮気をされる時期

情愛線に障害マーク

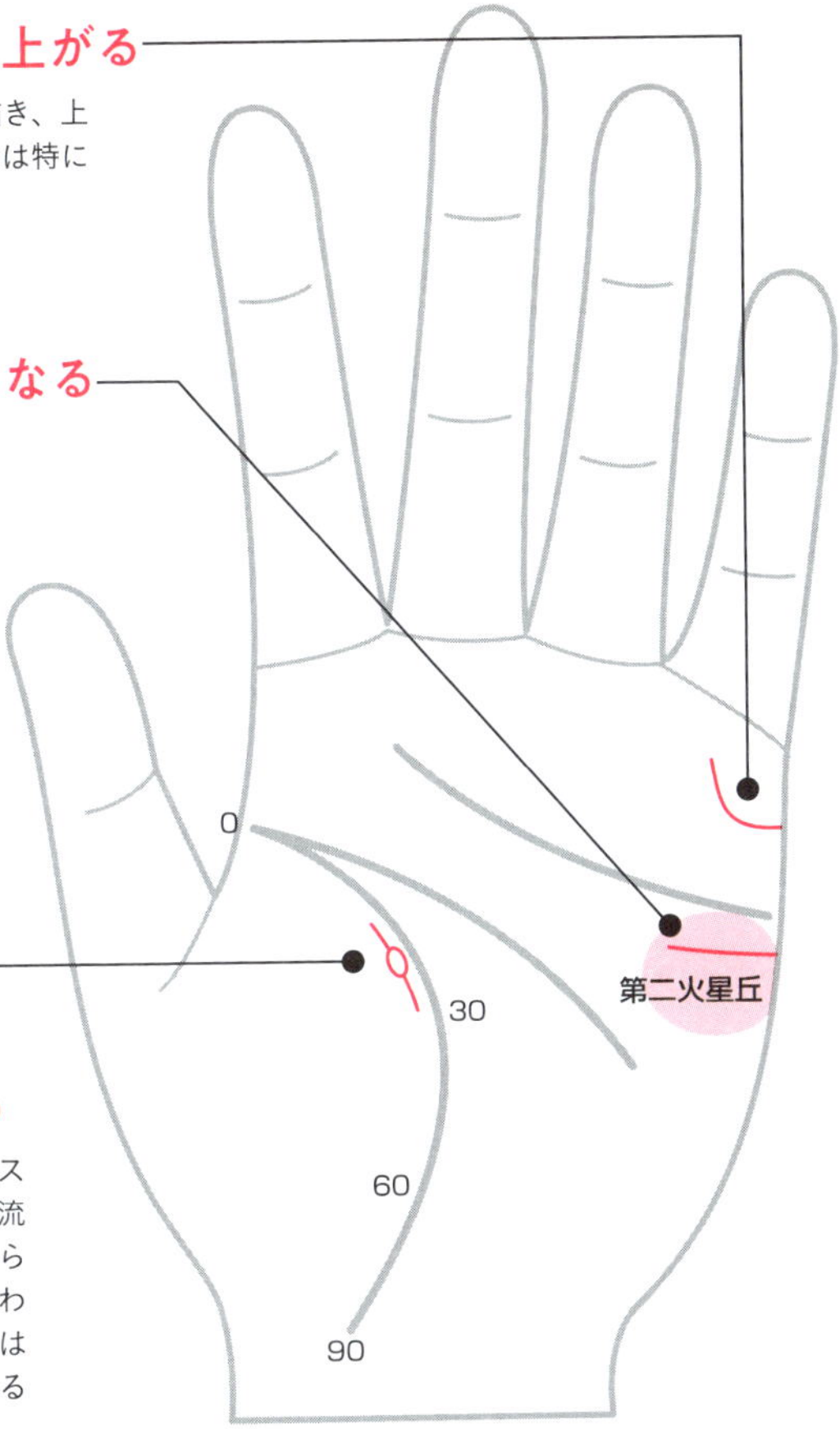

結婚線がはね上がる

結婚線が急カーブを描き、上へと向かいます。女性は特に注意が必要な線です。

反抗線が濃くなる

感情線の下、第二火星丘に、横向きに伸びる直線を「反抗線」または「主張線」と呼びます。

情愛線にシマができる

情愛線にシマやクロスが出ます。生命線の流年法（➡P29）を照らし合わせると時期がわかります。この相では25歳頃に浮気をされる危険あり。

手相の見方

情愛線に障害マークが出ると、パートナーや恋人とのトラブルの暗示。結婚線がはね上がり、反抗線（主張線➡P162）が出ている人は、仕事に夢中になりすぎるタイプ。特に女性でこの2つの特徴があり、線が濃くなっている時は、恋人に浮気される危険あり。

この時期の特徴

仕事や活動に打ち込むあまり、恋人を疎かに。我慢強いタイプなので、恋人にも我慢を求める傾向が。物足りない気持ちにさせそう。

この時期の上手な過ごし方

忙しくてもできるだけ恋人と会って、相手の話を聞いてあげること。メールだけに頼ると危険。恋人の気持ちも推し量って。

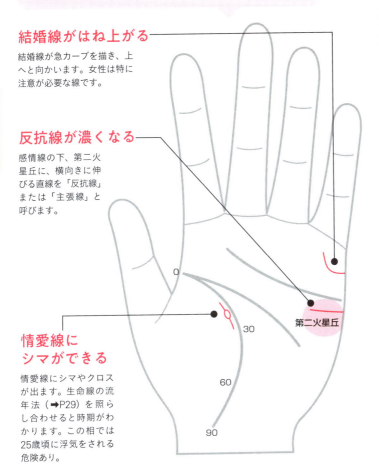

恋愛の相性をチェック

基本線から恋愛相性が分かるかも!?

基本線から恋愛傾向をみる

知能線、感情線、生命線、運命線という四つの基本線を自分の手相と相手の手相とで比べて、相性の良し悪しを判断します。

知能線では物事の考え方や行動傾向を、感情線では他人に対する接し方や愛情表現を、生命線では体力や行動力を、運命線ではその人の自我の強さや目的意識を見て、相性を探っていきます。

実際に恋愛の相性を鑑定する時は、ほかの補助線やマーク、手や指の形など総合的にみて判断しますが、基本線をみるだけでもおおよその性格がわかります。

運命線が薄い人は、従順型

相性バツグン

運命線が強い人は、グイグイ型

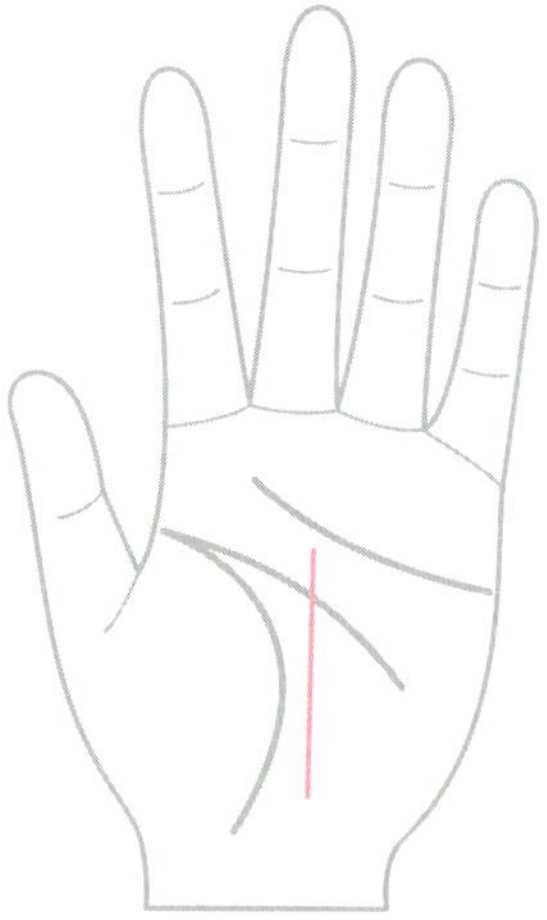

運命線が細い人や薄い人は、調和を重んじるタイプ。強引なタイプの人とも相性がよいでしょう。

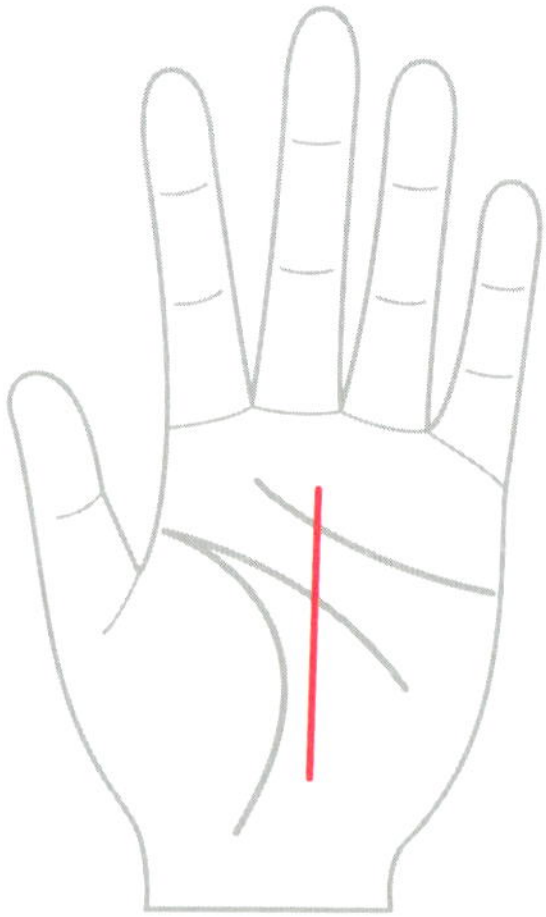

運命線が太くハッキリして、さらに直線的だと、ややや自己中ですが、恋人をグイグイ引っ張るタイプです。

感情線が指付け根へ入る堅実型

相性バツグン

感情線が木星丘を横切る支配型

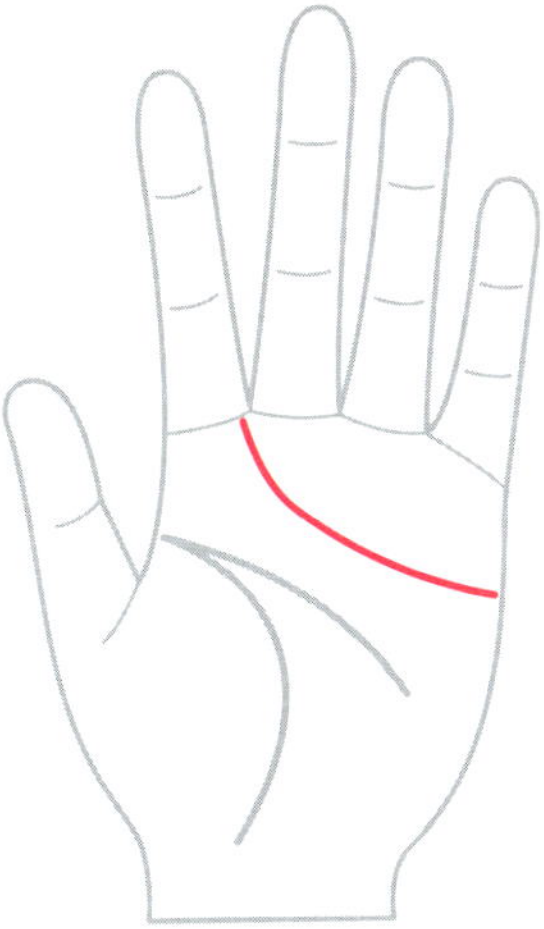

感情線が人差し指の付け根に到達する人は、真面目で尽くすタイプ。相手の深い愛情に精一杯応えます。

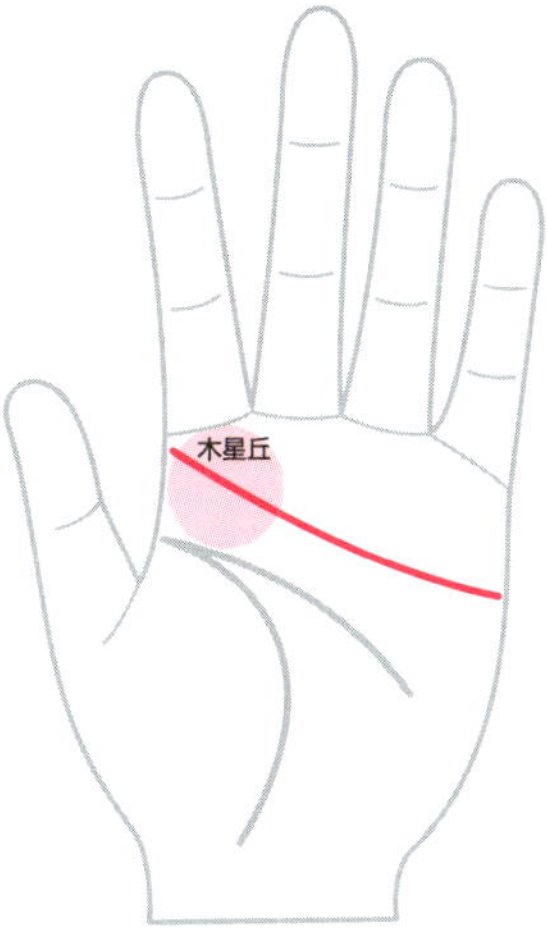

感情線が木星丘を横切る人は、愛情が濃い分、相手が自分の思い通りであってほしいという願望の持ち主。

生命線は同じタイプがよい

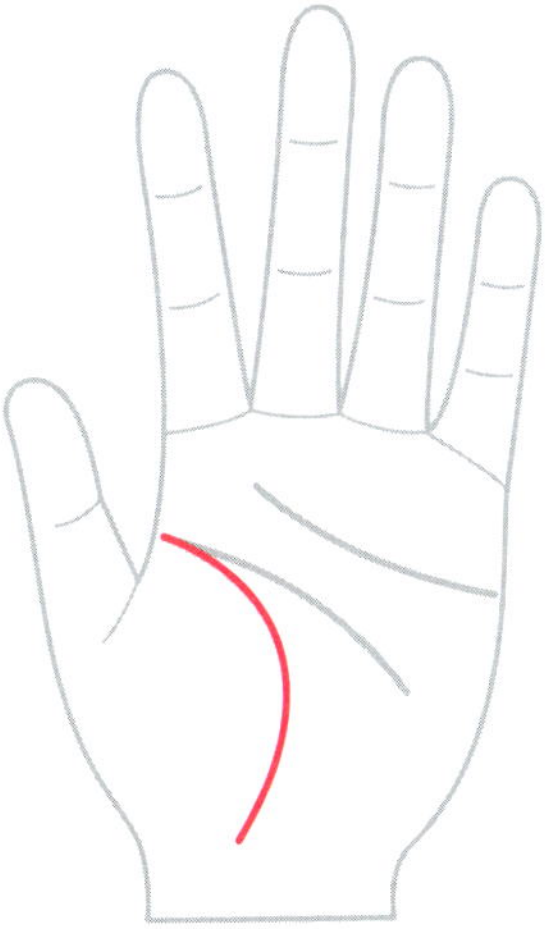

生命線の張りだしが同じだと、疲れるタイミングもほぼ同じ。デートも、互いに無理せず楽しめます。

誰とでもあわせられるオールマイティ型

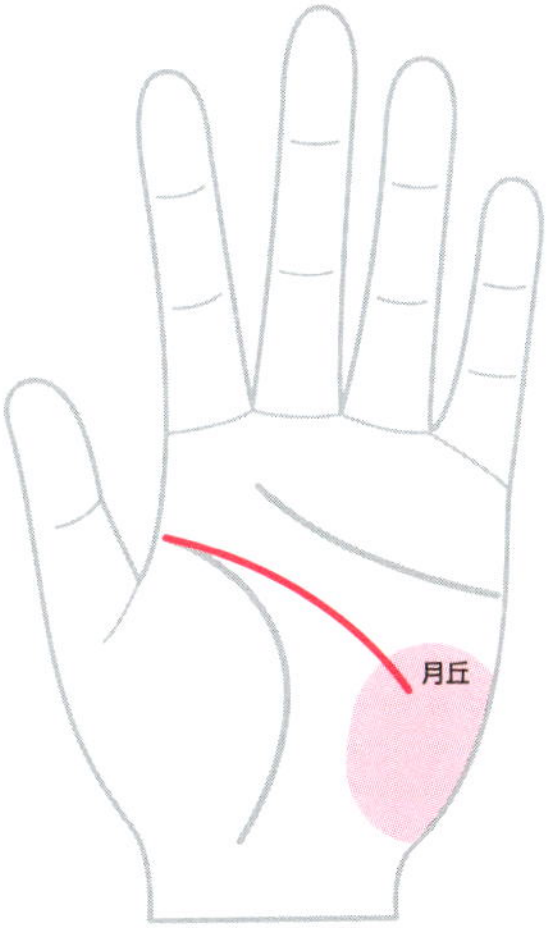

知能線が月丘上部へ向かう人は、柔軟な思考の持ち主。個性的なマスカケ型や二重知能線型とも好相性。

Column ❶

基本線が二重
～なんでも２倍に！～

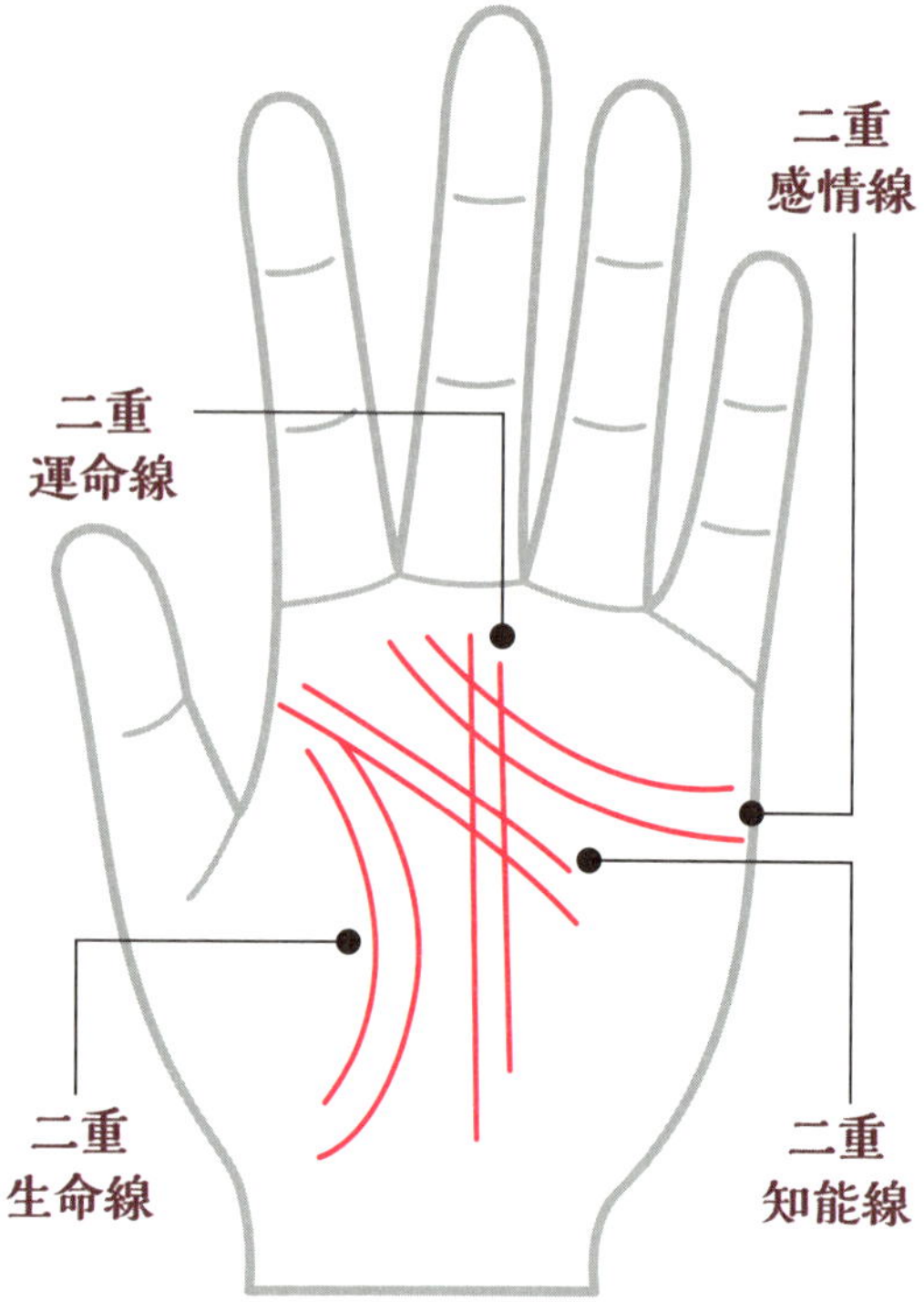

二重
感情線
二重
運命線
二重
生命線
二重
知能線

感情線、知能線、生命線、運命線が2本以上あると、その線の持つ意味を2倍に増す力が働きます。感情線と生命線の2本目は薄く出ることが多いようです。

二重感情線は「愛情2倍」

感情線の上側に平行して2本目が出ます。この線がある人は、粘り強くパワフルな情熱家タイプ。何か打ち込めるものを持つと、運気がアップし活躍できます。情熱を持て余すとうつうつとしたり、浮気心も芽生えてしまうので、仕事や趣味などに情熱を注いで。

二重知能線は「才能2倍」

知能線の上下に平行して表れたり、2本の線が交差するように表れます。二重知能線は天才タイプで仕事好き。物事を多角的にとらえるので、人と違うアイデアや発想が浮かびます。世間や他人とは比べず、自分の思い通りに行動すると才能が開花します。

二重生命線は「生命力2倍」

生命線の内側か外側に2本目が平行して出ます。この線がある人は生命力が強いタイプ。内側の2本目が短めに出ている人も多く、二重の箇所が活力旺盛な時期です。健康なので物ごとに根気強く取り組め、運気も強くなります。ただし、無理や無謀な生活は禁物です。

二重運命線は「仕事運2倍」

運命線がない人も多くいますが、中には2、3本出ている人もいます。二重になっているところが運気アップの時期で仕事運充実。運命線が2本あると「二足のわらじを履く」タイプ。毎日を忙しく過ごすことが性にあっています。運命線が三重ならば3分野で活躍できるほど強運の持ち主です。

PART 3

結婚

あなたの結婚相手は？
結婚生活は？　結婚時期は？
気になる結婚のあれこれを
タイプ別にみてみましょう。

結婚
インデックス

自分の手相はどのタイプ？

結婚をみるには結婚線がポイントとなります。下向きにならず、乱れなく、真横にくっきりと1本出ているのがベストな形です。知能線や運命線からは、結婚相手のタイプや結婚までのプロセスをみることができます。

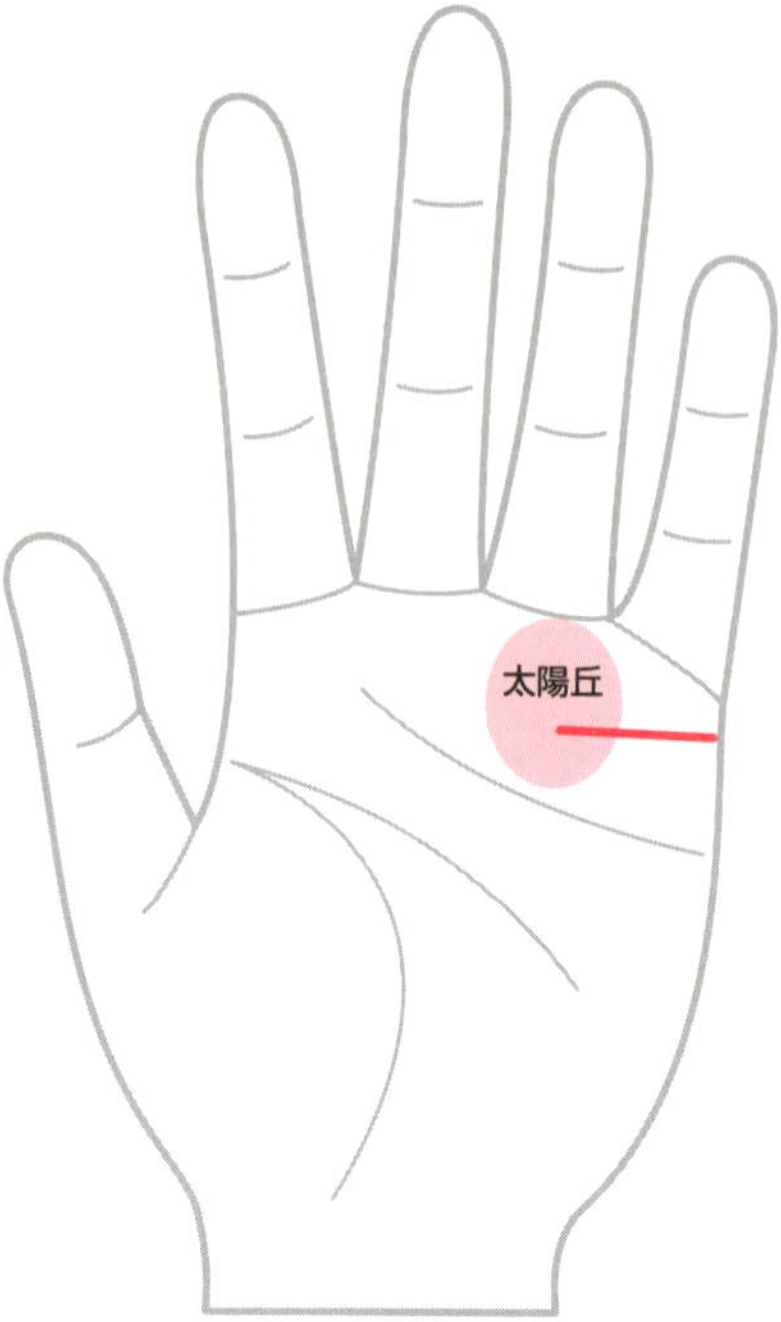

結婚線が太陽丘まで長く伸びる

結婚線が薬指下の太陽丘まで伸びていると、良好な結婚運に恵まれます。裕福な相手で経済的にも恵まれ、幸せな結婚になります。

TYPE A

➡P130

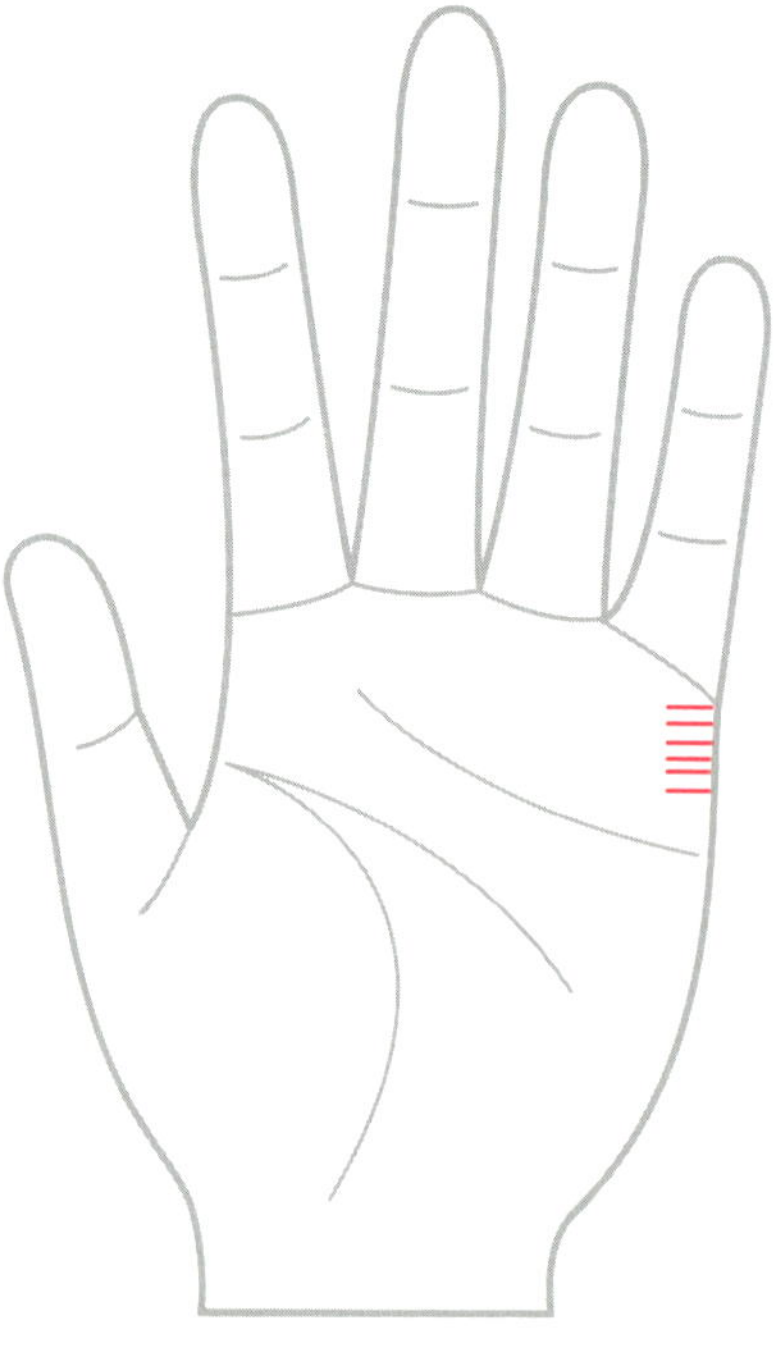

結婚線が複数ある

複数の薄い結婚線は、異性関係や出会いに恵まれる「恋愛体質」です。その中で2、3本濃い線があれば、それは結婚相手を示します。

TYPE B

➡P132

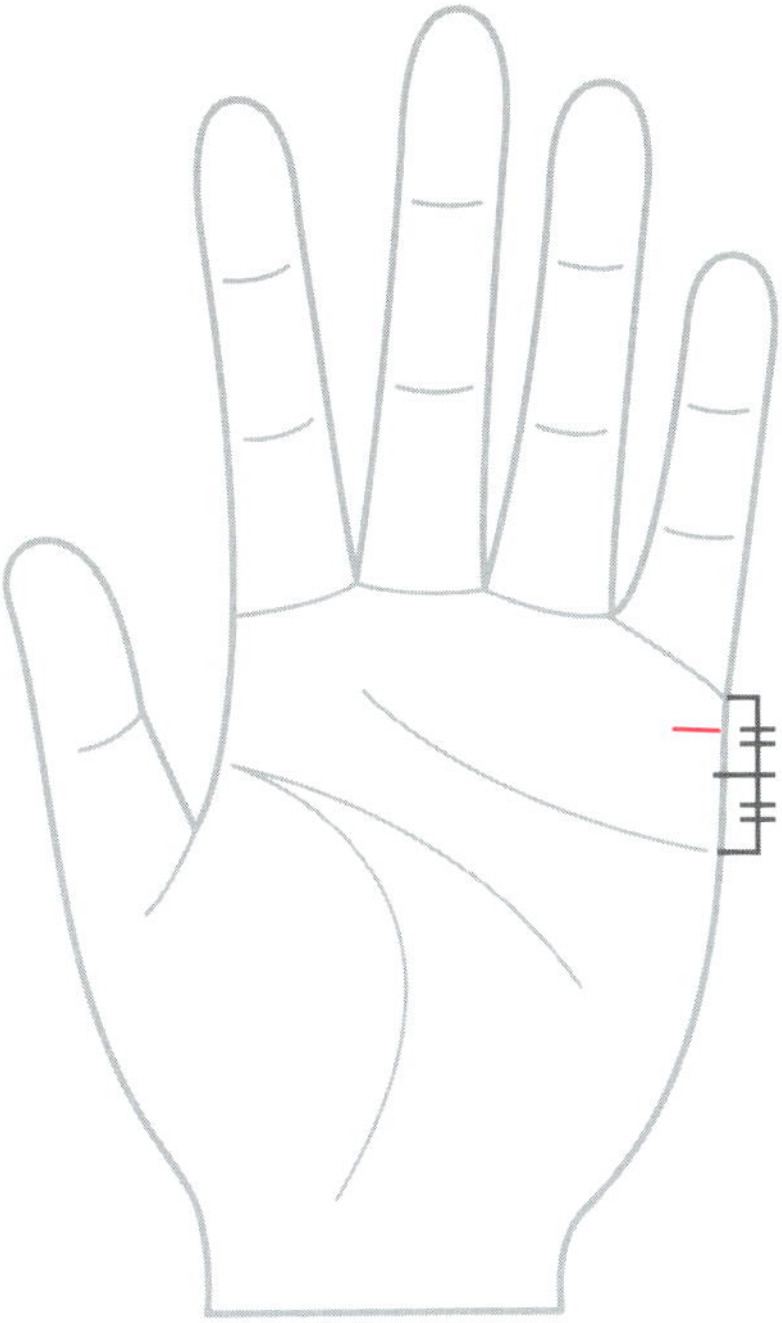

結婚線が小指付け根近くにある

結婚線が小指付け根側にあると、晩婚で幸せに。感情線と小指付け根の中間は、その時代の適齢期で結婚することを暗示します。

TYPE C

➡P134

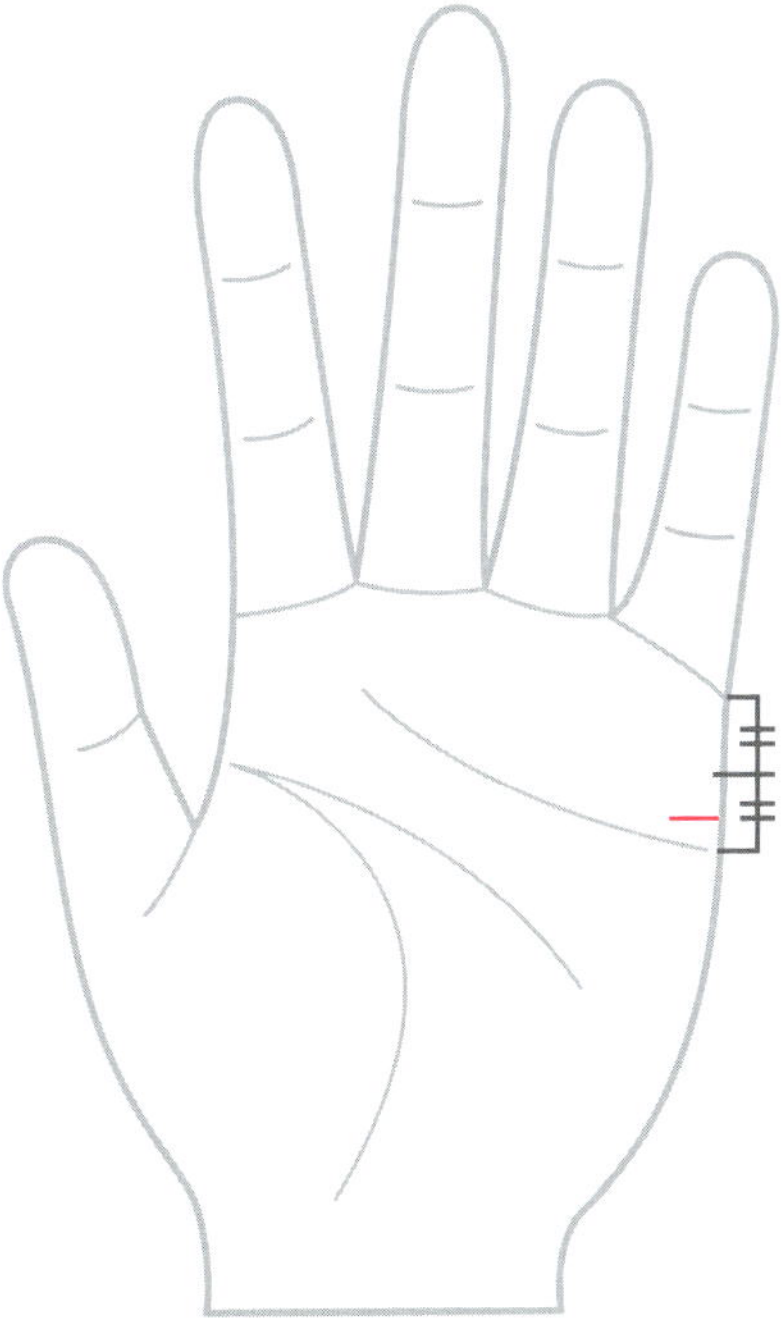

結婚線が感情線近くにある

一番濃く目立つ結婚線が感情線近くに出ていると、若い頃に出会いがあり、早めに結婚することを意味します。

TYPE D

➡P136

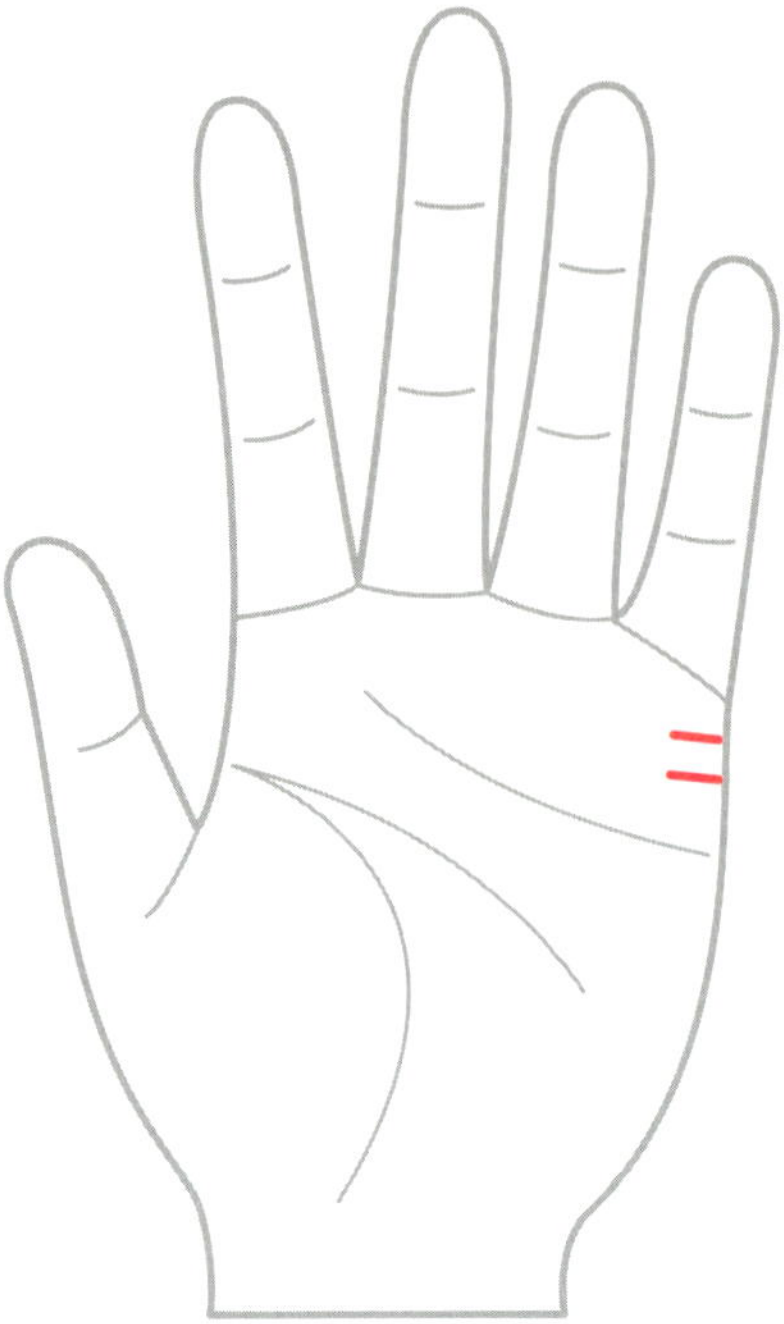

結婚線が2本以上伸びている

同じ長さの結婚線が２本以上あると、結婚に結びつく縁が、複数回あることを意味します。離婚して再婚することがあります。

TYPE E

➡P138

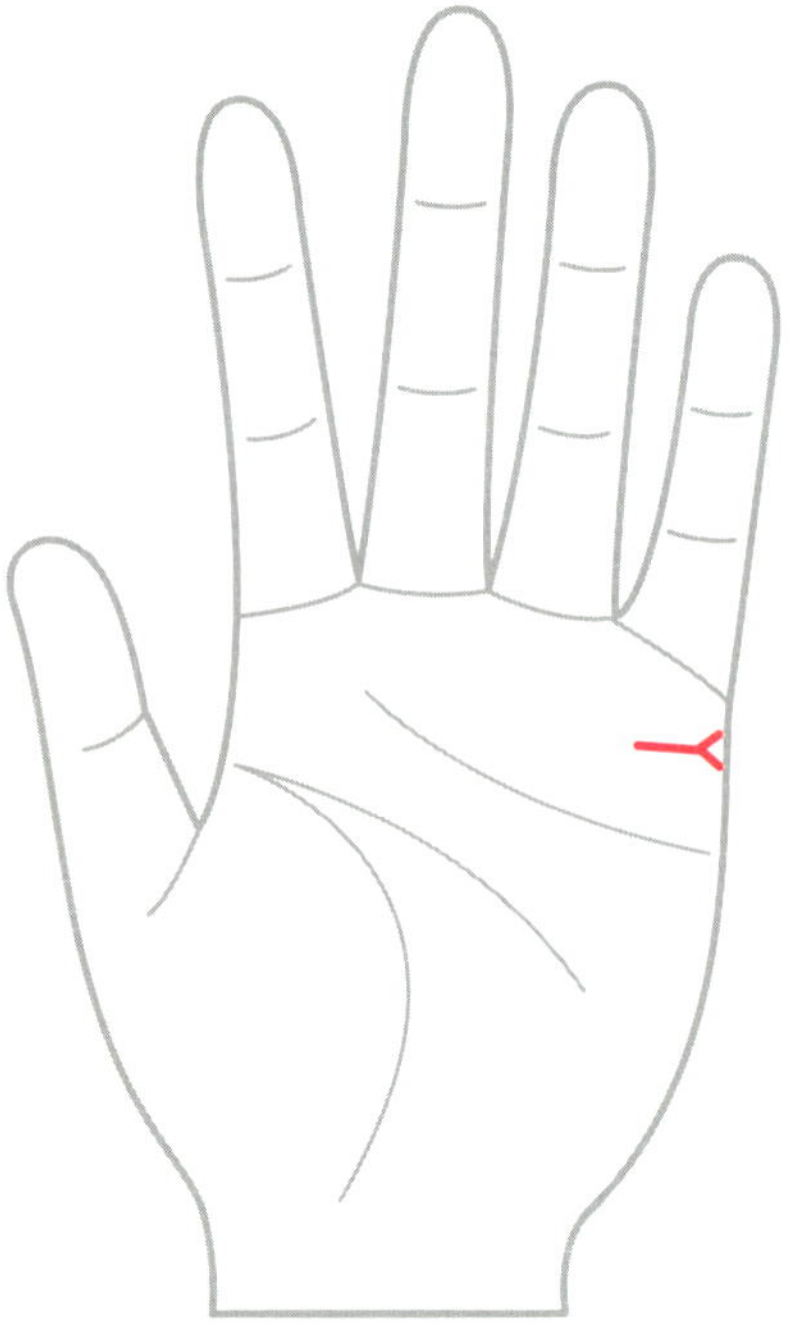

結婚線の2本線が1本に

２本の結婚線が１本に合流して真横に伸びると、国際結婚や再婚など障害を乗り越え二人の結束が強まることを示します。

TYPE F

➡P140／➡P142

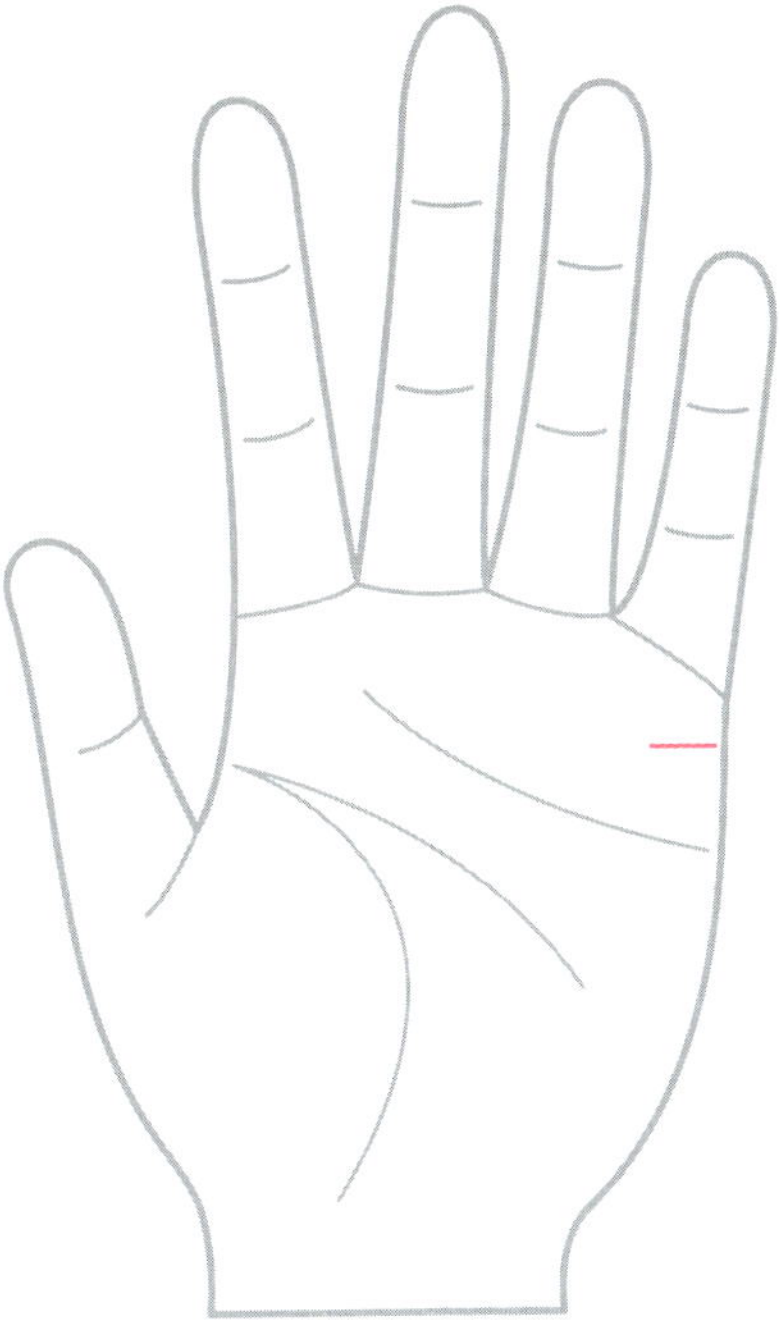

結婚線が薄い

結婚線が他の線よりも薄い人は、結婚願望が希薄で結婚に対し受け身です。お見合いでの結婚や晩婚の傾向があります。

TYPE G

➜P144

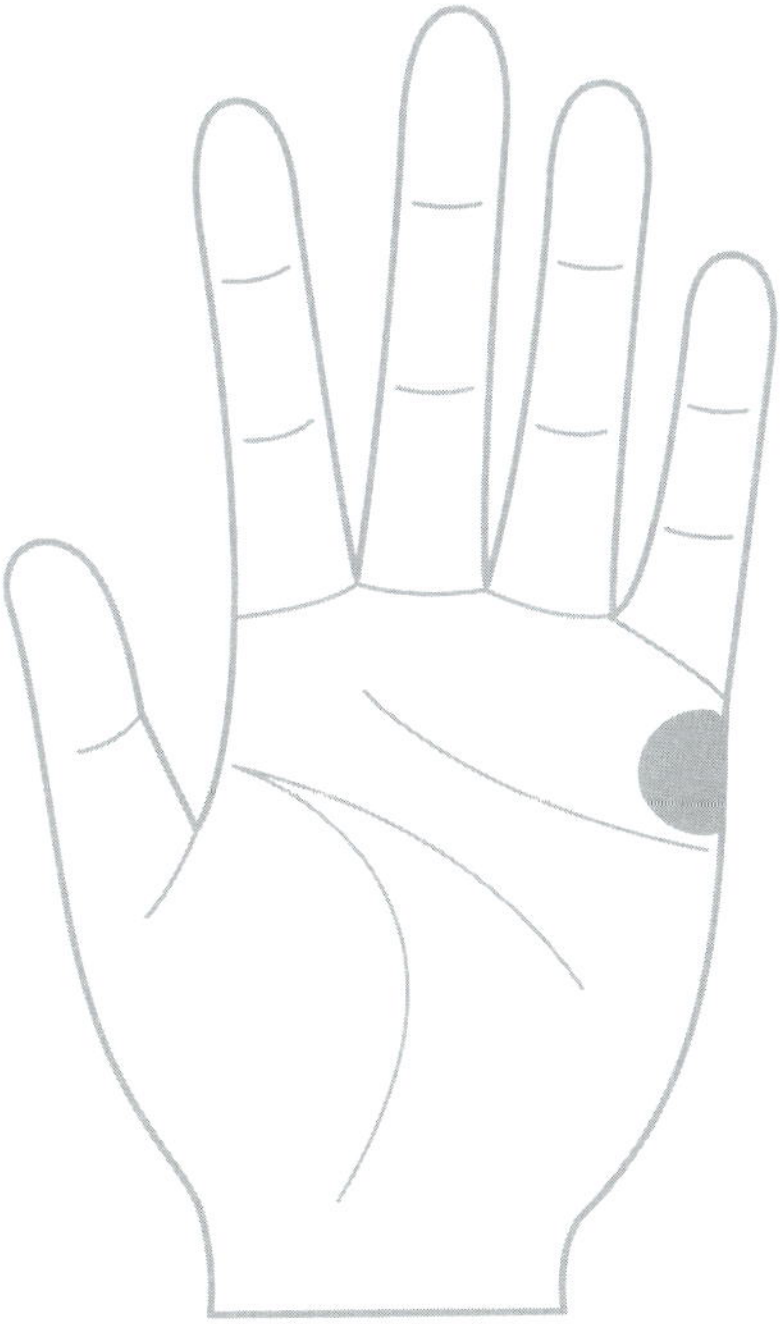

結婚線が出ていない

結婚線が出ていない、ごく短い場合は、異性に消極的で結婚に希望を抱かない傾向です。意識や運勢の変化で表れることもあります。

TYPE H

➜P146

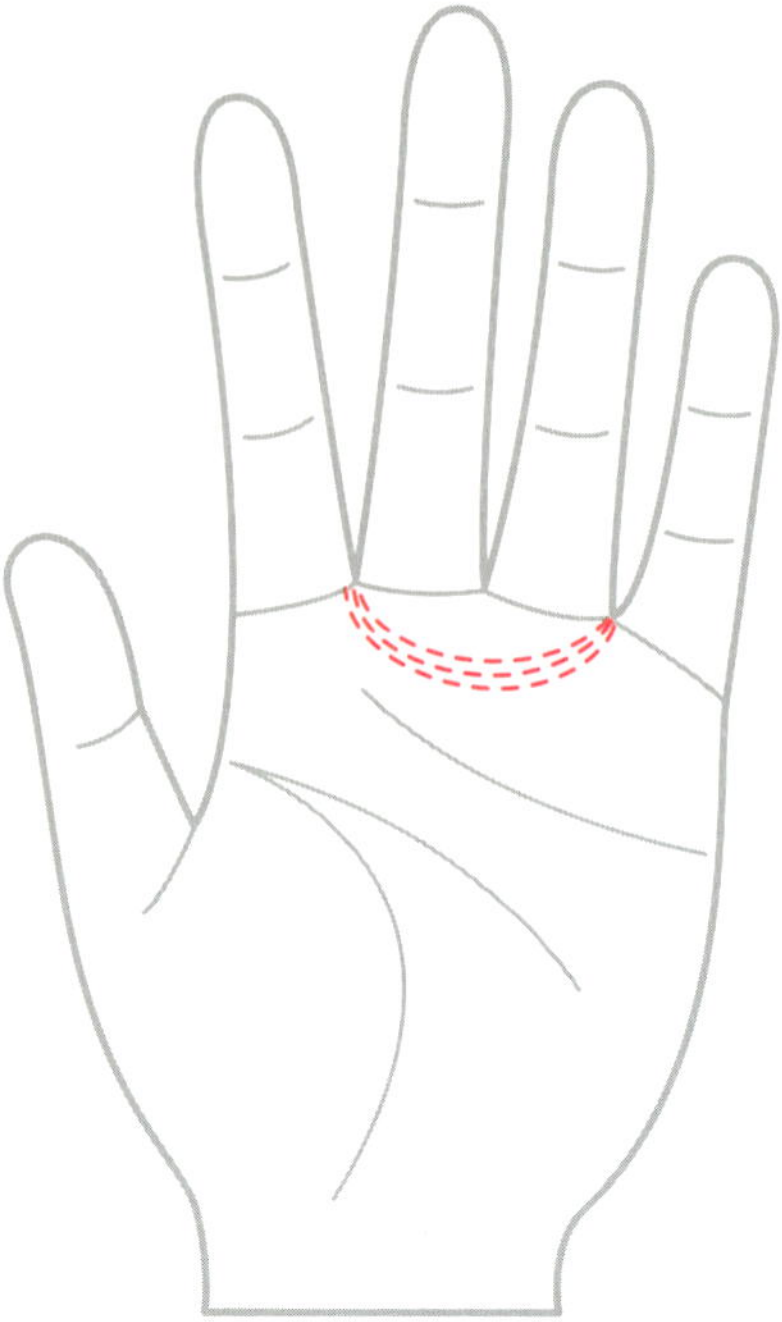

金星帯がキレギレに重なる

金星帯がキレギレに表れている人は、美的センスのあるおしゃれ上手。異性運がありモテますが、ムードに流されやすい面も。

TYPE I

➡P148

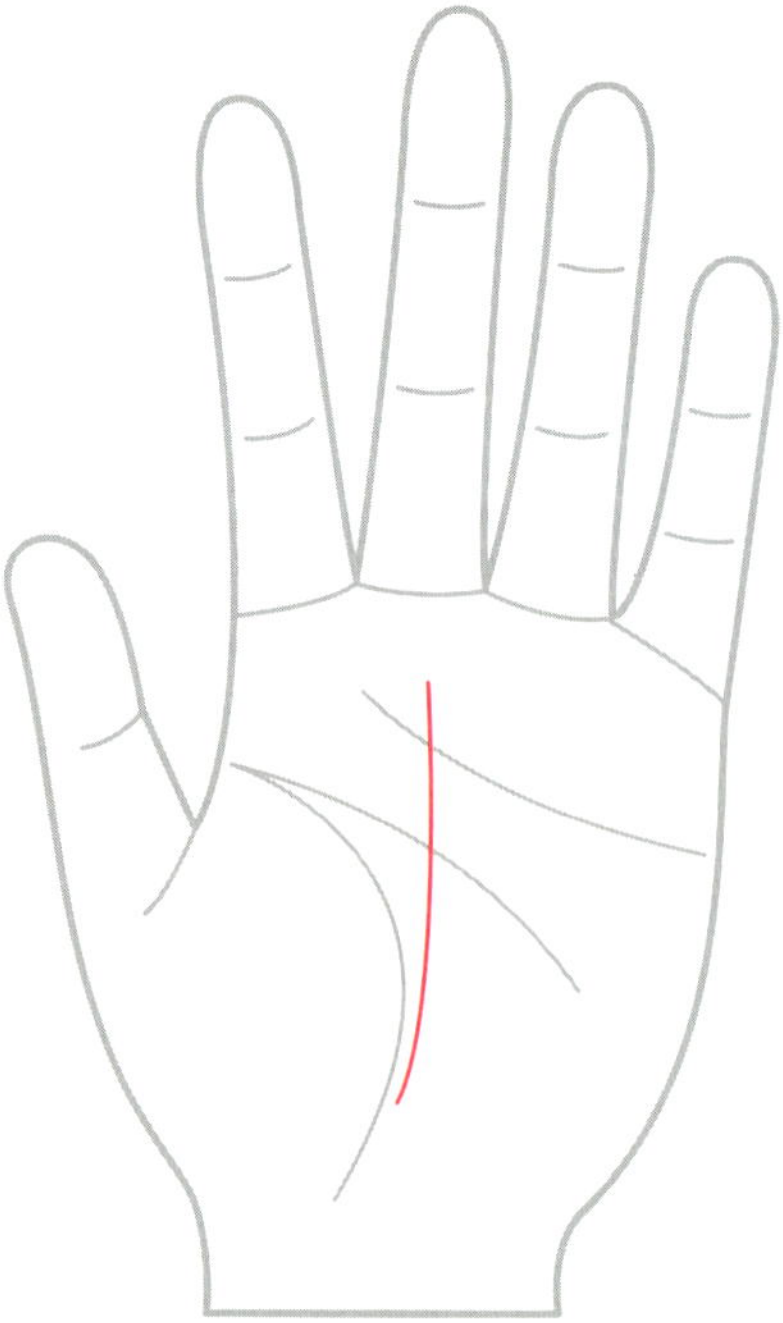

運命線が生命線付近から伸びる

運命線が生命線近くから出ていると、親の影響が強く、親に気に入られる相手を選んだり、しっかりした年上の人に惹かれます。

TYPE J

➡P150

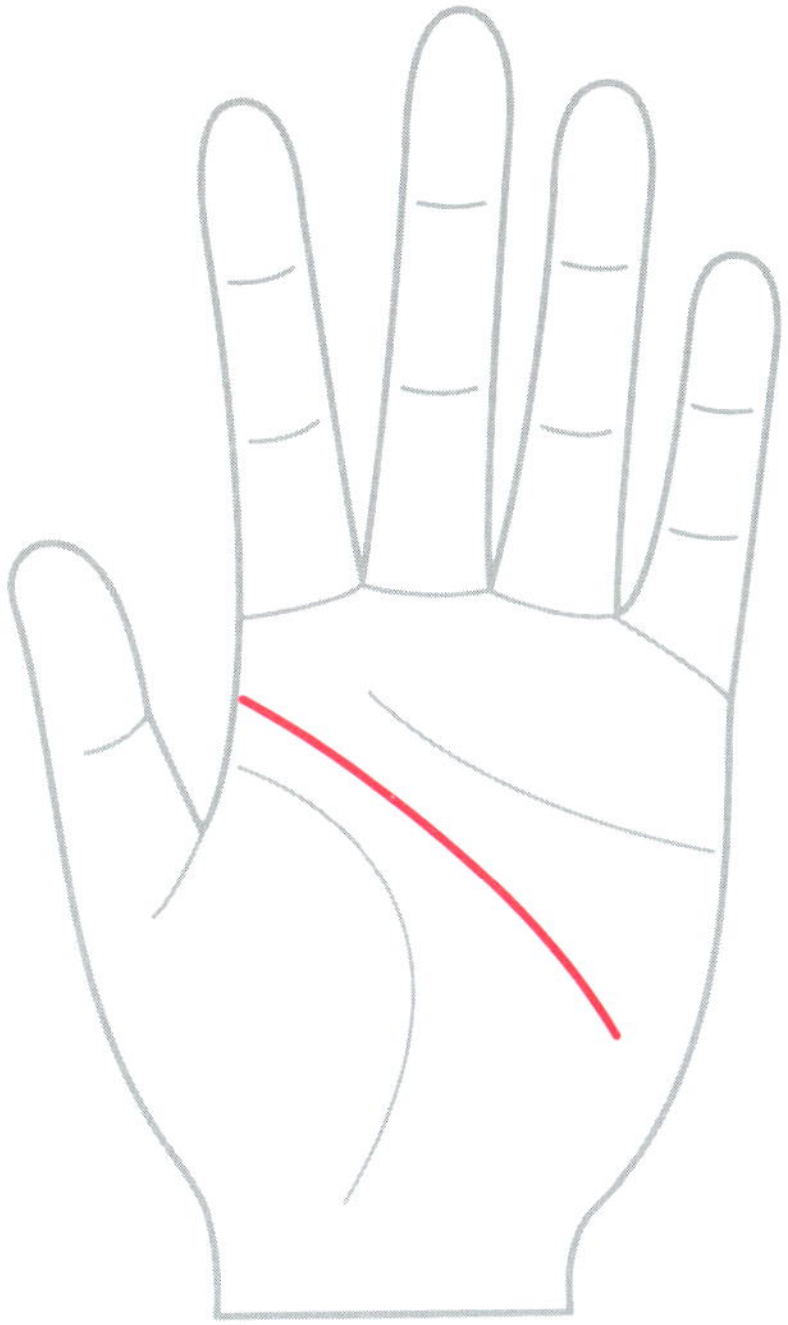

知能線が生命線と離れる

知能線の始点が生命線と離れている場合は、大胆で積極的な傾向です。行動的で独立心があり、結婚に関してリードするタイプです。

TYPE **K**

➡P152

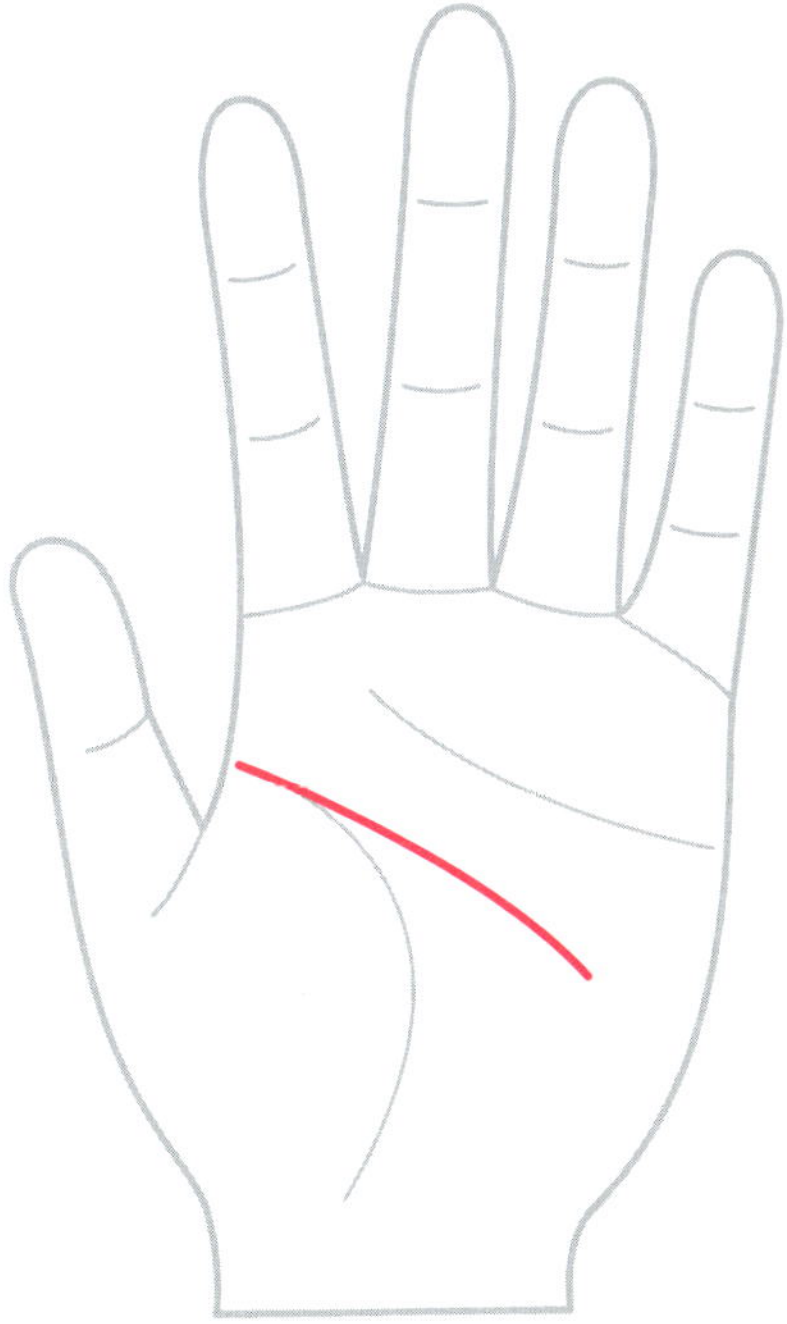

知能線が生命線と長く重なる

知能線と生命線の始点が大きく重なる人は、慎重な傾向があります。時間をかけ、先々まで考えて結婚するので間違いがないタイプ。

TYPE **L**

➡P154

結婚でお金持ちになる！

玉の輿セレブ婚タイプ

手相の見方

結婚線が、薬指に出る太陽線まで届く長さの場合、「玉の輿《こし》の相」といわれ、結婚を機に裕福な生活を手に入れることを暗示します。太陽線まで届かなくても、結婚線が太陽丘に入っていれば、かなりの良縁。

さらに、まっすぐ伸びた結婚線に加えて、太陽丘にスターが出ている人は、資産家や有名人など、周囲もうらやむ素敵な人との結婚が期待できます。ただし、結婚線が太陽線を突き抜けてしまうと、波乱傾向です。

影響線が月丘から運命線に向かって途切れなく長く伸びている場合も、将来性がある人との恵まれた結婚を表し、さらにスターがついていると意味を強めます。

また、生命線最上部の内側から中指へ向かって立ち上る線は、年配の裕福な層の人から愛されることを表します。通称、パトロン線とも性愛線とも呼ばれます。

このタイプの特徴

少々気が強く、思ったことをはっきり口にする割に憎まれにくく、年上の人から目をかけてもらいやすい人です。偶然出会った相手が地位のある人であったり、財力のある人から見初められたり、将来性のある人から愛の告白をされたり…と恵まれた出会い運の持ち主。結婚により金運や人気運に恵まれる幸福な人です。

運気アップのポイント

外見はもちろん、マナーや一般常識を身に付けるなど内面にも磨きをかけ、行動範囲を広げること。結婚が運気アップの源ですから、結婚後はいつまでもパートナーを大切にすれば安泰です。

このタイプとの上手な付き合い方

明るい人柄で気品があり、目標意識も高いので、周囲には魅力的にうつるでしょう。社交的で自然と人脈が広がり、パートナーの運勢を向上させる人でもあるので、頼りにすると前向きなパワーをもらえます。

結婚線が太陽線まで伸びている

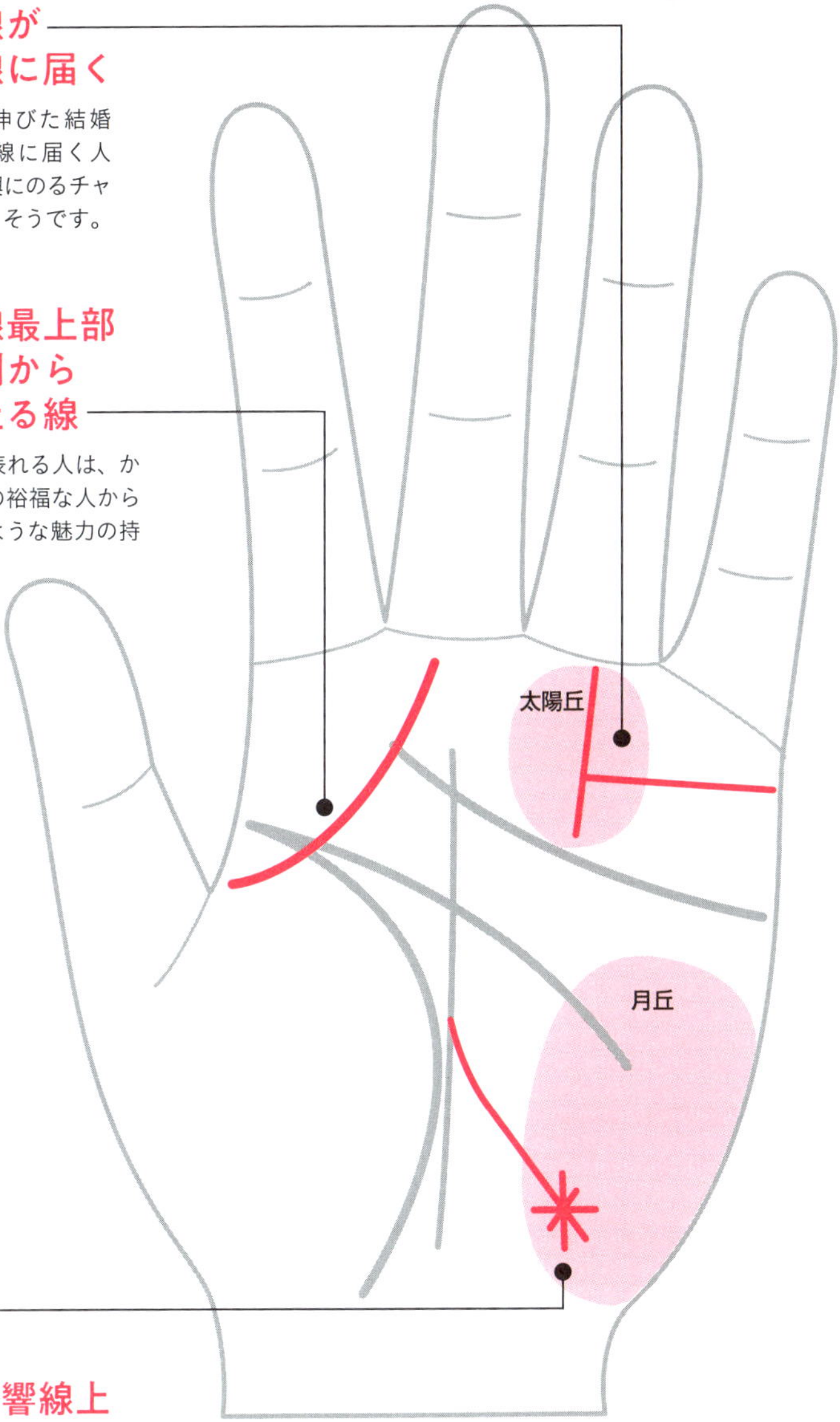

結婚線が太陽線に届く

まっすぐ伸びた結婚線が太陽線に届く人は、玉の輿にのるチャンスがありそうです。

生命線最上部の内側から立ち上る線

この線が表れる人は、かなり年上の裕福な人から愛されるような魅力の持ち主です。

長い影響線上にあるスター

長い影響線が運命線へ合流し、さらにスターがある人は、素晴らしい結婚ができるでしょう。

結婚に縛られない人生！

結婚の形にこだわらないタイプ

手相の見方

知能線が2本以上出ている人は、頭の回転が速く、人と違った考え方ができるタイプです。この「二重知能線」には色々なパターンがありますが、なかでも1本の知能線が月丘中部から下部へ下降している場合は、とくにユニークな発想の持ち主で、時に「ビックリ発言」をするような一面もあります。恋愛や結婚に対しても、型にはまらない考え方をするタイプです。

また、薄い結婚線が3本以上複数出ている相も、恋人に不自由しないモテるタイプなので、恋を楽しんだり、長年にわたって同棲をしたりと、結婚という形よりも二人の関係性を重視する傾向があります。

運命線が濃く出ている人は、自分の考え中心で生きていきたいタイプで、特に女性の場合、自分の主張が強いので、「○○さんの奥さん」になることに違和感を持つ人もいるようです。

このタイプの特徴

人と違った生き方にこだわり、常識や固定観念にとらわれない斬新な生き方をしたい人です。また、一つの考えに固執せず、いろいろな角度から物事をみるのが得意で、つねに自分の感覚に従って生きていくでしょう。

運気アップのポイント

自分の望む時に好きなスタイルで結婚するのがこの人流。自分の感覚を信じて大丈夫。そうして、自分についてきてくれる相手の希望も尊重することで、型破りでも絆の強いカップルになれます。

このタイプとの上手な付き合い方

既成概念にとらわれず、奔放な新しい生き方を望むため、年配者や保守的な人には理解されにくい面もあります。この人の考え方を面白いと思う柔軟さを持てば、世界観が広がり、仲も深まり、必要とされます。

知能線が2本ある

薄い結婚線が複数本ある

結婚線が薄くてたくさんある人は、いつまでも恋愛していたいタイプです。

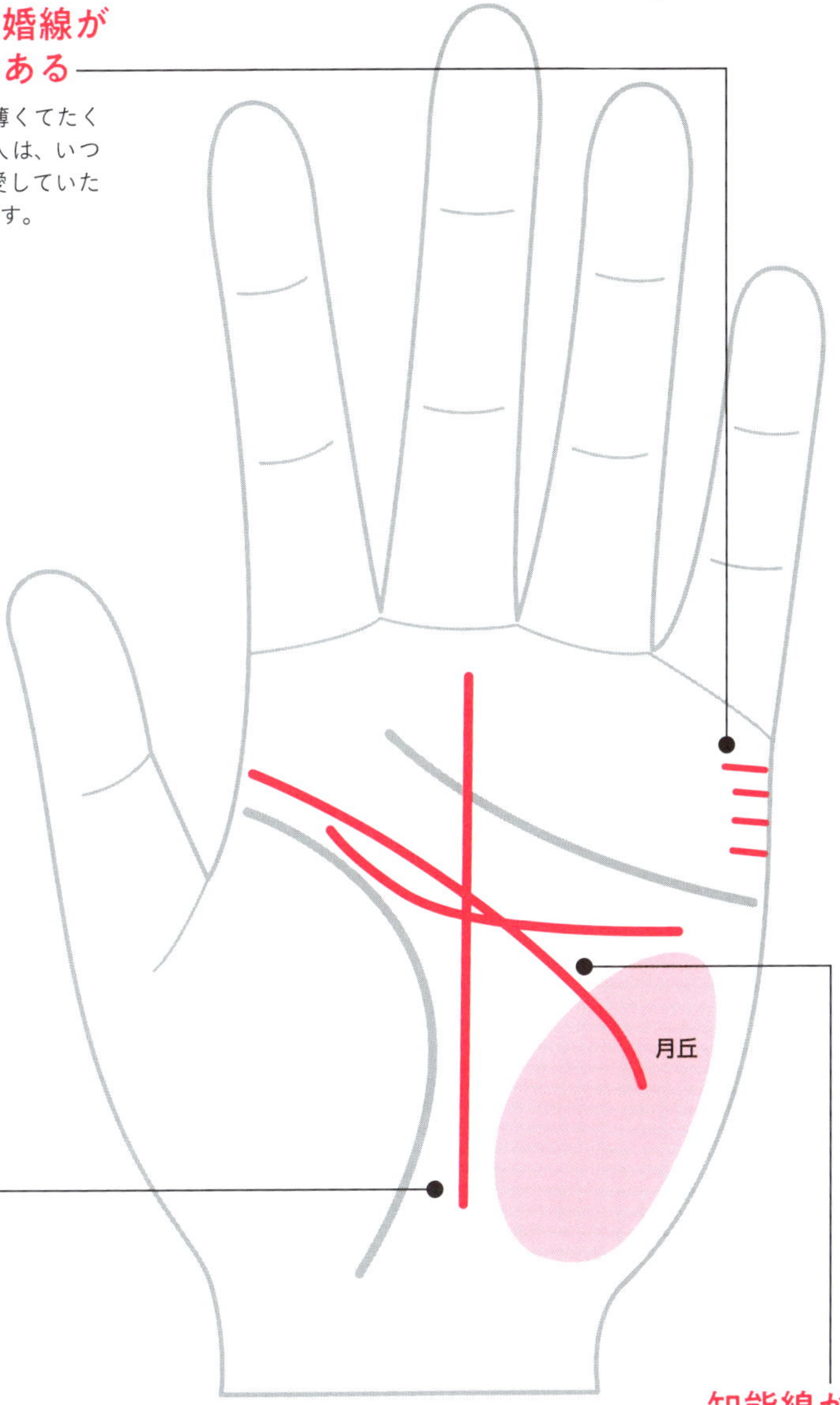

運命線が濃い

運命線が濃く出ている人は、自我が強く、自分の考えを譲らない面があります。

知能線が2本出ている

この相の人は頭がよく、人とは違ったユニークな発想をします。

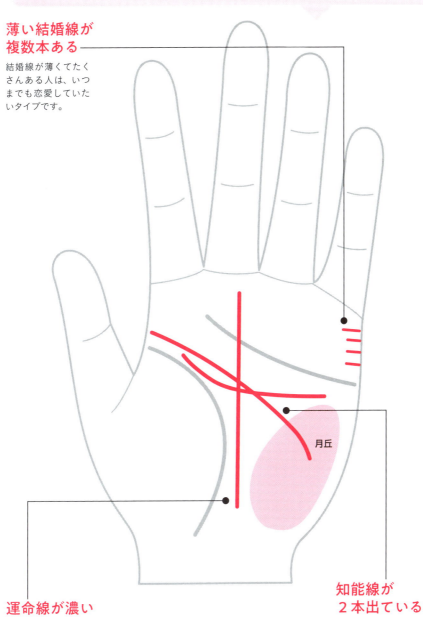

30歳過ぎてから結婚！

晩婚タイプ

手相の見方

長くハッキリした結婚線が、感情線と小指の付け根の真ん中よりも小指寄りにある人は、晩婚になりやすいタイプです。「相手を見つけなければ！」という本能が若い頃には弱いのです。さらに、感情線の上部や月丘に線やシワがほとんどない人は、異性の想いをキャッチするアンテナが弱く、自然発生的な出会いが少ないので、紹介などの機会を逃すと晩婚になってしまいがちです。

月丘から運命線へ向かう影響線が全くない人は、自分の運命に大きく関わってくる人が「待っているだけでは現れにくい」という暗示。出会い運が高まってくると、薄く短くても運命線へ向かって斜めに上昇する線が出てきます。

また、知能線が生命線の途中から始まっている人も慎重で奥手な性格のため、晩婚傾向です。

このタイプの特徴

真面目で異性に媚《こ》びない性格なので、出会いや恋愛経験自体が少なく、結婚が遅くなるタイプ。しかし、安定志向なので、交際が始まれば結婚を考え、いったん結婚すれば波乱は少ないでしょう。

運気アップのポイント

もともと自然と異性に出会えるチャンスが少なく、関係が発展しにくいタイプなので、友人からの紹介やお見合いには積極的に参加するとよいでしょう。異性との出会いを意識して積極的に行動すれば、運気がアップし、安定した結婚をつかめます。いい出会いがあれば、早めに決断すべきです。

このタイプとの上手な付き合い方

愛情面では内気で、納得してから行動するタイプなので、誠実に向き合っていけば、信頼関係を築けます。細やかな感情表現が苦手で、相談も苦手。この人から相談されたら、冷やかしたりせず、きちんと受け止めて。

結婚線が小指寄りにある

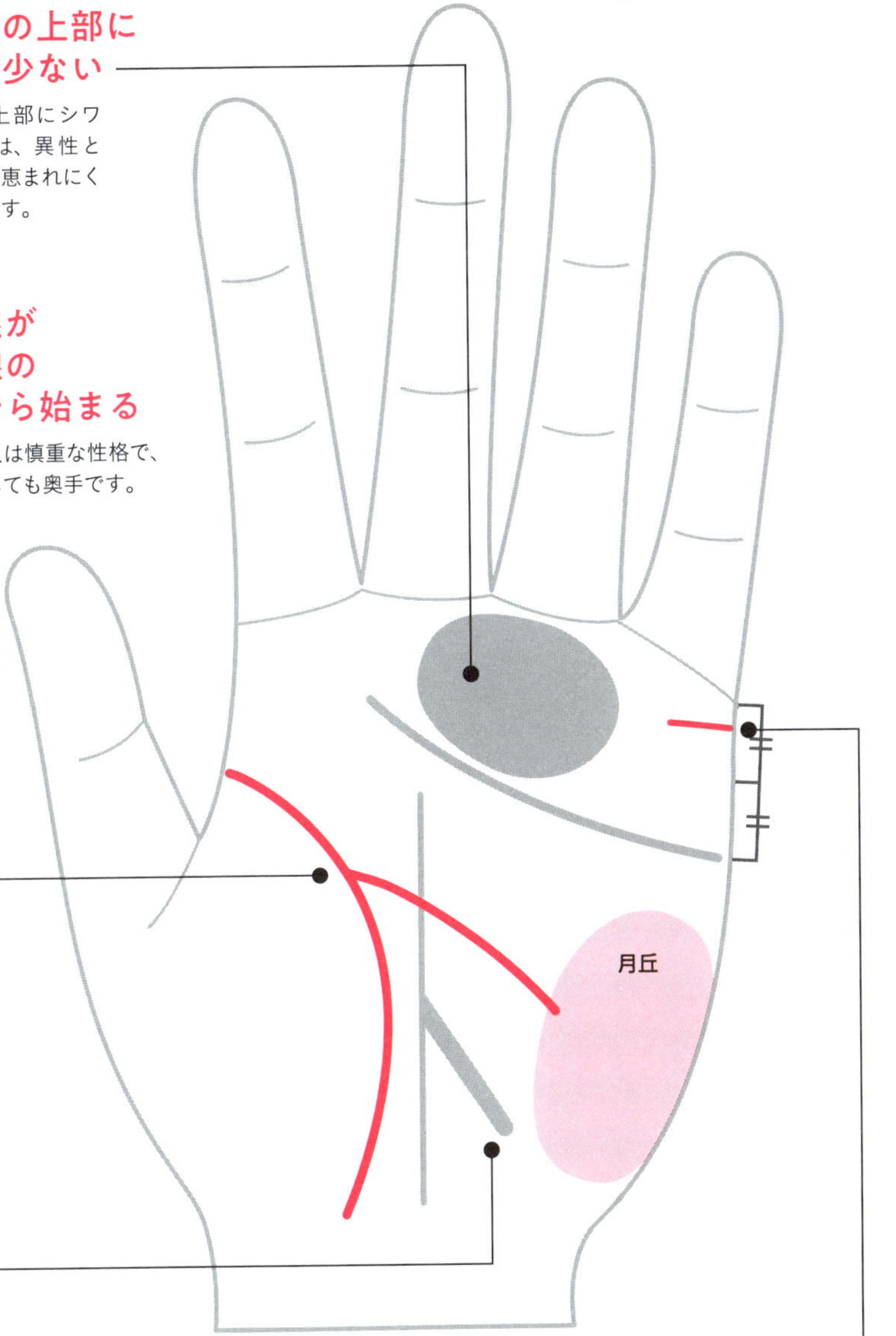

感情線の上部にシワが少ない

感情線の上部にシワがない人は、異性との出会いに恵まれにくいタイプです。

知能線が生命線の途中から始まる

この相の人は慎重な性格で、恋愛に対しても奥手です。

影響線が全くない

自分の人生に大きく関わる人との出会い運を表す影響線が全くない人は、異性に対する積極性が必要です。

小指寄りのハッキリした結婚線

結婚線が感情線と小指の付け根の真ん中より、小指寄りにある人は晩婚傾向です。

10代〜20代前半で結婚！

早婚タイプ

手相の見方

濃くて長い結婚線が感情線寄りにある手相は、早めに結婚するタイプです。学生時代の同級生や社会に出てすぐ知り合った人と結婚するなど、結婚に結びつく恋愛のチャンスが若いうちに訪れます。

金星帯が途切れなく1本出ているか、3本以上複数本重なって出ている人は、早くに異性を意識したり、されたりする傾向で、結婚までの道のりが短い傾向。感情線が長いと特に情熱的で、パートナーや家族を強く望み、自然と結婚へ向かっていきます。

また、手首寄りにある影響線も、若いうちに家庭を持つことで幸せになることを表しています。自分の人生に大きくプラスになる人との出会いが、同世代の平均的な結婚適齢期よりも早めにあるということです。

このタイプの特徴

情熱的で、運命の出会いを信じるタイプです。初恋の人や、学生時代に付き合い始めた人と、自然に結婚に至る人も多いでしょう。早婚によって幸せになれる人なので、早い時期にみつけたパートナーと安定した幸せな家庭を築けそう。逆にタイミングを逃してしまうと、30歳すぎてからは特別な出会いに恵まれにくい可能性があります。

運気アップのポイント

経済観念がしっかりしていて適度に親戚づきあいできる相手なら、早めに結婚を決断しても大丈夫。マンネリを感じることがあっても、必然の出会いと思う気持ちを失わなければ、幸せな結婚生活が続きます。

このタイプとの上手な付き合い方

若い時期の結婚に迷いがなく、前向きな恋愛から結婚へ進む人です。このタイプと付き合えば、情熱的で密接な愛情を感じられるでしょう。早い決断で流れにのることで、結婚まで至ることができるでしょう。

結婚線が感情線寄りにある

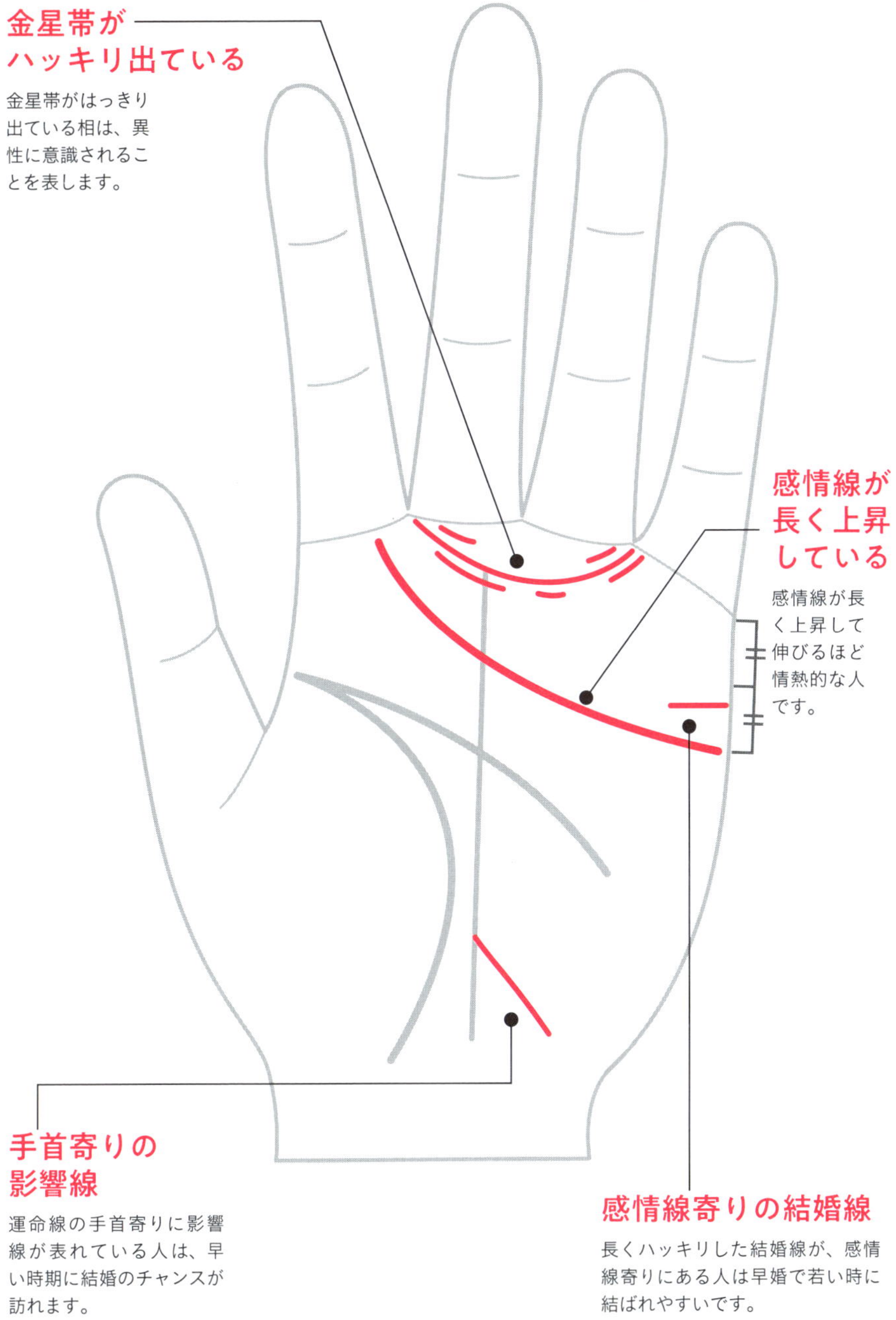

金星帯が
ハッキリ出ている
金星帯がはっきり出ている相は、異性に意識されることを表します。
感情線が
長く上昇
している
感情線が長く上昇して伸びるほど情熱的な人です。
手首寄りの
影響線
運命線の手首寄りに影響線が表れている人は、早い時期に結婚のチャンスが訪れます。
感情線寄りの結婚線
長くハッキリした結婚線が、感情線寄りにある人は早婚で若い時に結ばれやすいです。

二度結婚する!?

再婚するタイプ

手相の見方

ハッキリした結婚線が2本以上複数ある人は、結婚に結びつくような大きな出会いに、何度か恵まれることを表しています。そのため、一度結婚しても相手に不満を持ったり、新しく恋人が現れたりして、離婚から再婚へと進む人もみられます。

さらに、感情線寄りの結婚線の先端が2股に分かれていれば、離婚の可能性が強まります。

二重感情線（⬇P122）の人は、情熱的で気が強いので、結婚運がやや波乱傾向。そのため、二度の結婚になることもあります。

ただし、どのケースも結婚相手が経済観念がしっかりしていて、自分に向きあってくれる人の場合は、一度でうまくいくこともあります。

このタイプの特徴

愛情豊かで責任感もあり、しっかりした人柄が、多くの人をひきつけるでしょう。趣味や仕事に打ち込むと成功するタイプ。

異性運にも恵まれますが、結婚生活に関しては理想が高く、内面の気性の激しいことが災いして、トラブルを起こしやすい面もあります。

離婚しても、再婚運があるので、2本の結婚線が同じ長さで、きれいに伸びていれば、二度の幸せな結婚のチャンスに恵まれます。

運気アップのポイント

個性の強い自分を受け止めてくれる人は、大切にしたほうが得。協調気質の相手ならうまくいきます。女性は、仕事やライフワークを持ったほうが、バランスがとれて、結婚生活が安定します。

このタイプとの上手な付き合い方

人との出会いも人生経験も豊かで、相手を思いやることのできる懐深い人です。お互いの経験や価値観を認めあえば、よい関係に。この人の考え方を変えようとしても無理なので、頼りにして、力になってもらいましょう。

クッキリした結婚線と感情線が2本以上ある

感情線が2本ある

二重になった感情線の持ち主は、情熱的でパワフル。愛しがいのある相手を求めます。

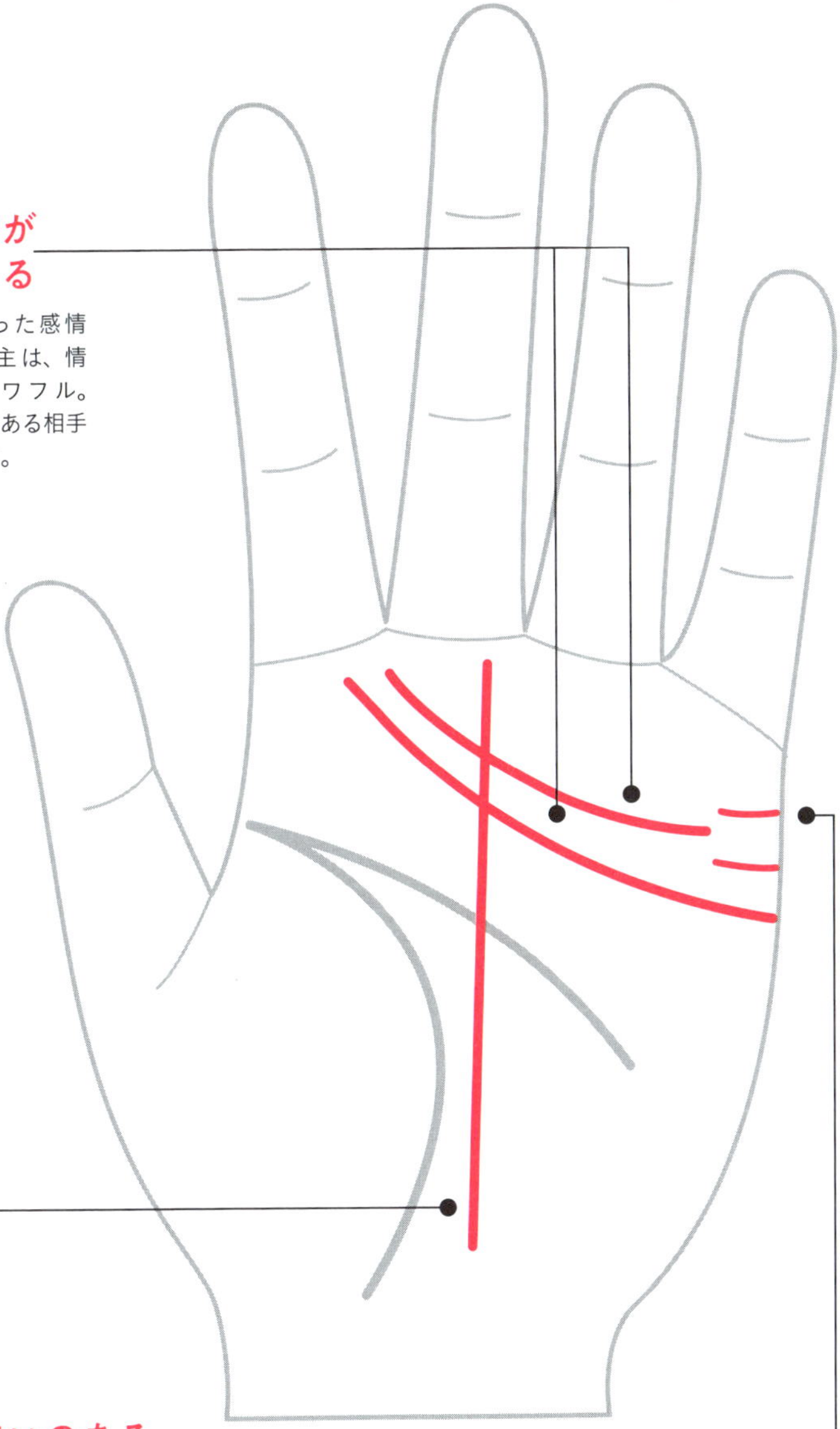

太く勢いのある運命線

女性は自己主張が強い"カカア天下"タイプの相で、ワンマンになりやすい傾向。

ハッキリした同じ長さの結婚線が2本以上ある

特に左右両方の手に結婚線が2本以上ある場合は2度以上の結婚を経験することを暗示しています。

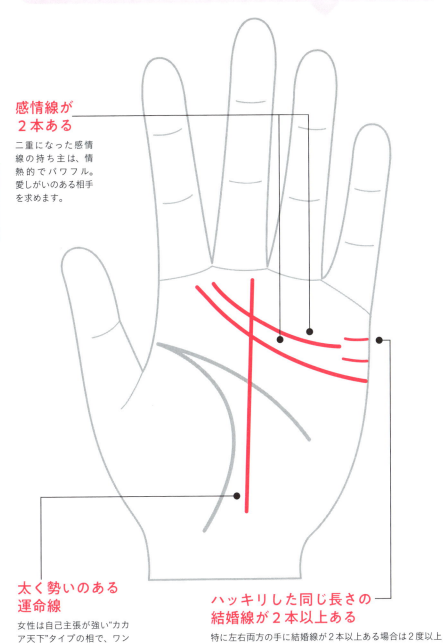

障害が多い恋を乗り越える！相手がバツイチタイプ

手相の見方

影響線に障害線やシマや斑点など障害マークが出ていたら、結婚に至るまでに、さまざまな問題がありそうです。相手がバツイチや家柄の違いなどの理由で、周囲からの反対や思いがけないトラブルがあり、ゴールインまでに時間と努力を要しそうです。障害マークが出ていても、影響線が途切れることなく伸びて運命線へ合流していれば、トラブルをのりこえて、安定した結婚生活へ向かいます。

また、2本の結婚線の先端が1本に合流している人は、困難を乗り越えることで二人の結束が固まり、よい結婚に結びつくタイプ。

感情線が上昇し、終点が人差し指の付け根の下のエリア（木星丘）へ少し入り込んでいる人は、愛情深く、懐も大きい人です。打算的な部分が少なく、献身的に愛情を注ぐため、相手がバツイチだったり子どもがいたりしても、好きになった人であれば結婚に積極的でしょう。

このタイプの特徴

夫婦となるまでに、何度かの障害を乗り越えなければならないのがこのタイプ。けれども、影響線が合流した先の運命線が薄くてもスッキリ伸びていれば、支え支えられて幸せな結婚となるでしょう。

運気アップのポイント

最初に思い通りいかないのも二人の結婚へのワンステップととらえ、現実的に一つずつ問題を解決していきましょう。困難にともに立ち向かうことで、絆がより固く結ばれていきます。

このタイプとの上手な付き合い方

困難も辛抱強く乗り越えられる強く前向きな人で、相手のマイナス面も受け入れられる寛容な人柄です。この人を信じて隠しごとをせず、誠実に付き合うのが一番。信頼関係を築けば、長く歩んでいけます。

２本の結婚線が１本に合流する

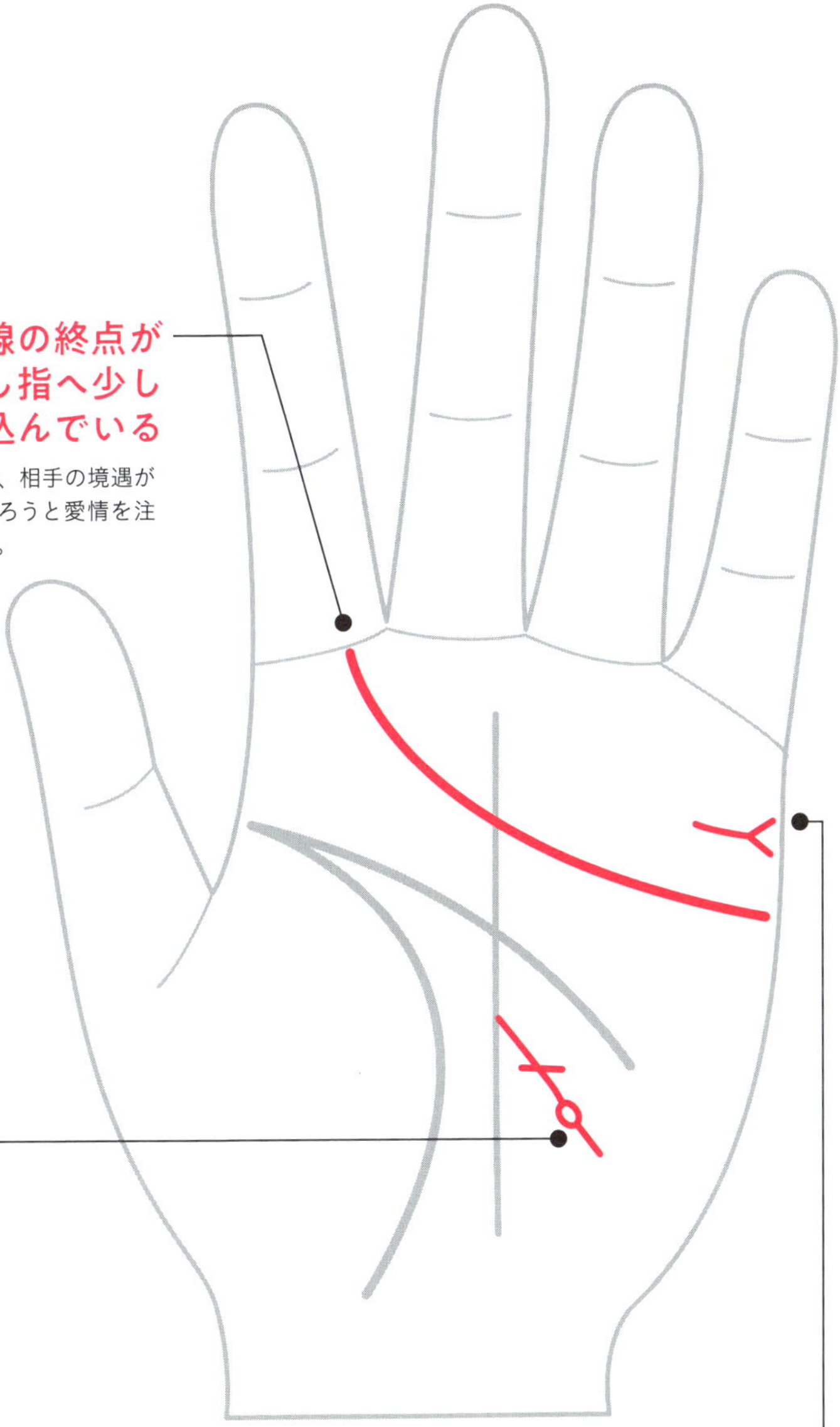
感情線の終点が
人差し指へ少し
入り込んでいる
献身的で、相手の境遇がどうであろうと愛情を注ぐ人です。
影響線上に
障害線やシマがある
影響線にある障害線やシマは、結婚を妨げるさまざまなトラブルを暗示します。
結婚線の始点が
２本から１本へ合流
２本の結婚線が伸び、先で合流していると、障害を乗り越えて結ばれることを表します。

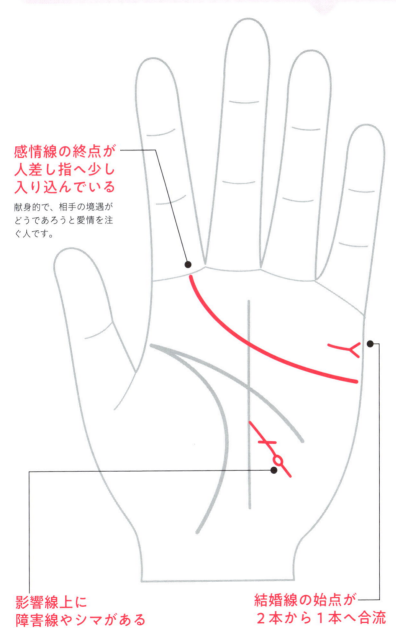

ダイナミックな人生！

国際結婚タイプ

手相の見方

生命線の線上の高めの位置から伸びる長い旅行線（⬇P16）は、海外との縁の濃さを表し、長年継続して表れている場合は、国際結婚をしたり海外で働いたり、住環境を外国に移す可能性があります。

運命線が月丘部分から濃く伸びている場合も、親から独立して、生まれた土地や生家から遠く離れたところで生活したほうが運気が上がり、能力を発揮しやすいことを示しています。異文化にもスッと溶け込め、他人からも可愛がられる相です。

また、金星帯がハッキリ出ている人は、美的センスやセックスアピールがあり、外国人からモテるでしょう。さらに、結婚線が2股から1本へ合流する人は、育った環境の違いなど、ハードルを乗り越えて結婚するタイプです。

このタイプの特徴

視野が広く、海外への興味を持っているため、外国人と知り合う機会も多いでしょう。相手が日本人の場合でも、夫婦共同で仕事の拠点を海外に移すなど行動力にも恵まれます。生活環境の大きな変化に柔軟に適応できる人です。

運気アップのポイント

行動範囲を限定してしまい、職場と家の往復をしているような毎日だと、せっかくの才能や出会い運を生かせません。積極的に外の世界へ出ていく行動力を持ちましょう。自分の直感や感性を信じることです。国際結婚の場合、周りに反対されても、諦めないでスケールの大きな幸せをつかんで。

このタイプとの上手な付き合い方

アクティブで、ひとつの場所で同じことをしていられない人。デートはお互いに行ったことのない場所へ行きましょう。旅行や趣味など、一緒に感動体験する機会を増やせば、育ちの違いを乗り越えていけます。

旅行線がハッキリと長い

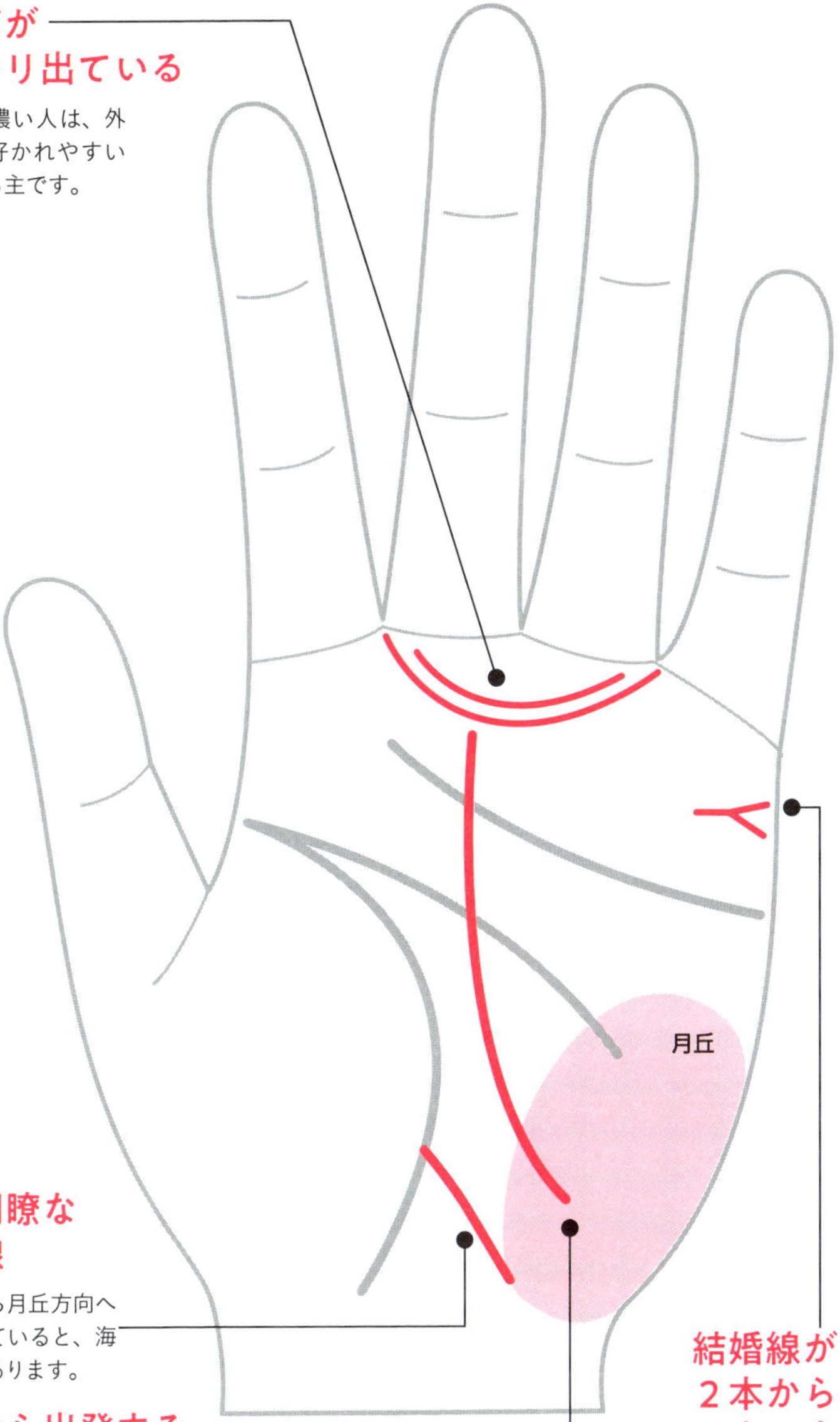

金星帯がハッキリ出ている

金星帯が濃い人は、外国人から好かれやすい魅力の持ち主です。

長く明瞭な旅行線

生命線から月丘方向へ長く伸びていると、海外と縁があります。

月丘から出発する濃い運命線

運命線が月丘から出ていると、故郷を離れたほうが活躍できる相。

結婚線が2本から1本へ合流

分かれた結婚線が1本に合流している相は、ハードルを越えて結ばれることを意味します。

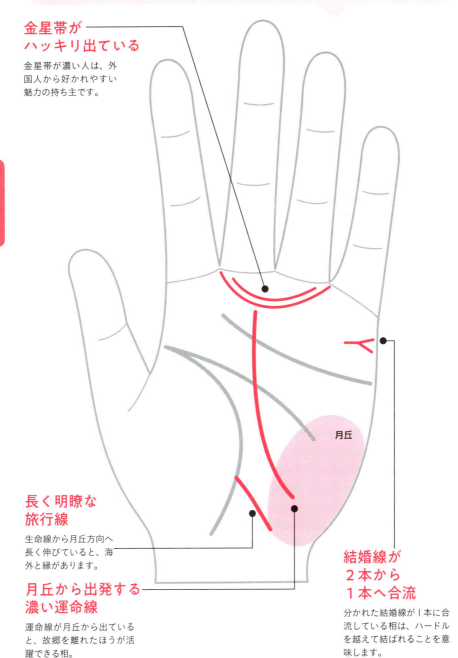

身内や友人の紹介で結婚！

お見合い結婚タイプ

手相の見方

結婚線が薄い人は、異性を求めて家庭を作るペア願望が弱い傾向。結婚線が全くない人もいます。これらの人は、受け身では、結婚のチャンスに恵まれにくいでしょう。

また、1本だけ濃く伸びる結婚線の持ち主も、〝恋愛下手の結婚上手〟な傾向。お見合いが良縁につながりやすい人です。

感情線が人差し指まで届かず、下向きの支線が多いと、控えめで思いやりがありますが、周囲に気を使い細かいことに神経を使う傾向。内気なため、恋愛や結婚の大事な局面で決断できないことがあります。

薬指に向かって伸びる太陽線が、感情線の上だけに表れている人は、堅実な性格でやや保守的。劇的な恋愛よりも、周囲の勧めで結婚を決める場合が多そうです。

知能線の始点が生命線と大きく重なり、終点が月丘上部に伸びていると、慎重で常識的な性格。愛情面で優柔不断になりやすい傾向です。

このタイプの特徴

堅実な性格で、年齢を重ねるごとに信頼を得ていく人。愛情面でも慎重で受け身的なので、せっかくのチャンスを逃してしまうことも。しかし、人からの働きかけを素直に受けることで安定した結婚につながります。

運気アップのポイント

信頼する人からの紹介や、相手の経歴が明らかであることに安心感を覚えるタイプなので、周囲が勧める相手なら会ってみましょう。経済観念があり、一緒にいてラクな人なら決断を。

このタイプとの上手な付き合い方

真面目で奥ゆかしく、愛情面では内気な性格です。そのため、相手がリードしてあげることが必要です。自分で決断できないような時は、ポンッと背中を押してもらうことで前に進んでいけるタイプです。

結婚線がないか他の線より薄い

結婚線がないか他の線より薄い

異性を求めて家庭を作る執着心や本能が弱いことを表します。

太陽線が感情線の上にだけ出ている

マイペースで堅実な生き方をする人です。

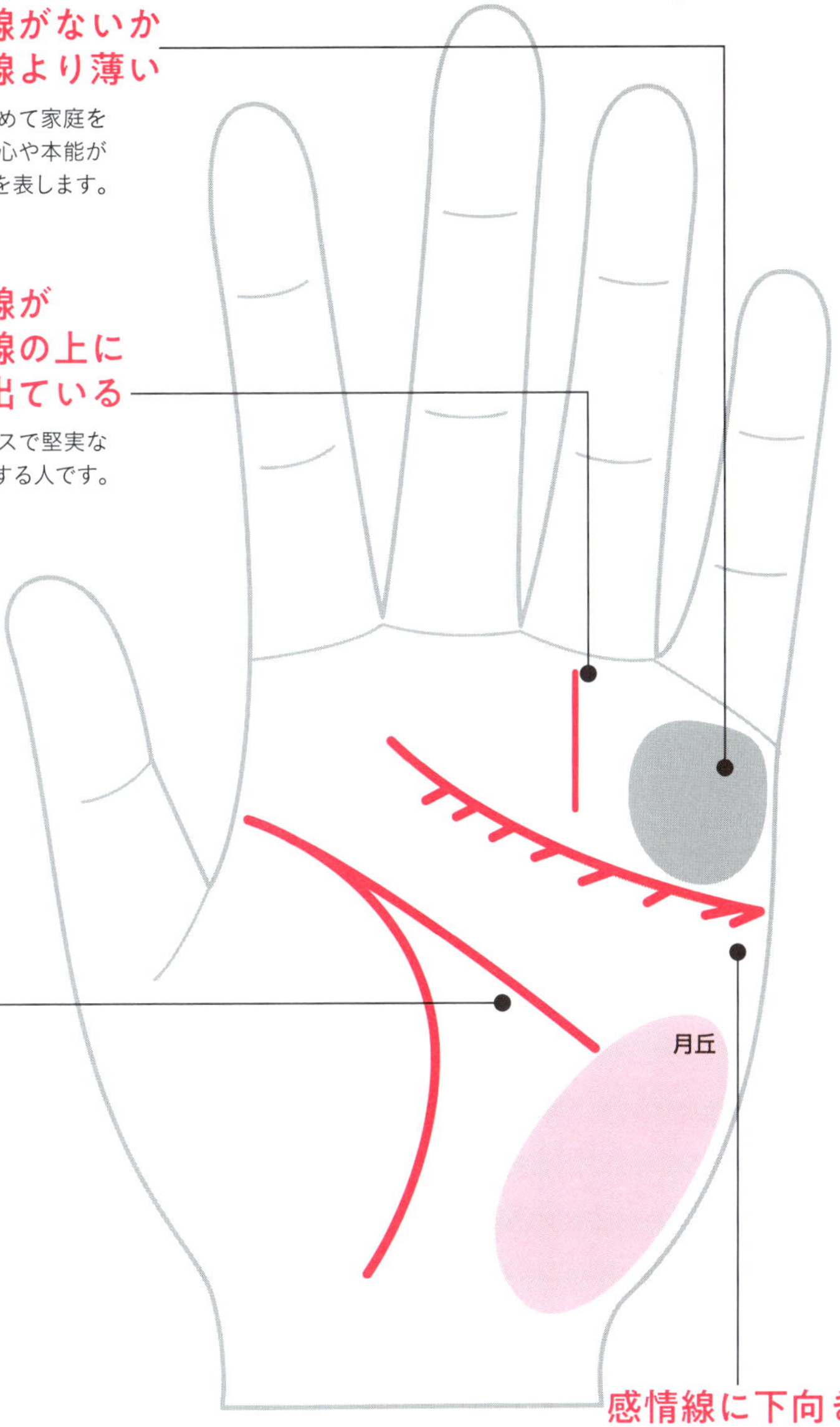

感情線に下向きの支線が多い

感情線に下向きの支線が多い人は、愛情面ではやや内気で神経質なタイプです。

月丘上部へ向かう知能線

知能線が月丘上部へ向かう相は、常識的で堅い性格を表します。

孤独でも大丈夫かも⁉

一生シングル(⁉)タイプ

手相の見方

結婚線が1本もない、あるいはごく短い線しかないという人は、結婚願望が弱く、異性に対して消極的。自分から縁をつかもうとするアクションをおこさなければ、出会いは多くないでしょう。

感情線が直線的で短い人も、孤独に強く、「恋人や配偶者がいなければダメ」というタイプではありません。好き嫌いはわりとハッキリしているのですが、異性に対して強い愛着がなく、出会いや別れに対してはサッパリしている面があります。

また、運命線が生命線の線上から伸びている人は独立心が旺盛で、自分のスタイルで暮らすことを好みます。特に女性で運命線が濃く中指の付け根近くまで伸びていると、一人でも生活していけるたくましさがあるので、一生シングルを貫く人もいます。

このタイプの特徴

結婚できないわけではありません。しかし、仕事や趣味に打ち込む生き方になりやすく、結婚が後回しになりがちです。甘え下手で、感情表現も得意ではない不器用なタイプ。頭では「結婚しなければ」と考えていても、心底から配偶者を求めるエネルギーに欠けるようです。

運気アップのポイント

かたくなにならずに、結婚したい気持ちがあれば、持ち前の向上心で、パートナー探しにトライしましょう。自然な出会いは少ないので、結婚相談所を利用するなど人の力を借りるのがおすすめです。

このタイプとの上手な付き合い方

恋愛や結婚に対して積極的でなく、愛情表現もうまくありませんが、一生の仕事や趣味を持つタイプなので、付き合ってみればたくさんの刺激をもらえるはず。相性が合えば、お互いに大切な存在になれるでしょう。

結婚線がない、あるいは短い

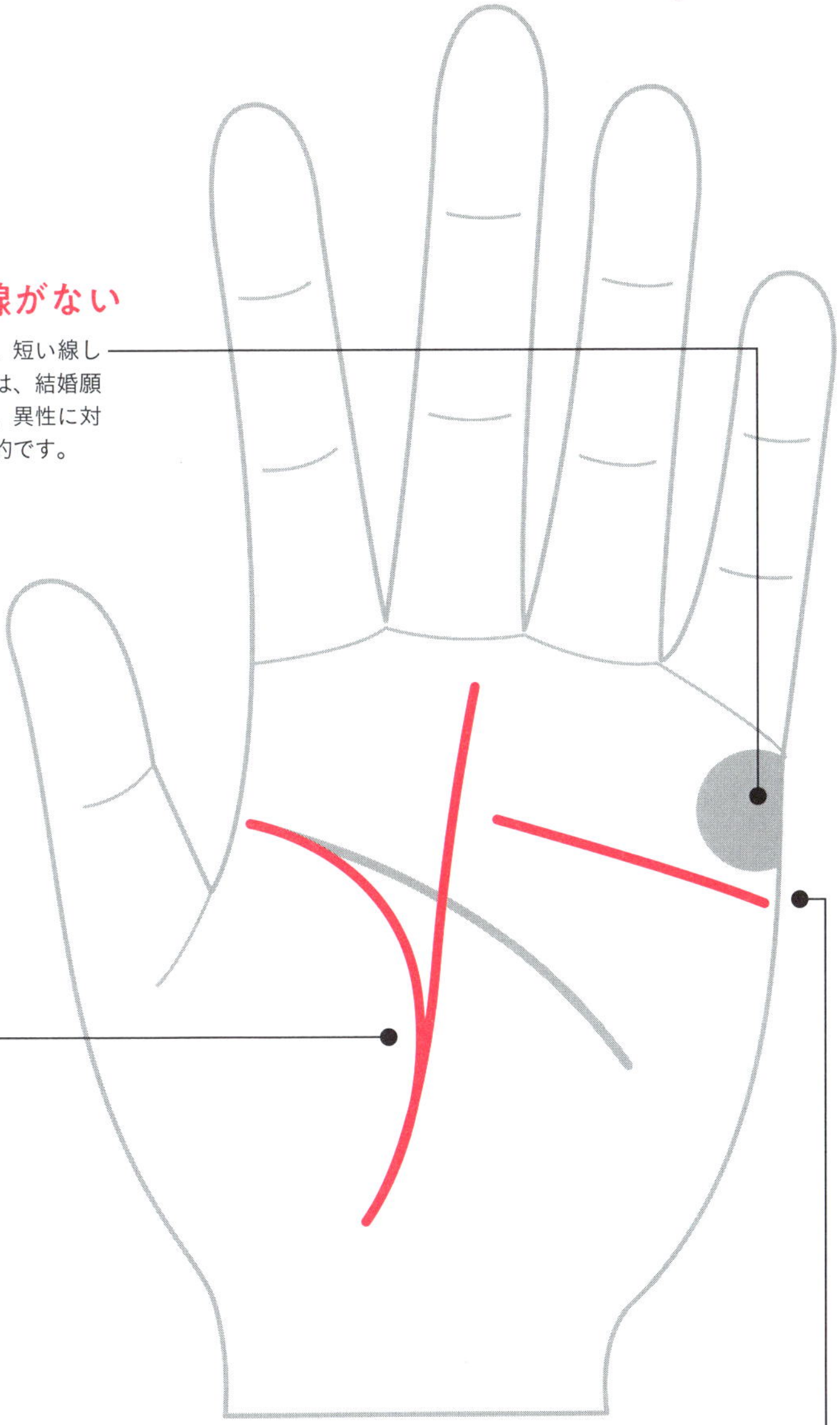

結婚線がない

あっても、短い線しかない人は、結婚願望が弱く、異性に対して消極的です。

運命線が生命線の途中から伸びている

向上心旺盛で、仕事に情熱を傾けることを表します。

感情線が直線的で短い

独占欲が少なく、異性に対してはサッパリしている人に多い相です。

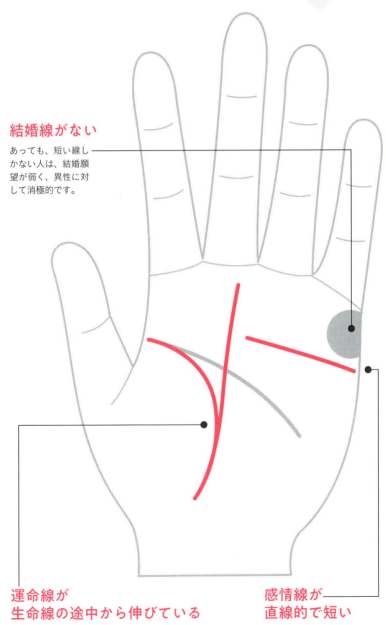

情熱的な自由人！

授かり婚タイプ

手相の見方

知能線が生命線から大きく離れて始まっている人は、楽天的で決断の早いタイプ。始点の幅が広くあいているほど、あっけらかんとした性格で、「どうにかなるさ」という考えで人生を進めていく人です。

また、運命線が全く出ていない人は、計画的に行動するというよりも、成り行きまかせで、その場その場の感覚で行動する傾向があります。目的を決めて自分の意志を貫くというよりは、流れを受け止める性格で、協調性もあるので、結果的に「授かり婚」になる人もいるでしょう。

金星帯が薄く重なる相は、異性にアピールする魅力や色気がありモテる人で、性的な成熟が早いことを表します。

結婚線が、薄い横ジワが重なるように複数出ている場合や、感情線の始点に支線が多い場合も、生殖本能が強めで、早くに子どもができやすいことを表しています。

このタイプの特徴

大胆な性格で、恋愛では好きと感じたら、自分からアプローチします。一目惚れで恋に落ちることもあります。特定の異性だけに縛られることが嫌いで、自由な恋愛を楽しむ人もいます。

運気アップのポイント

フィーリングやセックスの相性だけで決めず、少し冷静になってみることも必要。十年後の自分と相手の暮らしを思い描けるか考えてから決断しても遅くないはず。おおらかで生活力のある相手なら好相性です。

このタイプとの上手な付き合い方

感受性豊かで魅力にあふれた人柄は、刺激的で楽しいでしょう。「よい」と思ったら大いに賛同し、賛同できないことには「こうすればもっとよくなる」と現実的に、プラス思考の提案をしてあげましょう。

薄めの金星帯が複数重なっている

重なった薄めの金星帯

金星帯が重なっているか、キレギレになっている場合は、早熟なタイプ。

知能線と生命線の始点が離れている

始点の距離が離れているほど、大胆で楽天的な性格を表します。

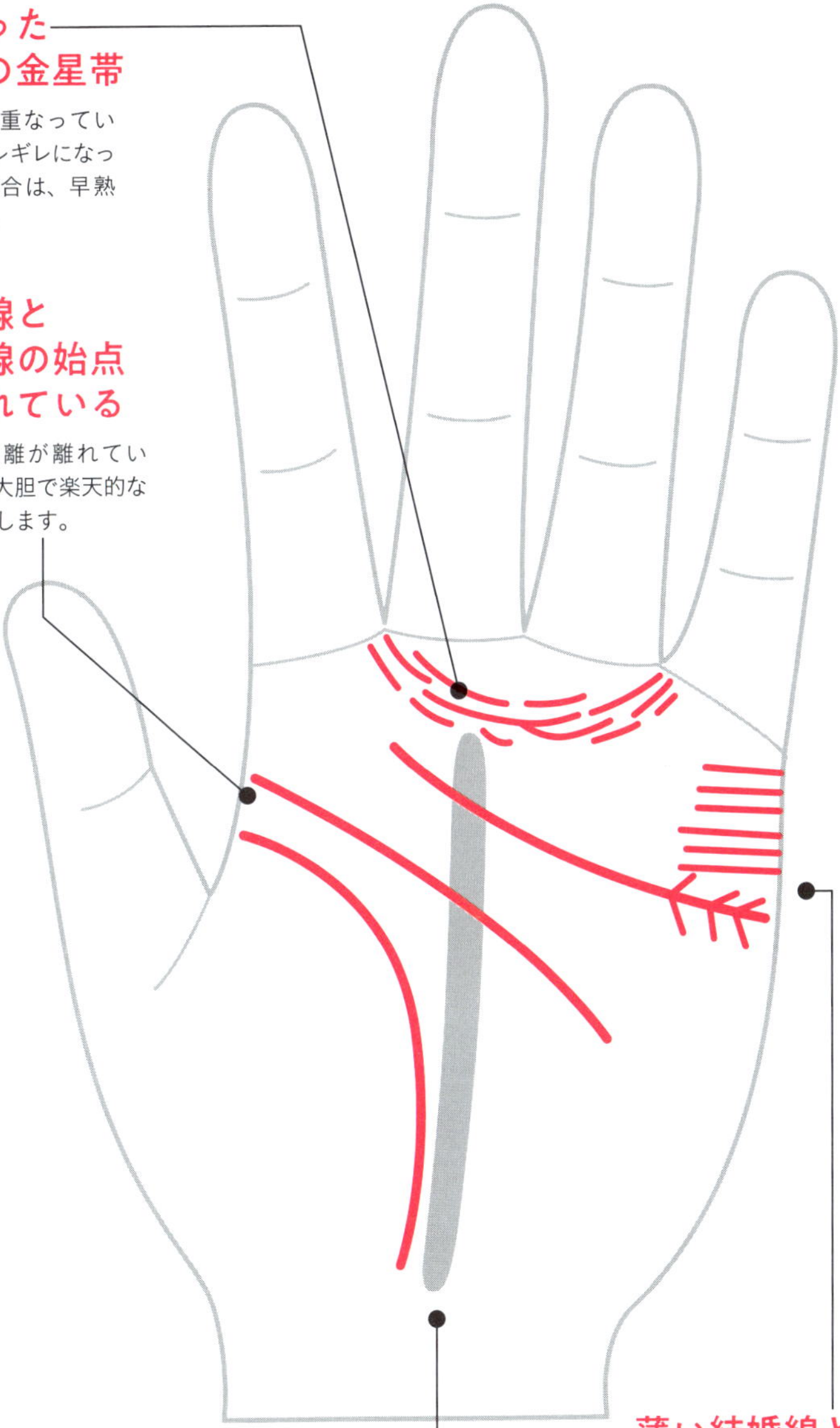

運命線がない

運命線が全くない人は、先々まで考えず、成り行きまかせの傾向があります。

薄い結婚線と感情線の支線

薄い結婚線が多数出たり、感情線の始点に支線が多い人は、早くに子どもができやすいタイプ。

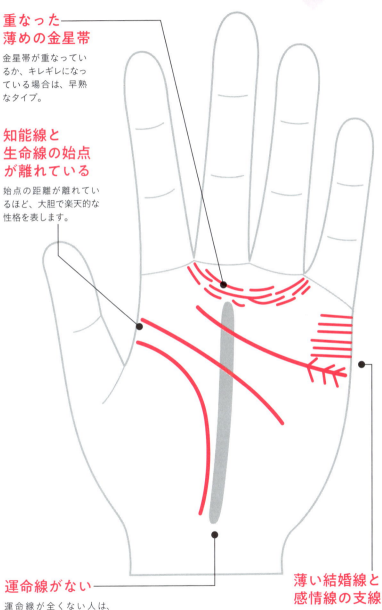

年が離れた人と相性抜群！
年の差カップルタイプ

手相の見方

生命線と知能線の始点が離れている人は、独立心が発達していて気が強いため、同年代の相手だとなにかと意識して張り合いがち。年上でも年下でも、年齢の離れた人といるほうが、伸び伸びと付き合うことができるでしょう。

また、手のひら全体が薄くて細かいシワで覆われている人は、感受性豊かですが、デリケートで神経を消耗しやすい性格なので、年上の相手のほうが安心感を得られるようです。

運命線が生命線の終点近くから出発して生命線に沿うようにカーブを描いて伸びている人は、マザコン傾向があり、男女問わず甘えん坊タイプです。母親や実家と縁が強く、お兄さんやお姉さんタイプなど、しっかりした大人な性格の人と相性がよいでしょう。

このタイプの特徴

生命線と知能線の始点が離れている人は、気が強く自分の考えで動きたいタイプ。手のひらにシワが多い人や、運命線が生命線の終点近くから出る人は、しっかり者に見えても実は甘えん坊です。いずれも繊細で不安を感じやすい一面があるので、年齢が離れた、安心感を与えてくれる人を求める傾向があります。

運気アップのポイント

面倒見がよく、落ち着いた年上の人や、強そうにみえても自分がいないとダメという年下の人など、年齢が離れた人と結ばれると居心地がよく、不安感が消えて、バランスがとれます。

このタイプとの上手な付き合い方

甘えん坊タイプの人は、相手の意見に従うことを好むため、リーダーシップを発揮して引っ張ってあげるとよいでしょう。独立心が強いタイプの場合は、張り合うことをせず、できるだけ認めてあげましょう。

手のひら全体に薄いシワがある

知能線と生命線の始点が離れている

独立心が強いため、同年代と張り合うよりも年上でも年下でも年齢差のあるほうがくつろげるタイプです。

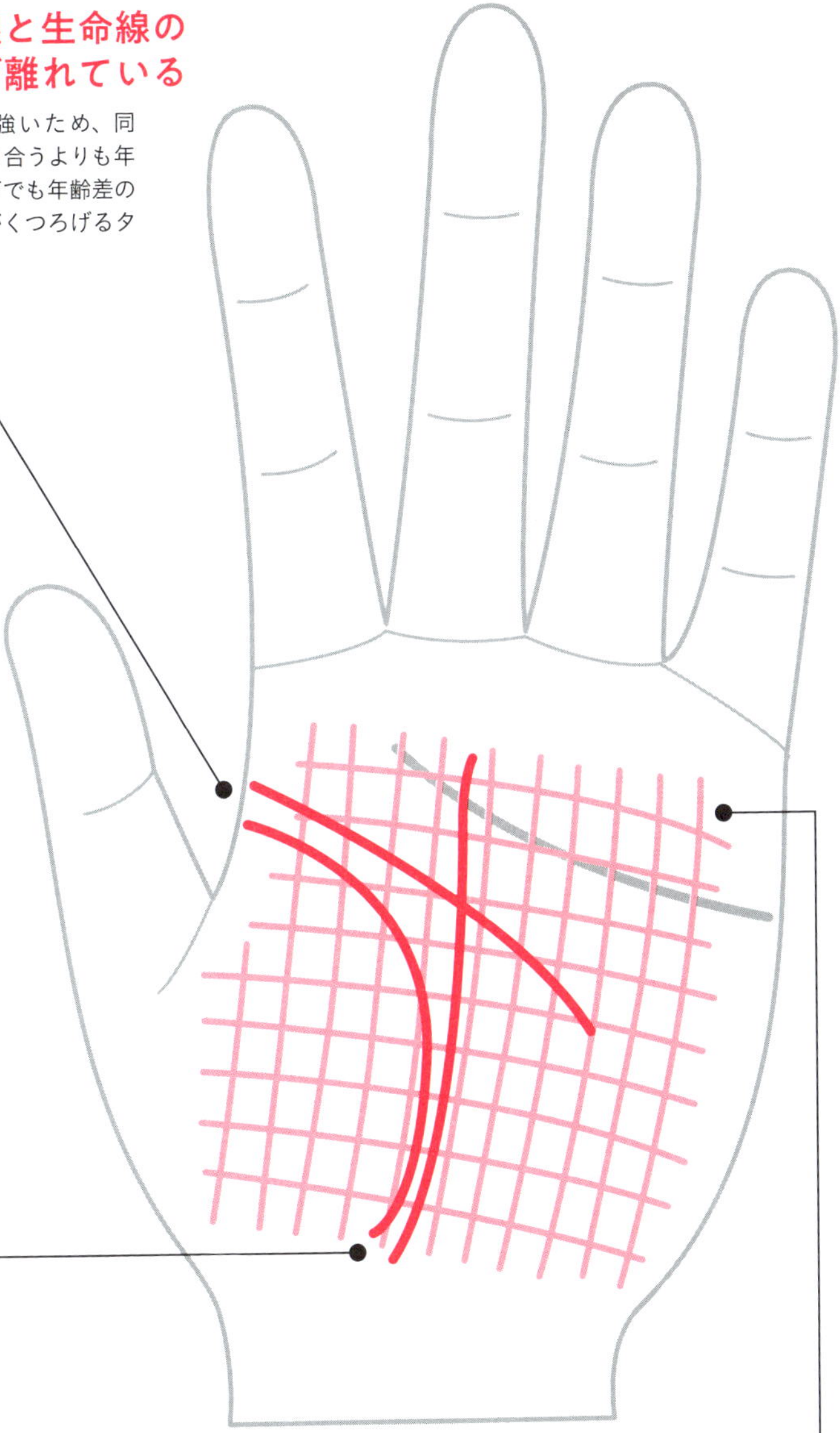

運命線が生命線の近くから出発している

母親と縁が強く、甘えん坊タイプ。年上の相手と相性がよい人です。

薄いシワが手全体にある

デリケートな性格で、年の差があるほうが素直に自分を出せるタイプです。

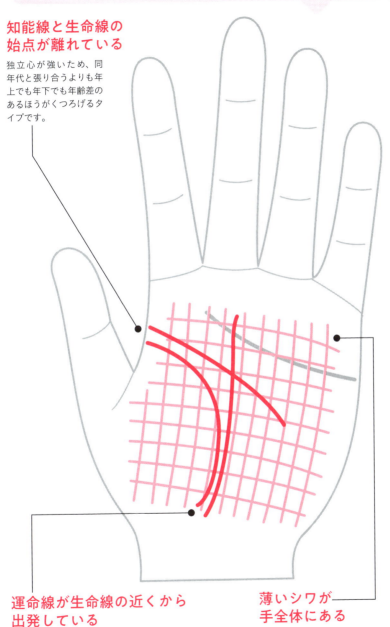

情熱的で積極的！

電撃結婚タイプ

手相の見方

感情線が人差し指の下の木星丘の真ん中を超えるほど長く、カーブして上昇していく人は、愛情豊かで独占欲が強く、恋愛に情熱を傾けていくタイプ。

さらに、短めの結婚線が1本色付くくらい濃く刻まれていると、結婚したい本能が高まっていて、相手の選択に迷わず電撃結婚する可能性が高いといえます。

生命線と知能線の始点が離れている人も、大胆で一目惚れから一気に加速し、電撃結婚へ発展することが多いようです。

知能線がカーブしていて極端に短いか、また逆に長く月丘中央から下部へ下降していると、気分にまかせて動くタイプ。

運命線が月丘から出発している人も自分の家から離れて、新しい世界へパッと入っていけるため、結婚に躊躇《ちゅうちょ》がありません。

このタイプの特徴

恋愛体質で独占欲が少々強く、主導権をとりたい人です。恋にかけるエネルギーは人一倍で、恋をしたら、他のことに手がつかなくなってしまうほどのめり込んでしまうことも。情熱的な性格のため、男女問わず自分からアプローチして、電撃結婚に至るタイプです。

運気アップのポイント

情熱的で思いのままに動く人。自分を信じて前向きに進んで構いませんが、夢が膨らんで現実離れした考え方になるのは注意。時には人の意見に耳を傾けるように心がけると、周囲の応援や祝福を得られます。

このタイプとの上手な付き合い方

感情のベクトルが合う時は、ノリがよく、とても楽しい時を送れるでしょう。意見を求めてくる時は、同意を求めているので肯定してあげましょう。ただし、あまりに無茶な行動は止めてあげるのが親切。

知能線と生命線の始点が離れ、知能線が下降

感情線が木星丘へ入り込む

感情線が木星丘へ向かい長くカーブして上昇している人は、恋愛にのめり込む性格。

結婚線が１本ハッキリ

短めで、ハッキリとした結婚線が１本あると、結婚の決断が早い人。

離れた知能線と生命線

知能線と生命線の始点が離れている人は、度胸があります。

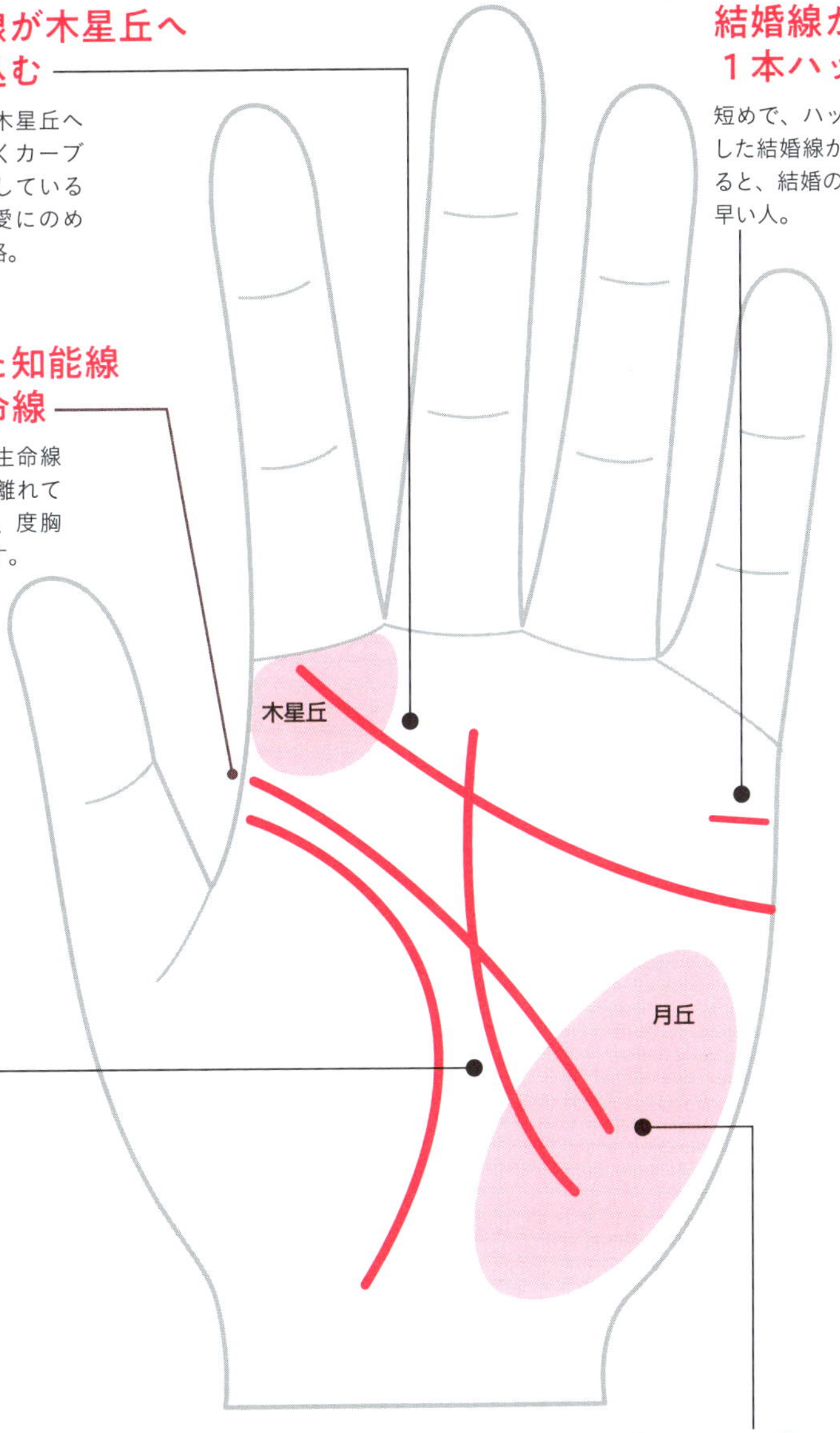

月丘から出発する運命線

運命線が月丘から始まっていると、違う世界へ飛び込んでいける性質を表します。

月丘中部から下部へ向かう知能線

知能線がカーブして長く下降している人は、思いのまま動くタイプです。

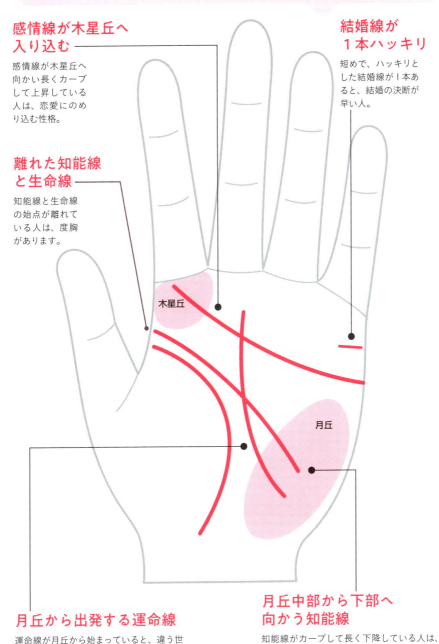

じっくりと相手を選ぶ！

結婚までの道のりが長いタイプ

手相の見方

結婚線の先端が小指へ向かって跳ね上がっているのは、頭がよく働き、経済力を重視していることを表し、結婚よりも仕事優先になりやすいタイプです。

結婚線が薄く複数出ていて格子状になっている人は、出会いが多く、恋愛相手に困りませんが、トラブルに見舞われたり、「この人！」と決める決定打に欠けたりして、結婚相手を定めるまでに時間がかかりそうです。

また、運命線に向かう影響線があり、その先端が運命線と合流せずに平行して伸びている人は、相手が結婚という形で自分の人生に入ってきにくい人。長く付き合い過ぎたり同棲をしたり、ズルズルとした関係になりなかなか結婚へ進まない傾向があります。

生命線と知能線の始点が大きく重なっている人は、警戒心が強く、慎重な性格。さらに、感情線の終点が人差し指の付け根に届かないと、独占欲にかけるので、結婚には時間がかかりやすいでしょう。

このタイプの特徴

恋愛経験は多くても、結婚相手を決めかねたり、結婚よりも仕事に興味が向いていたりするのが、結婚までの道のりの長い原因です。

運気アップのポイント

結婚に慎重になりすぎる面があるので、人生には大きな決断も必要だと心に留めて。同棲などに長い時間をかけすぎてタイミングを見失わないように気をつけましょう。家庭的な相手なら早めの入籍を。

このタイプとの上手な付き合い方

慎重で現実的な性格なので、堅実さや誠実さをもって接すると、お互いに深く理解しあえる関係になれるでしょう。結婚においては、優柔不断な面があるので、時には背中を押してあげることも必要です。

影響線が運命線に沿って伸びる

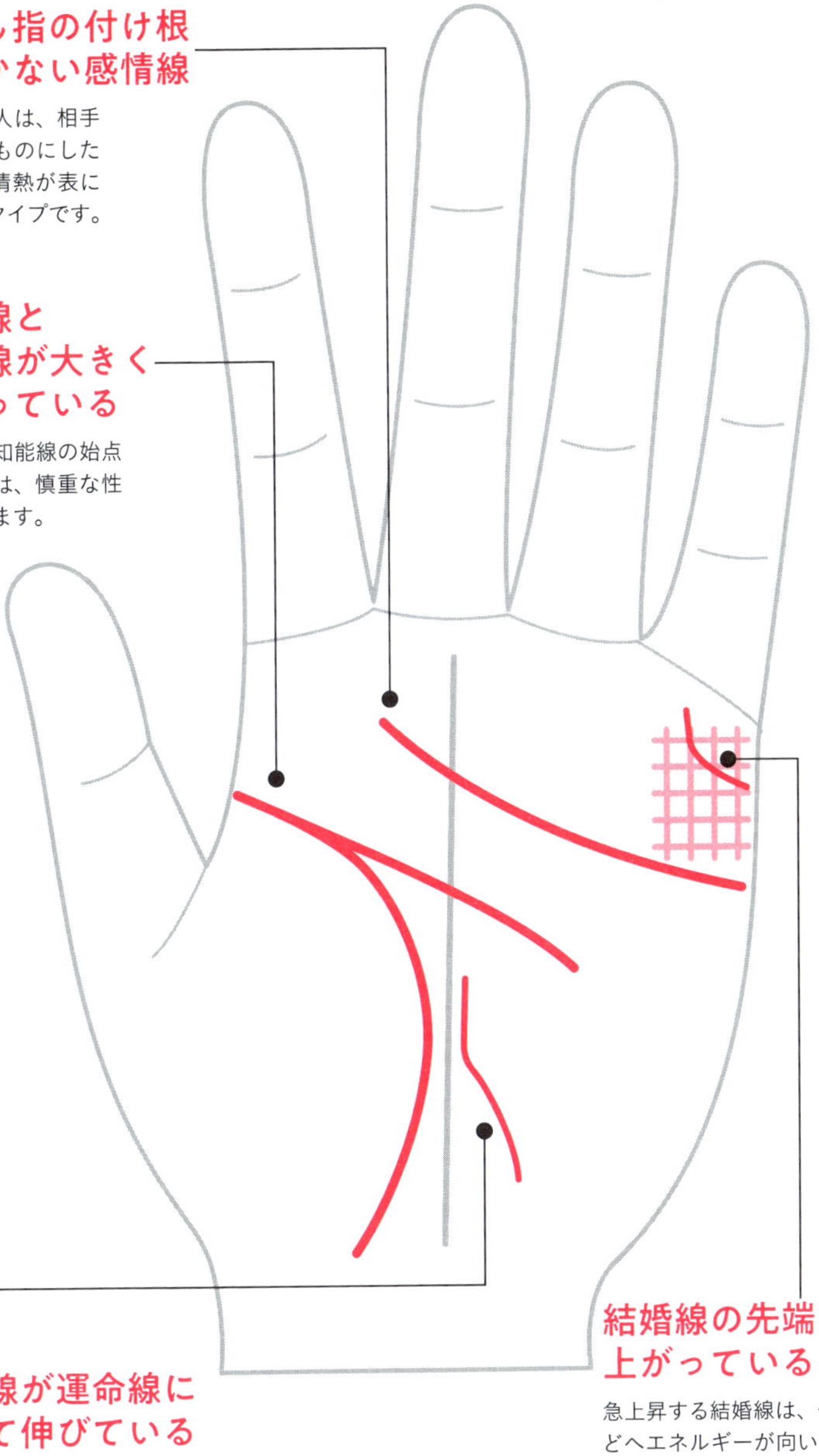

人差し指の付け根へ届かない感情線

この相の人は、相手を自分のものにしたいという情熱が表に出にくいタイプです。

生命線と知能線が大きく重なっている

生命線と知能線の始点の重なりは、慎重な性格を表します。

影響線が運命線に沿って伸びている

出会いはあるけれども、くされ縁になりやすいことを暗示します。

結婚線の先端が上がっている

急上昇する結婚線は、仕事などへエネルギーが向いていることを表します。
結婚線が格子状の人は、恋愛を繰り返すタイプです。

待ちに待った運命の瞬間！
結婚相手と出会う時期

感情線から上向きの支線が濃く出ている時期

感情線の始点に支線が出ている時期

感情線の始点から出る支線が目立つ時期は、出会いのチャンスです。

感情線に、鮮やかな上向きの支線

上向きの支線のうち、1本だけが濃くなるのは、好きな人に出会うサインです。

生命線に沿って情愛線

薄い情愛線が出始める時期は、運命を変えるような出会いがあるでしょう。

運命線に届きそうな影響線

この相だと20代半ばに出会いがあります。

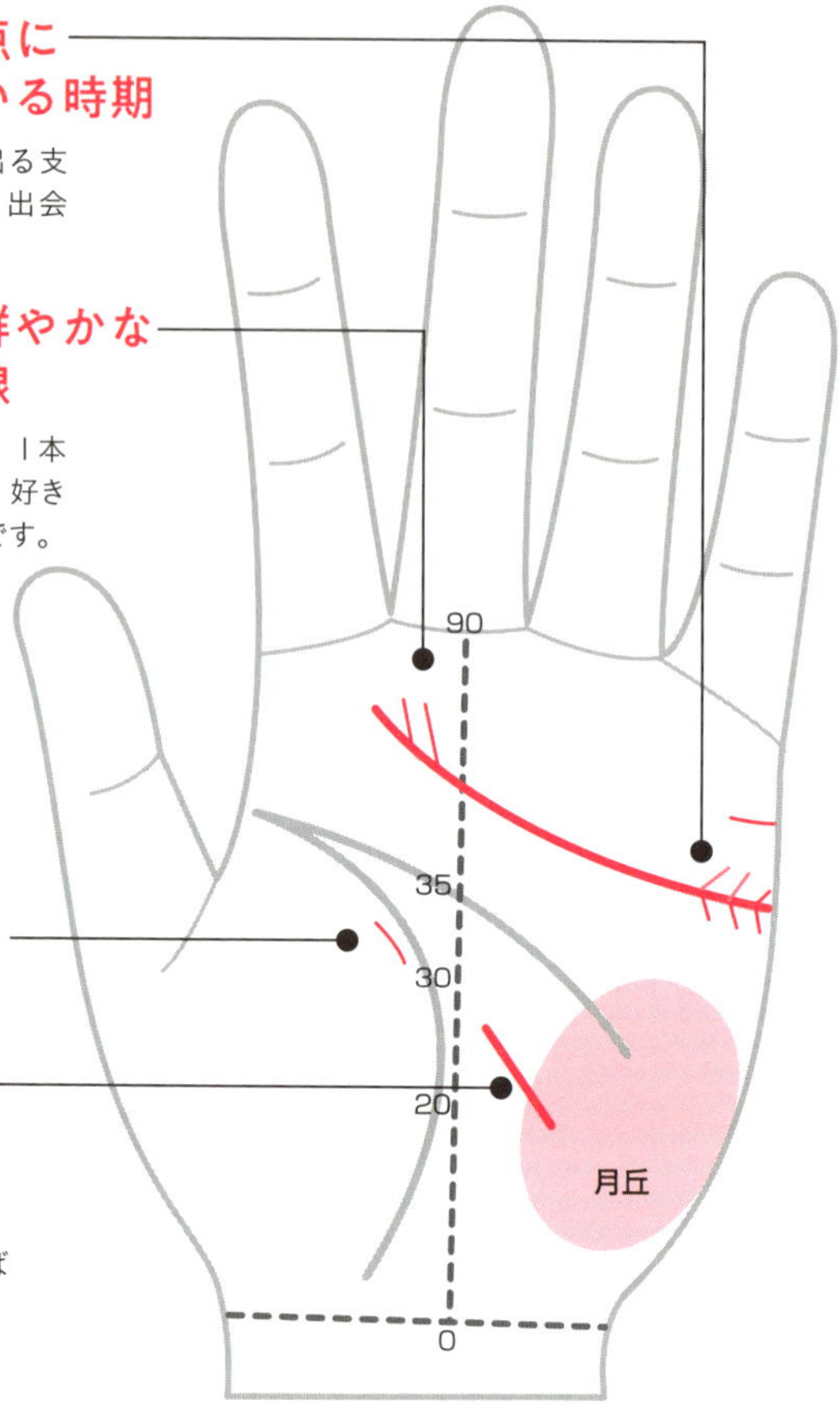

手相の見方

感情線から上向きの支線が伸びて、彫ったように濃くみえる時期は、運命の出会いがあるか、新しい交際がスタートするサイン。

また、感情線の始点に出る支線が、ほてったように赤みを帯びている時期も、大恋愛のチャンスに恵まれるでしょう。

この時期の特徴

月丘から出る影響線が運命線へ届くほど長く伸びるか、情愛線が表れたときは、人生の伴侶となる人物の出現を意味します。

開運のためのアドバイス

結婚線がクッキリとして色鮮やかになるのも、ゴールインが近いサイン。出会った人を大切にし、結婚を意識した真剣な付き合いを。

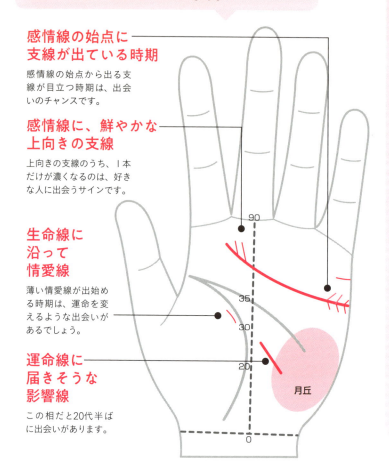

いつ頃結婚するのが幸せ？
結婚する時期

結婚線が長く目立っている時期

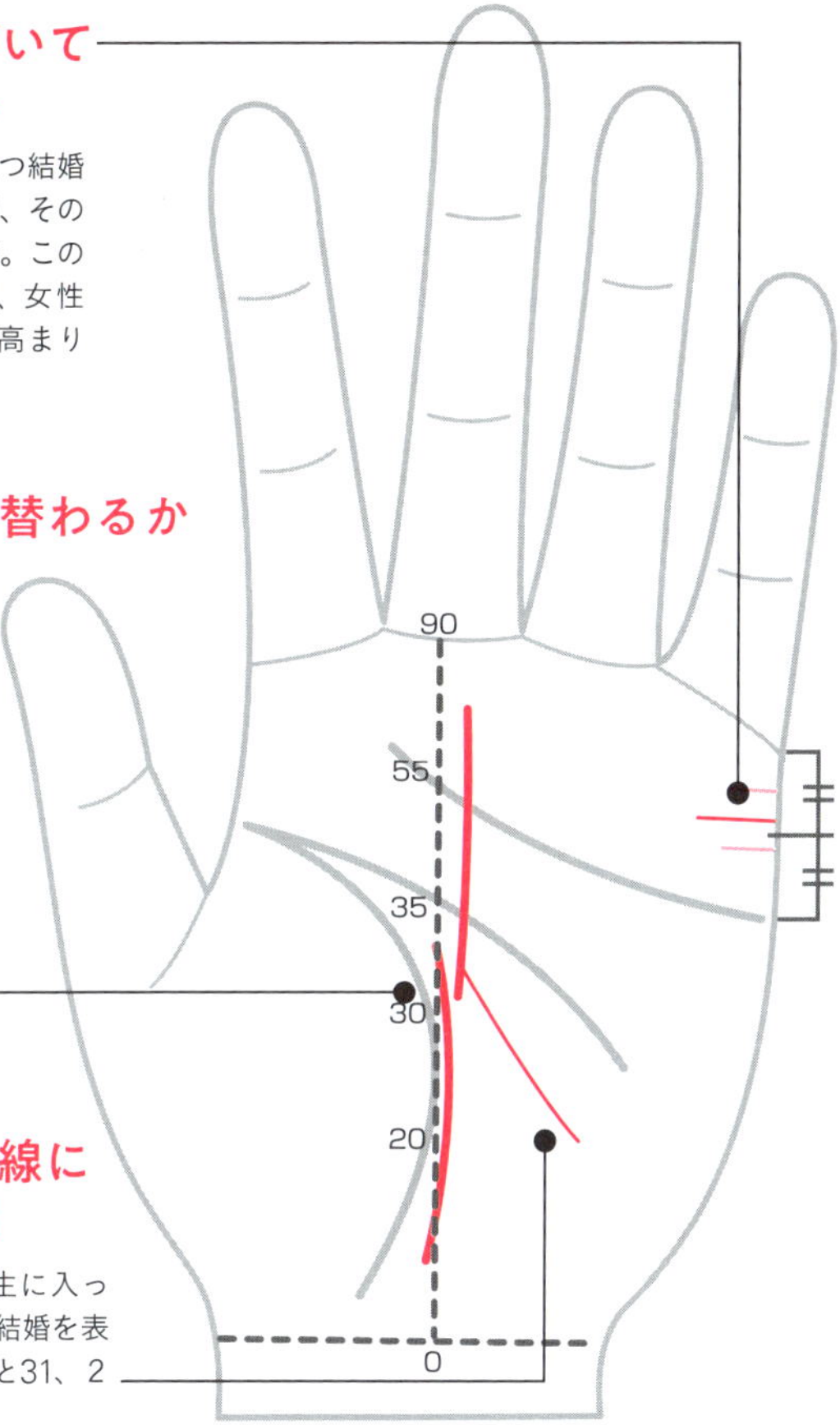

結婚線が色づいて目立っている

いちばん長くて、目立つ結婚線の出ているところが、その人の結婚適齢期の目安。この相だと男性は31歳頃、女性は29歳頃に結婚運が高まります。

運命線が切り替わるか消える時期

運命線が途中で切れて消える時期は、女性にとっては、結婚にふさわしい時です。

影響線が運命線に合流する時期

結婚相手が自分の人生に入ってくる時期、すなわち結婚を表しています。この相だと31、2歳頃が時期。

手相の見方

感情線と小指の付け根の真ん中をその時代の結婚適齢期とし、その位置よりも下に結婚線がある場合は早婚、上にある場合は、晩婚傾向。

男女ともに今までなかった運命線が表れてきた時期も結婚のタイミングとなります。

この時期の特徴

環境や心境の変化が起こりやすい時期。自然と結婚を望む気持ちに変化していきます。幸せな結婚に向かう時期です。

開運のためのアドバイス

女性では、運命線が途切れて消えた時期に家庭に入ることを意味します。この時期に結婚し、家庭・育児中心の生活を送ると平穏な運勢となります。

夫婦ゲンカをよくする時期

気づけばケンカばかり…

途切れている結婚線

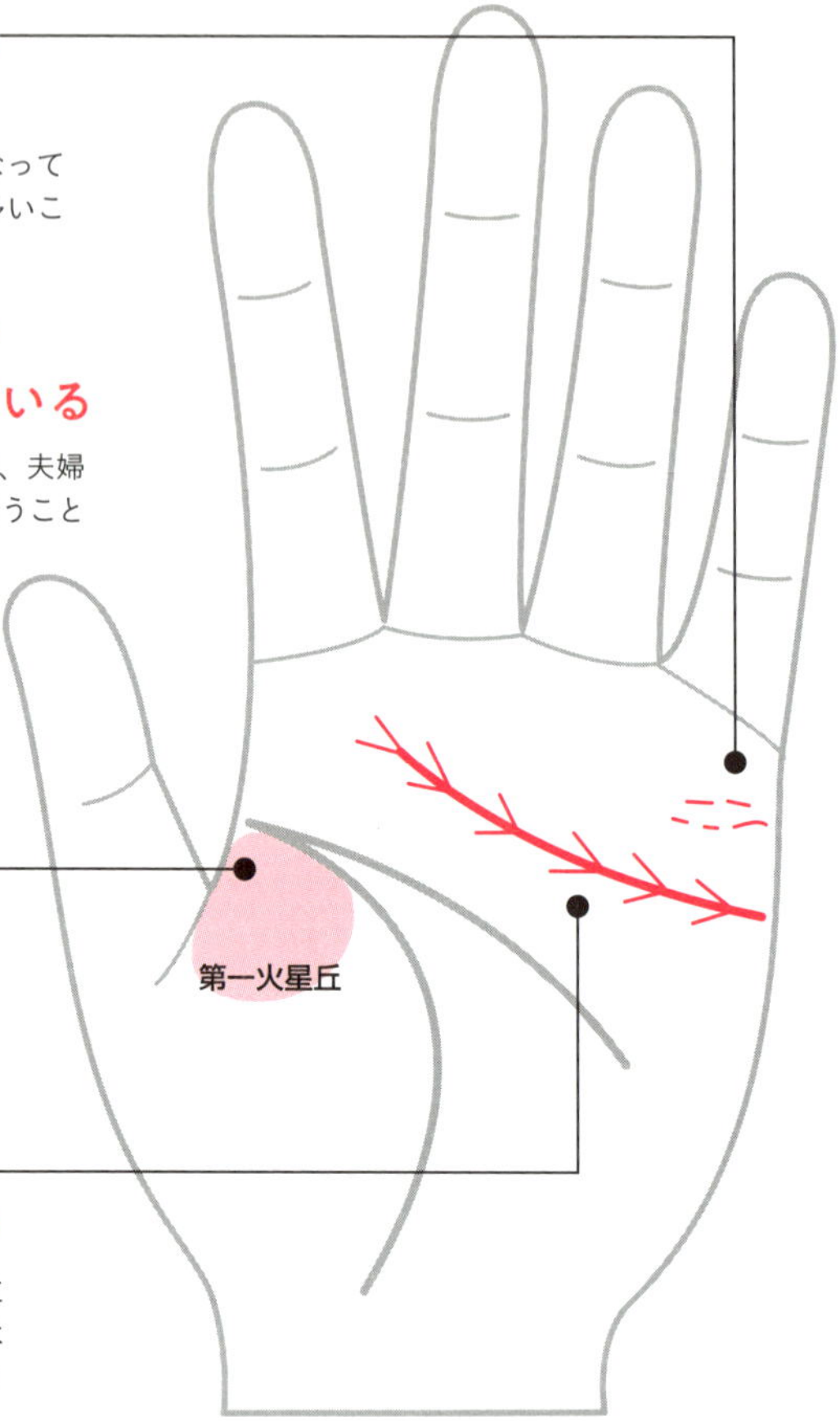

途切れている結婚線

結婚線がキレギレになっている時期は、波乱が多いことを表します。

第一火星丘が盛り上がっている

カッカしやすい時期で、夫婦ゲンカに発展してしまうことが多いでしょう。

感情線の乱れが目立つ

乱れたり、切れが目立つ感情線が表れた時はイライラしやすくなります。

手相の見方

途切れていて安定しない結婚線が表れた時は、夫婦間に亀裂が生じ、些細なことでもケンカに発展してしまうことを表しています。ぶつかり合ってしまう時期を乗り越え、持ち直してくると、結婚線も整ってくるでしょう。

この時期の特徴

感情線が乱れたり、第一火星丘が盛り上がると、イライラしやすい時期。相手の欠点が目につきやすいのですが、怒りっぽいのは自分にも原因があります。

開運のためのアドバイス

感情的になりやすく、不満がたまり怒りの矛先が身近な人に向かいがち。まずはストレスを解消し、イライラを沈めましょう。

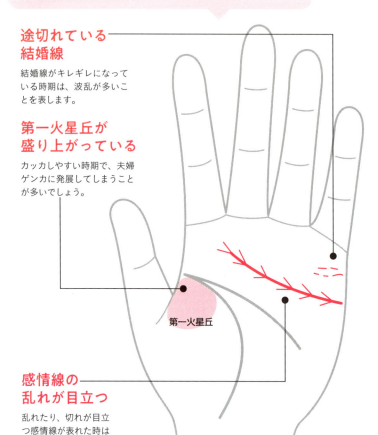

破局の危機が!?

離婚する時期

結婚線の先が下向きに

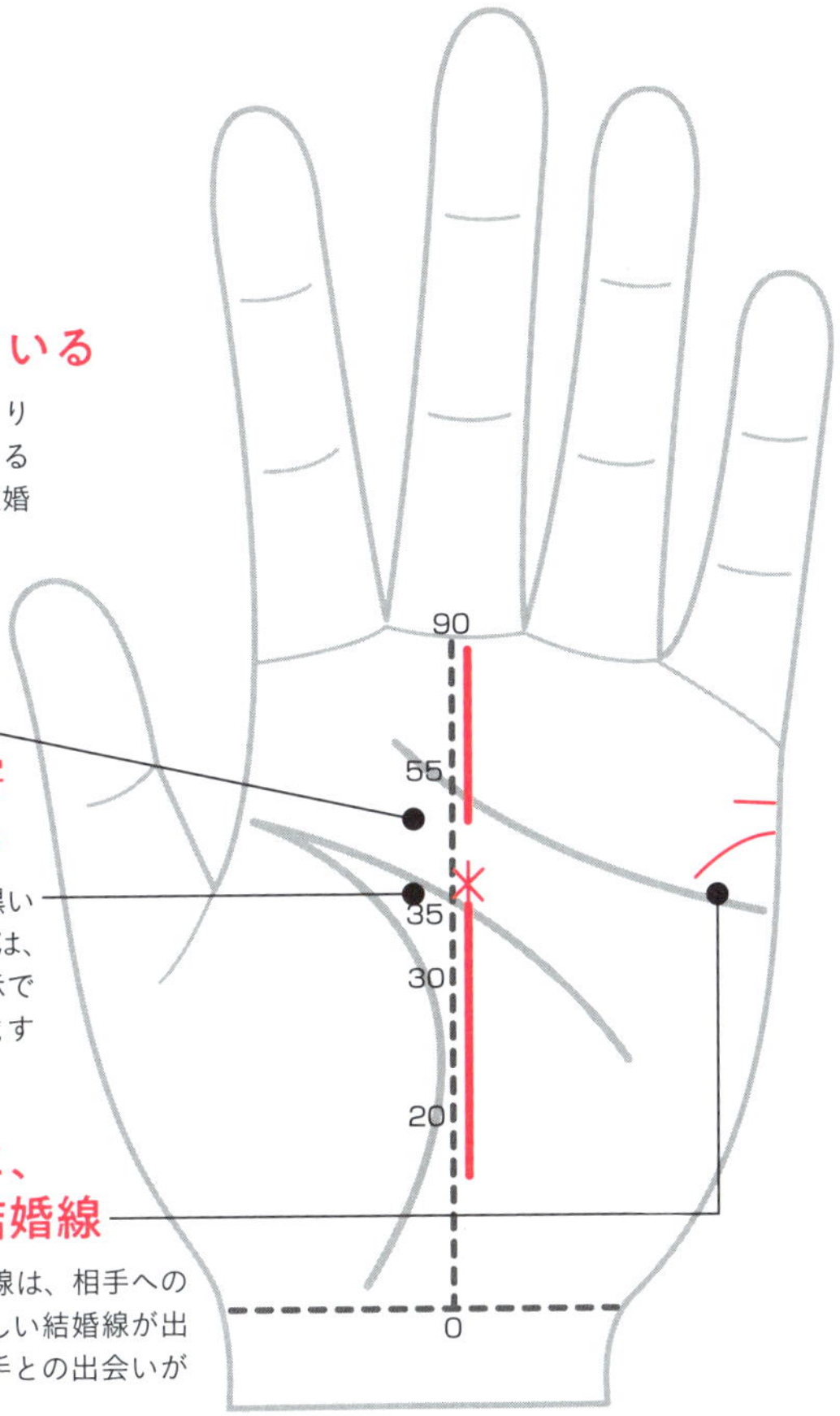

運命線が切り替わっている

特に女性の場合、切り替わった先が濃くなると、自立心が強まり離婚に至るケースも。

運命線に障害マークがある

運命線上にクロスや黒い斑点が出ている時期は、いざこざが起きる暗示です。この相では35歳すぎに要注意。

結婚線の上に、もう１本の結婚線

先端が下がった結婚線は、相手への不満を表し、上に新しい結婚線が出ていると、新しい相手との出会いがありそうです。

手相の見方

結婚線の先端が下降するのは、配偶者に対する愛が冷めていることを表し、下向きの結婚線より小指寄りに、もう1本結婚線が伸びてくると、その時期にほかの異性との出会いがありそうです。

女性の場合は、運命線が途切れ、切り替わった先が濃いと、自立心が芽生え、離婚を考えるかも。

この時期の特徴

セックスレス夫婦に多い相です。この相が出ると、離婚の可能性を考え出すでしょう。

開運のためのアドバイス

離婚も一つの生き方。マイナスに考えず前向きに。しかし、離婚したくないなら思いきって相手に向き合い、時間をかけて話し合いを。

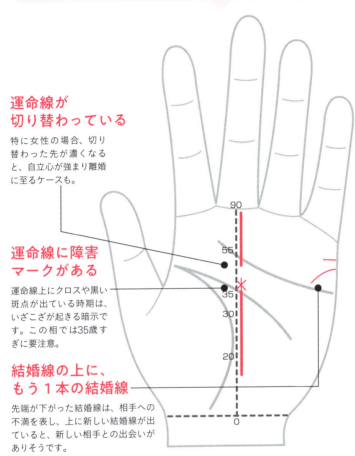

人生のパートナーが変わる！ 再婚する時期

小指寄りの結婚線が濃くなっている時期

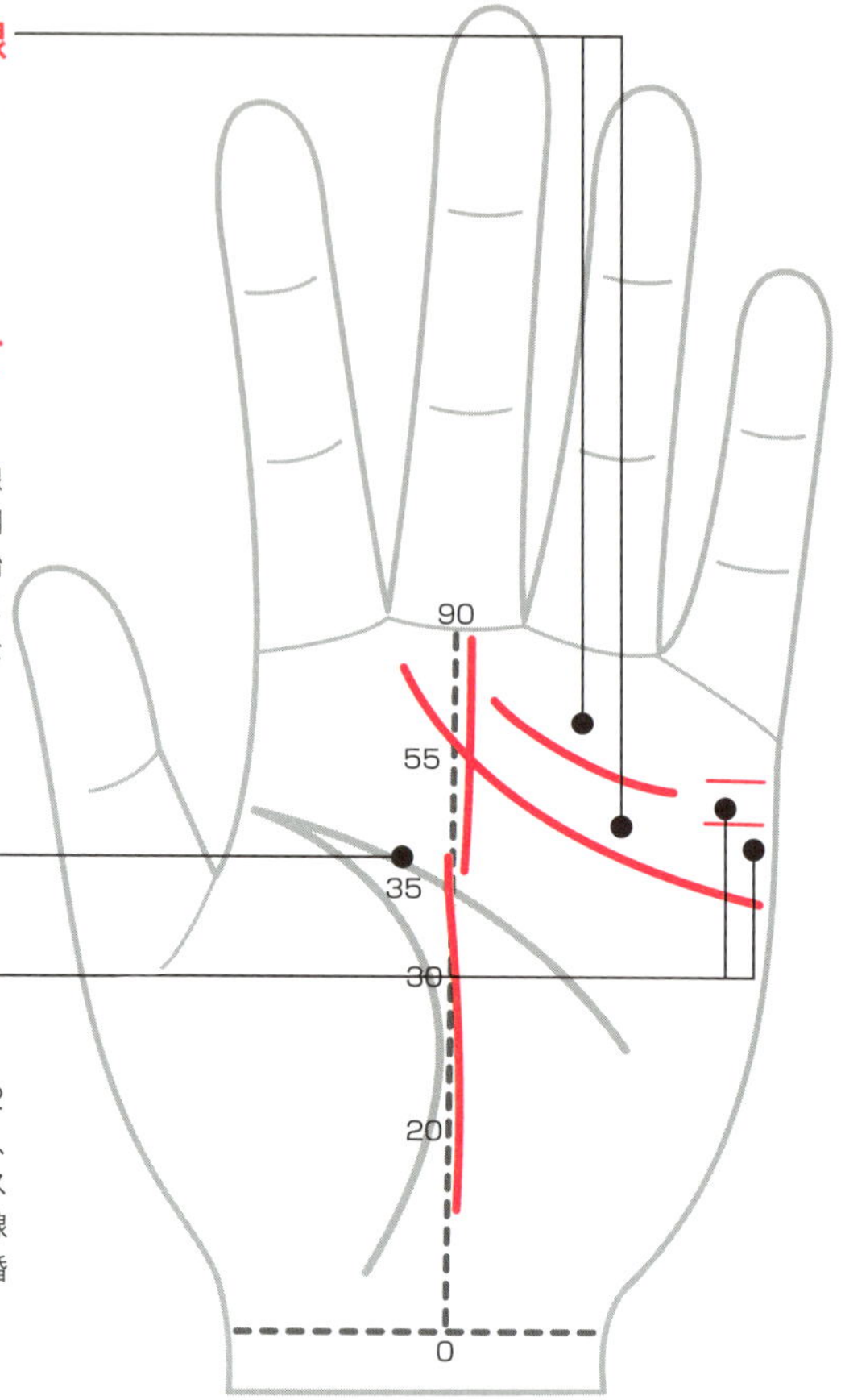

2本の感情線

二重の感情線は、情熱的でパワフルな性格を表します。

運命線が切り替わっている時期

流年法でみる運命線の切り替わりの時期は、新しい生活の始まりを意味します。この相だと40歳頃になります。

2本以上の結婚線

平行した同じ長さの2本以上の結婚線は、二度の結婚のチャンスの意味。特に上の線が濃い場合は、再婚の可能性大。

手相の見方

結婚線が2本以上伸びている人は、離婚しても、再婚するチャンスがあります。ただし2本の人は、安定志向なので一度で済む人もいます。

2本の感情線があると、情熱的なあまり、離婚再婚する可能性も。運命線が切り替わるのは、新しい生活の始まりを表します。この時期を流年法（➡P30）でみます。

この時期の特徴

感情の働きが強く、相手と向き合う生活をしたくなる時期です。

この時期の上手な過ごし方

離婚しても、また新たな出会いに恵まれ、第二の人生をスタートできます。前向きに努力すれば、幸せな人生が待っています。

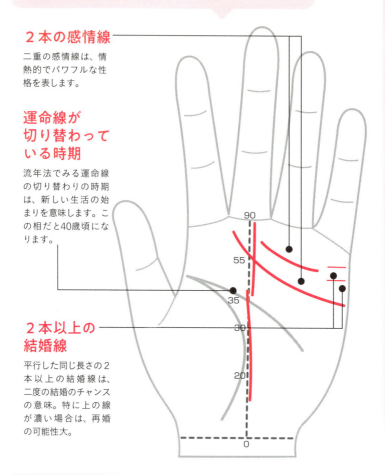

倦怠期を迎える時期

関係が冷めきってしまう！

手相の見方

結婚線にシマができているのは、結婚生活に対して不満があることを表します。さらに下向きにカーブしている場合は、かなり不満が溜まっていて、二人の関係が冷めきっているサインです。

この時期の特徴

結婚線の先が細くなっていたり、ホウキのように3、4本に分かれている時期は、一緒にいることに喜びがなく冷めてしまっている状態。なんでもないことにも失望感を感じてしまうでしょう。

シマの出た結婚線が下降

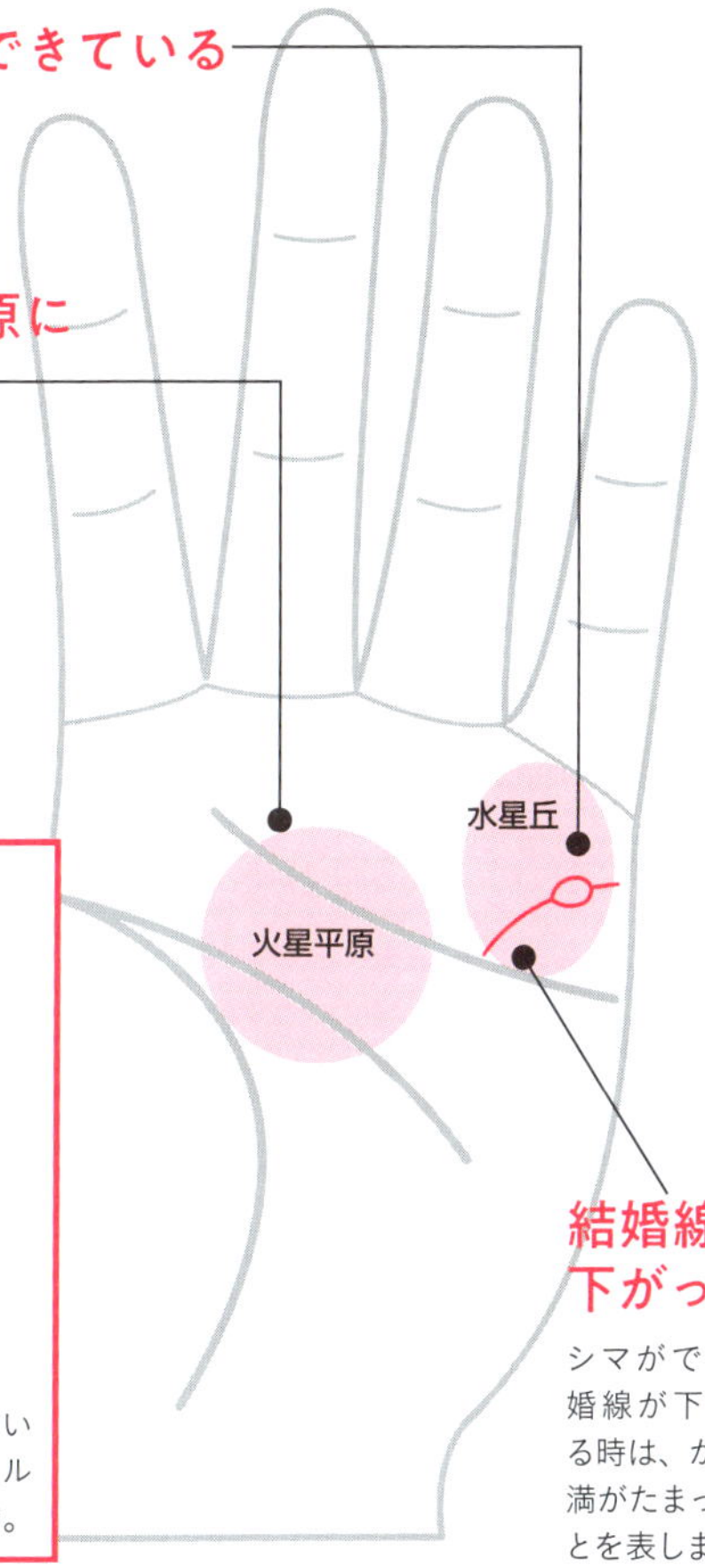

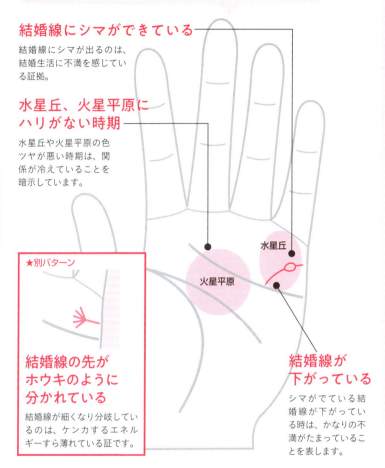

結婚線にシマができている

結婚線にシマが出るのは、結婚生活に不満を感じている証拠。

水星丘、火星平原にハリがない時期

水星丘や火星平原の色ツヤが悪い時期は、関係が冷えていることを暗示しています。

結婚線が下がっている

シマがでている結婚線が下がっている時は、かなりの不満がたまっていることを表します。

★別パターン

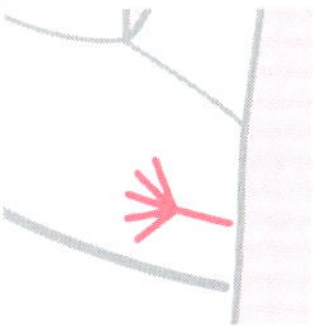

結婚線の先がホウキのように分かれている

結婚線が細くなり分岐しているのは、ケンカするエネルギーすら薄れている証です。

この時期の上手な過ごし方

下降した結婚線が感情線を越えないうちに、会話の機会を作るなど夫婦の絆を時間をかけて深めることが大事です。記念日や家族旅行も大切に。

Column ❷

まだある！ 補助的な線①

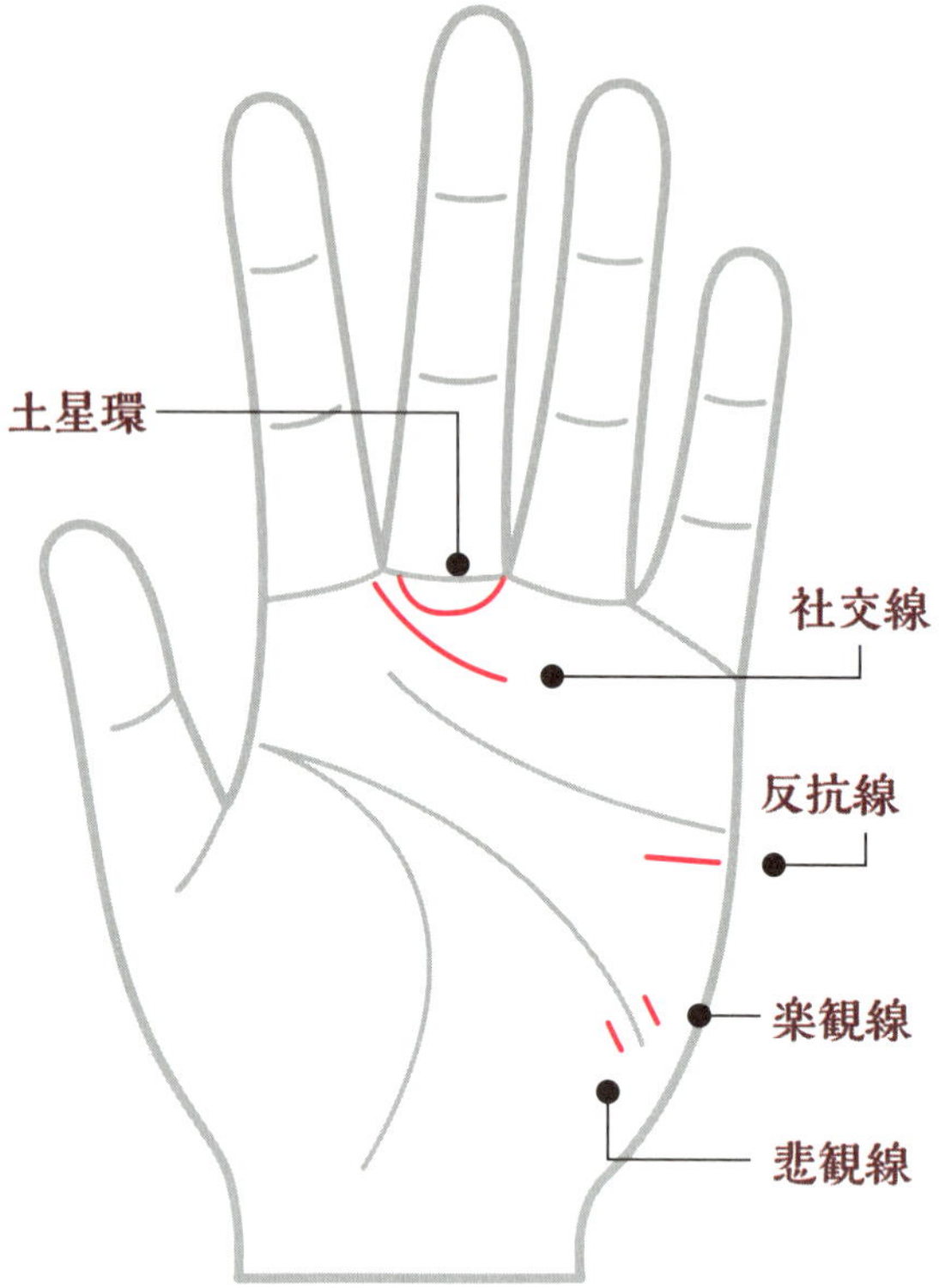

性格を知る時に役立つ補助的な線は、まだたくさんあります。これらの線は、薄く出る場合も多いです。

人々と協調できる「社交線」

人差し指と中指の間から、弧を描くように出ている線（先端が薬指を越えません）。人との協調性や統率力がある人に表れる線で、組織や会社の中で活躍できます。異分野の人とも交流ができ、人との出会いからチャンスに恵まれる人です。

考え方を知る「楽観線・悲観線」

知能線の先端部分、1～2ミリ離れたところに平行して出る薄く短めの線です。知能線の上側に出ると「楽観線」で、ものごとを前向きに考えるポジティブタイプ。知能線の下側に出ると「悲観線」で、くよくよしやすいネガティブタイプです。

研究心の強い「土星環」

中指の付け根、土星丘に弧を描くように表れる線です。途中が切れている人もいます。古い手相の世界では凶相と言われますが、研究熱心な人やスピリチュアルな事柄に強い興味を示す人に多く出ている相でもあります。ただし、研究熱心なあまりに自分の殻を作り、他人を寄せつけなくなる傾向もありますので、のめりこみすぎないように注意しましょう。

自己主張ができる「反抗線」

感情線の下、第二火星丘に真横に伸びる短い線です。「主張線」とも呼ばれ、強い心の持ち主で、我慢強さと気の強さの両方を兼ね備えている人に表れています。束縛や干渉を嫌う傾向があり、自分に正直に生きていきたいと思っています。女性なら、仕事も家庭もバリバリこなせるタイプ。

PART 4

家庭

結婚後の生活や子どもとの関係など
家庭にまつわる手相を
ズバリ診断します！
あなたの家庭はどのタイプ？

家庭
インデックス

自分の手相はどのタイプ？

家庭運は結婚線や感情線、運命線を中心にみていきます。結婚線は家庭生活の状況、感情線は愛情の示し方、運命線は生き方そのものを表します。

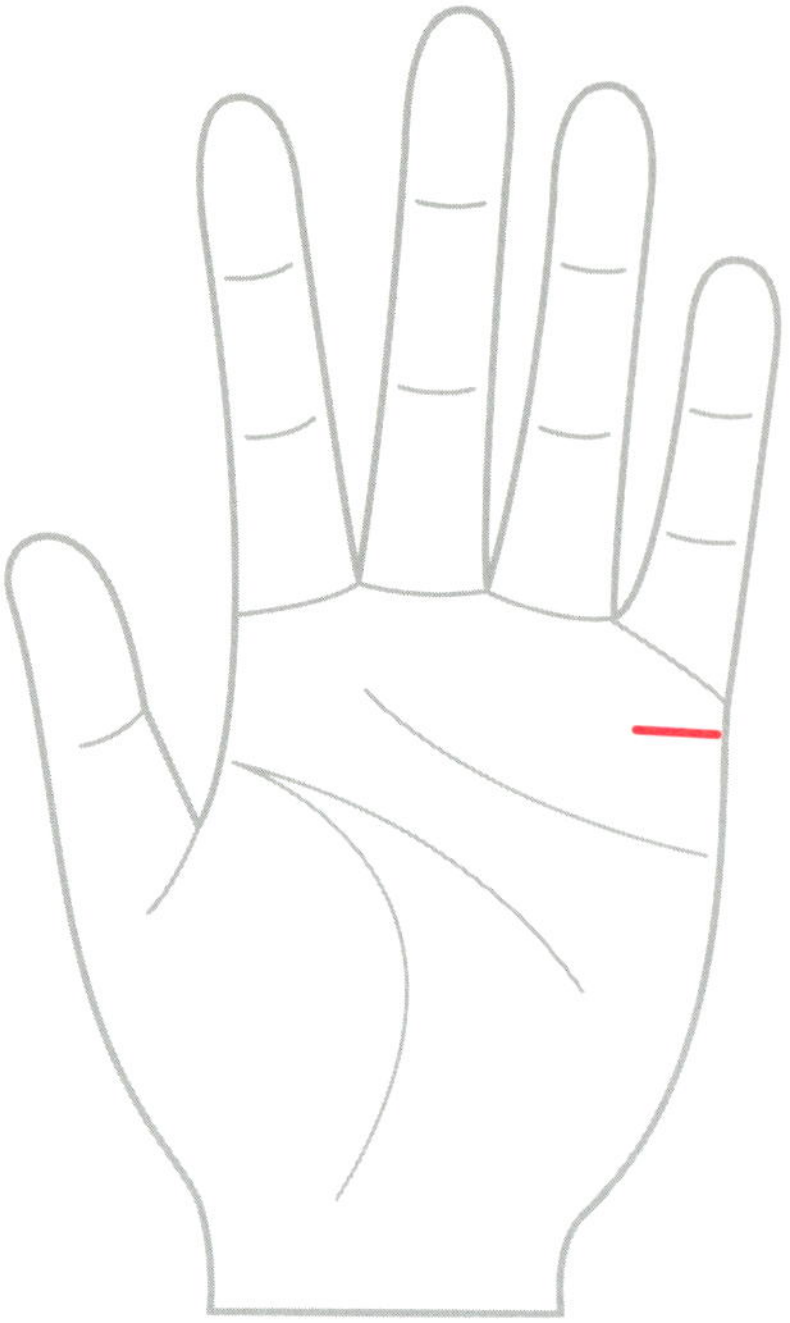

結婚線がすっきり長く伸びる

結婚線がキレイに長く伸びると、理想的な安定した家庭生活に恵まれます。結婚線に乱れがないのはトラブルがないことを暗示。

TYPE A

➡P170

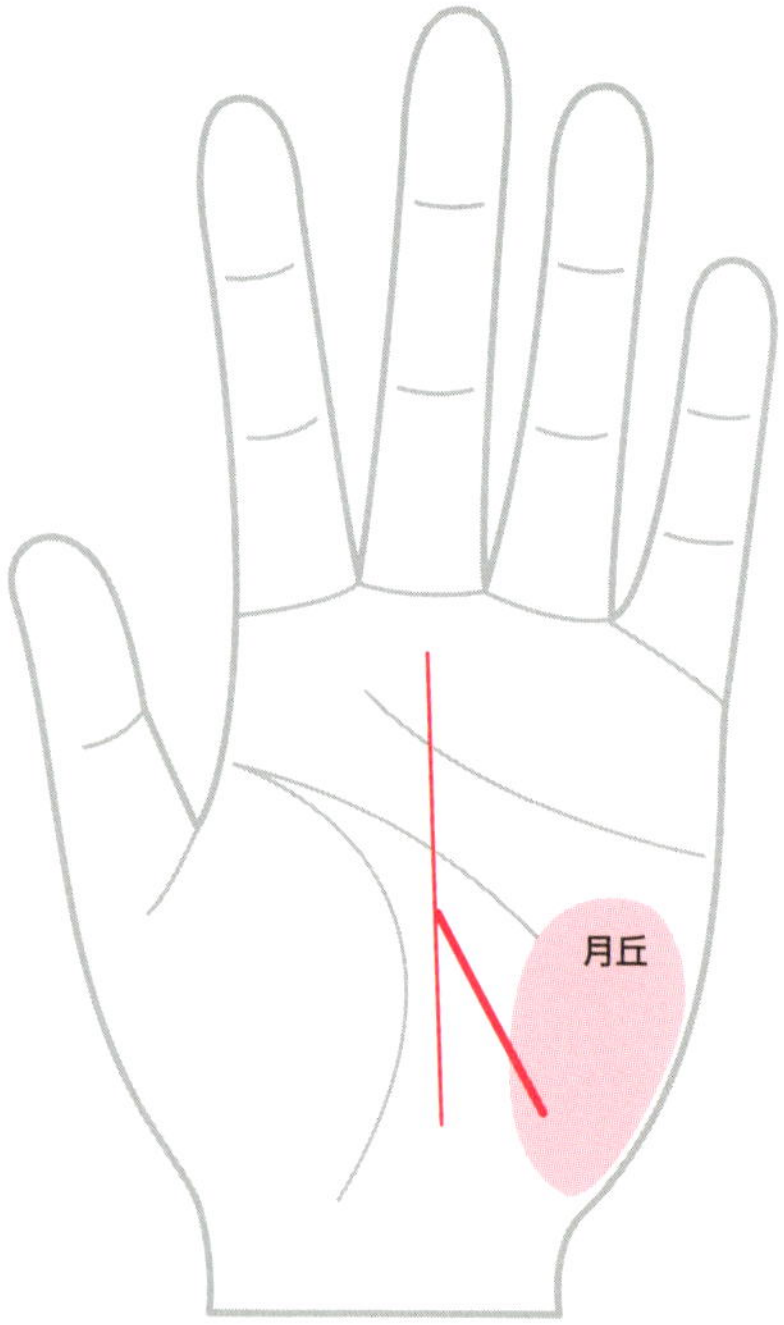

影響線が運命線へ伸びる

小指下の月丘から伸びる影響線が、運命線へ届いている人は、優しくて金銭に恵まれた条件のよい相手と出会い、幸せな家庭生活を送れます。

TYPE B

➡P172

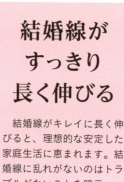

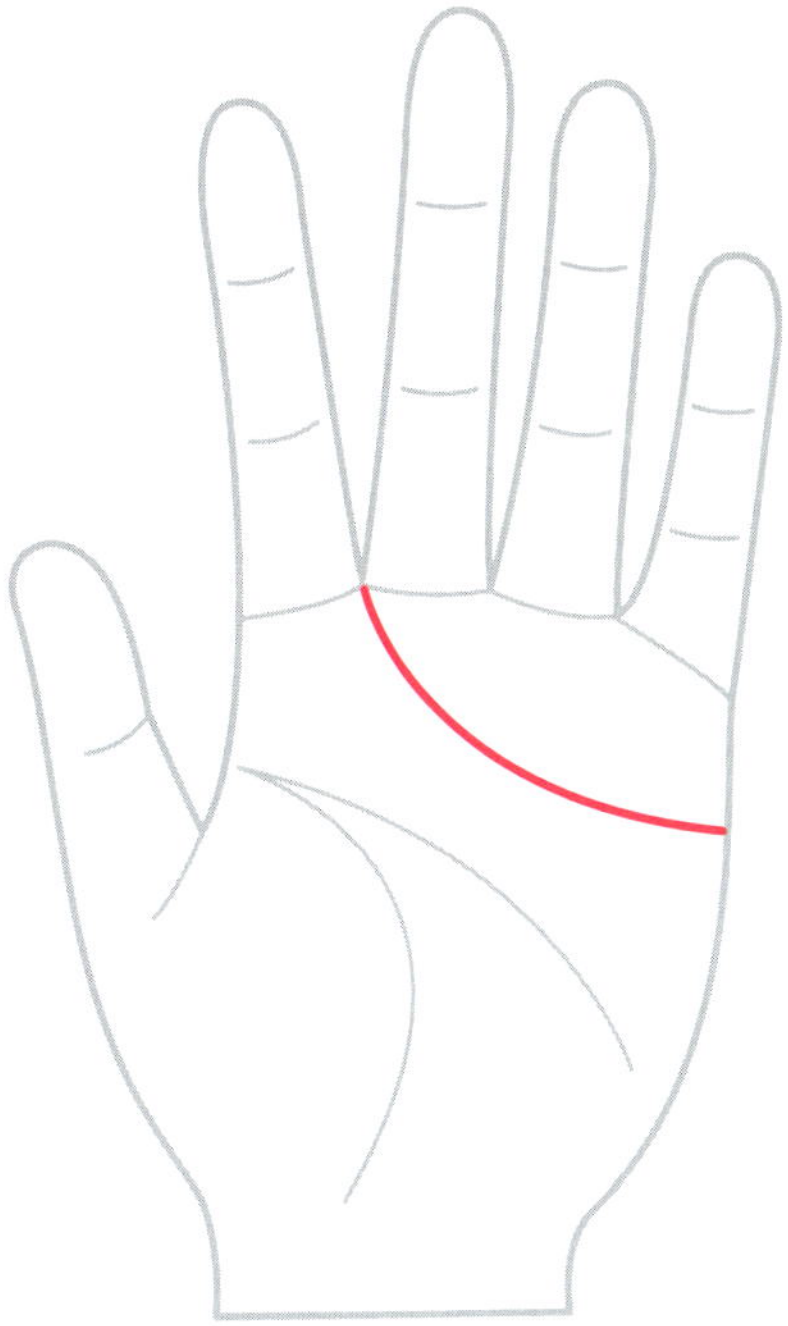

感情線が2本の指の間に入る

感情線が人差し指と中指の間に入り込んでいる人は、真面目で堅実なタイプで、家庭や身内を大切にします。

TYPE C

➡P174

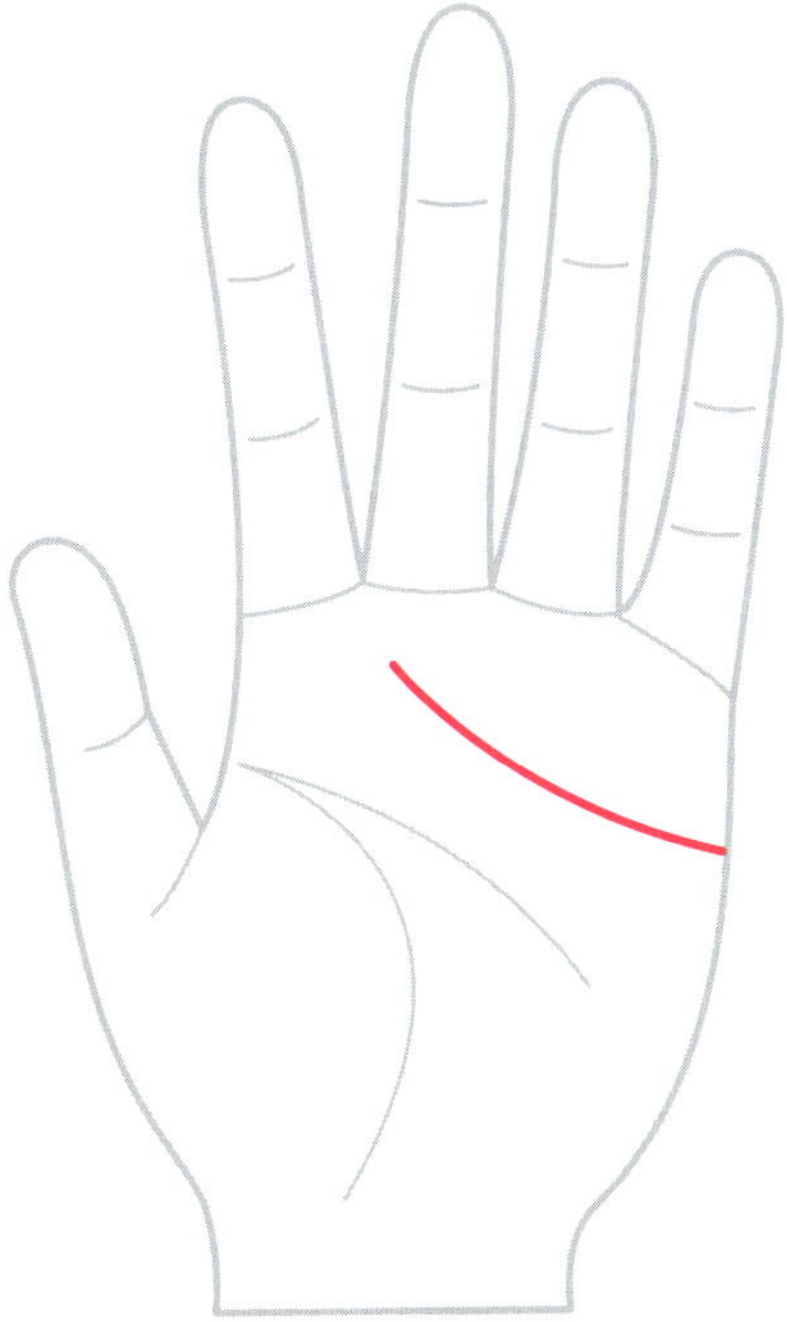

感情線が人差し指に届かない

感情線が人差し指まで届かない人は、日本人に多い相。情深くても愛情表現が下手で家族に伝わりにくく、一言が足りないタイプ。

TYPE C の別パターン

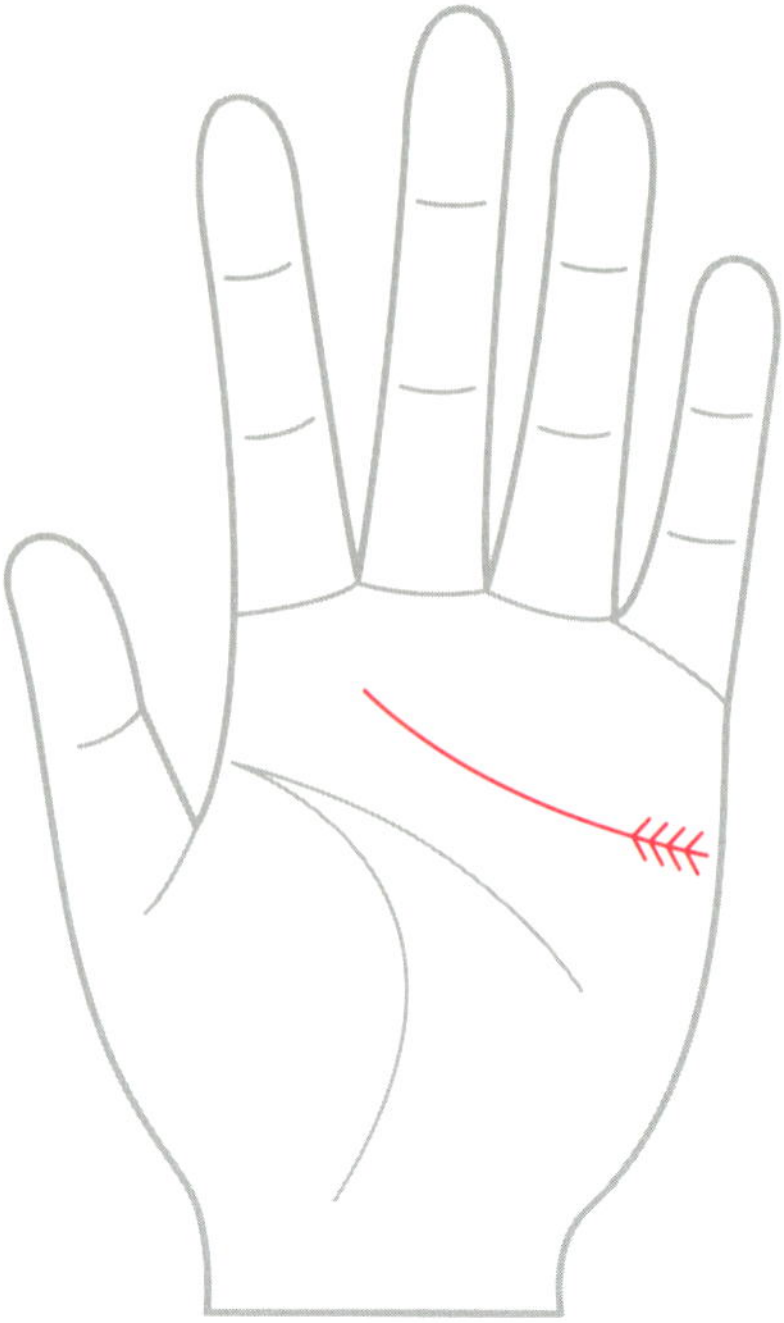

感情線の始点に支線がある

感情線の出発点に表れる上下の短い支線は、子ども線とも呼ばれ、支線がたくさん出ている人は子宝に恵まれることを暗示します。

TYPE D

➡P176

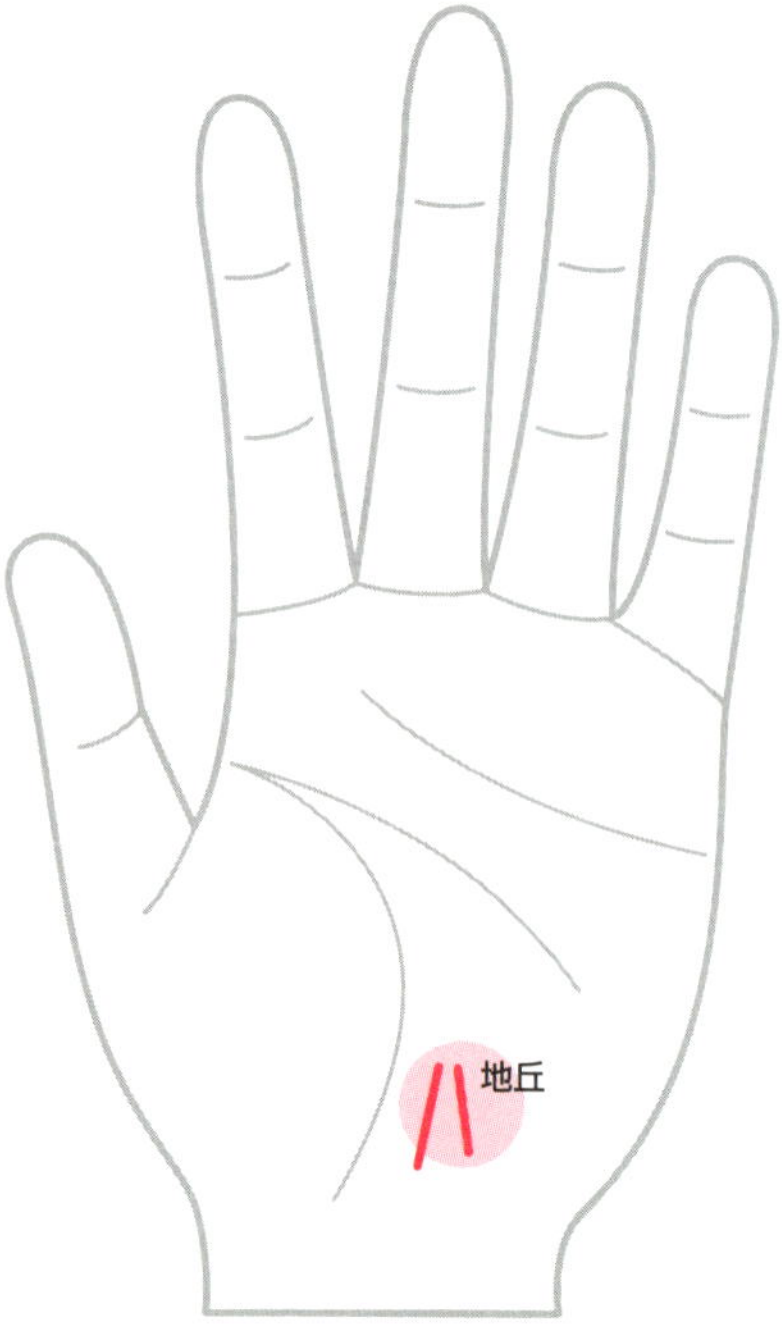

地丘に縦線が出る

手首上部の地丘エリアから、立ち上がる縦線があると、先祖と縁が深い家系の流れをくむ傾向を示します。長さは問いません。

TYPE E

➡P178

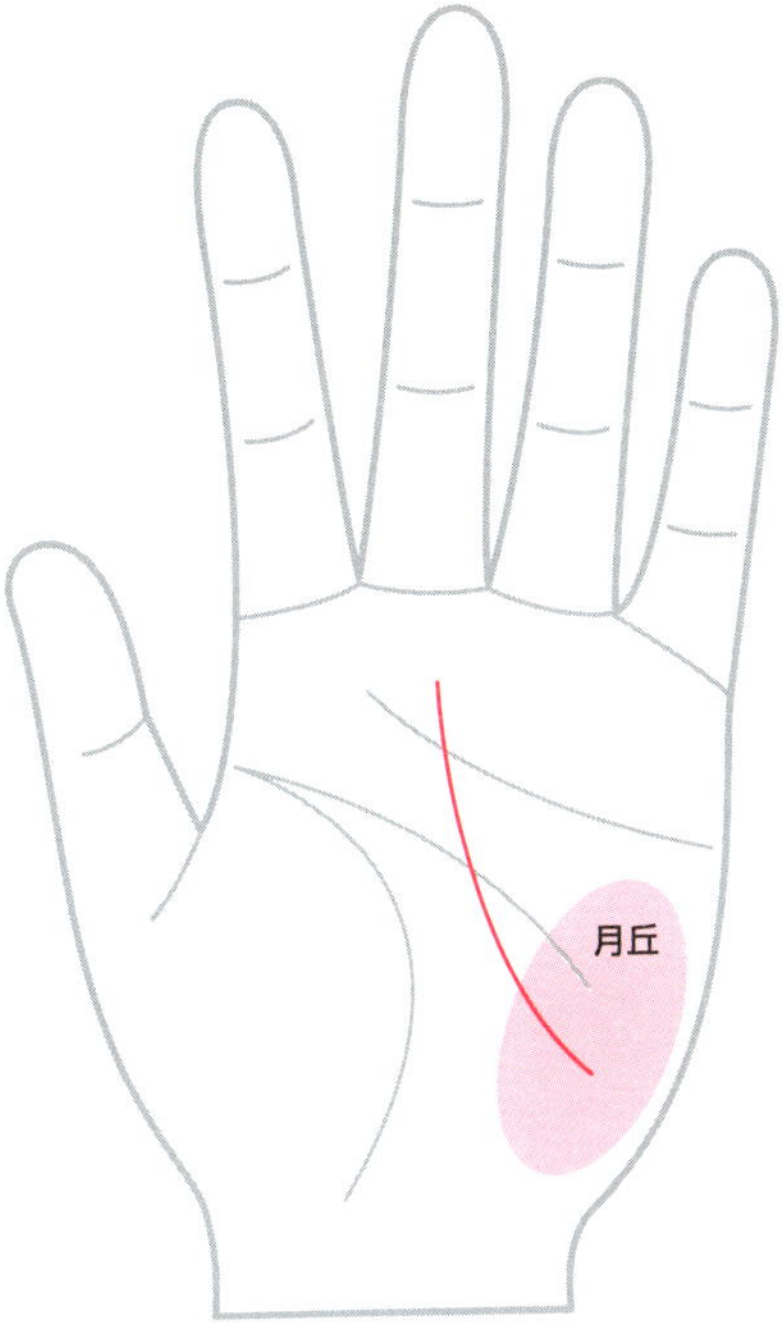

運命線が薄くて月丘から出る

運命線が小指下の月丘から出発する人は、実家や地元から離れるとイキイキします。線の薄さは協調性があることを示します。

TYPE F

➡P180

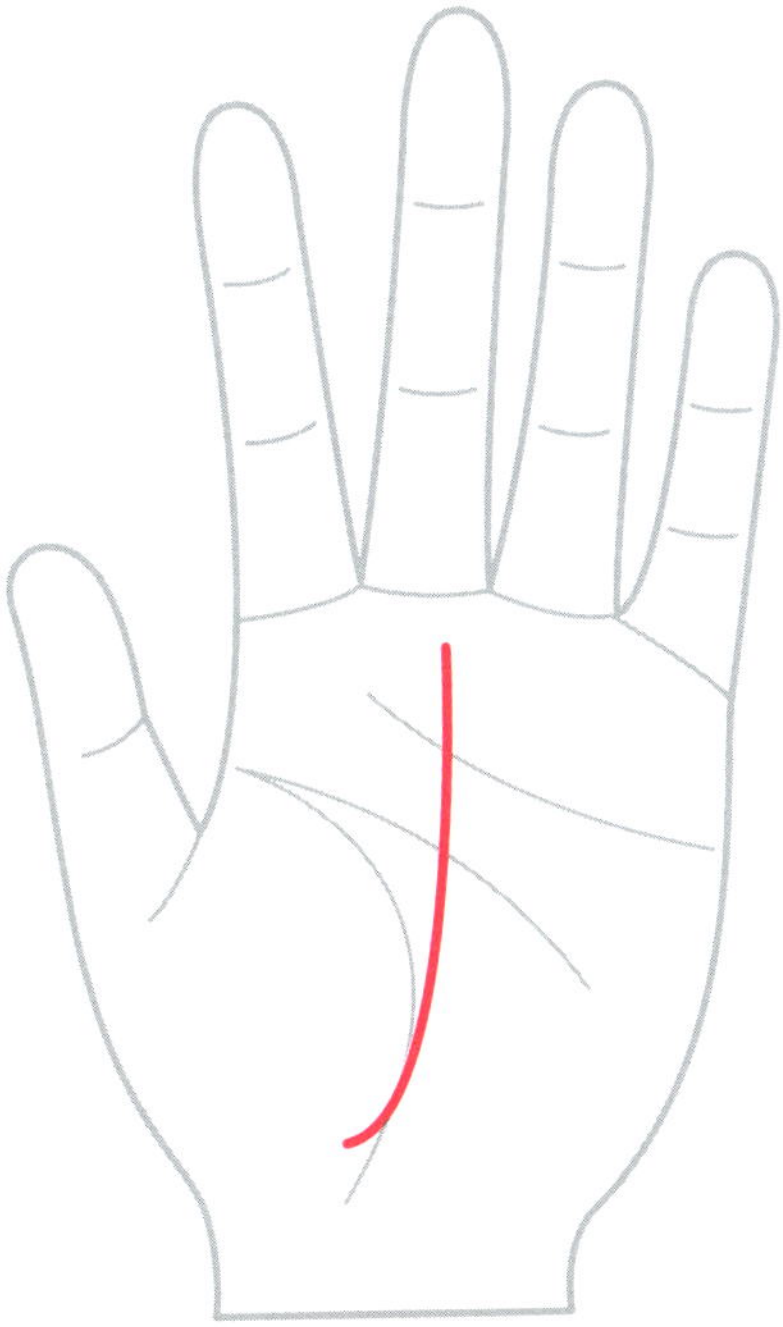

運命線が生命線内側から出る

運命線が生命線内側から出発すると、親と縁が深い跡取りタイプです。濃く出ていると、家庭内で主導権を握る傾向があります。

TYPE G

➡P180

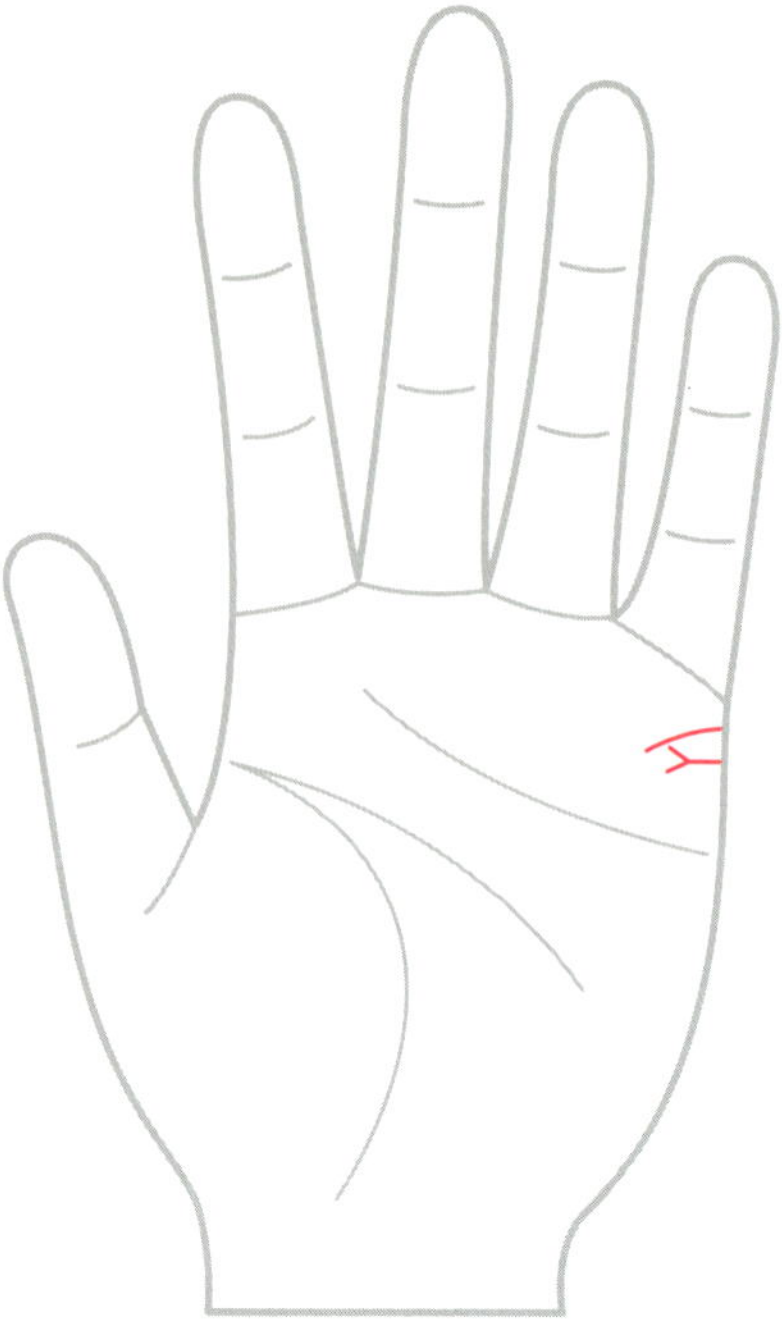

結婚線が2股または下降する

結婚線が2股に分かれたり下降したり複数ある人は、結婚生活が不安定で、家庭にトラブルが起こりやすい傾向を示します。

TYPE **H**

➡P182

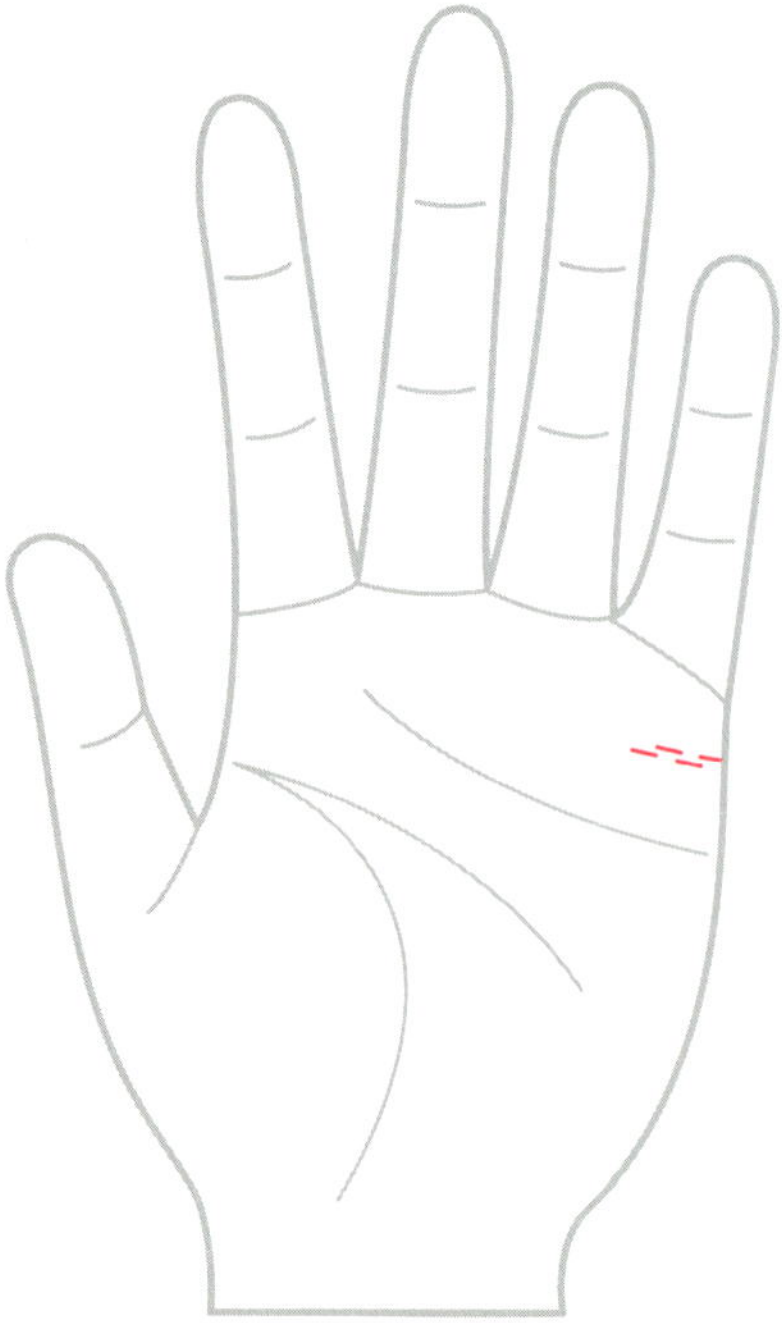

結婚線がキレギレの細い線

結婚線がキレギレで細い人は、気分にムラがあり、家庭に向けるエネルギーが欠如する傾向にあり、家庭運が不安定です。

TYPE **I**

➡P183

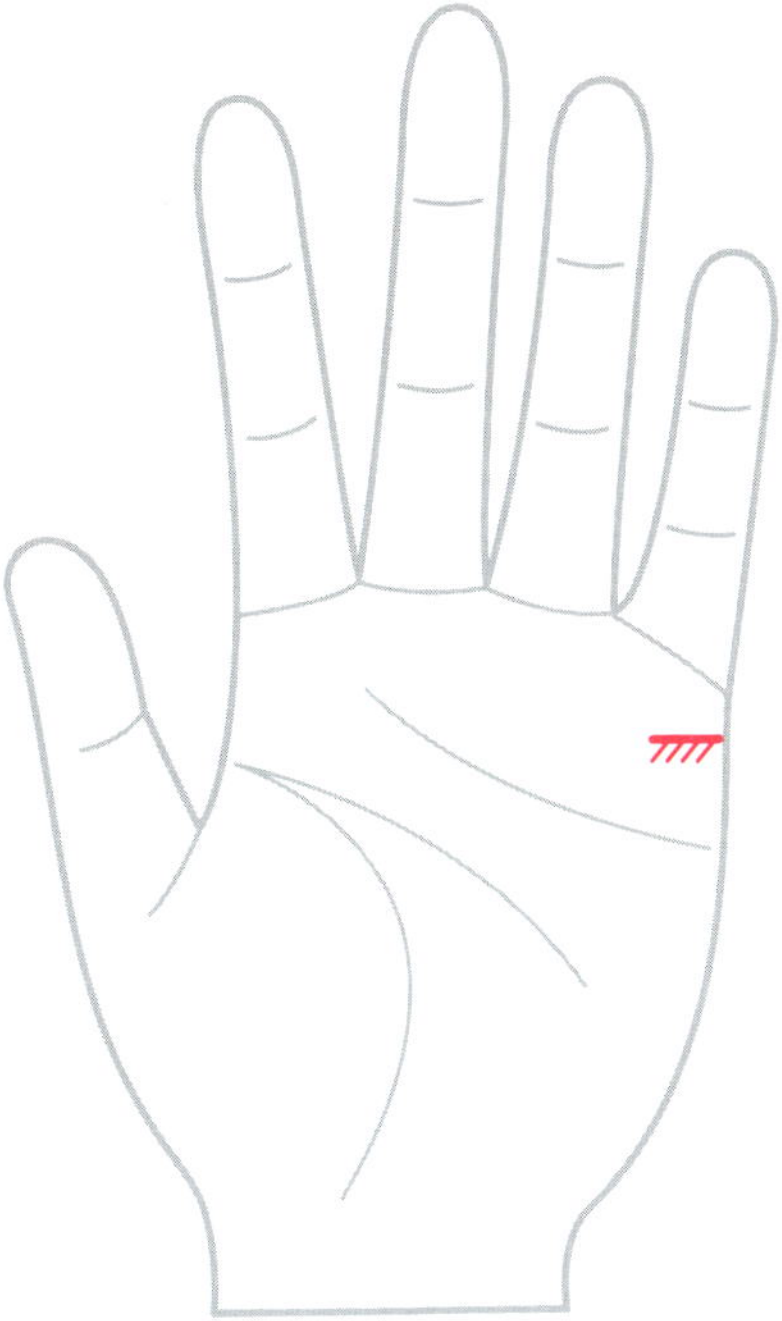

結婚線に下向きの支線

結婚線に下向きの支線が目立つ人は、パートナーが頼りにならないなど、家庭生活に苦労しやすいタイプです。

TYPE J

➡P184

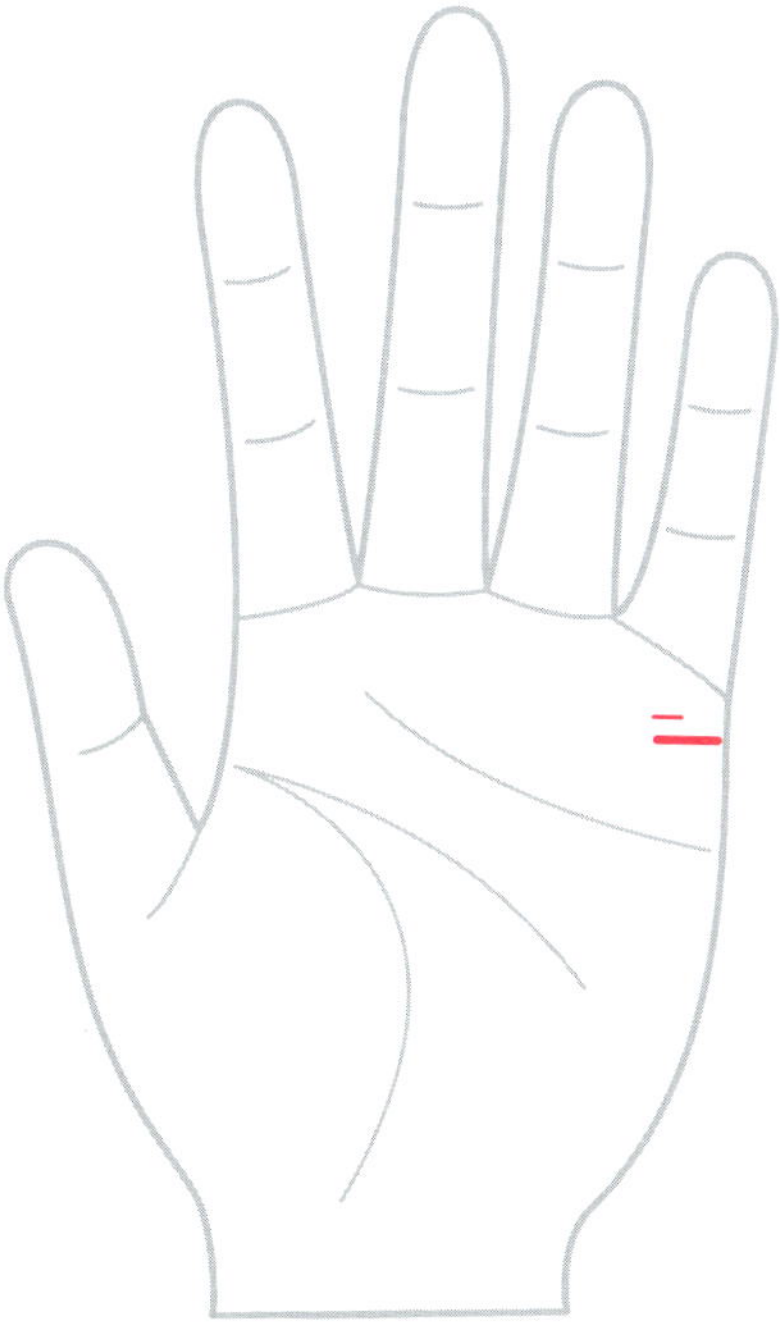

結婚線の上か下に短く細い線

結婚線の上か下に短く細い線が出ている人は、結婚相手以外にアプローチされる暗示です。浮気や不倫願望を表します。

TYPE K

➡P185

夫婦円満！

家庭安泰タイプ

手相の見方

運命線を支える斜めの線が生命線側から出ている場合、先祖や身内に支えられる縁が強く、温かい家庭を築くことができるでしょう。また、女性の場合は、運命線が薄いと、夫や家族に合わせる性質で、離婚しにくく円満傾向です。

結婚線が1本スッキリと長く伸びている人は、誠実な愛情の持ち主。安定した結婚を求めて努力することの表れであり、仲のよい夫婦生活が送れます。

金星丘に大きめの縦横の格子線（⬇P22）が複数表れている人は、愛情豊かで、優しく気配りのできる人。温かい夫婦生活を営んでいけるでしょう。

さらに、太陽線が長く下降せず感情線の上部だけにハッキリ出ていると、堅実な性格を表します。老後が安泰で、家族や身近な人たちに恵まれて平穏に暮らせるでしょう。

このタイプの特徴

穏やかで、思いやりがあるタイプ。基本的に人に優しく、家庭においても波乱は少なく、愛情にあふれたおしどり夫婦になれます。

運気アップのポイント

配偶者や家族を大切にすることで、自分自身も安定します。結婚線がキレイな状態のうちは、相手と向きあって話しあうことで、ほとんどの問題は解決するでしょう。

金星丘に縦横の格子線が多い人は、博愛的で優しい反面、八方美人な面も。他の異性に優しくしすぎて、思いもしない誤解を招いたり、嫉妬をかわないよう気をつけましょう。

開運のためのアドバイス

運命線が濃く出ているリーダータイプと、相手を受け入れることができる薄いタイプの組み合わせは相性が抜群。おたがいに補いあえる関係なので、自分と違う相手の気質を認めることにより家庭は安泰です。

金星丘に格子線

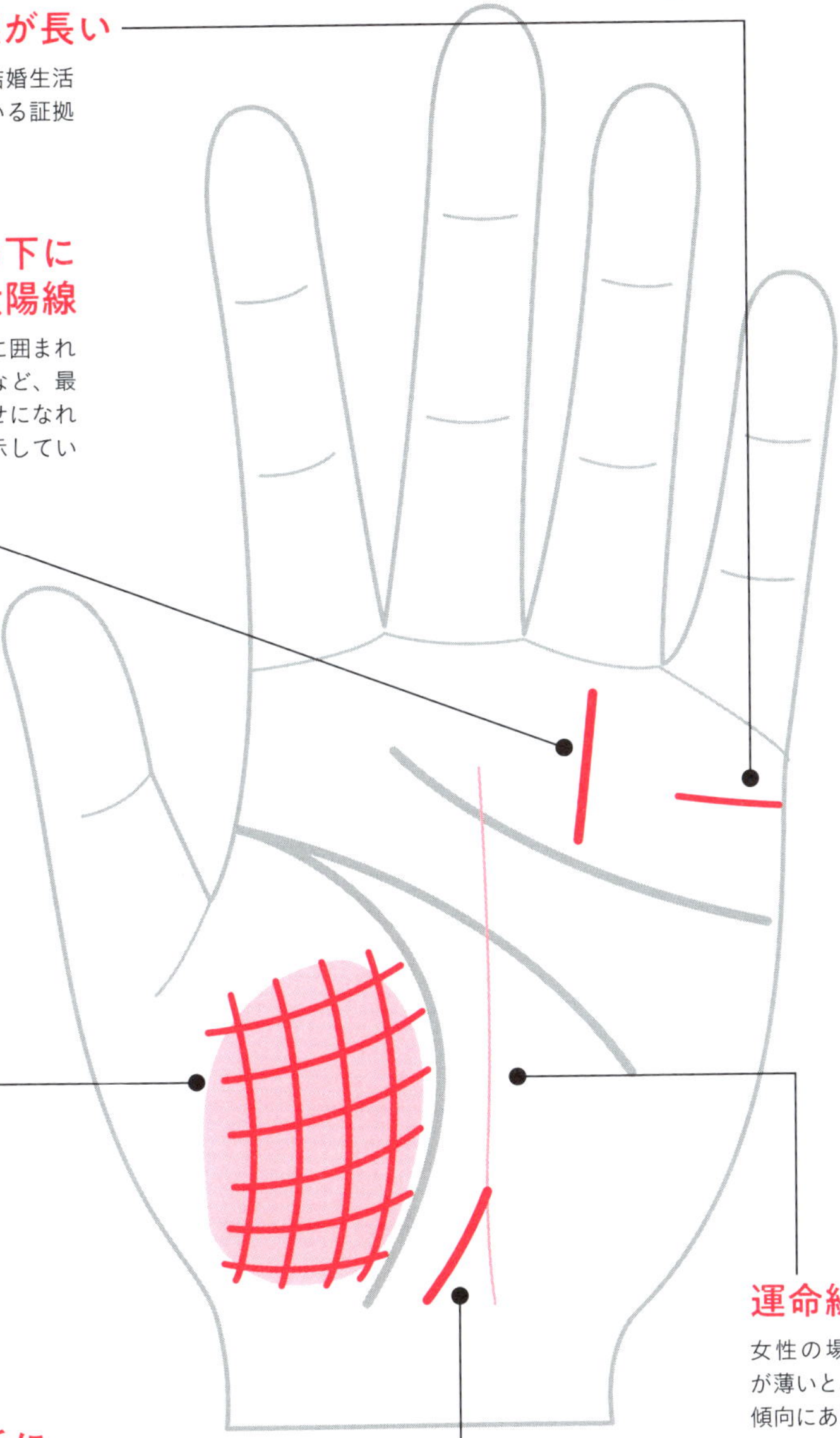

結婚線が長い

安定した結婚生活が送れている証拠です。

薬指の下に出る太陽線

老後家族に囲まれて暮らすなど、最終的に幸せになれることを示しています。

運命線が薄い

女性の場合は運命線が薄いと、家庭円満の傾向にあります。

金星丘に格子線がある

金星丘に格子線がたくさん出ていると、愛情に溢れていることを表します。

運命線を支える斜めの線

運命線を支える線が、生命線側から出ていると、先祖の縁が強くよい家庭が作れます。

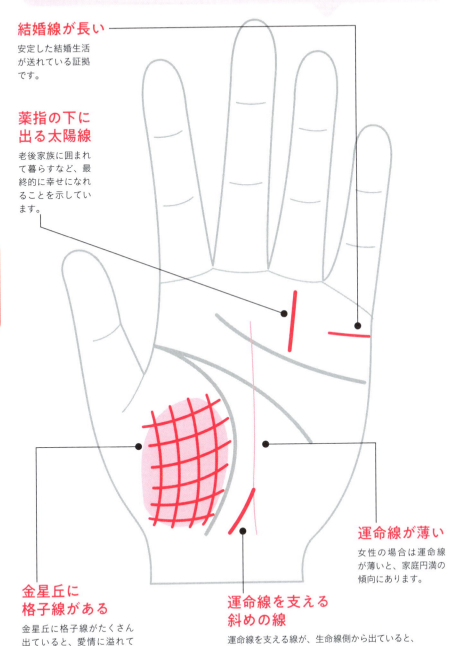

出世や成功が手に入る
結婚を機に運気があがるタイプ

手相の見方

人気や成功運を意味する太陽丘。その太陽丘まで結婚線が、長く伸びている人は、名実ともに豊かな結婚・家庭運の持ち主です。ただし、太陽丘を越えると、家庭運は少々波乱傾向です。

月丘から長い影響線（⬇P14）が伸びていて、運命線に合流したところより上部の運命線が濃くなっているのは、思いがけないところでよい出会いに恵まれ、結婚を機に運気が強まるしるしです。

また、運命線が生命線中部の内側から出発して伸びている場合、才能を認めてサポートしてくれる人との

運命的な出会いを表します。

このタイプの特徴

もともと自分が主役でいたい性格で、よりよい人生のための努力を惜しみません。それを応援してくれる仲間やパートナーに恵まれるということです。

結婚線が太陽丘まで届くほどの長さの人は、経済面、愛情面ともに恵まれ、周囲の信頼を得て幸せな家庭を築くことができます。玉の輿《こし》に乗れるチャンスも大きそう。

運気アップのポイント

運命線に影響線が合流し、その部分より上部の運命線が濃くなっている人は、自分の運命に関わってくる他人によって運気が活性化するということなので、パートナーや出会った人を大切にすることを忘れてはいけません。人間関係に恵まれているので、知人からの紹介やお見合いでも、運気アップのチャンスをつかめます。

開運のための アドバイス

恵まれた結婚・家庭運の持ち主。物質面でも精神面でも豊かな生活を送れるでしょう。パートナーに限らずサポートしてくれる人たちとの出会い運がよいので、自分を磨いて行動範囲を広げていくようにしましょう。

結婚線が長い

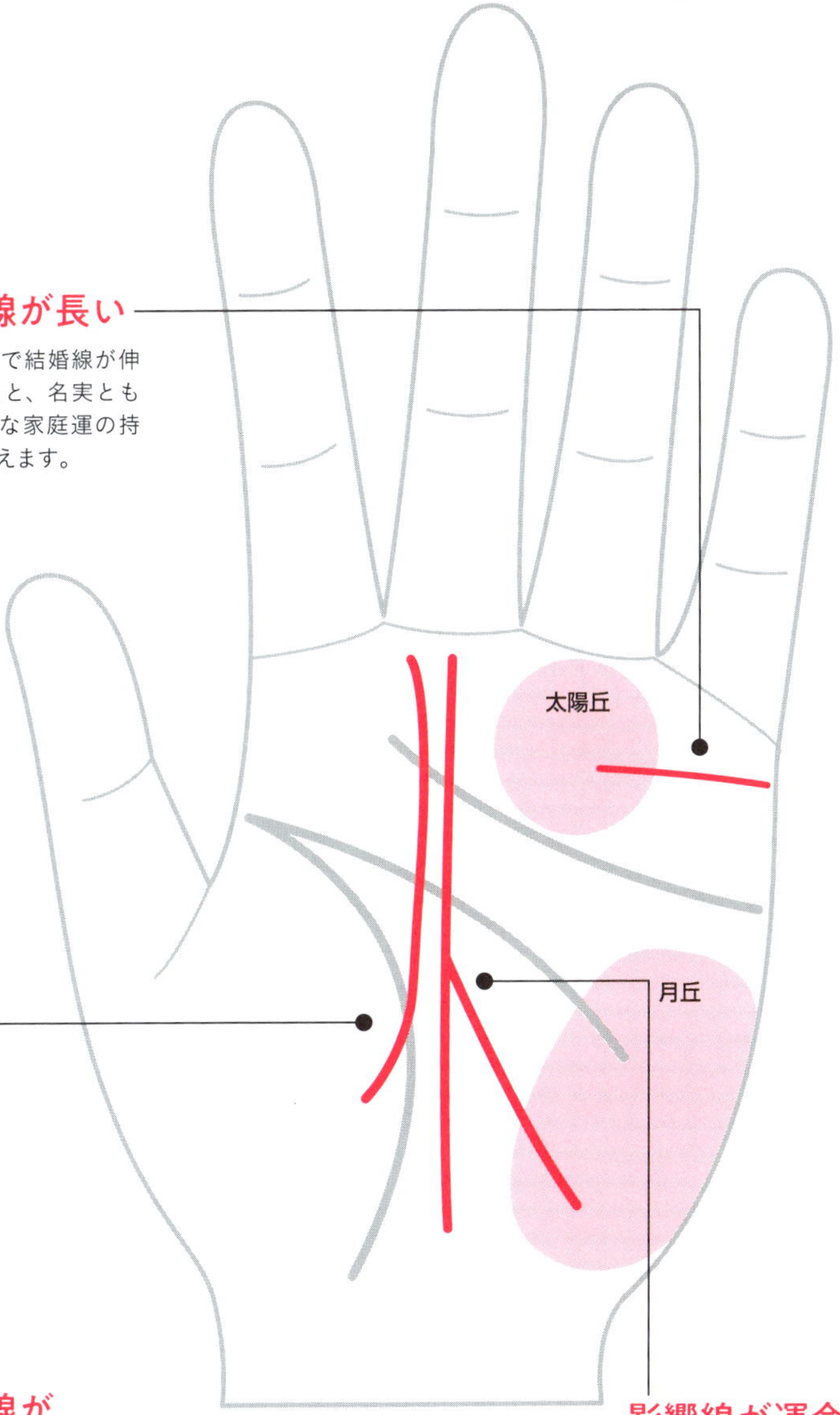

結婚線が長い

太陽丘まで結婚線が伸びていると、名実ともに、豊かな家庭運の持ち主といえます。

運命線が生命線中部の内側から伸びる

才能を認めてバックアップしてくれる人と出会える暗示。

影響線が運命線へ合流している

特に影響線が合流した箇所から運命線が濃く上昇している場合、結婚により運気がアップします。

4 家庭

いわゆる良妻賢母！

家庭を守るタイプ

手相の見方

感情線がカーブし、終点が人差し指と中指の間に入り込んでいる人は、温かみのある人柄で、家族や身内を大事にします。男性ならマイホームパパ、女性なら良妻賢母タイプ。生真面目なところもあります。

また、金星丘が発達していて厚みがある人は愛情豊か。世話好きで家庭を大切にする性格です。

生命線の末端が弧を描いて親指側に巻き込んで伸びている人も、愛情深い性格。安定した生活を望み、家族とのつながりを大事にし、地に足のついた生活を営みます。舅《しゅうと》や姑《しゅうとめ》との同居も受け入れることができる家庭的でしっかりした人です。

四角いツメの人は、実直で常識的な考え方の持ち主なので、堅実な家庭を作っていきます。

知能線と感情線の間に神秘十字線（➡P14）が表れている人も、慈悲深く、周囲の人の面倒を献身的にみるタイプです。

このタイプの特徴

非常に家庭的で、律儀で常識的な人。身内の面倒見がよく、親戚付き合いも自然にできるので、姑《しゅうとめ》にも可愛がられるでしょう。ただ、好き嫌いがハッキリしていて、嫌いなタイプの人のことはシビアに批判するようなところも。

運気アップのポイント

結婚を機に家庭中心の生活にして、配偶者をサポートするのが自然。家族の幸せを自分の幸せと受けとめる人なので、家族の成長を見守りながら自分の時間も大切にして過ごすことで充実感を得られるでしょう。

開運のためのアドバイス

常識的かつ保守的で、伝統を重んじる古風なタイプで、潔癖なところもあります。このタイプは、折々の季節の行事や親戚づきあいなどを大切にすると、家族の絆がより深まるでしょう。ただし無理しない程度で！

感情線が人差し指と中指の間に入り込む

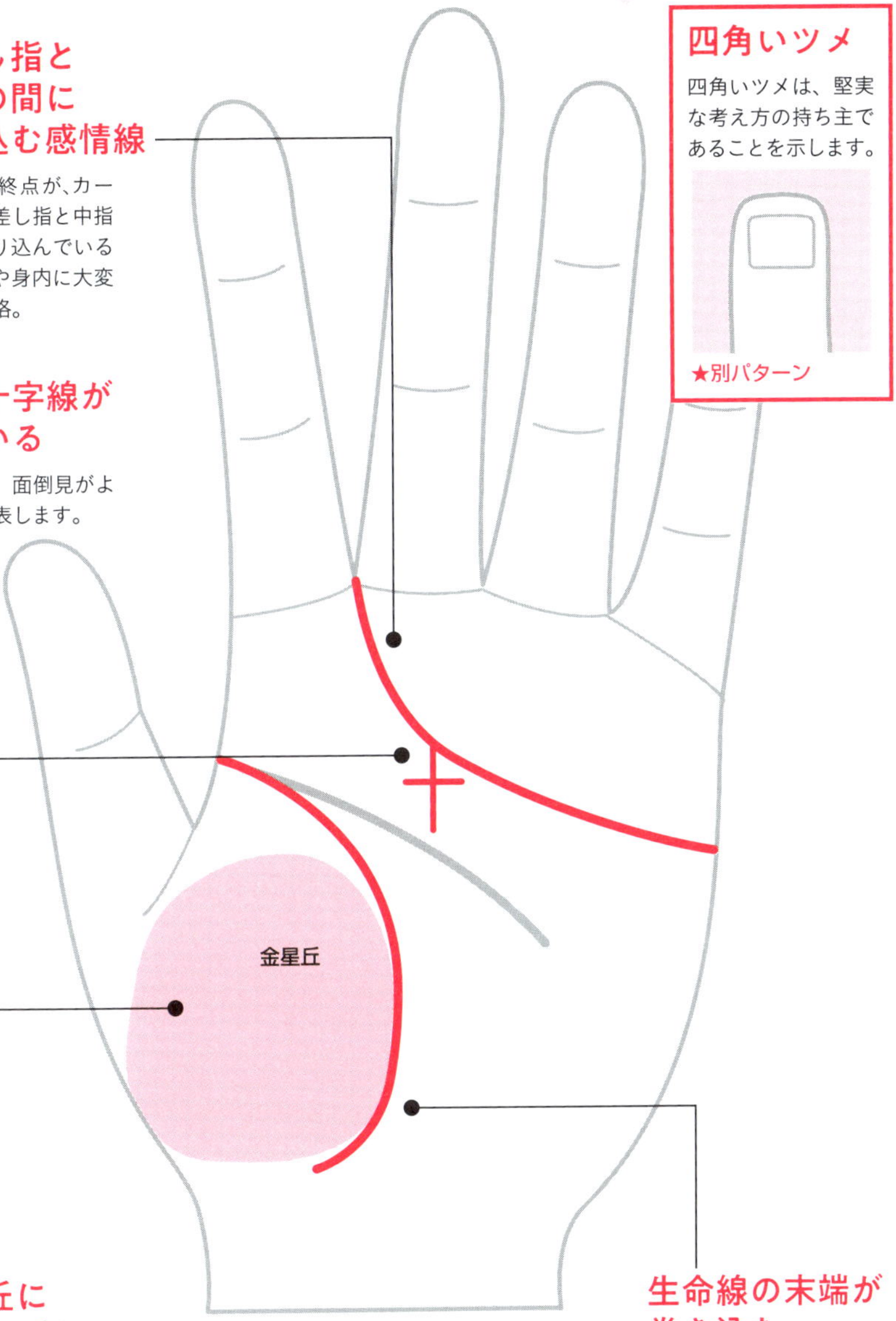

人差し指と中指の間に入り込む感情線

感情線の終点が、カーブして人差し指と中指の間に入り込んでいると、家族や身内に大変温かい性格。

神秘十字線が出ている

慈愛深く、面倒見がよい人柄を表します。

四角いツメ

四角いツメは、堅実な考え方の持ち主であることを示します。

金星丘に膨らみがある

金星丘が膨らんでいる人は世話好きで、温かいハートの持ち主です。

生命線の末端が巻き込む

生命線の末端が、親指側に巻き込むように入り込んでいる人は、安定を望み、家庭を大切にするタイプ。

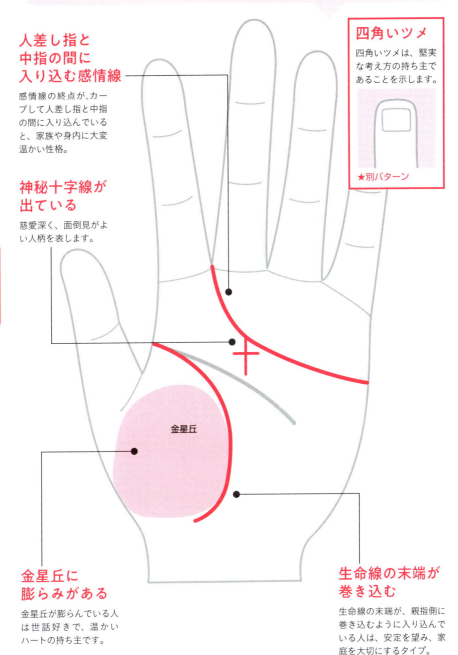

子どもの人数をみる！

子宝に恵まれるタイプ

手相の見方

生命線がハッキリ伸びて、金星丘の面積が広く、膨らんでいる場合、生命エネルギーにあふれ、子孫繁栄能力に恵まれた人です。よって、子どもをたくさん授かる可能性が高いと言えます。

また、感情線の始点に支線が多く表れている場合、子どもを産む準備が整っている状態で、子宝に恵まれやすいでしょう。子孫繁栄能力旺盛で、多くの子どもを授かる縁があります。

結婚線も生殖本能に関係しており、線がない人より濃い人のほうが、生殖本能が強いとみます。

さらに、親指の付け根の関節が鎖状のファミリーリングになっていて、パートナーの金星丘の膨らみが大きい場合は、子宝に恵まれるでしょう。

このタイプの特徴

金星丘の膨らみが大きい女性は、母性本能が強く愛情豊富で、体力もあるので、育児ノイローゼなどになりにくく、工夫しながら子育てができるでしょう。

小指が曲がらず、真っ直ぐ伸びている人は安産タイプです。

運気アップのポイント

将来を見据えた出産計画も必要です。逆に、金星丘の膨らみや面積が小さく子どもを授かるには体力が乏しい場合は、バランスのとれた食事と十分な睡眠をとり、基本的な体力作りを心がけましょう。手のひら全体に細かいシワが目立つ場合は、冷え性の傾向があるので、子宝を望むなら体を温めて。

開運のためのアドバイス

小指が短いか変型している人は、妊娠しにくかったり、流産しやすい傾向があるとされます。このタイプの場合、妊娠時は夫婦でともに助けあい、絆を深めていきましょう。専門医の力も借りて現実的に対処して。

金星丘の膨らみが大きい

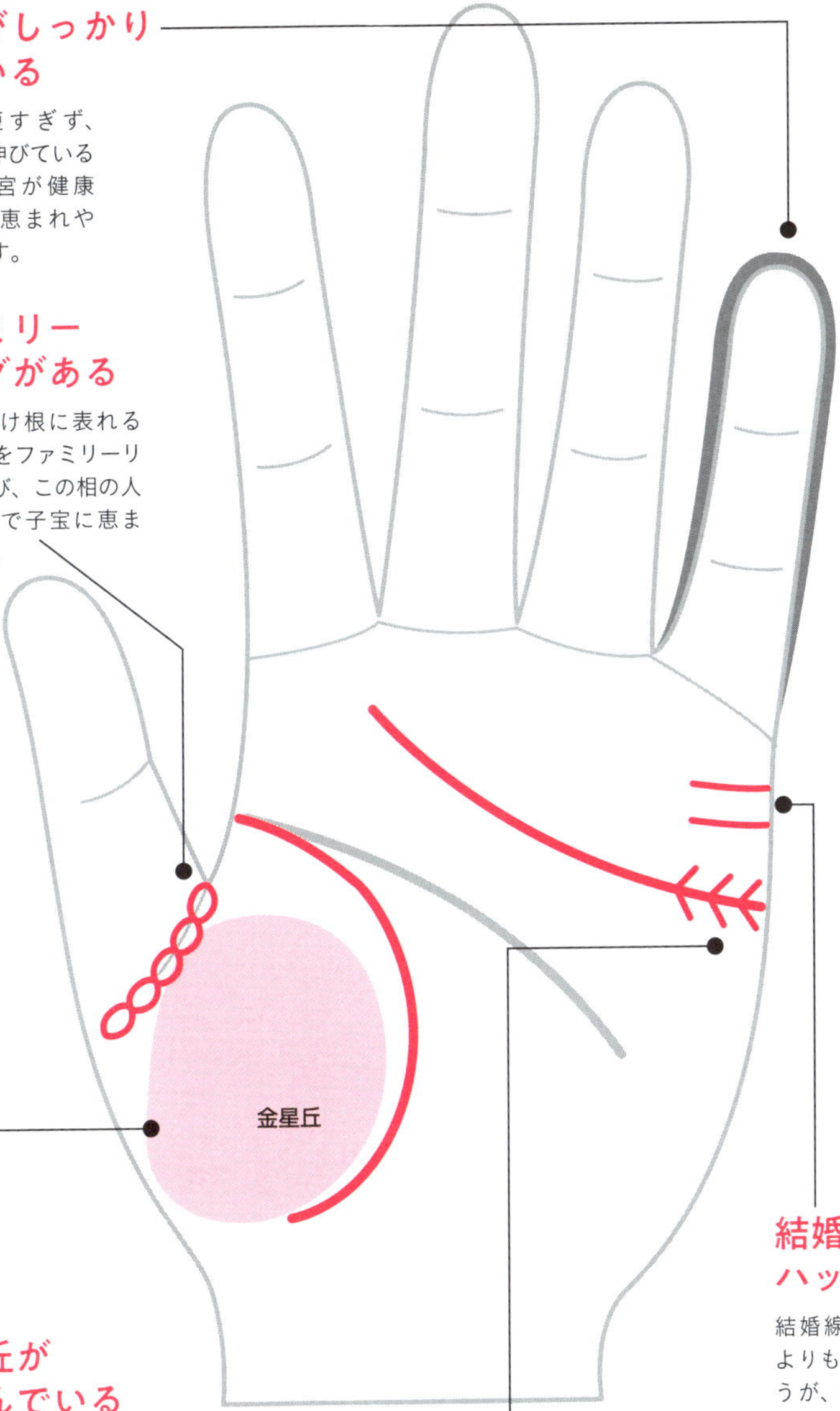

小指がしっかりしている

小指が短すぎず、まっすぐ伸びている人は、子宮が健康で子宝に恵まれやすい人です。

ファミリーリングがある

親指の付け根に表れる鎖状の線をファミリーリングと呼び、この相の人は家庭的で子宝に恵まれる傾向。

金星丘が膨らんでいる

生命線がハッキリ表れ、金星丘の面積が広く膨らんでいるほど、生命エネルギーに満ちあふれていることを表します。

感情線の出発点に支線が複数出ている

感情線の出発部分に支線が目立っている人は、子宝に恵まれやすいことを意味します。

結婚線がハッキリ

結婚線は、ない人よりもある人のほうが、子宝に恵まれやすい傾向。

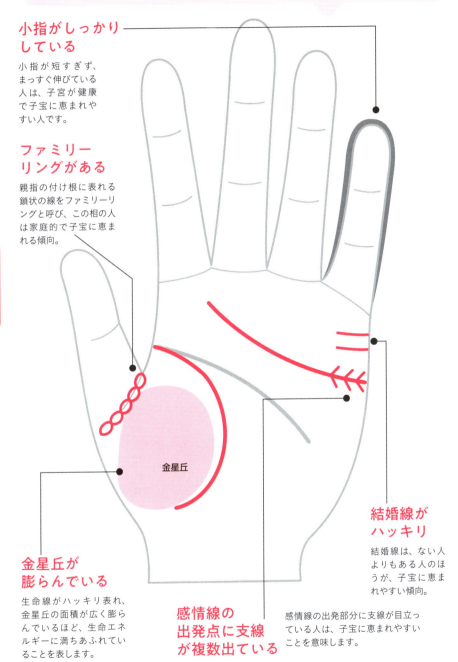

素晴らしい子を授かる！

才能ある子どもに恵まれるタイプ

手相の見方

感情線が長く、終点が人差し指の下のエリアにすこし入っている人は、家庭的な愛情の持ち主です。バランスのよい愛情を子どもに捧げることができ、子どもがのびのび育ちます。

また、小指が細すぎず、薬指の第一関節を越える長さで、水星丘もふっくらしていると、頭のよい子に恵まれやすい相です。夫婦どちらかがこの相であれば、子どもに恩恵がもたらされるでしょう。

生命線の内側の金星丘が大きく膨らんでいる人は、生命エネルギーにあふれ、子孫繁栄能力に恵まれているので、丈夫な子どもを授かりやすいでしょう。

手首の上の地丘部分から縦に立ち上がる線が出ている場合、先祖と縁が深く、家系を盛りたてる運勢の暗示。よい跡取りを産み育てる、子孫繁栄の相といわれています。

このタイプの特徴

実に愛情深く、経済観念もしっかりしたやりくり上手で家庭的なタイプです。精神的にも強く、子どものために力を尽くし、きちんとした教育ができる人です。女性の場合は、母性本能が強く、子どもの才能をつぶすことなく、たくましく育てていきます。

運気アップのポイント

才能や知恵のある子どもに恵まれる相です。その才能をおおらかな愛情で伸ばしてあげましょう。先祖との縁が深いタイプなので、先祖への感謝も常に忘れずにいることで、さらに運勢が上向きになるでしょう。

開運のためのアドバイス

愛情深いため、子どもに干渉しすぎたり、将来を案ずるがゆえに、教育熱心になりすぎたりすると逆効果になります。きゅうくつな思いをさせないように、子どものことを信用して、見守る姿勢も大事です。

小指が長く水星丘が発達している

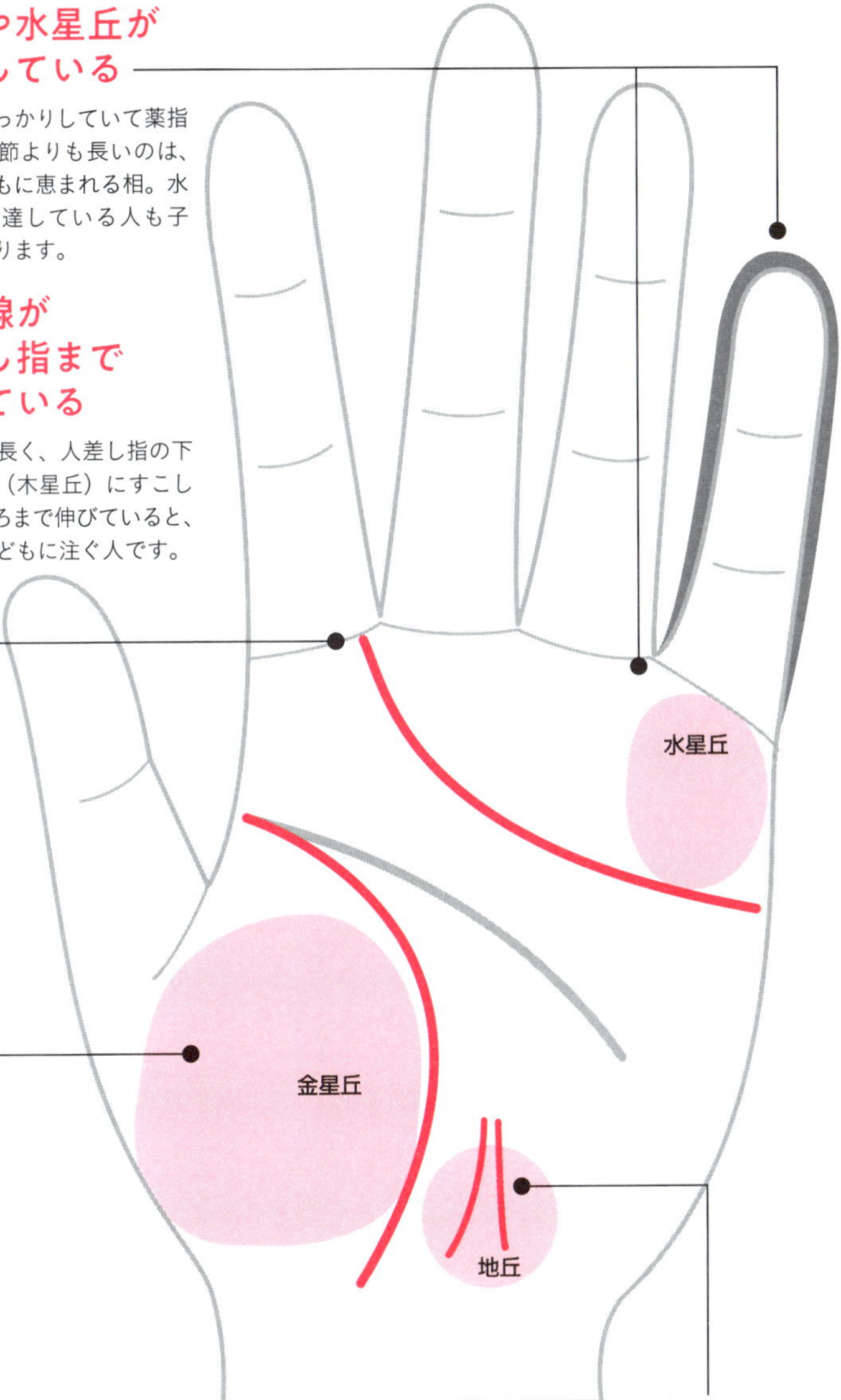

小指や水星丘が発達している

小指がしっかりしていて薬指の第一関節よりも長いのは、賢い子どもに恵まれる相。水星丘が発達している人も子宝運があります。

感情線が人差し指まで伸びている

感情線が長く、人差し指の下のエリア（木星丘）にすこし入るところまで伸びていると、愛情を子どもに注ぐ人です。

金星丘の膨らみが大きい

大きく膨らんでいるほど、生命エネルギーに満ちあふれた、深い愛情の持ち主です。

地丘から立ち上がる縦線

先祖や家系に縁が深く、子孫が繁栄していく運勢です。よい跡取りができる相です。

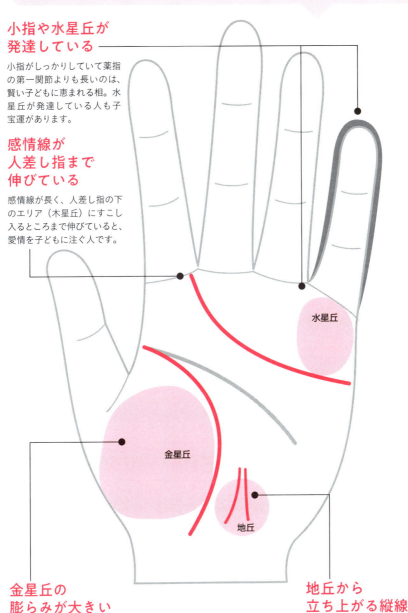

「婿入り」があっている！

マスオさんタイプ

手相の見方・男性の場合

運命線が月丘から伸びている手相は、実家や自分が育った家を離れ、新しい場所で生活していくほうが自然だという意味を表します。他人から受け入れられやすく、自分も他人の中になじみやすい人です。また、運命線が薄い場合、協調性があり、婿《むこ》養子に向くでしょう。

男性の感情線に下向きの支線が複数あり、感情線があまり上昇していないと、優柔不断ですが思いやりのある性格を表します。薬指の下に薄い太陽線が2、3本出ている場合も、人から信頼される前向きな性格を表します。

結婚線が1本ハッキリ出ている人や、感情線が人差し指と中指の間に入り込んでいる人も、家庭的で身内を大切にするタイプ。よき夫となるでしょう。

このタイプの特徴

人当たりがよく、争いごとを好まない穏やかな性格。婿養子になるなど、妻サイドのペースで物事が運ばれても違和感を覚えにくい、いわゆる「マスオさん」。家庭内の主導権は、自然と妻が握ることになります。

手相の見方・女性の場合

マスオさんを婿養子に迎える「サザエさん」タイプの女性は、運命線がマスオさんとは反対に、生命線の内側から出ていることが特徴。これは、親と縁が深く、親と同居したり、家系を継ぐ跡取り運であることを表します。また、運命線が生命線の終点近くから始まって生命線に沿うように伸びている場合も、親離れしにくいことを表します。

このタイプとの上手な付き合い方

マスオさんタイプの妻は、おとなしい夫でも立てたほうが家庭円満になります。夫には口には出さない感情もあります。特に人前では、夫の立場を尊重してあげましょう。穏やかな性格に甘えて、我がままを言いすぎないように。

薄い運命線が月丘から

男性

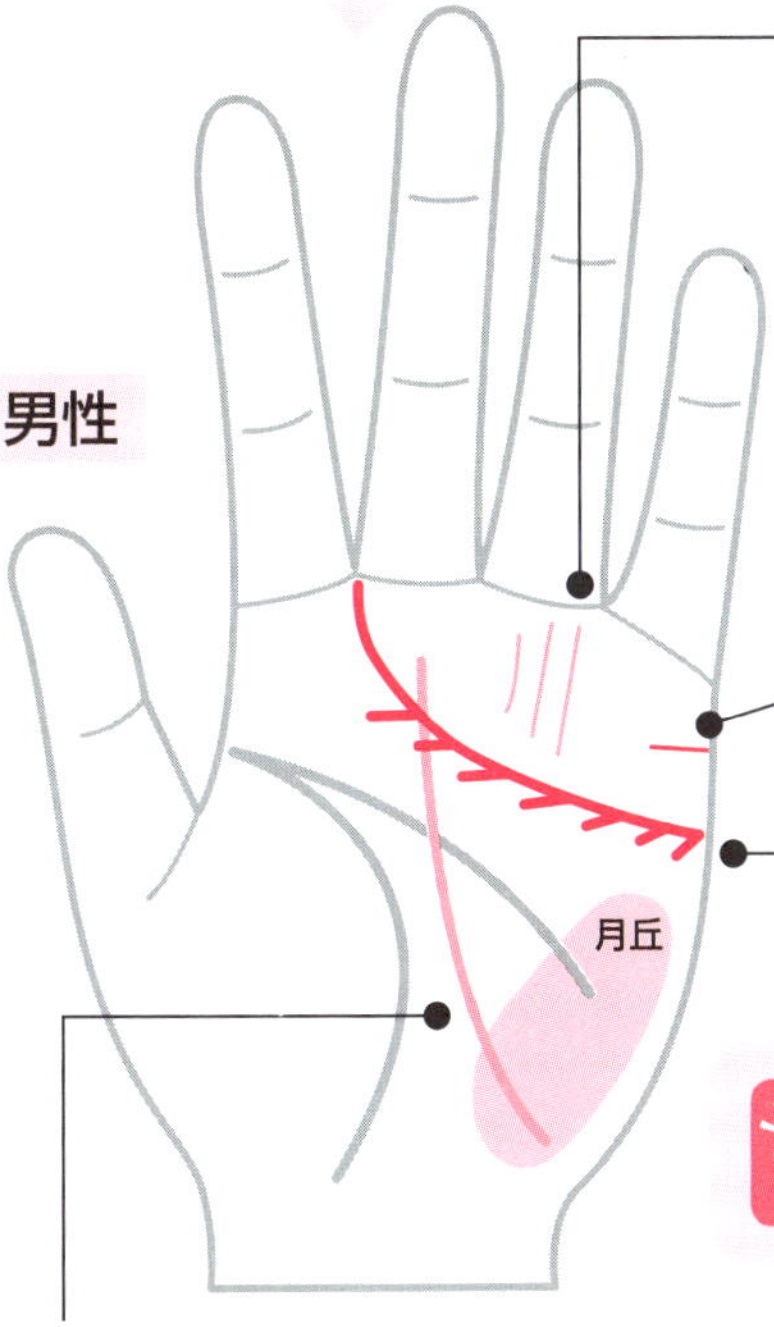

薄い太陽線

2、3本の薄い太陽線が出ている場合、穏やかで前向きな思考を表します。

結婚線が1本ハッキリ出ている

家庭の安定を望み、よい結婚をするタイプです。

感情線から下向きの支線が出ている

下向きの支線がたくさんある人は、思いやり深いけれど、愛情面では受け身な人です。

薄い運命線が月丘から出ている

自我が強くなく、家を離れる縁の人。他人とやっていける協調性もあります。

運命線が濃く、生命線の内側から伸びている

女性

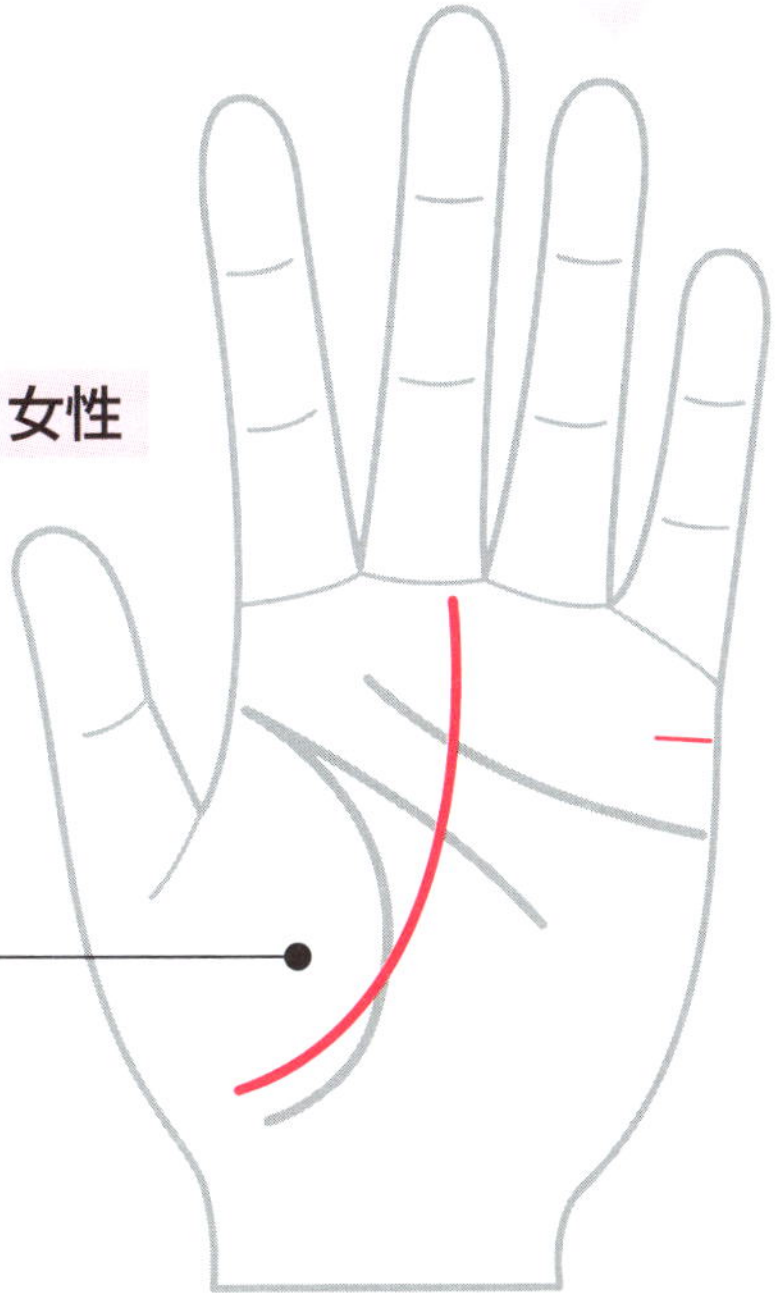

濃い運命線が生命線の内側から出ている

家を継ぐ運があり、親と暮らしたり配偶者を家に呼ぶタイプです。

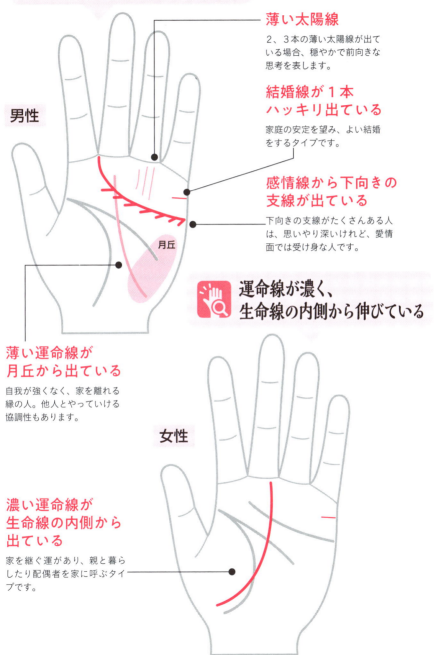

離婚しやすい相
バツイチになるタイプ

結婚線が複雑に入り組んでいる

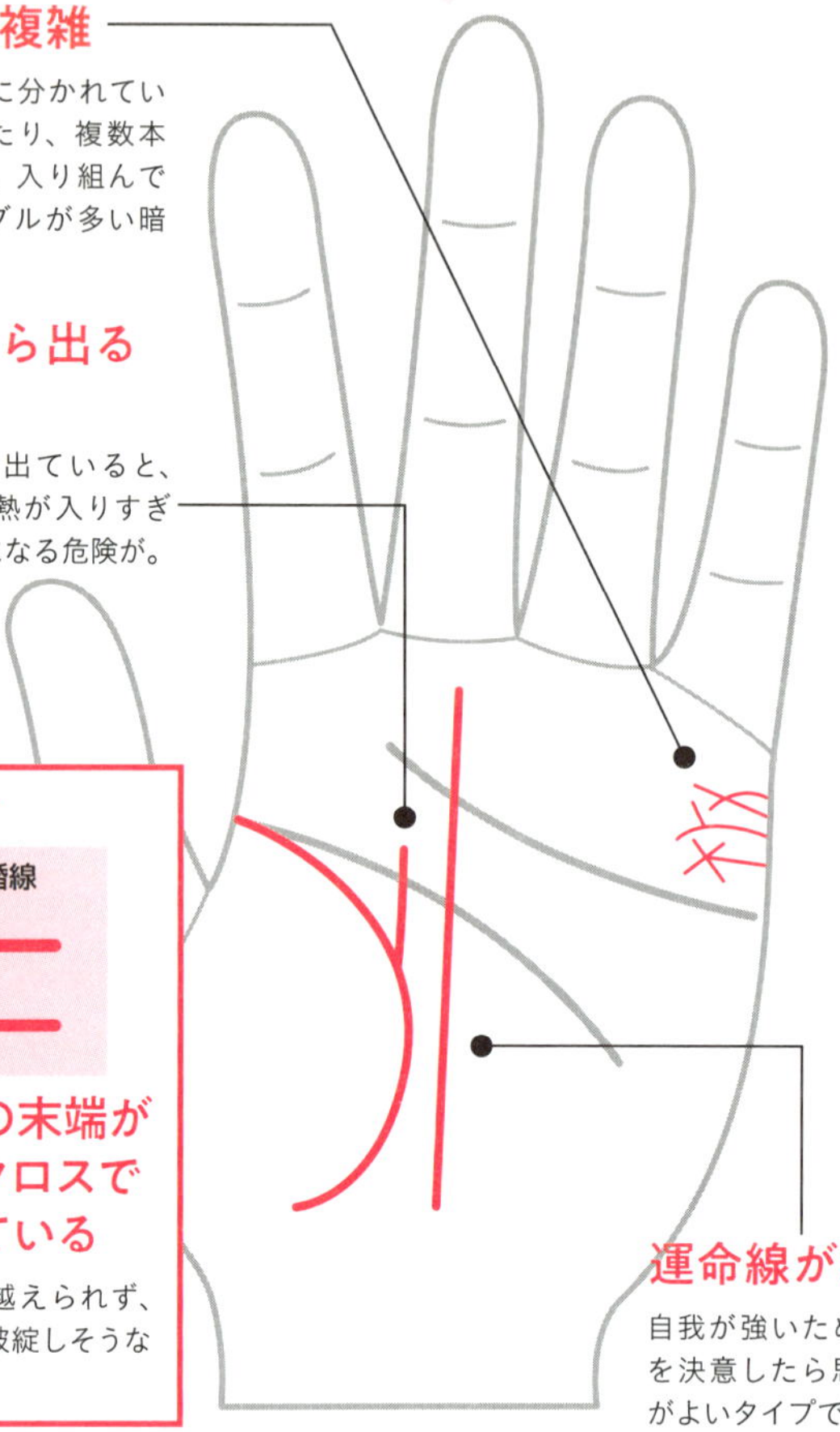
結婚線が複雑
結婚線が2股に分かれていたり、下降したり、複数本出ているなど、入り組んでいると、トラブルが多い暗示です。
生命線から出る向上線
長い向上線が出ていると、仕事や趣味に熱が入りすぎて、バツイチになる危険が。
運命線が濃い
自我が強いため、離婚を決意したら思いきりがよいタイプです。

★別パターン

結婚線

結婚線の末端がシマやクロスで終わっている

障害を乗り越えられず、結婚生活が破綻しそうな相です。

手相の見方

結婚線が複雑な場合、バツイチになりやすい傾向です。2股に分かれている場合は、夫婦が別々の道を歩むことを暗示し、シマなどの障害マークが出るとトラブルが発生。下降している結婚線は冷えた関係を表します。ただし考え方次第で離婚回避は可能です。

このタイプの特徴

特に女性の場合、向上線（⬇P14）や濃い運命線が出ている人は、離婚を考えると決断が早い傾向にあります。

開運のためのアドバイス

未婚で結婚線が複雑な人でも、結婚できないわけではありません。理想にこだわらず、お互いを束縛せず、マイペースで暮らせる相手を選んで。

もめ事ばかり！ ケンカが絶えないタイプ

結婚線に障害マーク

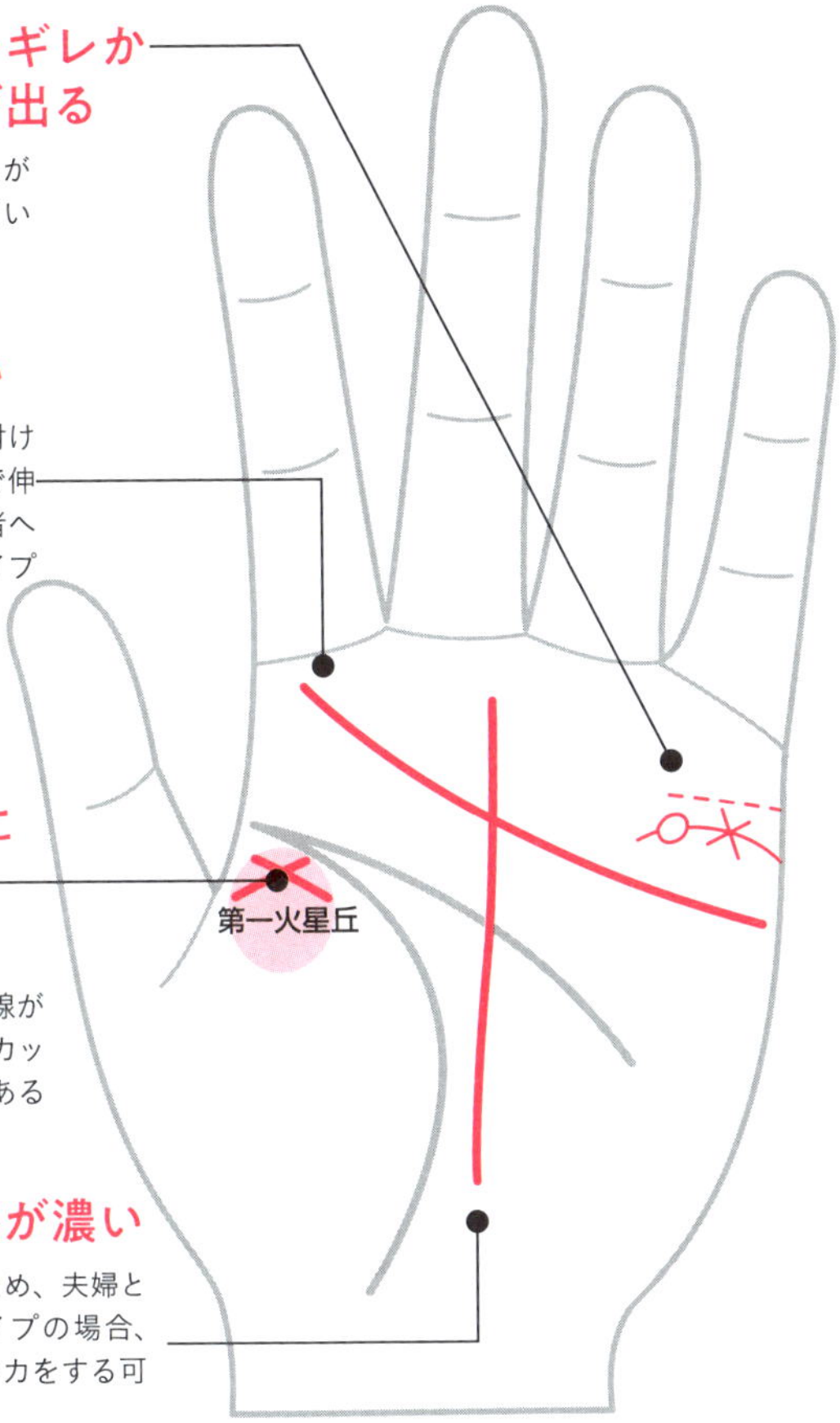

結婚線がキレギレか障害マークが出る

夫婦ゲンカやもめごとが起こることを暗示しています。

感情線が長い

感情線が人差し指の付け根の真ん中より先まで伸びている人は、配偶者への不満が出やすいタイプです。

第一火星丘に斜めの線が出ている

丘の部分に深く短い線が刻まれているのは、カッとしやすく攻撃力があることを表します。

運命線が濃い

我が強いため、夫婦ともこのタイプの場合、激しいケンカをする可能性も。

手相の見方

結婚線の途中にシマやクロスが表れていると、結婚生活に深刻な問題があり、夫婦ゲンカが多そうです。結婚線がキレギレになっている人は、「犬も食わない」という夫婦ゲンカをするタイプです。

感情線が人差し指まで長く伸びている人は、愛情が濃い反面、思い通りにならないと配偶者への不満を溜め込みやすいタイプです。

運命線が濃い人は自己主張が強く、第一火星丘の線も、闘争エネルギーを表すため、ケンカが勃発《ぼっぱつ》しそうです。

開運のためのアドバイス

ケンカは、貴重なエネルギーのムダ使い。相手の性質は変わらないと考え、受け入れる心を。趣味や仕事へ情熱を向けるのも効果的。

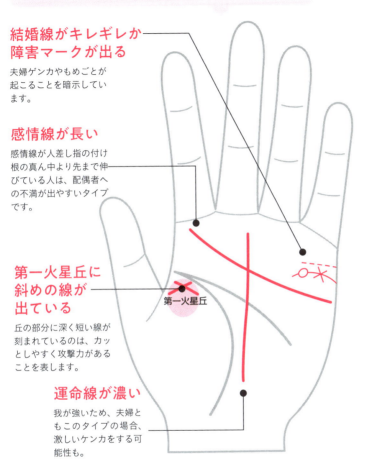

家庭問題でトラブル発生
舅・姑との関係に問題発生!?

反抗線が出る

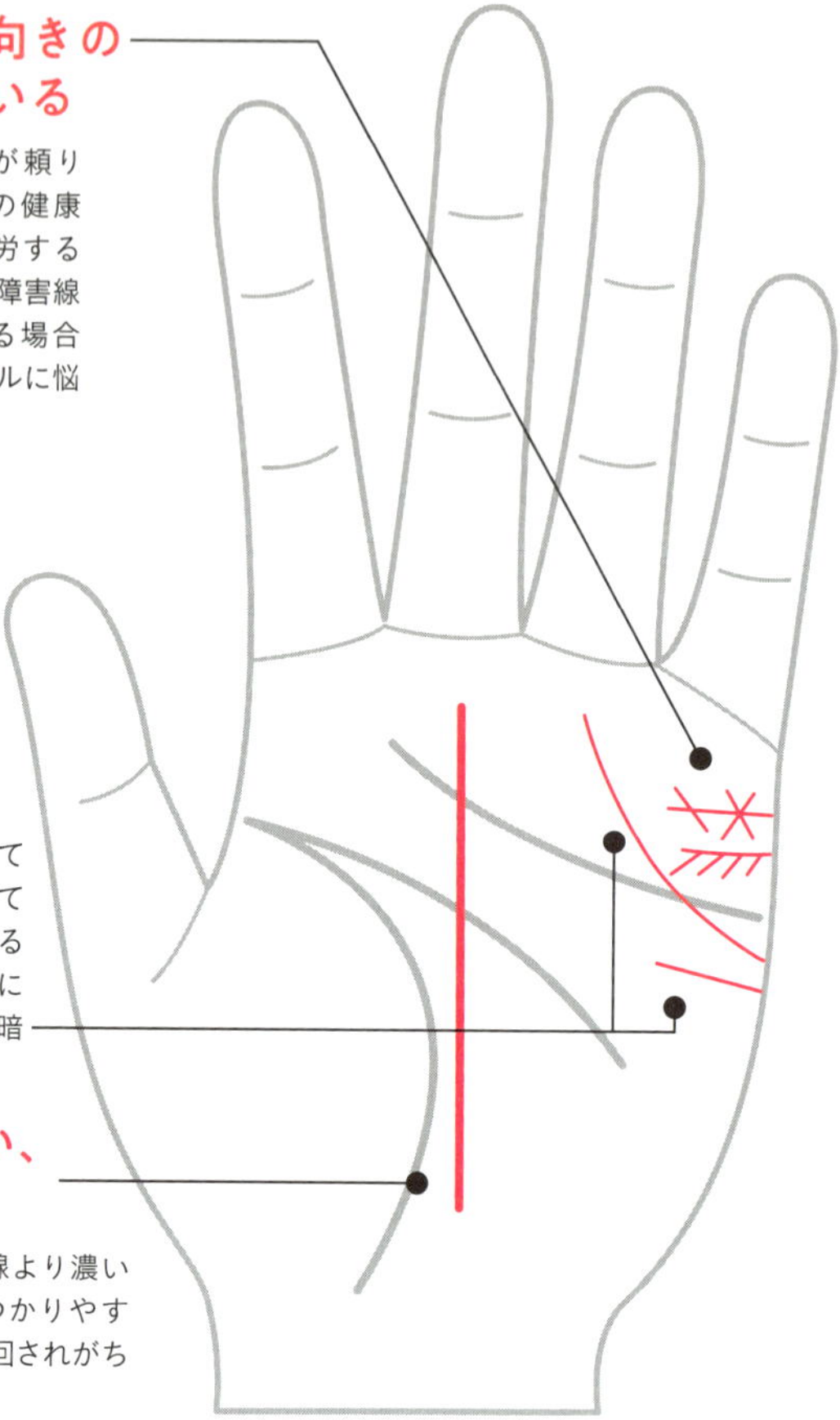

結婚線に下向きの支線が出ている

この場合、配偶者が頼りにならず、配偶者の健康面や身内問題で苦労するというサインです。障害線やクロスが出ている場合も、家庭内のトラブルに悩まされるでしょう。

反抗線か忍耐線が出ている

反抗線が真横に伸びているか、薬指へ向けて上昇する忍耐線がある人は、我慢する環境におかれていることを暗示。

運命線が濃い、または薄い

運命線が他の基本線より濃い場合、舅や姑とぶつかりやすく、薄い場合は振り回されがちになるでしょう。

手相の見方

結婚線に障害線（⬇P16）やクロスなどの障害マークが出ている場合、家庭内でのトラブル勃発の気配が。さらに、結婚線に下向きの支線がある場合は、舅《しゅうと》や姑《しゅうとめ》ともめても、配偶者が頼りにならず、苦労しそう。

感情線の下に反抗線（⬇P162）や忍耐線（⬇P16）が出ている人は、我を通したいタイプです。

嫌なことにも耐えられる性格ですが、我慢する環境におかれてしまうことも暗示しています。

開運のためのアドバイス

運命線の濃い人は、女性の場合、仕事を持ったほうがよく、運命線の薄い人は、協調性はあるが流されやすいので、冷静な人に相談することも必要。

浮気が結婚生活の大敵に！
不倫をする・されるタイプ

生命線に沿う情愛線が出ている

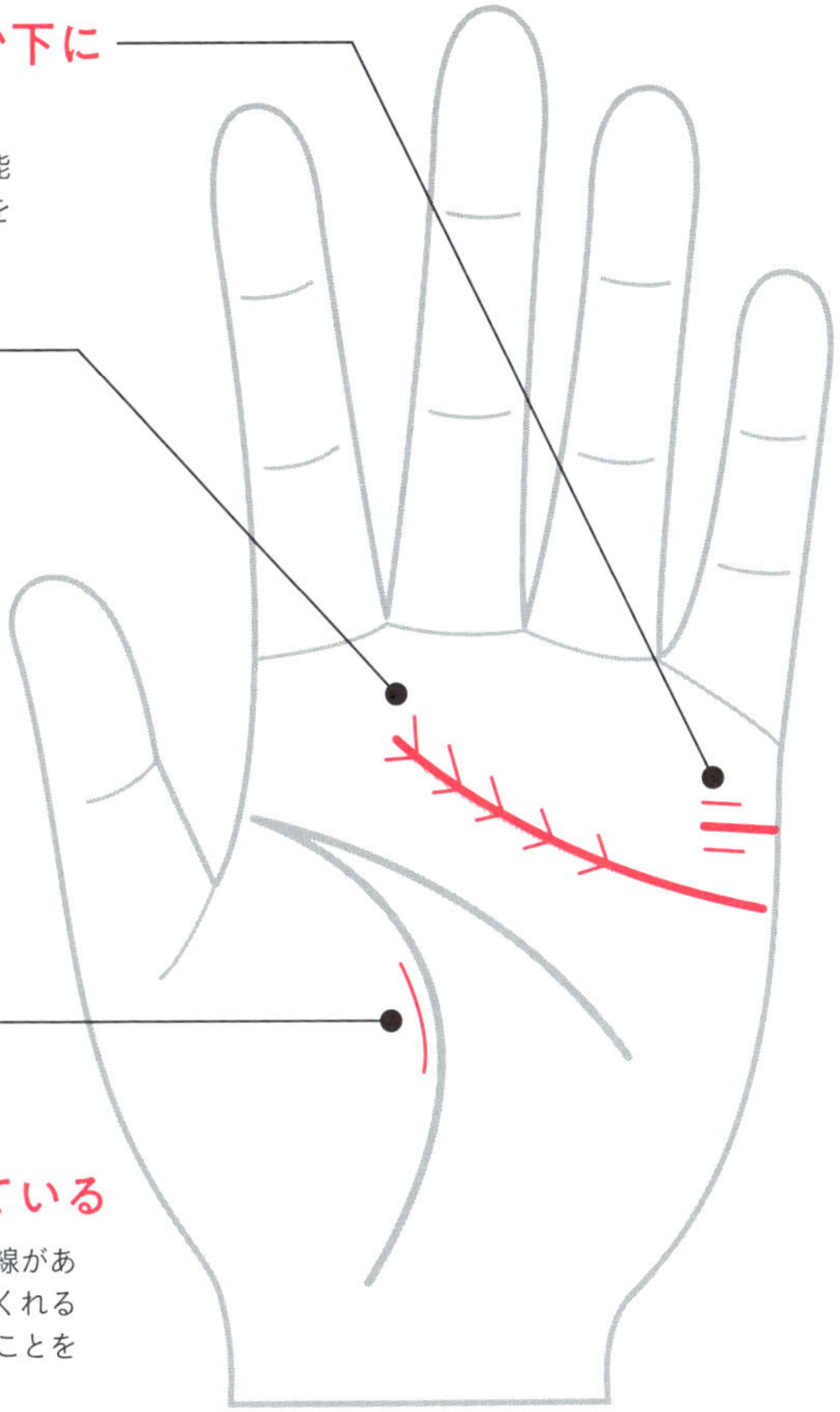

結婚線の上か下に出る短い線
トキメキを求める本能や不倫していることを表します。
感情線が乱れている
感情線の乱れも、恋愛気質でほれっぽく飽きっぽい性格を表します。
情愛線が出ている
生命線の内側に情愛線がある場合、寄りそってくれる人との出会いがあることを表します。

手相の見方

結婚線のすぐ上か下に短い線が出ている相は、不倫していることを表しているか、トキメキを求めています。また感情線が乱れていると、ほれやすい恋愛気質。

生命線のすぐ内側の細い情愛線（⬇P 14）はパートナーとの出会いを意味しますが、夫婦仲がうまくいっていないとさびしさから不倫になることも。

このタイプの特徴

結婚しても刺激を求めて、外に目が向きやすいタイプです。

開運のためのアドバイス

感情線の下にだけ支線がある人や、結婚線の下にだけ短い線がある人は、相手のペースで進みやすいので、パートナーの不倫に注意。

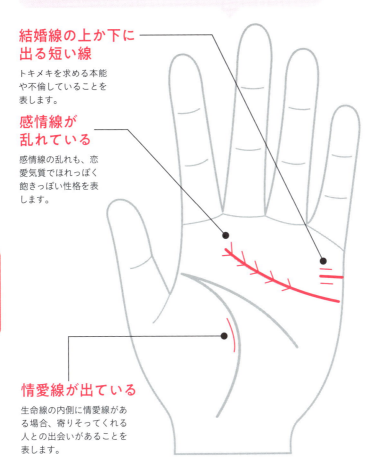

家族の関係がよくない！

家族の仲がバラバラに!?

結婚線の先端が3股に分かれている

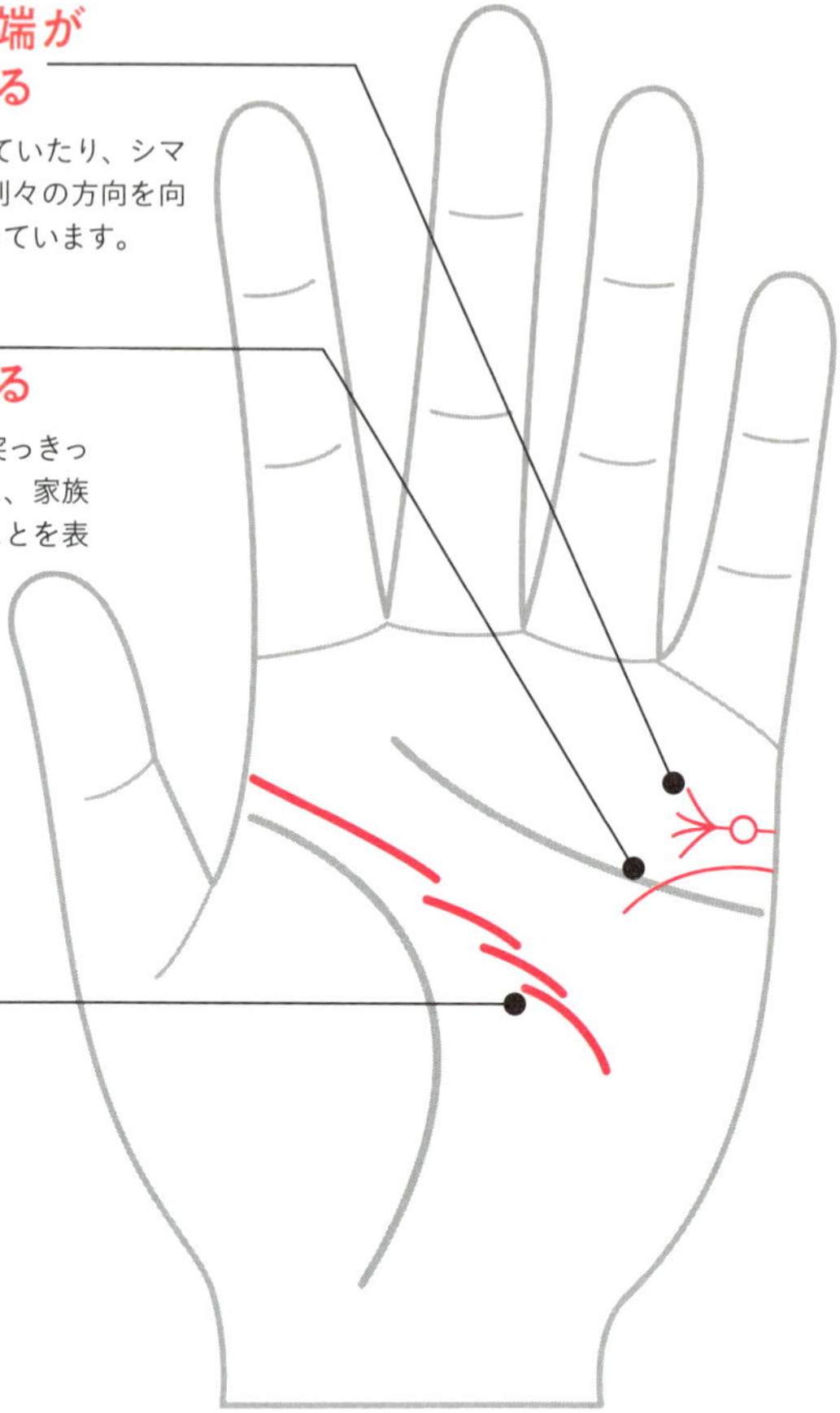
結婚線の先端が分かれている
3股以上に分かれていたり、シマがあると、家族が別々の方向を向いていることを示しています。
結婚線が下降している
結婚線が感情線を突っきって、下降していると、家族が冷えきっていることを表します。
知能線がキレギレになっている
キレギレの知能線は、忍耐力に欠けているしるしです。

手相の見方

結婚線の先端が分かれているのは、家族がバラバラの方向を向いているしるし。結婚線が下降している人も、家族がケンカもせず冷えきってしまっています。

このタイプの特徴

知能線がキレギレなのは、根気や忍耐力に欠けている証拠。つまらないことに腹を立てたり、言うこととやることに一貫性がなかったりで、夫婦間や子どもとの間でもめごとが多くなり、家族の仲がバラバラになる恐れがあります。

開運のためのアドバイス

縁あって結ばれた家族なのですから、空中分解する前にもう一度努力してみては？　思い出作りの旅行など、忍耐強く実行を。

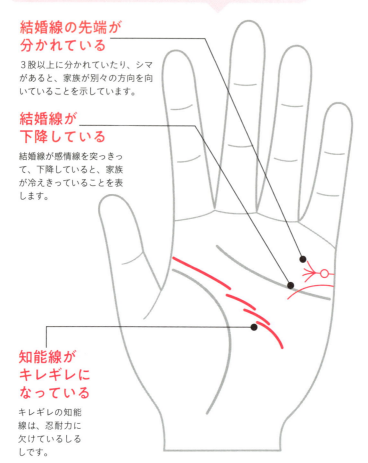

うちの子にかぎって！ 子どもが非行に!?

結婚線が鎖状になっている

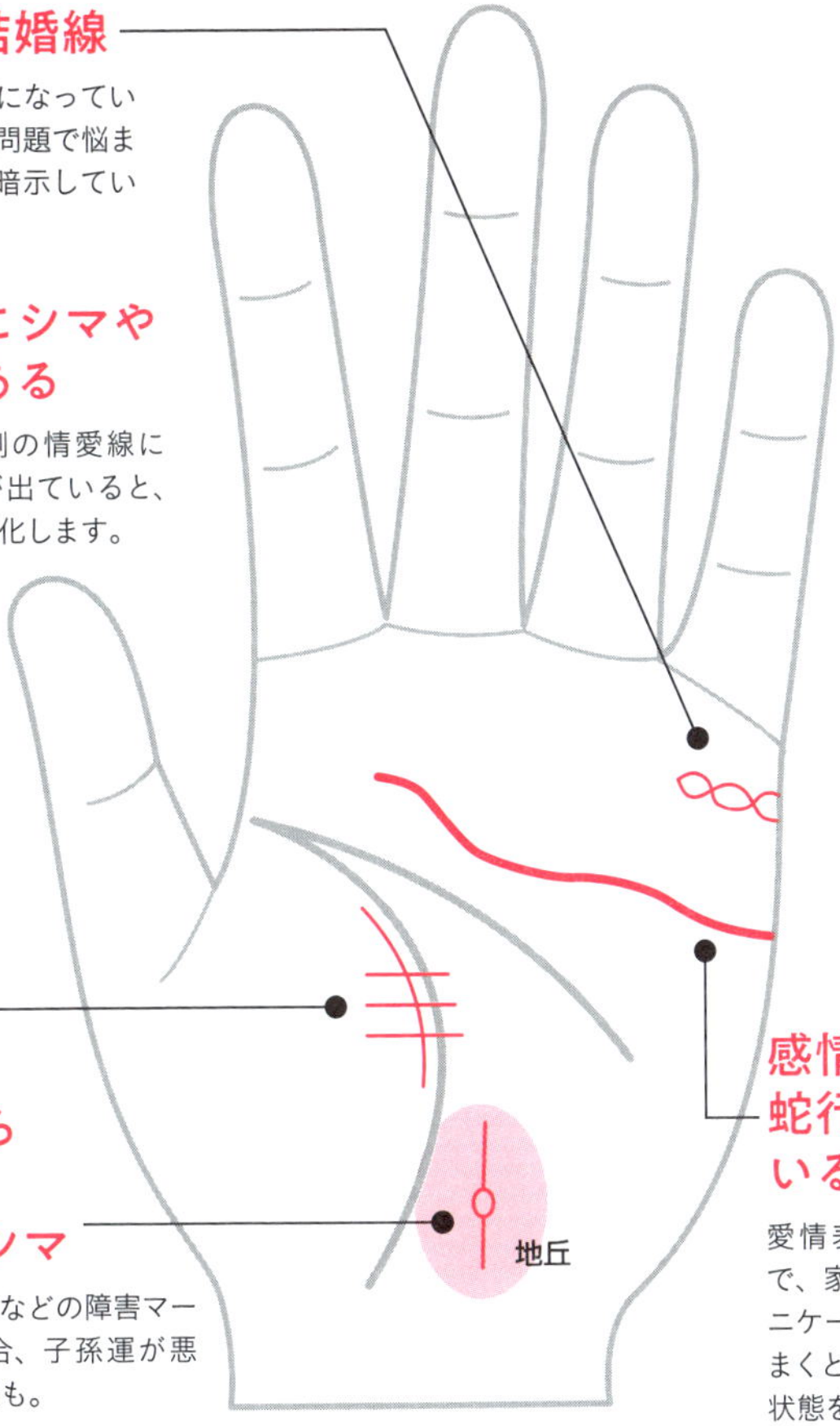

鎖状の結婚線

結婚線が鎖状になっている相は、家庭問題で悩まされることを暗示しています。

情愛線にシマや横線がある

生命線の内側の情愛線にシマや横線が出ていると、家族関係が悪化します。

地丘から伸びる縦線にシマ

シマやクロスなどの障害マークがある場合、子孫運が悪くなる可能性も。

感情線が蛇行している

愛情表現が苦手で、家族間コミュニケーションがうまくとれていない状態を表します。

手相の見方

結婚線が鎖状になっている場合、子どもが非行に走るなど、家庭が乱れていることを表しています。

生命線の内側の情愛線を障害線（⬇P16）が横切っていたり、シマが出ている場合も、家族関係が悪化することを表しています。

このタイプの特徴

地丘から上る縦線に障害マークがある場合は、子孫運が下がり、家族トラブルの暗示。子どもが問題を起こしたり、非行に走るなど悩まされることになりそうです。

開運のためのアドバイス

問題を夫婦だけで抱え込まずに、専門家の力も借りて、一つずつ現実的に解決していきましょう。開き直る気持ちも大切です。

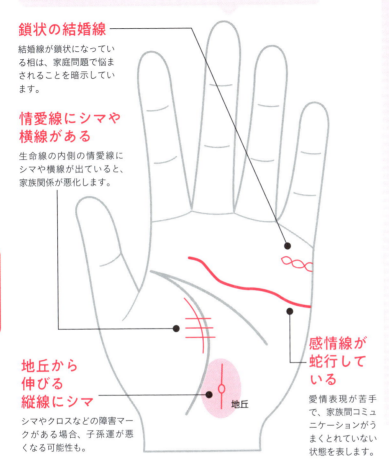

手相でみる家族像

愛情表現のエネルギーを表す感情線

感情線の長さと方向でみる

感情線は長ければ長いほど家族に対する愛情が濃く、逆に短いほど、サッパリしていてそっけなく見えるタイプ。感情線が緩やかに上昇し、人差し指の付け根の下に少し入るぐらい長いと、家族への愛情表現が上手。

終点が木星丘の中へ深く伸びている人は、自分が家族を引っ張りたい性格で、愛情が濃すぎて過保護になりやすい傾向です。このタイプの人は、家庭だけでなく、仕事や趣味に情熱を注ぐとよいでしょう。

子どもの教育に熱心なタイプ

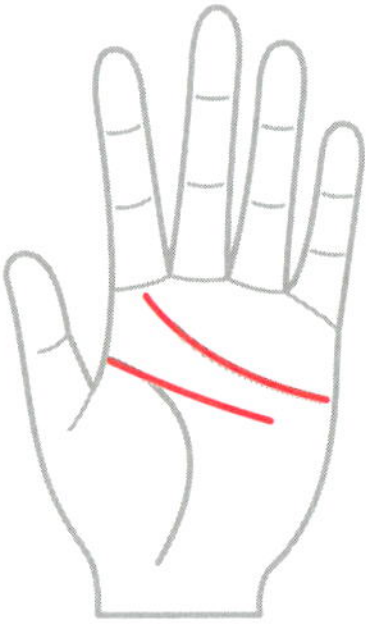

感情線が人差し指下まで上昇し、知能線が直線的な人は、愛情が濃く現実的な情熱家。教育熱心なタイプです。

家族のリーダータイプ
(亭主関白・頑固親父or恐妻・強い母)

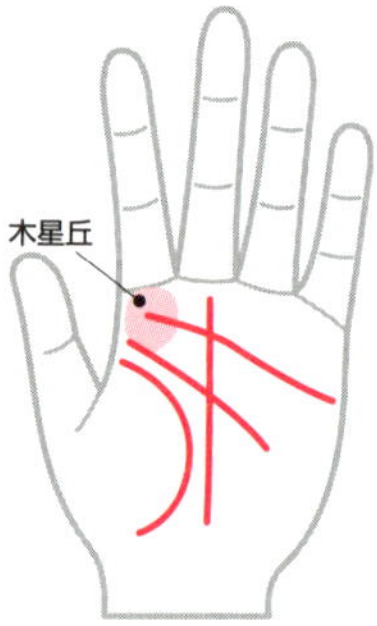

感情線が木星丘まで伸び、運命線が濃い人は、リーダーシップがあり家族を引っ張っていくタイプです。

音楽やスポーツなど趣味を共有するタイプ

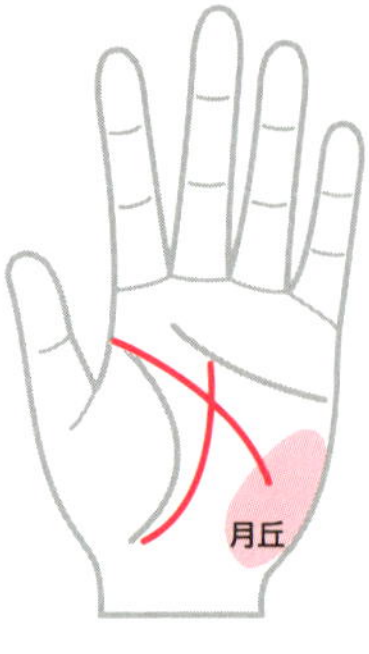

知能線が月丘に下降し、運命線が生命線の近くから出発する人は、親子の趣味が似る傾向。

家族関係が友達同士のタイプ

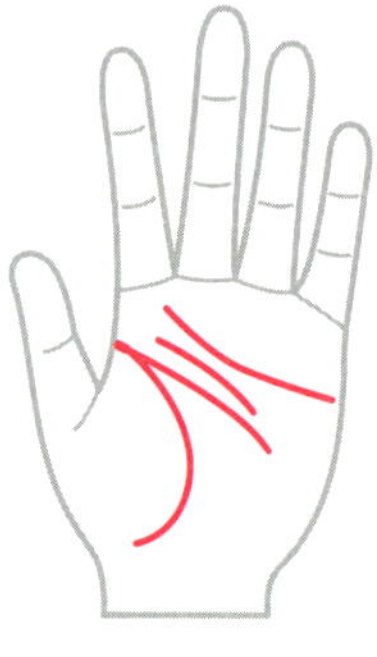

感情線がほどよく伸び、下降する二重知能線がある人は、ユニークな考えの持ち主。友達親子になるタイプ。

ペットに囲まれた家族のタイプ

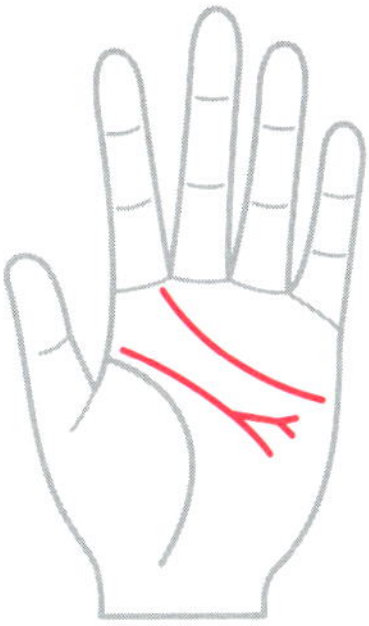

分岐する知能線は、好奇心旺盛でペット好きな人です。感情線が人差し指まで長い人もペットの世話好き。

妻や夫、子どもの言いなりになるタイプ

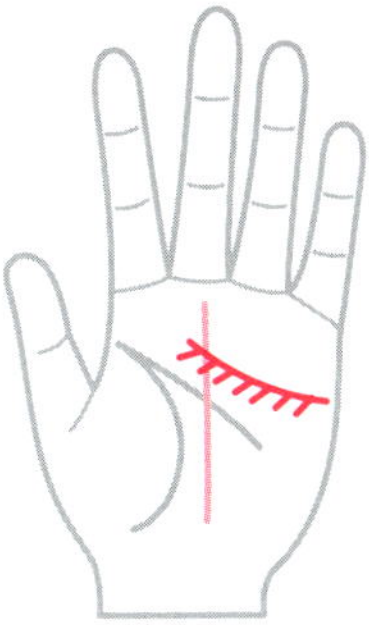

運命線が薄く感情線が短い人は、自己主張しない受け身タイプ。感情線の下の支線も家族の言いなりの暗示。

子ども中心のステージパパ・ママタイプ

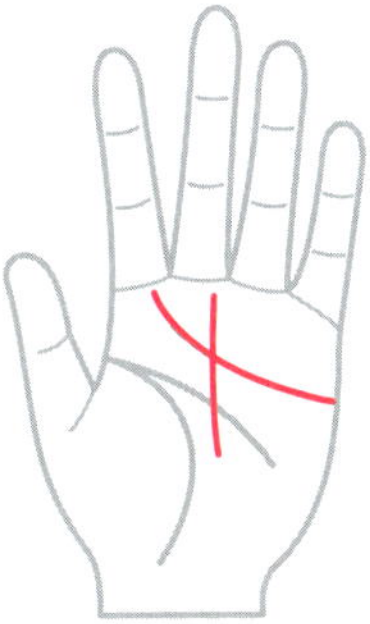

終点が薬指寄りの運命線は名誉名声を求める人。長い感情線は愛情深くなんでもやってあげたくなるタイプです。

個性的な家族のタイプ

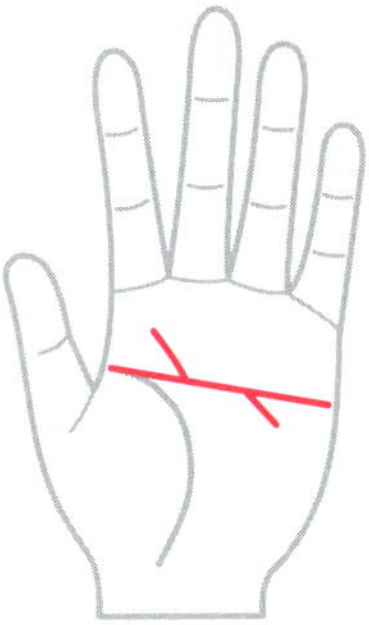

マスカケ線（➡P51）や、知能線や感情線が少しある“変形マスカケ線”の人は、我が道をいく個性派家族。

単身赴任でも平気なタイプ

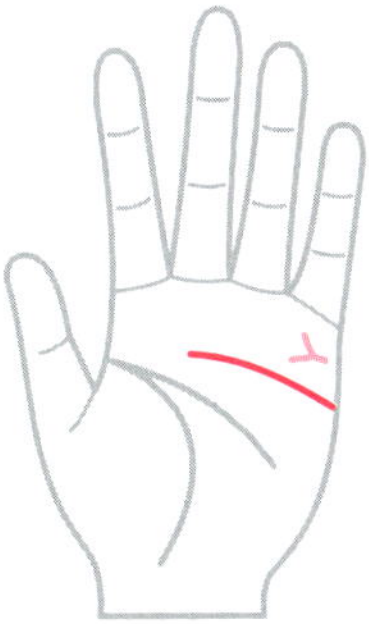

結婚線が薄いか、先端が2股に分かれていて、感情線が短い人は、単身赴任が平気なタイプ。

家族が一致団結するタイプ

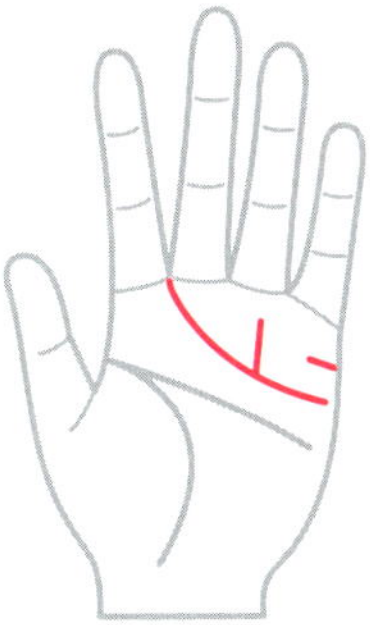

キレイな１本の結婚線と人差し指と中指の間に入る感情線、感情線上の太陽線の持ち主は、身内を大事にする人。

Column ❸

まだある！ 補助的な線②

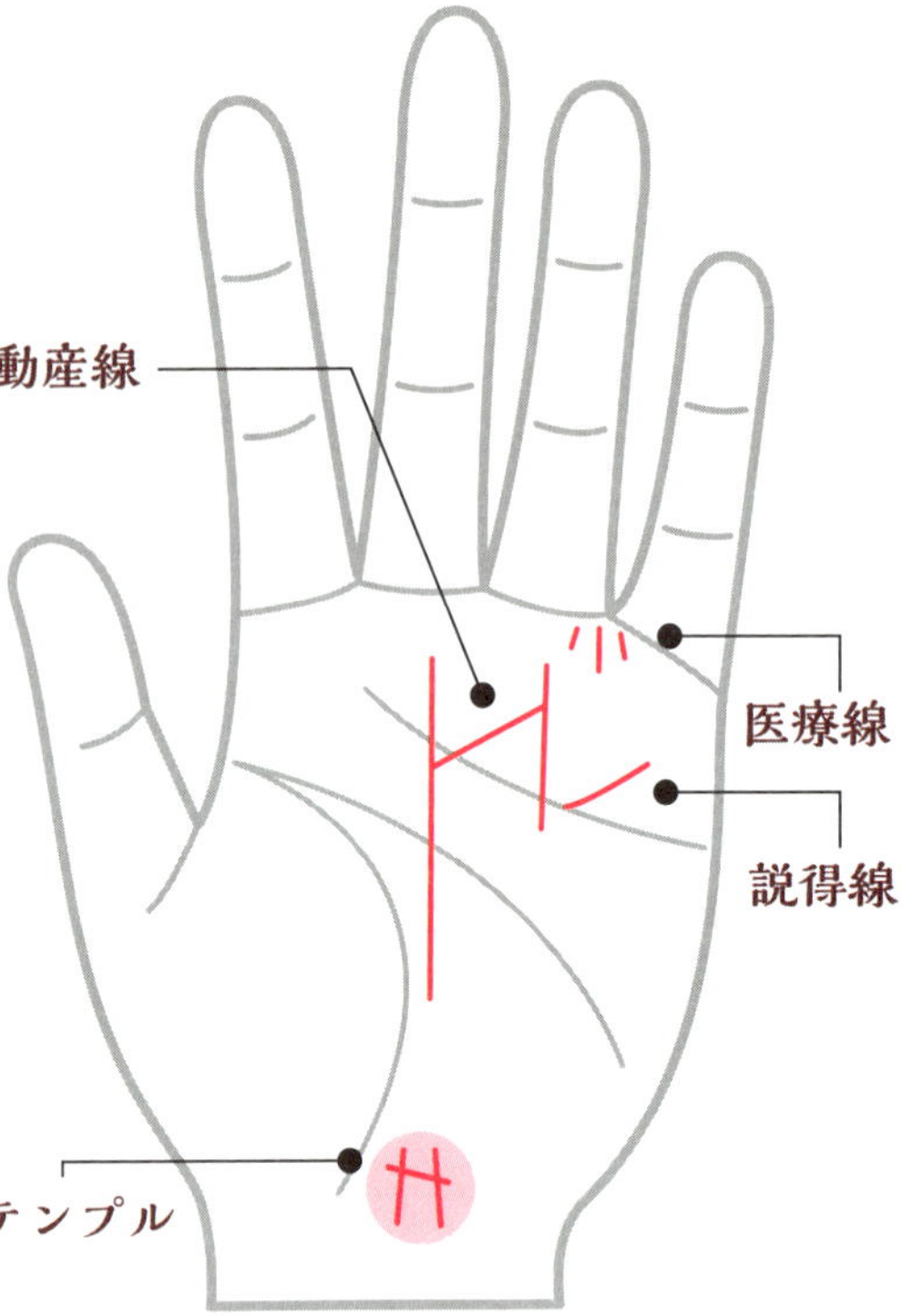

手相には、暮らしに変化がおこるときに表れやすい線や、どんな仕事がむいているかが分かるような線が色々あります。中でも吉相については覚えておきたいところ。

マイホームを得る「不動産線」

運命線から太陽線へ向かって斜めに上昇する線です。この線が、人生を象徴する運命線と、名誉を象徴する太陽線を結び、屋根を渡しています。この手相は、土地や家屋を手に入れる時に表れます。また、家族が繁栄するように導く大黒柱の役割を担っているようです。

先祖に守られる「テンプル」

地丘上にある2本の縦線と、それを斜めに横切る線とで家のような形になっている相です。地丘は先祖からの影響や恩恵を表す場所なので、ここにテンプルが出ていると、先祖からの恩恵を受け、家系を盛り立てていく人となります。また、霊感が強い人にも表れやすい相です。

相手のことがよくわかる「医療線」

小指と薬指の間の付け根の間から下へと、2〜3本伸びる短い線。この線がある人は、相手の健康状態や気持ちに敏感。例えば、体調が悪かったり、気分が落ち込んでいるために顔色が悪くなっている人を敏感に見抜く力があります。そのため、看護師やカウンセラーなど医療・福祉関係の仕事にも向いています。

人を諭すのが上手「説得線」

感情線から水星丘へと斜めに上昇する線です。この線がある人は、説得力があり、人に教えるのも上手な人です。頭の回転が速く、状況や感情を言葉で表現するのが得意で、社交性もあるため、仕事なら営業や販売、先生などに向いています。

PART 5

金運

あなたはお金持ちになれるのか？
金運はどこからやってくる？
誰もが気になる金運を
紹介します！

金運
インデックス

自分の手相は どのタイプ？

金運をみるポイントとなる財運線は、お金を運用する才能という直接的な金銭状況を示します。また太陽線は成功した結果、経済的に恵まれるという間接的な金銭状況を表します。

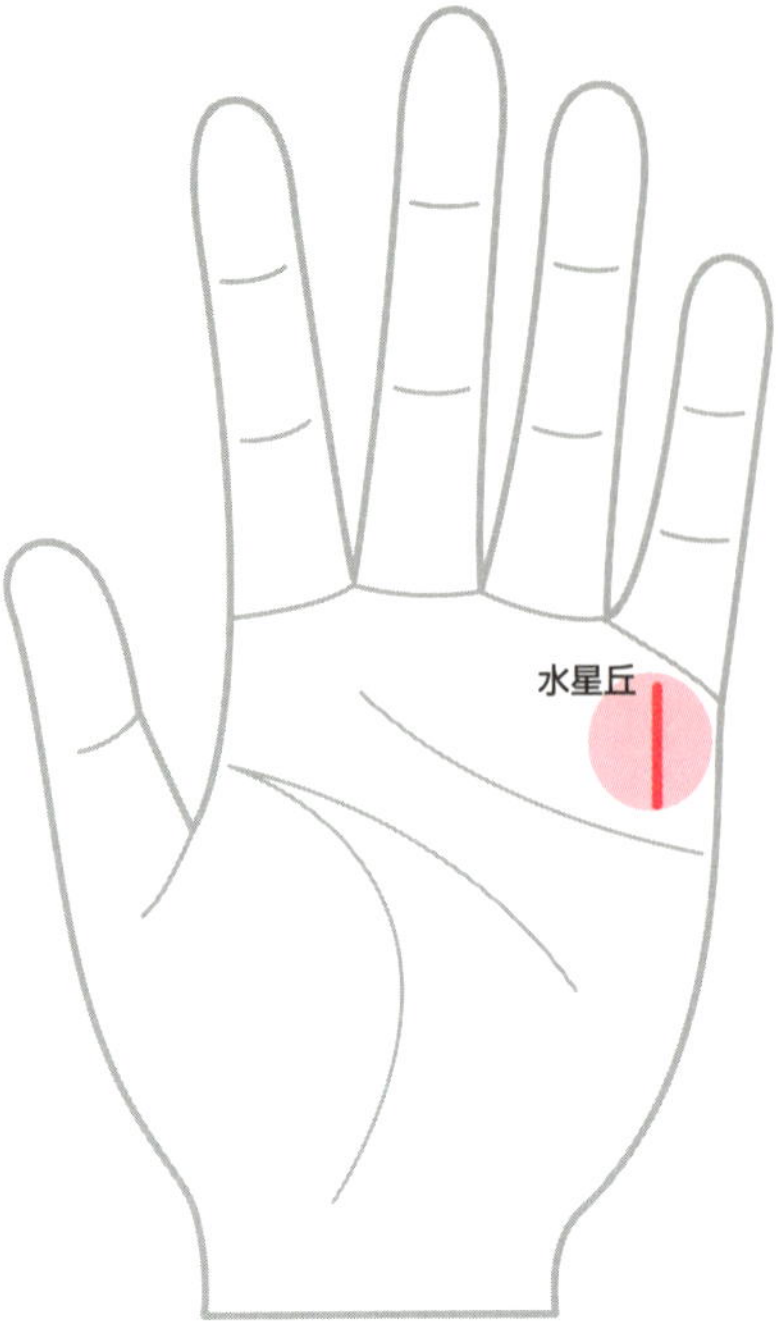

財運線が水星丘中央に出る

財運線が小指下の水星丘の中央に表れた人は、お金への意識が強く、無駄づかいせずにコツコツと上手に貯蓄するタイプです。

TYPE A

➡P198／➡P200

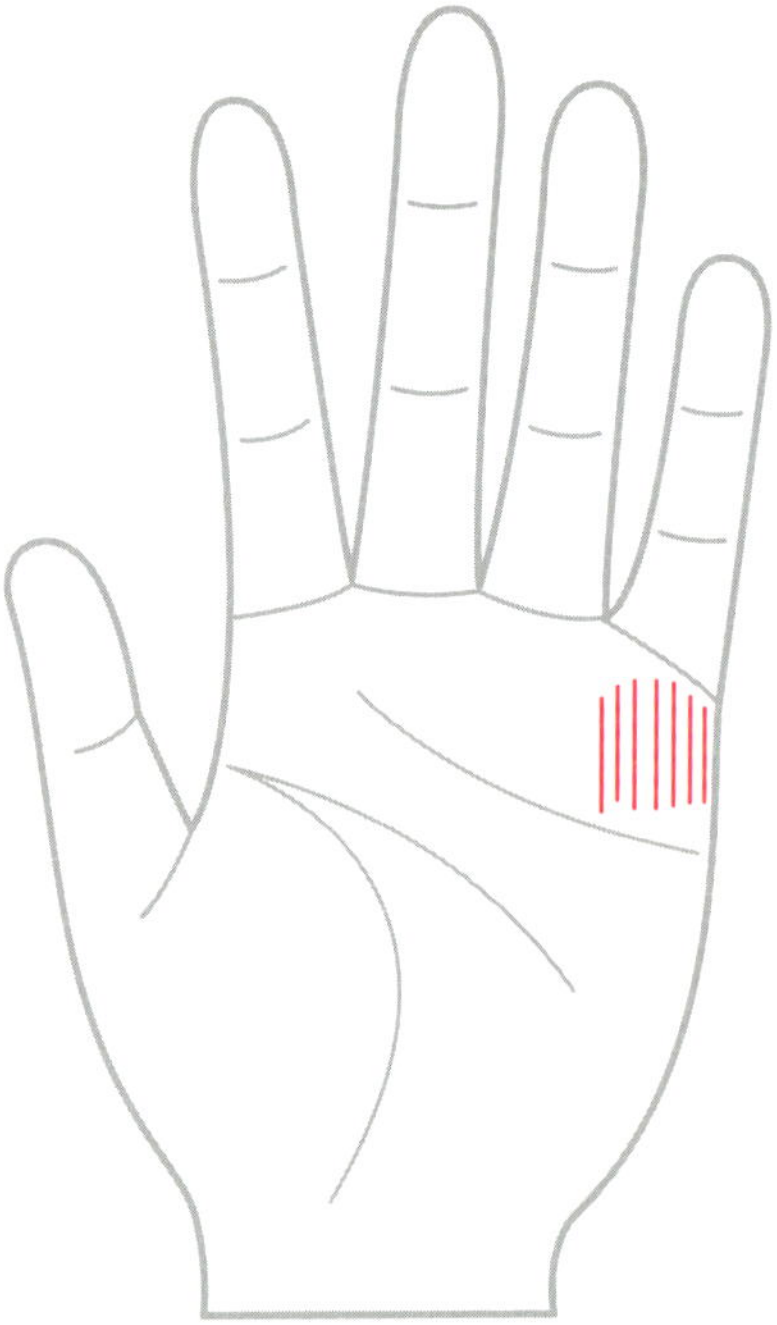

財運線が細かく複数出る

薄く細かい財運線が多く表れている場合は、お金を使うのが好きなタイプです。収入はありますが、貯まりにくい傾向。

TYPE B

➡P201

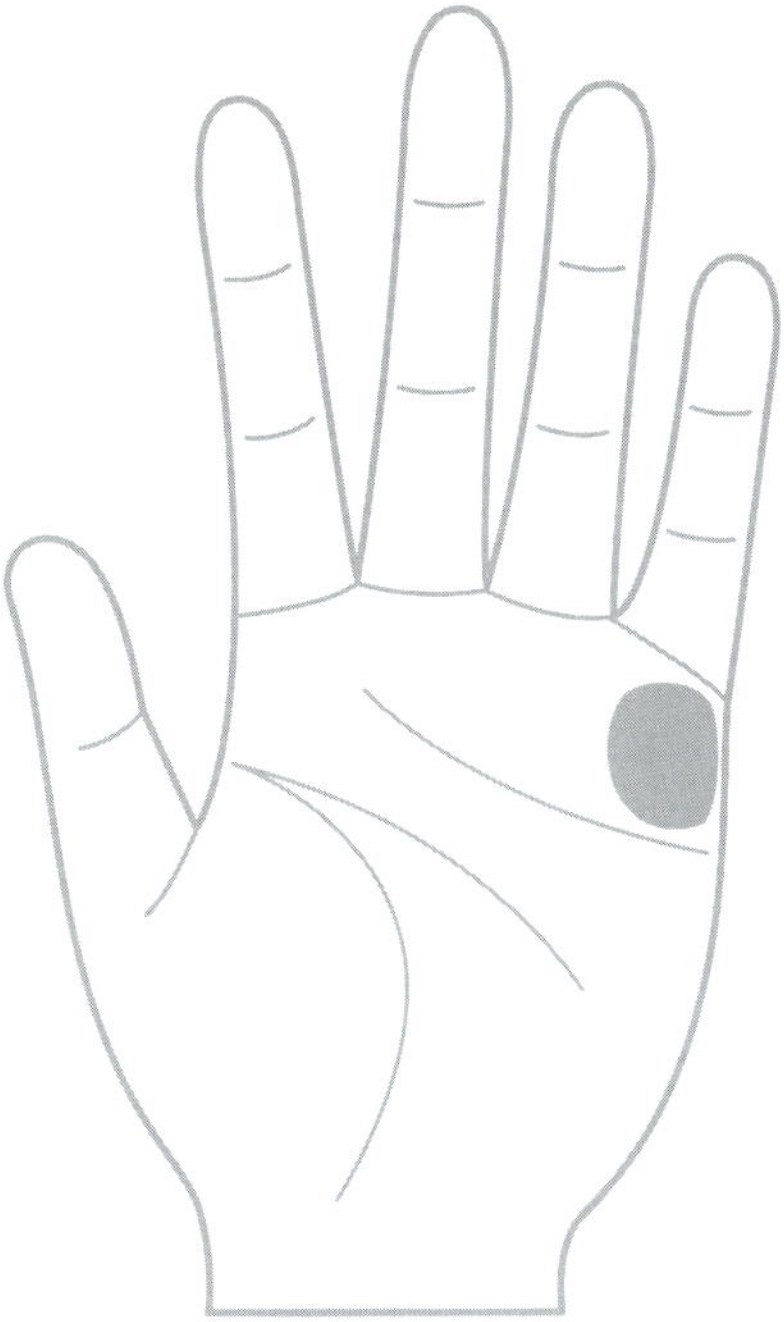

財運線が出ていない

財運線が表れていない人は、金銭への執着が薄いタイプ。お金に困っていないか、お金がなくてもやっていける人です。

TYPE C

➡P202

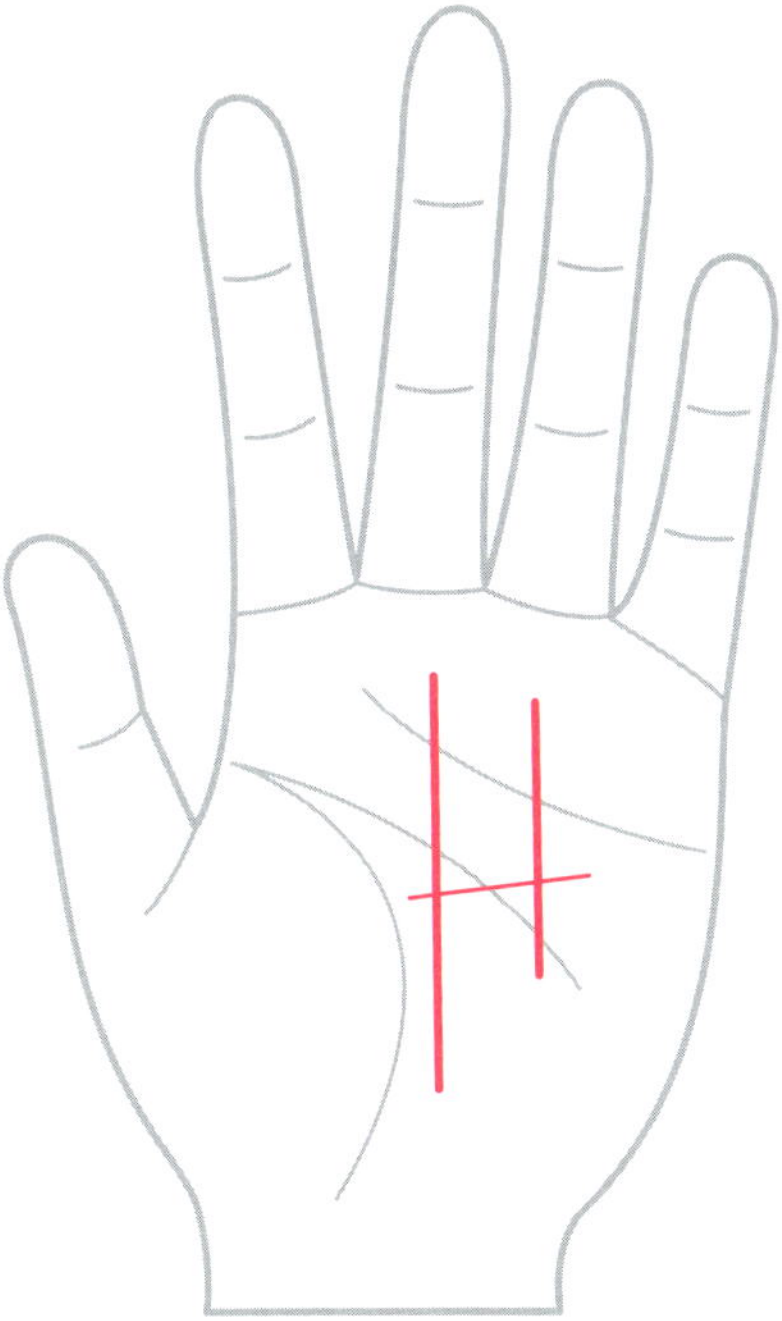

太陽線を横切る線が表れる

太陽線を横切る線が出ている場合は、成功運や人気運、財運を弱めてしまうサインです。運命線も横切ると仕事の運気も低調気味。

TYPE D

➡P203

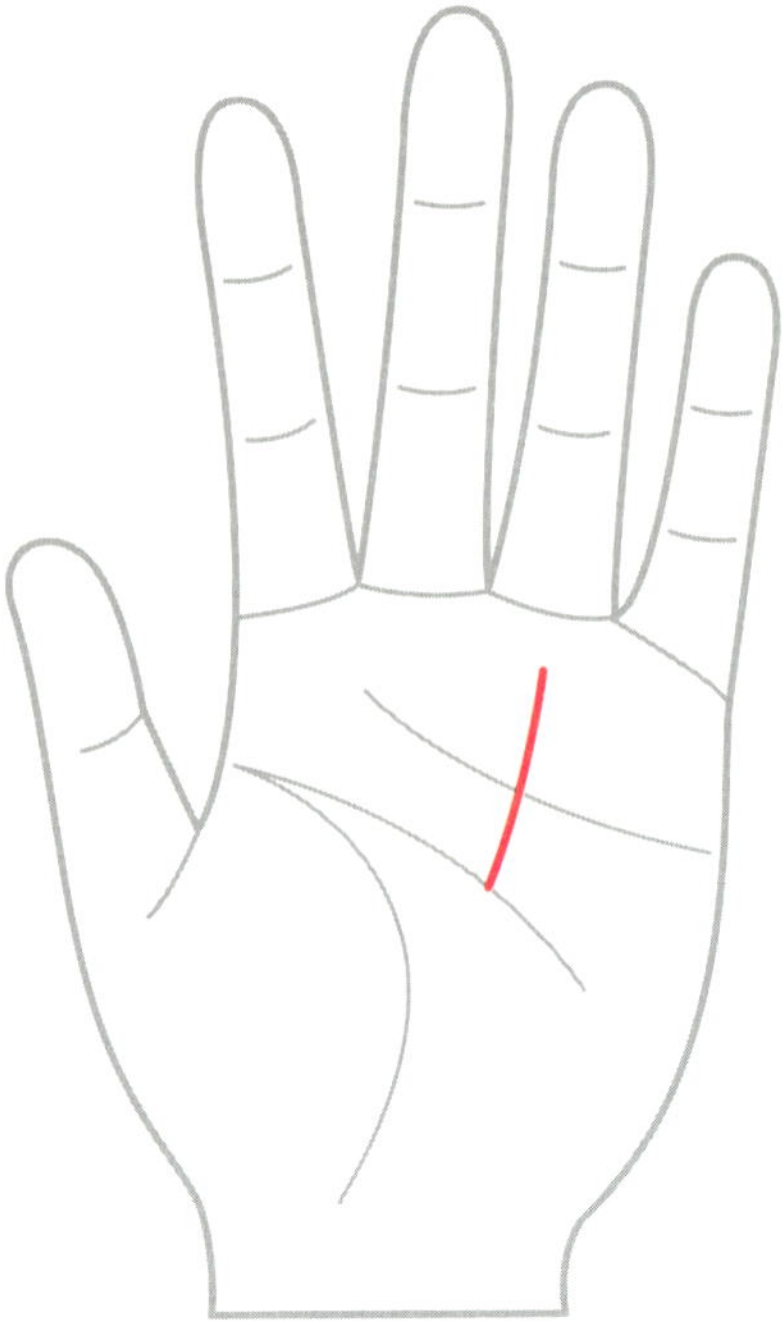

太陽線が知能線から伸びる

太陽線が知能線から伸びる人は、経済観念が発達し事業で成功するタイプです。小指寄りに伸びると、投資運に優れます。

TYPE E

➡P204

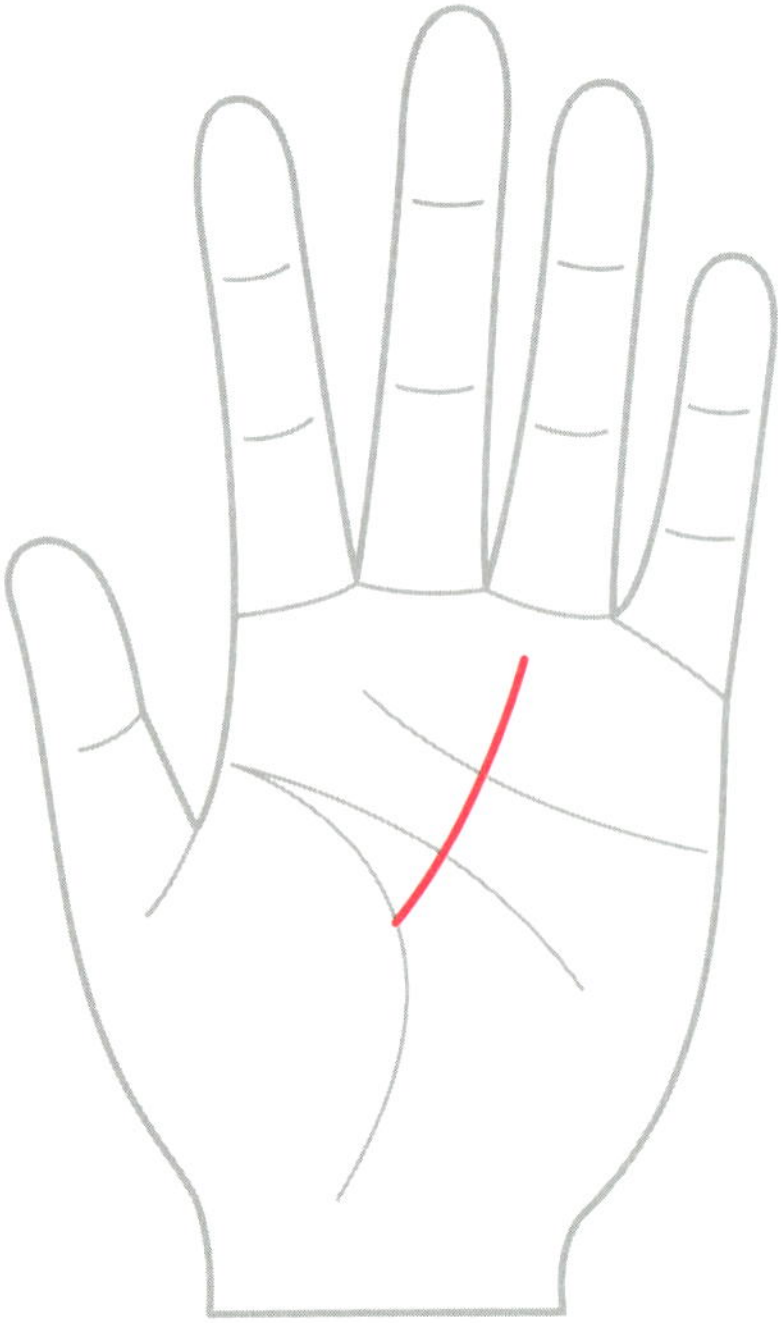

太陽線が生命線から伸びる

生命線から伸びる場合は、独立心と向上心が強く、人に頼らず自分の力で成功するタイプです。

TYPE F

➡P205

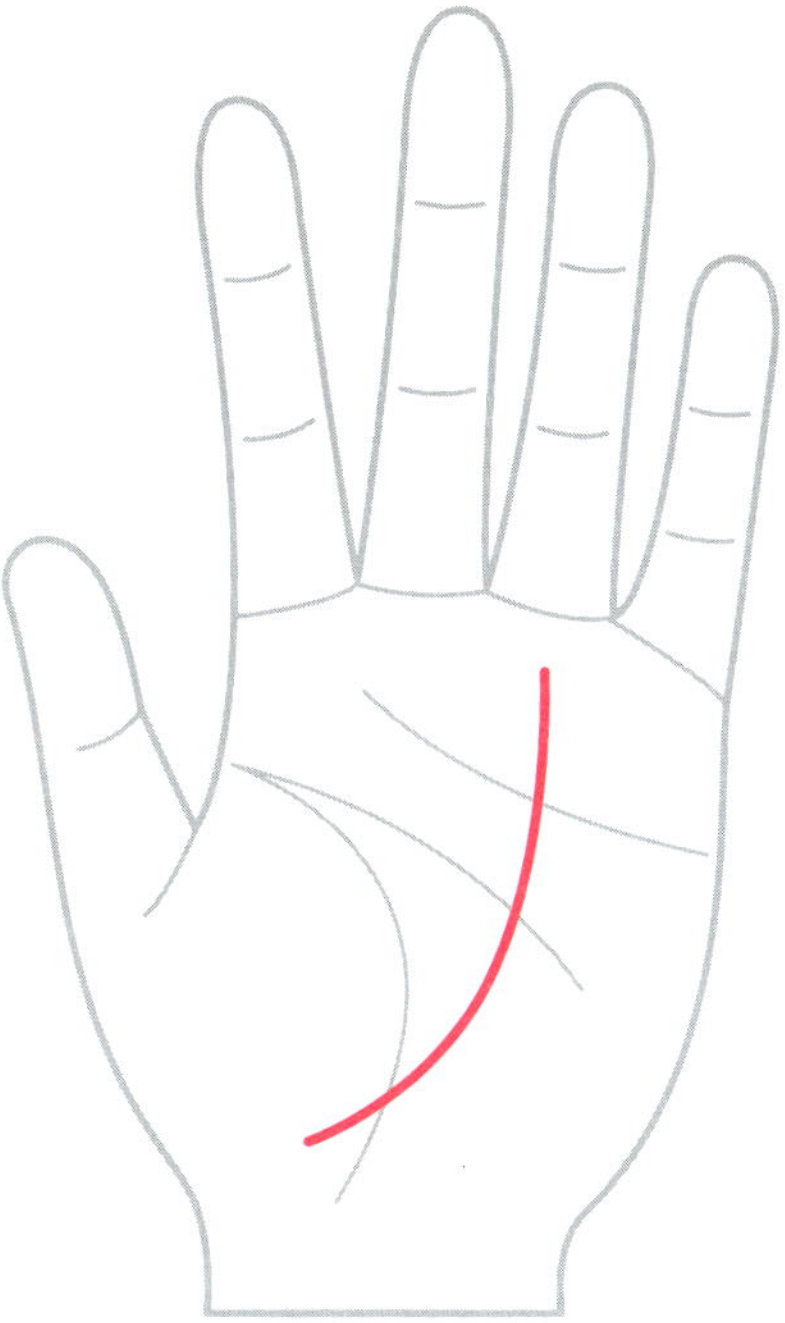

太陽線が生命線内側から伸びる

生命線内側は親との縁を表すエリア。ここから太陽線が出ている場合は、身内から援助を受けやすい傾向を示します。

TYPE G

➡P206／➡P207

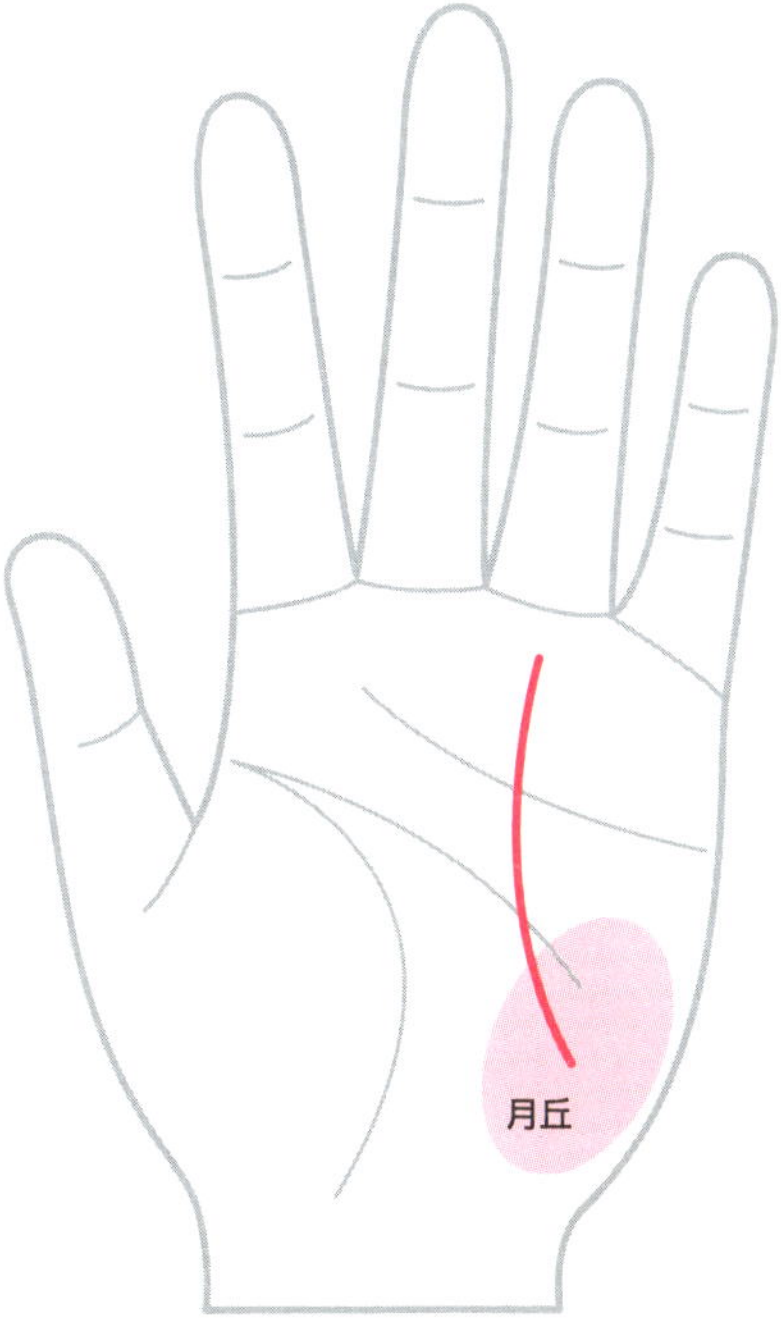

太陽線が月丘から伸びる

月丘は他人との縁を示すエリアなので、ここから太陽線が出ている人は、他人の助けや支えで成功するタイプです。

TYPE H

➡P208

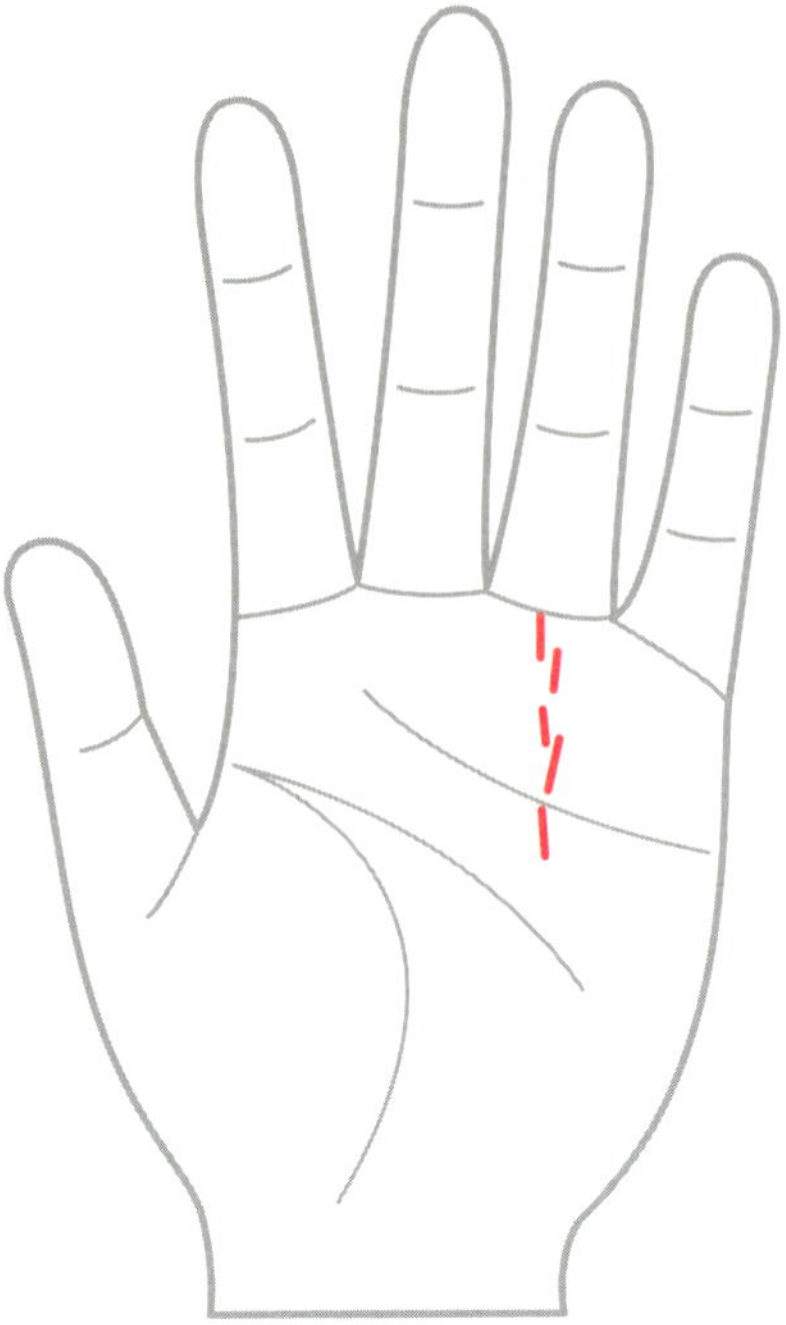

太陽線がキレギレに表れる

太陽線がキレギレに表れている人は、収入が安定しないタイプ。人間関係や仕事運の変化が、金運に影響を及ぼします。

TYPE I

➡P209

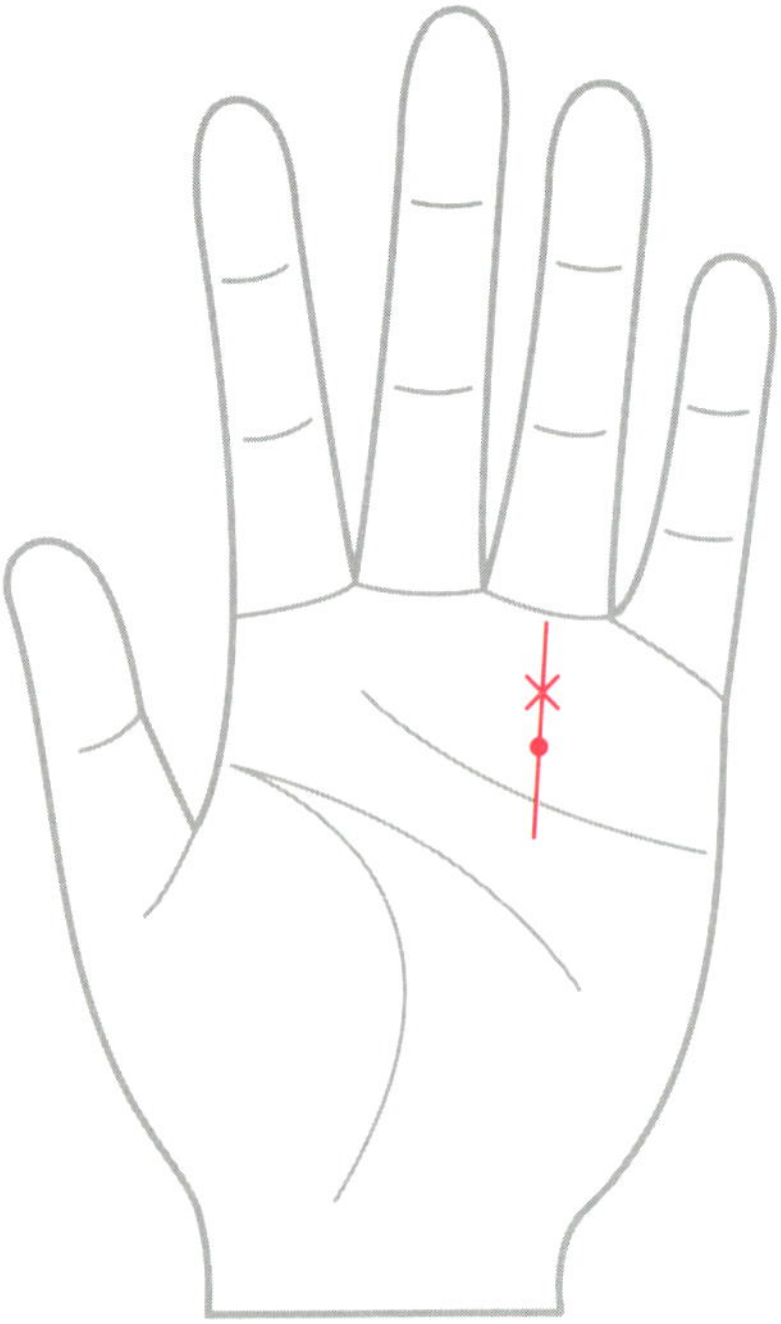

太陽線に障害マークが表れる

太陽線にシマやクロスなどの障害マークが表れると、金銭面での深刻なトラブルを暗示します。気持ちを引き締めましょう。

TYPE J

➡P210／➡P211

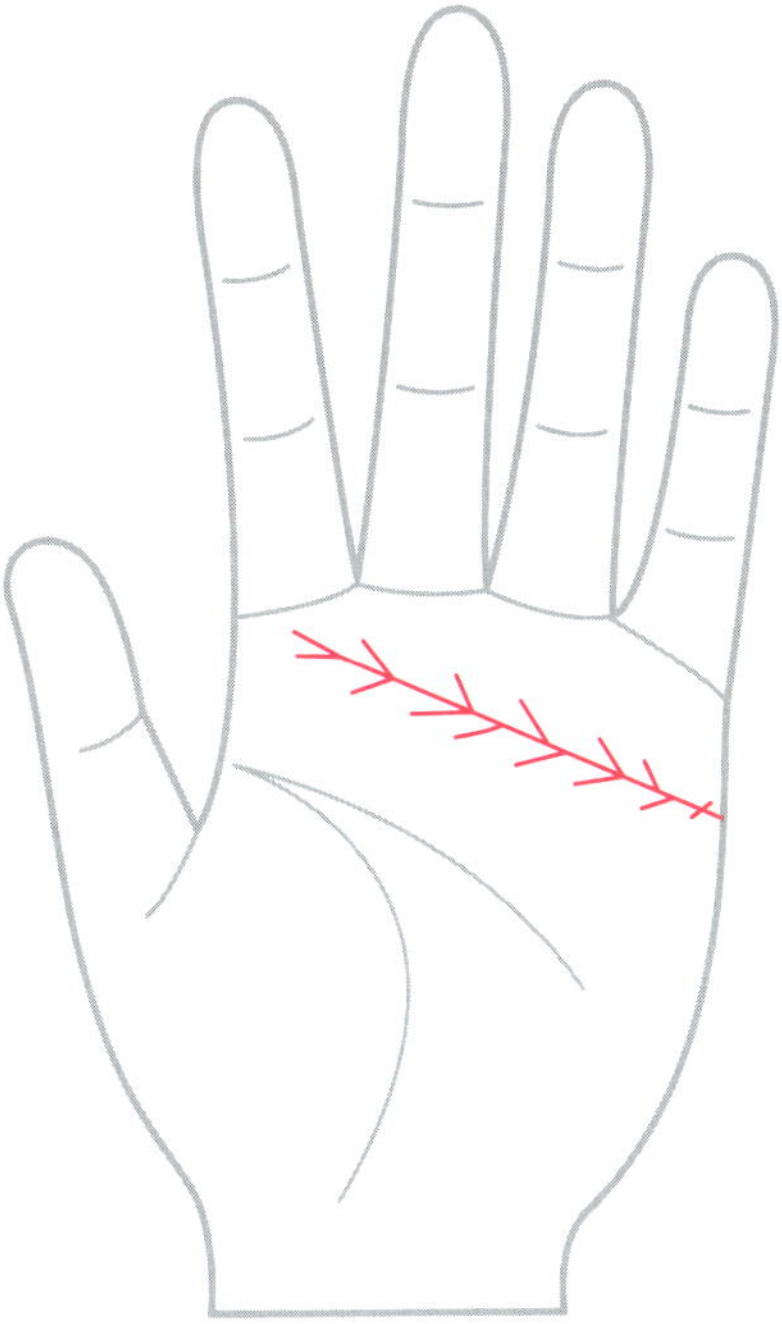

感情線が直線的で支線が多い

感情線が直線的で長く、上下に支線が多く出る人は、刺激と情熱を求めるタイプです。ギャンブルにはまると抜けにくい傾向も。

TYPE K

➡P212

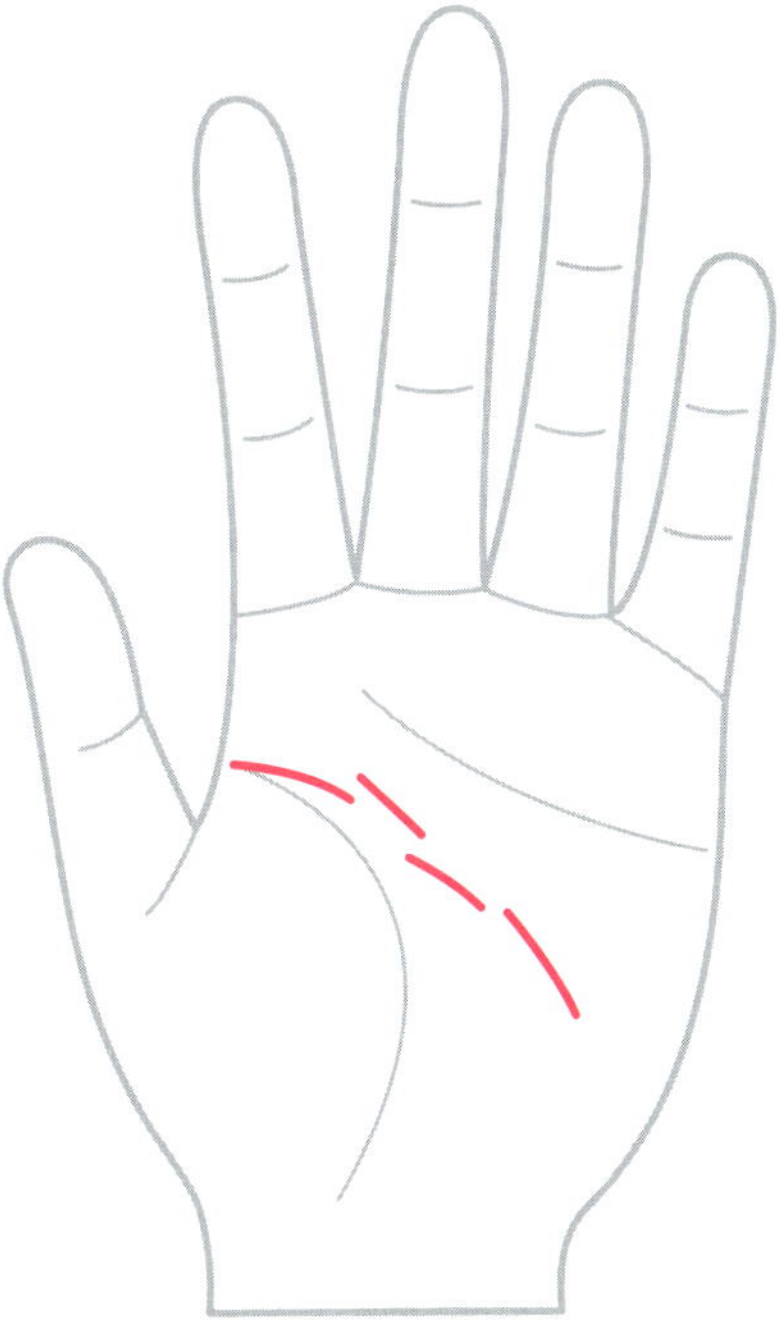

知能線が薄くてキレギレ

知能線が薄くてキレギレの場合は、注意力散漫なタイプです。さらに財運線がないとお金に対して執着心がない傾向にあります。

TYPE L

➡P213

地道に稼ぐ堅実派

コツコツ貯蓄タイプ

手相の見方

小指の下に出る財運線が、薬指側に偏ることなく、水星丘の真ん中に1本ハッキリ表れています。この相の人は、お金への意識が強く、現実生活の管理能力が高いため、無駄なところにはお金を使わず、堅実に貯めていく才能があります。財運線が濃く長く伸びるほど、意味が強まります。

感情線は、カーブして人差し指と中指の間にピッタリと入り込むように伸びています。この相の人は、いわゆる「良妻賢母」型で、家族や身内のためにしっかり備えて、貯蓄するタイプです。

知能線は、月丘へ下がりすぎないほうが現実派になります。特に末端が跳ね上がったような形で水星丘に向かっている場合は、経済観念が発達し、気分や雰囲気に流されずに損得を計算して行動できる人です。

運命線が薄めの人は、慎重で無茶をせず、世の流れに沿って、将来の不安に備えて何ごともコツコツと進めていく傾向。そのため、貯蓄も得意です。

また、知能線と生命線の始点の重なりが大きい人は、大変手堅く警戒心が強い性格。それに加えて財運線が濃い場合は、金銭面でも堅実な行動をするでしょう。

このタイプの特徴

一攫千金《いっかく》を狙うよりも、コツコツと働き、地道に貯金をすることをよしとし、家族にもそれを望む傾向があります。

使う必要があるお金は惜しまず出しますが、無駄な出費はしないタイプです。

開運のためのアドバイス

ゆとりある生活を夢見ることで手堅さが増します。金銭トラブルはまず起こらないでしょう。家族などから金銭管理を任された場合には、自分のお金と同じように慎重に扱えば、信頼度がさらにアップします。

水星丘の真ん中に財運線が表れる

感情線が人差し指と中指の間に入り込む

図のように感情線が伸びていると、堅実な性格で、良妻賢母型です。

知能線が跳ね上がる

知能線の末端が水星丘に向かって跳ね上がると、貯蓄に向くタイプです。

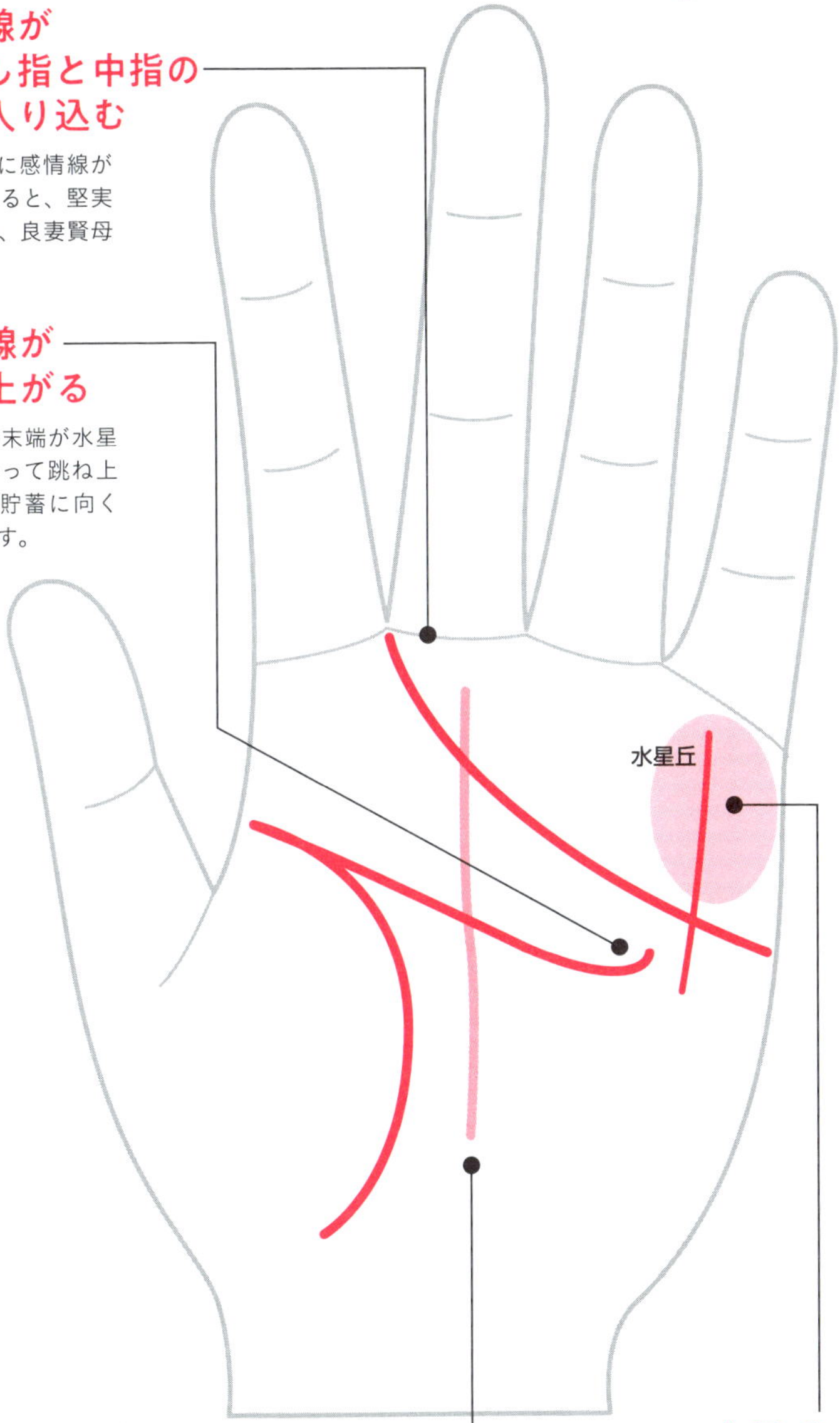

薄めの運命線

運命線は薄くてもスッキリと伸びていると、慎重派。貯蓄もコツコツと着実にします。

水星丘に財運線

水星丘のど真ん中に財運線が表れている人は、お金や現実生活に対する意識が強い人です。

やりくり上手 倹約タイプ

人差し指の付け根へ少し入る感情線

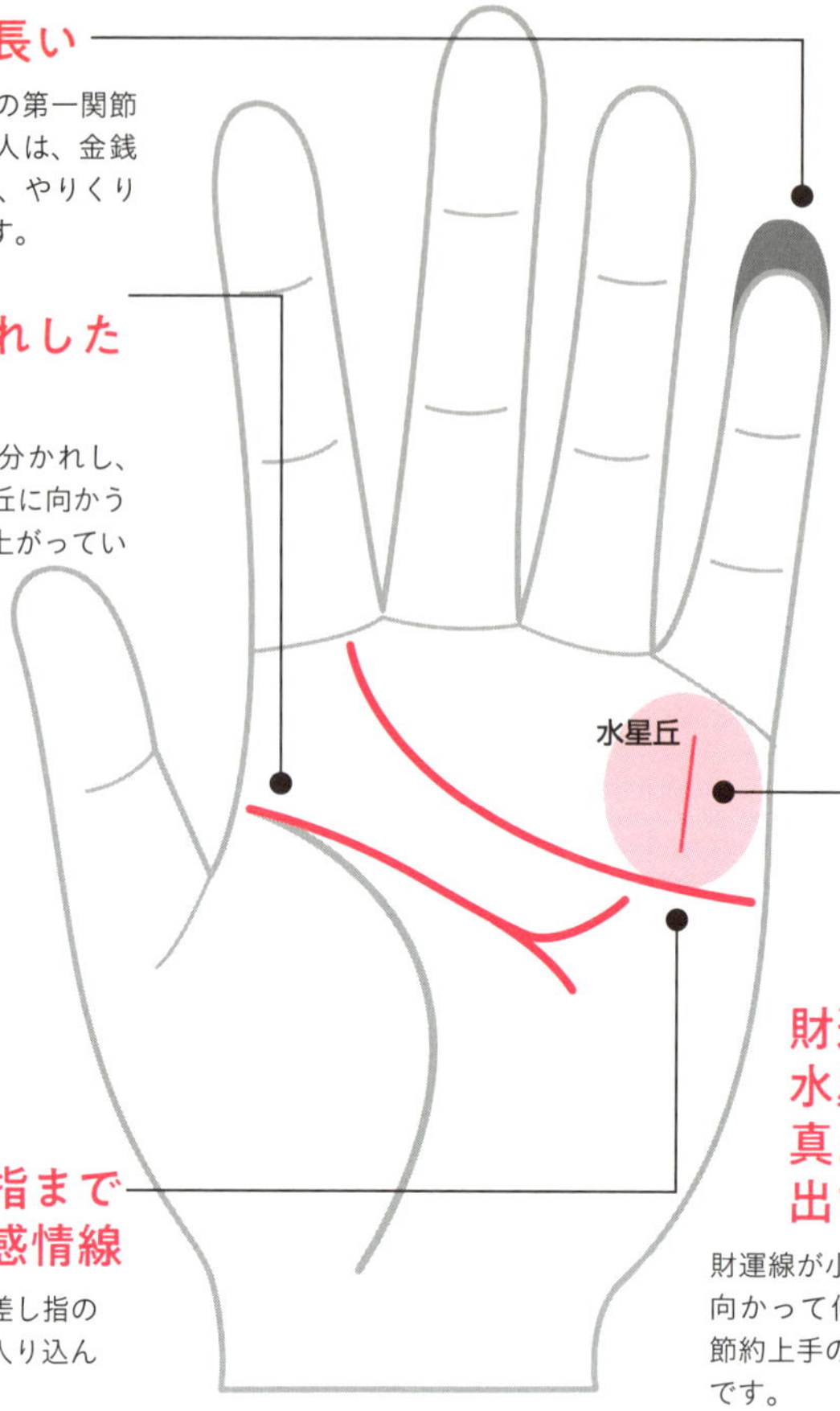

小指が長い

小指が薬指の第一関節よりも長い人は、金銭感覚に優れ、やりくり上手な人です。

枝分かれした知能線

知能線が枝分かれし、枝線が水星丘に向かうように跳ね上がっています。

財運線が水星丘の真ん中に出ている

財運線が小指の中央に向かって伸びる人は、節約上手の貯蓄タイプです。

人差し指まで伸びる感情線

感情線が人差し指の内側に少し入り込んでいます。

手相の見方

水星丘の真ん中に、すっきりと乱れのない財運線が出ます。その上で、感情線が長く、人差し指の内側に少し入り込んでいると倹約上手。知能線は下がりすぎず、枝分かれして水星丘へ向かっています。

このタイプの特徴

経済的センスがあります。自分の価値観をしっかりと持ち、頭の回転も速いので、資金運用にも適します。ただし、知能線の枝分かれの幅が広すぎると、お金の使い道が多くなる傾向。

開運のためのアドバイス

倹約タイプとはいえ、ケチなタイプではありません。ここぞという時は、お金を惜しまず使って、メリハリを持つのが大事です。

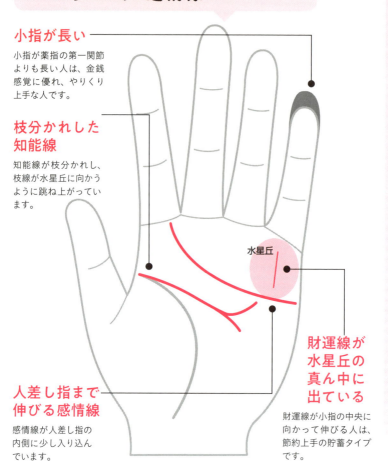

貯蓄なんてもってのほか!? ぜいたく三昧タイプ

複数の財運線と下降する知能線がある

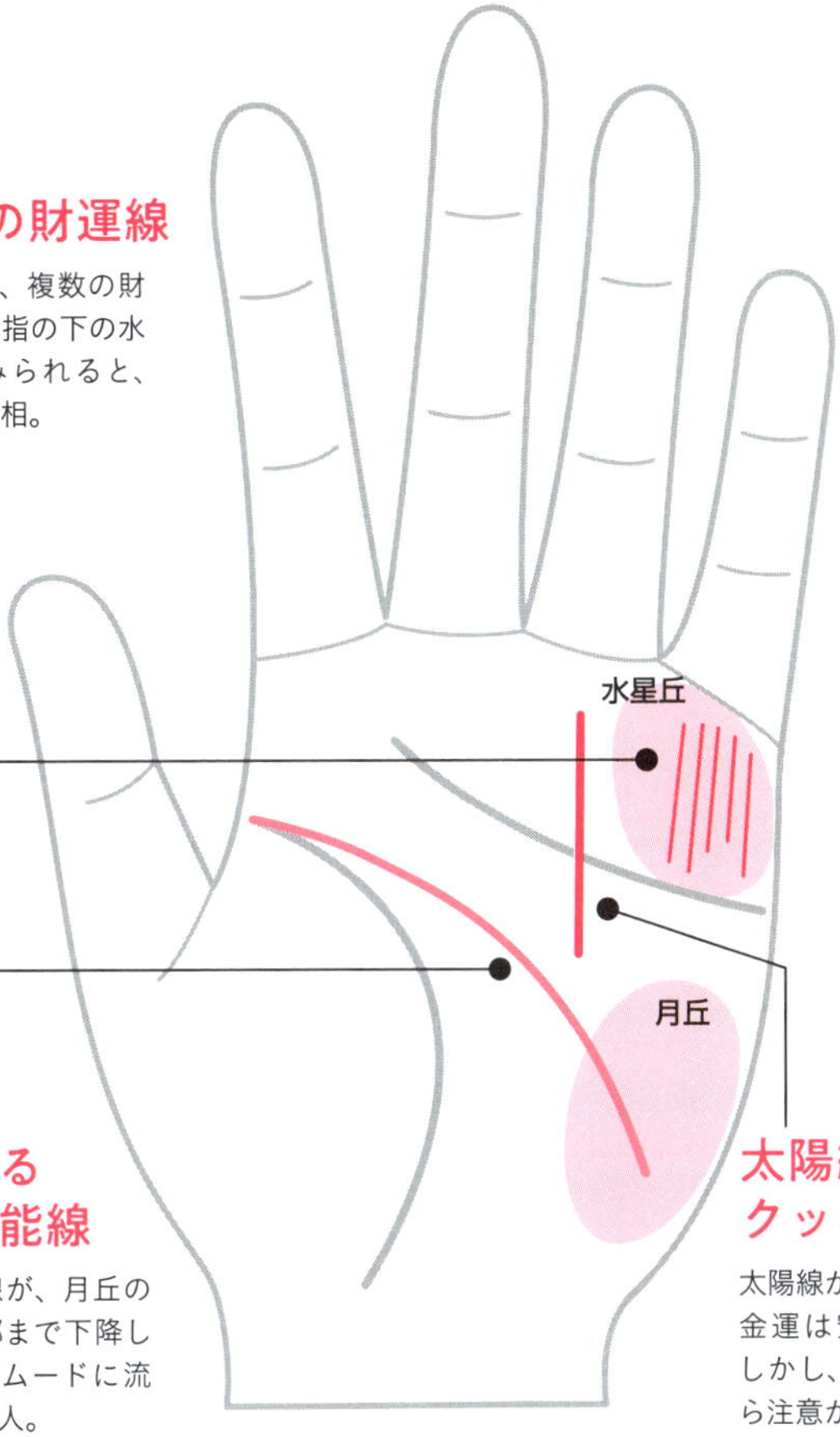
複数の財運線
薄くても、複数の財運線が小指の下の水星丘にみられると、浪費家の相。
水星丘
月丘
下降する薄い知能線
薄い知能線が、月丘の中部〜下部まで下降していると、ムードに流されやすい人。
太陽線がクッキリ出る
太陽線が出ていると、金運は安定します。しかし、薄くなったら注意が必要。

手相の見方

小指の下の水星丘に、薄い財運線が多数出ています。この相は、お金を使うのが大好きな浪費家タイプ。さらに、知能線が薄く、月丘の中部から下部に向かって下降する人は、ムードに流されて散財しがちです。

このタイプの特徴

衝動買いをしたり、たいして必要でないものにお金を使ってしまう人。節約は苦手で、使うお金には困らないけれど、大きく貯まりにくいタイプです。

開運のためのアドバイス

太陽線が出ているうちは安泰ですが、薄れたり乱れてきたら注意。資格取得などお金の有効利用を！　給料からの天引き積立貯金もおすすめです。

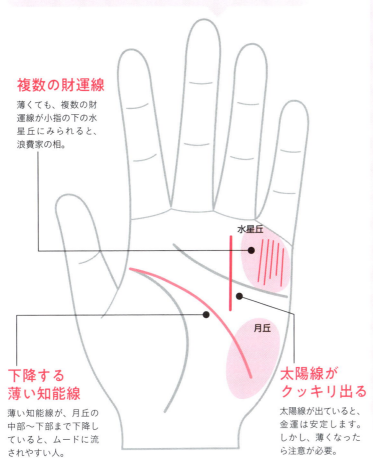

経済的センスがない
金銭感覚が鈍いタイプ

運命線・太陽線・財運線がない

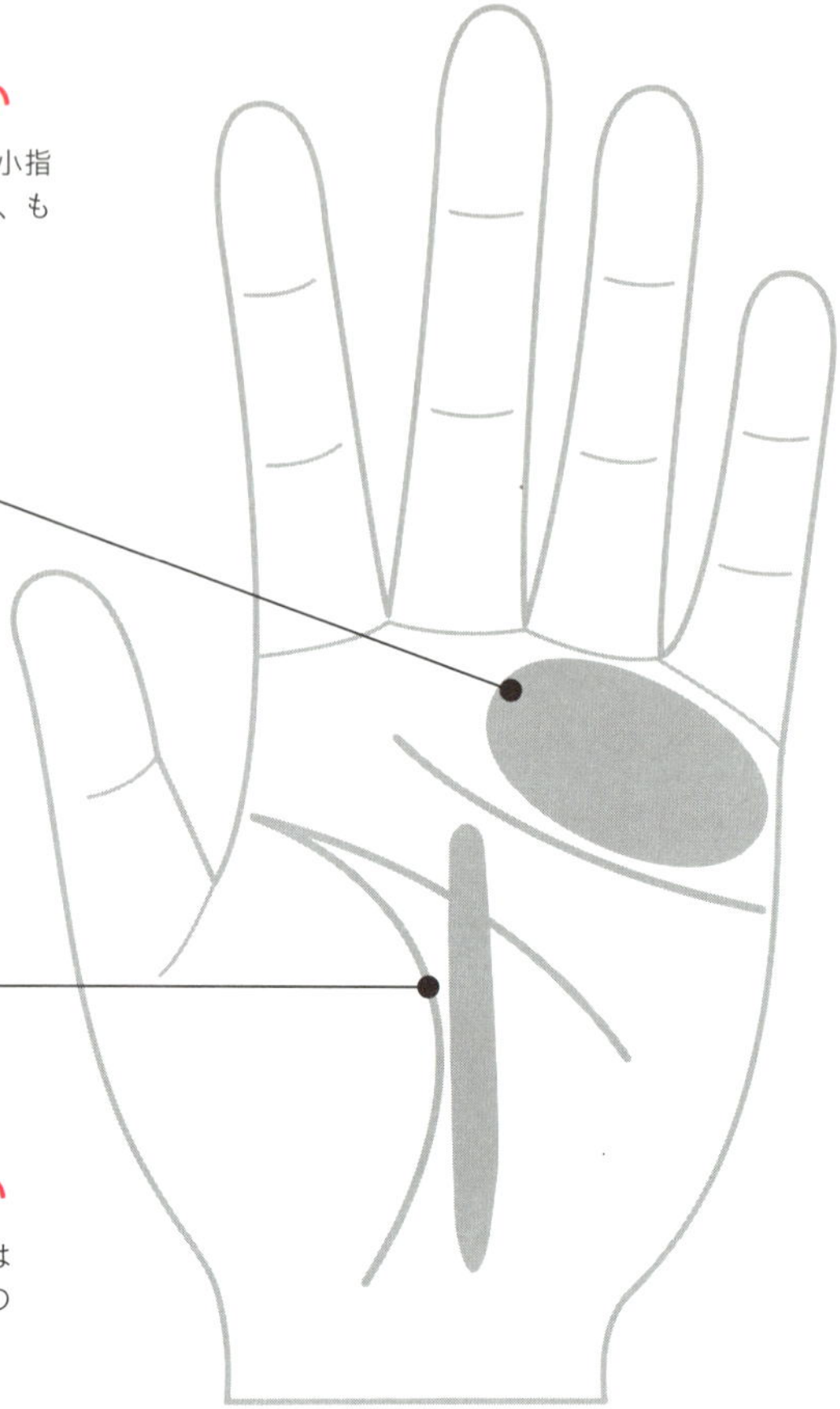
太陽線も財運線もない
薬指の下の太陽線や小指の下の財運線がない、もしくは薄い線。
運命線がない
運命線が全くない人は行き当たりばったりのタイプです。

手相の見方

運命線が全くなく、手のひらの薄い人は、行き当たりばったりに生きる傾向があります。お金に関しても、なんとかなるさと考えるようです。これに加え、太陽線や財運線がない、もしくはほかの線よりも薄い人は、金銭に執着がない人で金銭感覚も鈍いでしょう。

このタイプの特徴

目先のできごとにとらわれやすく、長期的な資金運用などは苦手で、貯蓄にも向きません。お金への関心が少ないタイプです。

開運のためのアドバイス

マネー感覚に疎いため、下手に投資などに手を出さないほうが無難。貯蓄をしたいなら、給料からの天引き貯金か専門家に相談を。

失業の危機？ マネーロストタイプ

運命線と太陽線を横切る障害線が表れる

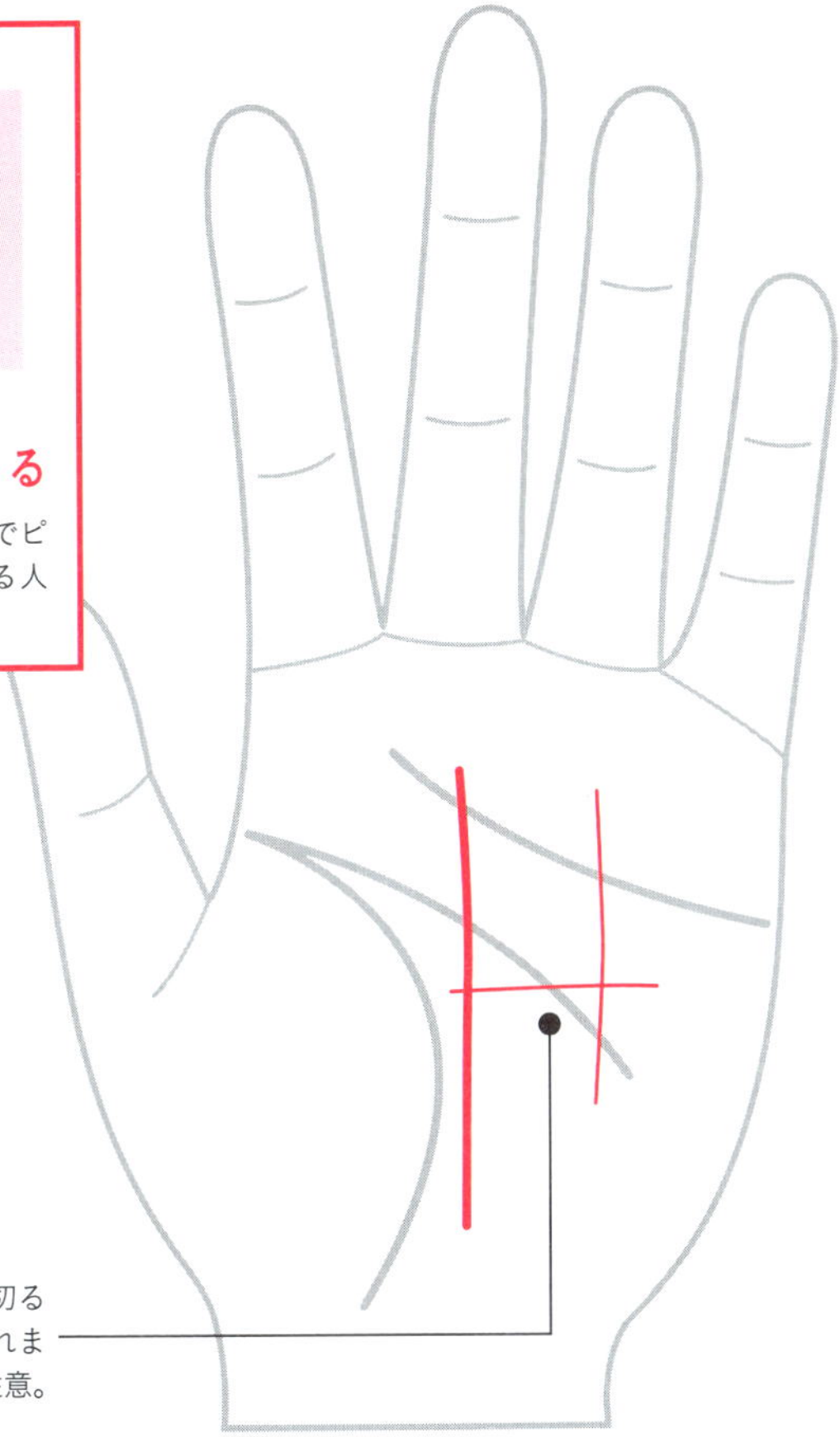

★別のパターン

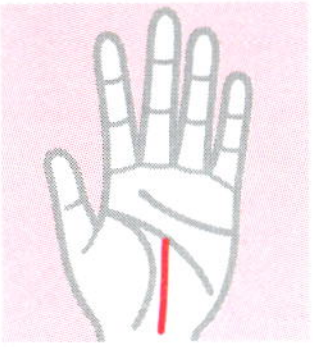

運命線が知能線で止まる

運命線が知能線上でピタッと止まっている人も注意。

手相の見方

運命線と太陽線を横切るような形で、障害線が表れます。また、運命線上や太陽線、財運線上に障害マークが表れることもあります。

さらに、運命線が知能線上で止まっている人も、突然のマネーロストに備える必要があります。

このタイプの特徴

若い頃は羽振りがよく、事業で成功しても、なにかのきっかけでそれらを失う可能性があります。仕事のミス、会社の倒産、離婚など理由はさまざまです。

開運のためのアドバイス

羽振りがよくても有頂天にならず人間関係を大切にしておきましょう。危険が迫ったら、打つべき手を打ち、ペースダウンを！

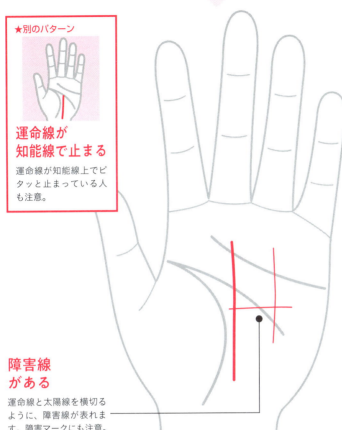

マネー情報チェック！

投資で成功タイプ

太陽線が知能線から伸びる

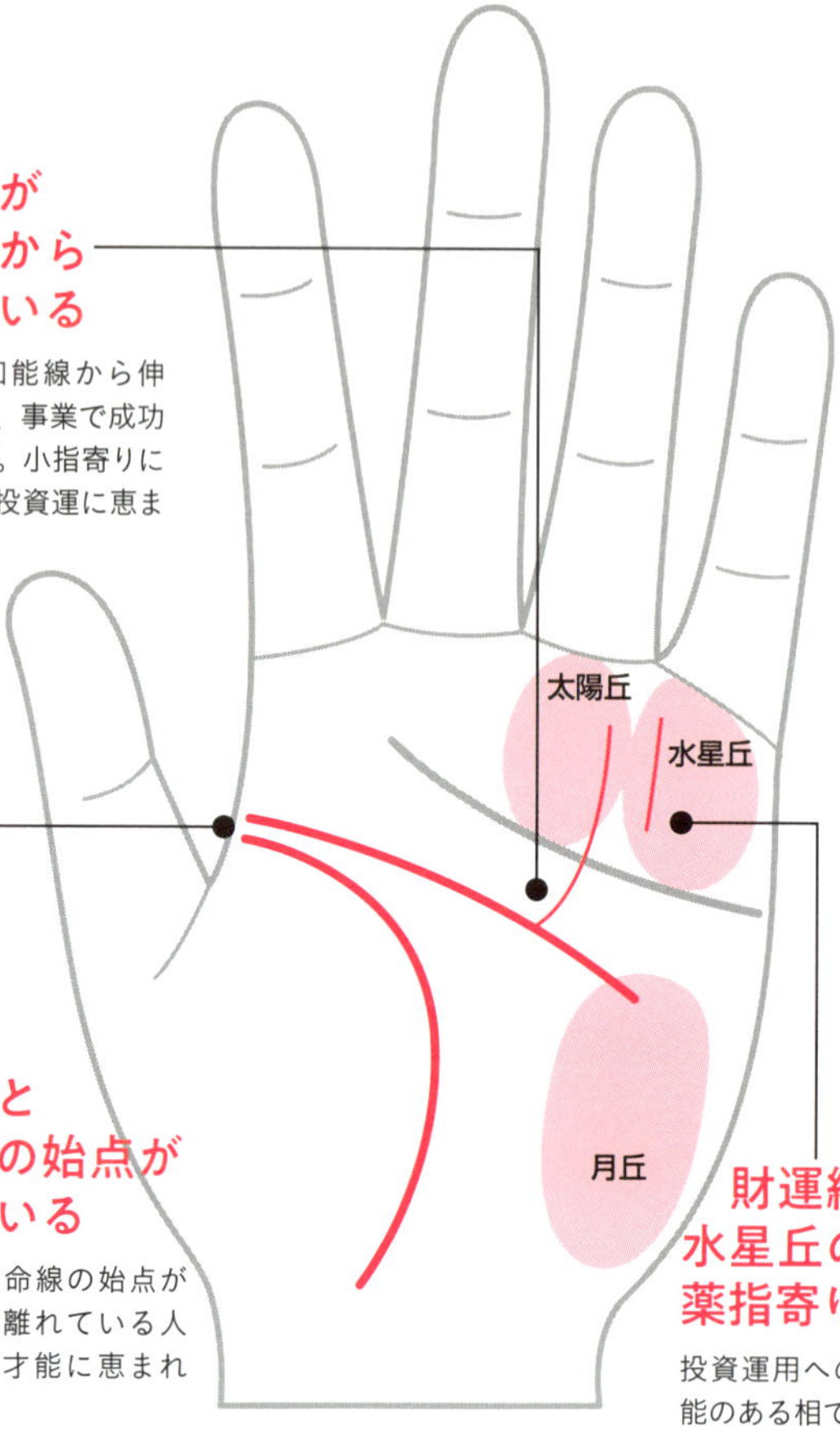

太陽線が知能線から伸びている

太陽線が知能線から伸びていると、事業で成功するタイプ。小指寄りに伸びると、投資運に恵まれます。

知能線と生命線の始点が離れている

知能線と生命線の始点が3ミリ程度離れている人は、投資の才能に恵まれています。

財運線が水星丘の薬指寄りに出る

投資運用への興味と才能のある相です。

手相の見方

知能線から太陽線が伸びていると、金銭感覚が鋭く、事業で成功するタイプです。ベースとなる知能線は、月丘上部か第二火星丘に向かいます。さらに、知能線と生命線の間が、3ミリほど離れて、財運線が薬指寄りに出ると、投資の才能を示します。

このタイプの特徴

お金に対する関心が強く、執着もある人です。投資などの知識を得れば、資産や投資運用の才能を発揮できます。

開運のためのアドバイス

判断が早くチャンスを逃しませんが、才能を発揮するには、慎重さや努力も必要です。マネー情報は常にチェックしましょう。

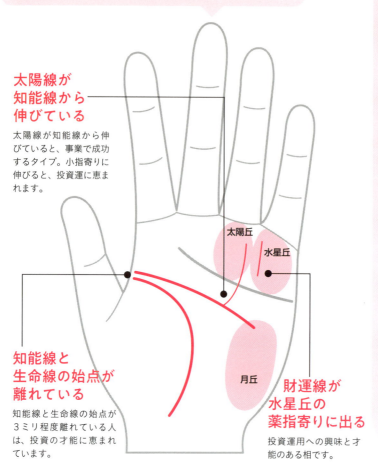

事業を興して成功！

一代で財を築くタイプ

太陽線が第二火星丘から伸びる

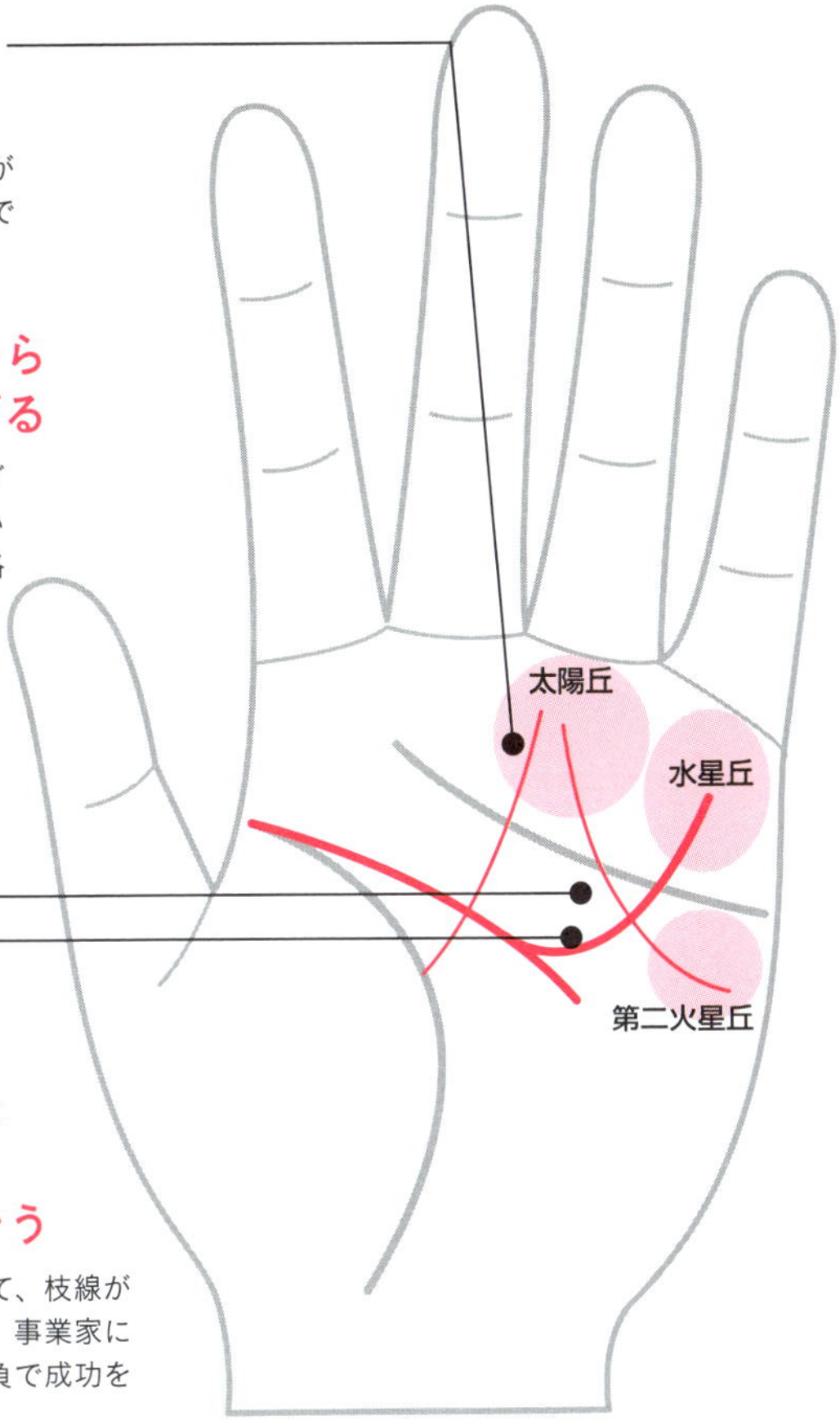

生命線上から太陽線

生命線上から太陽線が伸びる場合も、事業で財を築ける相。

第二火星丘から太陽線が伸びる

第二火星丘からカーブして太陽線が伸びている人は、我慢強い性格です。

枝分かれした知能線が水星丘へ向かう

知能線が枝分かれして、枝線が水星丘に向かうのは、事業家に多い相。アイデア勝負で成功をつかみます。

手相の見方

第二火星丘から太陽丘へ向かう線が出ています。これは忍耐線（➡P16）と呼ばれ、この相の人は、我慢強く成功を勝ちえていくタイプです。生命線上から太陽線が出ている人も独立心が強く、事業を成し遂げていくタイプ。努力の時期は長いかもしれませんが、着実に成功へ向かいます。

このタイプの特徴

努力家で、困難に立ち向かっていく性格です。粘り強く、自らの力で財をなします。

開運のためのアドバイス

すぐに自分のアイデアや企画が認められなくても、時間をかけて努力していけば、必ず成功します。自分の才能を信じて進んで！

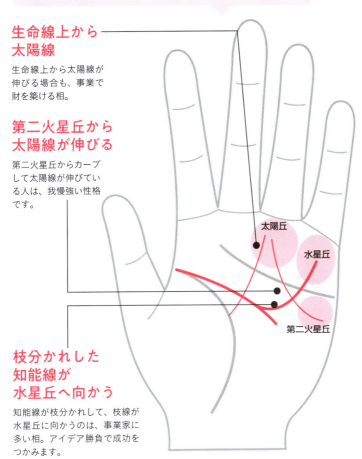

親の功績が引き継がれる 遺産を相続するタイプ

金星丘下部から太陽線や財運線が伸びる

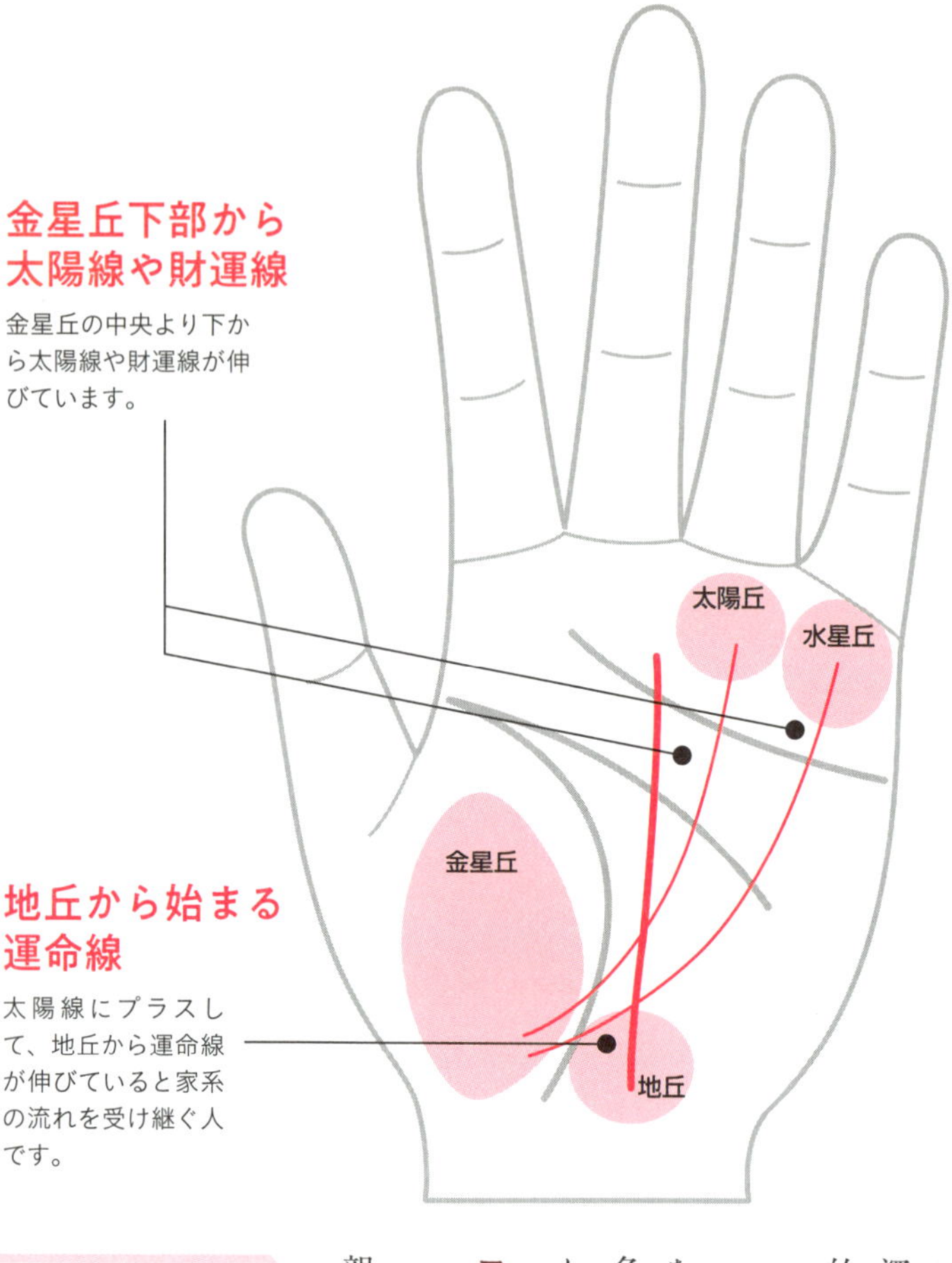
金星丘下部から太陽線や財運線
金星丘の中央より下から太陽線や財運線が伸びています。
地丘から始まる運命線
太陽線にプラスして、地丘から運命線が伸びていると家系の流れを受け継ぐ人です。
太陽丘
水星丘
金星丘
地丘

手相の見方

生命線の内側にある金星丘の下部から、太陽線や財運線が伸びている人は、身内との関わりが大変深い人です。親や親戚から、金銭的な援助を受けられます。

さらに手首の上の地丘から出ている運命線があれば、家系の流れを受け継ぐ人なので、遺産相続で多額の財産を得る可能性が高いでしょう。

このタイプの特徴

身内や家族とのつながりが強く、親の恩恵を強く受けている人です。

開運のためのアドバイス

身内との縁が大変深いタイプなので、親や親族に対して常に感謝の気持ちを持って接していれば、自然と運気はアップします。

親の成功を引き継いで安泰
家業を継いで財を成す

金星丘下部から運命線が長く伸びる

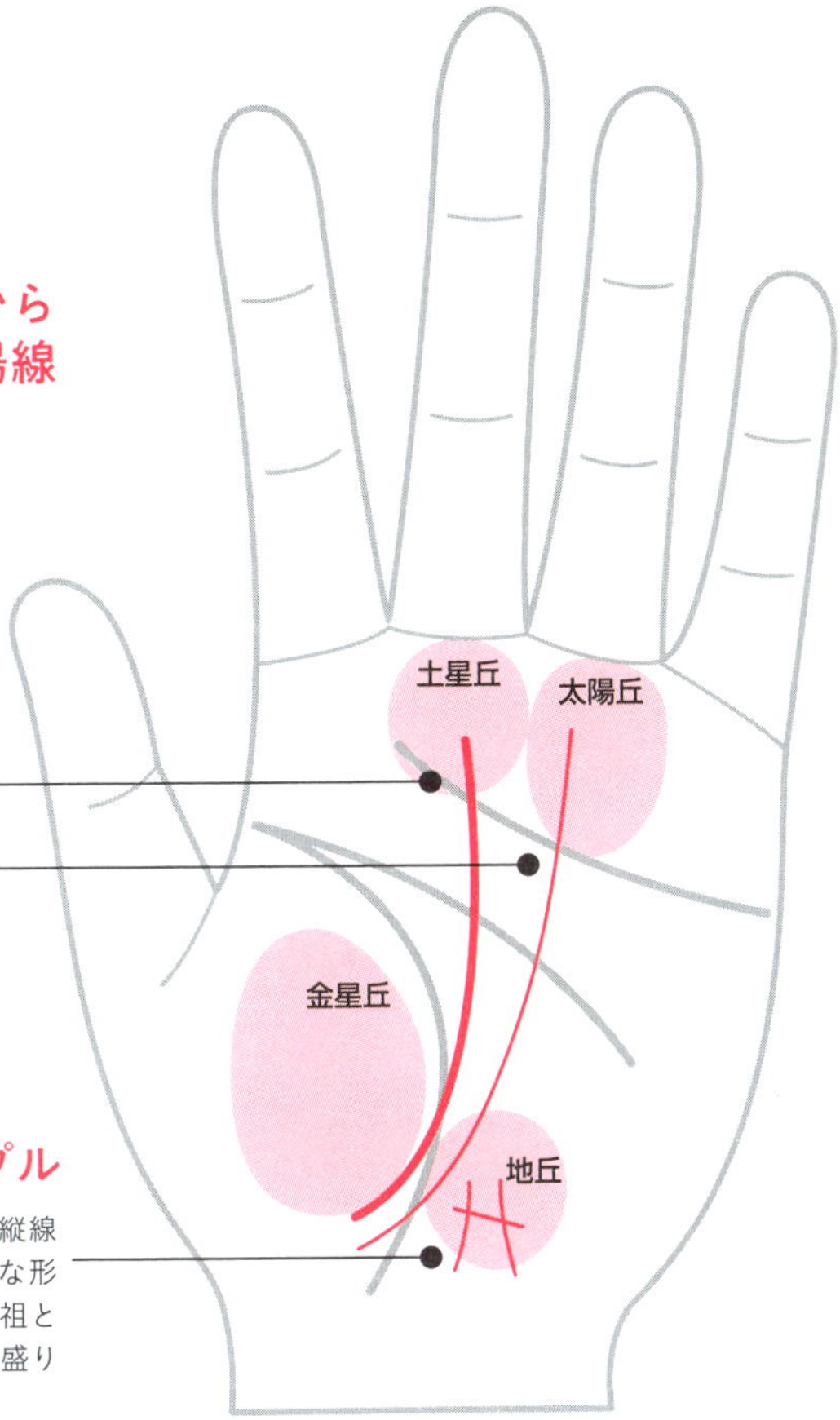

金星丘下部から運命線や太陽線

金星丘の下部から運命線や太陽線が伸びていると、血縁者との関係が深いことを表します。

地丘にテンプル

手首の上の地丘から縦線が伸び、鳥居のような形になっていると、先祖との縁が深く、家系を盛りたてていく人。

手相の見方

金星丘下部から始まる運命線が、土星丘へ向かって長く伸びています。太陽線が金星丘下部から伸びる場合もあります。この相を持つ人は、身内や親戚とのつながりが深く、その支援によって成功するタイプ。地丘にテンプル（⬇P190）があると、跡取り向き。

このタイプの特徴

家族の影響を強く受けて育った人。親の仕事や人脈を引き継ぎ、援助を受けることによってよい方向に人生が進んでいきます。

開運のためのアドバイス

親や先祖代々のやり方を踏襲するとスムーズに事業が展開します。問題が起こったら、親や身内の力を借りると切り抜けられます。

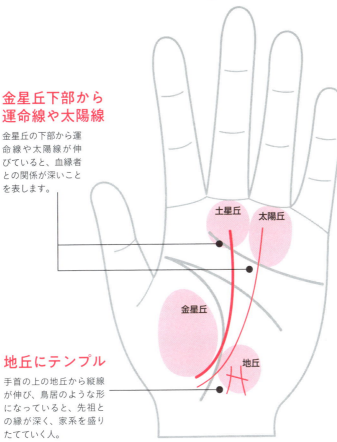

周りからの援助で金満！ 援助されて富を築く

太陽線が月丘か金星丘最上部から伸びる

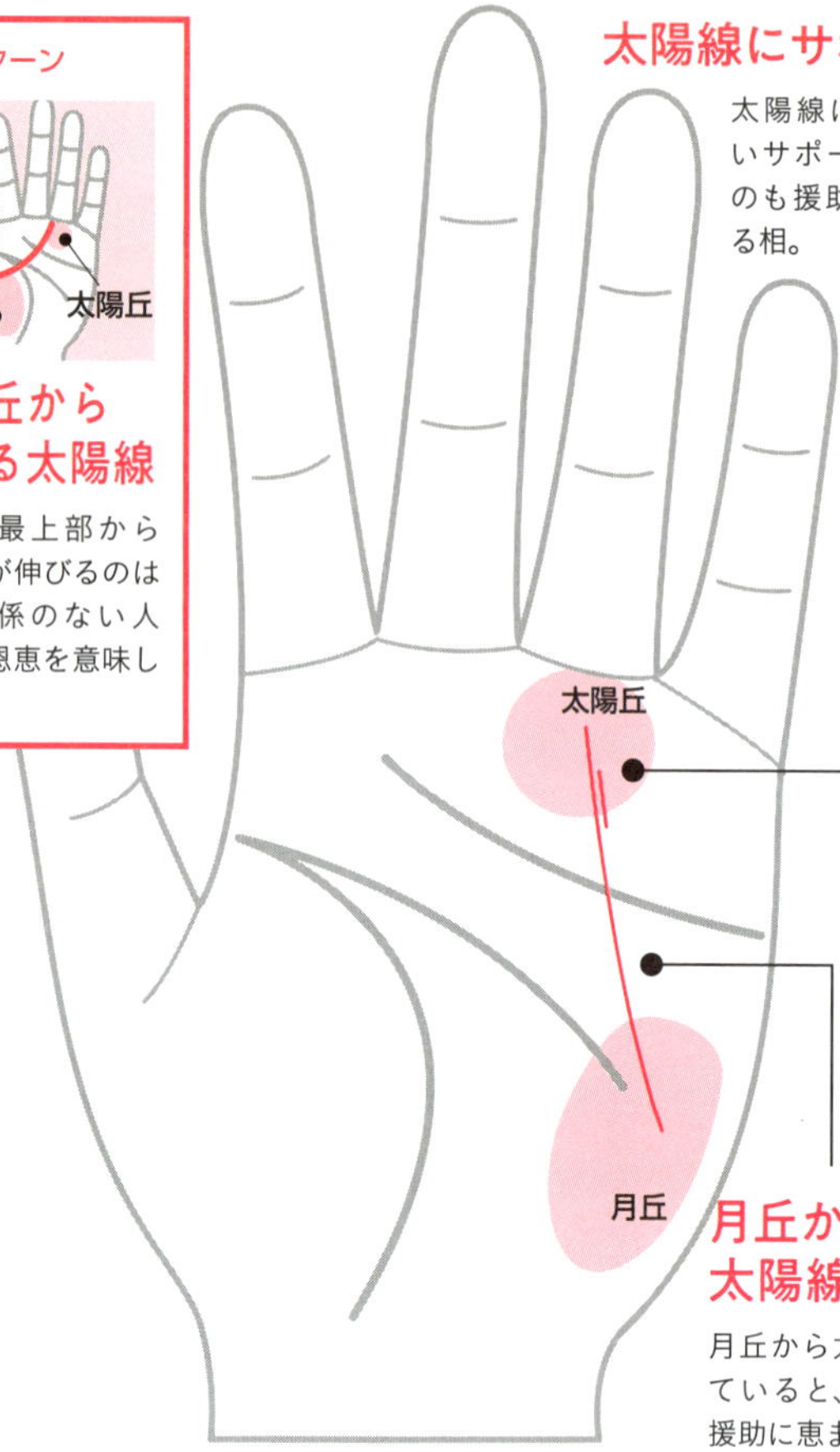

金星丘から伸びる太陽線

金星丘最上部から太陽線が伸びるのは血縁関係のない人からの恩恵を意味します。

太陽線にサポート線

太陽線に沿って、細いサポート線が出るのも援助者に恵まれる相。

月丘から伸びる太陽線

月丘から太陽線が伸びていると、他人からの援助に恵まれます。

手相の見方

月丘や金星丘最上部から、長い太陽線がみられます。この太陽線は薄くてもかまいません。あるいは、太陽線に沿って細い補助線（サポート線）が表れる場合もあります。いずれも、他人からの援助に恵まれ、お金に困らないことを示しています。

このタイプの特徴

他人から可愛がられる魅力的な人柄や個性の持ち主です。人を頼るのが上手で、人気者。それは一種の才能と呼べるほどです。

開運のためのアドバイス

あなたの成功や金運の元になるのは他人です。支えてくれる人たちを大切にすれば、不自由のない生活を送ることができるでしょう。

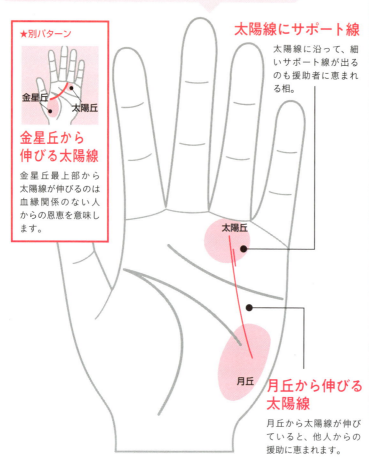

収入が安定しない お金の浮き沈みがある

太陽線がキレギレで財運線に空白がある

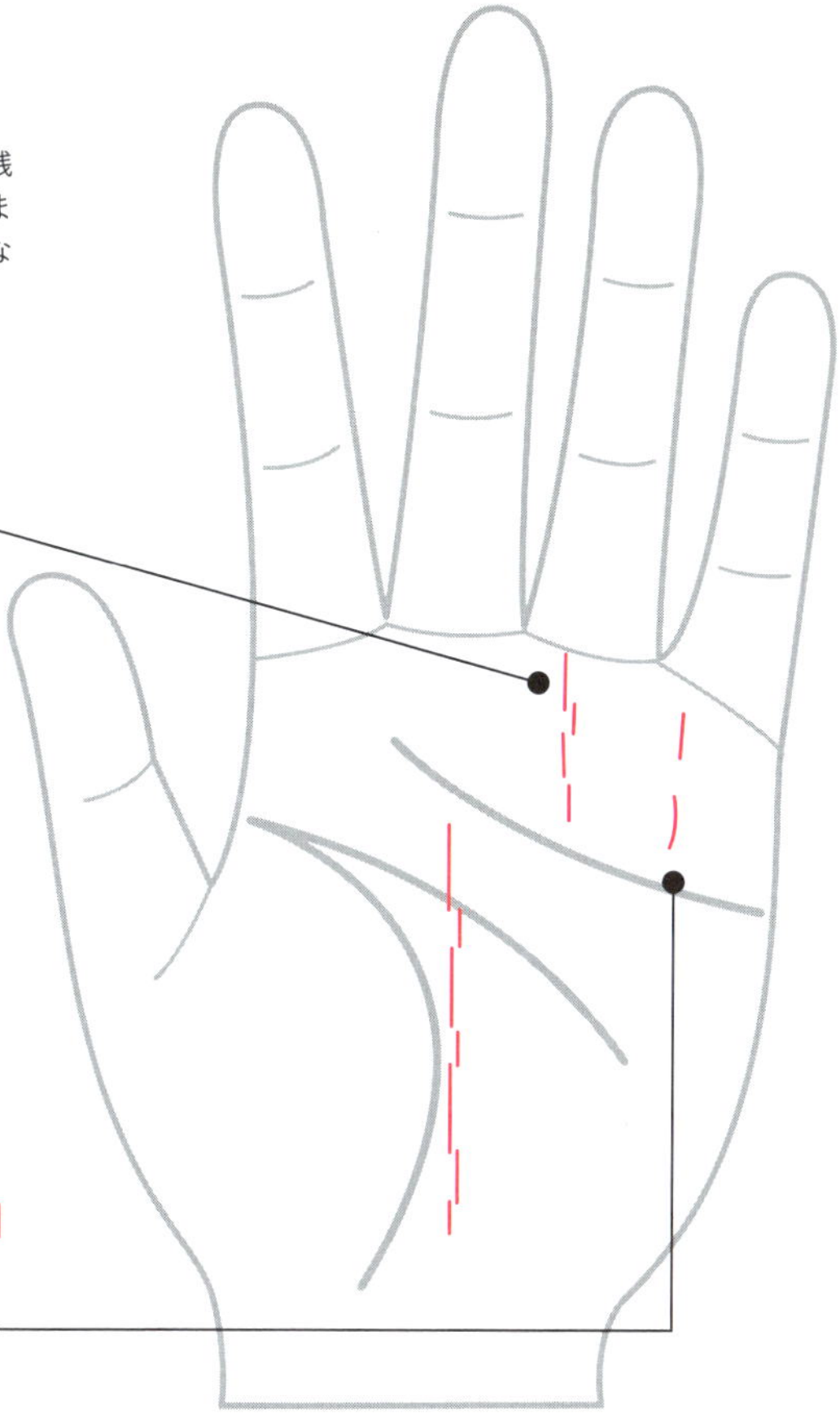
キレギレの太陽線
太陽線の乱れは、金銭収支の乱れを表します。収入が不安定になりやすい相です。
財運線の空白
財運線の空白も、お金が入ってこないことを意味します。

手相の見方

太陽線がキレギレになります。さらに、財運線もキレギレで空白ができると注意。お金の出入りが不安定となり、貯蓄がなくなるとピンチに見舞われそう。さらに、運命線がキレギレになると、変化の多い人生となり、仕事が変わることで収入にアップダウンが。

このタイプの特徴

根気がなく、諦めやすい性格が災いして、転職や転居を繰り返すことで、金運が安定しません。波乱万丈の人生を送りがちです。

開運のためのアドバイス

この相の時はお金を出さない工夫が必要。太陽線がスッキリした1本の線に変化してくれれば金運は安定します。粘り強く金運の回復を待つこと。

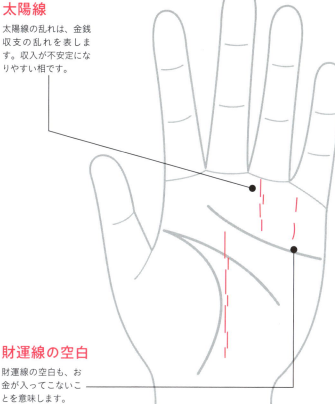

貸し借りには注意
金銭トラブルタイプ

財運線がキレギレで
太陽線に障害マークがある

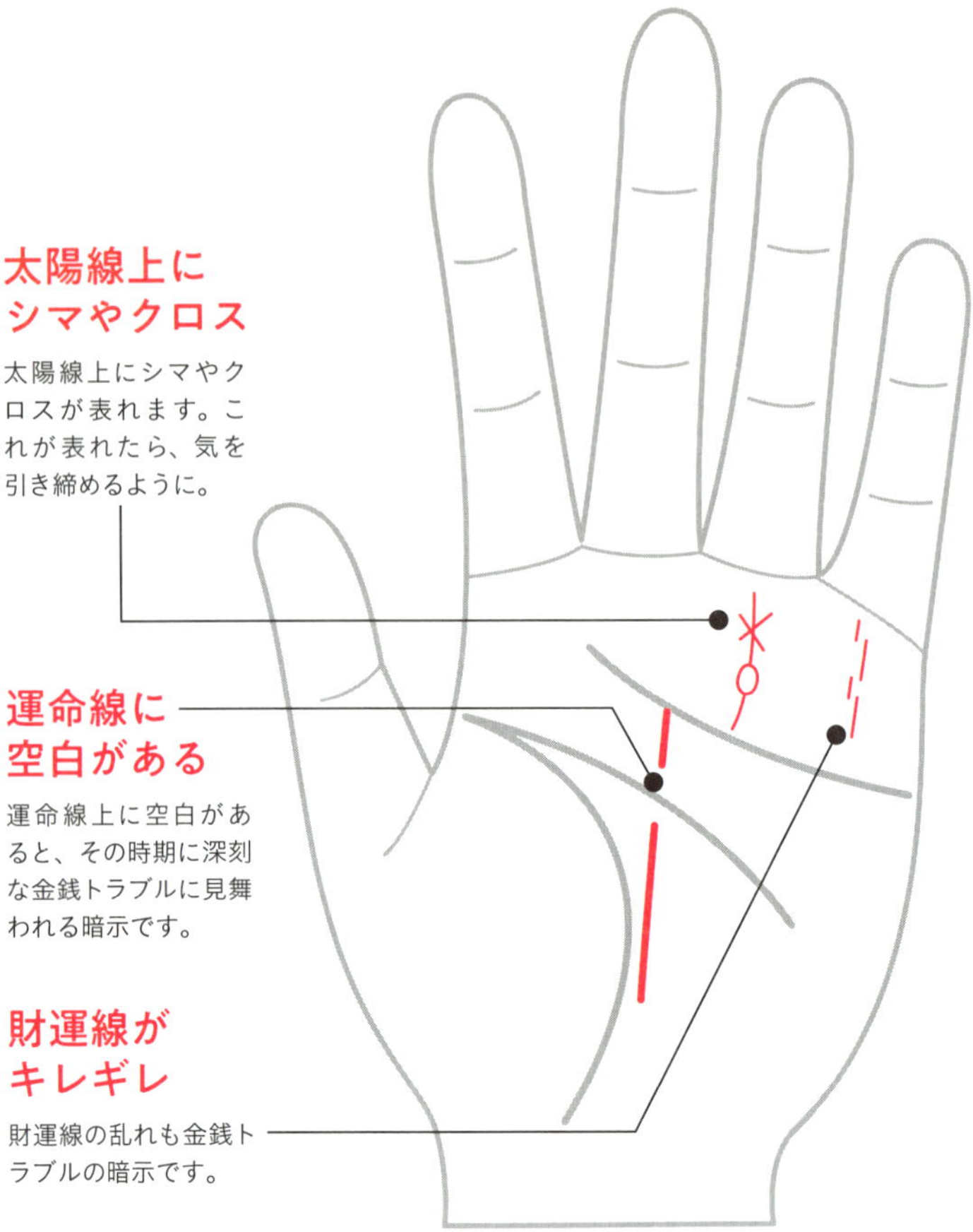
太陽線上に
シマやクロス
太陽線上にシマやクロスが表れます。これが表れたら、気を引き締めるように。
運命線に
空白がある
運命線上に空白があると、その時期に深刻な金銭トラブルに見舞われる暗示です。
財運線が
キレギレ
財運線の乱れも金銭トラブルの暗示です。

手相の見方

太陽線上にアンラッキーを示すマークが表れます。また、財運線がキレギレだったり、空白があります。さらに、運命線上に空白がある場合は、深刻な金銭トラブルの危険。これらが揃って表れた場合は、よほど気を引き締めなければなりません。

このタイプの特徴

「金運がない」のではなく、この相がハッキリ出た時期に、金銭トラブルに巻き込まれる危険性があることを示しています。

開運のためのアドバイス

借金をしたり、友人知人の借金の保証人にはなったりしないように。この相の時期には新規事業は控えて、金銭的には守りに徹して。

借金を背負うタイプ

連帯保証人や肩代わりは危険

知能線が下降して太陽線に障害マークがある

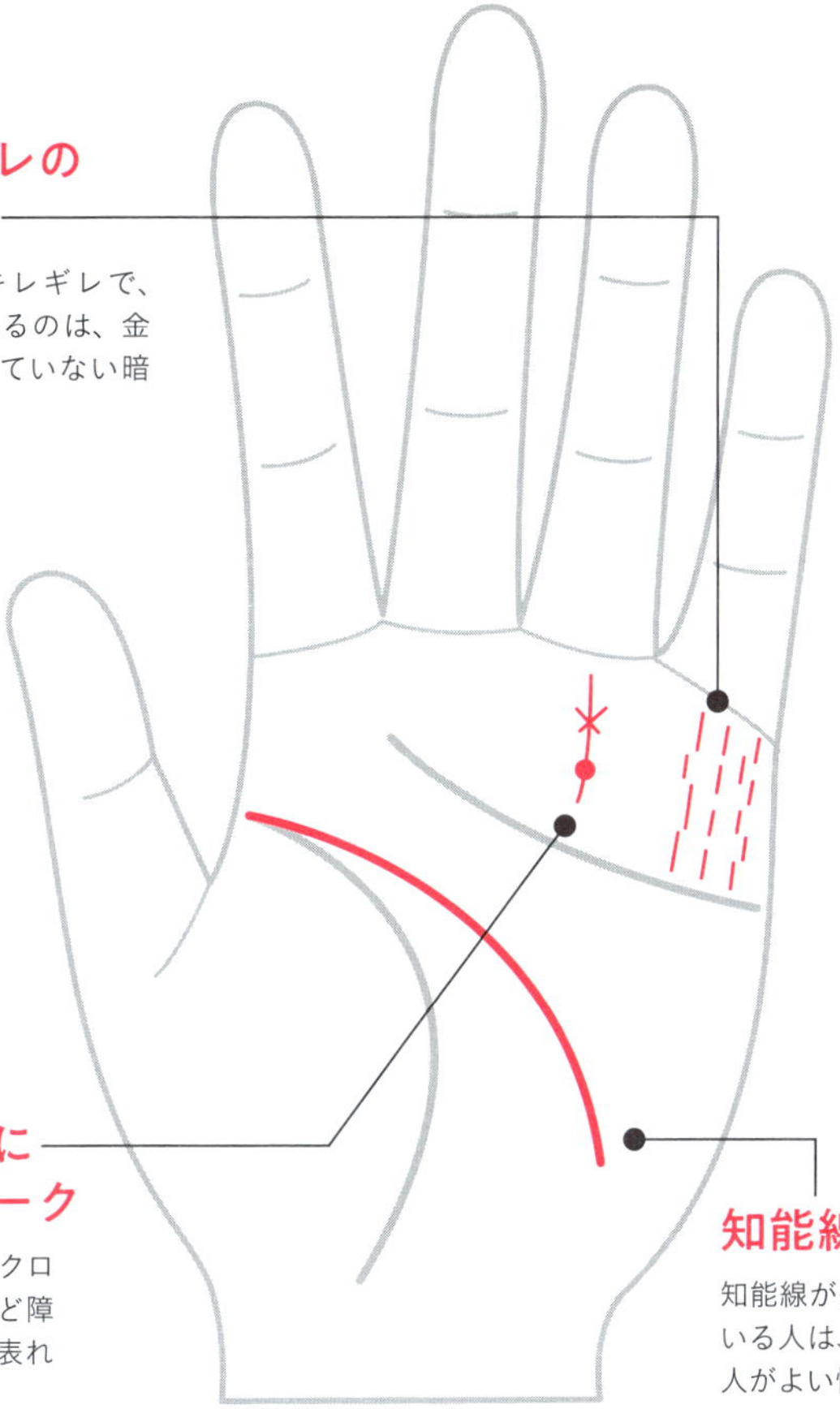

キレギレの財運線

財運線がキレギレで、多数みられるのは、金運が安定していない暗示です。

太陽線に障害マーク

太陽線上にクロスや斑点など障害マークが表れます。

知能線が下降

知能線が長く下降している人は、頑固者でも人がよい性格。

手相の見方

太陽線上に斑点やクロスが表れます。さらに、キレギレの財運線が多数刻まれるのは、金運が安定せず、金銭面でのショックな事件によって社会的信用を失う危険性があるという暗示。自転車操業的な生活を送る可能性もあります。

このタイプの特徴

知能線が長く下降している人は、とくにマイペースで頑固者ですが、情にもろいところがあります。人のよさにつけ込まれて騙されることもあるので注意。

開運のためのアドバイス

借金トラブルに巻き込まれないためには、情に流されない努力をして。友人の借金などは断固として断る強さを持ちましょう。

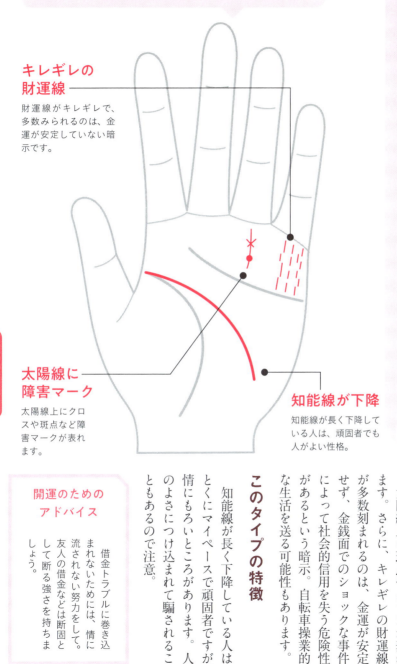

大金を損するかも…
ギャンブル狂タイプ

知能線が直線的で感情線に乱れがある

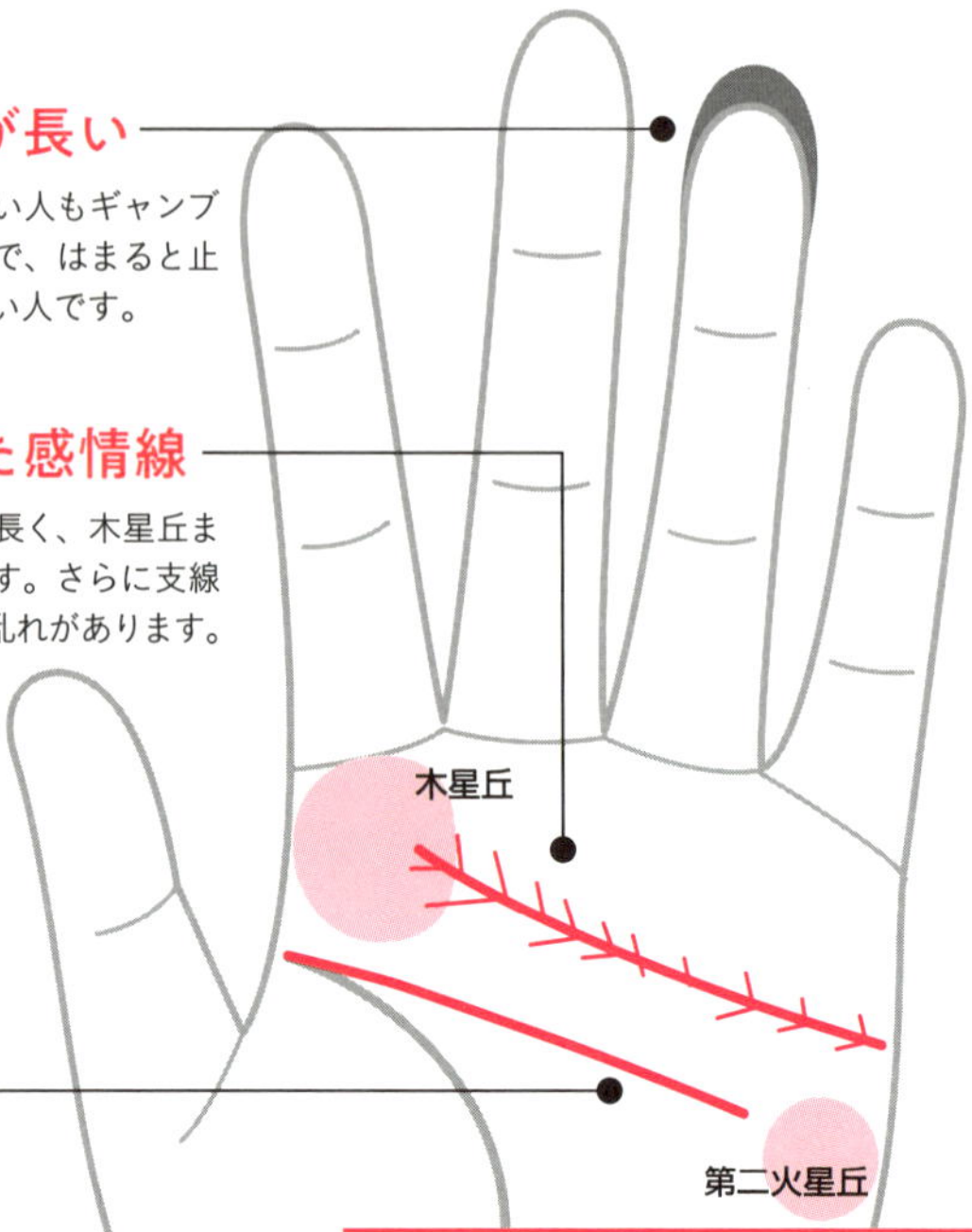

薬指が長い

薬指が長い人もギャンブルが好きで、はまると止められない人です。

乱れた感情線

感情線が長く、木星丘まで届きます。さらに支線が多く、乱れがあります。

第二火星丘までの知能線

第二火星丘へ向かう知能線が直線的に伸びています。

★別パターン

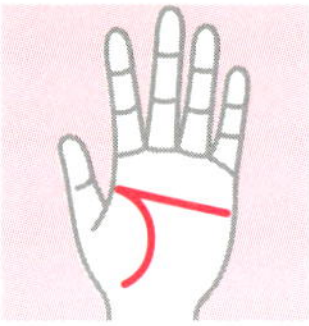

知能線と感情線が一体化したマスカケタイプ

大成功と大失敗の差が大きいといわれるマスカケ線もギャンブルには注意。

手相の見方

真っ直ぐに伸びた知能線は、白黒はっきりと結果が出ることを好む性格。この相の人で、感情線が木星丘まで長く伸び、枝線が多く乱れている人は、ギャンブルにはまりやすいでしょう。さらに、薬指が長いとギャンブル好きの傾向。

このタイプの特徴

ロマン志向で、薬指が長いのは見栄を張りたがる性格です。ギャンブルを始めると熱中してしまい、止め時を見失うタイプなので、負けた時は大金を失うことも。

開運のためのアドバイス

意識的にギャンブルを敬遠し、軽い気持ちでも手を出さないのがベスト。友人からギャンブルに誘われても断るようにしましょう。

お金を落としやすい うっかりミスでお金を紛失

財運線がなく、知能線がキレギレに伸びる

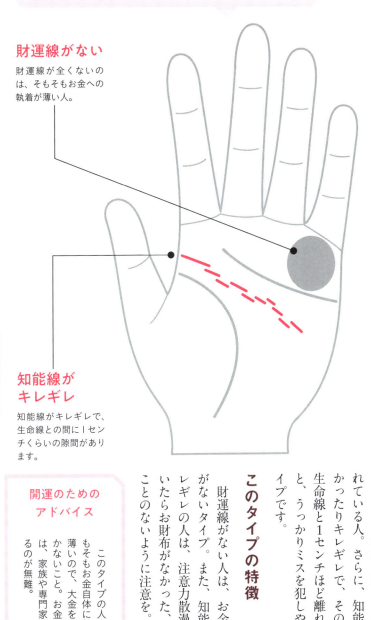

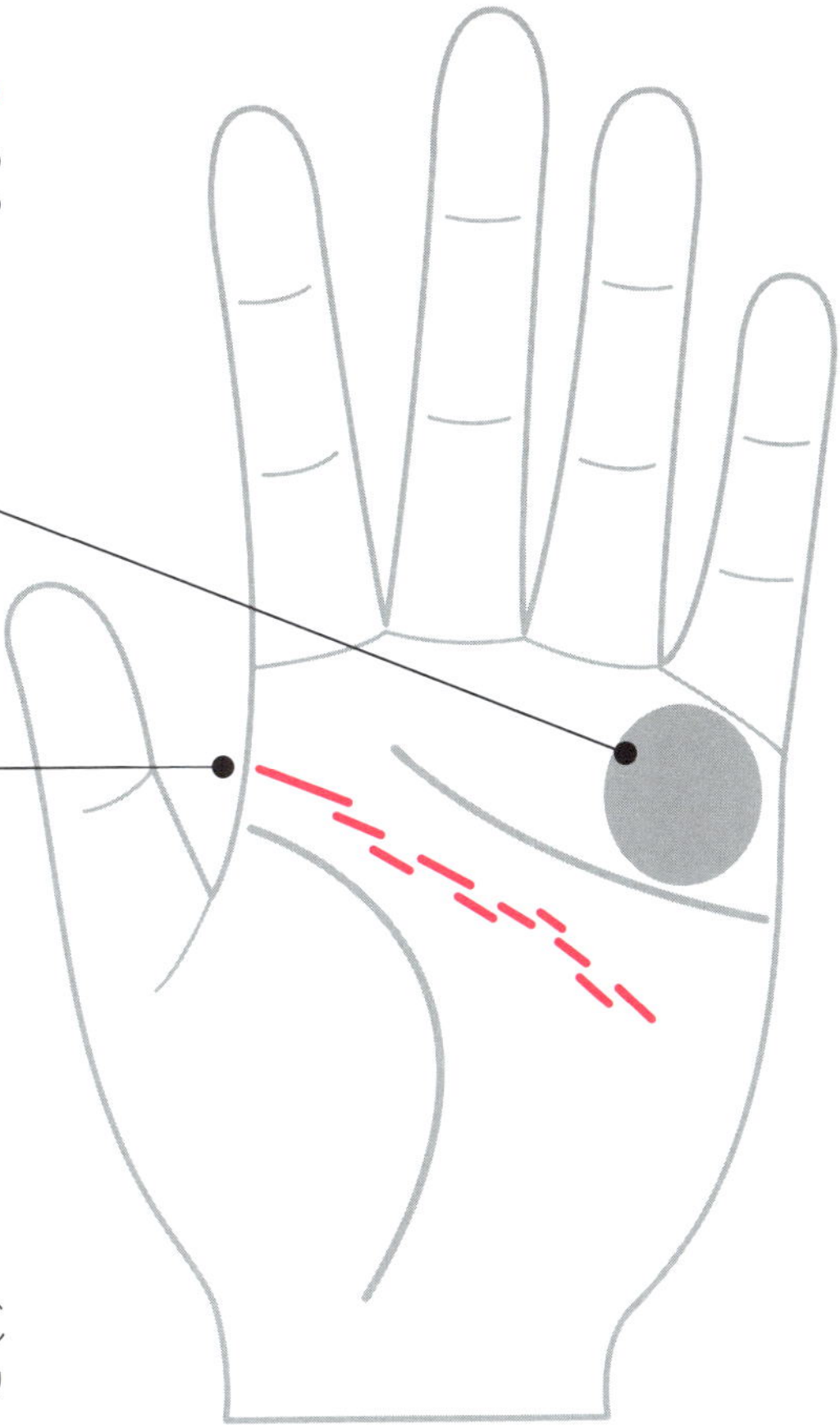
財運線がない
財運線が全くないのは、そもそもお金への執着が薄い人。
知能線がキレギレ
知能線がキレギレで、生命線との間に1センチくらいの隙間があります。

手相の見方

小指下の水星丘に、財運線が全くないか、極端に薄いと金運が薄れている人。さらに、知能線が薄かったりキレギレで、その始点が生命線と1センチほど離れていると、うっかりミスを犯しやすいタイプです。

このタイプの特徴

財運線がない人は、お金に執着がないタイプ。また、知能線がキレギレの人は、注意力散漫。気づいたらお財布がなかった、ということのないように注意を。

開運のためのアドバイス

このタイプの人は、そもそもお金自体に執着が薄いので、大金を持ち歩かないこと。お金の管理は、家族や専門家に任せるのが無難。

一時的なラッキーが舞い込む

金運の絶頂期

手相の見方

薬指の下の太陽丘に、幸運を表すスターや三角マークが表れたら、近々大金が舞い込むことを意味します。丘全体に張りがあり、太陽線がハッキリ出ていれば、タナボタ的な幸運に恵まれそうです。

木星丘のスターも、昇給や臨時収入など、突然の金運アップを意味します。

木星丘や太陽丘は、名誉を意味する丘。複数の短い線が連なって星のような形になったスターマークは、金銭面での幸運だけに留まらず、仕事上のステップアップや地位の向上にも恵まれることを示しています。

このタイプの特徴

このような幸運サインは珍しいもので常に出ているわけではありません。好機がめぐってくると、ある日突然出現するようなラッキーマークです。今は出ていなくても、運気や意識の変化によって、今後出現する可能性があります。

運気アップのポイント

このマークが表れたら、金銭面では積極的に行動を起こすとよいでしょう。宝くじを買ってみる、眠っているお宝を探してみる、投資を始めるなど、いつもと違うことをしてみるのも吉です。

また、自身のやる気が湧いて、クリエイティブな才能を発揮しやすい時期でもあります。社会的な地位向上のチャンスにも恵まれますので、積極的に行動しましょう。創作や商品開発など、今まであたためていた企画があれば、実現させるチャンスです。

この時期の上手な過ごし方

スターは一時的なマークで、常に表れているものではありません。出現したら、大変な幸運が巡ってくる時期なので、チャンスを逃さず、何ごとにも積極的に！　ただし無謀なことは避け、人のためによい行いをするなど運気を高める行動が吉。

太陽丘・木星丘にスターが表れる

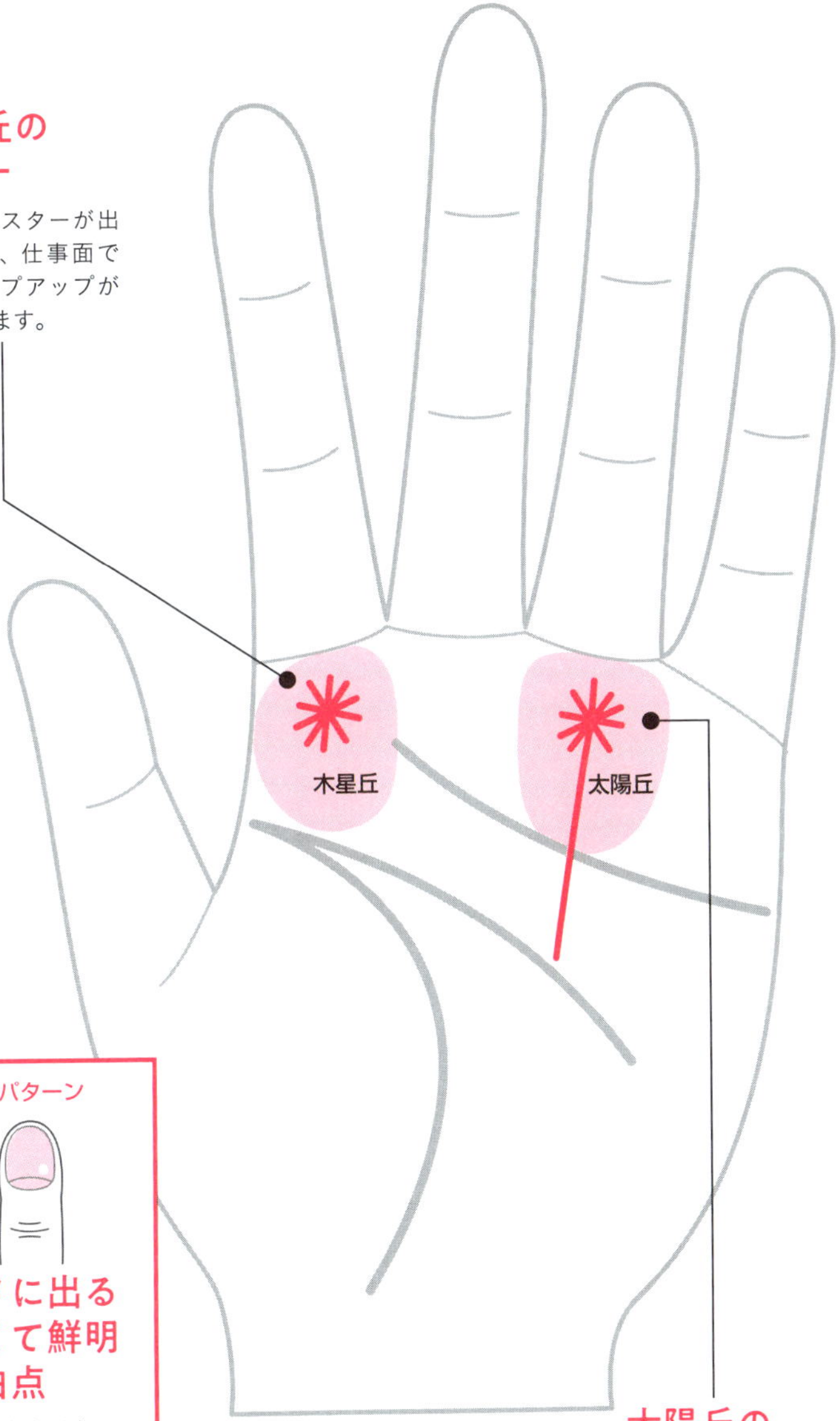

木星丘のスター

木星丘にスターが出現すると、仕事面でのステップアップが期待できます。

太陽丘のスター

太陽丘にスターが表れます。同時に、太陽線がくっきり出ていれば最高です。

★別のパターン

ツメに出る丸くて鮮明な白点

ツメに白点が表れるのは、ラッキーサイン。とくに人差し指と小指に出たら、金運アップのサイン。

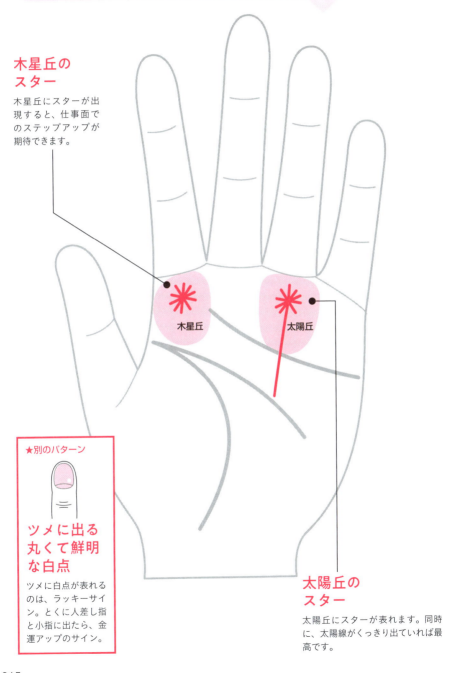

金運のターニングポイント

金運の変化を手相で読みとる

経済的に安定する時期

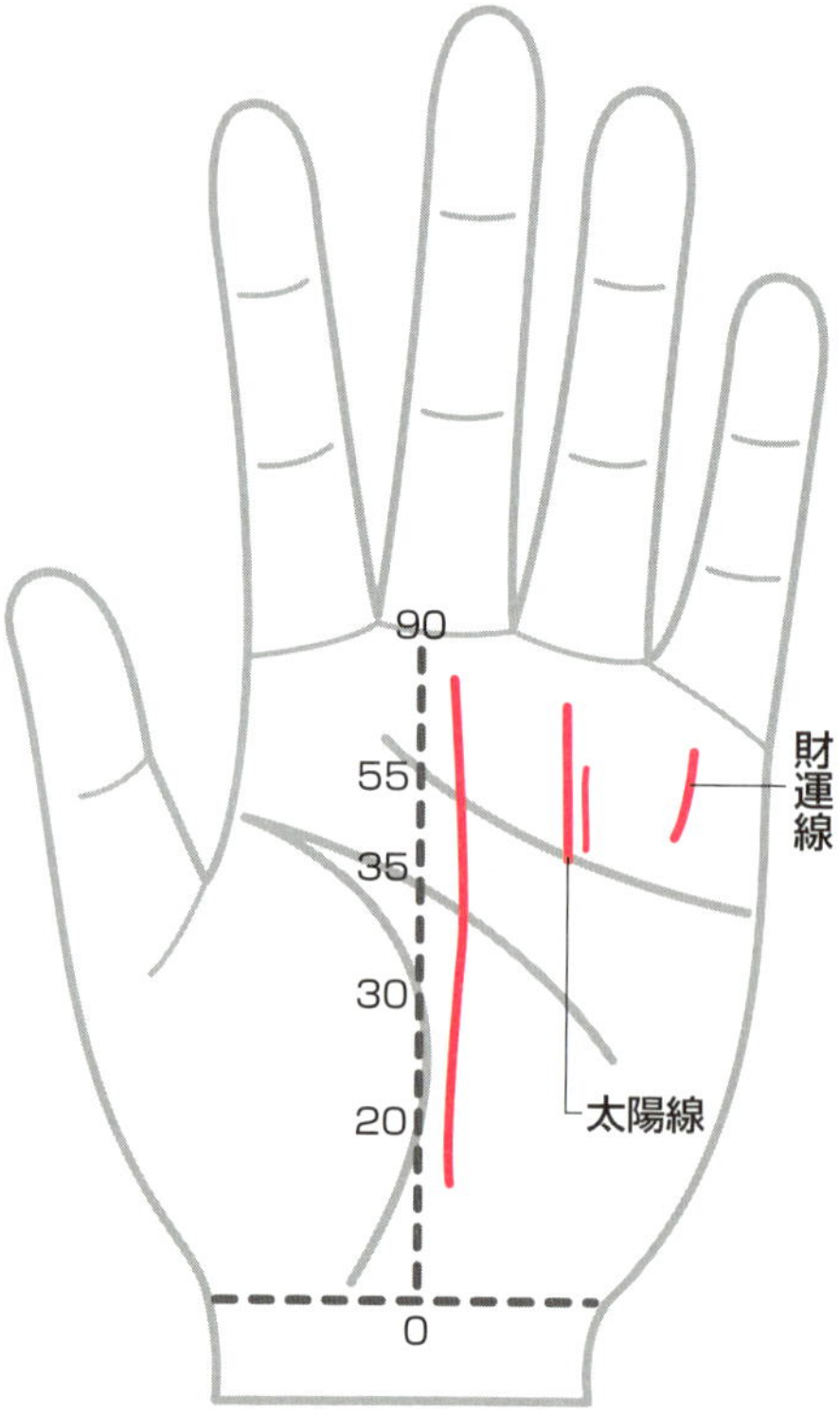

財運線がスッキリと表れて、太陽線に沿ってサポートラインが表れた時期が、安定を表します。この相だと45歳頃。

大金が手に入る時期

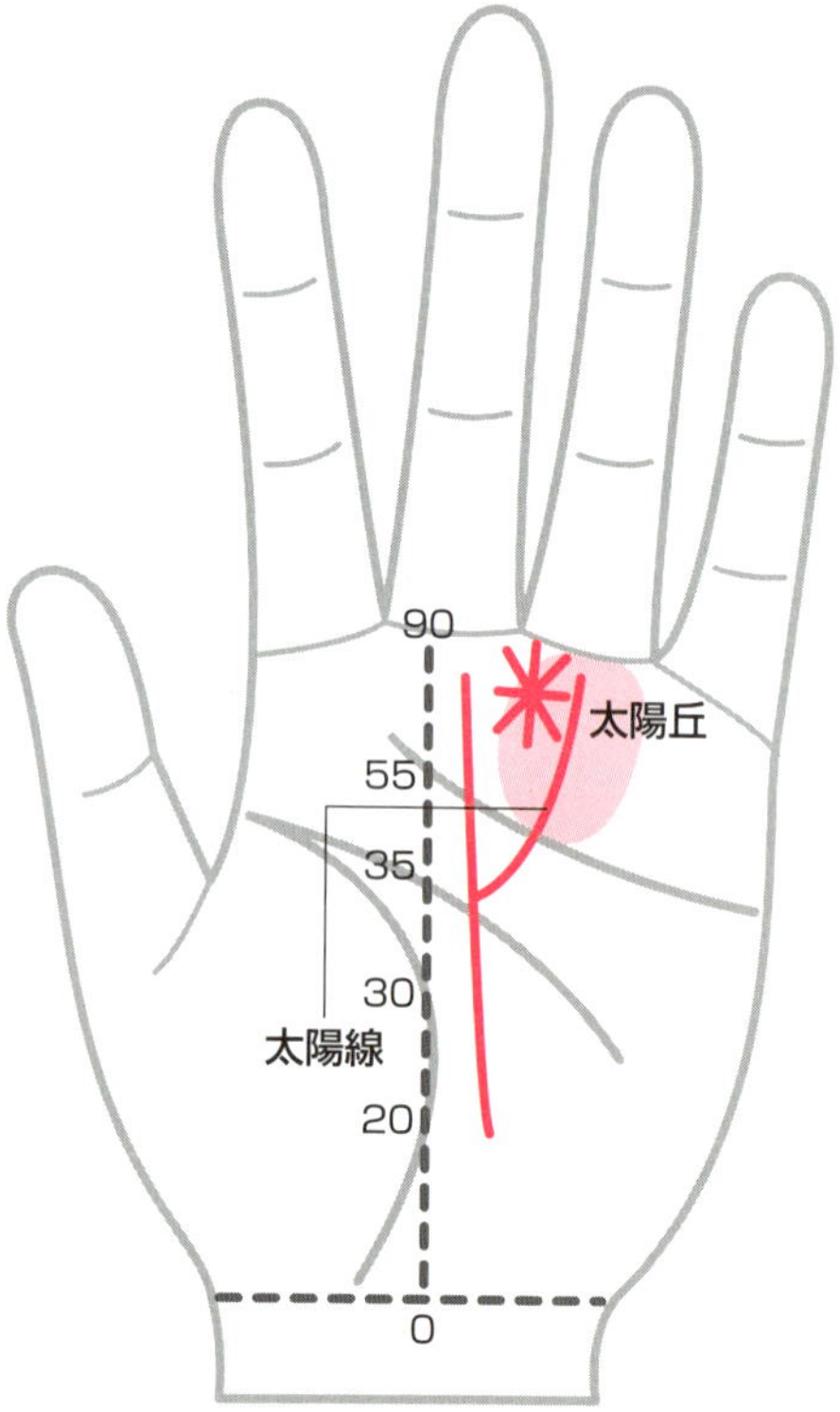

運命線から太陽線が伸び、さらに太陽丘にスターが出ると、大金が手に入る可能性。この相では35歳頃の出来事がきっかけとなります。

太陽線と財運線がカギ

金運のターニングポイントを知るには、太陽線と財運線の状態とあわせて、運命線をチェックします。

太陽線が濃くスッキリ出ている時期は、成功や人間関係に恵まれてお金に不自由せず、財運線が濃くスッキリ出ている時期は、お金を蓄えたり運用する能力が冴えています。

逆にいずれかの線が乱れたり、障害マークが出ている時期は、金運のピンチとなります。

運命線の流年法（➡P28）では、手首のラインを始点とし、ここを0歳、知能線と交わる部分を35歳、感情線と交わる部分を55歳とします。

お金のトラブルにあう時期

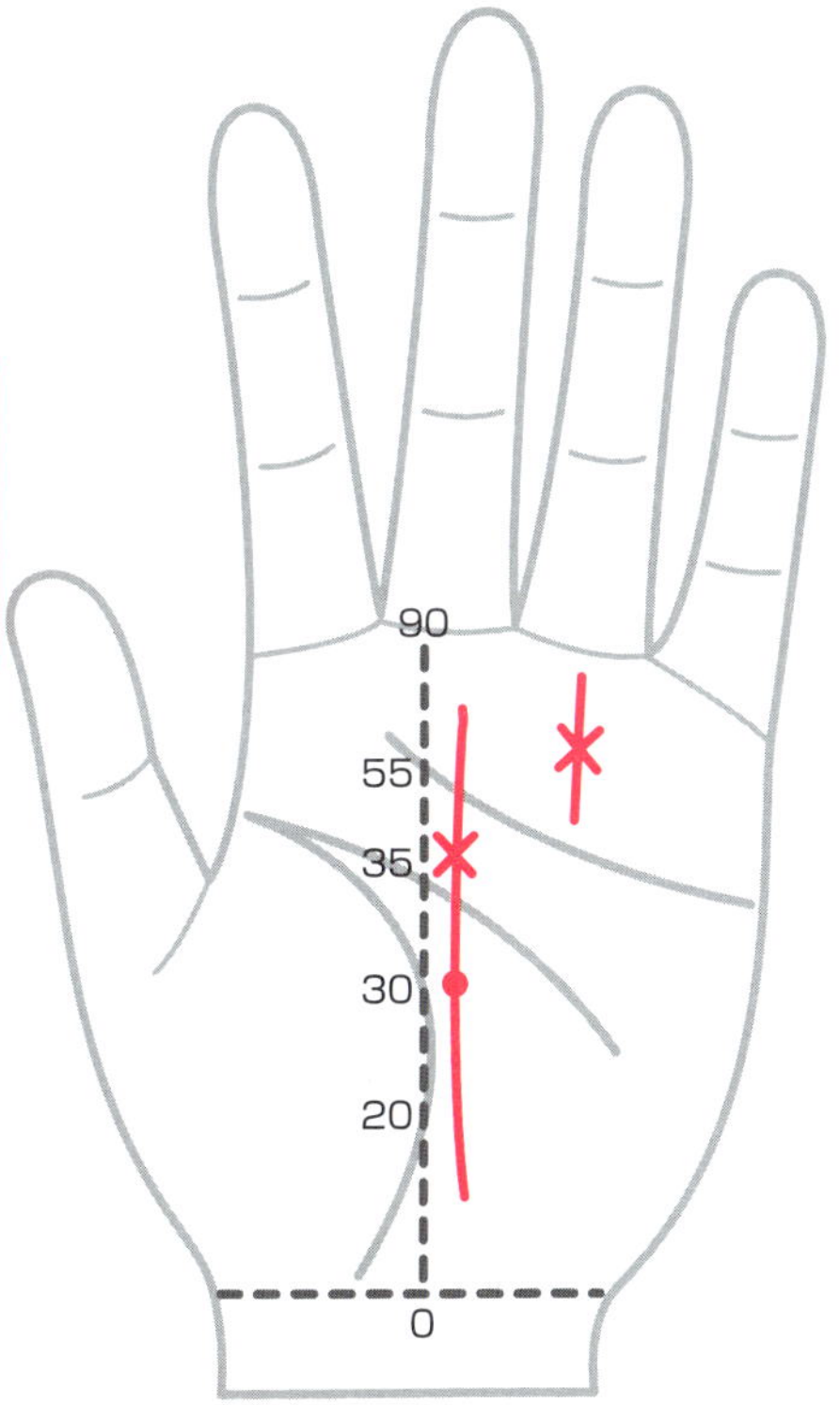

太陽線と運命線上にクロスや斑点などの障害マークが現れると危険。この相では30歳頃と45歳頃に要注意です。

お金を失いそうな時期

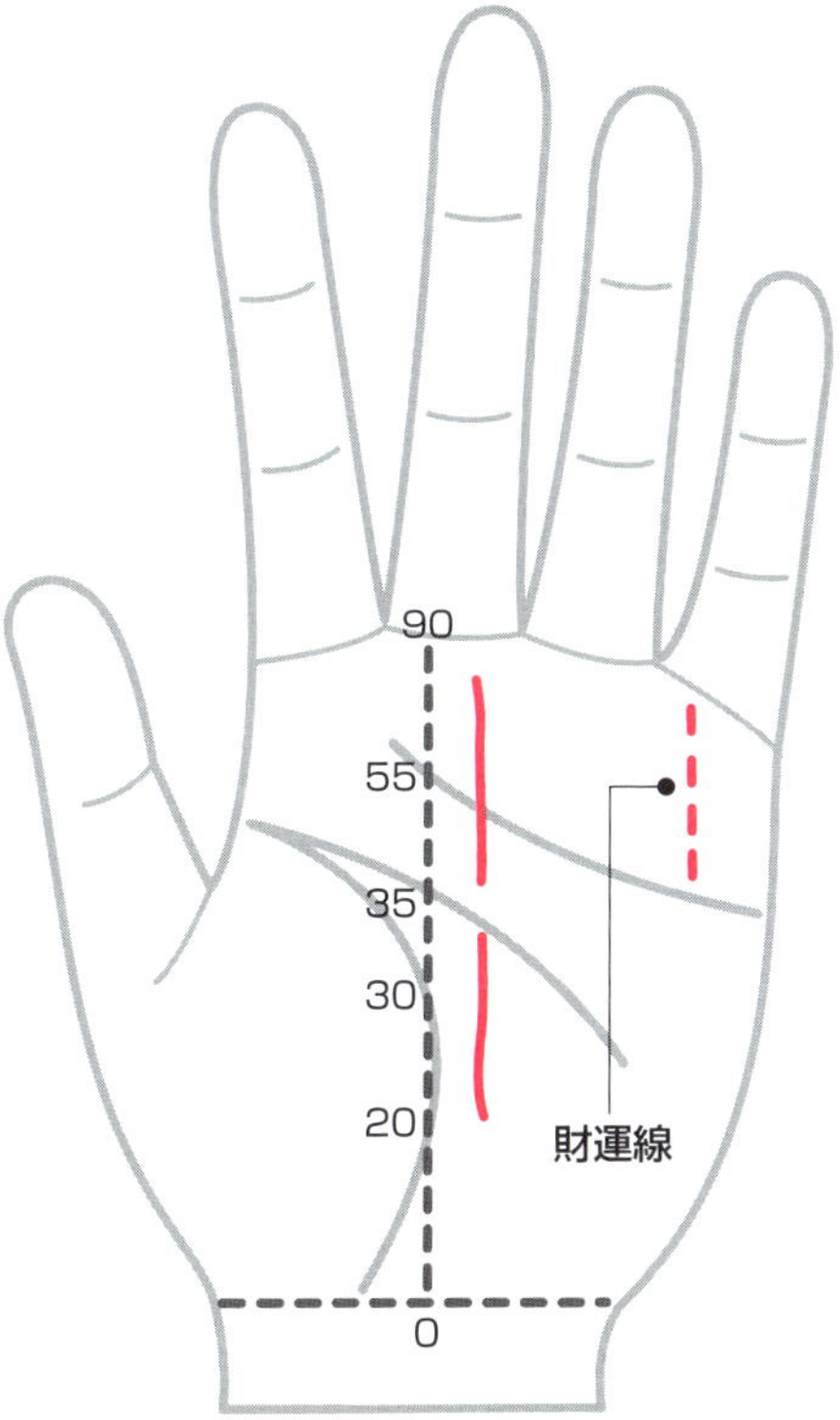

財運線がキレギレになったり、運命線に空白ができます。この相では35歳頃。守りに徹し、無駄な出費は控えましょう。

明暗を分ける金運のシチュエーション

友人・家族…あなたが幸運になる対人関係は?

友人により金運ダウン

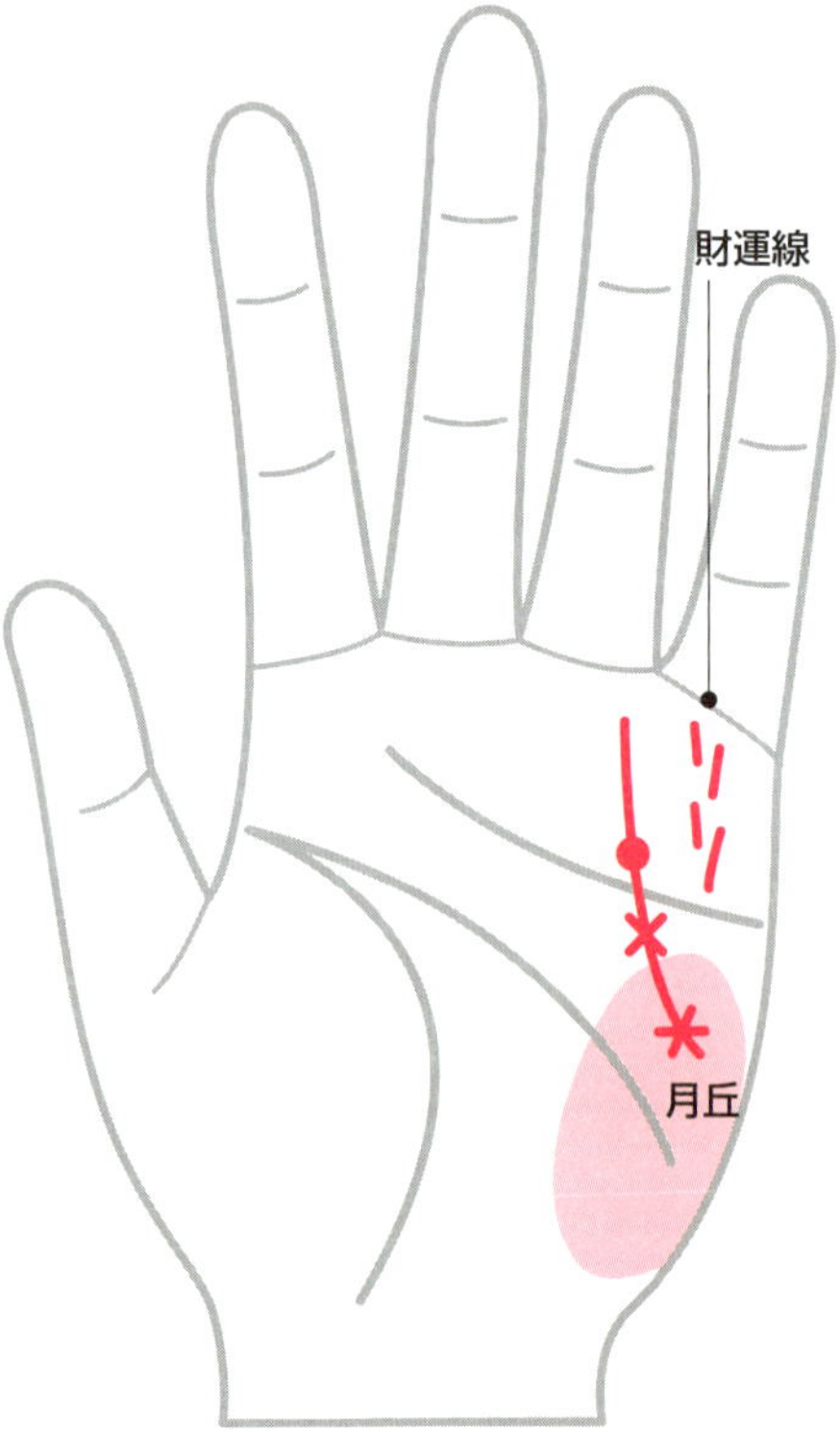

月丘から出発する太陽線に障害マークが表れます。また、財運線はキレギレに。友人から借金や保証人を頼まれても断る勇気を持って。

友人により金運アップ

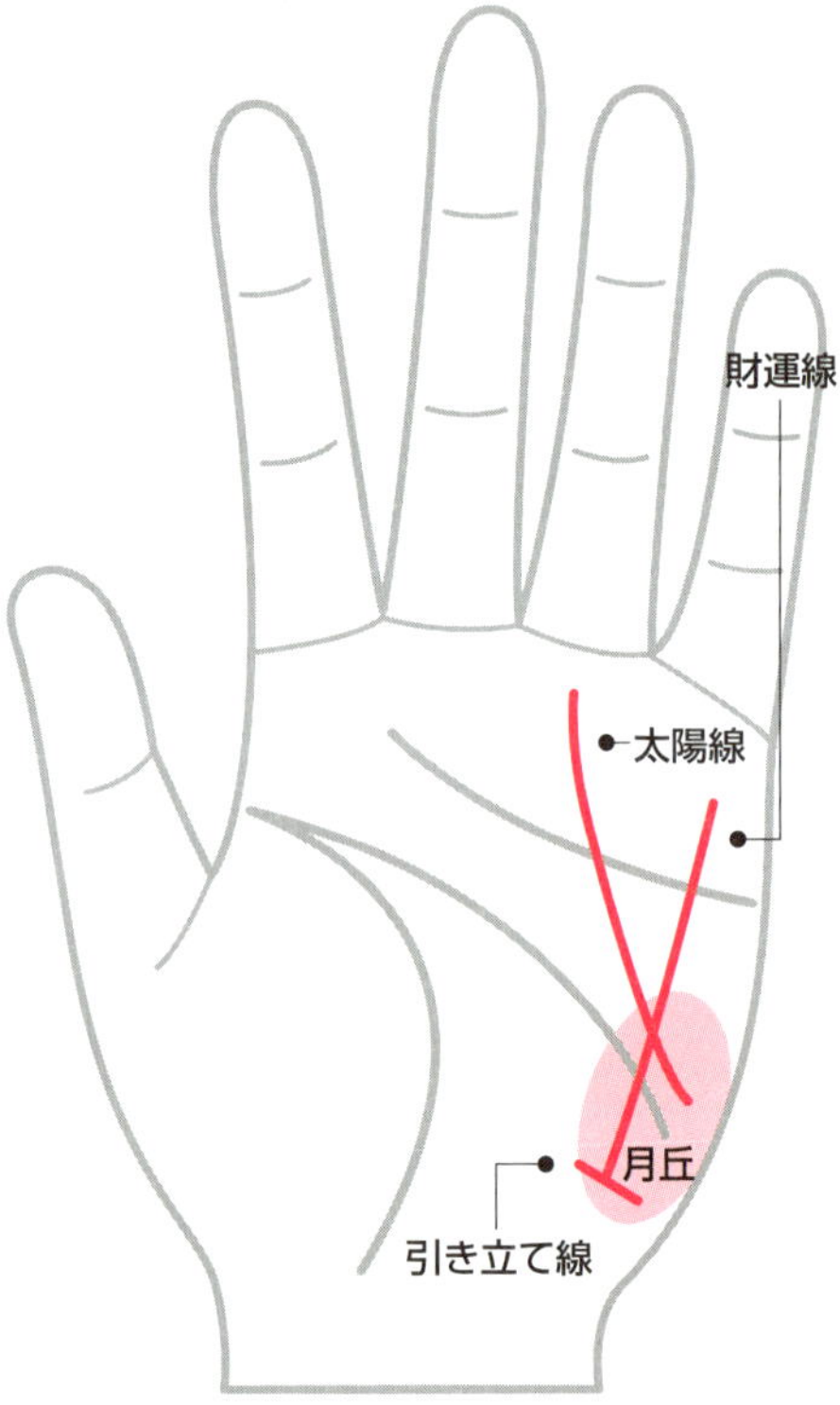

月丘から太陽線が伸びるか、引き立て線から財運線が伸びると、友人との付き合いを通して、金運が上昇するでしょう。

金運をもたらしてくれる人は？

対人関係による金運は、主に、太陽線と財運線が、どこから出発しているかをみて判断します。

金星丘は、親や配偶者などの身内との縁を表す場所です。地丘は、先祖との縁を表す場所です。それに対して、月丘は、友人や仕事関係の人間など、他人との縁を表す場所です。

したがって、太陽線が金星丘から伸びている場合には、身内から金運が生まれるとみます。また、地丘に縦線が表れる場合も、家族や家系との縁が深いです。

一方、月丘から伸びる場合には、他人の援助や協力により金運が生まれます。

家族により金運ダウン

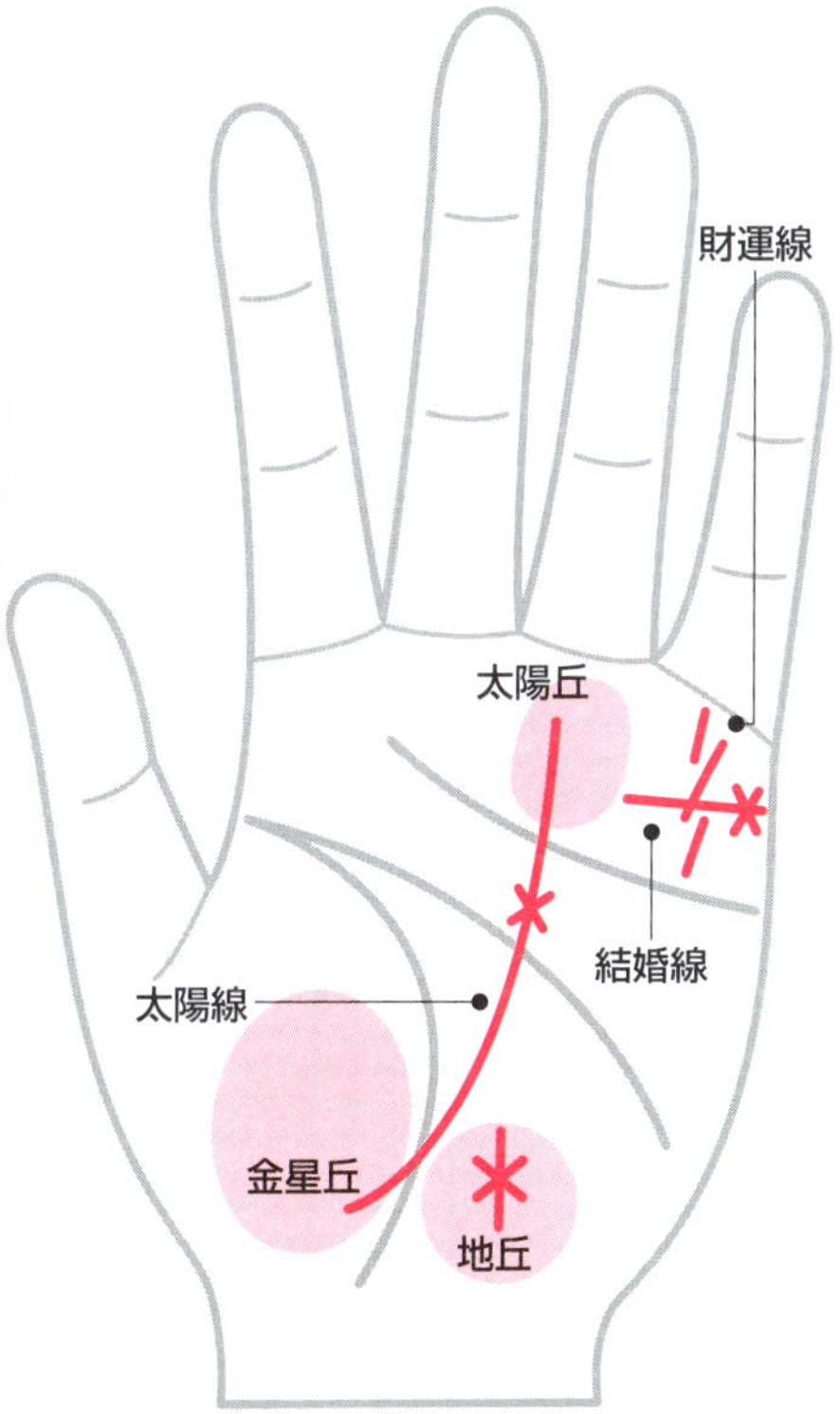

金星丘から伸びる太陽線や、地丘の縦線に障害マークが出ます。結婚線に障害マークが表れるのも、家族が原因で金運がダウンの暗示。

家族により金運アップ

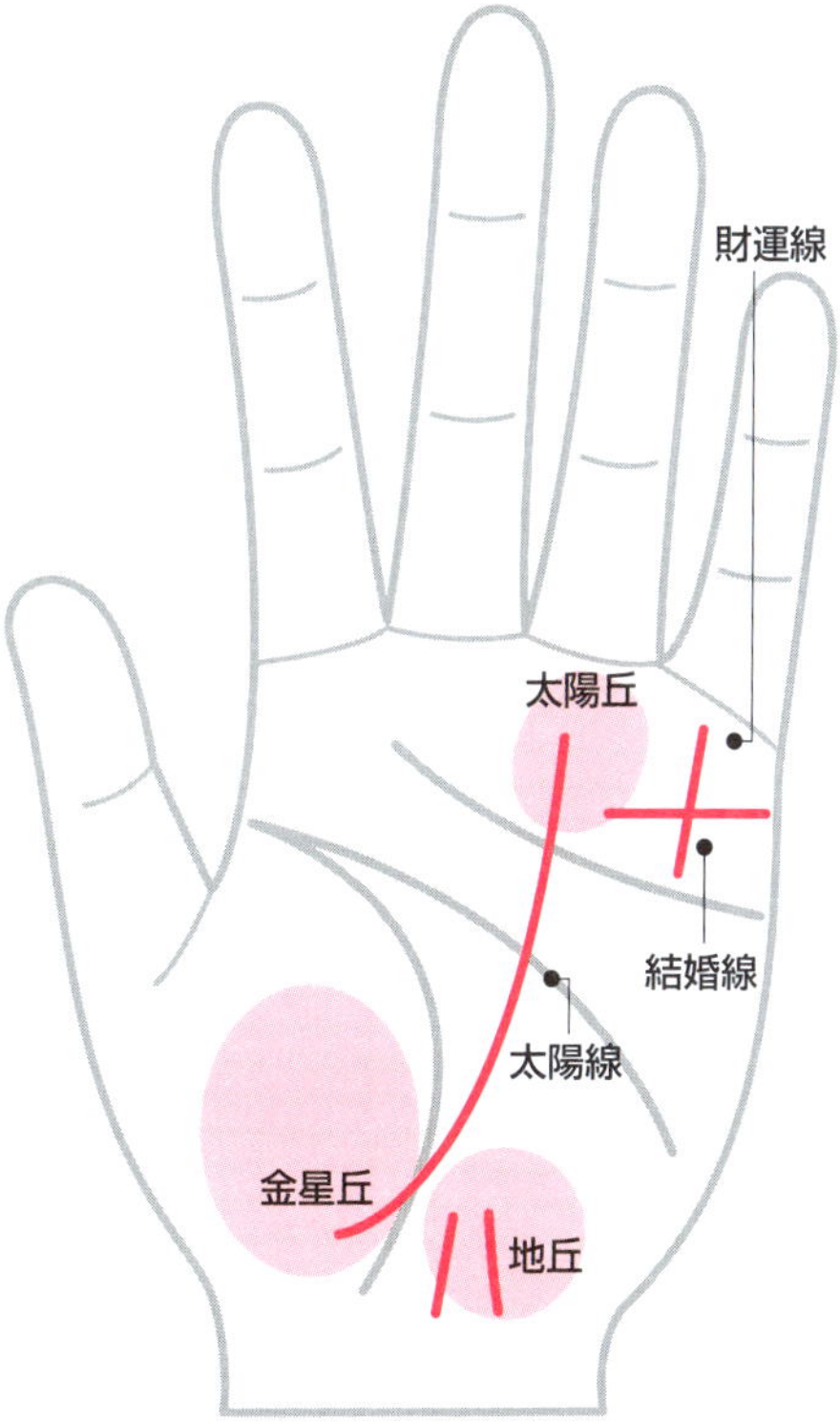

金星丘から太陽線が伸びるか、地丘に縦線が表れます。太陽丘へ届く結婚線も財運安定。身内の援助が収入につながるサインです。

仕事は運命線、場所は旅行線

仕事に関わる金運は、太陽線と財運線のほかに、運命線や知能線をみます。

運命線は、仕事運や人生そのものの運気を表す線であり、知能線は、判断力や企画力のほか、様々な運気のコントロール能力を表す線だからです。

土地・場所・方角に関わる金運をみる場合は、太陽線と財運線の出発点と、旅行線と財運線の状態をチェックします。

旅行線は、生命線の中央より下の位置から月丘へ向かって伸びる斜めの線で、旅行や新天地での成功運を表します。ただし旅行線は表れていない人もいます。

仕事により金運ダウン

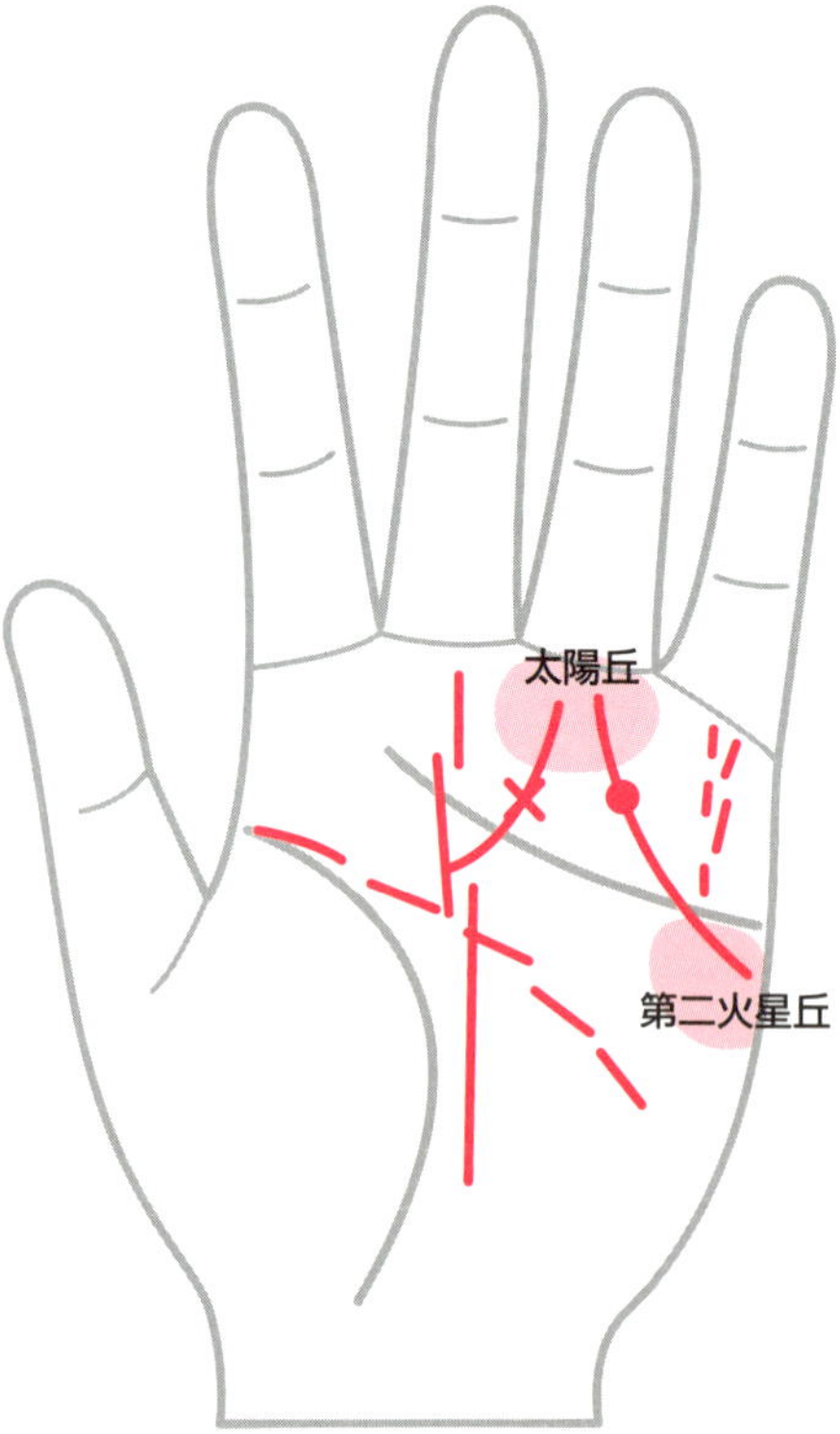

運命線や第二火星丘から伸びる太陽線に障害マークが出ます。知能線や運命線がキレギレになることも。仕事上のミスに注意。

仕事により金運アップ

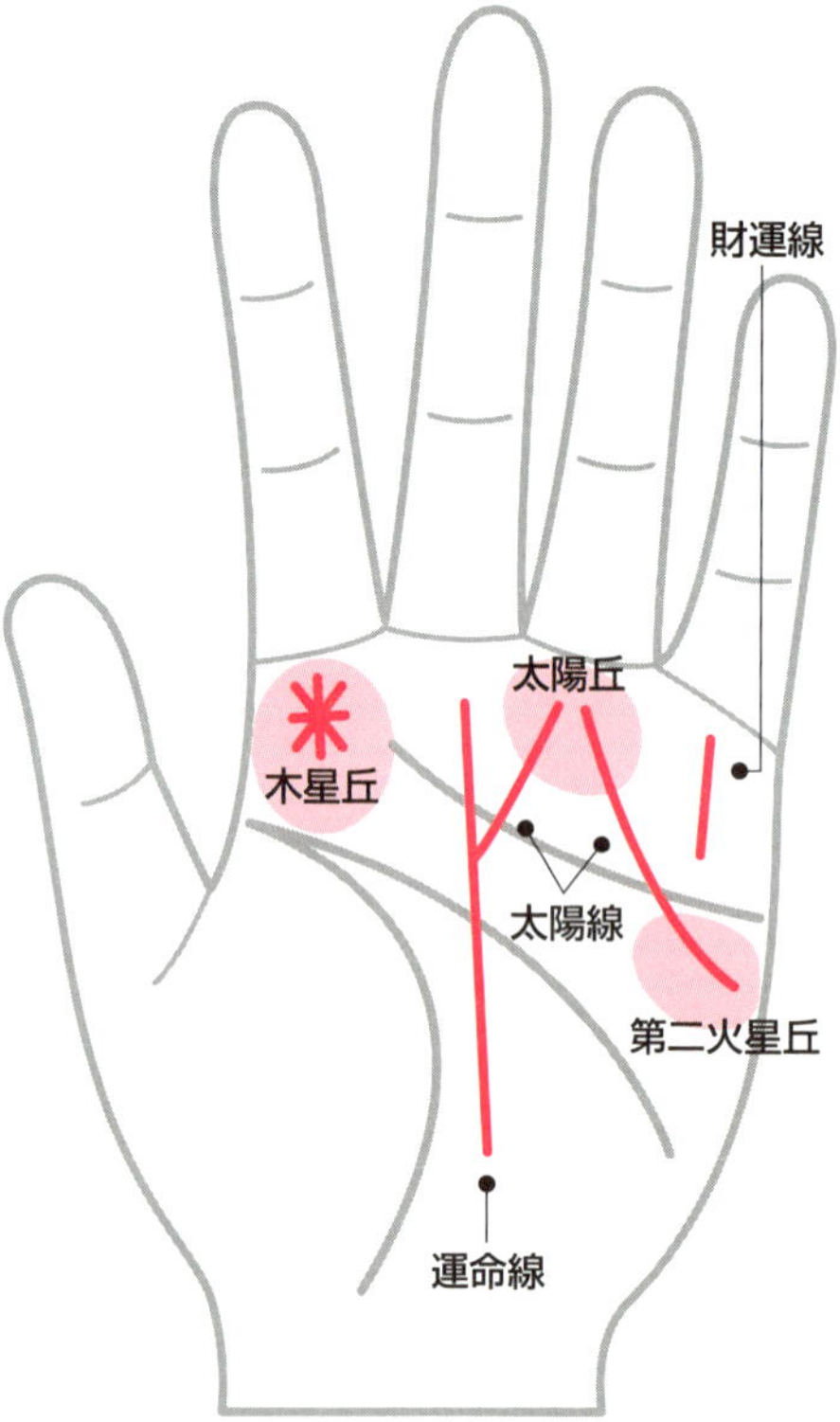

運命線から太陽線が伸びるか、第二火星丘から太陽線が伸びます。木星丘にスターが出ることも。昇給や転職などで収入アップの期待。

線が勢いよく伸びていたら金運アップ

金運がアップする場合には、関係する線が勢いよく伸びており、財運線にも途切れがありません。さらに、フィッシュやスターなどのラッキーマークが表れることもあります。

逆に金運ダウンの場合は、財運線に途切れや乱れが生じます。さらに、太陽線をはじめ関係する線に、斑点やクロス、シマなどの障害マークが表れると危険です。

ただし、悪い相でも落ち込みすぎないように。手相は、今現在の状況を映し出しているものなので、守りに徹して現実的に対処していけば、線が徐々に整ってきて、金運も回復します。

土地・場所・方角により金運アップ

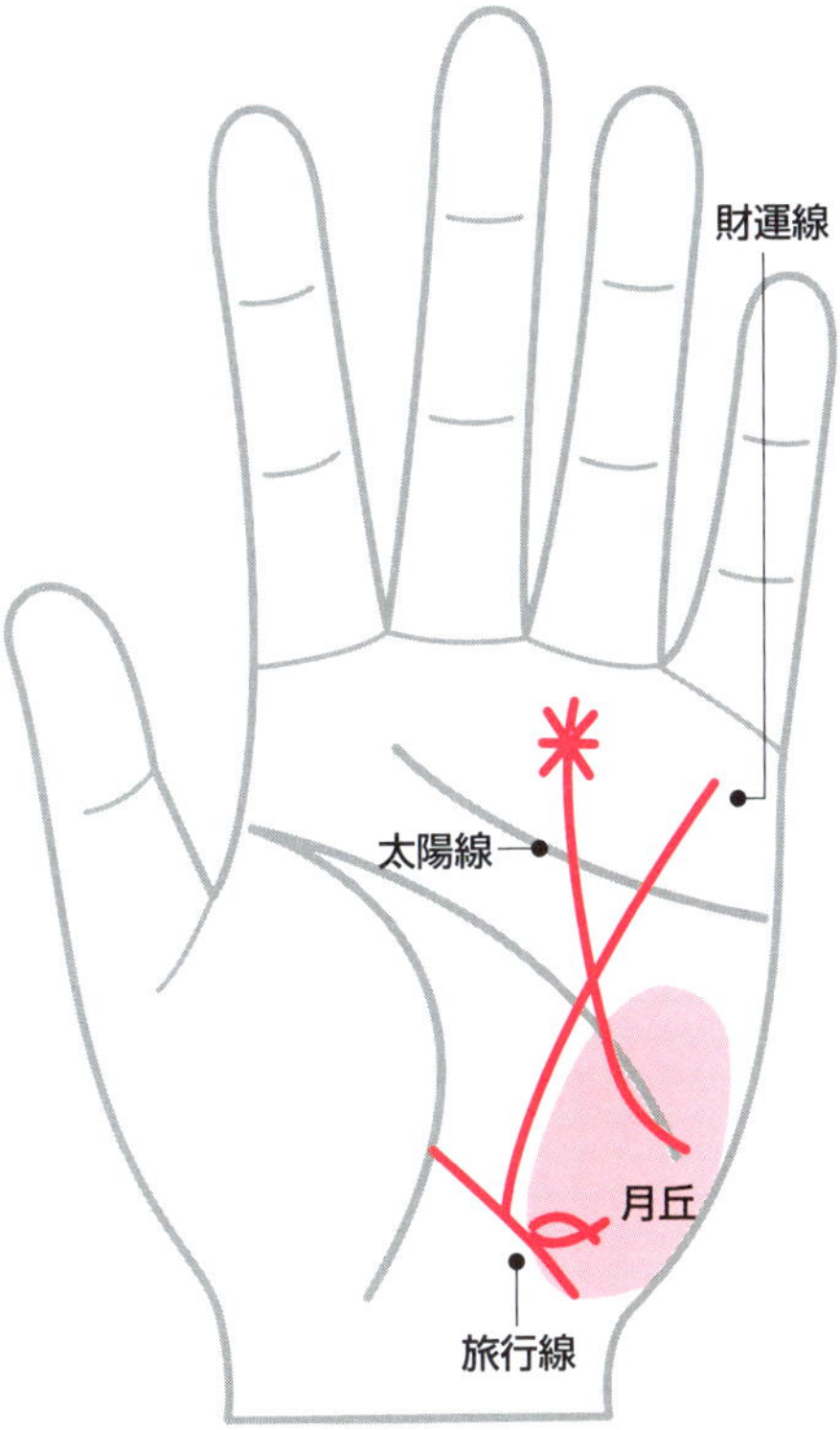

旅行線から財運線が出ます。旅行線にフィッシュが表れると海外で成功する可能性。月丘から伸びる太陽線先端のスターも移動による金運アップのサイン。

土地・場所・方角により金運ダウン

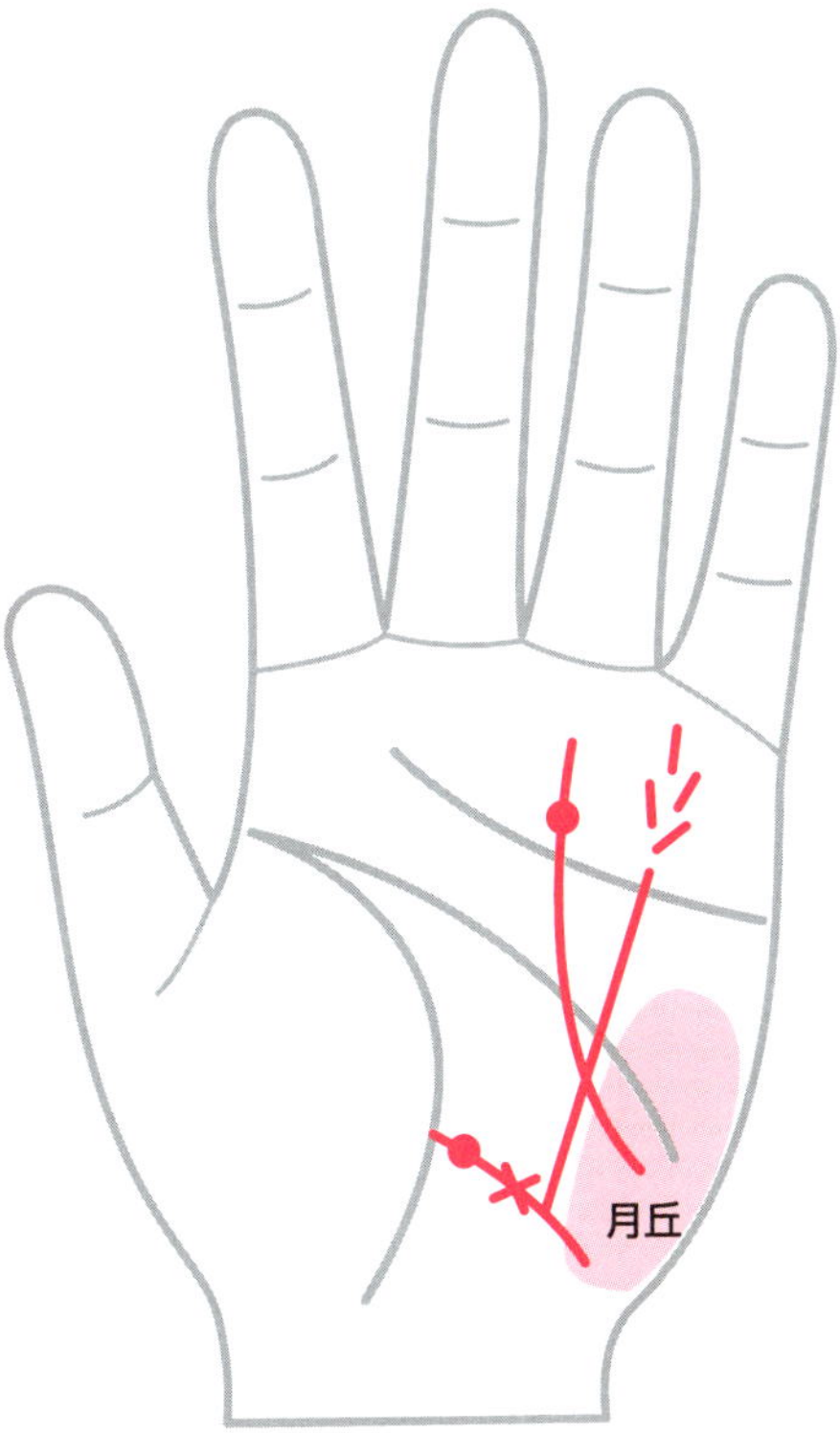

旅行線に障害マークが表れ、財運線がキレギレになります。月丘から伸びる太陽線の障害マークも凶。旅先での金銭トラブルに注意。

Column ❹

手相は変わる

線は意識を反映する

いろいろと物事に積極的な人は、それだけ脳と手を動かすので、各線がハッキリしてくる傾向があります。反対に無気力な人は、無意識のうちに手を動かさなくなるので、脳が刺激されず、手の線が薄くなったりキレギレになったりします。

線が薄くなったりキレギレになると、運気は下降します。反対に、目的意識を持って、意識的に手を使うと、手相とともに運気もよい方に変わっていきます。

このように手相は、生活習慣や物事への取り組み方を反映して変化していくのです。

また、お金や愛情に執着すると、それに関係する線が変化するなど、手相は細かい意識の変化にも、影響を受ける傾向があります。

そのため、運気をアップさせる方法のひとつとして、理想的な手相を書くことがおこなわれていますが、これもただ書いただけで安心するのでは不十分。書いた手相に意識を向け、プラスに変化していく自分の状況をイメージすることも大切です。

手相は人生の道しるべ

手相は1日〜1週間で変わる場合もあれば、半年間変わらないことも。しかし新学期や職場が変わるなど、状況や意識に動きがあると、それにともない手相もよく変わる傾向にあります。いずれにせよ、手相を賢く利用するには、手のひらによい変化を見つけたら、積極的に行動してチャンスをつかみ、悪いしるしをみつけたら、慎重に対処して危険を避けることを心掛けましょう。

PART 6

仕事

基本的な線からみる相で
あなたに合う仕事がみつかります！
適職診断や仕事上の人間関係も。
才能を開花させる仕事運を占います。

仕事
インデックス

自分の手相はどのタイプ？

仕事運は知能線の長さや向きで職業に対する才能をみて、運命線の濃さや出発点で向いている仕事の種類や立場、転機をみていきます。太陽線では仕事上の成功や転機をみることができます。

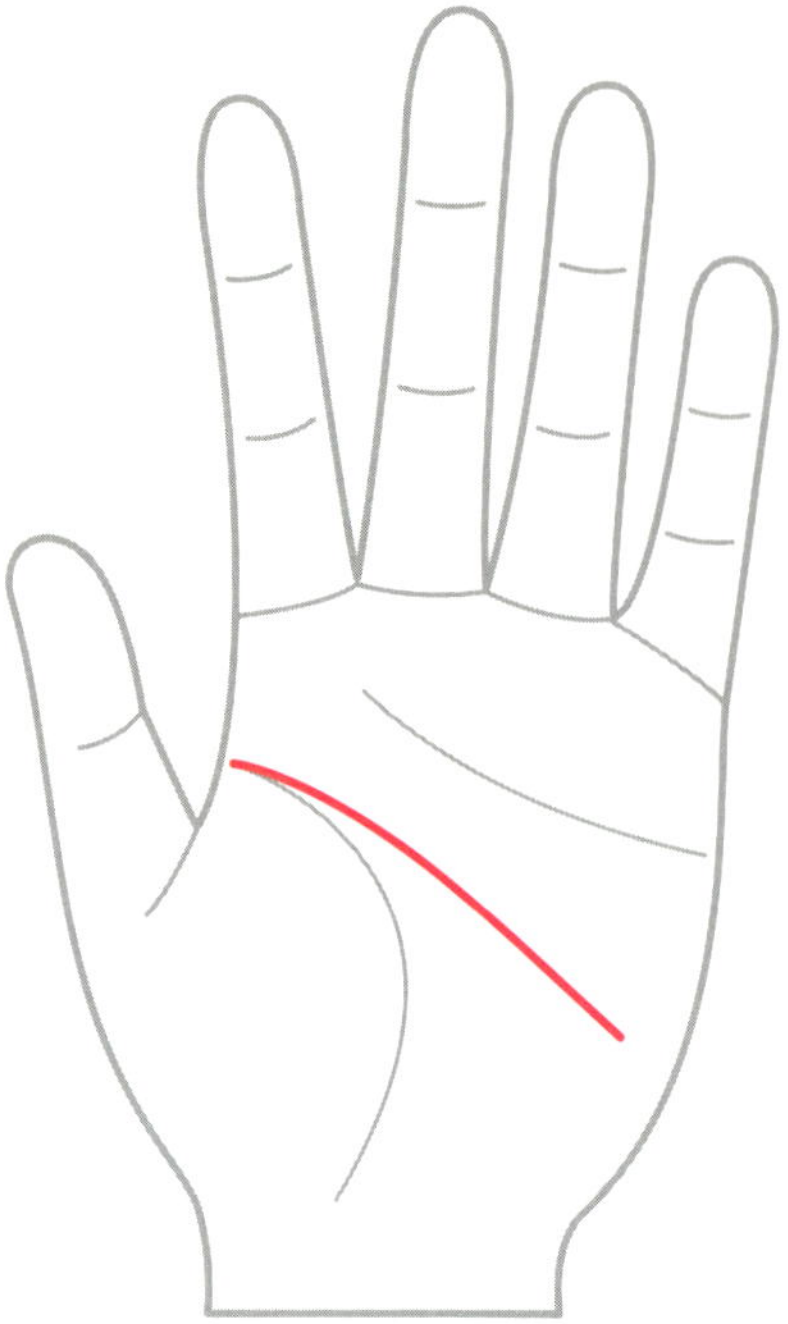

知能線が長く伸びる

知能線が長い人は、思考力に優れ物事にじっくり取り組み、頭を使う仕事に向くタイプ。スッキリ伸びると、集中力があります。

TYPE A

➡P230

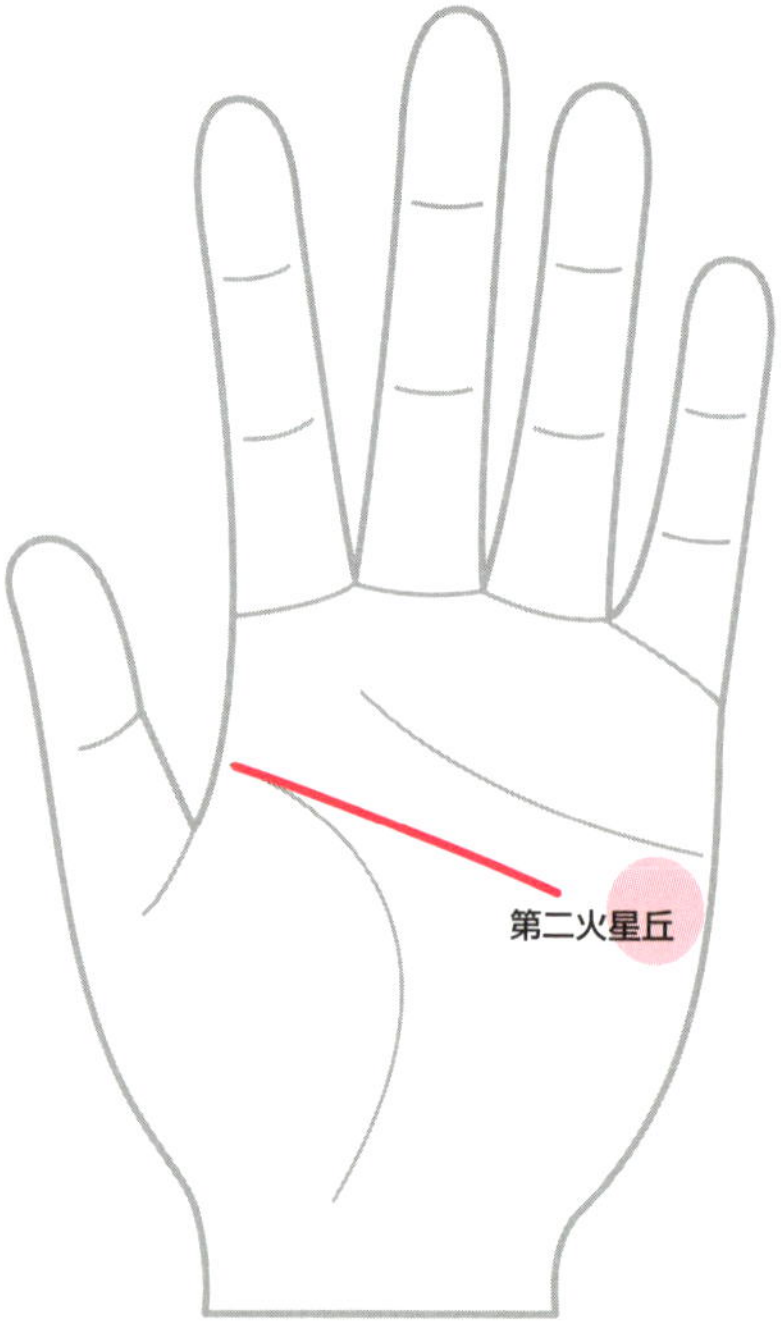

知能線が第二火星丘へ向かう

知能線が第二火星丘へ向かうと、合理的で数字に強く、分析能力があります。論理的な思考の持ち主で、効率よく仕事をします。

TYPE B

➡P231

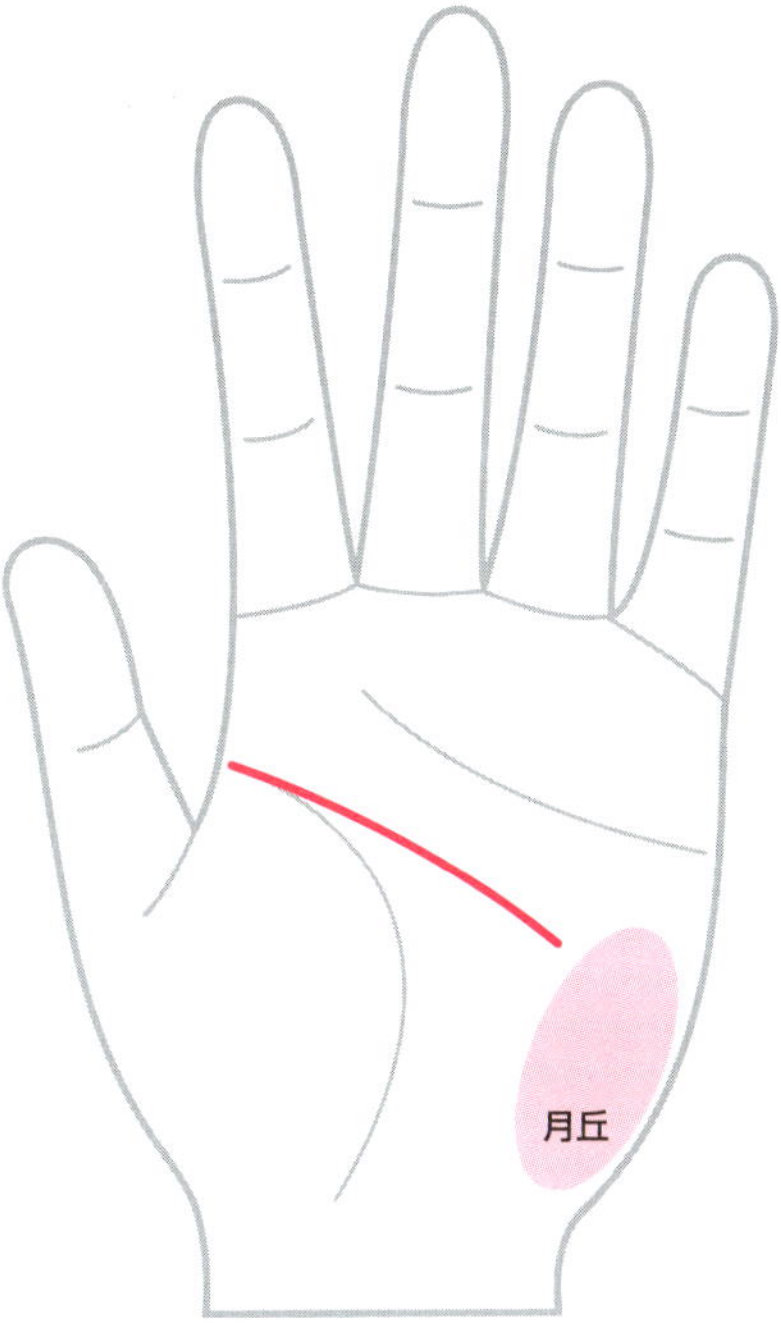

知能線が月丘上部へ向かう

知能線が月丘上部へ向かう人は、想像力がありつつ、合理的で器用な人。人あたりもよく、何をやってもうまくいくタイプ。

TYPE C

➡P232／➡P233／➡P234／➡P235

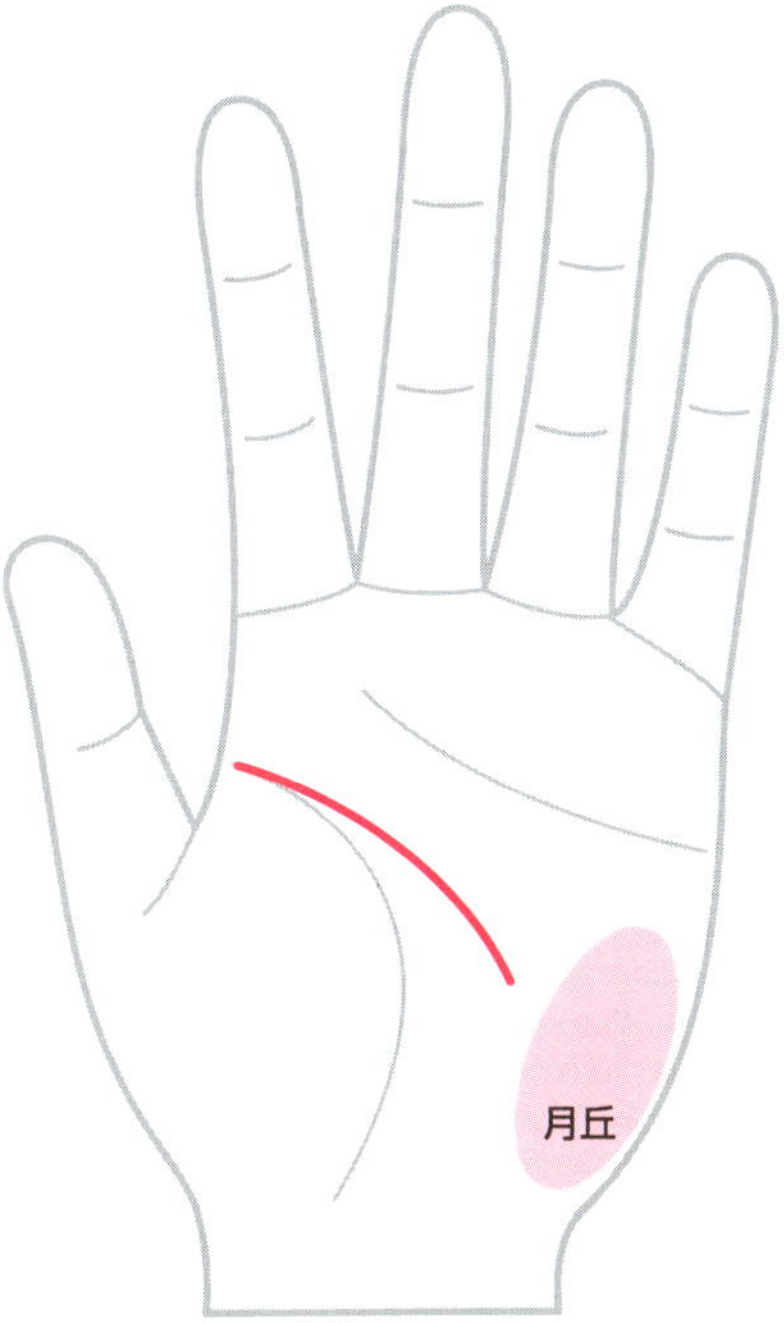

知能線が月丘中部から下部へ

知能線が月丘の中部から下部へ向かうと、創造性豊かで人と違うものを生む才能の持ち主。好きなことに没頭して取り組みます。

TYPE D

➡P236

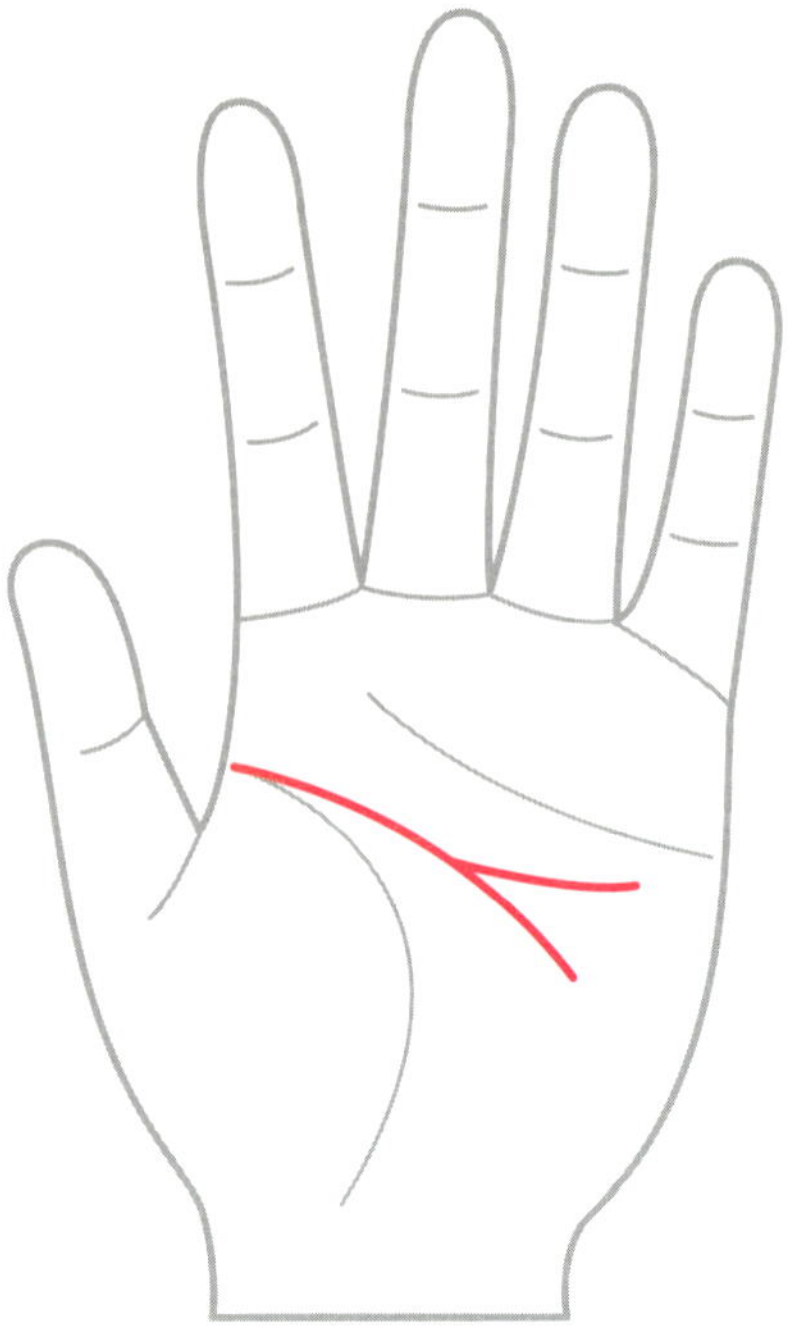

知能線の先端が枝分かれ

知能線が枝分かれしている人は、好奇心旺盛で変化に柔軟な対応ができます。物事のコツをつかめる多芸多才タイプです。

TYPE E

➡P237／➡P238／➡P242

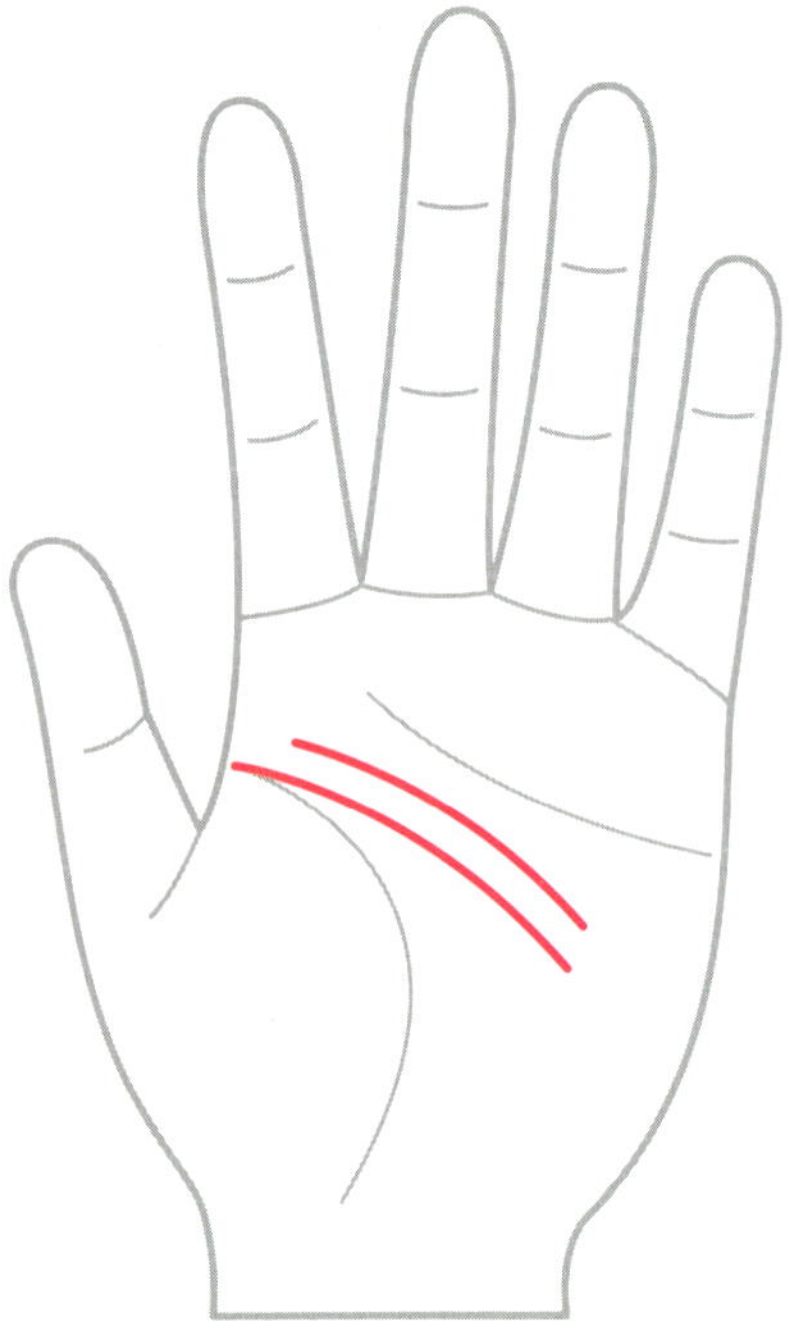

知能線が2本伸びる

知能線が上下や交差など2本出ている人は、人と違ったユニークな発想ができ、自分の発想を活かせる仕事で成功するタイプです。

TYPE F

➡P243

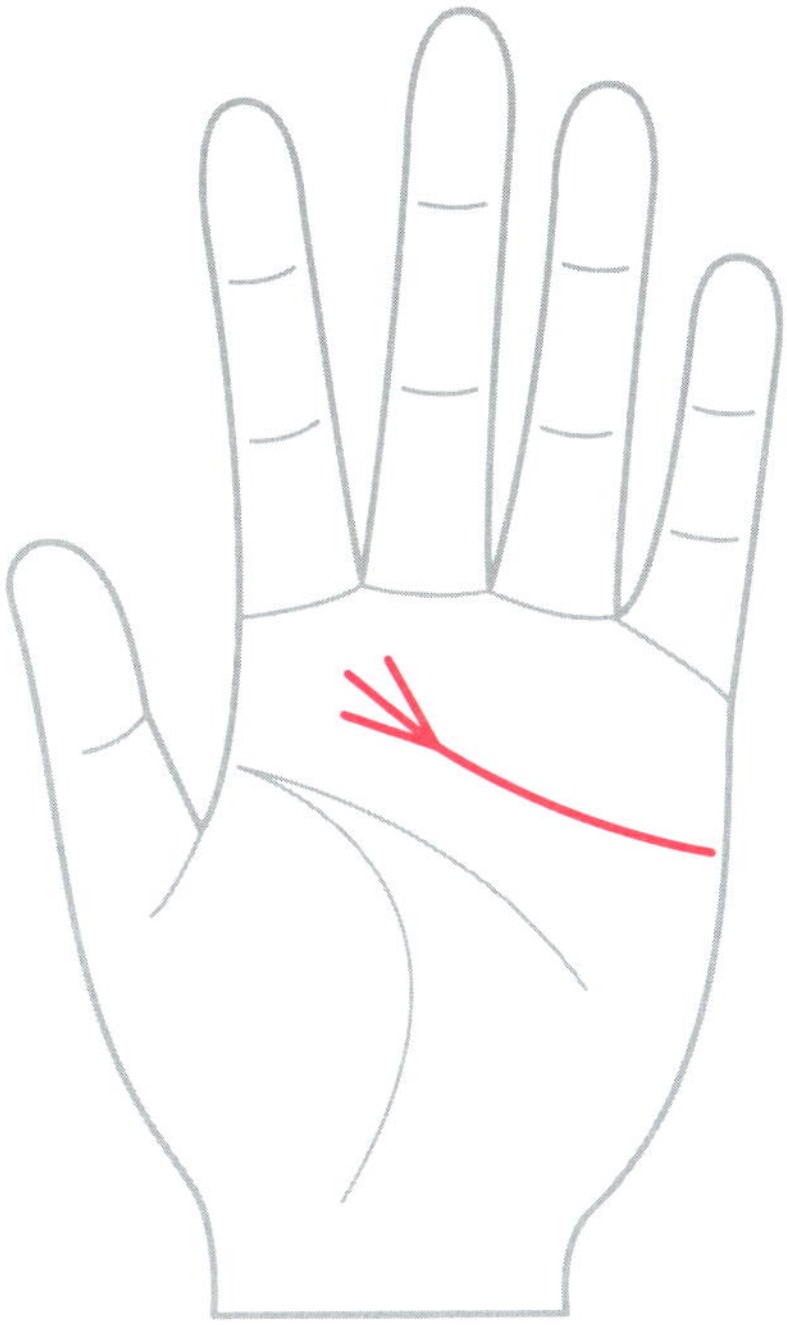

感情線の先端が枝分かれ

感情線が枝分かれしているのは、気配り上手で誰とでも仲よくできるタイプです。３本以上の枝分かれは、サービス精神旺盛。

TYPE G

➡P239

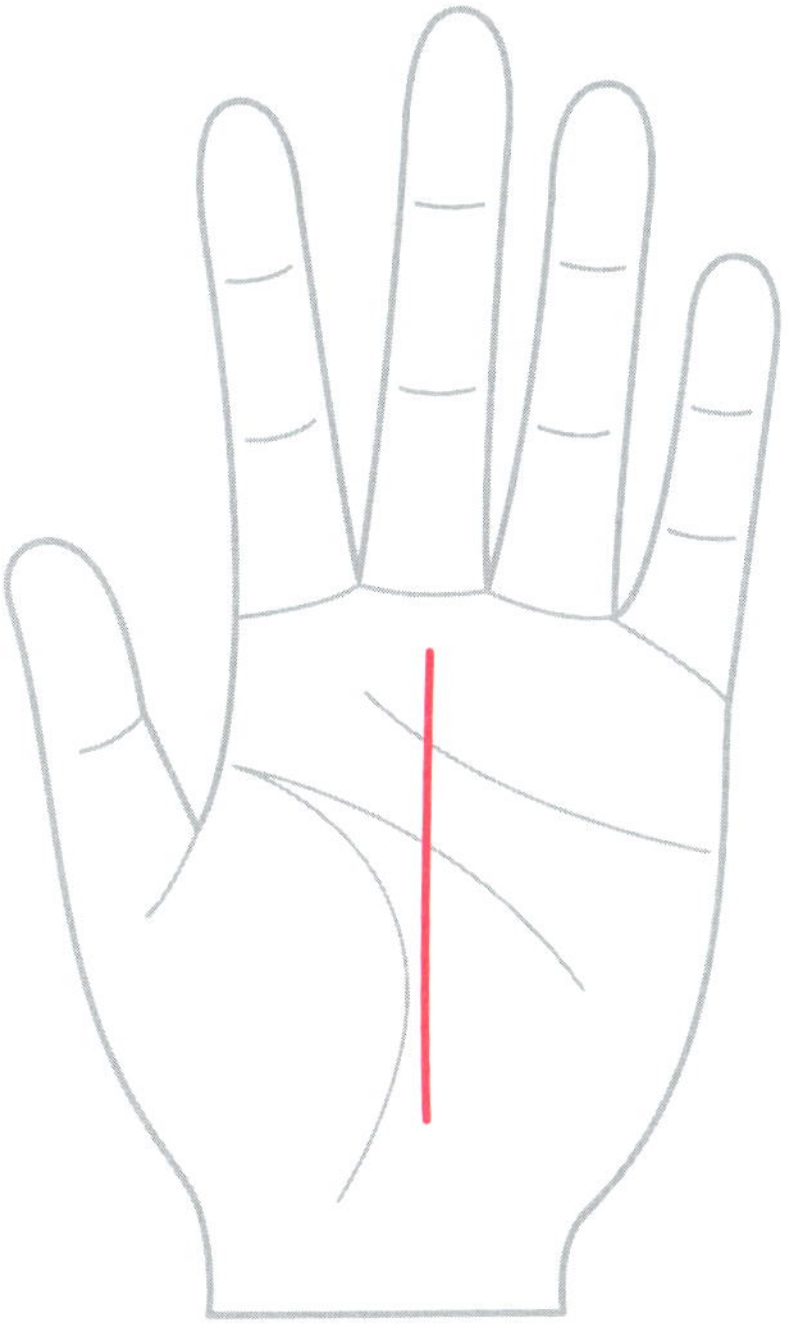

運命線が濃く表れる

運命線が濃く表れる場合は、自分で自分の道を切り開く意志のあるタイプです。困難を乗り越えることができる努力家。

TYPE H

➡P244／➡P245

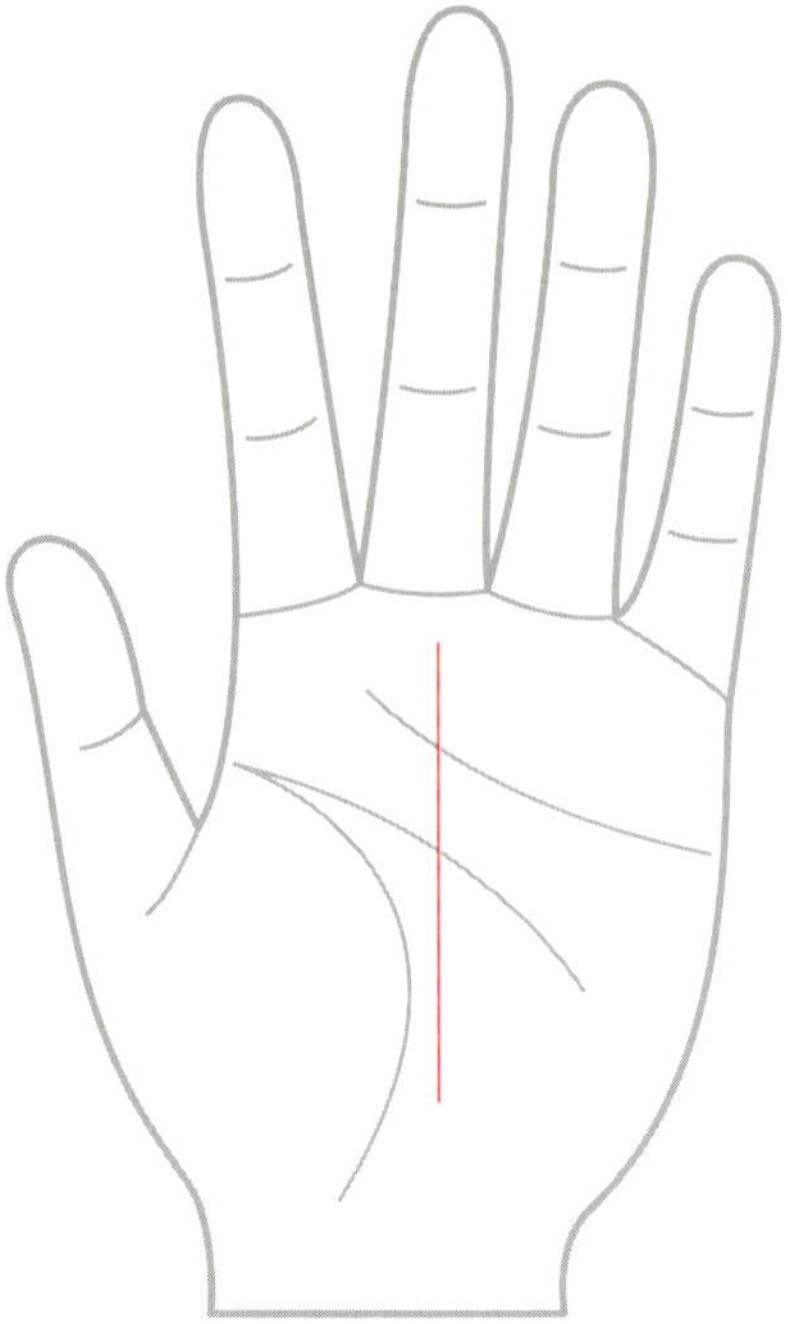

運命線が薄く表れる

運命線が薄い人は、自己主張が強くないタイプで、協調性があります。人をサポートする立場に向いています。

TYPE I

➡P246

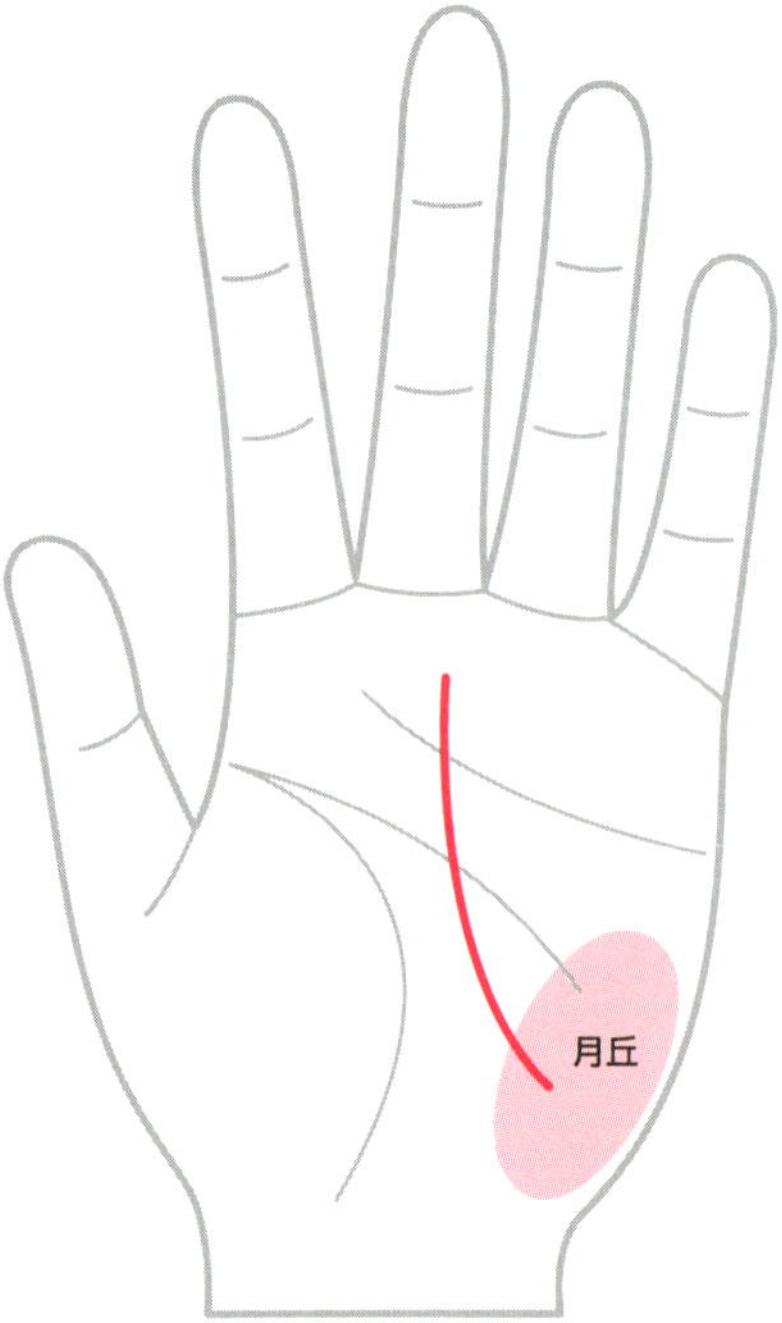

運命線が月丘から出発

運命線の出発点が月丘の場合は、生まれ故郷から離れたところで活躍することを表し、他人との出会いによって運が開ける人です。

TYPE J

➡P247

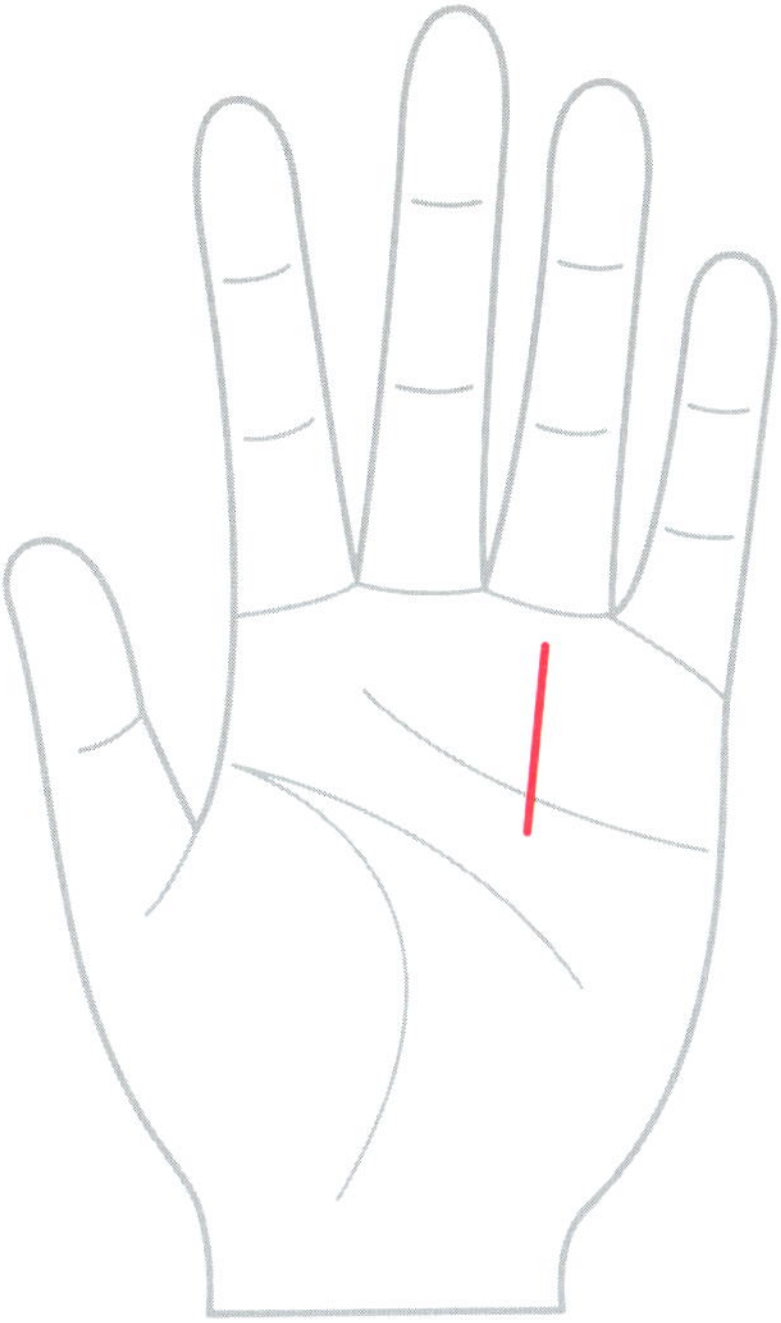

太陽線が表れる

太陽線が出ている人は、努力が報われ評価されるタイプです。人気が出て成功することを示しますが、若い頃はないことも。

TYPE K

➡P248／➡P249／➡P250／➡P251

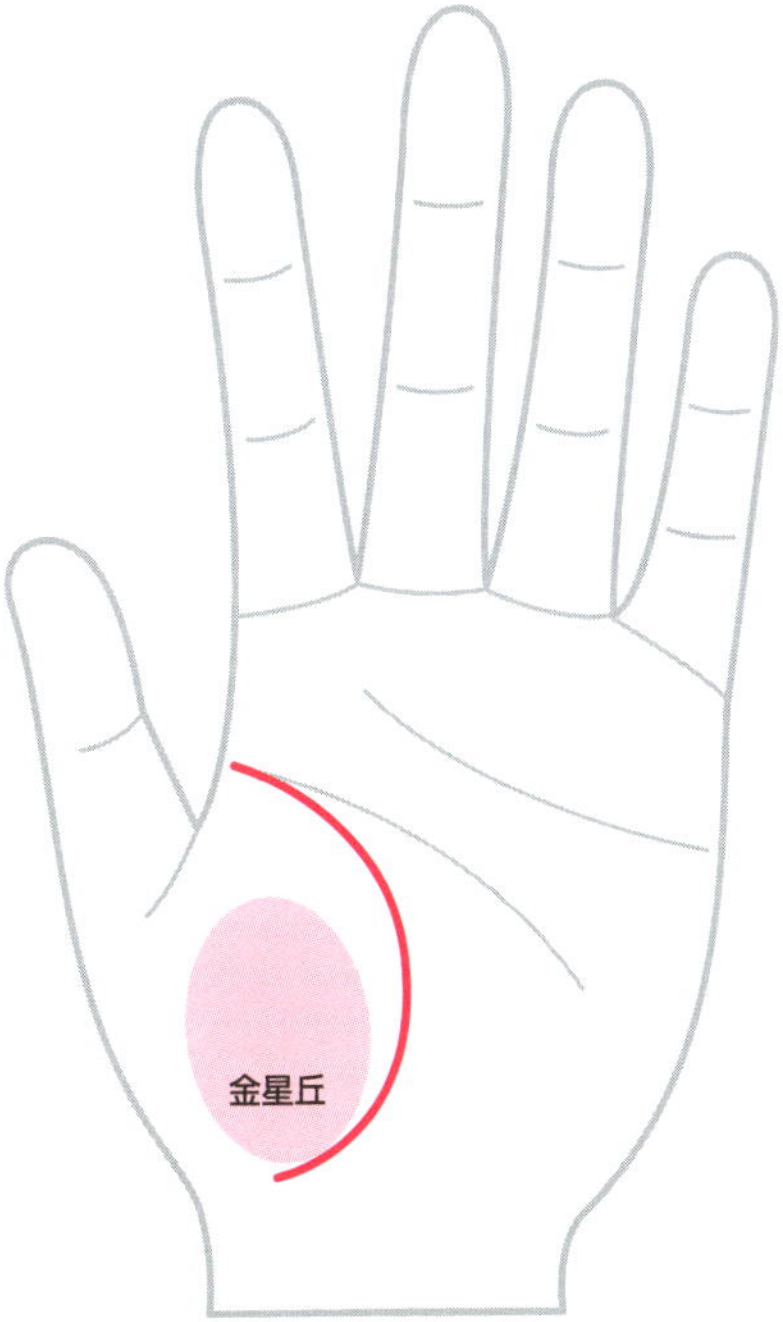

金星丘が発達している

親指付け根エリアの金星丘がふくらんで発達していると、体力やバイタリティがあり、情が深くて責任感のあるタイプです。

TYPE L

➡P252

事務、税理士、公認会計士など
デスクワーク関係

知能線が先端まで鮮明

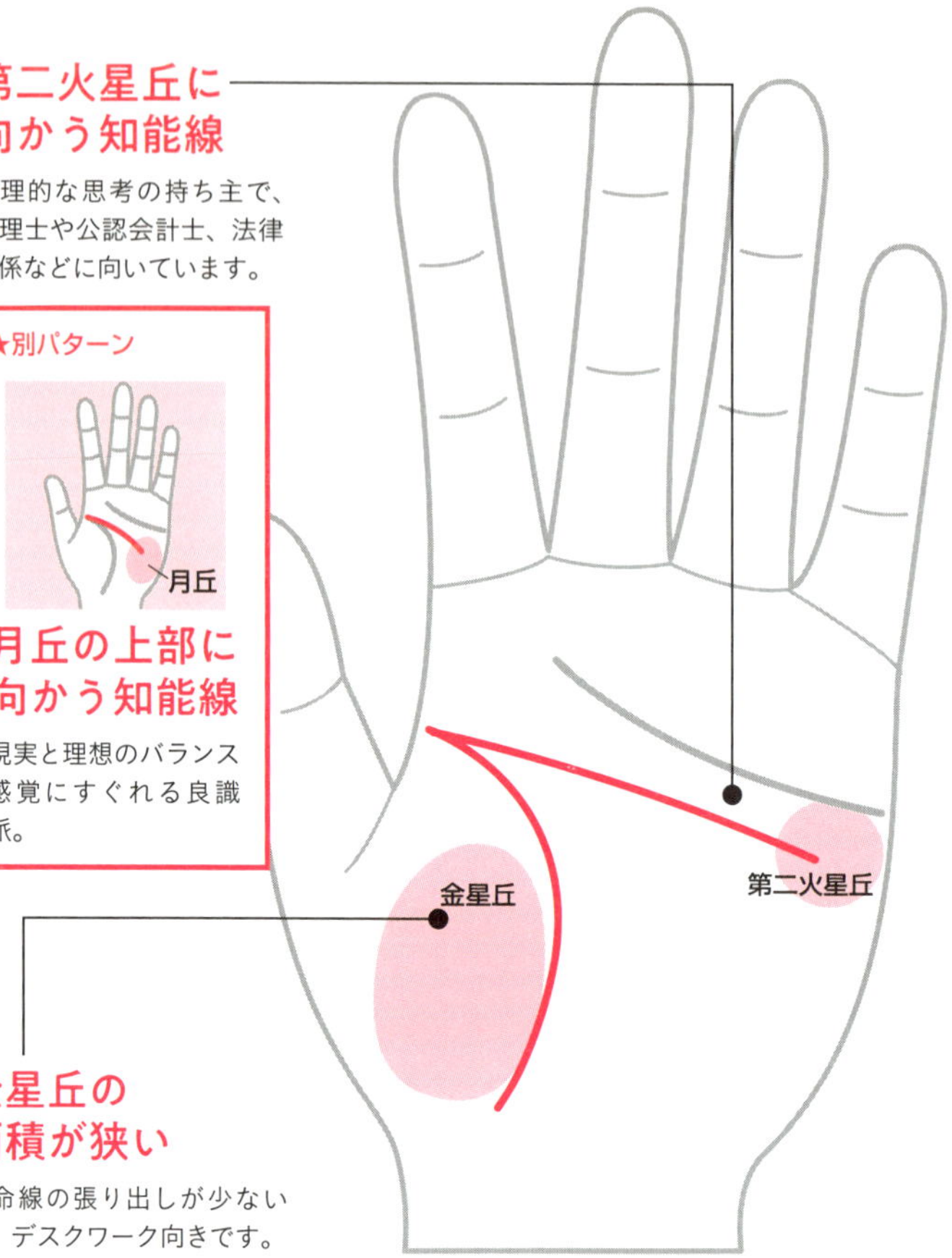

第二火星丘に向かう知能線

論理的な思考の持ち主で、税理士や公認会計士、法律関係などに向いています。

★別パターン

月丘の上部に向かう知能線

現実と理想のバランス感覚にすぐれる良識派。

金星丘の面積が狭い

生命線の張り出しが少ないと、デスクワーク向きです。

手相の見方

知能線と生命線の始点が同じで、先端まで鮮明な人は、知性派タイプ。デスクワーク系の仕事向きです。知能線の終点が月丘上部へ向かうと常識的な管理職タイプ。第二火星丘へ向かうと、お金や法律を扱うのに向く現実派です。生命線の張り出しが少ない人や、手のひら全体が細長い人は、頭脳労働に就くほうが活躍できます。

このタイプの特徴

適応力が高く、整理整頓が得意。真面目にコツコツ働くタイプです。

開運のためのアドバイス

几帳面さが長所ですが、考え込んで、行動が遅れないように注意。早めに行動しながら考えるようにすれば、評価されます。

研究・発明関係

システムエンジニア、技術者、大学教授など

知能線が長い

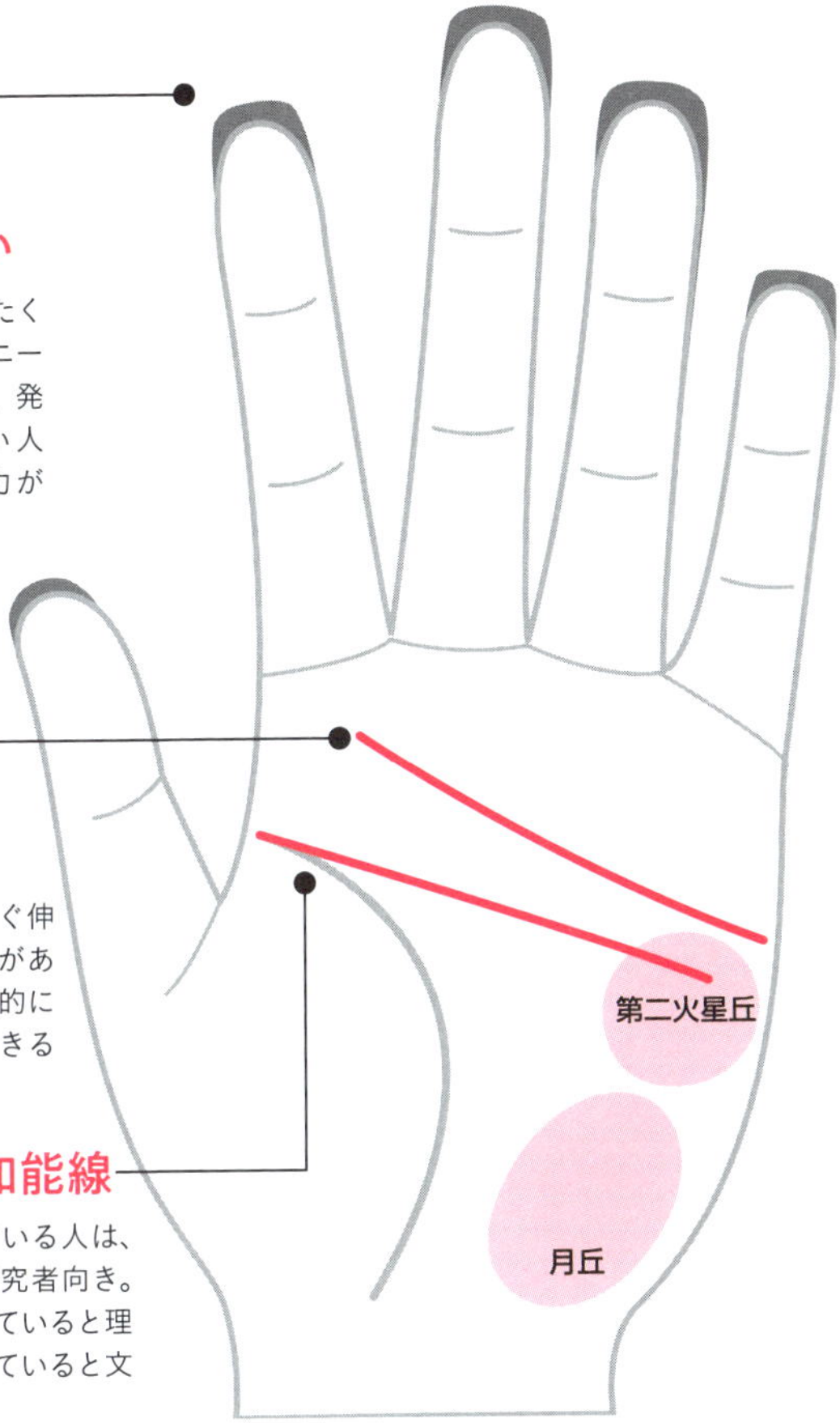

指が長く、先端が平たい

指がヘラのように平たくなっている人は、ユニークな発想の持ち主で、発明家向き。指の長い人は、探求心や想像力が豊かです。

直線的で長い感情線

長い感情線がまっすぐ伸びている人は、情熱があり論理的です。合理的に物事を考え、処理できる人でもあります。

長く伸びた知能線

知能線が長く伸びている人は、じっくり取り組む研究者向き。第二火星丘へ向かっていると理数系、月丘へ向かっていると文系タイプです。

手相の見方

知能線が一直線に第二火星丘へ向かう人は、科学的な考え方や分析能力に優れています。逆に、知能線の終点が月丘へ下がっている場合、独創性があり、文系分野での研究が向いています。

指の長い人は、精神力が強く、とくに節の目立つ硬めの指だと、冷静な分析力があり、研究熱心です。

このタイプの特徴

仕事に対する集中力も高く、研究熱心。気分に流されることなく探求を重ね、成果を出すタイプ。

開運のためのアドバイス

じっくり取り組むことで能力を発揮できます。人付き合いや時間にわずらわされない環境を整えることが、成功の鍵になります。

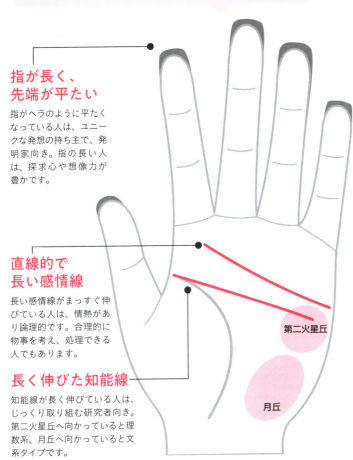

教育関係

教師、インストラクター、塾講師など

木星丘に四角紋

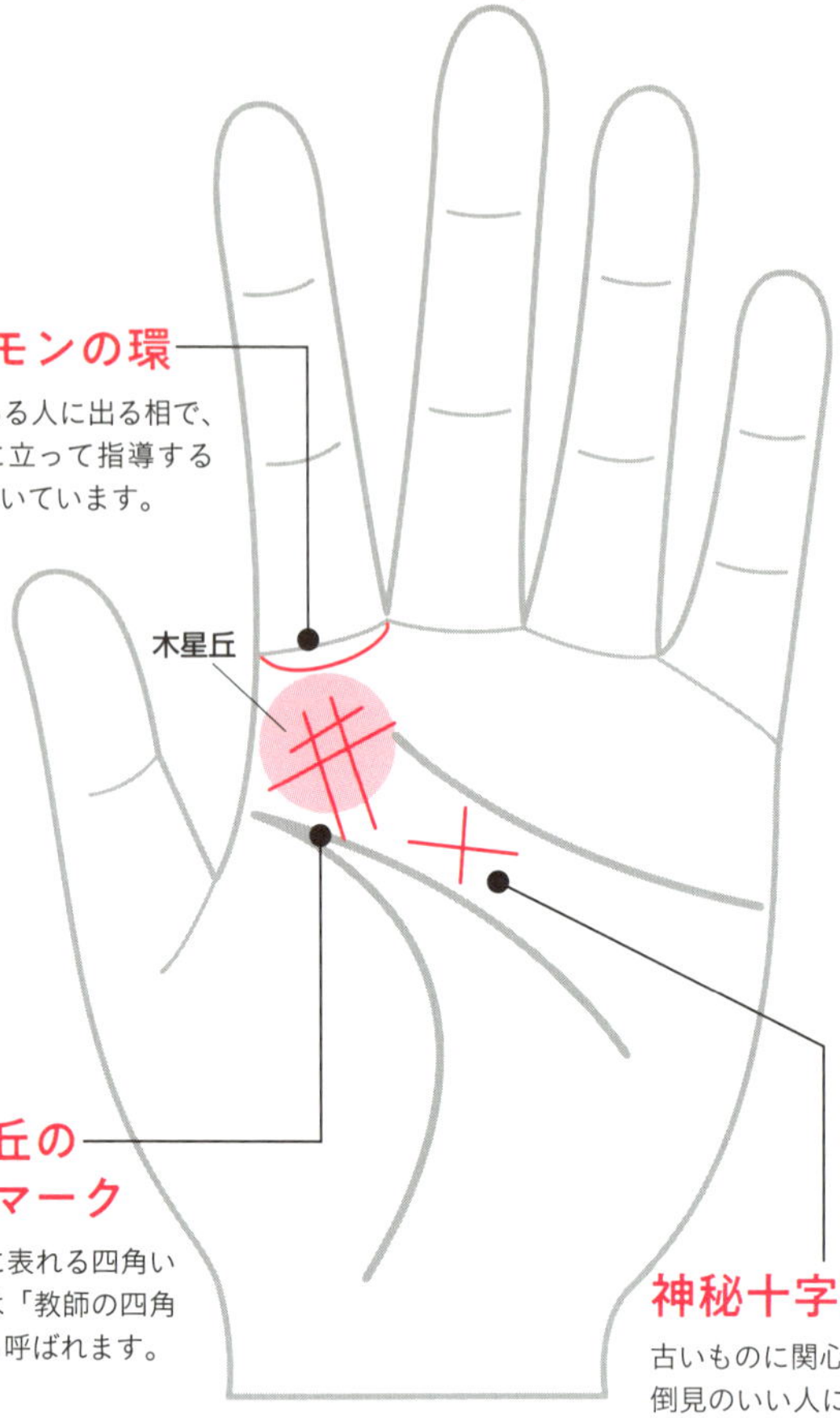

ソロモンの環

知識のある人に出る相で、人の上に立って指導することに向いています。

木星丘の四角マーク

木星丘に表れる四角いマークは「教師の四角紋」とも呼ばれます。

神秘十字線が出る

古いものに関心があり、面倒見のいい人に表れます。

手相の見方

人差し指の下の木星丘に出る四角や格子状のマークは、向上心が強く、多くの人を管理してリーダーシップをとっていく才能を表します。カーブしたソロモンの環が出ている人も、知恵があり、人の上に立ち教えることに長けています。さらに、神秘十字線は、知識欲や面倒見のよさも表します。

このタイプの特徴

目標意識が高く、責任のある立場で、知識や技術を人に伝えていく仕事が適職です。

開運のためのアドバイス

やる気と責任感にあふれ、多くの人を指導する仕事で評価されます。さらなる成功には資格を取るなど、スキルアップも忘れずに。

アナリスト、デイトレーダー、銀行員など
金融・IT関係

ハッキリした財運線がある

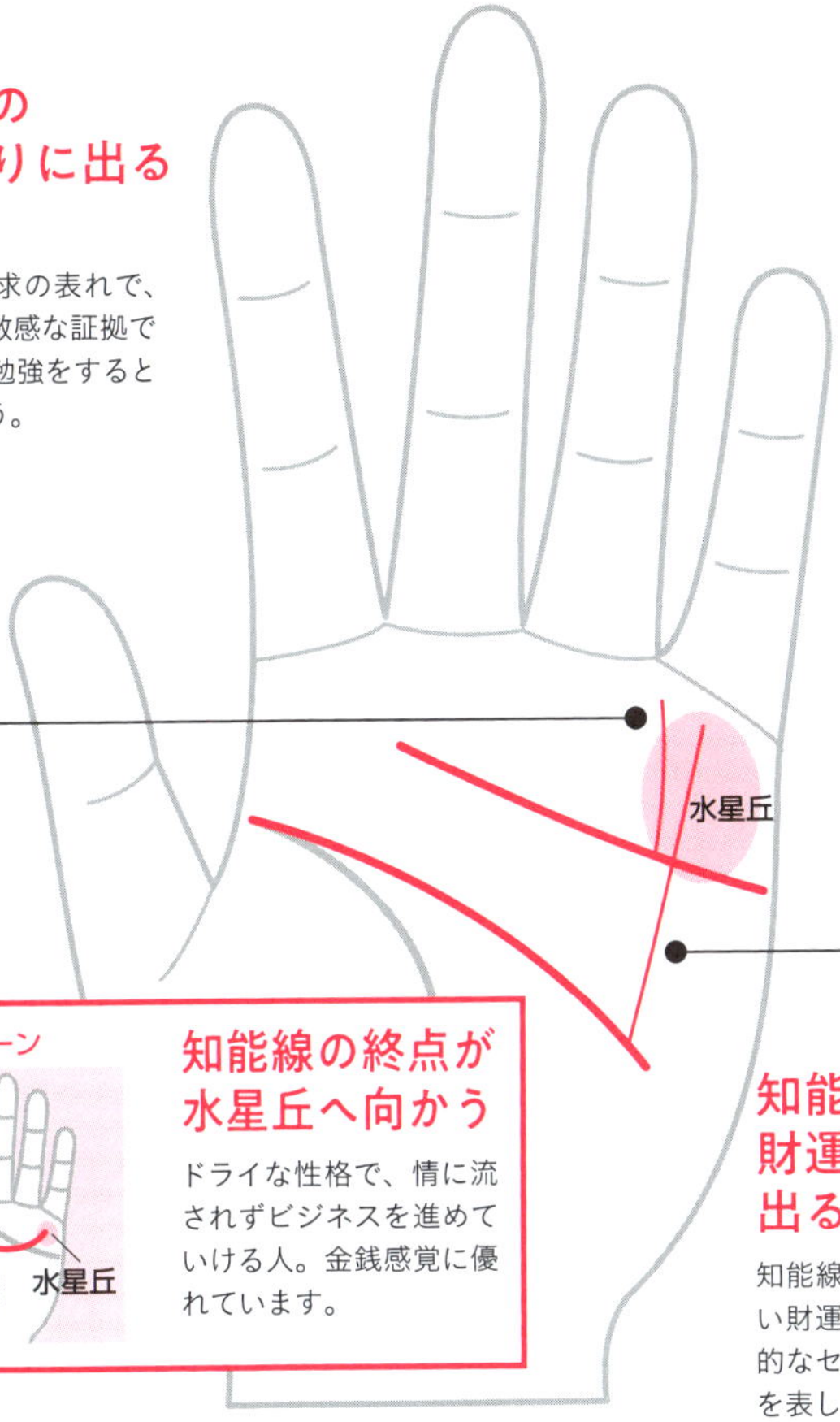

水星丘の薬指寄りに出る財運線

金銭的な欲求の表れで、経済的にも敏感な証拠です。投資の勉強をするとよいでしょう。

知能線から財運線が出る

知能線から出る濃い財運線は、経済的なセンスの高さを表します。

★別パターン

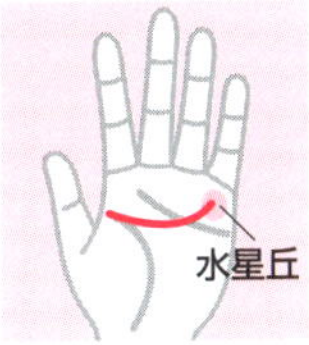

知能線の終点が水星丘へ向かう

ドライな性格で、情に流されずビジネスを進めていける人。金銭感覚に優れています。

手相の見方

水星丘へ向かう財運線（⬇P12）がハッキリ刻まれているのは、経済的なセンスの表れ。知能線から財運線が伸びていると、時代のニーズをキャッチできるシャープな頭脳の持ち主。知能線自体が水星丘へ跳ね上がる相は、情に流されずお金のやりとりができる人です。

このタイプの特徴

数字に強く、論理とイメージの両面から経済をとらえていくことができる賢い人です。経済的な才能を磨けば、大成します。

開運のためのアドバイス

頭がよく知的好奇心に優れています。セミナーなどで専門知識を学びスキルアップに励めば、それだけ成功を引き寄せられます。

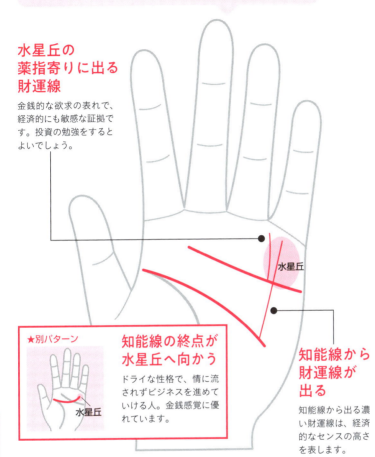

動物関係

獣医師、ペットショップ店員、トリマーなど

感情線が人差し指と中指の間へ入る

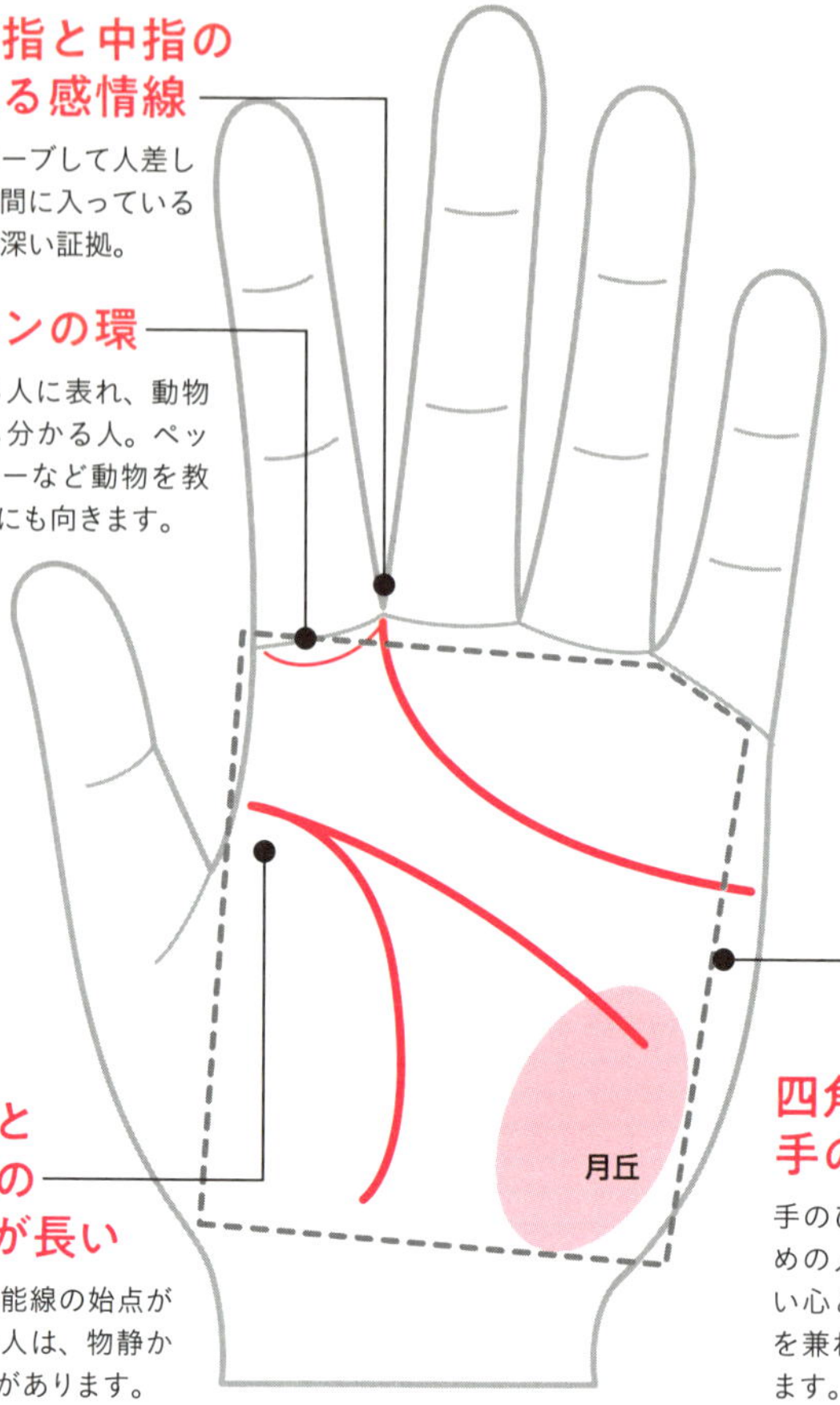

人差し指と中指の間に入る感情線

感情線がカーブして人差し指と中指の間に入っているのは、愛情深い証拠。

ソロモンの環

知恵のある人に表れ、動物の気持ちも分かる人。ペットトレーナーなど動物を教育することにも向きます。

生命線と知能線の重なりが長い

生命線と知能線の始点が長く重なる人は、物静かで思いやりがあります。

四角い手のひら

手のひらが四角めの人は、温かい心と実務能力を兼ね備えています。

手相の見方

感情線がカーブして人差し指と中指の間に入り込んでいると、まじめで身近なものに愛情を注ぐ性格です。手のひらが四角ばっていて、知能線が月丘上部に向かう人は、優しさの中にも現実的な部分があります。

このタイプの特徴

落ち着いていて会話は聞き役にまわるタイプ。家族や友人はもちろん、動物を愛し、ペットも家族の一員として世話しながら必要とされる現実対応力も持ちあわせた人です。

開運のためのアドバイス

優しい性格ですが現実的な面も。情に流されることなく、持ち前の管理能力を生かせば、動物相手の仕事で上手くいくでしょう。

フード関係

シェフ、料理研究家、パティシエ、ソムリエなど

知能線が月丘最上部へ

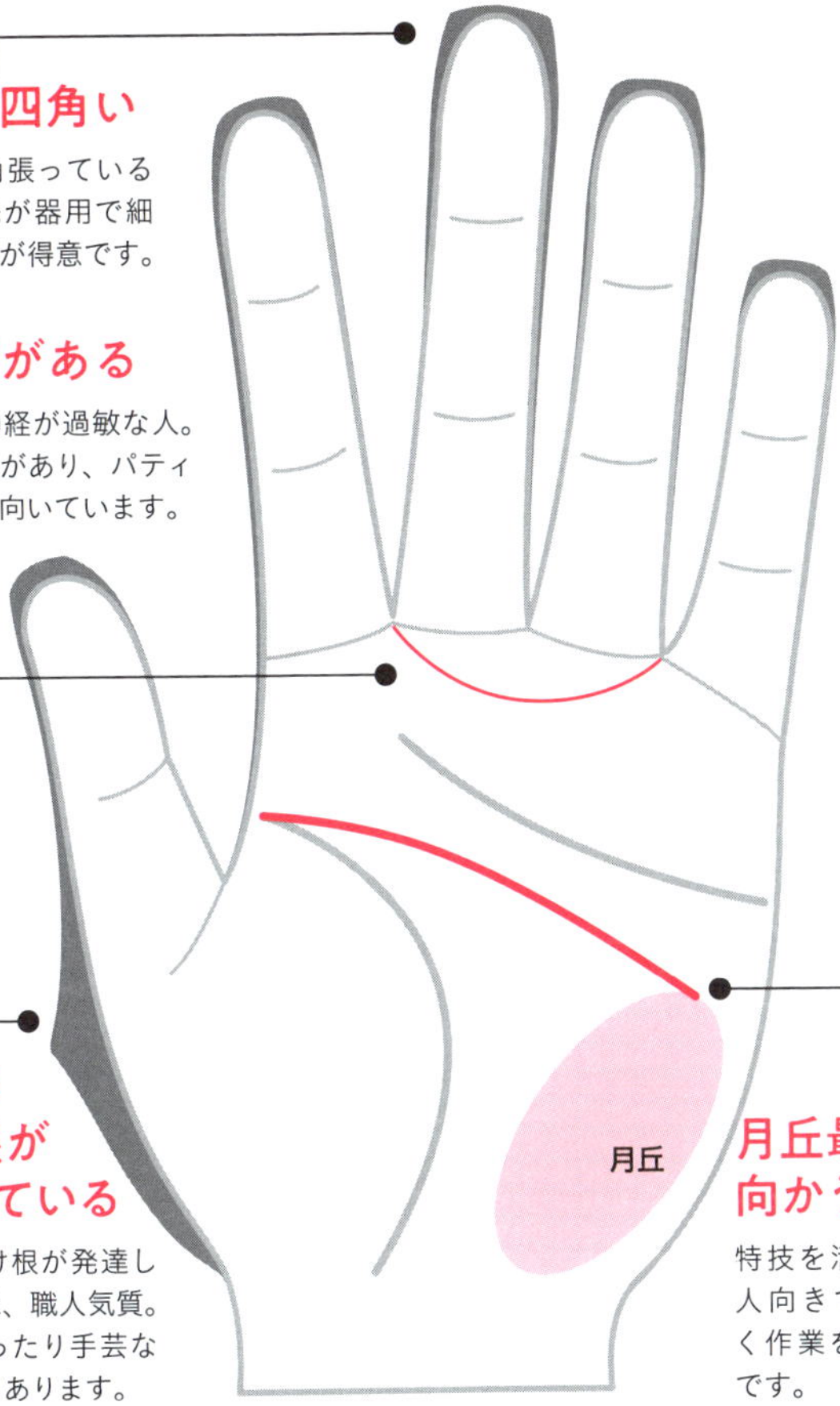

指先が四角い

指先が四角張っている人は、手先が器用で細やかな作業が得意です。

金星帯がある

繊細で、神経が過敏な人。美的センスがあり、パティシエなどに向いています。

親指の付け根がとがっている

親指の付け根が発達している人は、職人気質。料理を作ったり手芸などの才能もあります。

月丘最上部へ向かう知能線

特技を活かした職人向きで、手際よく作業を進める人です。

手相の見方

知能線が月丘最上部へ向かっている人は、職人気質で手際がよいタイプ。手が厚くふくよかな人は、飲食好きで、食の楽しさを人にも教えてあげられる人です。指先が四角張った人は、綿密な作業に向いています。親指の付け根の部分がとがっている人も器用なタイプ。

このタイプの特徴

細かい仕事が得意で、一つのことを真面目に追求する探究心があります。資格や特技を活かした専門職に就くと、活躍できます。

開運のためのアドバイス

持ち前の人当たりのよさを生かして、職場の先輩などからよく学び自分だけのセンスを磨けば、食べる人を幸せにしてあげられます。

デザイン関係

ファッションデザイナー、イラストレーターなど

下降する知能線と金星帯

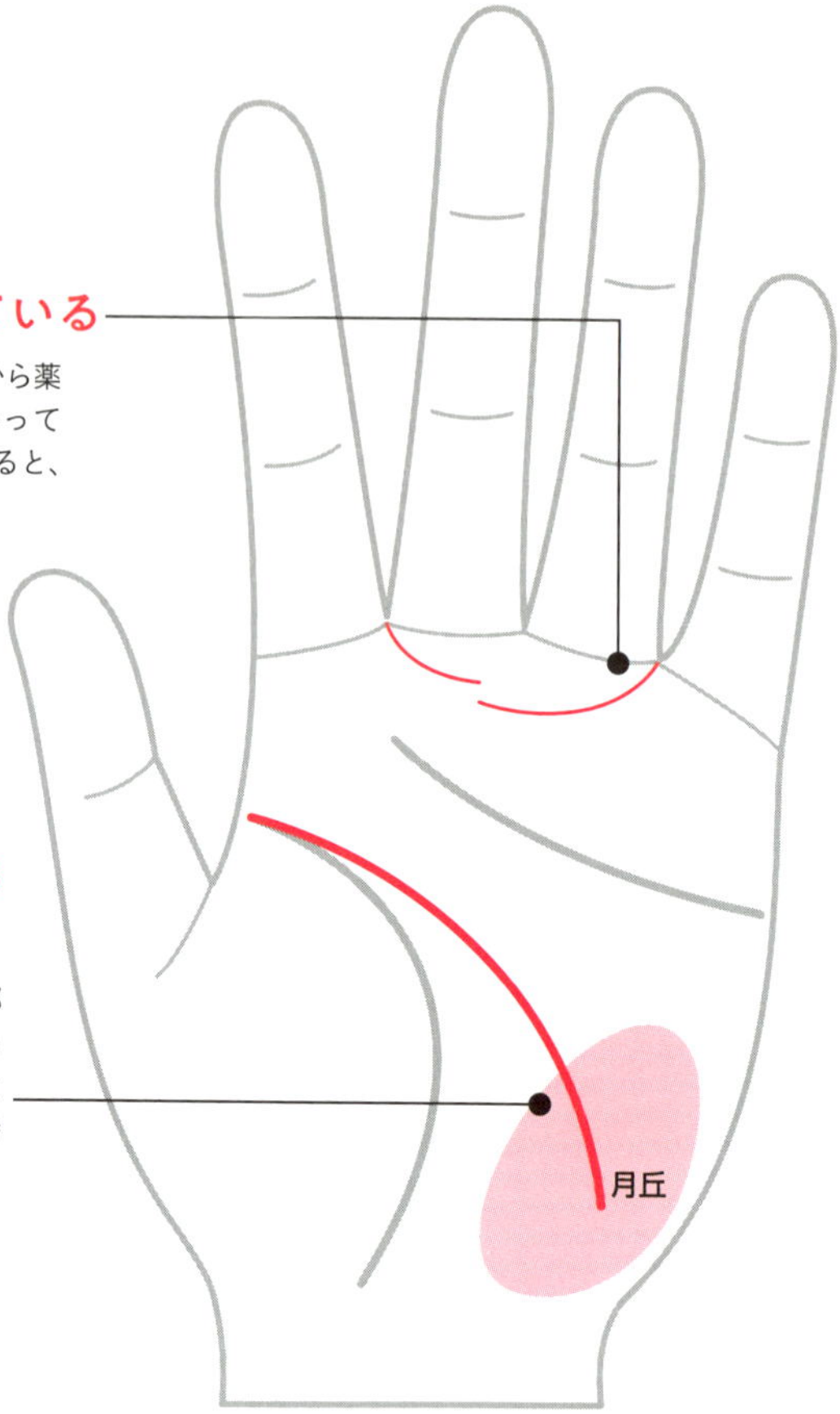
金星帯が出ている
人差し指と中指の間から薬指と小指の間へ向かって伸びる半円が出ていると、感性が豊かな人。
下降している知能線
知能線が月丘の下部へ向かって伸びていると、独自のスタイルを表現できる才能の持ち主です。
月丘

手相の見方

中指と薬指の下の金星帯が出ている人は、感性豊かでオシャレで情熱的。時代のニーズをキャッチする敏感なアンテナの持ち主です。知能線が月丘下部へ向かって伸びている人は、目に映る世界を違うものとして表現したり、イメージを具現化できる才能があります。

このタイプの特徴

芸術的なセンスを活かした職人の相。イラストレーターやデザイナーなどのクリエイティブな専門分野で能力を発揮します。

開運のためのアドバイス

独自のスタイルを持ち、妥協しにくい性格なので、枠にはまった組織は苦手。マイペースで働ける環境を大切にしましょう。

映像ディレクター、カメラマン、ライターなど
クリエイティブ関係

知能線が下降して枝分かれしている

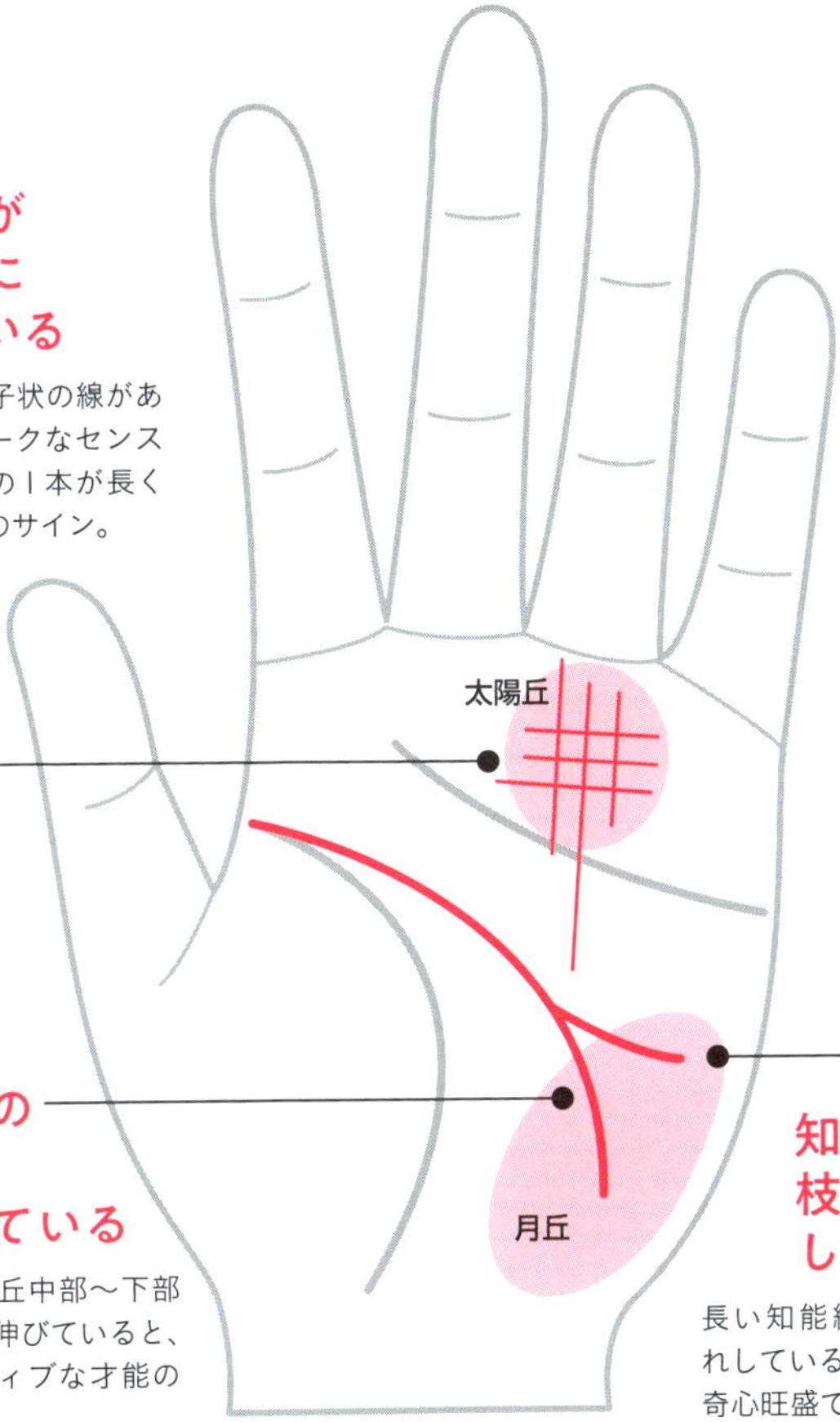

太陽線が格子状になっている

太陽丘に格子状の線があると、ユニークなセンスを表し、中の1本が長くなると成功のサイン。

知能線の先端が下がっている

知能線が月丘中部〜下部へ向かって伸びていると、クリエイティブな才能の持ち主。

知能線が枝分かれしている

長い知能線が枝分かれしていると、知的好奇心旺盛で独創的。

手相の見方

知能線が月丘へ向かって長く下降し、先端が枝分かれする人は、洞察力があり知的好奇心が旺盛。太陽丘に格子状の線があり、その中の1本の太陽線が長く伸びていると、個性的な美的センスの持ち主。

このタイプの特徴

創造性に富み、表現力に長けた人が多いこの相。状況の変化にも強いので、音楽、映像、執筆などの創作分野でアクティブに活躍します。人と変わった考え方をするので、企画がヒットする可能性も。

開運のためのアドバイス

湧き出るイマジネーションを形にできれば素晴らしい作品が作れるでしょう。実行力がないとただの空想家になるので注意。

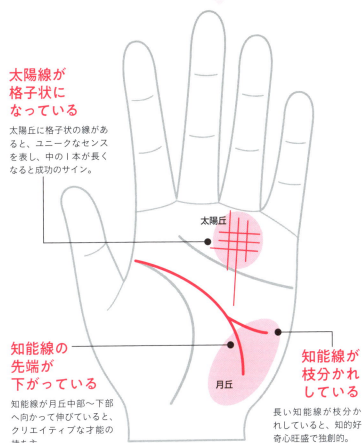

トラベル関係

ツアーコンダクター、キャビンアテンダントなど

旅行線が出ている

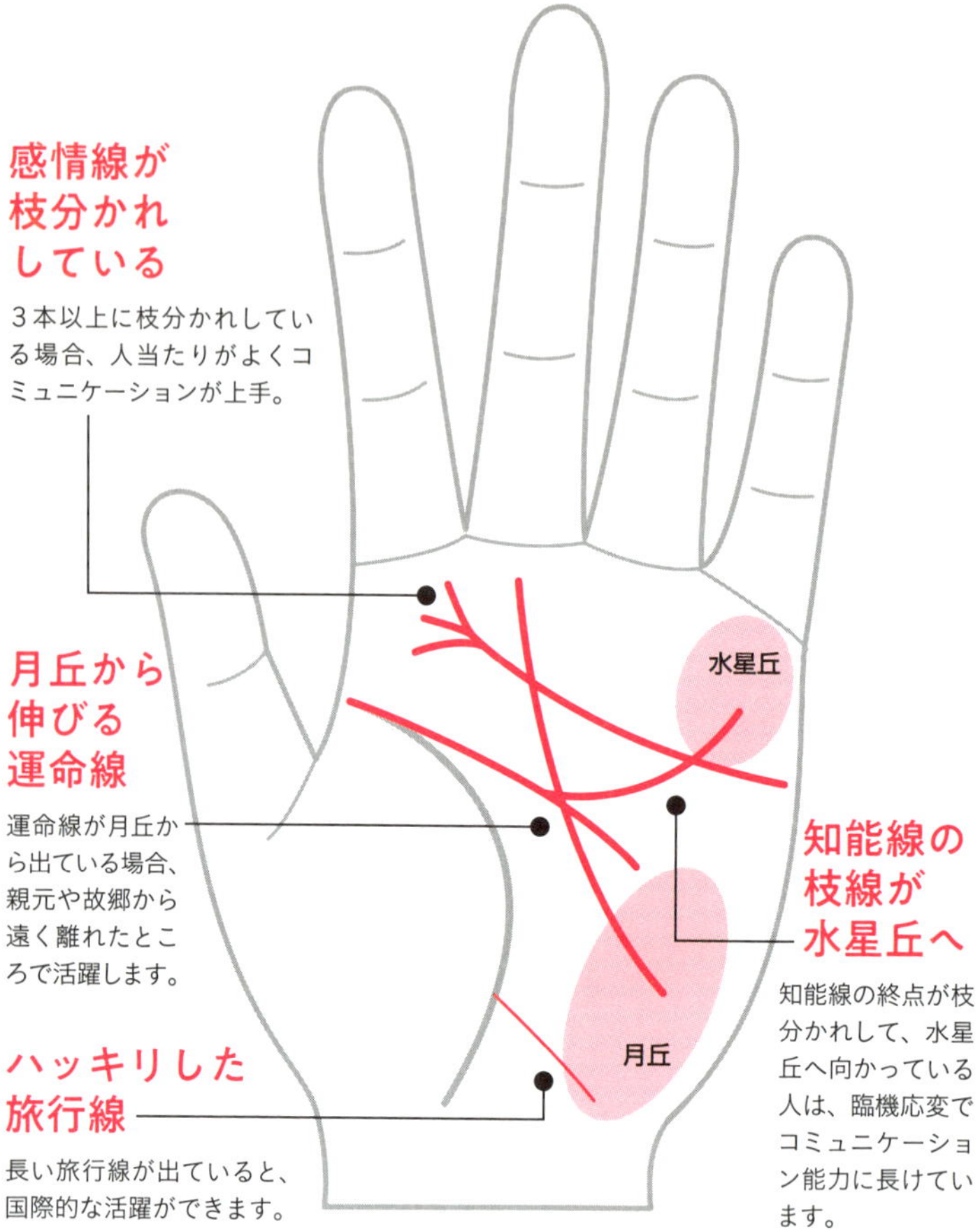
感情線が枝分かれしている
3本以上に枝分かれしている場合、人当たりがよくコミュニケーションが上手。
月丘から伸びる運命線
運命線が月丘から出ている場合、親元や故郷から遠く離れたところで活躍します。
ハッキリした旅行線
長い旅行線が出ていると、国際的な活躍ができます。
知能線の枝線が水星丘へ
知能線の終点が枝分かれして、水星丘へ向かっている人は、臨機応変でコミュニケーション能力に長けています。
水星丘
月丘

手相の見方

旅行線（⬇P16）が出ると、活動範囲が広く、旅行や海外の滞在に縁があることを意味します。知能線が枝分かれし、一方が水星丘に向かっている人は、言語能力に長けた社交家タイプ。運命線が月丘から出発していると、故郷を離れたところで可愛がられる人。

このタイプの特徴

活動的で、故郷を離れることによって成功をつかむタイプです。旅行線が長いほど、世界を舞台に活躍するチャンスは大。

開運のためのアドバイス

海外との縁が深いので外国語のスキルを磨けば、グローバルな活躍が期待できます。行き詰まった時には、行動範囲を広げると運気好転します。

営業、販売員、フローリストなど サービス業関係

感情線の先が3、4本に枝分かれしている

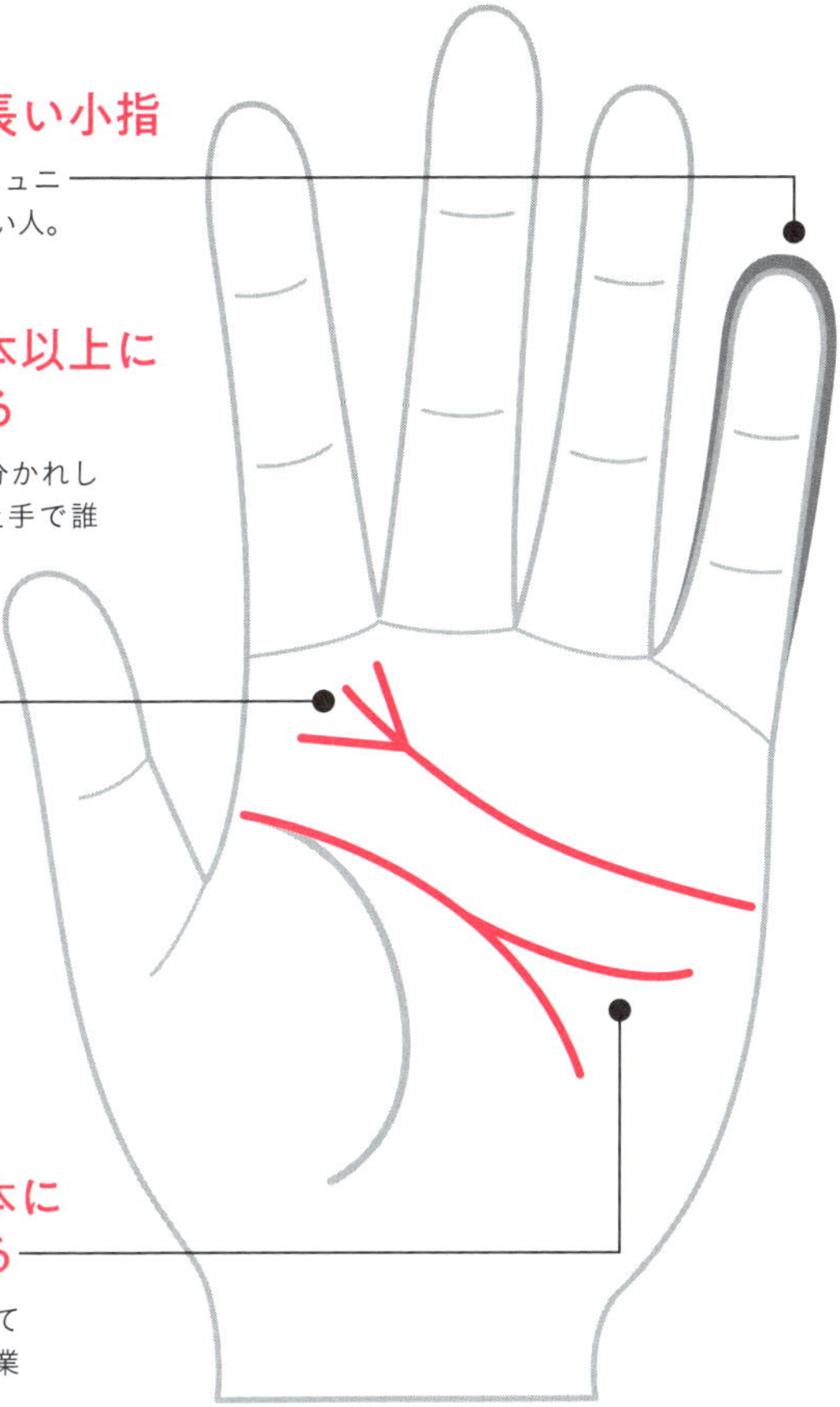
しっかりと長い小指
小指が長いと、コミュニケーション能力が高い人。
感情線が３本以上に分かれている
感情線の先端が枝分かれしていると、気配り上手で誰にでも親切な性格。
知能線が２本に分かれている
知能線が枝分かれしている人は、サービス業に向いています。

手相の見方

感情線の先端が3本以上に枝分かれしている人は、観察力に優れ、誰にでも優しい対応ができます。小指が長い人は、機転が利き、話し上手。知能線の先端が下がりすぎず、枝分かれした人は、変化を好む性格です。

このタイプの特徴

ユーモアに溢れ、初対面でも親しく接して、相手にいやな気持ちをさせません。何ごとにも柔軟に対応でき、相手や状況が変わる職種のほうが、イキイキと働けます。

開運のためのアドバイス

コミュニケーション能力が高く、相手に合わせて、きめ細やかなサービスができる人。興味のある分野を選ぶことで成功します。

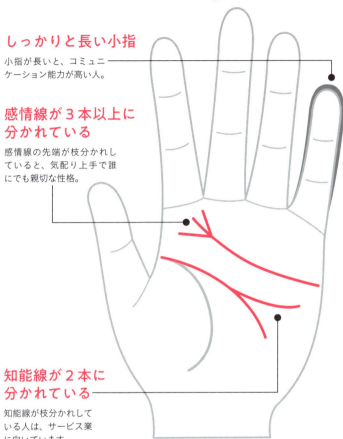

医療線が出ている

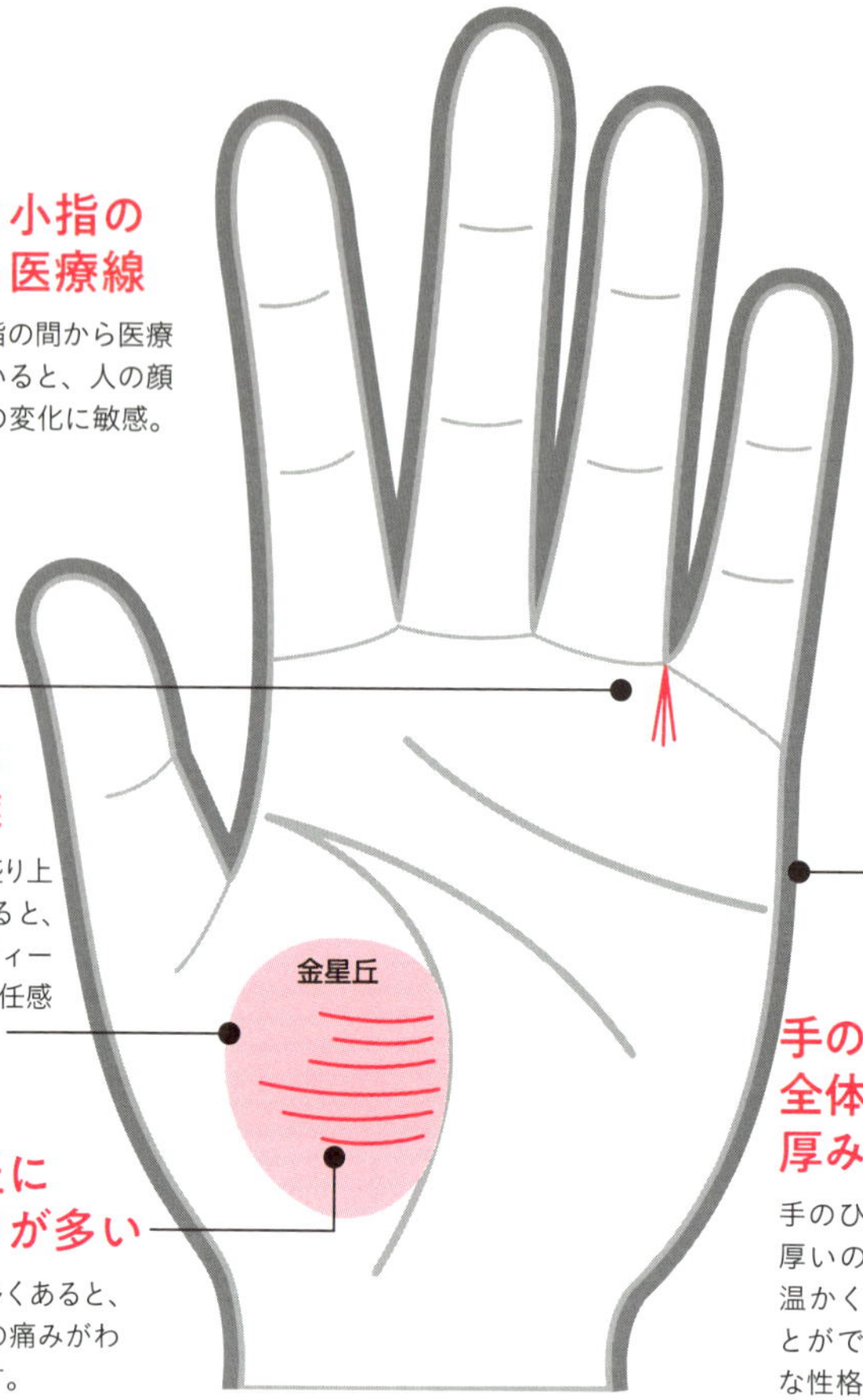
薬指と小指の
間から医療線
薬指と小指の間から医療線が出ていると、人の顔色や態度の変化に敏感。
金星丘
が発達
金星丘が盛り上がっていると、バイタリティーがあり、責任感が強い人。
金星丘
金星丘に
横ジワが多い
横ジワが多くあると、他人の心の痛みがわかる人です。
手のひら
全体に
厚みがある
手のひら全体が厚いのは、人に温かく接することができる温厚な性格。

医療・福祉関係

医師、看護師、介護福祉士、ヘルパーなど

手相の見方

薬指と小指の間から数本伸びる細い縦の線を「医療線」（→P190）と言い、他人のために尽くす精神と冷静な観察眼を意味します。他人の顔色や状態の変化を敏感に察知できる人に出る相です。金星丘が盛り上がり、横ジワが多いと、情深い性格。

このタイプの特徴

手のひら全体に厚みのある人は、人に温かく接することができる性格。困っている人のために体を張って頑張れる人です。

開運のためのアドバイス

知能線によって適職も異なり、直線的だと的確な判断に優れる医師タイプ。曲線的だといたわりの心が豊かで、看護師に向きます。

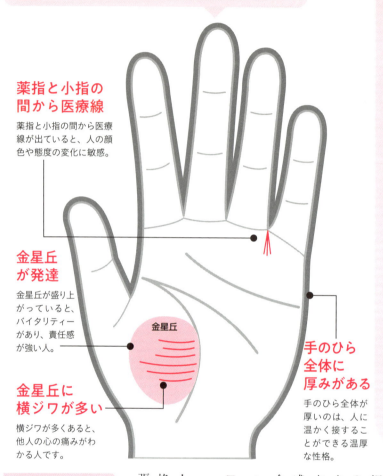

農業・漁業関係

農家、漁師、フルーツ栽培家など

金星丘が発達している

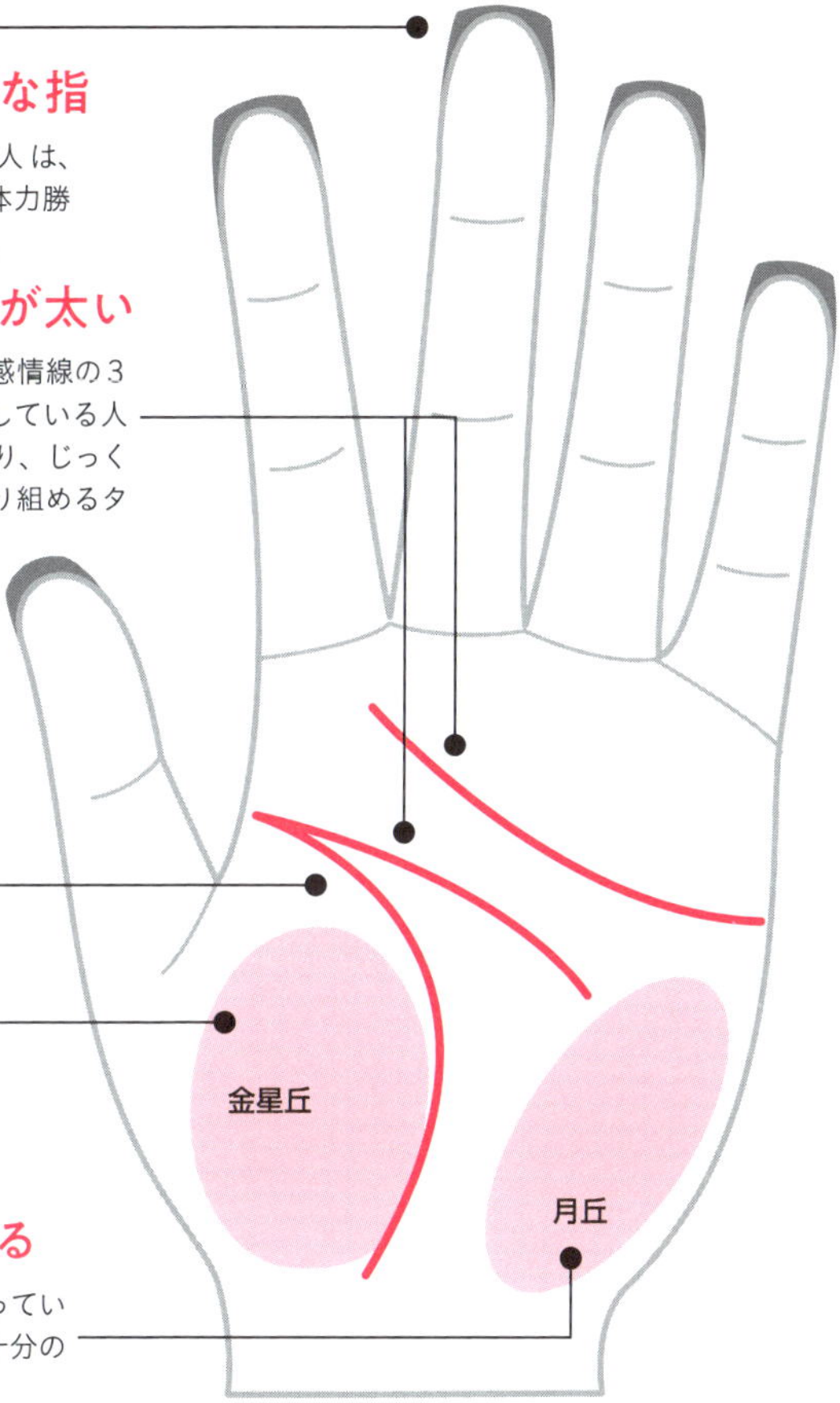

骨太で肉厚な指

肉厚で太い指の人は、粘り強さがあり、体力勝負の仕事向きです。

三大基本線が太い

生命線・知能線・感情線の３本が濃くしっかりしている人は、心の安定があり、じっくり農業や漁業に取り組めるタイプ。

金星丘が発達している

月丘と金星丘が張っている人は、スタミナ十分の働き者です。

手相の見方

手のひらに厚みがあり、特に生命線の内側の金星丘が発達している人は、働き者でスタミナも充実。生命線・知能線・感情線の三大基本線が濃くハッキリ刻まれている人も、体が丈夫で、農業や漁業に精力的に取り組めます。

このタイプの特徴

悪天候にもくじけず、きつい作業も忍耐強くこなす、豊富なバイタリティの持ち主。収穫を楽しみにして、それを目指し努力する粘り強さを人一倍持っています。

開運のためのアドバイス

長期的な計画がベースにあれば、少々のトラブルは持ち前のバイタリティで乗り越えられます。体力勝負なので、健康管理は十分に。

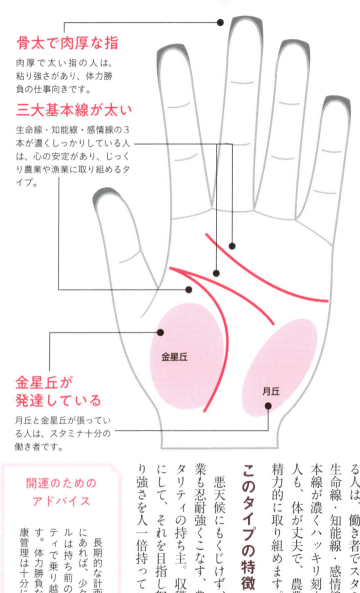

職業を転々と変える
転職タイプ

運命線が薄くキレギレ

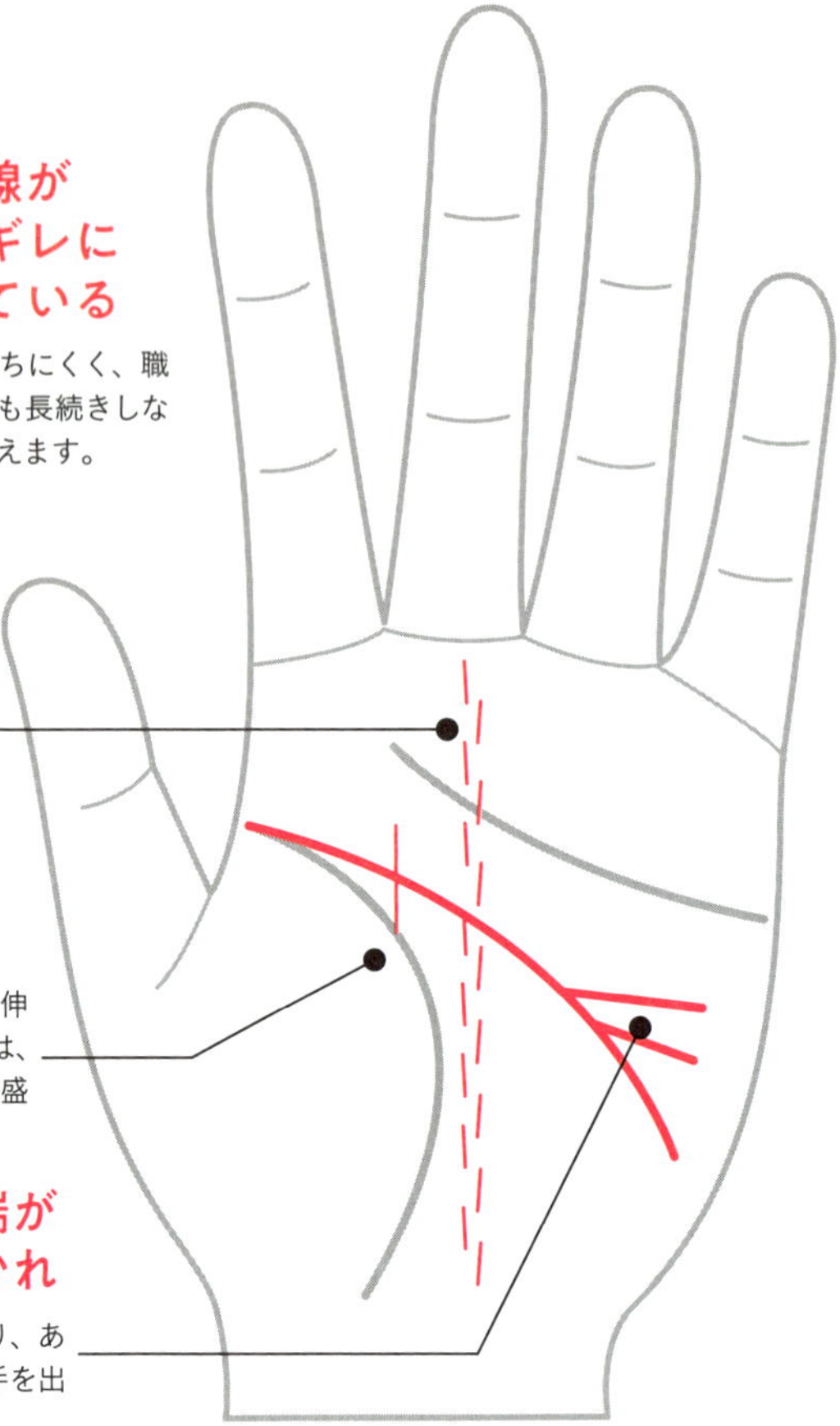

運命線がキレギレになっている

定職を持ちにくく、職に就いても長続きしない相といえます。

生命線から伸びる向上線

生命線から上向きに伸びる向上線がある人は、チャレンジ精神が旺盛です。

知能線の先端が大きく枝分かれ

好奇心が旺盛なあまり、あれこれと違う職業に手を出したくなるでしょう。

手相の見方

運命線がキレギレの場合、運勢にムラがあり、よい時期と悪い時期が交互にやってきます。仕事面も不安定で飽きっぽく、一つのことをやり遂げる持続力に欠けます。知能線の先端が大きく枝分かれしている人も、要領がよい反面、飽きっぽい傾向があります。

このタイプの特徴

運命線がキレギレだと、転職を繰り返しがち。知能線が枝分かれしていると、多彩な才能がある反面、移り気な傾向があります。

開運のためのアドバイス

努力により能力が生きてきます。特に生命線から向上線が表れると、やる気が出てきているしるし。転職がプラスになるので粘り強く取り組んで。

ユニークな発想で勝負！
自分の企画がヒットするタイプ

直感線がある

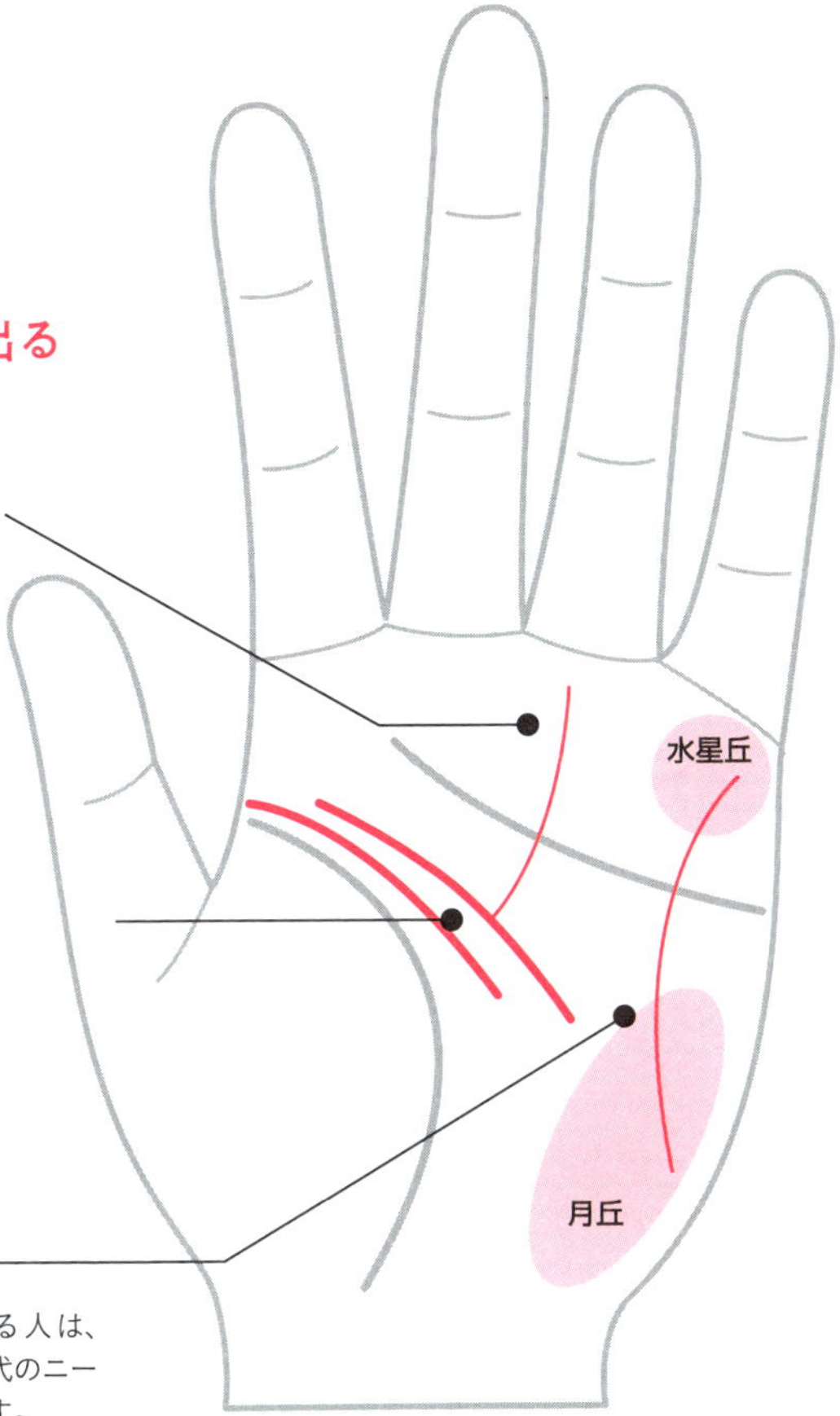

知能線から出る太陽線

才能を活かした成功を意味します。

知能線が二重になっている

二重知能線を持つ人は、発想が豊かなアイデアマンです。

直感線が出ている

直感線が表れている人は、ひらめきが冴え、時代のニーズをキャッチできます。

手相の見方

月丘から水星丘にかけて弓なりに伸びる直感線（⬇P14）は、特別なインスピレーション能力がある しるし。知能線が二重になっている人は、普通の人とは違うアイデアの持ち主。さらに知能線から太陽線が伸びていると、企画や商品のヒットにつながります。

このタイプの特徴

直感力と独創性に優れ、人が潜在意識で求めているものを感じとれる人。勘のよさと独創性をいかして成功します。

開運のためのアドバイス

自然と誰も考えていないような企画が浮かぶ人ですが、それに慢心しないで、常に時代を先読みする目を養えば、さらなる成功が。

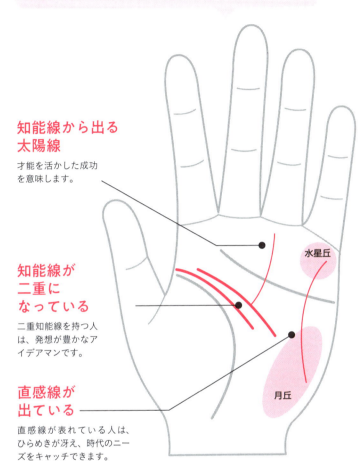

独立タイプ

自分で起業や経営をする

運命線が濃くハッキリ

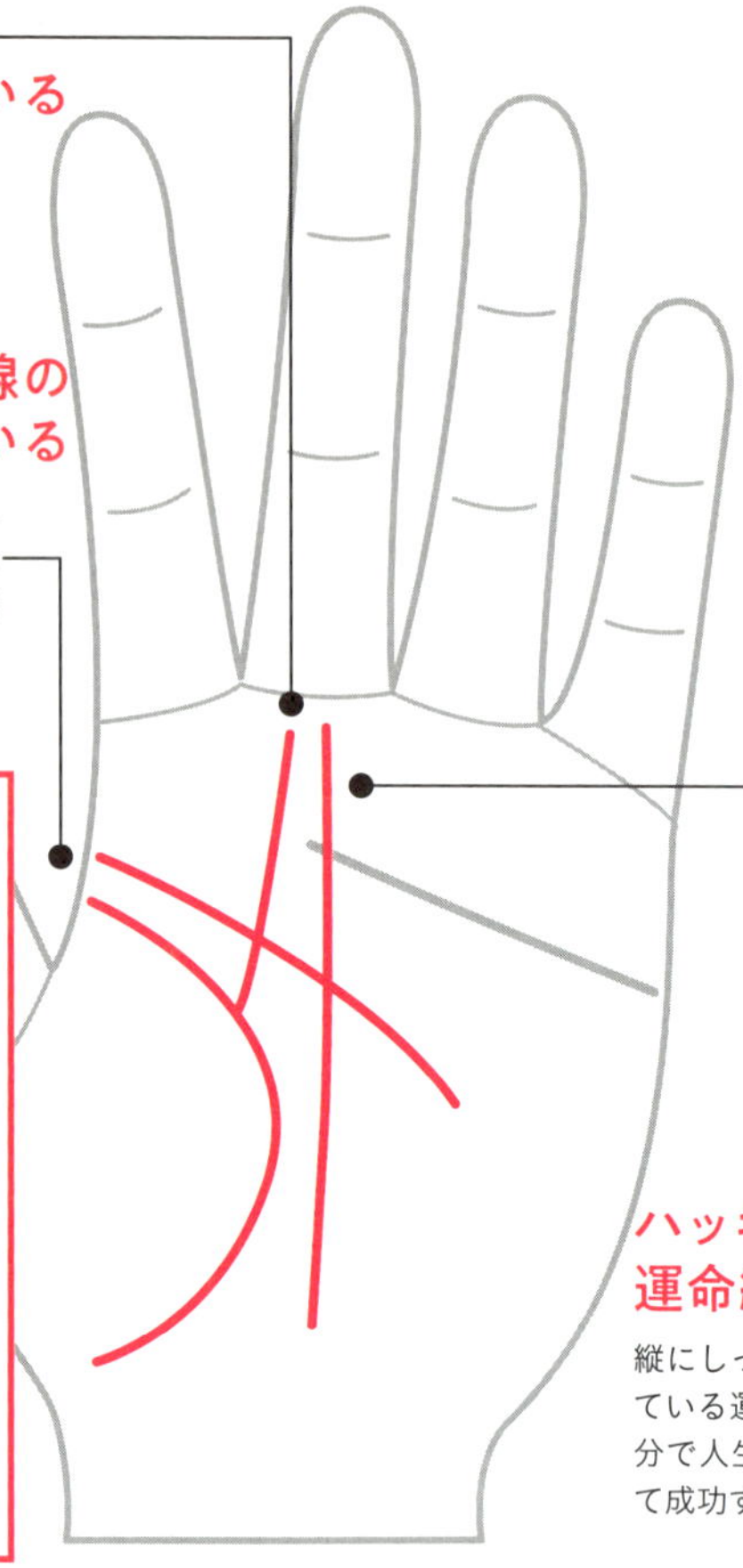

生命線上から運命線が出ている

独立心や向上心が強く、自分の力で道を切り開く人です。

生命線と知能線の始点が離れている

我が道をゆくマイペースな性格のため、独立したほうが自分の持ち味を活かせます。

ハッキリした運命線

縦にしっかりと伸びている運命線は、自分で人生を切り開いて成功する相です。

★別パターン

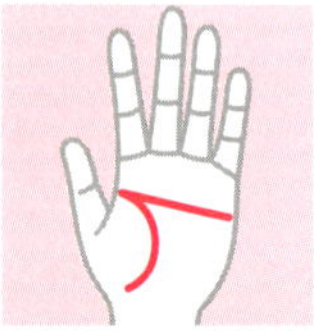

マスカケ線がある

粘り強い努力家で、我が道を突き進む相。波乱万丈な運勢ですが、トップに立つか単独で活躍します。

手相の見方

運命線がハッキリ刻まれている人は、独立心が強いタイプ。とくに生命線上から運命線が伸びている人は、向上心が強く、起業や独立志向です。

感情線が短めで勢いがあると、血気盛んな仕事人間タイプ。ドライに決断を下し、事業を進めます。

このタイプの特徴

自己主張が強く、孤独にも強い性格。精神的にタフで、常に向上しようと頑張ります。青年実業家、フリーランスで活躍する相です。

開運のためのアドバイス

逆境に強い相なので、一度や二度の失敗であきらめないで。具体的な将来の目標とビジョンを思い描くことが、成功への近道です。

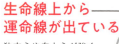

外部から声をかけられる！ ヘッドハンティングされるタイプ

サポート線、幸運線、引き立て線がある

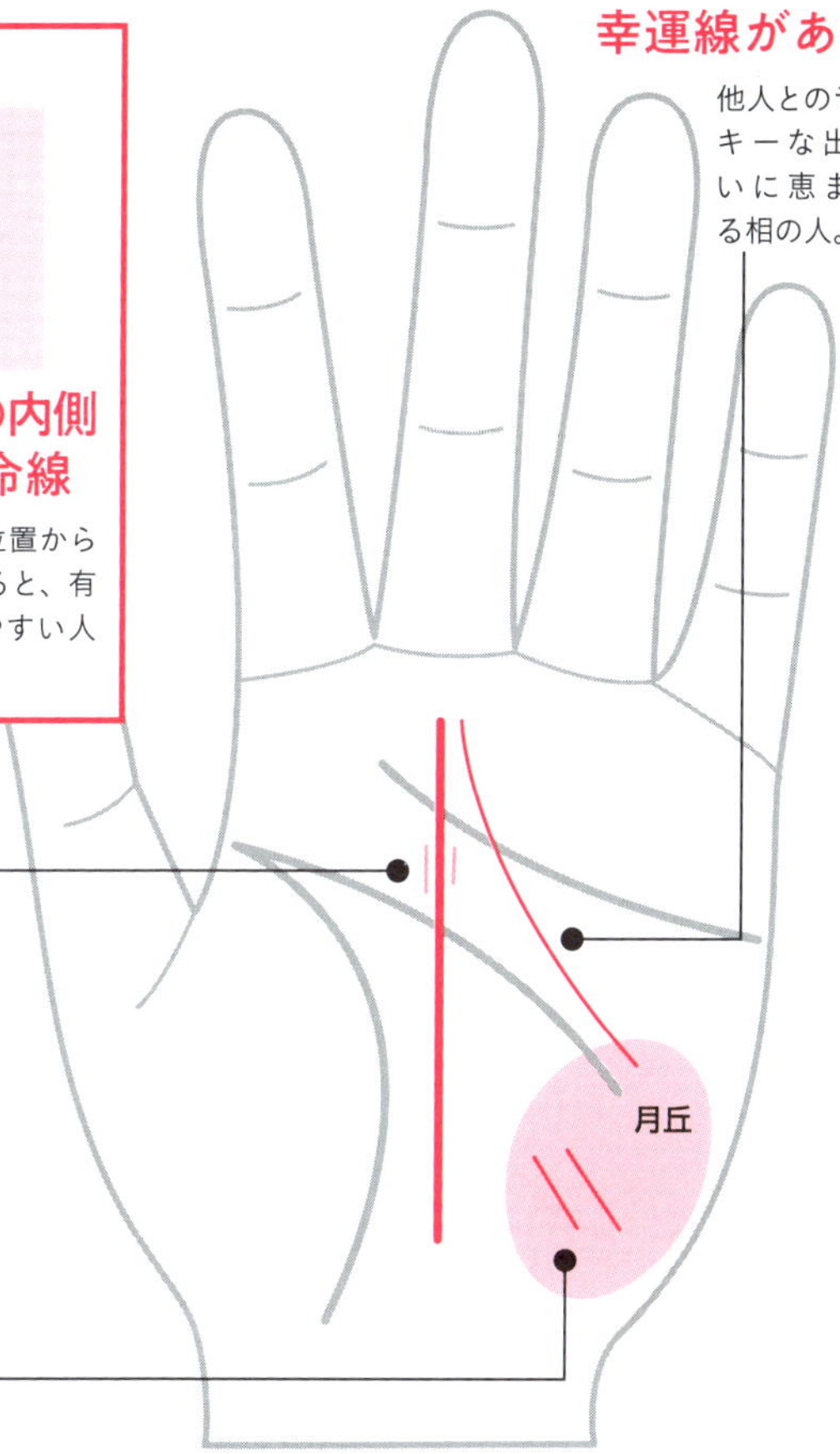

生命線上部の内側から出る運命線

生命線内側の高い位置から運命線が伸びていると、有力者の目にとまりやすい人です。

幸運線がある

他人とのラッキーな出会いに恵まれる相の人。

サポート線がある

運命線に沿う細い線が出ている場合は、強力な支援者が現れるでしょう。

引き立て線がある

仕事に関わってくるよい人との出会いを表します。

手相の見方

運命線のすぐ横に沿うサポート線が出ていると、仕事を支えてくれる人物が現れることを示します。運命線が月丘最上部から伸びている場合、「幸運線」（➡P16）と呼ばれ、実力者との出会いに恵まれます。月丘から運命線に向かって引き立て線（➡P14）が出ていると、影響力のある人から目をかけられ開運していく運勢。

このタイプの特徴

周りの援助や思ってもみなかった出会いにより成功するタイプ。

開運のためのアドバイス

目上の人や大物から気に入られるこのタイプ。人との出会いを大切にし、誰に対しても誠実な対応をすれば、道が開けます。

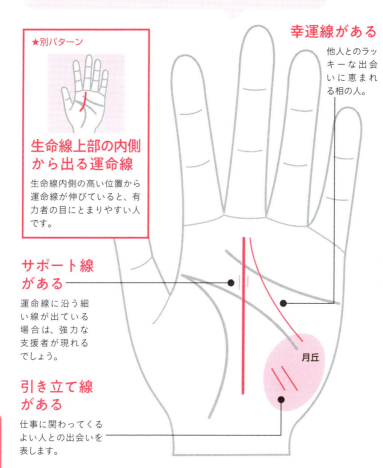

長年一カ所の会社で勤める！安定タイプ

薄くてもスッキリした運命線

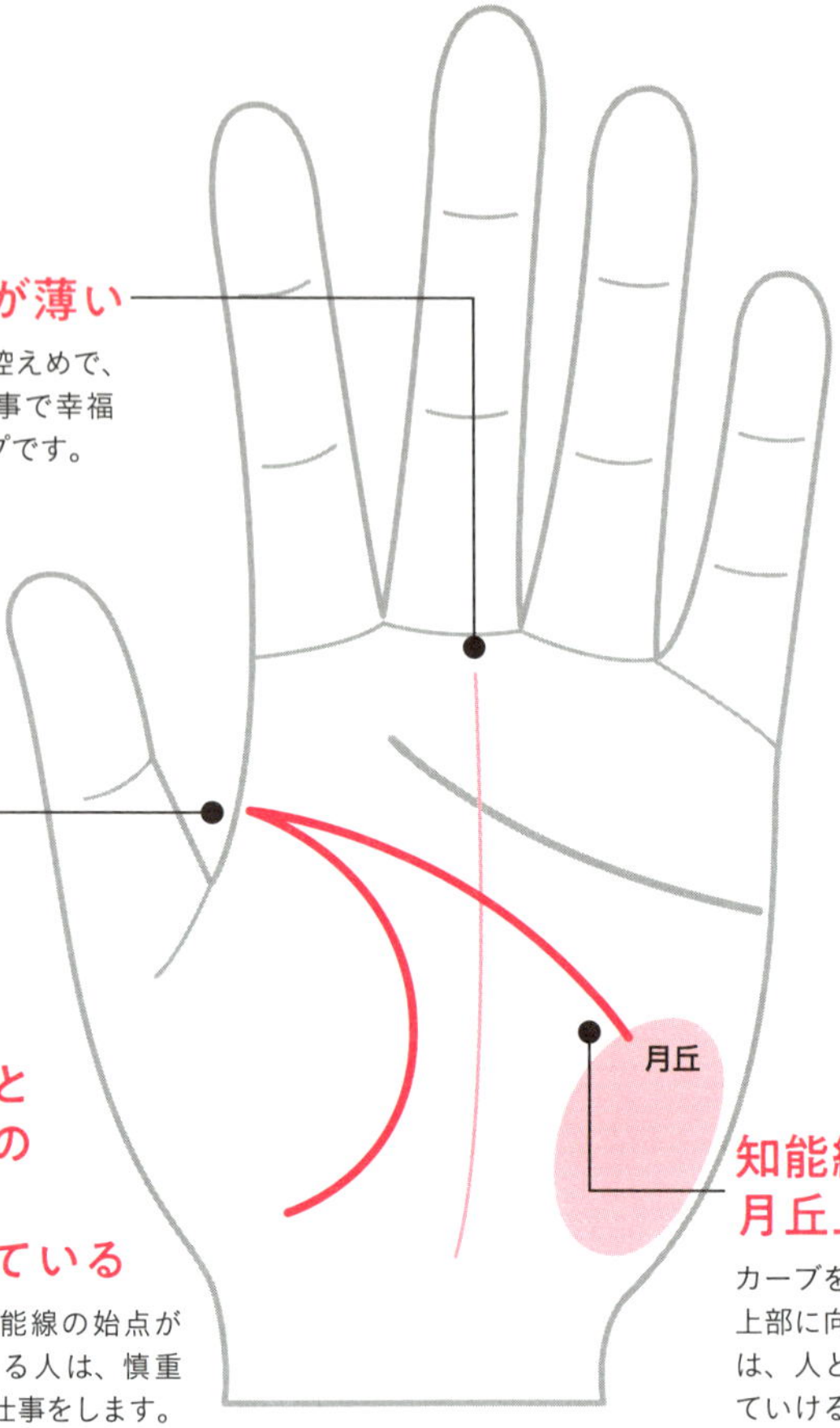

運命線が薄い
自己主張が控えめで、安定した仕事で幸福を得るタイプです。

生命線と知能線の始点が重なっている
生命線と知能線の始点が重なっている人は、慎重派で堅実に仕事をします。

知能線が月丘上部に
カーブを描いて月丘上部に向かう知能線は、人とうまくやっていける性格。

手相の見方

運命線が薄い人は、派手ではありませんが、協調性があり、安定した思考の持ち主。人間関係を上手にやっていけることが最大の長所です。生命線と知能線の始点が重なっていると、慎重で堅実なタイプ。取りかかりが遅めでも、手堅く仕事をこなします。

このタイプの特徴

目立って出世したいという貪欲さはないながらも腰を落ち着けてコツコツ努力します。仕事より家庭を大事にする人も多いようです。

開運のためのアドバイス

運命線が薄くてもスッキリ伸びていれば、粘り強さがあり、変化には弱いものの守りには強い性格。適職に就けば、安定を得られます。

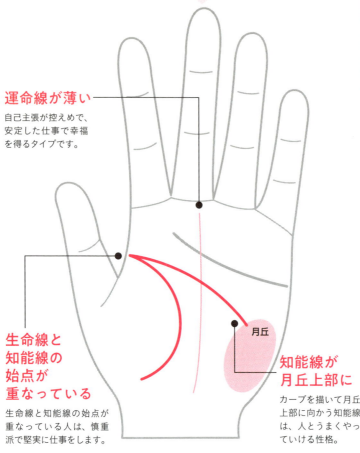

世界を舞台に活躍する！ 海外で成功するタイプ

濃く長い旅行線

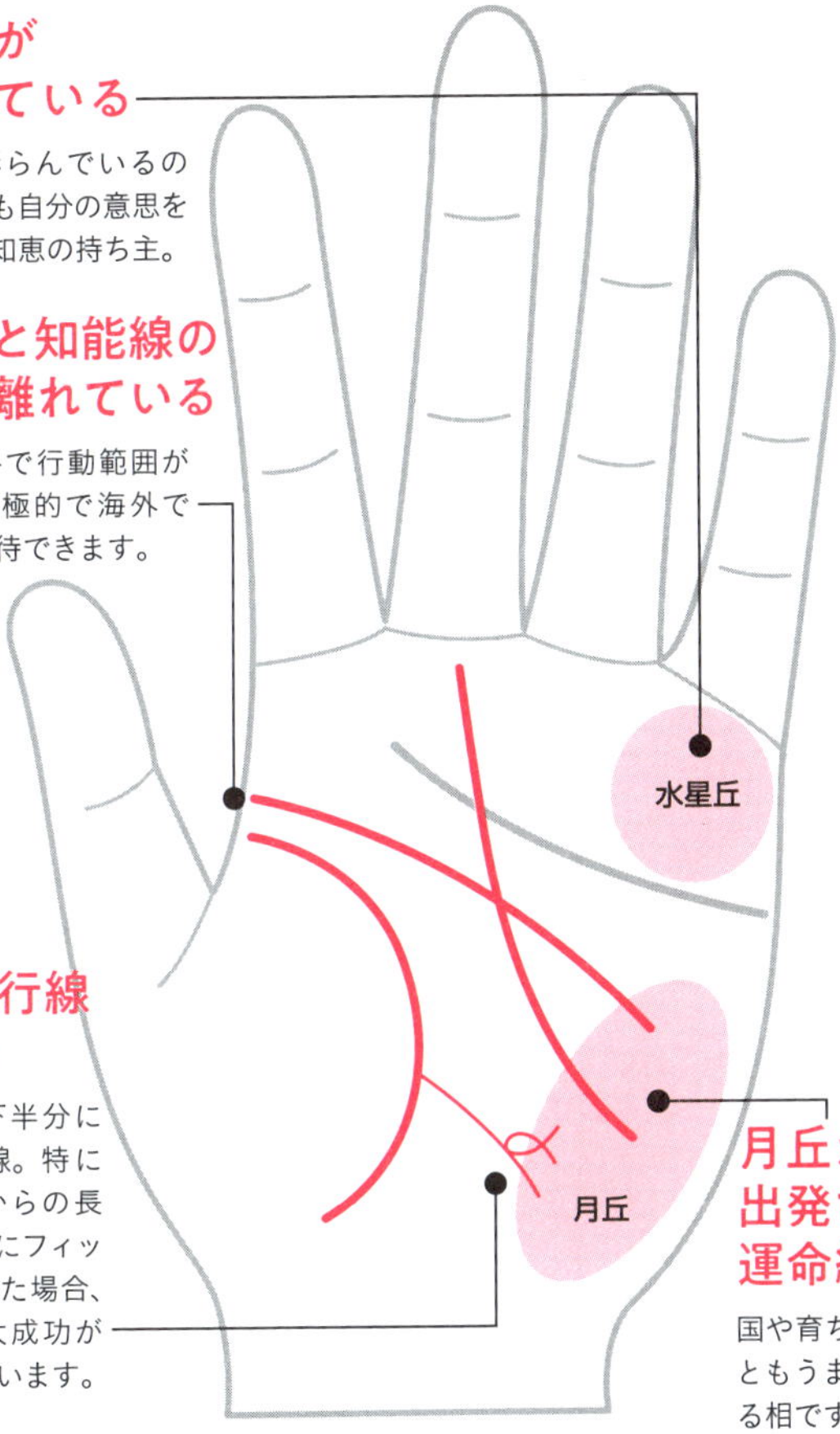

水星丘が発達している

水星丘が膨らんでいるのは、海外でも自分の意思を伝えられる知恵の持ち主。

生命線と知能線の始点が離れている

大胆な性格で行動範囲が広い人。積極的で海外での活躍が期待できます。

長い旅行線がある

生命線の下半分に出る旅行線。特に高い位置からの長い旅行線上にフィッシュが表れた場合、海外での大成功が約束されています。

月丘から出発する運命線

国や育ちの違う人たちともうまくやっていける相です。

手相の見方

運命線が月丘から伸びている、もしくは旅行線が生命線の高い位置から伸びていると、海外でのチャンスをつかむことができる人です。さらに、旅行線上に小さな魚の形をしたフィッシュマーク（⬇P22）が表れていると、海外での事業が成功するなど、最高の吉相といえます。

このタイプの特徴

アクティブで、行動範囲の広い人。誰に対しても臆せずに自分の意見を主張できます。

開運のためのアドバイス

外国語スキルを磨いて下準備を。持ち前の交際範囲の広さで情報を集めるのが、成功への近道です。苦手なことを克服するより得意なことで勝負。

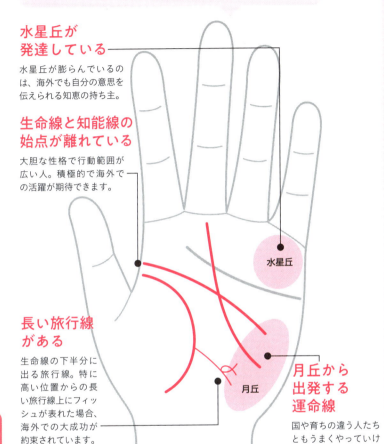

お金を引き寄せるセンスがある！
事業が成功するタイプ

太陽線や財運線が生命線から

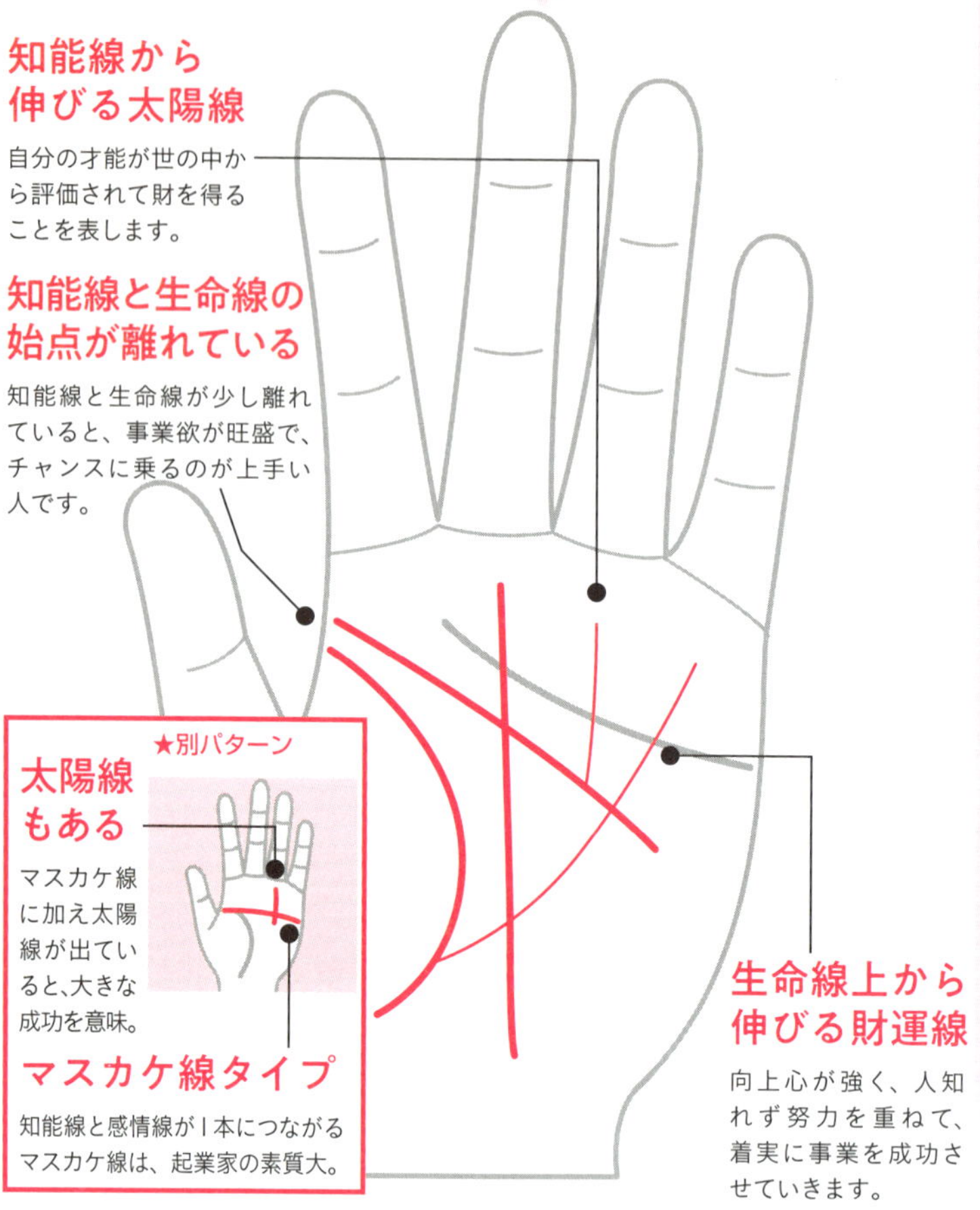
知能線から伸びる太陽線
自分の才能が世の中から評価されて財を得ることを表します。
知能線と生命線の始点が離れている
知能線と生命線が少し離れていると、事業欲が旺盛で、チャンスに乗るのが上手い人です。
★別パターン
太陽線もある
マスカケ線に加え太陽線が出ていると、大きな成功を意味。
マスカケ線タイプ
知能線と感情線が1本につながるマスカケ線は、起業家の素質大。
生命線上から伸びる財運線
向上心が強く、人知れず努力を重ねて、着実に事業を成功させていきます。

手相の見方

知能線から薬指へ向かう太陽線が出ていると、才能を活かした仕事の成功を意味します。生命線上から小指へ向かう財運線が出ている場合は、ひたすら働いて財産を築いていける頑張り屋の相です。

知能線と感情線が1本につながるマスカケ線を持つ人も、強烈な個性の持ち主で努力家。太陽線が出てくると大成功が期待できます。

このタイプの特徴

成功のためなら努力を惜しまないタイプ。経済観念もしっかりしています。

開運のためのアドバイス

独創性や根性では人に負けない相です。才能を信じて、あきらめないで粘り強く続ければ、必ず成功をつかめます。

組織の中で活躍する！ 社内で出世するタイプ

社交線が出ている

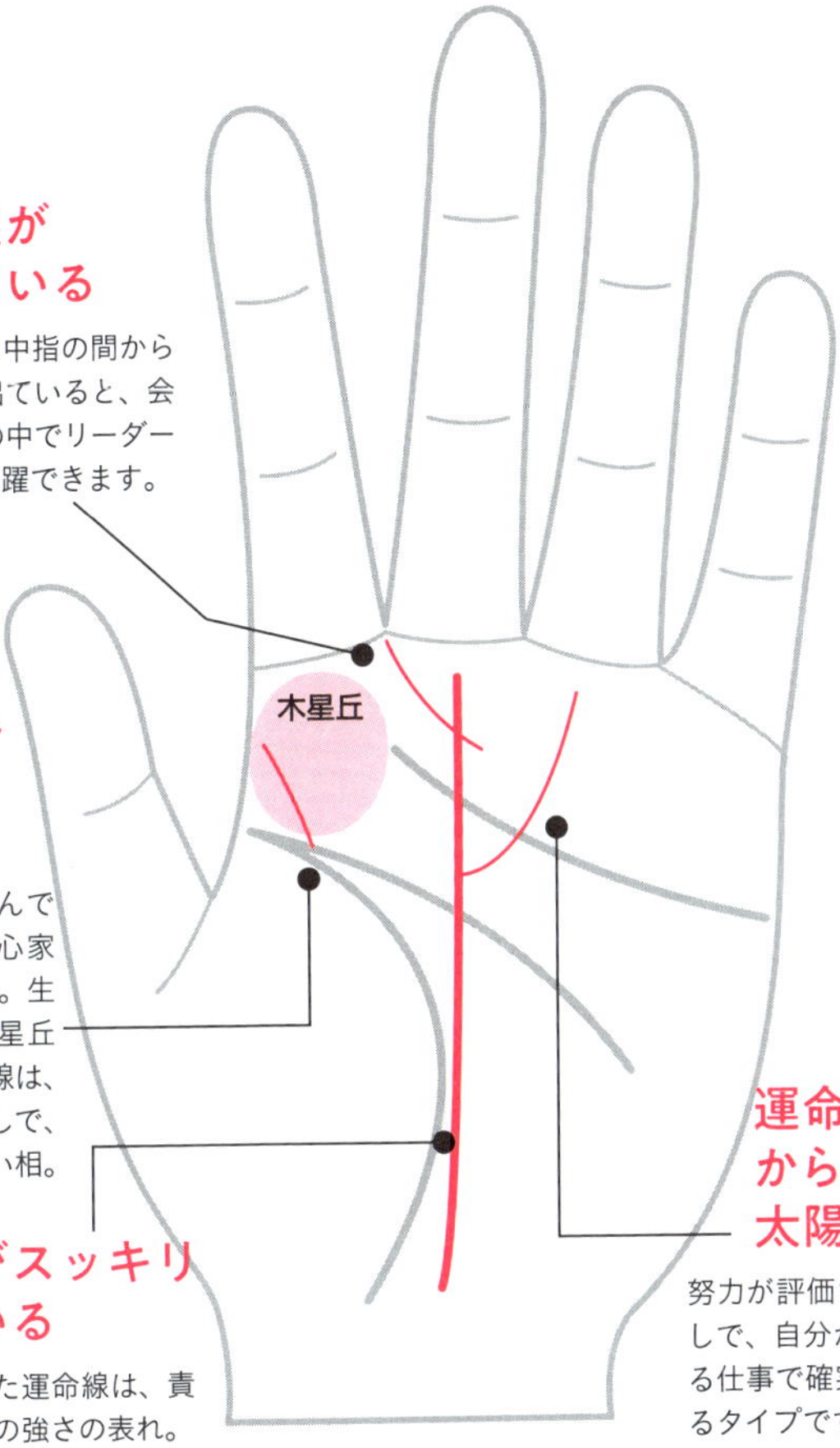

社交線が伸びている

人差し指と中指の間から社交線が出ていると、会社や組織の中でリーダーとしても活躍できます。

木星丘へ伸びる希望線

木星丘が膨らんでいる人は、野心家で世渡り上手。生命線上から木星丘へ伸びる希望線は、意欲的なしるしで、上司受けもよい相。

運命線がスッキリ伸びている

乱れなく伸びた運命線は、責任感と仕事運の強さの表れ。

運命線から伸びる太陽線

努力が評価されるしるしで、自分がやっている仕事で確実に出世するタイプです。

手相の見方

社交線（➡P162）が出ている人は、協調性や統率力があります。木星丘が膨らんでいて、さらに生命線から希望線がハッキリ出ていると、努力家で上司や同僚など、協力者に恵まれる相。

運命線から太陽線が伸びると、出世は確実です。

このタイプの特徴

野心家ですが、人付き合いが得意なタイプです。人を嫌な気持ちにさせず、指導できるリーダーの素質も。

開運のためのアドバイス

専門職より、チームワークが大切な組織で活躍するタイプ。わずらわしくても、人と人との間で働く方が評価を得られます。

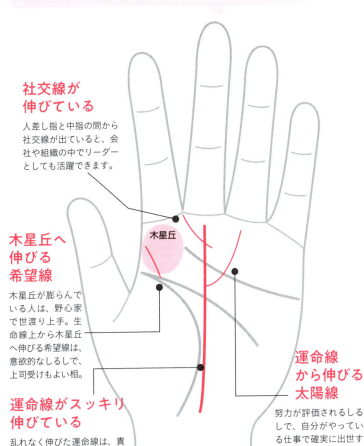

転職でキャリアアップ！

転職で運気が上がるタイプ

親指側に切り替わる運命線

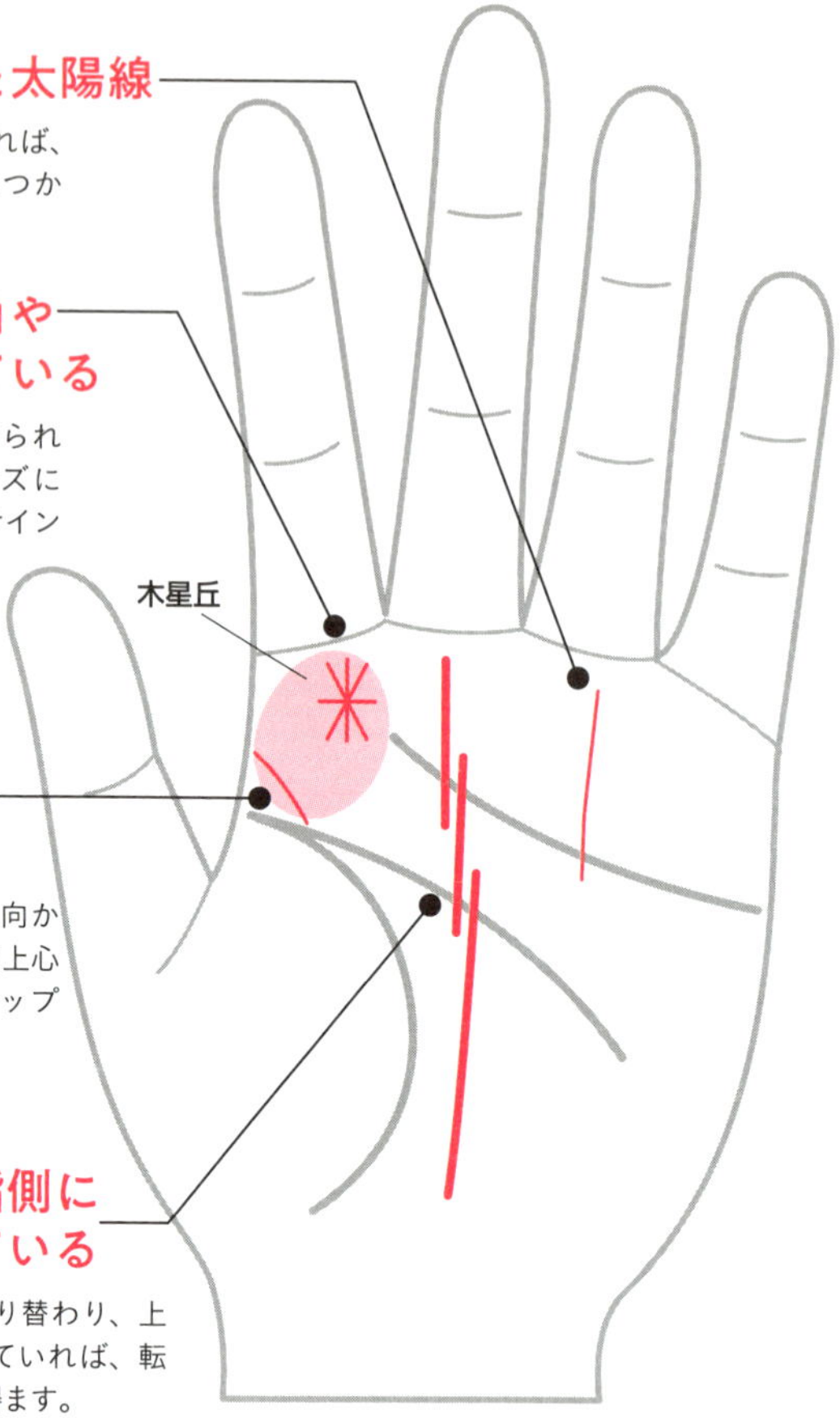

ハッキリした太陽線

太陽線が目立ってくれば、好きな仕事で成功をつかめます。

木星丘に三角やスターが出ている

力ある人の助言を得られたり、転職がスムーズに決まる、超ラッキーサインです。

希望線が出ている

生命線から木星丘に向かう希望線が出ると、向上心があり、転職でステップアップできます。

運命線が親指側に切り替わっている

運命線が親指側に切り替わり、上に向かって濃くなっていれば、転職することで地位を得ます。

手相の見方

運命線の切り替わった先が濃くなっていれば、転職を機にステップアップできます。新しい運命線が、親指側に偏って伸びていると、年収が増えたり、やりがいのあるポジションにつけたりといった幸運が舞い込むでしょう。

このタイプの特徴

生命線上から木星丘に向かって伸びる希望線（⬇P14）が出ていると、夢や希望に向かって努力している人。転職のチャンスを生かして、目標を達成できるでしょう。

開運のためのアドバイス

木星丘に三角やスターが出てきたら、有力者から助言を得られるなど、ハッピーサプライズが！　このマークを見逃さないように。

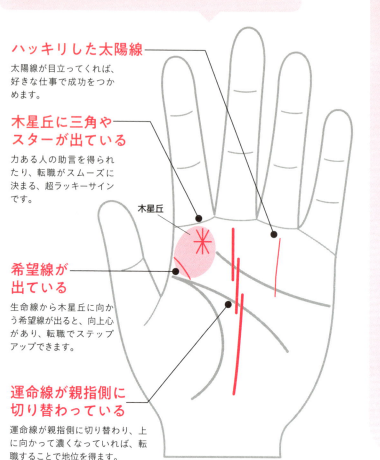

親の事業や職を継ぐ運がある 二世タイプ

運命線が生命線の内側から伸びている

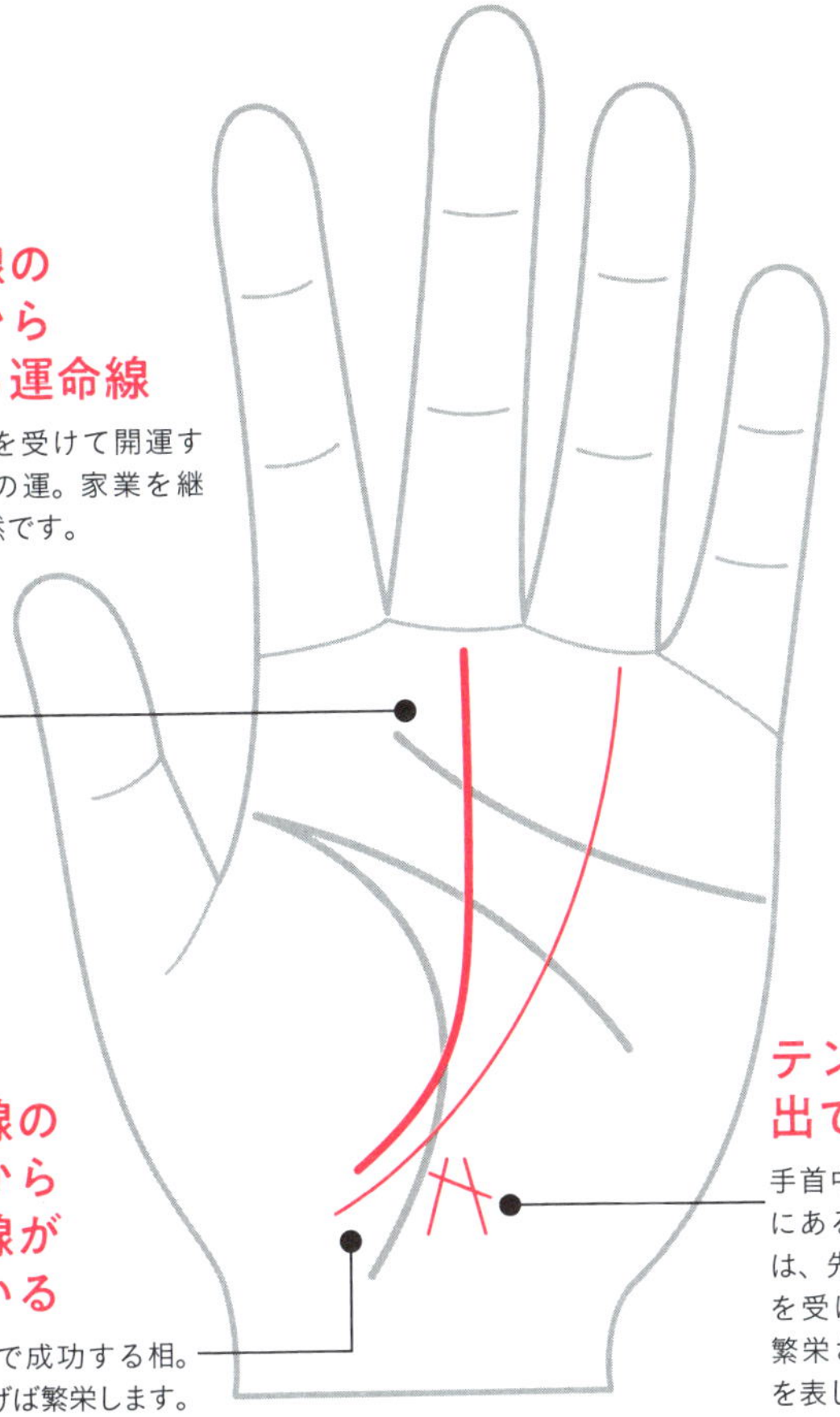
生命線の内側から伸びる運命線
親の恩恵を受けて開運する跡取りの運。家業を継ぐのが自然です。
テンプルが出ている
手首中央の上部にあるテンプルは、先祖の助けを受け、家業を繁栄させることを表します。
生命線の内側から太陽線が出ている
親の助けで成功する相。家業を継げば繁栄します。

手相の見方

運命線の始まりが生命線の内側にある場合、肉親の援助を受けて開運できる相。親の事業を継いだり、政治家や伝統芸能の二世など家業を引き継ぐのが適職。生命線の内側から太陽線が出ている人も、両親や親族の支援で成功します。

このタイプの特徴

肉親から守られ、強いコネクションが得られるタイプ。手首中央上部にテンプル（⬇P190）が出ている人は、先祖から授かった力で一家を繁栄させるでしょう。

開運のためのアドバイス

親や親戚に支えられる、大変恵まれた運気の持ち主。感謝の気持ちを忘れずに努力を続けることで、さらに社会的に成功します。

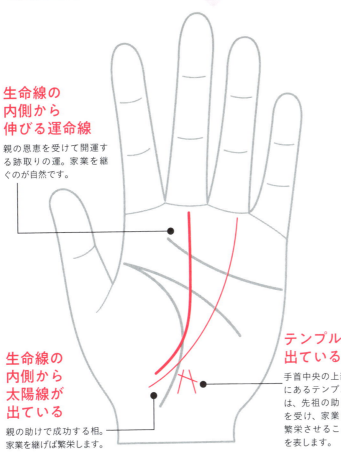

奉仕の心で周囲を幸せにする 仕事で社会的に貢献するタイプ

神秘十字線が出ている

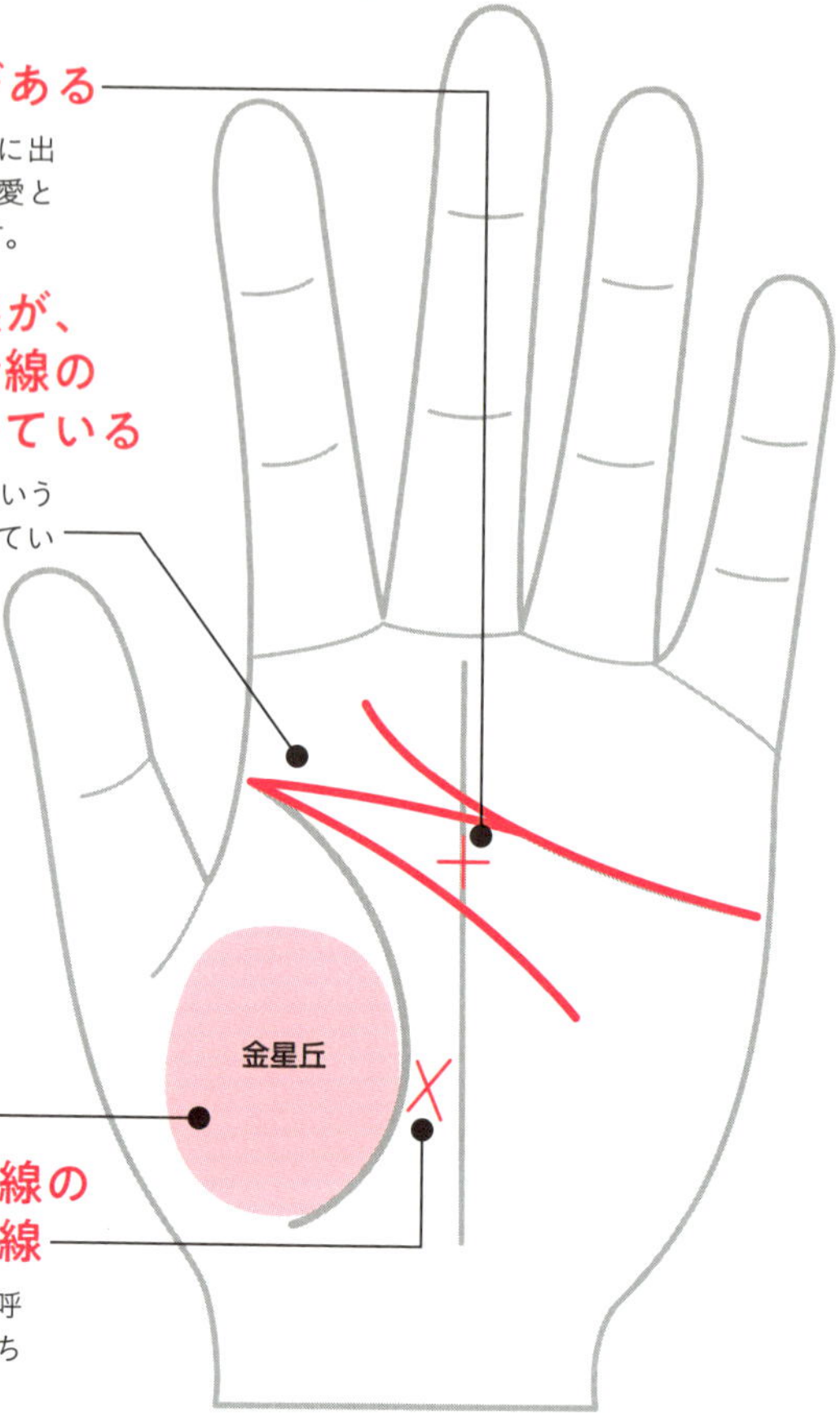

神秘十字線がある

感情線と知能線の間に出る神秘十字線は、慈愛と奉仕の心を持つ人です。

感情線の枝線が、知能線と生命線の始点に合流している

自分が頑張らねば、という使命感や信念を持っているタイプです。

金星丘が発達している

金星丘に弾力がある人は、温かく使命感があります。

運命線と生命線の間の奉仕十字線

「お助けクロス」とも呼ばれ、人に尽くす気持ちの強い人に表れます。

手相の見方

感情線と知能線の間に神秘十字線が出ている人は、博愛的な精神の持ち主。運命線と生命線の間に奉仕十字線が出ている人は、社会に尽くす活動に向きます。感情線の枝線が真横に長く伸びて生命線と知能線の始点に合流していると、正義感が強く、人助けに信念を持って取り組むタイプです。

このタイプの特徴

強い責任感と、使命感を持って仕事にあたる人。社会に貢献する仕事でよさが活きます。

開運のためのアドバイス

救急隊員など医療の仕事や、人の心を癒すカウンセラーにも向きます。ボランティアにも積極的に参加すると道が開けるかも。

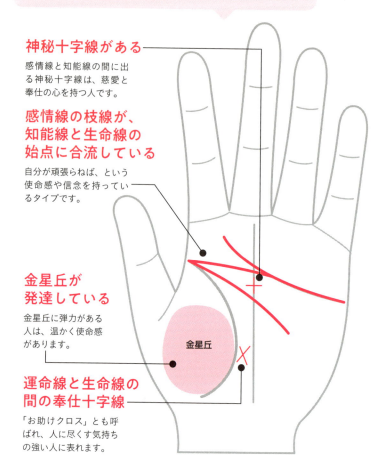

仕事での失敗が尾を引きやすい！

トラブルに巻き込まれるタイプ

知能線が波紋やシマに

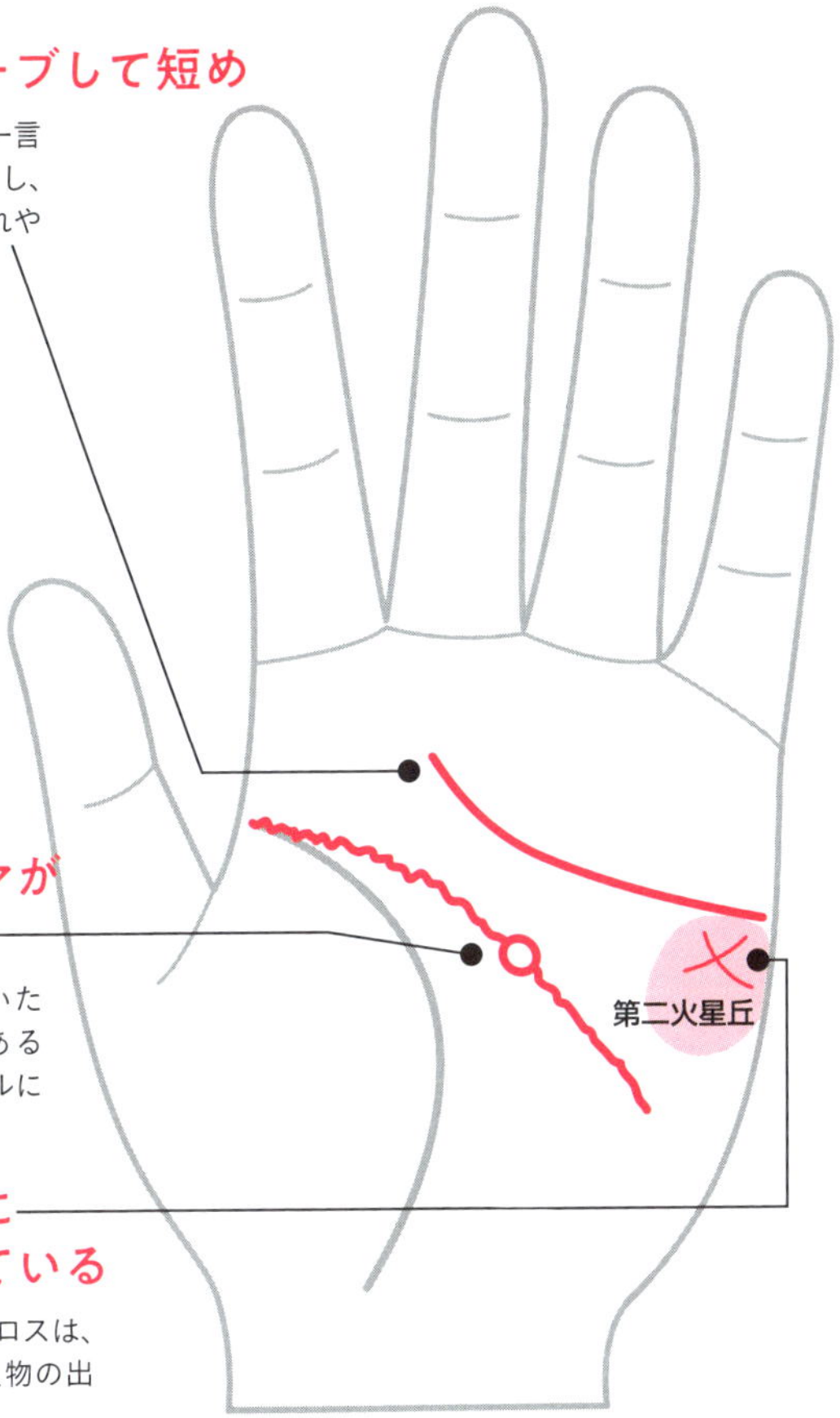

感情線がカーブして短め

情に流されやすく、一言足りない性格が災いし、トラブルに巻き込まれやすい傾向。

知能線にシマが表れている

知能線が波打っていたり、途中にシマがあると、仕事上のトラブルに注意が必要。

第二火星丘にクロスが出ている

第二火星丘に出るクロスは、敵対意識をもった人物の出現を暗示しています。

手相の見方

知能線が波打つように変形したり、シマが表れているとトラブルのサイン。カーブした感情線が人差し指の付け根に届かないと、一言足りない性格のため、勘違いが発端でのトラブルに遭いやすい傾向。第二火星丘にクロスが出ると、敵対的な相手の出現を表します。

このタイプの特徴

過去の失敗が悪影響を及ぼし、スランプ状態に陥ってしまいそう。気の強い性格なので、それもトラブルの一因になっている可能性も。

開運のためのアドバイス

感情表現下手がトラブルの発端。言いたいことがあるのなら、その場で率直に伝えるようにすると、人間関係も仕事もスムーズに。

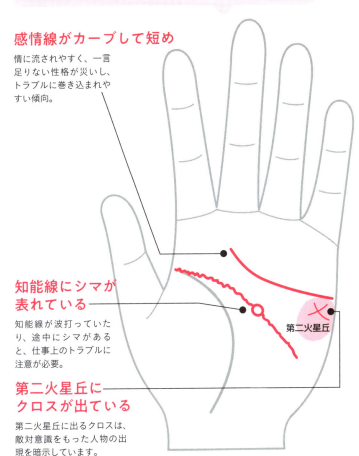

手相でみる仕事の人間関係

仕事上の人間関係に大事な太陽線！

仕事運をみる線とは

太陽線は、仕事をしていく上では、表れていると大変よい線です。その人のやっていることに注目が集まりやすく、上司には信頼され、部下にも慕われ、取引先ともスムーズな関係を築けるでしょう。ただし、若い頃には出ていないことも珍しくありません。今は出ていなくてもあせらずに、少しずつ経験を積んで自信をつけていきましょう。

希望線や社交線が表れている人も、人付き合いが上手なので会社で活躍するタイプ。途切れている感情線や運命線上に障害マークがあると、人間関係でトラブルに遭いやすいので注意が必要です。

部下に慕われるタイプ

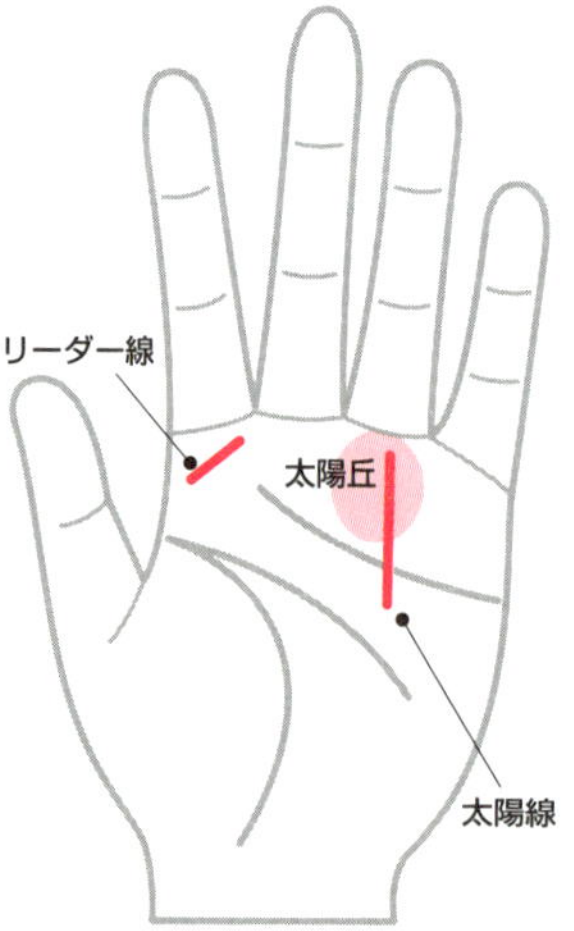

人差し指の下のリーダー線や、太陽線がハッキリ出ていると、統率力があり部下に慕われる人。

上司に恵まれるタイプ

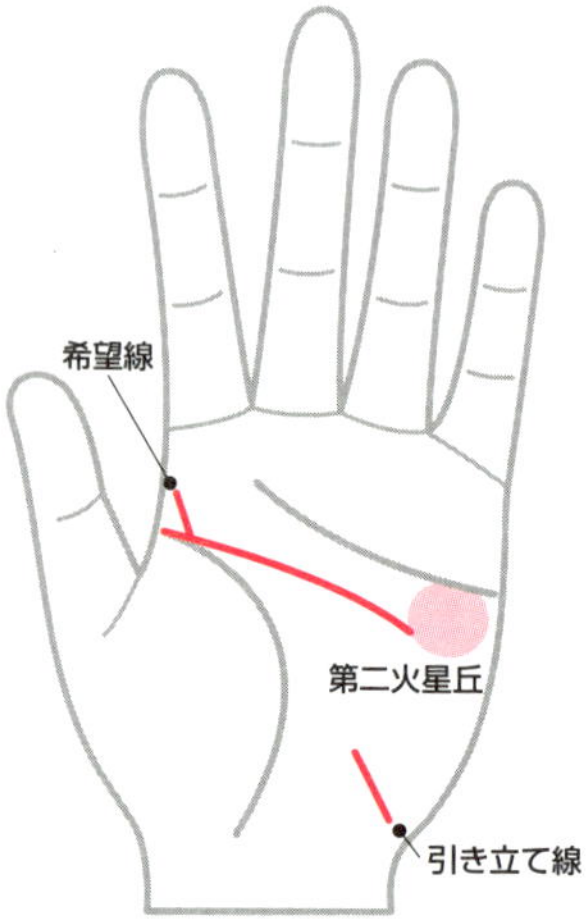

知能線が下がりすぎず、希望線か引き立て線があると、ハキハキとして、上司ウケがよいでしょう。

パワーハラスメントにあうタイプ

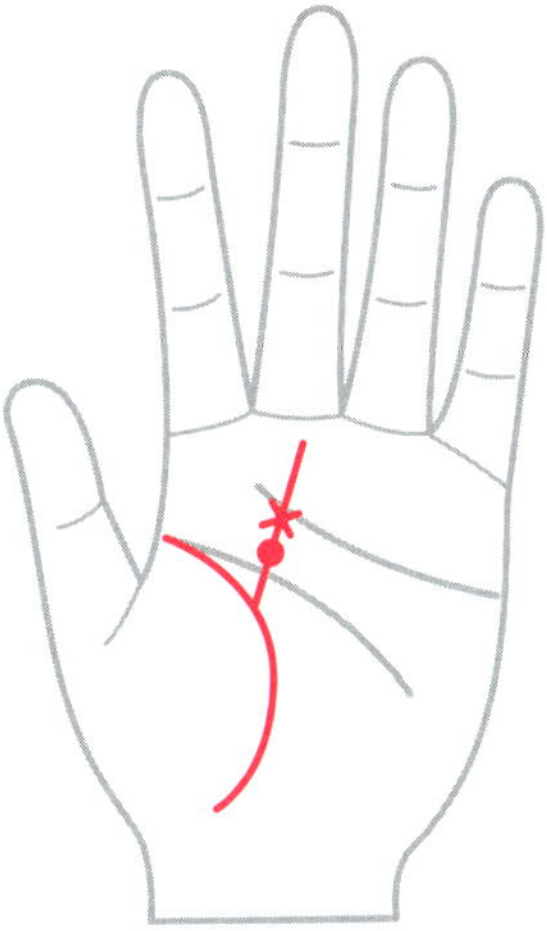

生命線上から伸びた運命線に障害マークが出ると、上司受けが悪く目をつけられやすい。

同僚に恵まれるタイプ

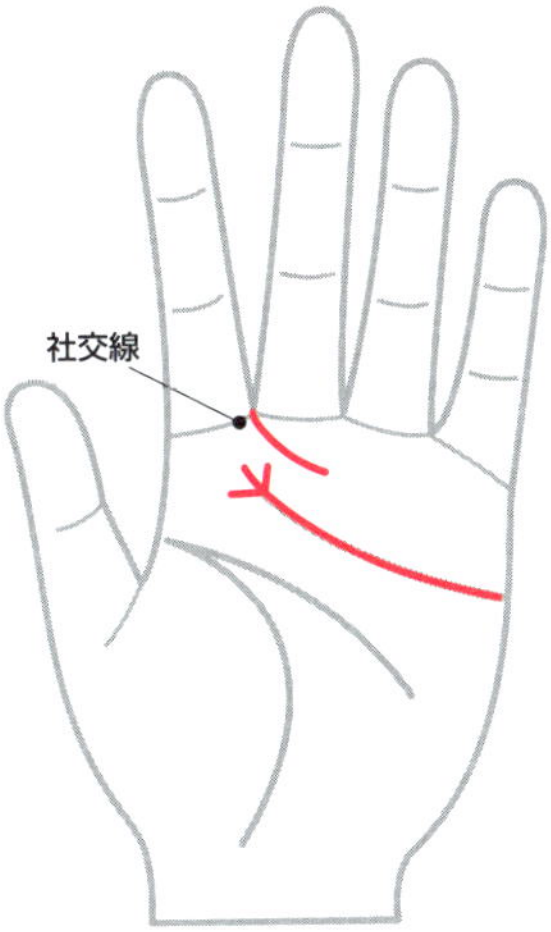

感情線が枝分かれしているか社交線がある人は、仲間に気配りするタイプで、同僚に好かれます。

社内の派閥に巻き込まれるタイプ

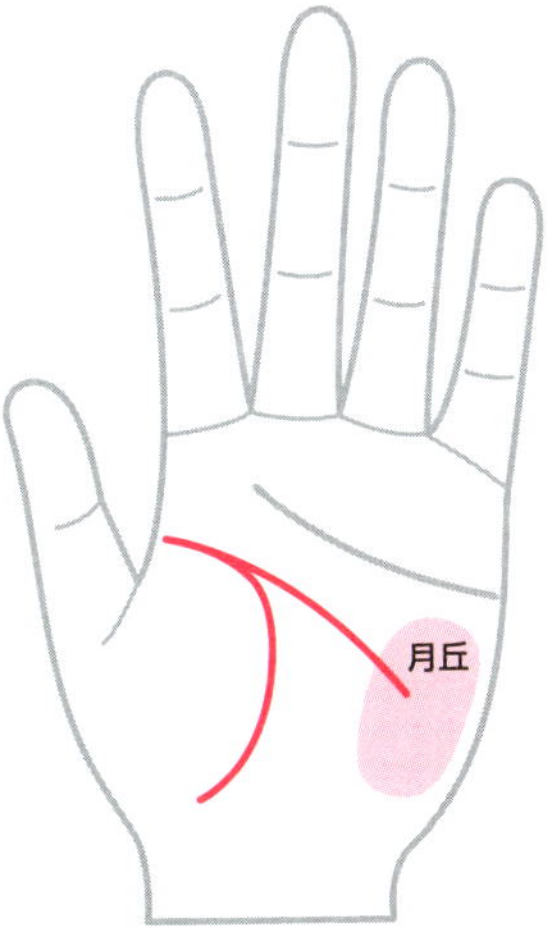

生命線と知能線が大きく重なり、月丘に向かうと、優柔不断になりがちで振り回されそうです。

取引先の相手とトラブルになるタイプ

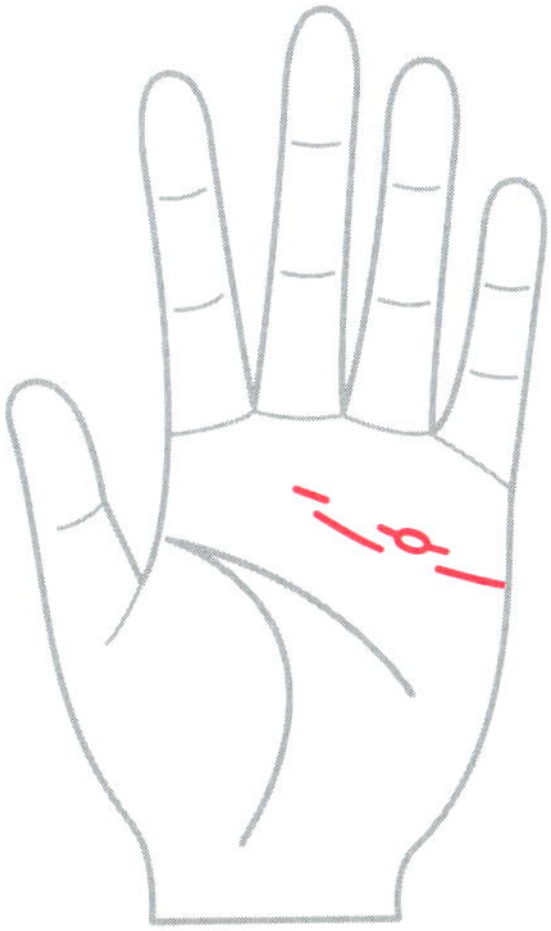

感情線が途切れたりシマがある人は、感情的になりトラブルをおこしやすいため注意が必要。

毎日が充実！

天職・適職に巡り合える時期

運命線が1本につながっている時期

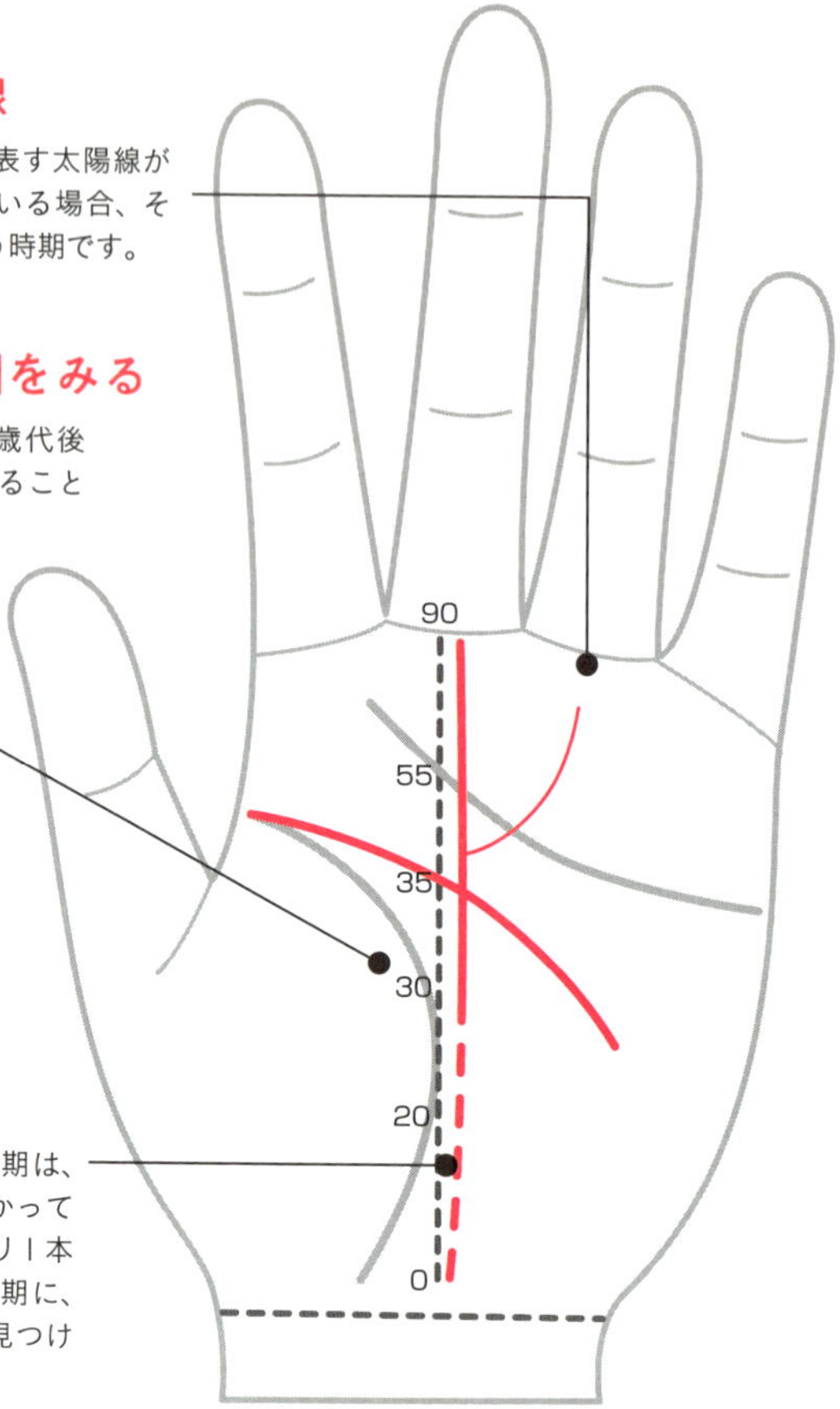

運命線から伸びる太陽線

成功や人気運などを表す太陽線が運命線上から伸びている場合、その時期が適職に出会う時期です。

流年法で時期をみる

この相でみると、20歳代後半で適職に巡りあえることを示しています。

運命線が断続的になっている

運命線が断続的な時期は、やりたい仕事が見つかっていない状態。スッキリ1本につながっていく時期に、夢中になれる仕事を見つけられるでしょう。

手相の見方

運命線がキレギレの場合、今の仕事に対して不満を持ち、適職と感じていない状態。これがキレイな1本線になると、やりたい仕事や天職に出会えます。運命線から太陽線が伸びていれば、天職に出会う時期を判断できます。

この時期の特徴

運命線は仕事のみならず、人生を表す線。その線がキレイになると、人生における安定、成功を表します。仕事面では、天職に巡り合うことができるでしょう。

開運のためのアドバイス

あなたの年齢がまだキレギレの線上にある場合は、我慢の時。日々の努力の積み重ねが天職へと導くので、今は辛くてもこらえて。

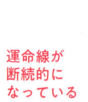

転職によって道が開ける！

転職するのにベストな時期

運命線が濃く切り替わっている時期

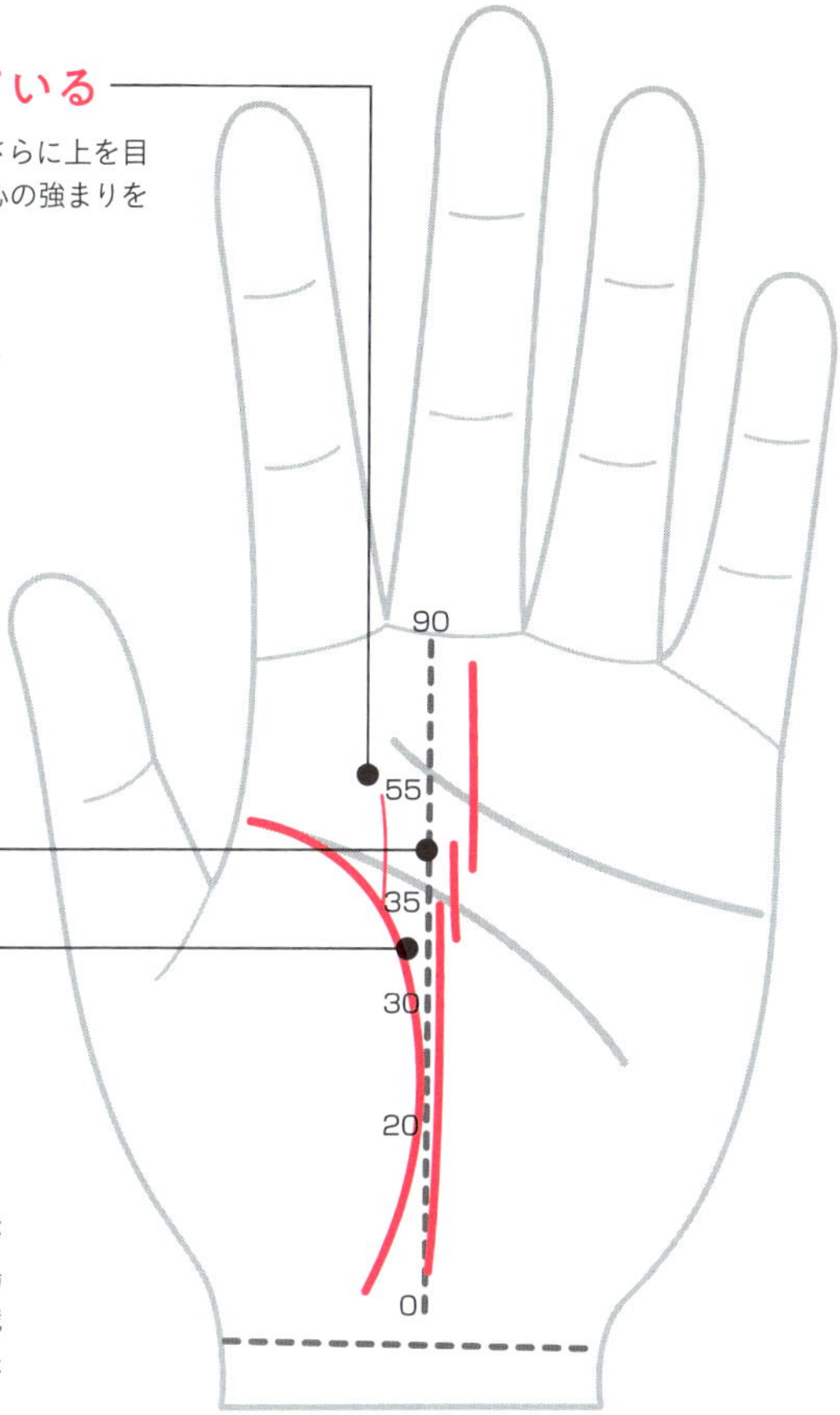

生命線から向上線が出ている

現状に満足しないでさらに上を目指す、独立心や向上心の強まりを表しています。

運命線が切り替わっている時期

運命線が切り替わり、そこから新たに強い線が伸びている場合、そこが転職にベストな時期です。この相だと35歳頃と45歳頃。

運命線が横に重なっている

強い運命線と、途中まで伸びている運命線が横に重なっている場合、自分の意志で転職を決意したことを意味します。

手相の見方

運命線が途中で切れて新しい線に切り替わっている場合は、その時期に転職などの大きな環境の変化があることを示します。生命線から中指に向かう向上線（⬇P14）が出ている時期も、転職を後押しする運気です。

この時期の特徴

切り替わった先の運命線のほうが切り替わる前よりもハッキリと出ていれば、転職を機に仕事運が上昇し、収入アップなどの幸運が待っているでしょう。

開運のためのアドバイス

向上線は、常に出ているとは限らず、適した時期に表れるもの。短くても勢いのある線ならば、転職によりステップアップできます。

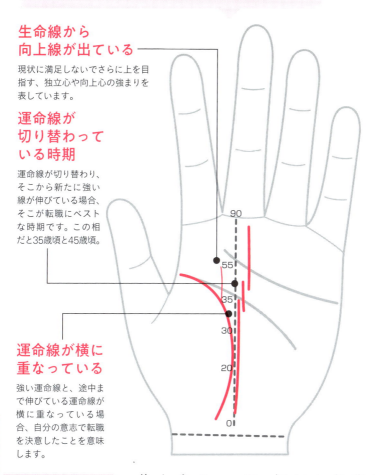

出世や成功のチャンス！

仕事運が上がる時期

運命線が枝分かれする時期

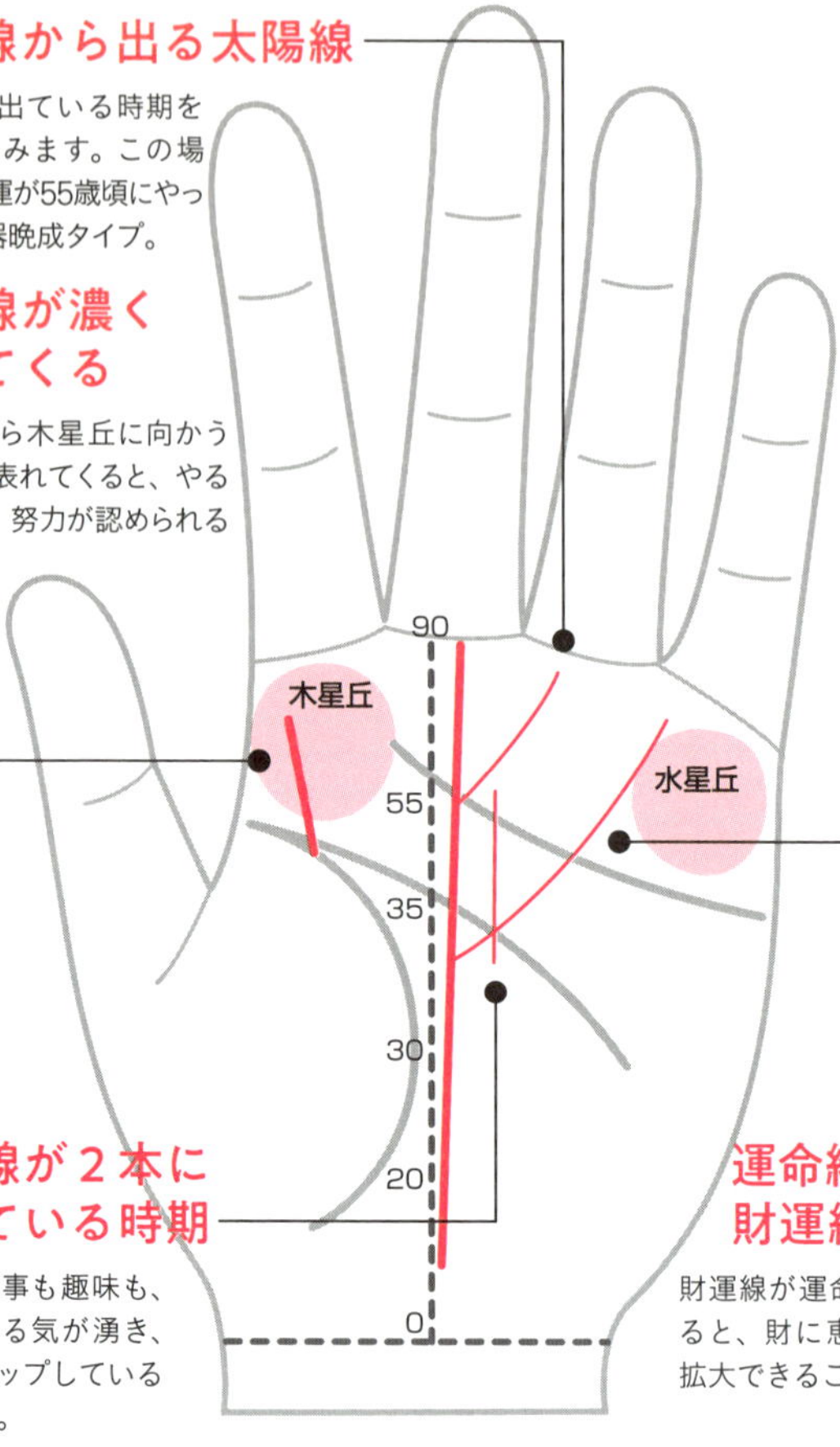

運命線から出る太陽線

太陽線が出ている時期を流年法でみます。この場合、成功運が55歳頃にやってくる大器晩成タイプ。

希望線が濃く表れてくる

生命線から木星丘に向かう希望線が表れてくると、やる気があり、努力が認められるチャンス。

運命線が２本になっている時期

仕事も家事も趣味も、全てにやる気が湧き、気力がアップしている時期です。

運命線から出る財運線

財運線が運命線から出ていると、財に恵まれ、事業を拡大できることを表します。

手相の見方

運命線から上方向へ伸びる太陽線の始点をみることで、仕事運が上がる時期がわかります。希望線が出ていれば、その意味を強めます。さらに、水星丘の方向へ財運線が伸びていると、経済的に成功できる時期です。

この時期の特徴

今までの努力の成果が報われ、昇格や栄転につながるでしょう。財運線が長く鮮明に出ているほど、それに伴う収入アップを期待できます。

開運のためのアドバイス

運気が上がるだけでなく、周囲の信頼を得て、やる気も自然とアップします。仕事に情熱を傾け、目的に向かって一生懸命やるのが吉です。

なかなか成果が出ない！仕事運が下がる時期

運命線や知能線にシマがある時期

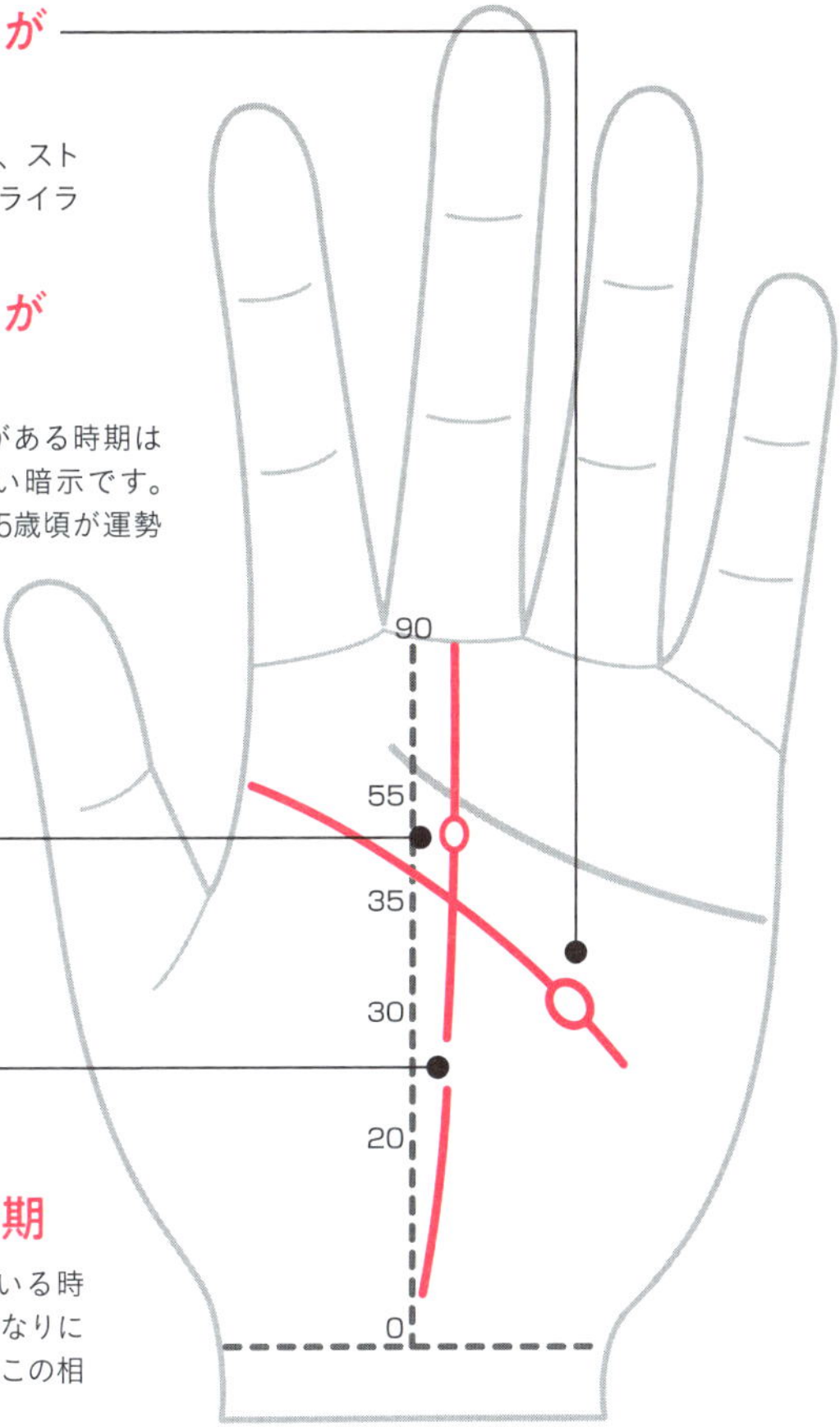

知能線にシマが出ている時期

知能線にシマがあると、ストレスがたまっていてイライラしやすい時期です。

運命線にシマが出ている時期

流年法でみて、シマがある時期は仕事がうまくいかない暗示です。例えば、この場合は45歳頃が運勢の停滞期。

運命線が消えている時期

運命線が突然消えている時期は、思ったとおりになりにくい伸び悩みの時期。この相だと25歳頃。

手相の見方

運命線にシマができている時期は、トラブルが起こりやすく仕事が思い通りにならないことを表します。運命線が途中でいったん消えている時期は、パッとしない状態。伸び悩みを感じそうです。

この時期の特徴

以前と同じようにやっているのに成果が出ない時期。仕事においては大きな賭けに出ないことが賢明。現状維持を心がけて。

金銭面や人間関係のトラブルにも注意が必要です。

開運のためのアドバイス

知能線にシマが出るのも、ストレスフルで集中力に欠ける状態を表します。ミスを最小限に抑えるために、ストレス解消と事前確認を怠りなく！

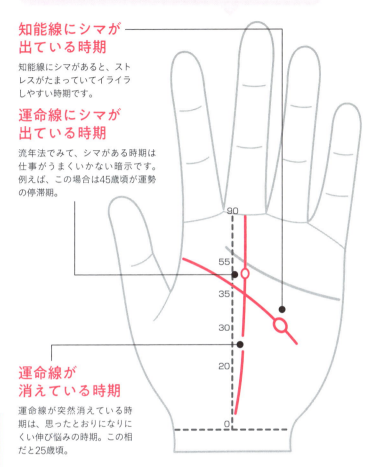

運勢が成功に導く！

仕事が軌道に乗る時期

太陽線が鮮明な時期

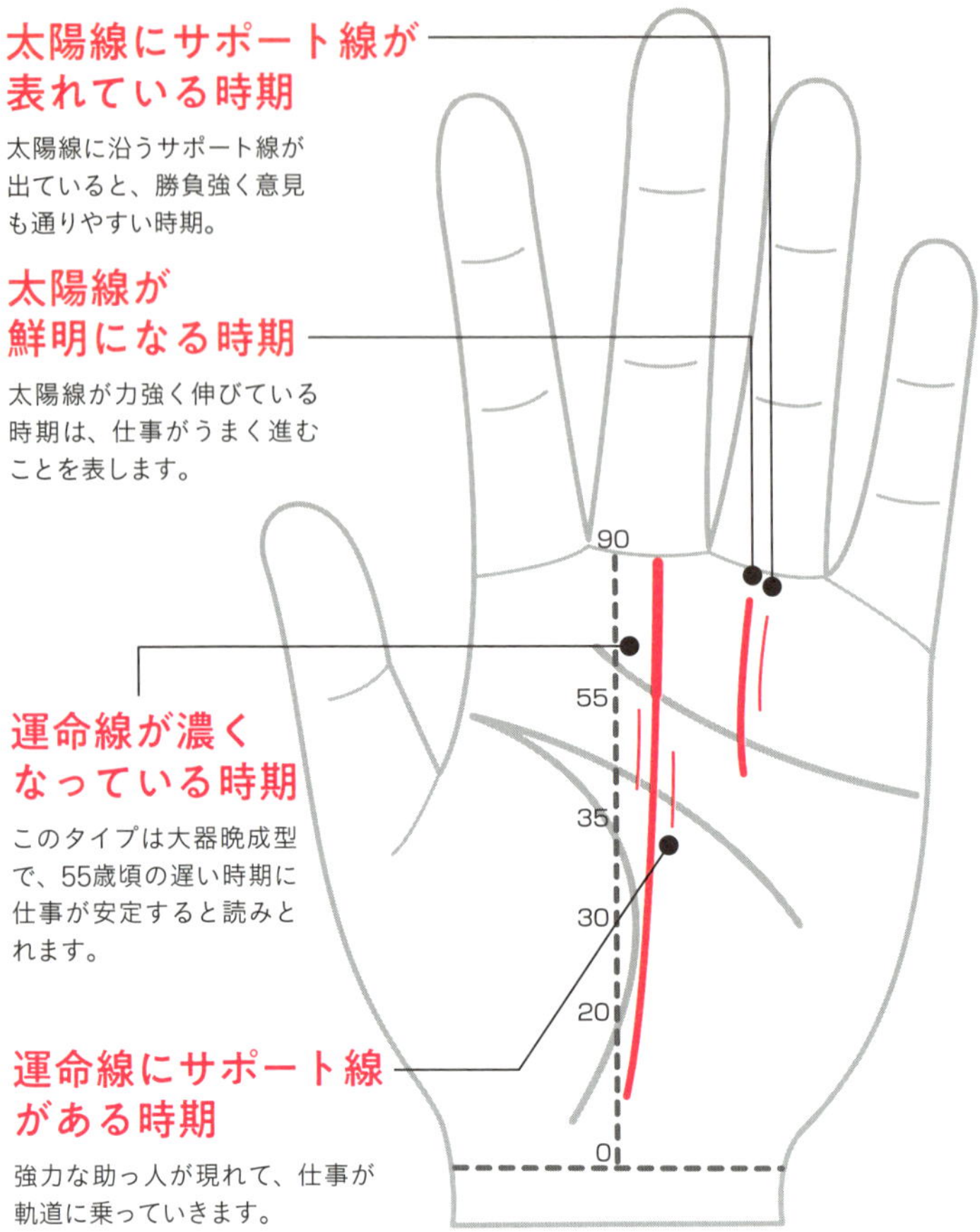
太陽線にサポート線が表れている時期
太陽線に沿うサポート線が出ていると、勝負強く意見も通りやすい時期。
太陽線が鮮明になる時期
太陽線が力強く伸びている時期は、仕事がうまく進むことを表します。
運命線が濃くなっている時期
このタイプは大器晩成型で、55歳頃の遅い時期に仕事が安定すると読みとれます。
運命線にサポート線がある時期
強力な助っ人が現れて、仕事が軌道に乗っていきます。
90
55
35
30
20
0

手相の見方

運命線と太陽線がハッキリ出ている時期は、運勢が強く、仕事への意欲も十分で、よい結果が出ることを示します。運命線の隣にサポート線が出ていると、その時期に強力な支援者が現れ、仕事が充実することを表します。サポート線が親指側なら親族、小指側なら仕事上で出会う人や異性の協力を得られます。

この時期の特徴

手がけている仕事が軌道に乗り、周りに認められていく時期です。

開運のためのアドバイス

太陽線にサポート線が表れたら、満足が得られる時期です。周囲からの信頼度も増し、大いに活躍する場が増えるので頑張って。

この時期は要注意！トラブルに遭う時期

運命線上に、障害マークがある時期をみる

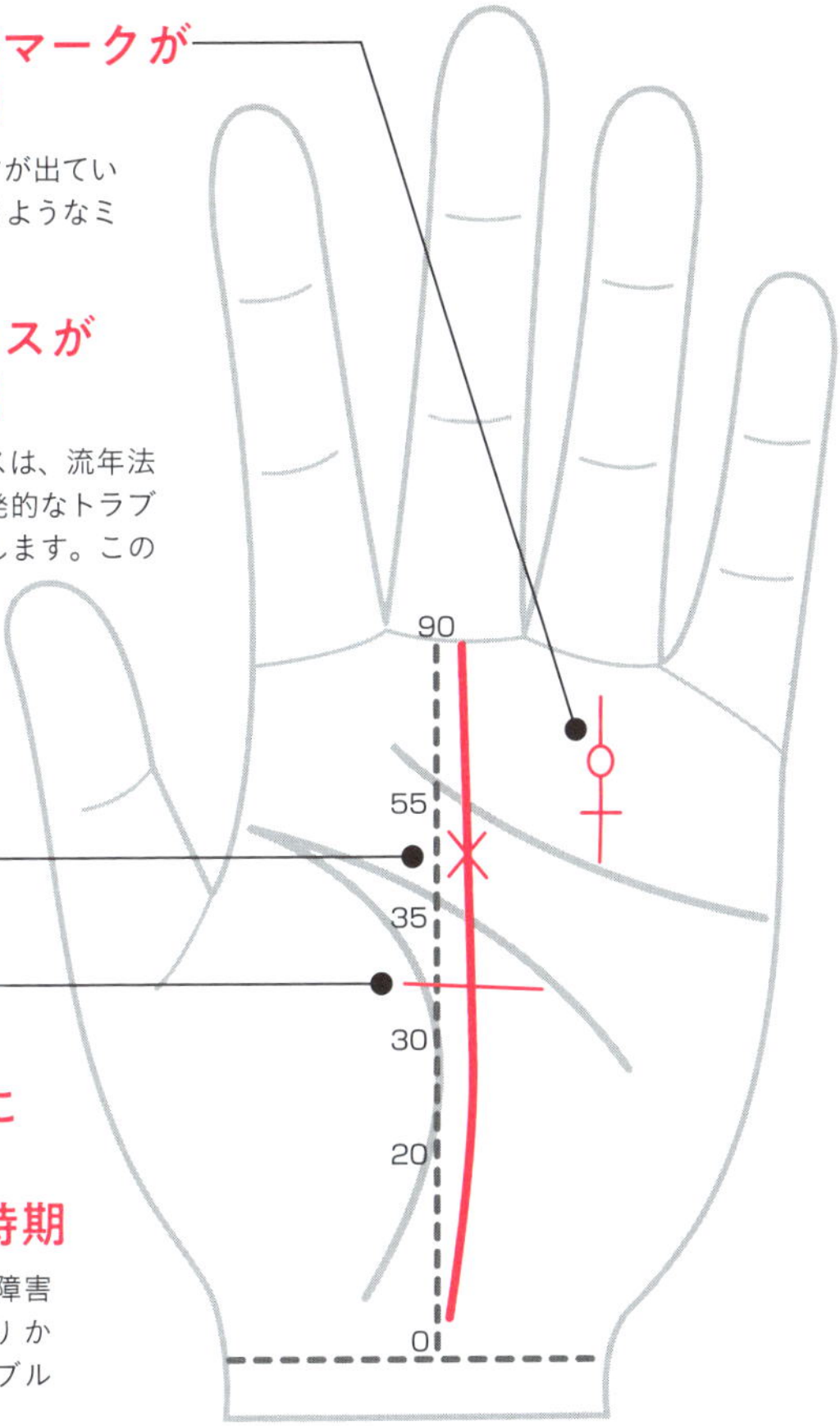

太陽線に障害マークが出ている時期

太陽線に障害線やシマが出ている場合は、信頼を失うようなミスを犯しがちです。

運命線にクロスが出ている時期

運命線上に出るクロスは、流年法でみるその時期に突発的なトラブルに遭うことを意味します。この相では45歳頃。

運命線上に障害線が出ている時期

運命線を横切る障害線は、突然降りかかってくるトラブルを示します。

手相の見方

運命線にクロスが出ている場合、流年法（⬇P28）でみる年齢で降格やリストラなど仕事上の深刻な災いを意味します。運命線を障害線が横切ると、仕事や人生全般での挫折や失敗などのトラブルを意味します。さらに、太陽線にシマや障害線が出ている時期は、仕事面で孤立する恐れがあります。

この時期の特徴

予期していなかった災いやトラブルに見舞われる時期。とくに仕事にまつわるトラブルは深刻です。

開運のためのアドバイス

新たなことに挑戦するより、守りに徹するべき。太陽線上の障害線やシマは、金銭トラブルで信頼を失う危険もあり、慎重な行動を。

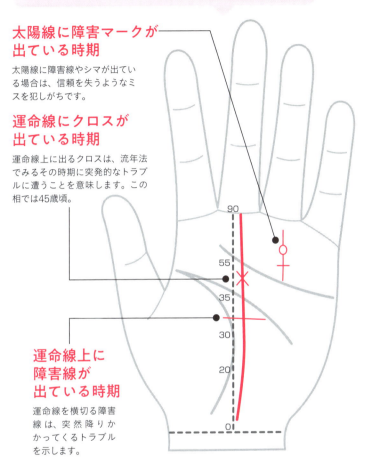

憧れの職業につける手相

指や手のひらの形でみる、向いている職業！

相からみる適職

手相では、指や手のひらの形からも適職をみることができます。

指先や手のひらが四角い人は、現実的で堅実なため、お金を扱う実務的な仕事や不動産関係が適職。

指や手が長い人は、デザイナーや美容師などクリエイティブな仕事に向き、手が硬くて厚い人は守り型で弁護士や警察官、パイロットなどがあっているでしょう。

手が柔らかい人はロマンチストで、小説家やミュージシャンタイプです。

ミュージシャン

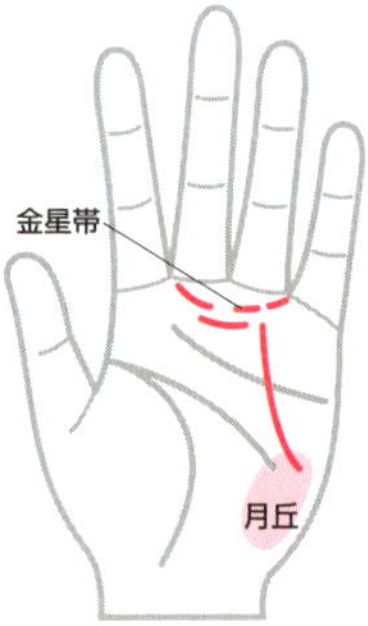

月丘から伸びる太陽線と、金星帯がある人は、人を惹きつける才能やセンスがあり官能的で、芸能人向き。

保育士

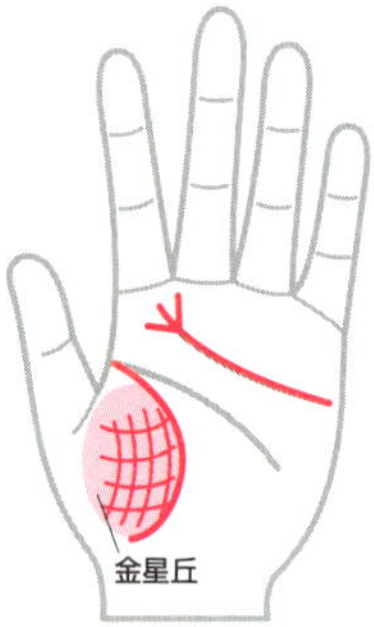

感情線が枝分かれしている人は、心優しく子ども好き。格子状の金星丘も母性本能が強く保育士向きです。

美容師

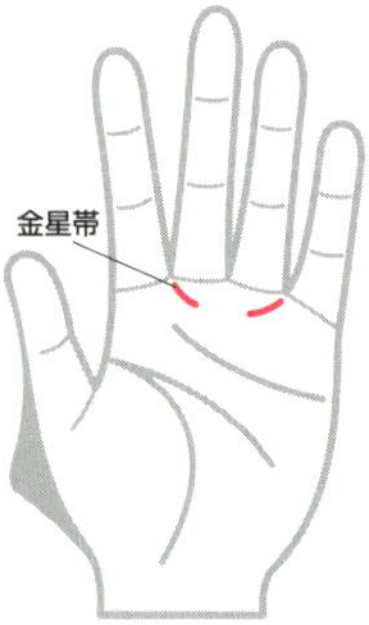

親指の付け根がとがっていて金星帯がある人は、手先が器用で美的センスが抜群。美容師向きといえます。

スポーツ選手

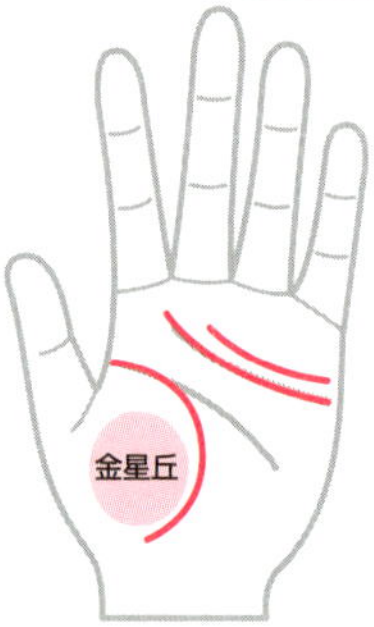

金星丘の面積が広く二重感情線の人は、スタミナがあり精神的にも粘り強いためスポーツ選手向きです。

通訳者

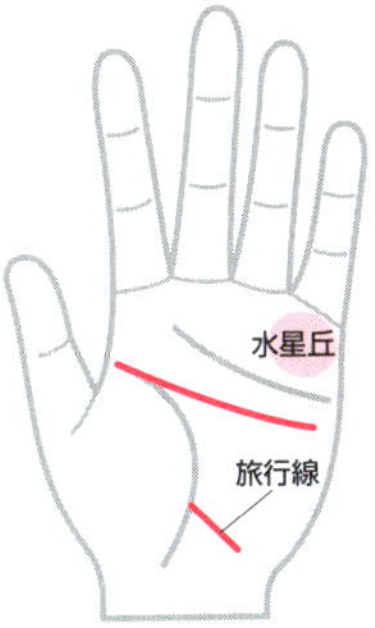

水星丘が発達し旅行線が出ている人は、海外と縁があり語学能力に長けている人。通訳に向いています。

コンシェルジュ

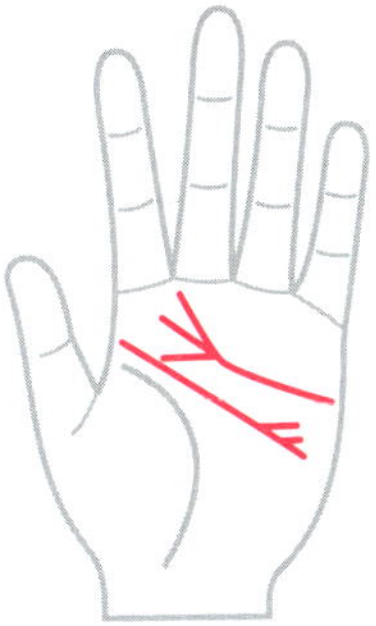

知能線から上向きの支線が伸び、感情線が大きく3本以上に分かれる人は、誰にでも親切な知的専門家。

警察官

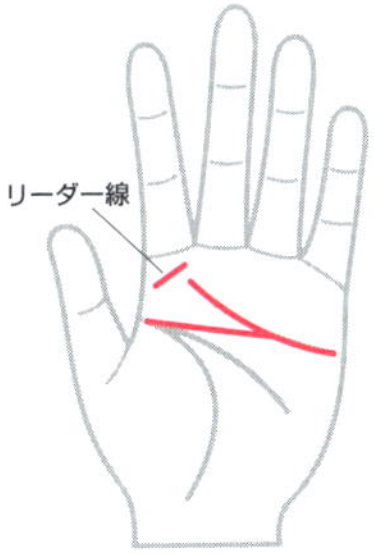

リーダー線があり感情線の枝線が知能線の始点に合流する人は、正義感が強く、警察官に向くでしょう。

弁護士

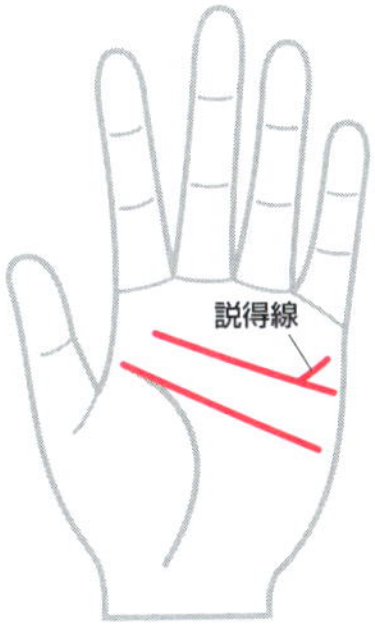

感情線や知能線が直線的に長く伸びていると、冷静で論理的。弁護士などの法律方面が向いています。

パイロット・宇宙飛行士

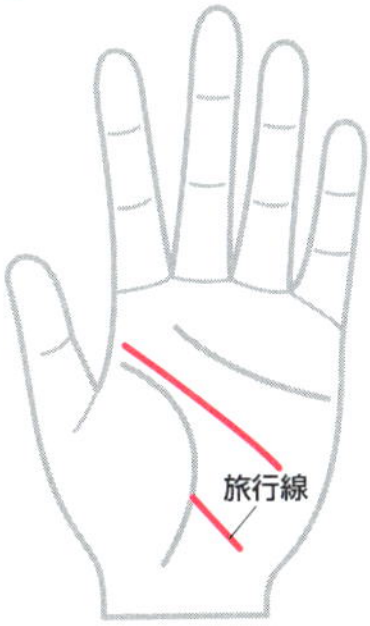

知能線が直線的に下降する人は、夢やロマンがある一方で合理的な人。長い旅行線は、広い世界で活躍するしるし。

アナウンサー

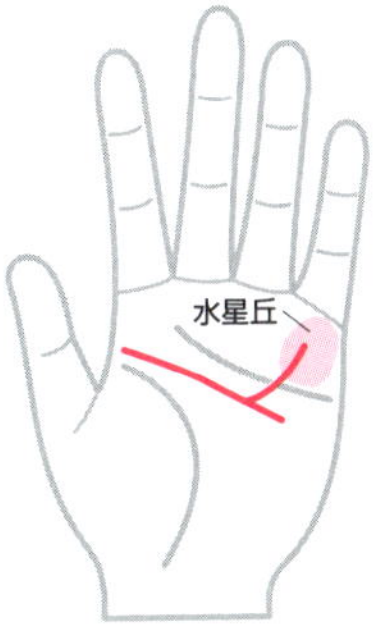

知能線が水星丘へ向かって枝分かれしていると、口達者で頭の回転が速くアドリブにも強いでしょう。

Column 5

すぐにできる！指輪やネイルで開運

手の指には、指の付け根にある丘と同じ意味があります。自分の気になる部分（指）に指輪をはめたり、ツメを伸ばしたり、またネイルカラーで色をつけることで、その指の持つ意味を強めたり弱めたりできます。男性も、強気になりたい時は親指に指輪をはめるなど、これらを試してみてはいかが？

ネイルの色や形、また指輪などによっても、運気は変わります。

指の意味

親指	自我、親との関係
人差し指	自信、やる気 兄弟・友人関係
中指	意志、探求心、自分力 自分との関係
薬指	人気、配偶者（恋人）との関係
小指	交渉力、経済力、性的魅力 子どもとの関係

ネイルの色

気になる指にこれらの色を使って運気をコントロール！

キラキラ系（ゴールド、パール系）	積極性
白	リセットしたい時
ピンク	女性的な魅力 やさしさ
赤	希望、情熱
オレンジ	快活、元気になる
青	冷静、調和
黒	神秘的
茶（ベージュ）	引力、おだやかさ

ツメの形

ツメを整えるときに、これらの形を意識すると欠点をカバーできます。ネイルアートで丸や四角の模様を入れても、同じような効果があります。

 丸く	円満 表現がソフトに
 角張る（スクエア型）	現実的、能率 ルールを守る
 尖らす	個性、敏感さ 創造性が伸びる

PART 7

健康

手相には健康状態がよく表れます。
あなたが気をつけたい病気は？
長生きはできるの？
体にまつわる手相を紹介します。

自分の手相はどのタイプ?

生命線は人の体や生命力について表し、乱れがなくスッキリしているのが理想的。金星丘は、スタミナやパワーを示すエリアで健康状態を表します。また、健康線という補助的な線も体調を表します。

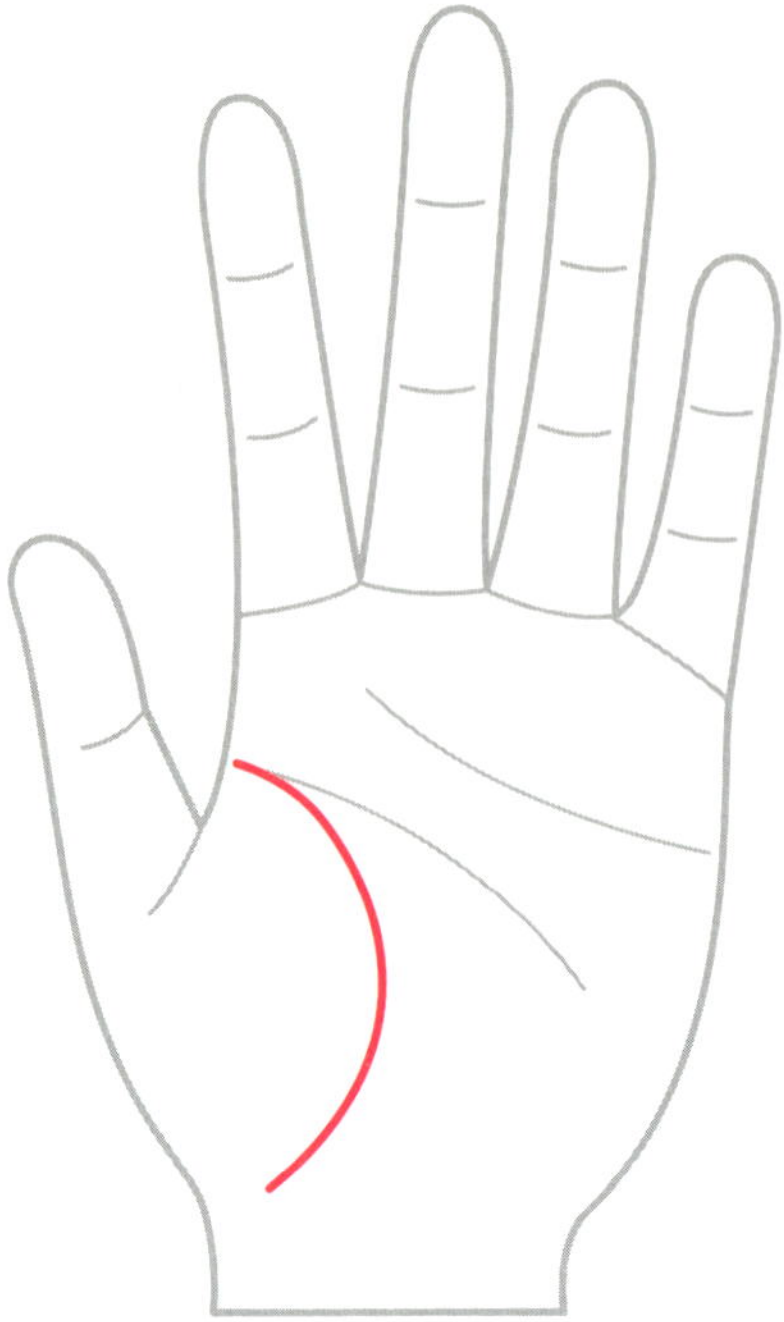

生命線が長く伸びる

生命線が長い人は、生命力が強く病気にかかりにくいタイプです。回復力があり、無理をしなければ長寿をまっとうします。

TYPE A

➡P272／➡P273

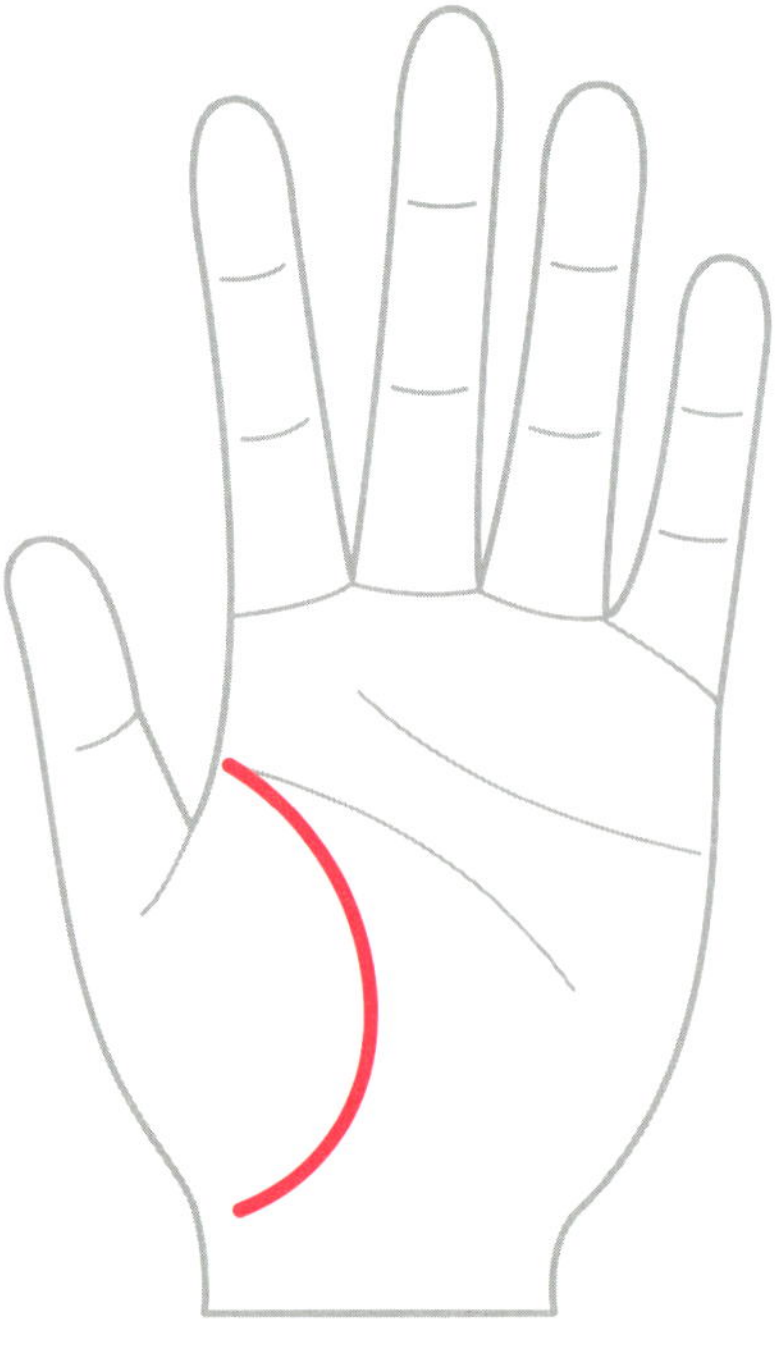

生命線が太く伸びる

生命線が太い場合は、精神面が強く気力があり、生命力もあります。困難に負けない強靭なハートの持ち主。

TYPE B

➡P274

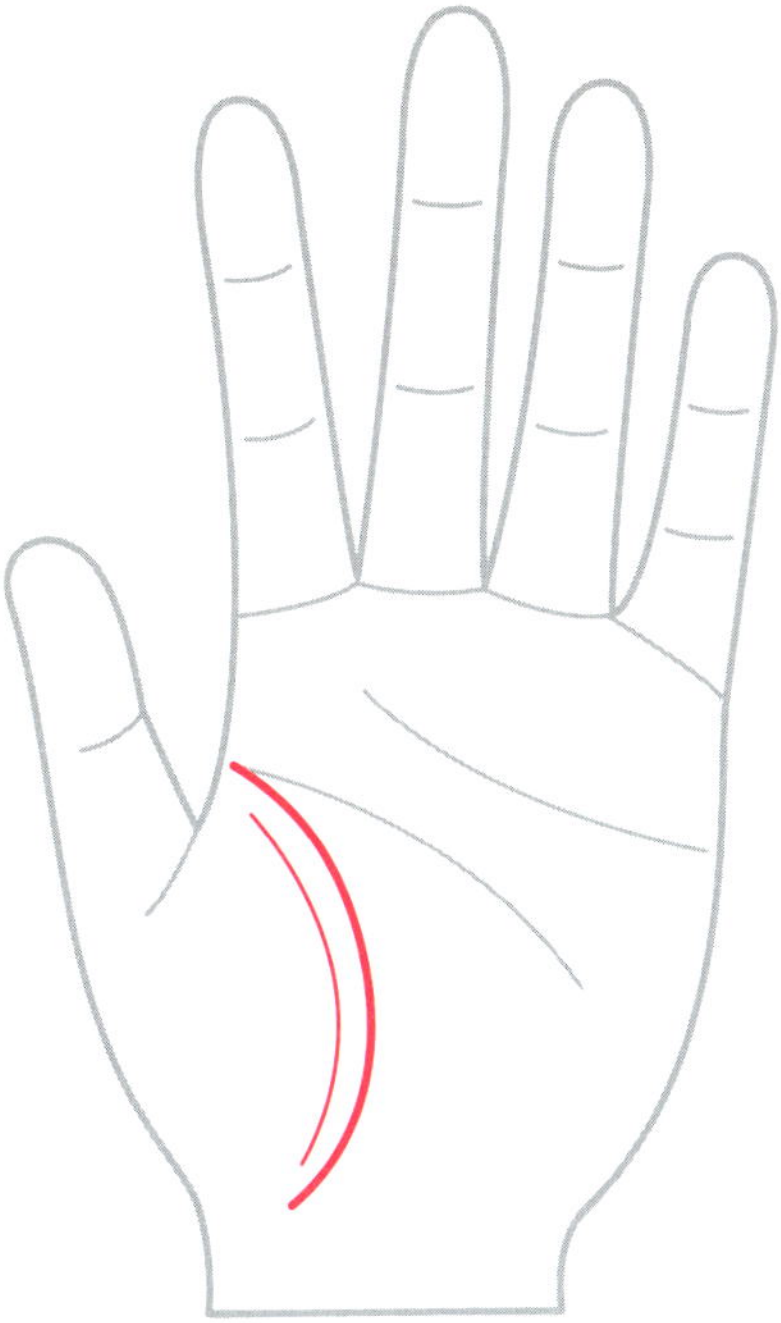

生命線が二重に出ている

生命線の内側にもう１本線が出ている二重生命線があると、活動的な健康タイプです。強運の持ち主でもあります。

TYPE C

➡P275

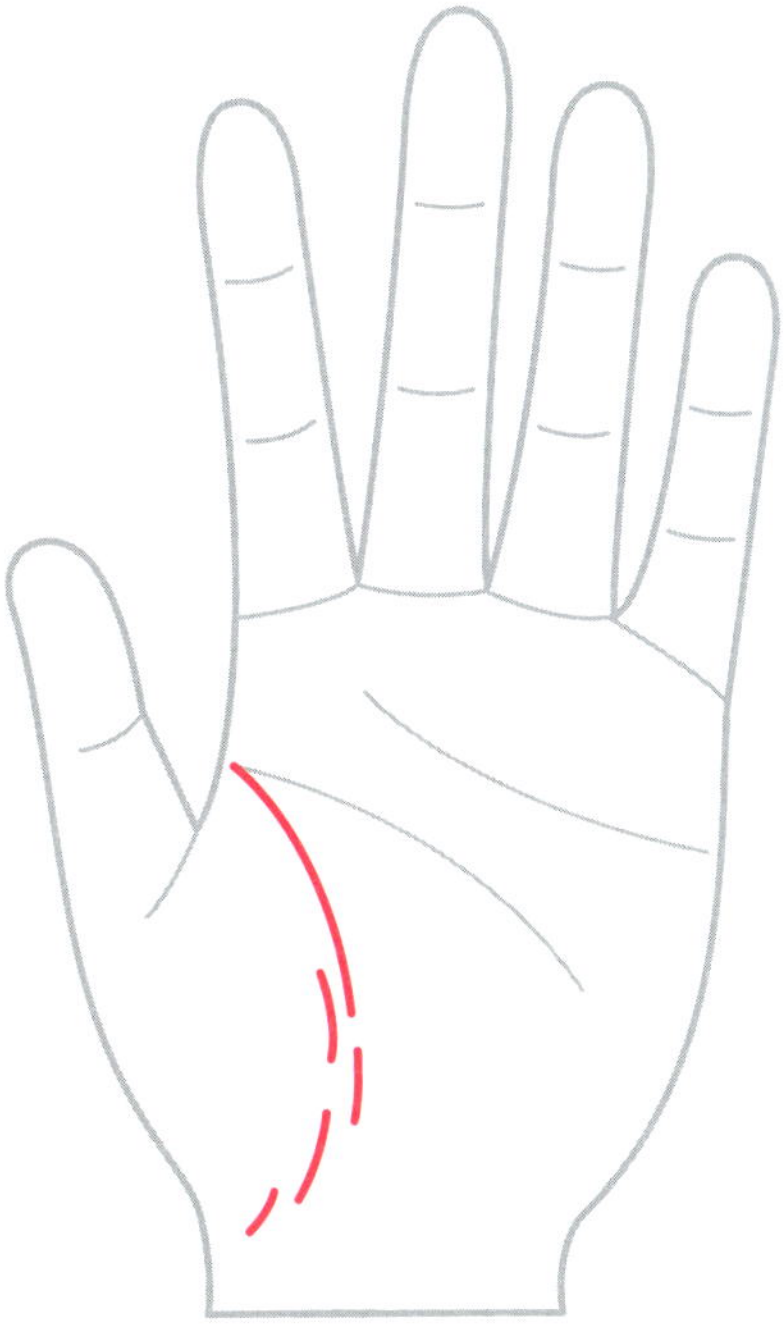

生命線が乱れて表れる

生命線がキレギレになったり、多数に枝分かれした状態は虚弱体質です。体力を消耗しやすく無理がきかないタイプ。

TYPE D

➡P276／➡P277

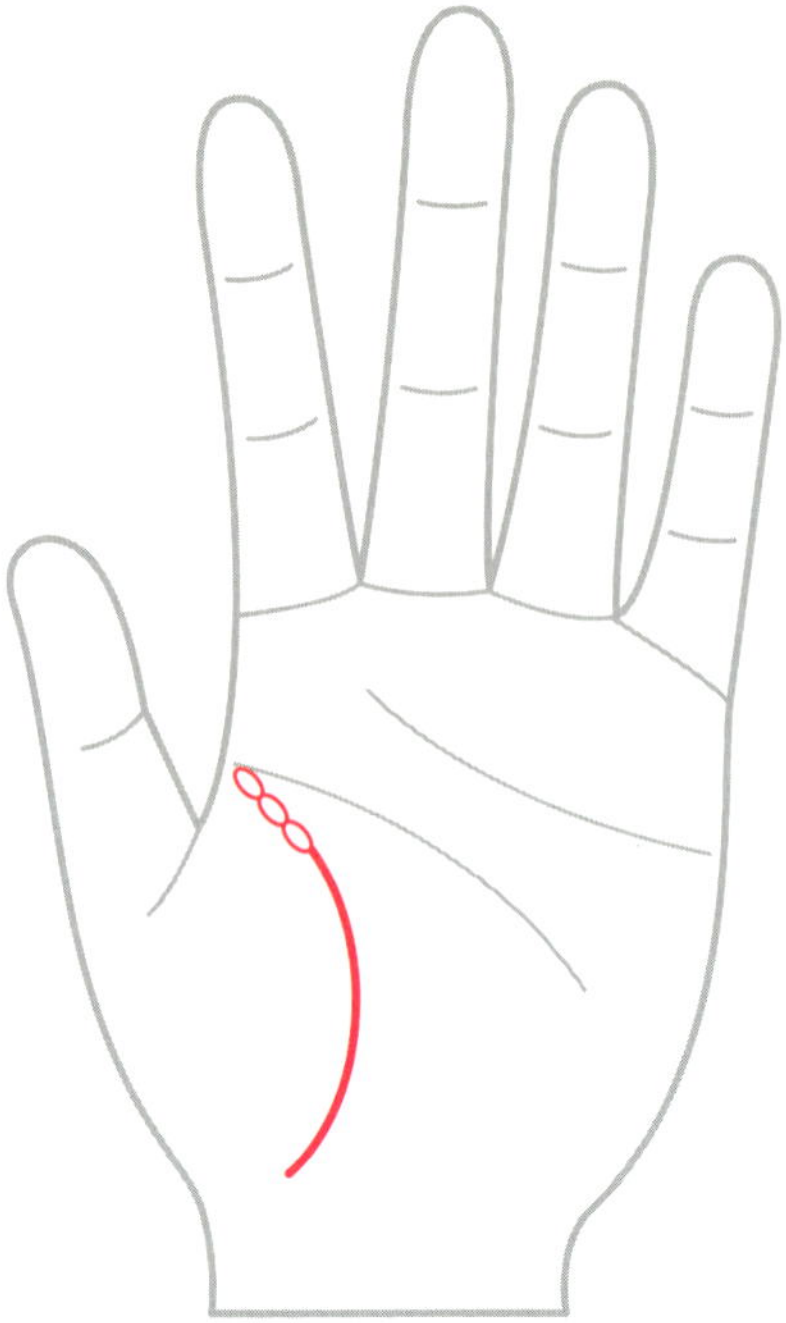

生命線の始点が鎖状

生命線の始点が鎖状の人は、呼吸器系が弱く、終点に向かうにつれてキレイな線になれば、改善されることを表します。

TYPE E

➡P278

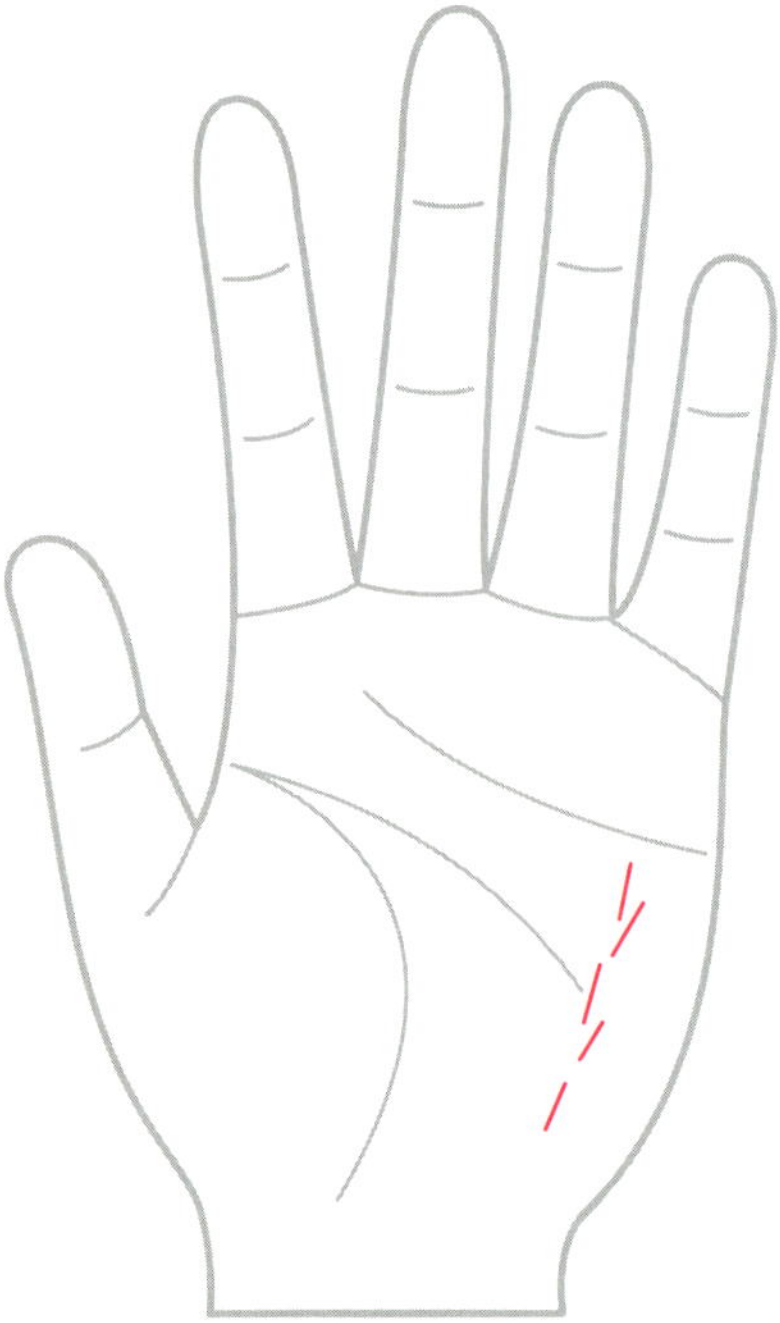

健康線がキレギレに表れる

月丘に斜線の健康線がキレギレに出ている人は、胃腸が弱いタイプ。頑張りがきかない体質を示します。

TYPE F

➡P279

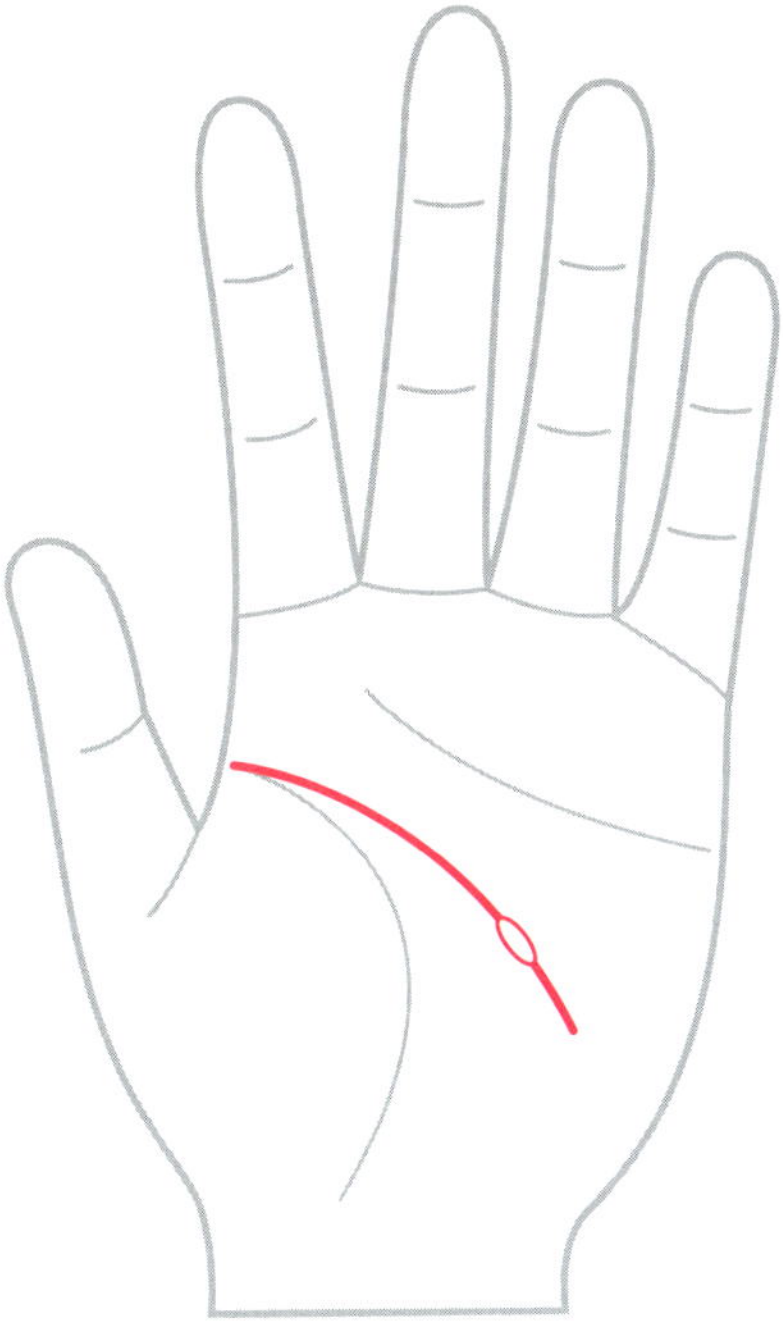

知能線に障害マークが表れる

知能線にシマやクロスなどの障害マークが出ている人は、慢性的な頭痛に悩まされやすいことを示しています。

TYPE G

➡P280

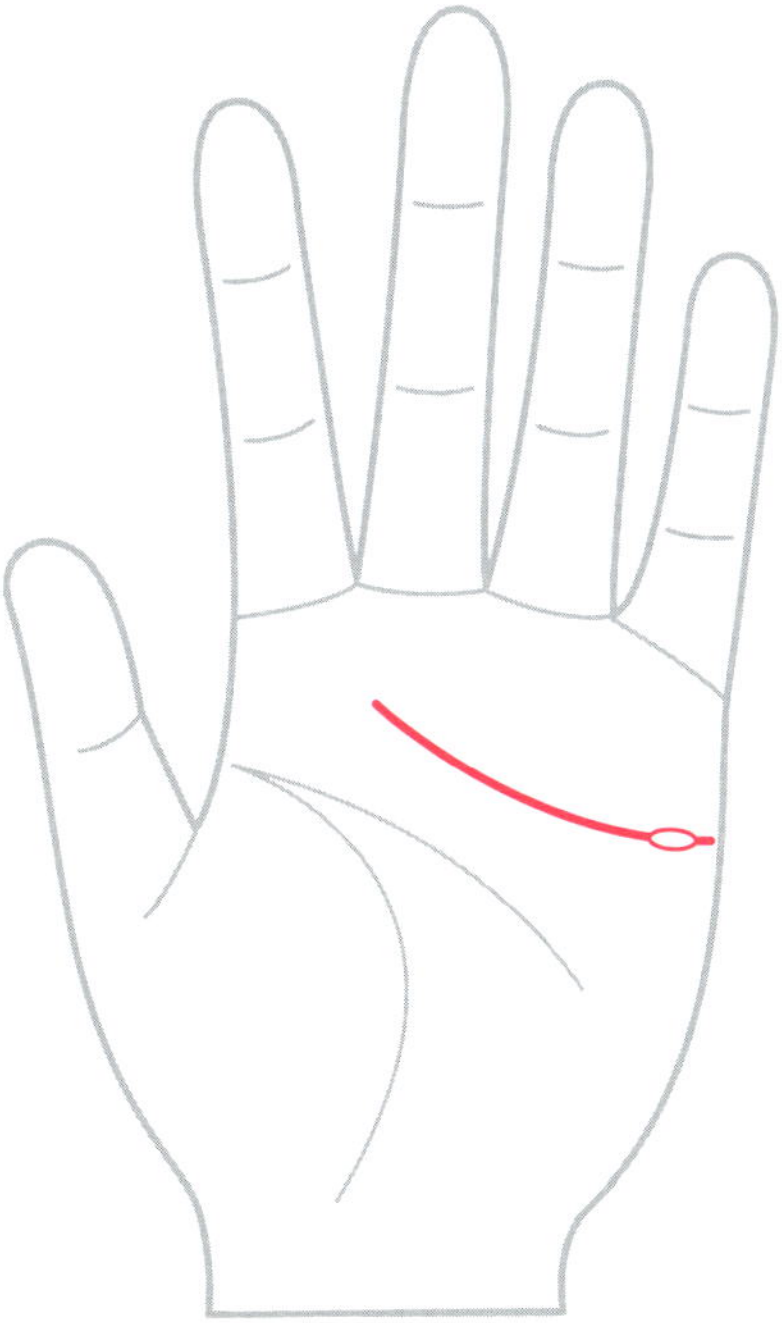

感情線の小指下にシマのマーク

感情線の始点付近にシマが表れている場合は、婦人科系の不調に注意が必要なタイプ。小指の下は生殖器関係を示すエリアです。

TYPE H

➡P281

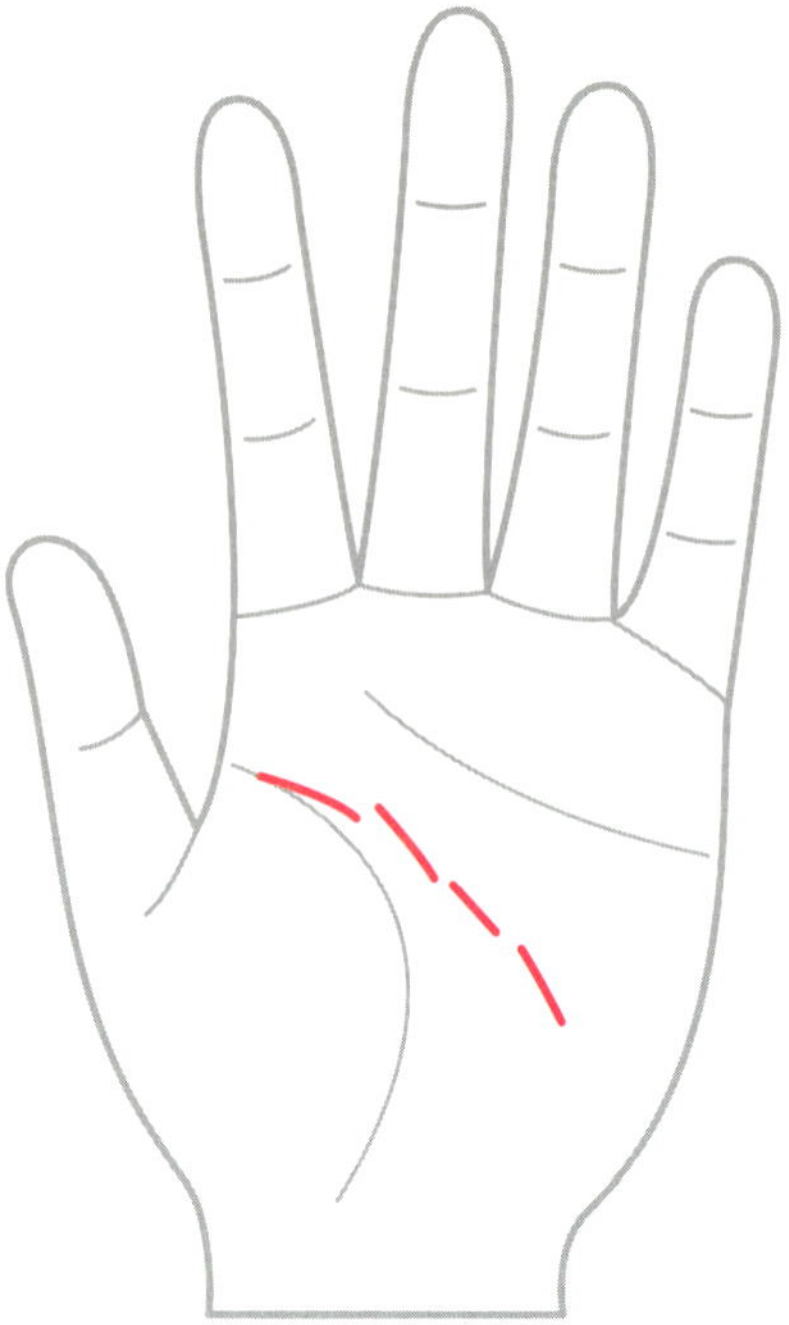

知能線がキレギレに表れる

知能線がキレギレに表れている人は、集中力や注意力、判断力に欠ける傾向があるので、事故や怪我に注意が必要なタイプです。

TYPE I

➡P282

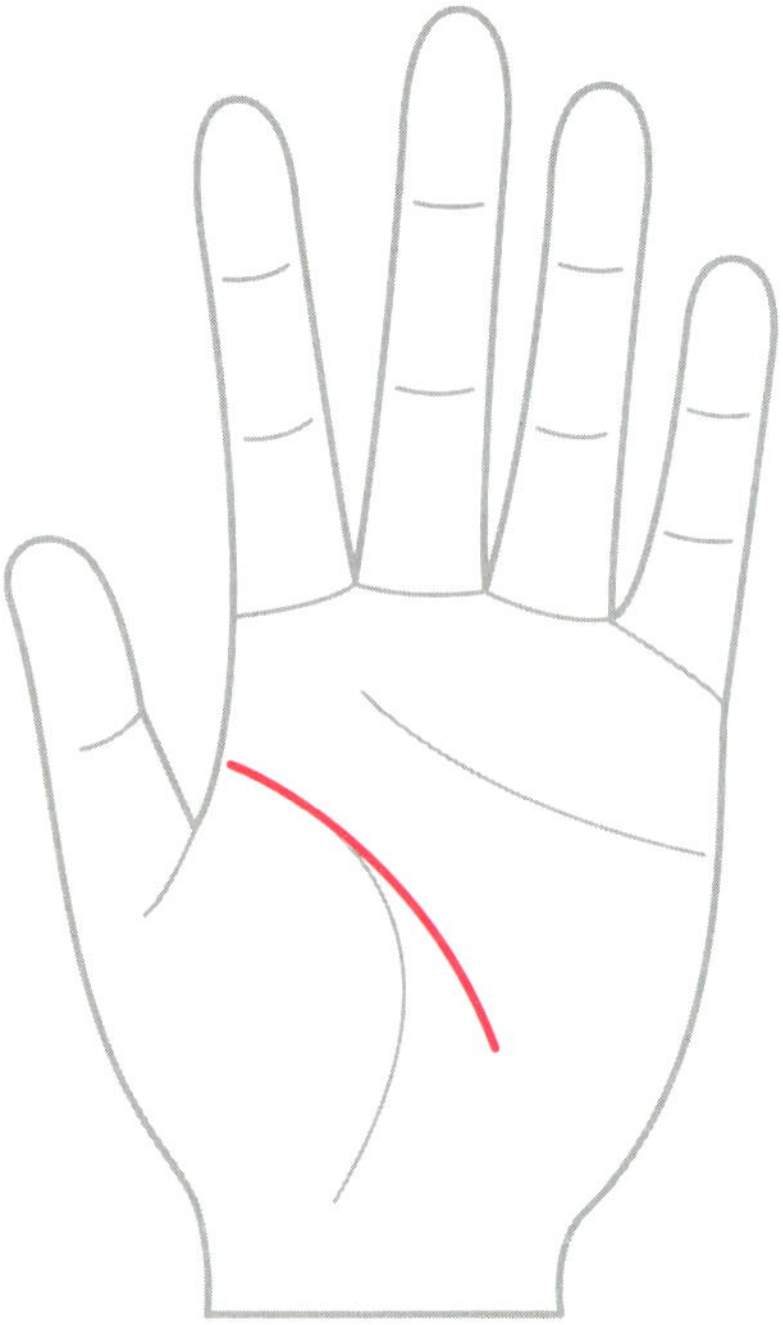

知能線が下向きに伸びる

知能線が極端に下向きに伸びる人は、物事を悪いほうへ考える傾向がある内向的なタイプです。

TYPE J

➡P283

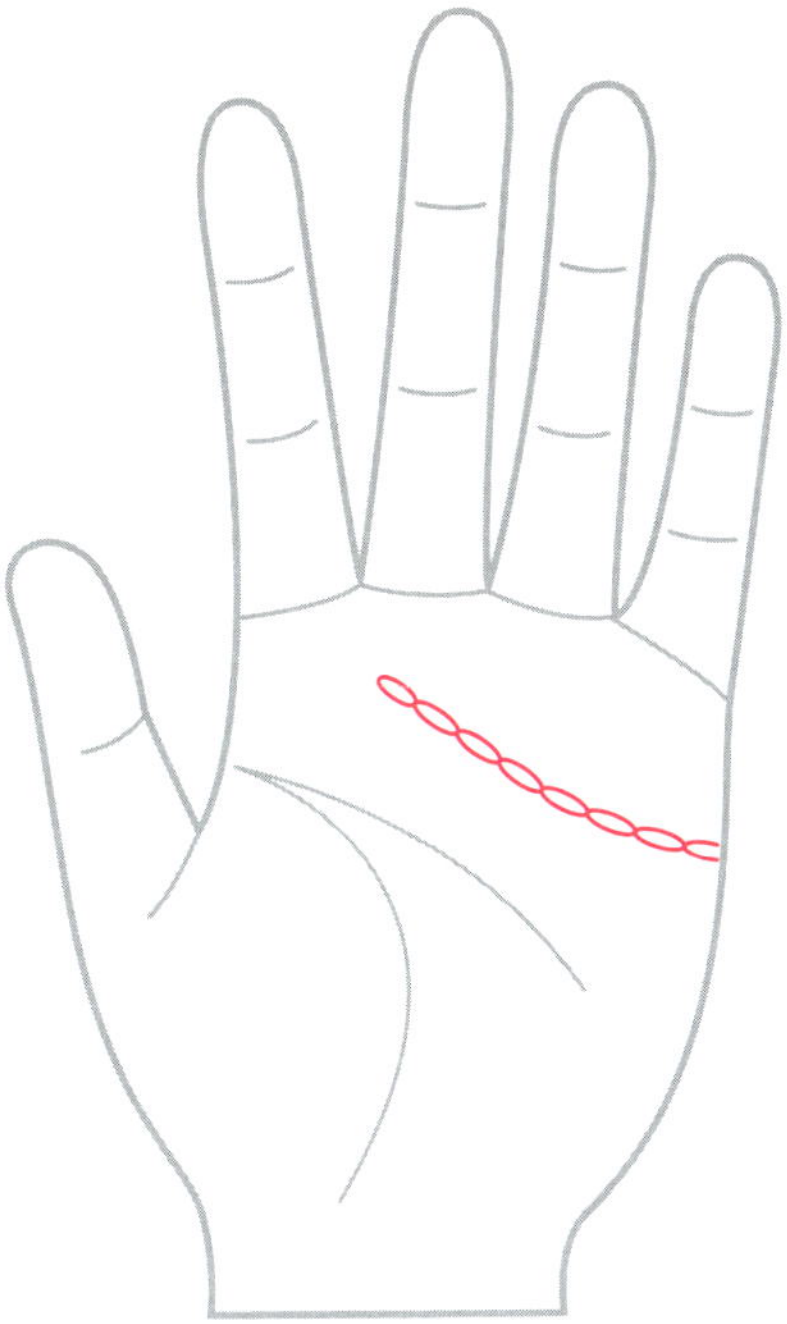

感情線が鎖状に表れる

感情線が鎖状に表れ、乱れている状態の場合は、循環器系の機能に注意が必要なタイプです。

TYPE K

➡P284

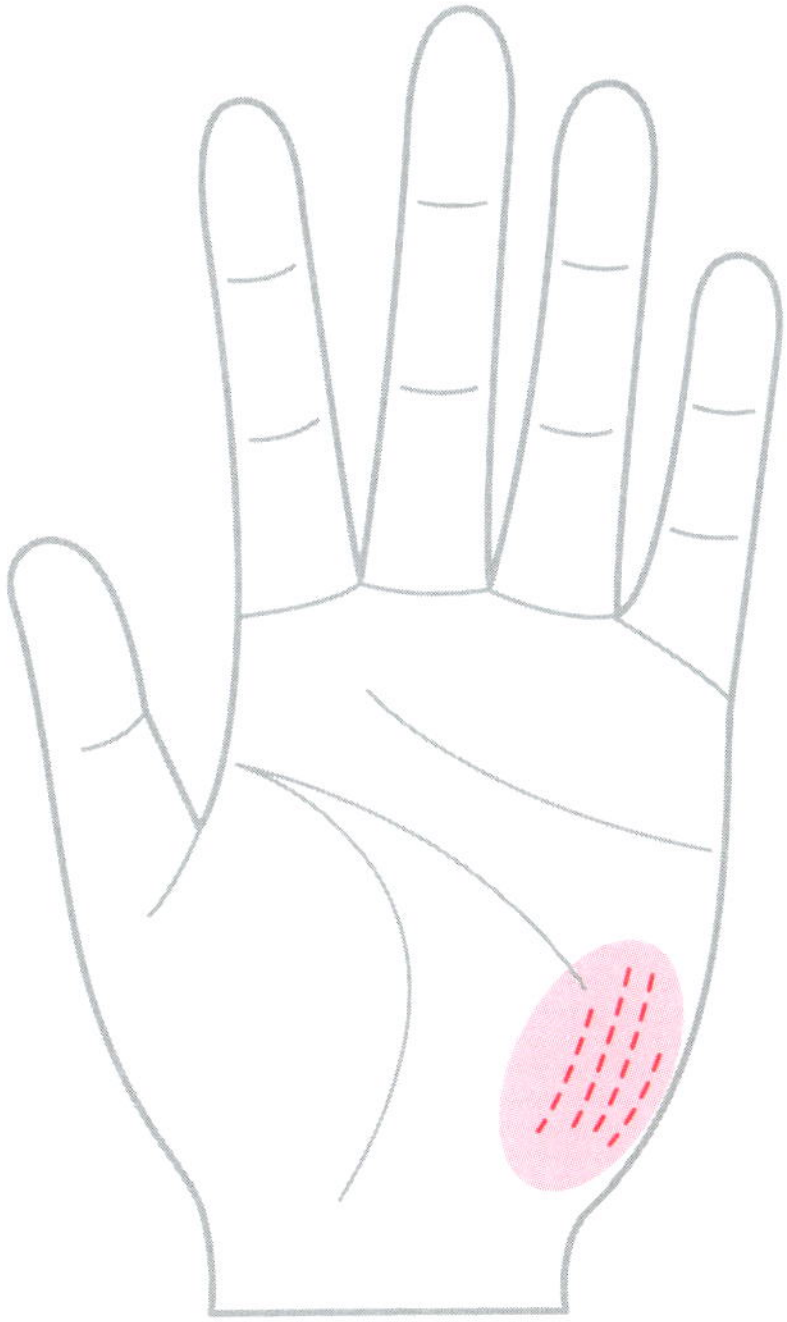

月丘に細かいシワ

月丘は内臓と深く関わりのあるエリアです。この場所に細かいシワが表れると、内臓が疲れ、肌トラブルにも注意が必要です。

TYPE L

➡P285

病気知らず 健康優良タイプ

主要線がハッキリしていて色つやのよい手指

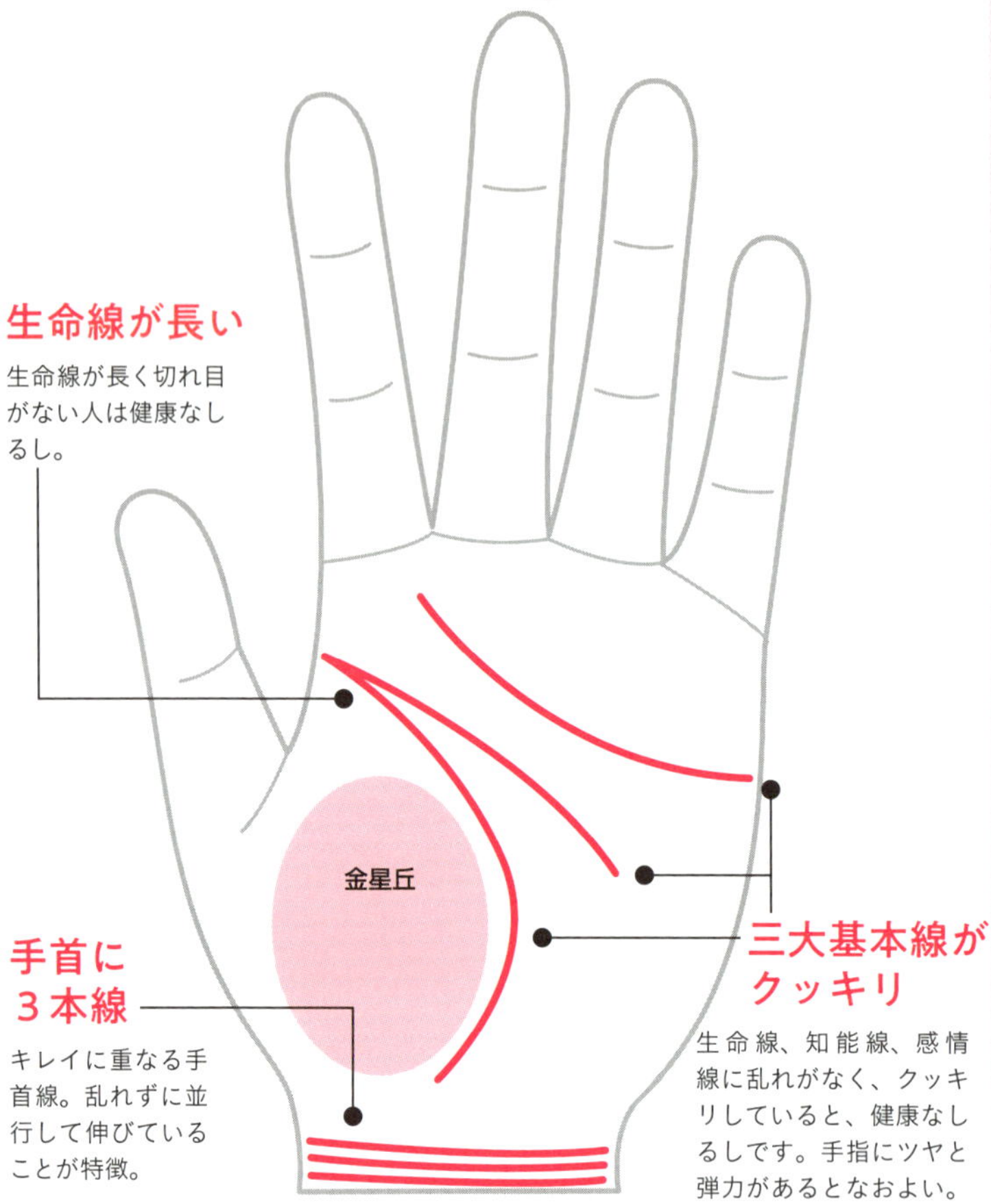
生命線が長い
生命線が長く切れ目がない人は健康なしるし。
金星丘
手首に3本線
キレイに重なる手首線。乱れずに並行して伸びていることが特徴。
三大基本線がクッキリ
生命線、知能線、感情線に乱れがなく、クッキリしていると、健康なしるしです。手指にツヤと弾力があるとなおよい。

手相の見方

生命線・知能線・感情線の主要三線がくっきり表れていると、病気にかかりにくい健康なタイプ。特に生命線は、長くて空白や乱れのない線がベスト。手のひら中央へ張り出した長い生命線は、スタミナがあり、回復力が高いことを表します。線だけでなく、手指にツヤと弾力があり、血色のよい四角い手のひらの持ち主も健康です。

このタイプの特徴

バイタリティに溢れ、趣味や仕事に積極的に取り組む人です。

開運のためのアドバイス

基本的に病気とは縁のないこのタイプですが、だからといって無理は禁物。適度な運動、規則正しい生活で、健康を維持しましょう。

ベストな相がこれ 長生きタイプ

生命線が長く、乱れがない

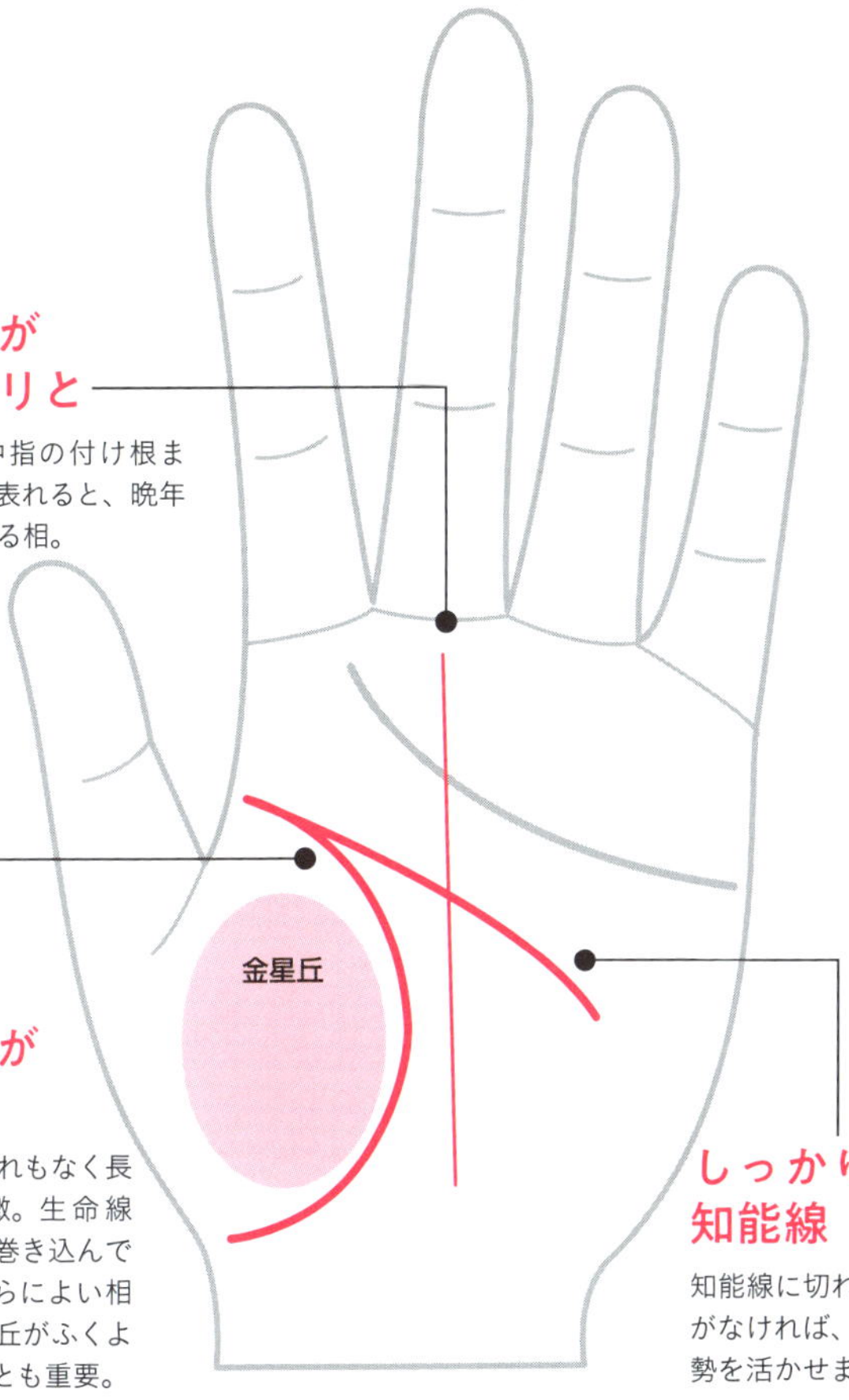

運命線がスッキリと

運命線が中指の付け根まで勢いよく表れると、晩年まで活躍する相。

生命線が長い

生命線は乱れもなく長いのが特徴。生命線の終わりが巻き込んでいると、さらによい相です。金星丘がふくよかであることも重要。

しっかりした知能線

知能線に切れ目や乱れがなければ、長寿の運勢を活かせます。

手相の見方

濃く長く刻まれた生命線は、健康な体質を意味します。乱れや空白がなく、手首近くまで長く伸びているのが長寿傾向の相です。生命線の終わりが巻き込んでいると、活発で長生きする相。

また、知能線がしっかり伸びている人も、寿命を伸ばせる人。これは、自分の体をコントロールできる能力を持っているからです。

このタイプの特徴

おおらかな性格も長寿の秘訣。周りへの影響力も強いでしょう。

開運のためのアドバイス

活発で長生きできる相なので、ライフワークとなるような趣味をみつければ、人生がより充実したものになります。ただし無茶は禁物。

プレッシャーにも強い 気力強靱タイプ

生命線上から運命線

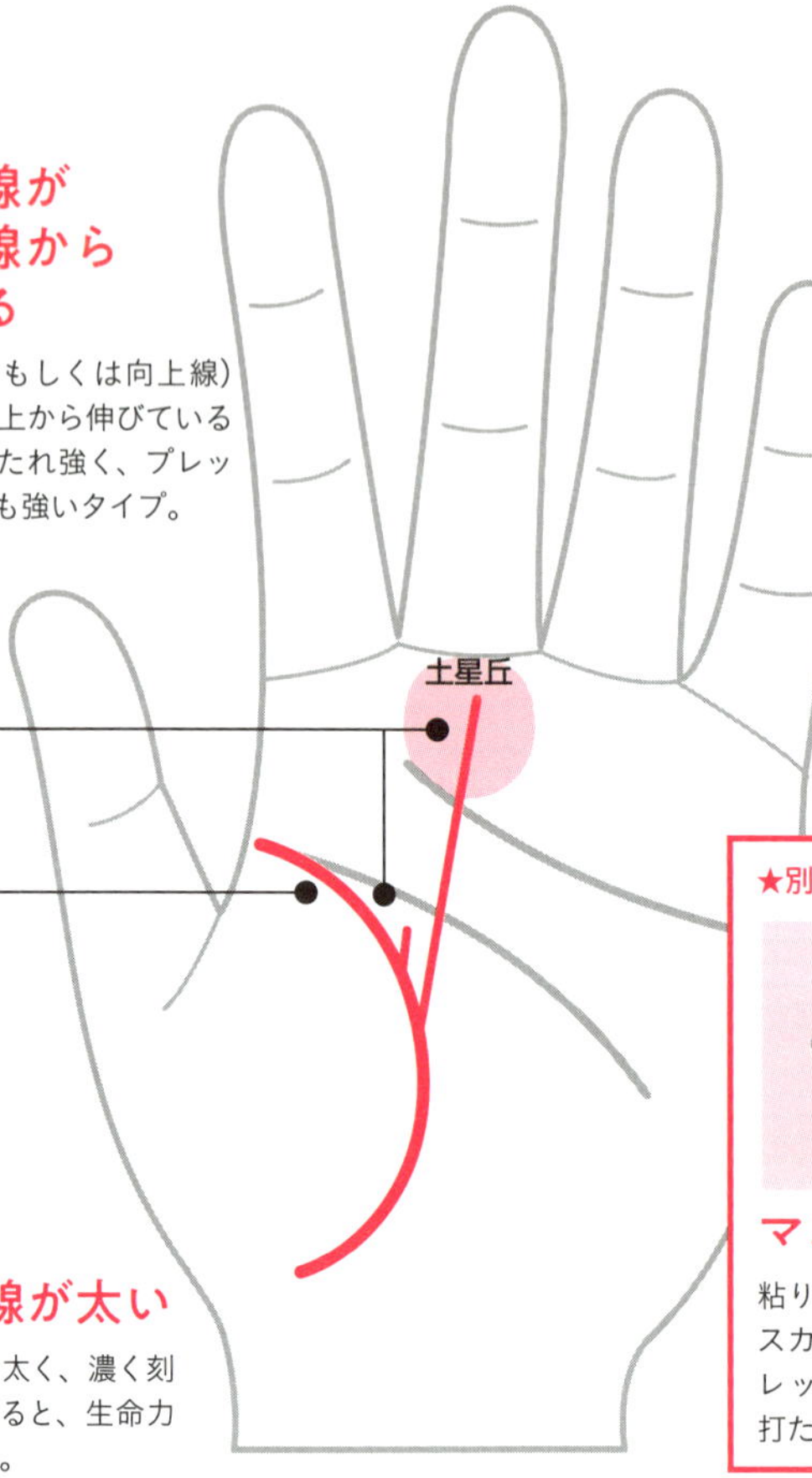

運命線が生命線から伸びる

運命線（もしくは向上線）が生命線上から伸びている人は、打たれ強く、プレッシャーにも強いタイプ。

生命線が太い

生命線が太く、濃く刻まれていると、生命力溢れる人。

★別パターン

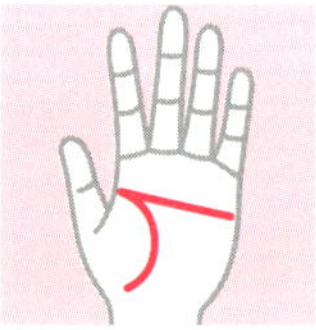

マスカケ線

粘り強い努力家のマスカケ線タイプもプレッシャーに強く、打たれ強い相です。

手相の見方

手の形が幅広でしっかりしている人は、気力に溢れた人です。生命線は太くくっきりと刻まれ、土星丘へ向かう運命線や短い向上線が、生命線上から伸びていると、向上心が強いタイプ。知能線と感情線が一体化している「マスカケ線」もプレッシャーに強く、打たれ強い相です。

このタイプの特徴

努力家で、打たれ強く、地に足がついている性格。問題が起こっても、強靱《きょうじん》な精神力で現実的に対処することができます。

開運のためのアドバイス

向上心が強いので、一人で頑張って無理をしがち。体が弱るとあせるタイプなので時にはセーブして体調管理を。

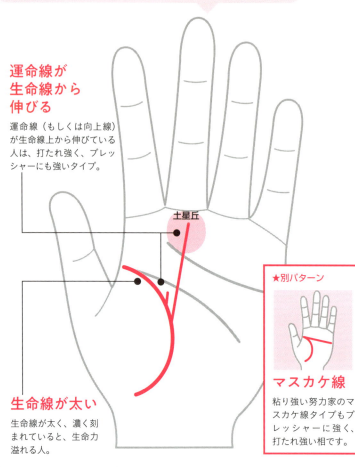

免疫力が強い！頑丈タイプ

生命線が二重になっている

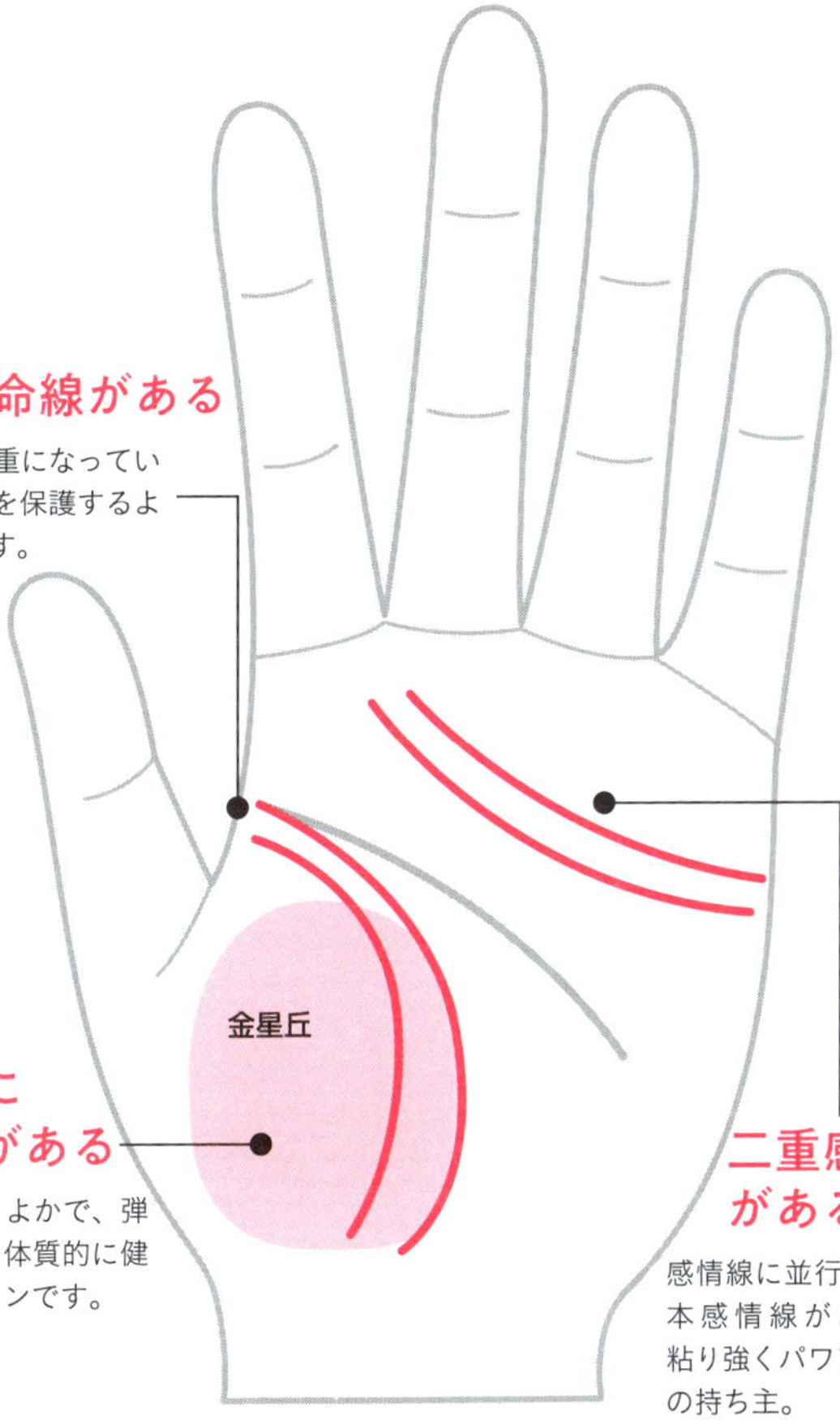

二重生命線がある

生命線が二重になっていて、金星丘を保護するように表れます。

金星丘に膨らみがある

金星丘がふくよかで、弾力があると、体質的に健康であるサインです。

二重感情線がある

感情線に並行してもう1本感情線がある人は、粘り強くパワフルな肉体の持ち主。

手相の見方

生命線の内側か外側に平行してもう1本、生命線がある相は、「二重生命線」と呼ばれ、体質的に元気で丈夫。運勢も強い傾向にあります。部分的に二重になっている人もいます。また、感情線が2本表れている場合は、心臓の強さや粘り強い「気」を表します。

このタイプの特徴

体が頑丈で、スタミナに溢れたタイプです。定期的な筋力トレーニングを行ったり、スポーツをしたりしている人にも多い手相。

開運のためのアドバイス

自然治癒力に優れているタイプで強運です。常にアクティブですが、自らの体力を過信せず、健康チェックはこまめに行いましょう。

慢性的な病気の可能性アリ
虚弱体質タイプ

生命線が短めで、張り出しが少ない

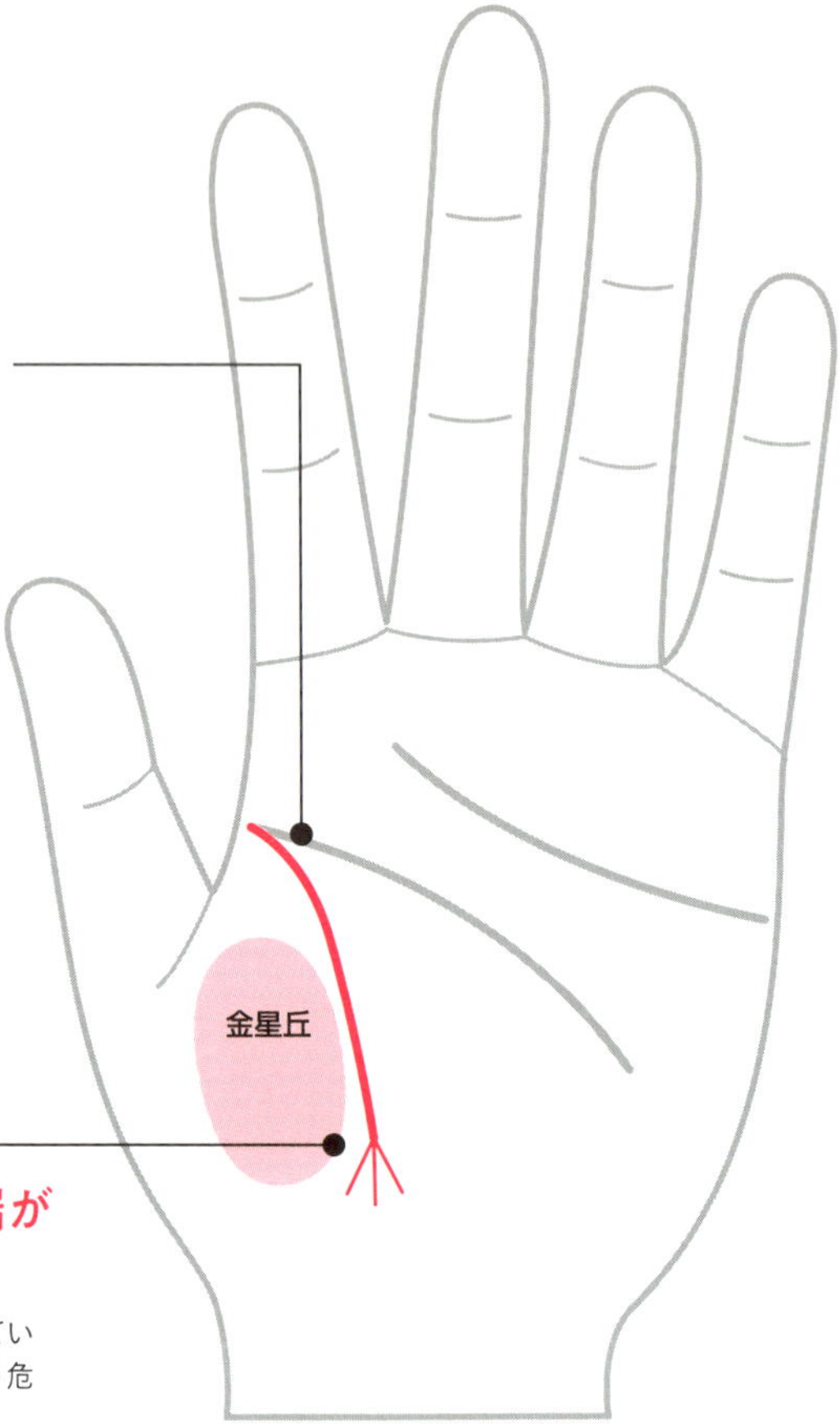

生命線の張り出しが少ない

生命線が短めで、金星丘の面積が狭いと、体力に自信のないタイプ。

生命線の末端が枝分かれ

末端が細かく分かれているのは、体力低下の危険性を示します。

手相の見方

生命線が短めで、手が薄く柔らかい人は、体力に自信のないタイプです。生命線の短さは、短命とは限らず、虚弱体質や高齢になると足腰が弱りやすい傾向を表しています。また、生命線の末端が3本以上に分かれている場合は、体力減退を表します。

このタイプの特徴

体力を消耗しやすく、無理をすると体を壊したり、風邪を引きやすい人。病気への抵抗力が低い傾向があります。

開運のためのアドバイス

健康面で気になるところは放置しないで。健康診断を定期的に受けたり、健康食や軽い運動をするなど体質改善を心がけましょう。

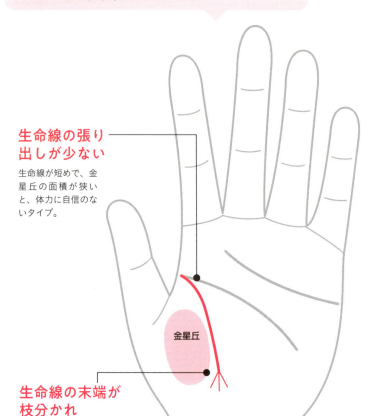

体調コントロールが苦手!? 慢性的疲労タイプ

生命線がキレギレ

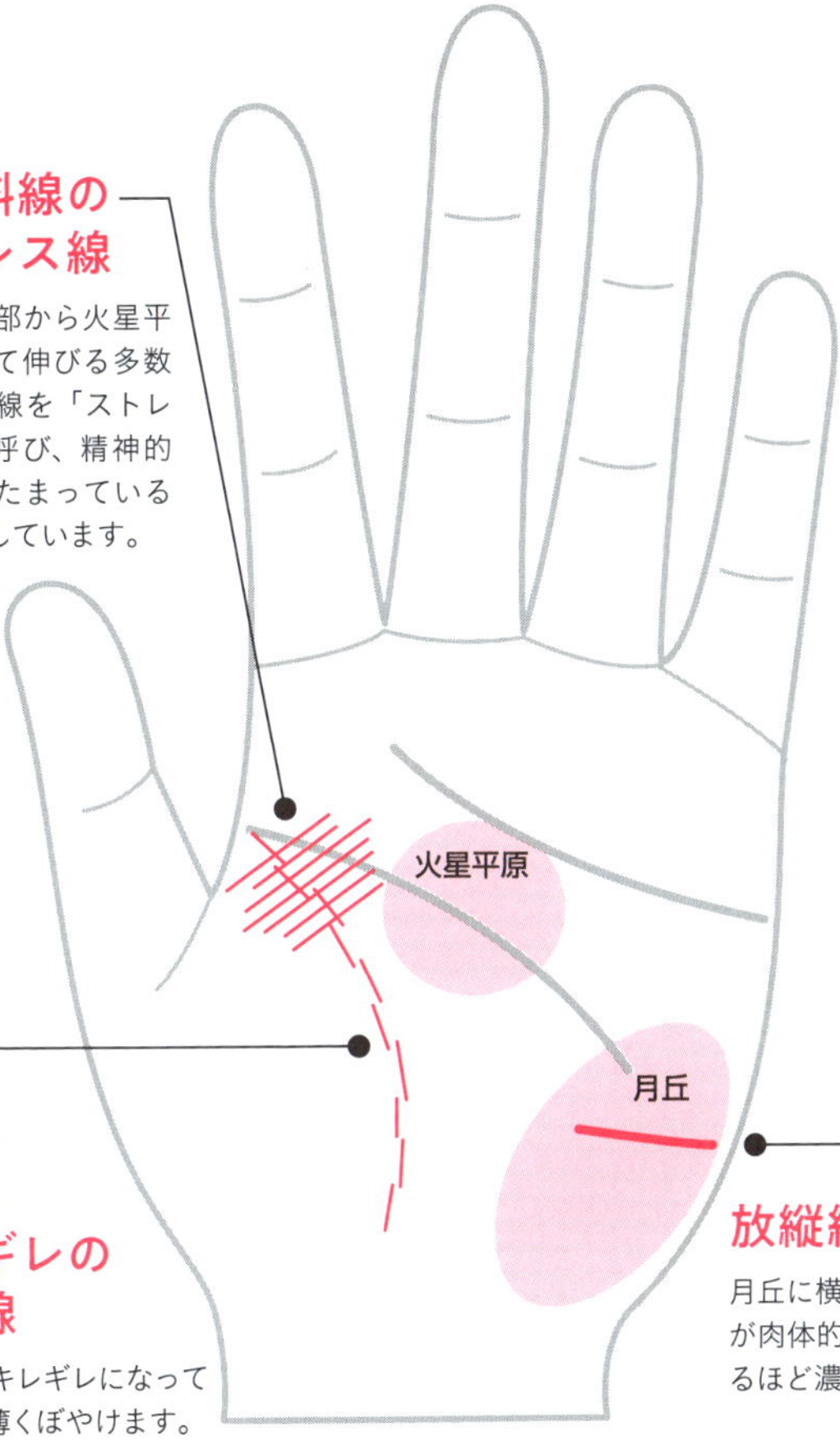

薄い斜線のストレス線

生命線上部から火星平原へ向けて伸びる多数の薄い斜線を「ストレス線」と呼び、精神的な疲労がたまっていることを示しています。

キレギレの生命線

生命線がキレギレになっていたり、薄くぼやけます。

放縦線が出現

月丘に横向きの放縦線が肉体的な疲れがたまるほど濃く伸びます。

手相の見方

生命線に乱れがあったり、キレギレになっている場合は、慢性的な疲労がたまっている状態です。月丘に出る放縦線（➡P16）も、肉体疲労のサイン。また、生命線の上部に火星平原へ向かって伸びる多数の薄い斜線がみられると、精神的疲労を表します。

このタイプの特徴

体力と気力が衰えている状態。疲労が蓄積すると、病気に発展しかねません。軽く思わずに手を打つ必要があります。

開運のためのアドバイス

規則正しい生活をし、バランスのとれた食事とストレス解消が大切です。体力が戻れば、ストレス線はなくなり、生命線も整います。

無理は禁物 呼吸器系が弱いタイプ

生命線の始点が鎖状

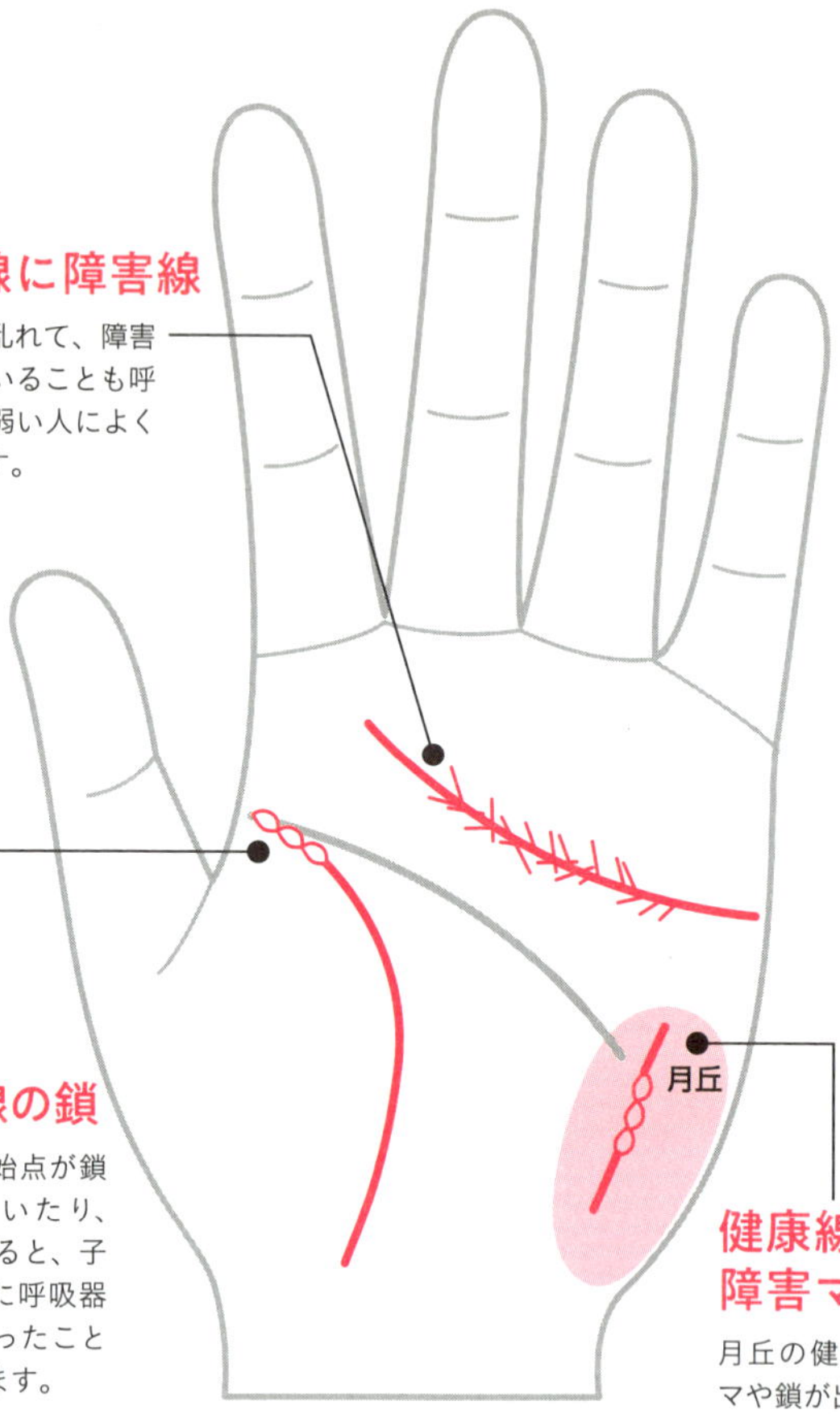
感情線に障害線
感情線が乱れて、障害線が出ていることも呼吸器系が弱い人によくみられます。
生命線の鎖
生命線の始点が鎖になっていたり、乱れていると、子どもの頃に呼吸器系が弱かったことを意味します。
月丘
健康線に障害マーク
月丘の健康線にシマや鎖が出ます。

手相の見方

生命線の出発部分が鎖状になっている人は、子どもの頃にのどなど呼吸器系が弱かったということを示します。ぜんそくなどの持病の可能性もあります。また、感情線に縦の障害線や健康線（⬇P16）上にシマや鎖が表れるのも、呼吸器の弱さを示します。逆に、健康線が乱れなく表れ、障害マークがないのは健康のしるしです。

このタイプの特徴

呼吸器系がウィークポイント。空気の乾燥が引き起こす風邪や、アレルギーに注意。

開運のためのアドバイス

肺のためには禁煙をしましょう。冬の間は特に空気の入れ替えと加湿を心がけて、病原菌をシャットアウト。

胃腸が弱い 消化器系が弱いタイプ

生命線全体が鎖状

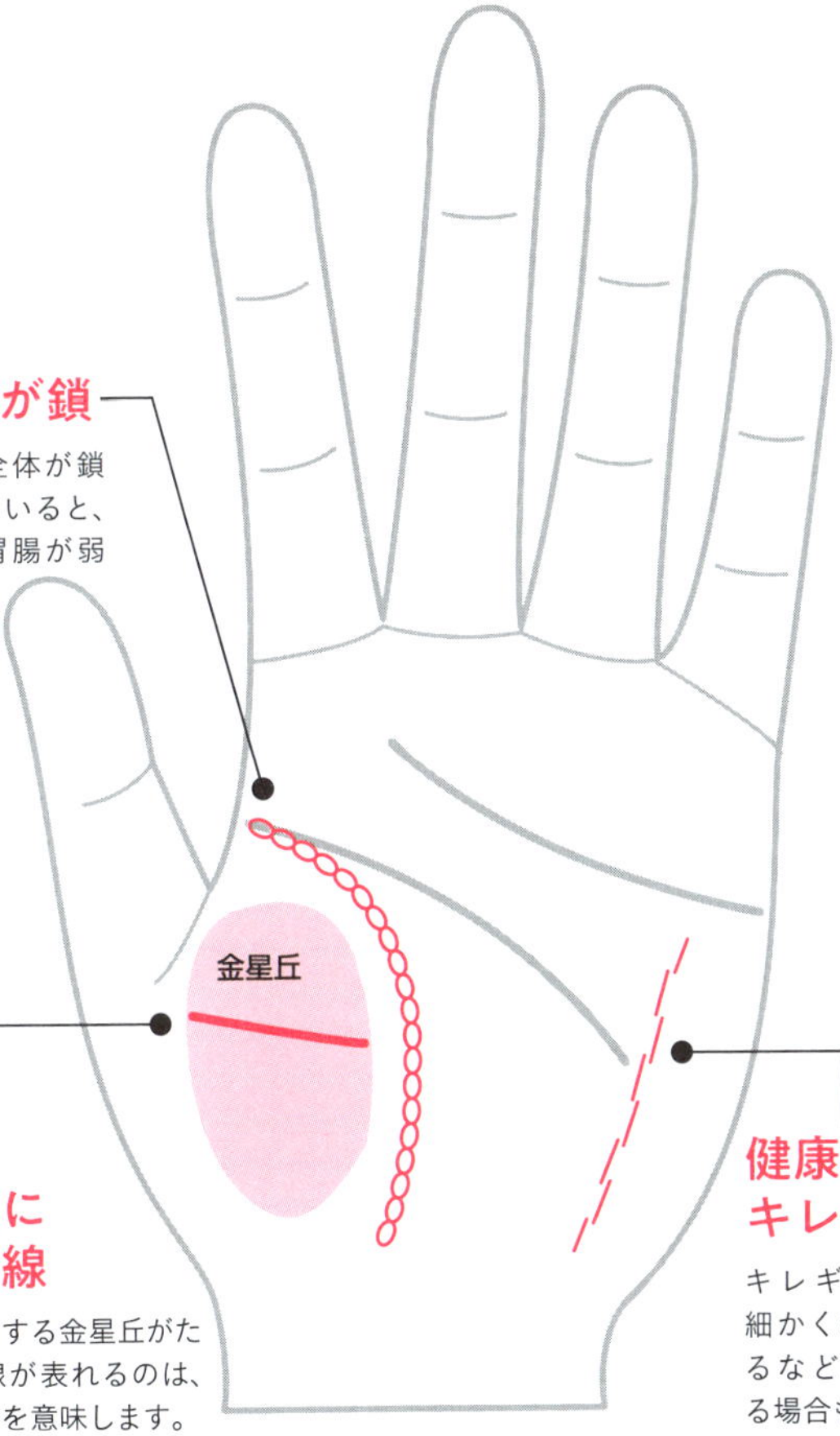

生命線が鎖

生命線の全体が鎖状になっていると、慢性的に胃腸が弱いタイプ。

金星丘に深い横線

生命を意味する金星丘がたるんで横線が表れるのは、内臓の疲れを意味します。

健康線はキレギレ

キレギレの他に、細かく枝分かれするなど、乱れている場合もあります。

手相の見方

手のひらが青白く、生命線全体が鎖状になっているのは、胃腸の弱い人です。また、金星丘がたるんで表れる深い横ジワや、キレギレの健康線も、消化器系が衰えているサインです。

このタイプの特徴

すぐにお腹を壊したり、ストレスが胃腸へきやすいタイプ。ひどい便秘の人もいます。そのため、体力を消耗しやすく、頑張りがききません。胃腸の病気への注意も必要です。

開運のためのアドバイス

健康的な食生活と生活習慣を守ることによって、胃腸に負担をかけないようにし、基礎体力をつけることが大切です。不摂生や無理は禁物。

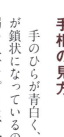

頭痛持ちタイプ

脳・目鼻の病気に注意

知能線と感情線に障害マーク

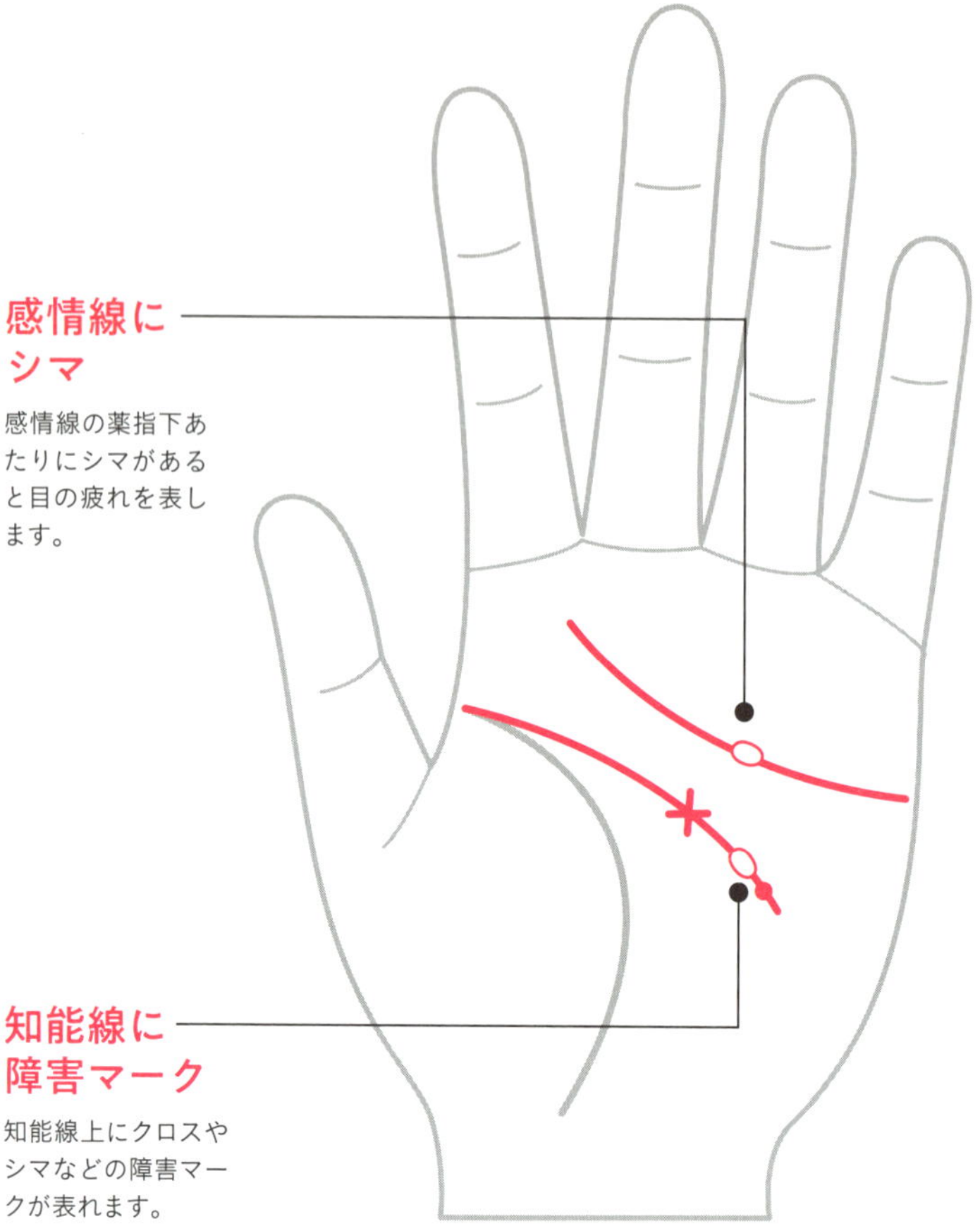
感情線にシマ
感情線の薬指下あたりにシマがあると目の疲れを表します。
知能線に障害マーク
知能線上にクロスやシマなどの障害マークが表れます。

手相の見方

知能線上に障害マークが表れるのは神経が疲れていることの暗示。障害マークにはシマ、鎖、クロス、斑点がありますが、特にシマとクロスは突発的な病気の可能性もあり、注意を要するマーク。感情線の薬指下にシマが表れているのは、目の疲れやすい人です。

このタイプの特徴

感情線のシマは、目を酷使する職種の人にみられます。知能線の障害マークは、ストレスや悩みが原因で表れることもあります。

開運のためのアドバイス

感情線は比較的シマの出やすい線ですが、注意は必要。知能線上のシマには特に気をつけて。休養や治療が必要な場合もあります。

ホルモンに異常あり？ 婦人病注意タイプ

小指の下の感情線上に障害マーク

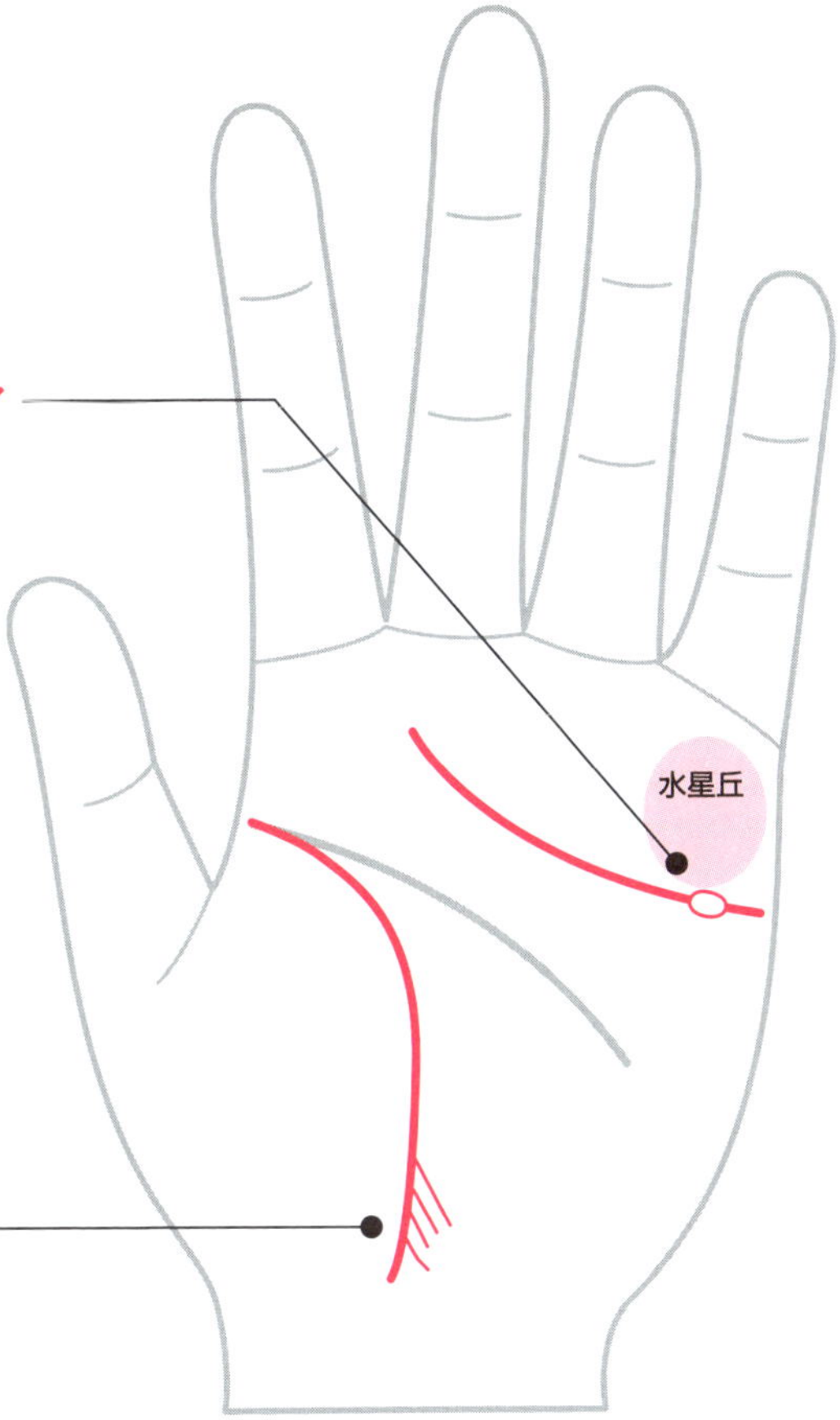

感情線にシマ

感情線上の小指下あたりのシマは生殖器関係の弱さや病気に注意。

生命線がホウキ状に

生命線の末端にシマやホウキ状の支線が出ます。

手相の見方

小指と水星丘は、生殖器官を表す部分なので、感情線の小指下にシマが表れたら、婦人科系の病気に注意が必要。小指の形が変形している人も弱い傾向があるので、身体を冷やさないなどケアが必要です。生命線の末端がホウキ状になったり、細い支線が多くみられる場合は、更年期障害に備えて。

このタイプの特徴

ホルモンバランスが崩れやすかったり、生殖器官が弱くなっている可能性があります。

開運のためのアドバイス

マイナスの意味を持つしるしは、大切なメッセージ。サプリメントで身体のリズムを整えたり、病院で健康診断を受けるなど対策を。

事故や災害に注意
ケガをしやすいタイプ

知能線や生命線が途中で切れる

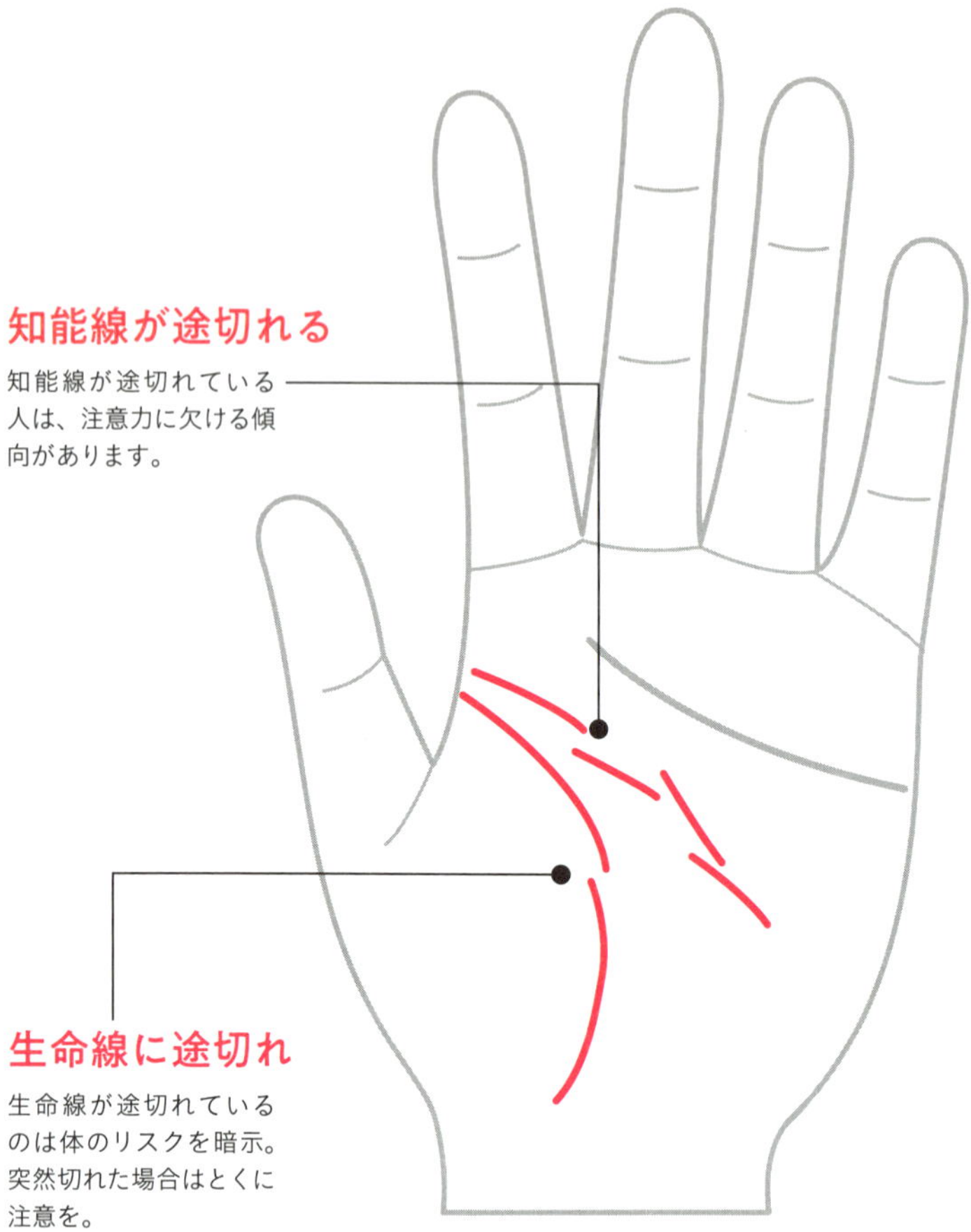
知能線が途切れる
知能線が途切れている人は、注意力に欠ける傾向があります。
生命線に途切れ
生命線が途切れているのは体のリスクを暗示。突然切れた場合はとくに注意を。

手相の見方

生命線が途中で切れていたり、空白部分がある場合は、その時期に事故やケガに注意が必要です（➡流年法P28）。また、知能線がほかの線に比べて薄かったり、途切れがみられる場合も、気分にムラがありケガをしやすいと言えます。知能線と生命線が離れている人は、突発的な行動からケガをすることのないように注意。

このタイプの特徴

注意力が散漫で、後先を考えずに突っ走ることがあるようです。

開運のためのアドバイス

交通事故などは十分注意で回避できることが多いもの。危険なところでは慎重に行動することで、運気改善につながります。

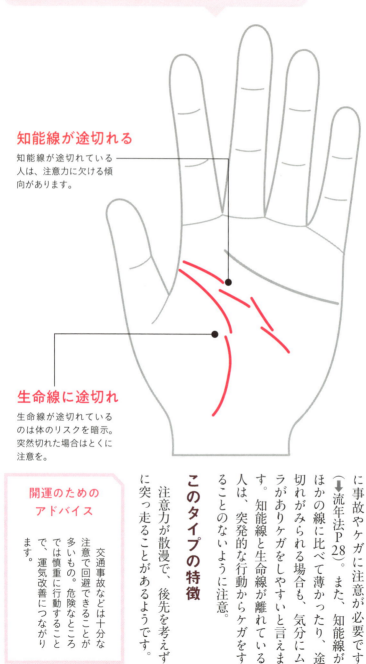

ストレスを抱え込みやすい うつ傾向タイプ

知能線が極端に下降

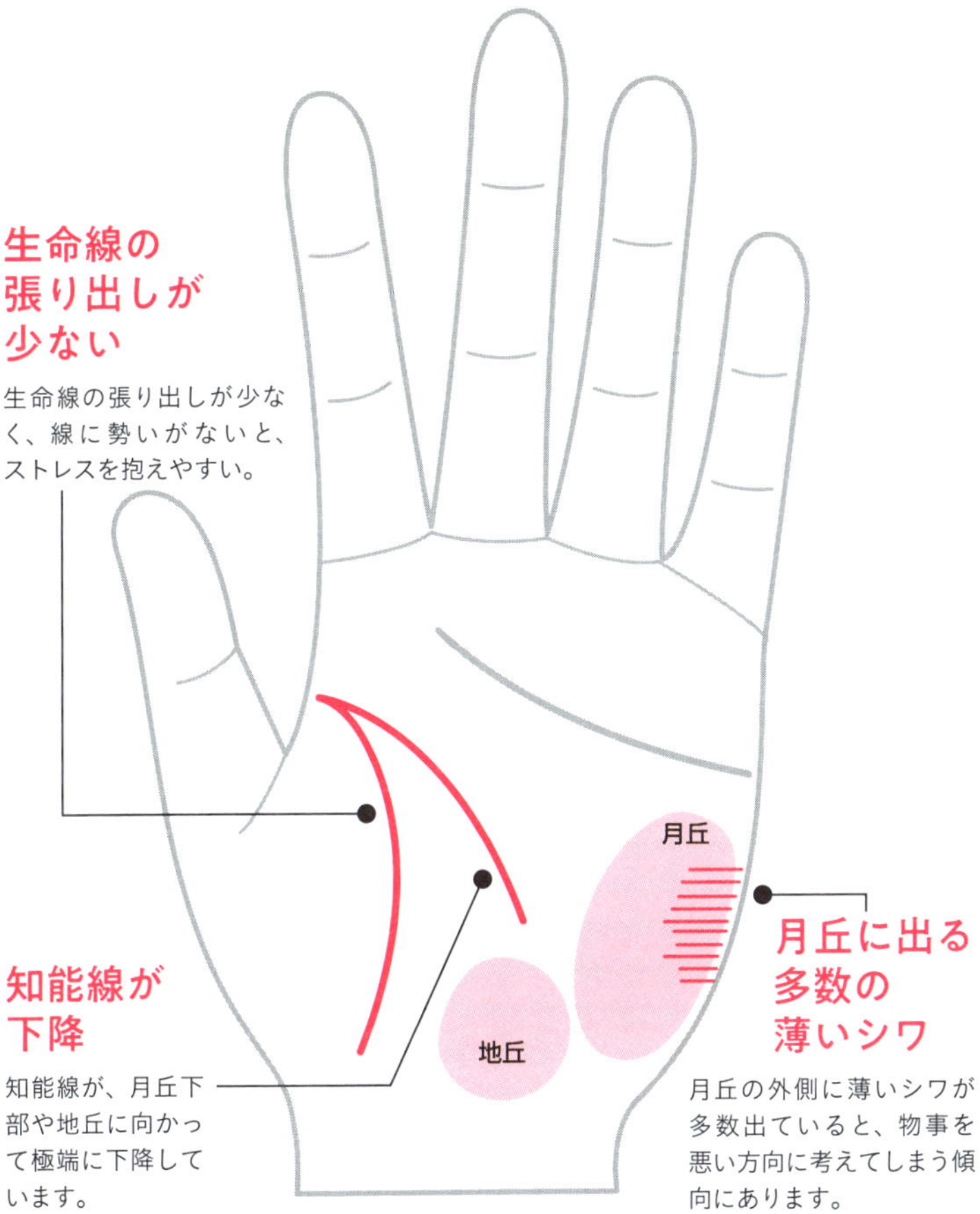
生命線の張り出しが少ない
生命線の張り出しが少なく、線に勢いがないと、ストレスを抱えやすい。
知能線が下降
知能線が、月丘下部や地丘に向かって極端に下降しています。
月丘
地丘
月丘に出る多数の薄いシワ
月丘の外側に薄いシワが多数出ていると、物事を悪い方向に考えてしまう傾向にあります。

手相の見方

知能線が極端に下降している相は、内省的な性格の人に多くみられます。月丘に網状や横方向の薄いシワが複数出ている人も、クヨクヨ考えるタイプ。また、手のひらが平たく、生命線の張り出しが少ない人も生きる気力に欠け、落ち込みやすい傾向。生命線や知能線上に鎖がみられたり、全体的に細かいシワが表れることも。

このタイプの特徴

ネガティブ思考で、悪いほうへ考えすぎる傾向があります。

開運のためのアドバイス

クヨクヨせずに、考える能力を、楽しい方向に向けましょう。日常から自分に合ったストレス解消法を見つけておくことも大切。

肩こりや冷え性がひどい 循環器系の悪いタイプ

感情線上が鎖状になっている

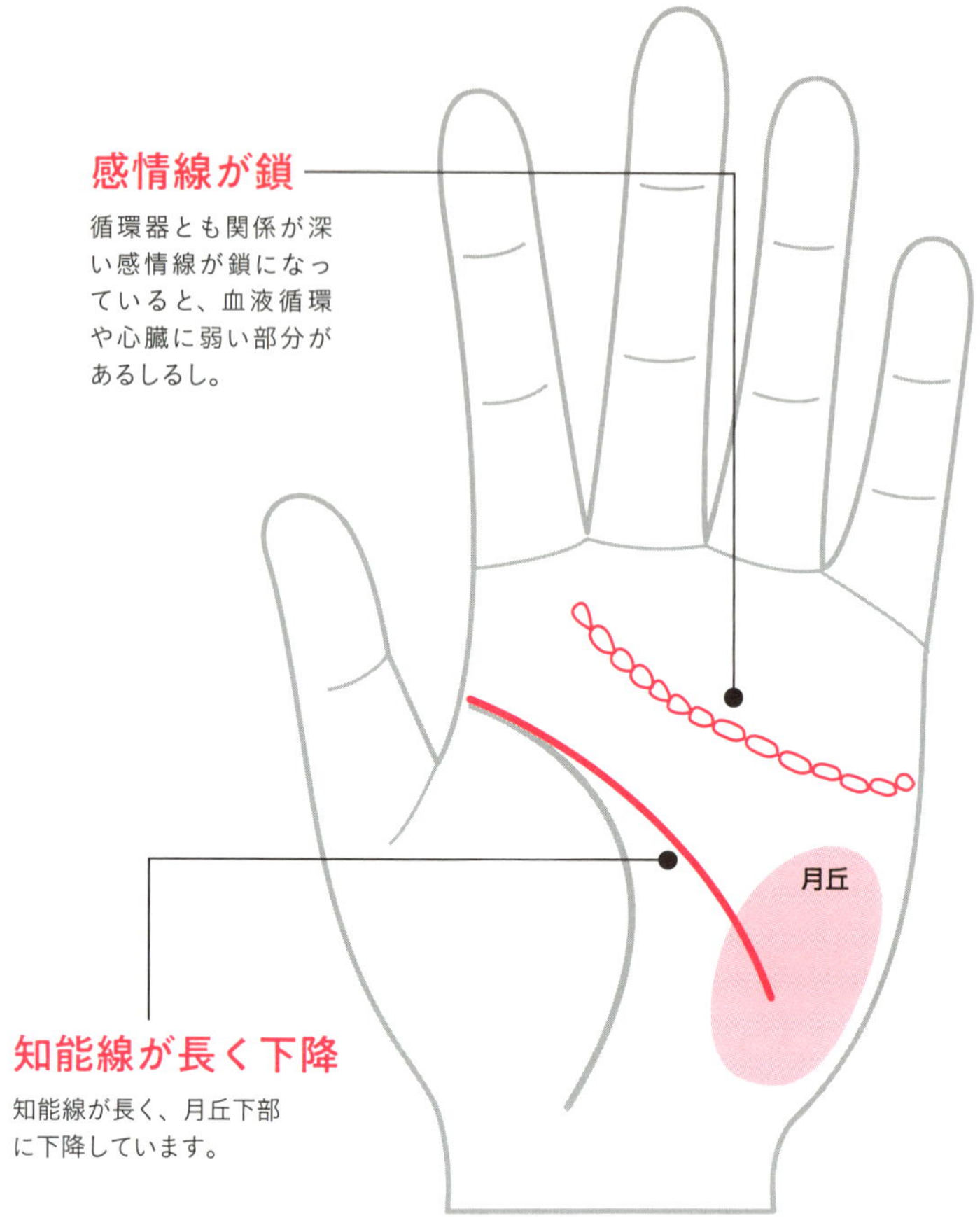
感情線が鎖
循環器とも関係が深い感情線が鎖になっていると、血液循環や心臓に弱い部分があるしるし。
月丘
知能線が長く下降
知能線が長く、月丘下部に下降しています。

手相の見方

循環器系の状態はおもに感情線でみます。そのため、感情線上に鎖や複数の細かい縦線などの障害マークが表れたら、注意が必要です。また知能線が月丘下部へ到達するほど、長く伸びているのもこのタイプの特徴です。

このタイプの特徴

知能線が長く下降する人は、気分の切り替えが苦手で、気がすむまでやり通す性格の持ち主。それゆえ、慢性的な肩こりなどに陥る可能性もあります。

開運のためのアドバイス

知能線が長く下降していても、感情線に問題がなければ心配ありません。感情線上に障害マークが表れたら、専門医のチェックを受けましょう。

美容運ダウン 肌トラブルが起こりやすいタイプ

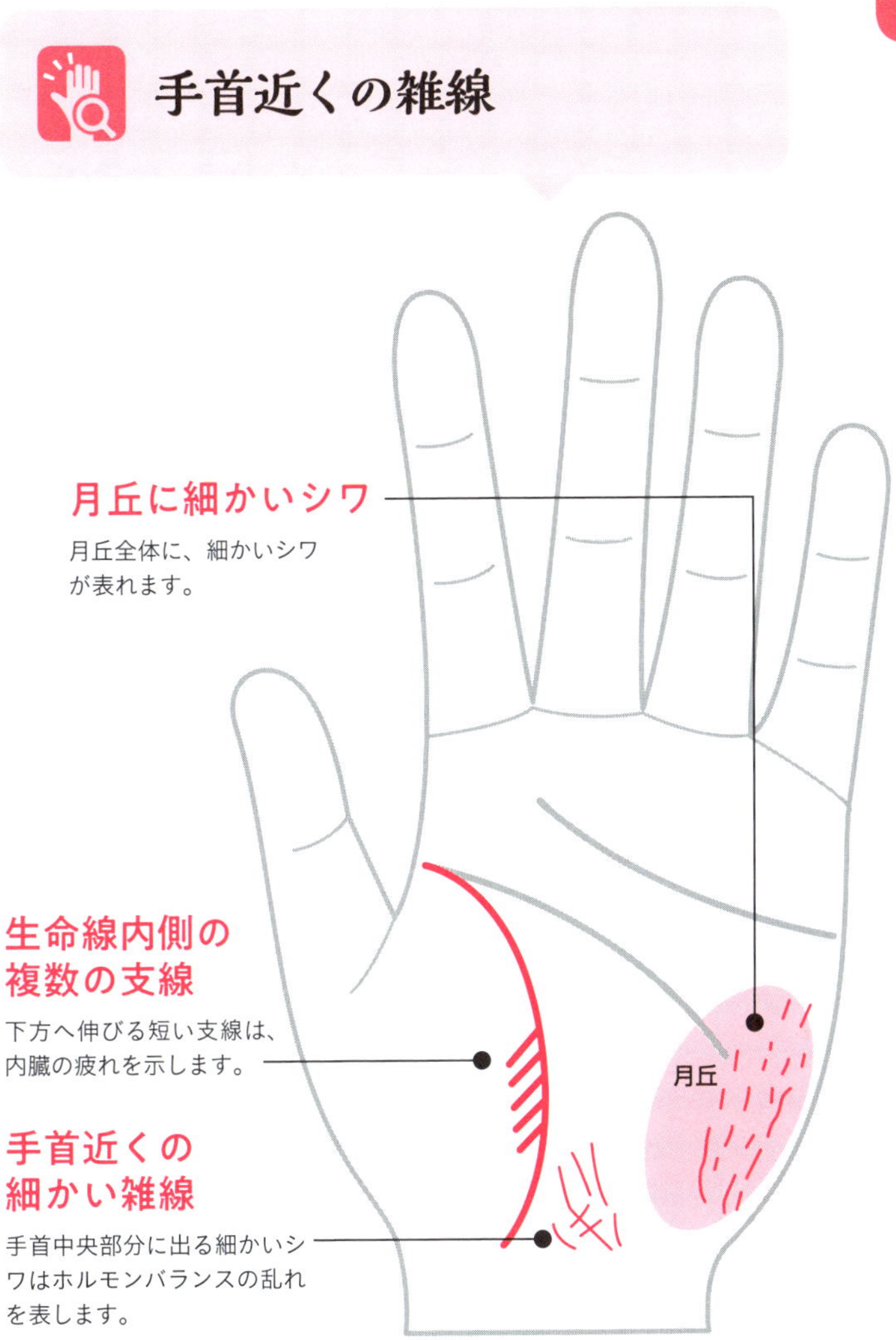
手首近くの雑線
月丘に細かいシワ
月丘全体に、細かいシワが表れます。
生命線内側の複数の支線
下方へ伸びる短い支線は、内臓の疲れを示します。
手首近くの細かい雑線
手首中央部分に出る細かいシワはホルモンバランスの乱れを表します。
月丘

手相の見方

月丘は内臓と深く関係しているので、ここに細かいシワがある人は、内臓の疲れから肌トラブルが起こりやすいでしょう。また、自分の肉体そのものを表す生命線の内側に短い支線が複数出ているのも、内臓が弱く、肌荒れを引き起こしやすい傾向を示します。

このタイプの特徴

内臓からくる肌荒れとホルモンバランスが原因の肌荒れがあります。前者は月丘と生命線内側の支線を、後者は手首近くをみます。

開運のためのアドバイス

美肌のためには、内臓からキレイになることが大切です。日々の不摂生を改め、お腹スッキリ、悩みスッキリを目指しましょう。

健康のターニングポイント

流年法でみる健康運が変わる時期

生命線の流年法

生命線の始点を0歳とし、手首に横に伸びている手首線の箇所を90歳とします。0歳と90歳の間を三等分し、それぞれを30歳、60歳としておおよその目安にします。

これを元に、ラッキーサインが出た時期は、心身共に好調な時期、障害マークが出た時期は、注意が必要な時期と判断します。

さらに、手相全体をみることも大切です。手相は、その時々の健康状態を反映します。例えばストレス線のように、疲れがたまった時期にだけ表れる線もありますので、チェックしてみましょう。

病気になりやすい時期

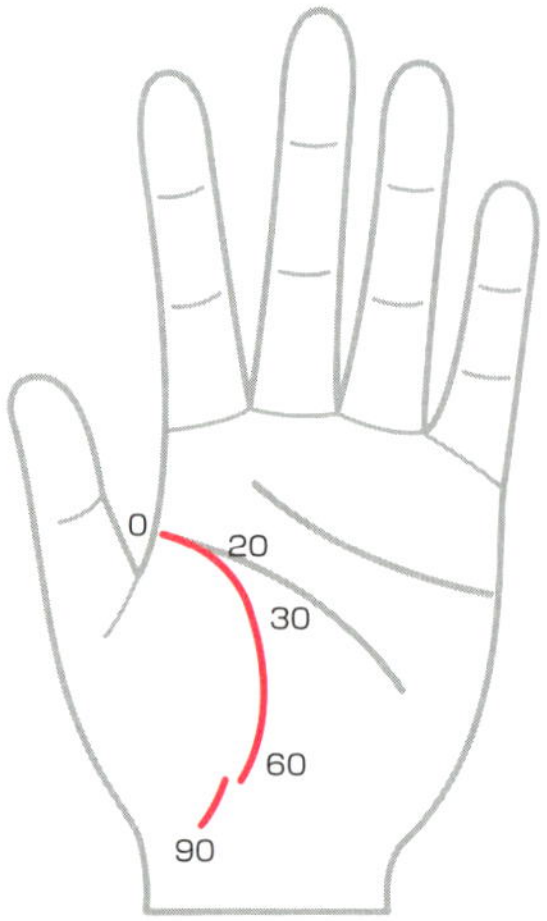

生命線の切り替わりや空白、シマがある時期は、特に健康に注意。この相だと70歳頃に点検を。

イキイキと健康で元気になる時期

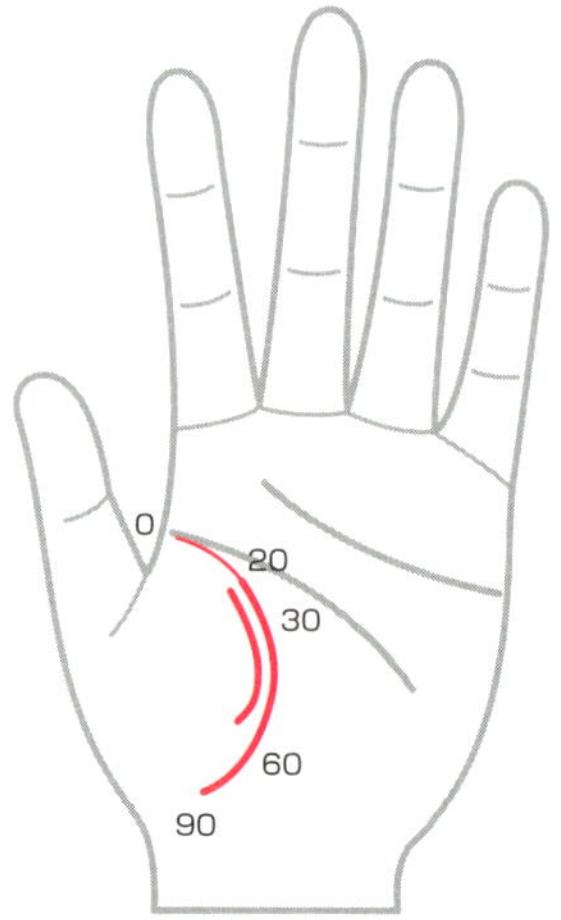

乱れていた生命線が整ってくると元気に。二重になる場合も○。この相だと20歳頃から健康度アップ。

ケガに注意したい時期

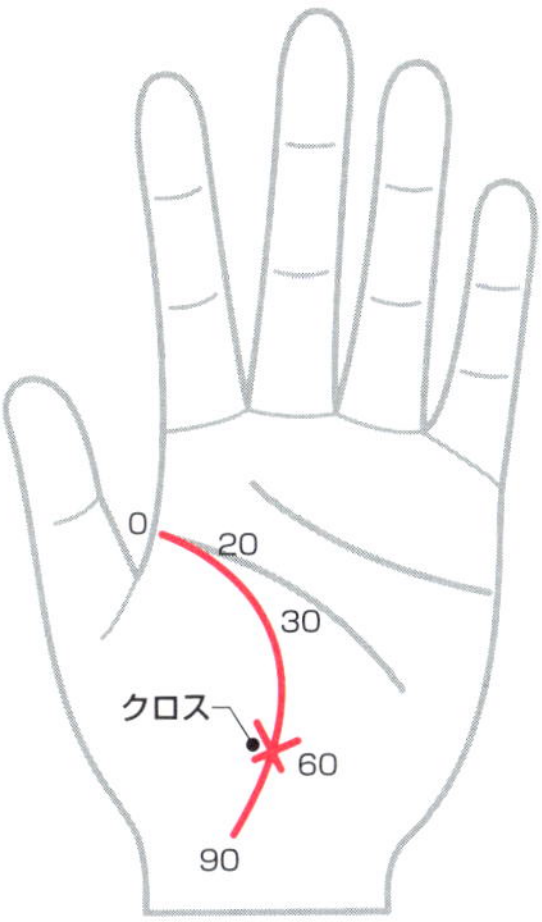

生命線上にクロスや障害線（横切る線）が出た時期は、危険を避け、慎重に。この相だと60歳頃。

体力を消耗しやすい時期

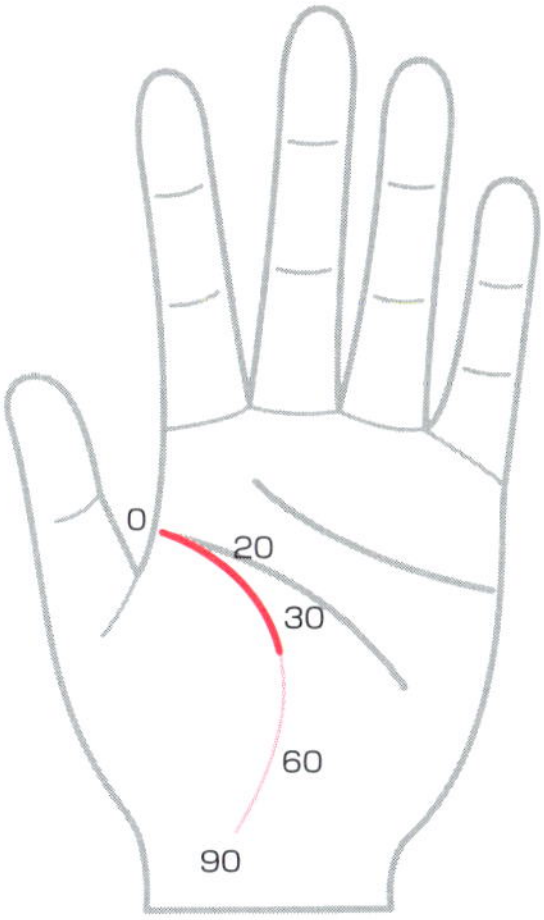

生命線が、薄くぼやけるように変わっている時期は、基礎体力が低下しています。この相だと40歳頃。

不摂生になりがちな時期

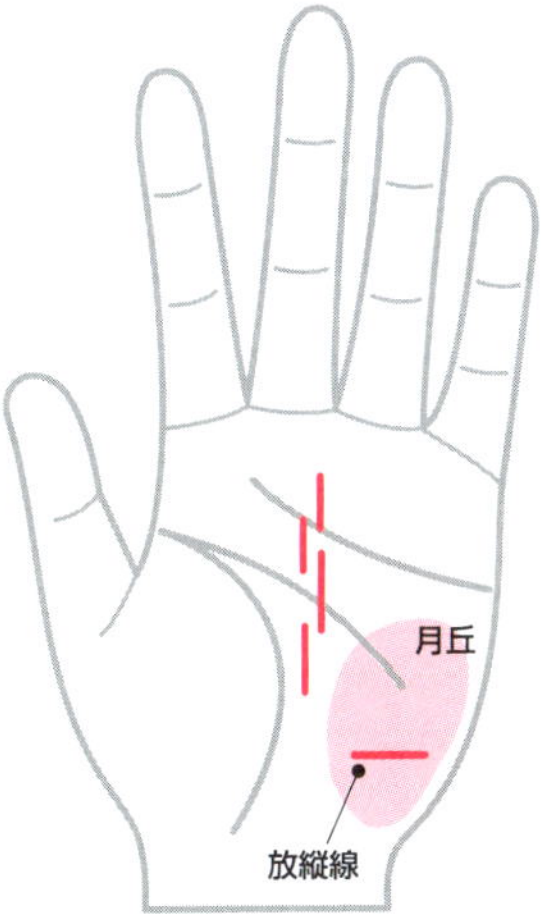

運命線がキレギレになっていると、生活の乱れを表し、月丘に放縦線が出ると、さらに注意が必要。

ストレスがたまる時期

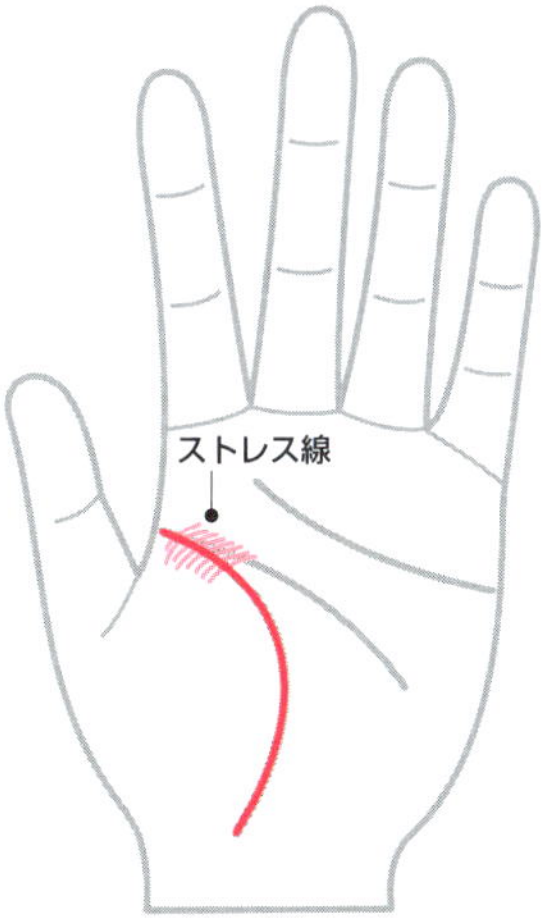

生命線上部に、ストレス線（薄い斜線）が多数出た時。これは、突発的に出現します。

◆ 監修者紹介

仙乙恵美花（ひとお えみか）

占術家。自由が丘手相運命学教室 仙習院主宰。

1985年東京女子大学英米文学科卒。朝日新聞社勤務を経て、旅行・CM情報誌のライターとして活動する傍ら、運命の不思議さに魅せられて、手相術を皮切りに数々の運命学を修得。

「心に寄り添う鑑定」をモットーに自由が丘で個人鑑定を行うほか、短期養成型の手相運命学教室、よみうりカルチャー、朝日カルチャーセンター他で手相講座、情報誌やウェブサイトの占い記事監修、執筆協力を行っている。手相講座は、豊富な鑑定実績（約3万人）に基づいた内容が覚えやすいと好評で、多くの良識ある鑑定家を輩出。著書に『基礎からわかる手相の完全独習』（日本文芸社）他。算命学会会員、熊﨑式姓名学鑑定家。http://emi-ka.com

◆ イラスト　オオノ・マユミ
◆ デザイン　田山円佳　竹中もも子　北川陽子(株式会社スタジオダンク)
◆ DTP　株式会社明昌堂
◆ 執筆・編集協力　株式会社ギグ

※本書は、当社ロングセラー『決定版 よくわかる手相』（2009年7月発行）を再編集し、書名・価格等を変更したものです。

最新版《さいしんばん》 よくわかる手相《てそう》

監修者　仙乙恵美花
発行者　若松和紀
発行所　株式会社 西東社
〒113-0034　東京都文京区湯島2-3-13
http://www.seitosha.co.jp/
営業　03-5800-3120
編集　03-5800-3121〔お問い合わせ用〕
※本書に記載のない内容のご質問や著者等の連絡先につきましては、お答えできかねます。

ISBN 978-4-7916-2709-7